W0257792

Friedrich Blaha (Hrsg.)

Trends der Bildschirmarbeit

Ein Handbuch über Recht, Gesundheit
und Ergonomie in der Praxis

Redaktionsverantwortung
Martina Molnar

Autorinnen und Autoren
Walter Ambros, Christian Bartenbach, Gisela Çakir, Ahmet Çakir,
Gerd Dziambor, Georg Effenberger, Daniel Felix, Karl Friedl,
Helmut V. Fuchs, Walter Hackl-Gruber, Alexander Heider,
Michael Höchtl, Werner Hungenberg, Walter Hutterer, Gustav
Kneisz, Peter Köck, Paul Kolm, Martin Leeb, Martina Molnar,
Alexander Otto, Martin Pongratz, Ingrid Reifinger, Stephan Scheuer,
Hildegard Schmidt, Peter Tappler, Michael Wichtl, Klaus Wittig,
Walter Witting, Martin Zelewitz, Xuequin Zha

SpringerWienNewYork

Mag. Ing. Friedrich Blaha
Klein-Engersdorfer Straße 100, A-2100 Korneuburg, Österreich
Email: friedrich.blaha@blaha.co.at, Internet: www.blaha.co.at

Gedruckt mit Unterstützung von Blaha Büromöbelindustrie, Korneuburg
Tel.: +43 (2262) 72 505-0, Fax: 72 505-40

Konzept und Gesamtredaktion: Mag. Martina Molnar (human∕ware GmbH.), Wien
Gestaltung der Grafiken: DI Alexander Otto (TBO), A-2102 Bisamberg
Umschlagentwurf: Fürst + Zitt GmbH, Wien
Satz: Datenkonvertierung durch Grafik Rödl, A-2486 Pottendorf

Gedruckt auf säurefreiem, chlorfrei gebleichtem Papier – TCF

SPIN: 10767387

Mit 168 (teilweise farbigen) Abbildungen

Die Deutsche Bibliothek – CIP-Einheitsaufnahme
Ein Titeldatensatz für diese Publikation ist bei
Der Deutschen Bibliothek erhältlich

ISBN-13:978-3-7091-7400-5   e-ISBN-13:978-3-7091-6747-2
DOI: 10.1007/978-3-7091-6747-2

Vorwort des Herausgebers

Seit in Österreich 1995 das ArbeitnehmerInnenschutzgesetz in Kraft getreten ist, hat sich in der Bürolandschaft unglaublich viel verändert. Ergonomie in der Planung und Gestaltung von Bildschirmarbeitsplätzen ist ein fixer und selbstverständlicher Bestandteil für alle geworden, die Verantwortung für die Konzeption, die Einrichtung und die Nutzung von solchen Arbeitsplätzen haben. Ohne ergonomische Überlegungen können heute keine Büro- und Bildschirmarbeitsplätze mehr geschaffen werden.

Für die Blaha Büromöbelindustrie als Hersteller, Planer, Lieferant und Einrichter im Bereich von Büroarbeitsplätzen waren Ergonomiegrundsätze schon vor Inkrafttreten des ASchG ein zentrales Unternehmensanliegen. In jahrelanger Zusammenarbeit mit dem Beratungsunternehmen human∕ware GmbH haben wir Ergonomie zu einem zentralen Anliegen unserer Aktivitäten gemacht:

Sämtliche Mitarbeiterinnen und Mitarbeiter im Bereich der Büroplanung und -einrichtung wurden kontinuierlich hinsichtlich ergonomischer und rechtlicher Aspekte geschult, um unseren Kunden die bestmögliche Beratung bieten zu können. Wir haben mehrere große Fachkonferenzen für interessierte Kunden durchgeführt, in denen über rechtliche und ergonomische Neuerungen sachkundig und praxisnah informiert wurde. Im Jahr 1995 haben wir das Fachbuch „Der Mensch am Bildschirmarbeitsplatz" im Springer-Verlag herausgegeben, welches erstmals eine aktuelle und umfassende Darstellung der Bildschirmarbeit aus gesundheitlicher, rechtlicher und ergonomischer Sicht in Österreich war.

Inzwischen sind mehr als fünf Jahre vergangen, und die organisatorischen und technischen Entwicklungen im Bereich der Bildschirmarbeit brachten viele Veränderungen mit sich. Die Bildschirmarbeitsverordnung, Flachbildschirme, Telearbeit, Call Center, neue Arbeitsformen und eine Reihe weiterer Aspekte bestimmen die gegenwärtigen Diskussionen. Aus diesem Grund möchten wir mit dieser Publikation wieder dazu beitragen, wichtige Grundsätze aus der Sicht der Ergonomie für die aktuellen Aufgaben und Themenstellungen verfügbar zu machen.

Wir hoffen, wie schon bei unserem ersten Buch, daß die Bedeutung der Ergonomie im Bereich der Büro- und Bildschirmarbeitsplätze damit weiterhin gefördert wird und Praktiker sachgerechte Antworten auf derzeit anstehende Fragen bekommen.

Korneuburg, September 2001

Mag. Friedrich Blaha
Geschäftsführender Gesellschafter
Blaha Büromöbelindustrie

Zum Geleit

1995 ist in Österreich das ArbeitnehmerInnenschutzgesetz (ASchG) auf Basis des Rechts der Europäischen Gemeinschaft in Kraft getreten. Damit wurden erstmals auch integrierte und umfassendere Regelungen für den Bereich der Bildschirmarbeit definiert. Seither sind eine Reihe von weiteren Verordnungen zum ASchG verabschiedet worden und mit diesen auch die Bildschirmarbeits-Verordnung (BS-V).

Die Schaffung eines umfassenden arbeitnehmerschutzbezogenen Regelwerkes zur Arbeit an Bildschirmen auf EU-Ebene spiegelt die Tatsache wider, daß moderne Informations- und Kommunikationstechnologien heute nahezu jede Branche, jeden Arbeitsplatz, jede Tätigkeit und fast alle Beschäftigten betreffen. Der Einfluß dieser Technologien auf die Arbeitsbedingungen, die Arbeitsorganisation und die Arbeitsabläufe geht mit spezifischen Belastungsformen einher. Ziel und Inhalt der EU-Richtlinien und der österreichischen Gesetzgebung für Sicherheit und Gesundheit am Arbeitsplatz ist es daher, entsprechende Bestimmungen zu definieren, welche ergonomische Mindeststandards für solche Arbeitsplätze und Tätigkeiten beinhalten.

Die österreichische Gesetzgebung auf diesem Gebiet hat darauf Rücksicht genommen, eine breite Anwendbarkeit und eine hohe Flexibilität für die verschiedenen Praxissituationen zu gewährleisten. Daß dies ein guter Weg ist, zeigt sich an ihrer Anwendbarkeit für die rasanten technologischen und organisatorischen Entwicklungen, die gerade im Bereich der Bildschirmanwendungen zu sehen sind. Seit Inkrafttreten des ASchG 1995 ist zu beobachten, daß der klassischen Bildschirmarbeit im Büro viele neue Entwicklungen gefolgt sind: EDV-Einsatz in der Produktion und in Warten, tragbare Computer im Außendienst, Telearbeit, Call Center, neue Technologien und Arbeitstechniken wie z.B. Flachbildschirme, Organizer, Intranet- und Internetnutzung sind nur einige Trends, die innerhalb kurzer Zeit die Arbeitswelt rund um die Bildschirmarbeit verändert haben.

Diese Publikation greift solche Trends auf und bringt sie in Zusammenhang mit rechtlichen, normativen und ergonomischen Überlegungen. Für alle Personengruppen, die direkt oder indirekt mit Bildschirmarbeit zu tun haben, werden damit aktuelle und praxisnahe Hilfestellungen zum Arbeitnehmerschutz bei Bildschirmtätigkeit gegeben.

Dr. Eva-Elisabeth Szymanski
Sektionschefin im Bundesministerium
für Wirtschaft und Arbeit

Begleitwort der Redaktionsverantwortlichen

Als 1995 von Friedrich Blaha ebenfalls im Springer-Verlag das Werk „Der Mensch am Bildschirmarbeitsplatz" herausgegeben wurde, war der in ein EDV-Netzwerk integrierte stationäre PC im Büro der verbreitete Standardfall. Internet, Intranet und Email waren für viele Beschäftigte noch exotisch, tragbare Computer waren noch nicht sehr verbreitet, Flachbildschirme ein seltener Luxus. Telearbeit galt als visionäre, aber noch kaum verbreitete Arbeitsform. Bildschirmarbeit fand hauptsächlich lokalisiert im Bürobereich statt. Der Begriff „Call Center" begann sich in Österreich gerade langsam zu verbreiten. Das Thema Ergonomie bei Bildschirmarbeit erfuhr durch das Inkrafttreten des ASchG erstmals breites Interesse.

Innerhalb weniger Jahre gab es gewaltige Entwicklungen der technischen Möglichkeiten und Nutzungsformen im Bereich der Informations- und Kommunikationstechnologien. Der klassische Arbeitsplatz mit PC im Büro hat sich stark verändert. Die zunehmende Breitenwirkung von Informations- und Kommunikationstechnologien quer durch alle Branchen und Tätigkeiten, neue Arbeitsweisen, veränderte Tätigkeitsanforderungen, andere Bürophilosophien und -konzepte und technische Innovationen lassen Bildschirmarbeit und Bildschirmarbeitsplätze heute in einem ganz anderen Licht erscheinen. Dies spiegelt sich auch in den Fragen wider, die aktuell zu rechtlichen, normativen und ergonomischen Aspekten gestellt werden.

Darüber hinaus ist die Bildschirmarbeits-Verordnung im Mai 1998 in Kraft getreten, deren Umsetzungsfristen mittlerweile alle gelten. Auch die Erstevaluierung im Bürobereich sollte weitgehend abgeschlossen sein. Damit ist gewährleistet, daß an Österreichs Bildschirmarbeitsplätzen eine breite Auseinandersetzung mit ergonomischen Themen stattgefunden hat.

Die Autorinnen und Autoren dieses Buches greifen die genannten Trends auf und bemühen sich, sachgerechte und praxisnahe Antworten darauf zu geben. In diesem Sinne danke ich allen Verfasserinnen und Verfassern für ihr großes Engagement. Besonderer Dank gebührt Herrn Friedrich Blaha, der es hiermit zum zweiten Mal ermöglichte, ein solch umfangreiches Fachbuch herauszugeben. Insbesondere danke ich auch Herrn Michael Wichtl für die intensive Unterstützung der redaktionellen Arbeit und Herrn Alexander Otto für die grafische Gesamtgestaltung der zahlreichen Abbildungen in diesem Buch.

Mag. Martina Molnar
Geschäftsführende Gesellschafterin human✓ware GmbH.
für das Autorenteam

Inhaltsverzeichnis

Autorinnen und Autoren

Ing. Walter Ambros

Fachschul- und Höhere Technische Lehranstalts-Ausbildung für Textiltechnik in Wien.

1960–1994 als Führungskraft, davon 12 Jahre als Geschäftsführer, in mehreren Wirtschaftsunternehmen tätig.

Seit 1994 selbständiger Unternehmensberater in nationalen und internationalen Unternehmen, Organisationen und Verbänden.

Ab 1996 Gründer, Inhaber und Leiter des Ergonomie Zentrum Tirol. Langjähriger Referent in Weiterbildungsinstituten, Lektor an der Fachhochschule Kufstein und Vortragender an der Design Akademie Bozen. Mitglied der Human Work Group Austria (HWGA), der österr. Arbeitsgemeinschaft für Ergonomie (ÖAE), des Verbandes österr. Sicherheitsingenieure (VÖSI).

Consulting für Management und Organisation, ergo-ökonomische Arbeitsgestaltung mit Schwerpunkt Büroplanung, Personalentwicklung und Gesundheitsförderung.

Kontakt:
Ergonomie Zentrum Tirol
Ing. Walter Ambros KEG
Franz Fischer Straße 7
A-6020 Innsbruck
Tel: +43-512-56 39 34
Fax: +43-512-56 39 34-4
Email: office@ergonomie-zentrum.com

Prof. Ing. Christian Bartenbach

Studium an der Höheren Technischen Lehranstalt in Innsbruck, Fach Elektrotechnik. 1964 Gründung des Ingenieurbüros Lichtplanung Christian Bartenbach in München, wo er sich in den 70er Jahren hauptsächlich mit der Beleuchtung von Großraumbüros unter Einbeziehung seiner wahrnehmungspsychologischen Forschungen beschäftigte. Seiner Arbeit entsprangen marktbestimmende, europa- und weltweit patentierte Erfindungen von blendungsfreien Systemtechniken mit hoher Energieeinsparung, wie die Darklight-Technik, die Tageslichtumlenkung und neue Sonnenschutzsysteme. 1989 Bezug des nunmehr zentralen Lichtlabors in Aldrans bei Innsbruck, das mit modernen Simulations-, Meß- und Forschungseinrichtungen ausgestattet ist und wo Ch. Bartenbach mit inzwischen mehr als 50 Mitarbeitern die Weiterentwicklung innovativer Lichtsysteme und deren Einsatzmöglichkeiten in bestehenden und neuen Bauvorhaben realisiert und seine Lichtphilosophie erfolgreich verwirklicht.

Kontakt:
Bartenbach Lichtlabor
Rinner Str. 14
A-6071 Aldrans
Tel: +43-512-33 38
Fax: +43-512-33 38-88
Email: walter.witting@bartenbach.com

Dipl. Ing. Gisela Çakir
Dr. Ing. Ahmet Çakir

Dr. Ahmet Çakir ist wissenschaftlicher Leiter des ERGONOMIC Instituts, Dipl.-Ing. Gisela Çakir ist Geschäftsführerin und wissenschaftliche Mitarbeiterin des ERGONOMIC Instituts. Durchführung von zahlreichen Projekten zu Fragen der Ergonomie und Bildschirmarbeit in Industrie und Verwaltung, Veröffentlichungen in zahlreichen nationalen und internationalen Fachzeitschriften, Kongreßbänden und Büchern, aktive Mitwirkung bei der Erarbeitung von nationalen und internationalen Regelwerken (Reihe DIN 66234, Reihe ISO 9241), Durchführung des Projekts „Licht und Gesundheit" seit etwa fünfzehn Jahren (vier Buchauflagen und eine CD-ROM).

Kontakt:
ERGONOMIC Institut für Arbeits- und Sozialforschung Forschungsgesellschaft mbH
Soldauer Platz 3
D-14055 Berlin
Tel: +49-30-302 10 50
Fax: +49-30-301 98 40
Email: ahmet.cakir@ergonomic.de
gisela.cakir@ergonomic.de
Internet: www.ergonomic.de
www.cyberlux.de

Dipl. Ing. Gerd Dziambor

Studium biomedizinische Technik, technische Informatik und visuelle Ergonomie, 1984 – 1990 wissenschaftlicher Mitarbeiter im Institut für Unfallforschung und Ergonomie des TÜV Rheinland, Aufbau des Arbeitsgebietes Bildschirmergonomie. 1990–1996 Leitung des Referates für Ergonomie in der TÜV Rheinland Product Safety GmbH mit den Schwerpunkten Software-Usability, Hardware-Ergonomie, Arbeitsplatzgestaltung und Möbel. 1996–2000 verantwortlich für die Zertifizierung im Bereich der Ergonomie für die TÜV Rheinland Product Safety GmbH, zusätzliche Aufgaben im Vertrieb und Projektmanagement. Seit April 2000 Accountmanager in der TÜV Secure iT GmbH, einer Schwestergesellschaft der TÜV Rheinland Product Safety GmbH mit den Themen: Software-Usability für e-commerce, Informationsschutzmanagement, Qualitätssicherung von IT-Projekten. Mitarbeit in zahlreichen nationalen und internationalen Gremien.

Kontakt:
TÜV Secure iT
Am Grauen Stein
D-51101 Köln
Tel: +49-221-806 2674
Fax: +49-221-806 1580
Email: dziambor@de.tuv.com

Dipl. Ing. Georg Effenberger

Studienabschluß Maschinenbau, Fachrichtung Betriebswissenschaften; Diplomarbeit zum Thema Total Quality Management und ISO 9000. Seit 1995 Ergonom und Maschinenbauer in der Hauptstelle der AUVA, Abteilung für Unfallverhütung und Berufskrankheitenbekämpfung, Prüfer der Sicherheitstechnischen Prüfstelle der AUVA. Fachautor und Vortragender bei Fachseminaren und Ausbildungslehrgängen für Sicherheitsfachkräfte. Tätigkeitsschwerpunkte: Arbeitsplatzanalyse und –gestaltung, Klima- und Lüftungstechnik.

Kontakt:
Allgemeine Unfallversicherungsanstalt
Abteilung für Unfallverhütung und Berufskrankheitenbekämpfung
Adalbert Stifter Straße 65
A-1200 Wien
Tel: +43-1-33 111-566 (AUVA)
Mobil: 0699-195 22 764
Email: georg.effenberger@chello.at

Daniel Felix (Dr. sc.nat.)

Studium der Biologie an der ETH Zürich, Leiter der Gruppe ergonomie & technologie des Instituts für Hygiene und Arbeitsphysiologie an der ETH Zürich, Lehraufträge an mehreren Fachhochschulen in der Schweiz, tätig als Industrieberater in Fragen der Benutzungsfreundlichkeit; Schulung und Entwicklungsunterstützung.

Kontakt:
ergonomie & technologie ETH
Technoparkstraße 1
CH-8005 Zürich
Tel: +41-1-445-1290
Fax: +41-1-445-1299
Email: felix@acm.org

Mag. Karl Friedl

Höhere Technische Lehranstalt für Innenarchitektur, Diplomstudium Betriebs- und Wirtschaftswissenschaft WU-Wien. Seit 1989 Mitarbeiter der Bene Consulting, seit 1992 Geschäftsführer der Bene Consulting GmbH., geschäftsführender Gesellschafter der Bene Dienstleistungs GmbH. Die Bene Consulting bietet Beratungsleistungen für Büroneubau- und Sanierungsprojekte (eigengenutzte und Investorenobjekte). Als professioneller Bauherr verfügt sie über durchgängige Methoden und Werkzeuge von der Bedarfsplanung über die Projektentwicklung bis hin zum Flächen- und Mobilienmanagement. Autor zahlreicher Artikel in Fachmagazinen zum Thema Bürohausplanung und Facility Management, rege Zusammenarbeit und Erfahrungsaustausch mit Experten in Österreich und Deutschland. Seit Anfang 2000 ist Herr Friedl Dozent zum Thema facilitäre Planung an der Donau Universität Krems und an der ebs Immobilienakademie GmbH in Deutschand.

Kontakt:
Bene Consulting Ges.m.b.H
Plenkerstraße 14
A-3340 Waidhofen a.d. Ybbs
Tel: +43-7442-502-0
Fax: +43-7442-502-2080
Email: karl.friedl@bene.com

Prof. Dr. Ing. Helmut V. Fuchs

Prof. Dr.-Ing. Helmut V. Fuchs hat an der Technischen Universität Berlin Elektrotechnik studiert und bei L. Cremer und R. Wille promoviert. Nach Jahren der Grundlagenforschung am Institute of Sound and Vibration Research in der Strömungsakustik in Southampton, in der Deutschen Forschungsanstalt für Luft und Raumfahrt, Berlin und an der Stanford University hat er sich seit 1979 am Fraunhofer-Institut für Bauphysik (IBP) in Stuttgart der angewandten Forschung und industrienahen Entwicklung auf verschiedenen Gebieten der Bauakustik, des technischen Schallschutzes und der Raumakustik gewidmet. Seit 1995 stellvertretender Institutsleiter des IBP.

Kontakt:
Fraunhofer-Institut für Bauphysik
(IBP)
Nobelstr. 12
D-70569 Stuttgart
Tel: +49-711-970-3320
Fax: +49-711-970-3433
Email: fuchs@ibp.fhg.de

A.-Prof. Dipl. Ing. Dr. Walter Hackl-Gruber

Matura, Konstrukteur im Maschinenbau, VÖEST Linz, Studium Maschinenbau - Betriebswissenschaften an der TU-Wien. Tätigkeit in diversen Konstruktions- und Ingenieurbüros. Universitätsassistent seit 1982, Assistenzprofessor seit 1995. Lehrbeauftragter für Ergonomie an der Universität für angewandte Kunst. Geschäftsführer der Österreichischen Arbeitsgemeinschaft für Ergonomie (ÖAE), Tätigkeit in diversen Fachnormenausschüssen, Vorsitzender des Fachnormenausschusses Ergonomie.

Kontakt:
c/o Institut für Betriebswissenschaften, Arbeitswissenschaft und Betriebswirtschaftslehre der TU-Wien
Theresianumgasse 27
A-1040 Wien
Tel: +43-1-58801-33031
Fax: +43-1-58801-33092
Email: hacklgr@ibab.tuwien.ac.at

Alexander Heider

Seit 1987 in der Abteilung ArbeitnehmerInnenschutz und Arbeitsgestaltung der Arbeiterkammer Wien, seit 1997 Abteilungsleiter. Vertretung der Bundesarbeitskammer im ArbeitnehmerInnenschutzbeirat des Bundesministeriums für Wirtschaft und Arbeit. Vorstandmitglied der Österreichischen Akademie für Arbeitsmedizin, der Arbeitsgemeinschaft REFA im Österreichischen Produktivitäts- und Wirtschaftlichkeitszentrum, der Österreichischen Arbeitgemeinschaft für Ergonomie. Mitglied des Beratenden Ausschusses der Kommission für Sicherheit, Arbeitshygiene und Gesundheitsschutz am Arbeitsplatz, des Verwaltungsrates der Europäischen Agentur für Sicherheit, Arbeitshygiene und Gesundheitsschutz am Arbeitsplatz, der Internationalen Gesellschaft für Arbeitswissenschaft, des Expertennetzwerkes des Europäischen Technikbüros der Gewerkschaften für Gesundheit und Sicherheit sowie weiterer einschlägiger Fachausschüsse und Vereinigungen.

Kontakt:
Bundesarbeitskammer, Abteilung ArbeitnehmerInnenschutz und Arbeitsgestaltung
Prinz-Eugen-Straße 20–22
A-1040 Wien
Tel: +43-1-501 65-2527
Fax: +43-1-501 65-2230
Email: Alexander.Heider@akwien.or.at

Oberstleutnant Michael Höchtl

Leitender Beamter der Bundespolizeidirektion Wien. Im Rahmen einer zentralen Projektgruppe als Vortragender mit der Umsetzung des Bundes-Bedienstetenschutzgesetzes in der BPD Wien beauftragt.

Kontakt:
Bei den Meierhöfen 48
A-1130 Wien
Tel.: +43-1-804 65 65
Mobil: 0664-497 63 60

Werner Hungenberg

Langjähriger Geschäftsführer und Partner der Hungenberg und Hlawna Unternehmensberatung GmbH, München – Frankfurt (Lich) – Hamburg. Beratung und gutachtliche Tätigkeiten, Mitarbeiter verschiedener Büro-Fachzeitschriften. Mitbegründer der Mensch & Büro-Akademie, Bad Nauheim, Leiter des Bereichs Aus- und Weiterbildung, Initiator und langjähriger Leiter des Ausbildungskurses „Gepr. Büroberater MBA" der Mensch & Büro-Akademie, Redakteur von „Mensch & Büro". Langjähriger Dozent an der Akademie für Organisation, Seminarleiter beim RKW, ÖPWZ, DIB u.a.

Kontakt:
Gießener Straße 27
D-35423 Lich
Tel: +49-6404-2019
Fax: +49-6404-61207
Email:
wHungenberg@HungenbergundHlawna.de

Dipl. Ing. Walter Hutterer

Studienabschluß an der TU Wien Maschinenbau – Betriebswissenschaften, Leiter Arbeitsinspektorat f. d. 5 Aufsichtsbezirk, Seminarreferent, Prüfer bei Ausbildungskursen für Sicherheitsfachkräfte, Vertreter bei der EU Agentur für Sicherheit und Gesundheitsschutz am Arbeitsplatz (praktische Lösungen), Mitarbeiter in Fachnormenausschüssen des Normungsinstitutes.

Kontakt:
Arbeitsinspektorat
f. d. 5. Aufsichtsbezirk
Belvederegasse 32
A-1040 Wien
Tel: +43-1-505 17 95
Fax: +43-1-505 17 95-22
Email:
walter.hutterer@arbeitsinspektion.gv.at

Gustav Kneisz

Ist Absolvent der HTL-Mödling, Fachschule für Innenausbau. Seit 1986 bei der Firma Blaha Büromöbel beschäftigt. Er leitet den Vertrieb, der für die Bereiche Beratung, Planung, Verkauf und Montage zuständig ist. Die Kompetenzen im Bereich Planung und Ergonomie hat er in jahrelanger praktischer Beratertätigkeit sowie durch die Ausbildung zum geprüften Büroberater an der Mensch & Büro-Akademie in Bad Nauheim, Deutschland, erlangt.

Kontakt:
Franz Blaha Sitz- und Büromöbel
Industrieges.m.b.H.
Klein-Engersdorfer Straße 100
A-2100 Korneuburg
Tel: +43-2262-72505-21
Fax: +43-2262-72505-40
Email: gustav.kneisz@blaha.co.at

Prof. Dipl. Ing. Dr. Peter Köck

Ausgebildeter TU-Wirtschaftsingenieur und Arbeitswissenschaftler. Studienaufenthalte in Deutschland und Schweiz. Aufbau der Ergonomie an der Technischen Hochschule in Wien unter Prof. Dr. Thumb. 4 Jahre als Arbeitswissenschaftler und Sozialpolitiker an Arbeitgeberinstituten (IfaA und Institut der Deutschen Wirtschaft) in Köln. Begründer und langjähriger Geschäfsführer der Österreichischen Arbeitsgemeinschaft für Ergonomie. Ab 1984 in der Wirtschaftskammer Österreich für Ergonomie und Arbeitsgestaltung zuständig. Seit 1994 Leiter der Gruppe Ergonomie in der Abteilung für Sozialpolitik der WKÖ und Ernennung zum Hochschulprofessor für Ergonomie, Lehrtätigkeit in Wien und Linz. Hauptsächliche Wirkbereiche sind: Analysen, Bewertungen und Gestaltungen auf den Gebieten von Arbeitsinhalten, Arbeitsplätzen, Umgebungseinflüssen mit Schwerpunkt Büroergonomie sowie Sicherheits- und Gesundheitsschutzmanagement, Gefahrenevaluierung, betriebliche Gesundheitsförderung und zukünftige Arbeitswelten. Dies in Form von Beratungen, Schulungen, angewandten Forschungen, Expertisen und Interessensvertretung in diversen Fachgremien. 130 Fachpublikationen.

Kontakt:
Wirtschaftskammer Österreich
Sp-Gruppe Ergonomie
Schaumburgergasse 20/1/7
A-1045 Wien
Tel: +43-1-50 105-4067
Fax: +43-1-50 105-215
Email: Peter.Köck@wko.at

Univ. Doz. Dr. Paul Kolm

Studien in Chemie, Philosophie, Soziologie und Politikwissenschaften. Mehrere Jahre freiberuflich als Industriesoziologe tätig, seit 1977 in der Gewerkschaft der Privatangestellten, Leiter der Abteilung Arbeit und Technik. Dozent am Institut für Gestaltungs- und Wirkungsforschung der TU Wien. Forschung und Beratung zur Gestaltung von Arbeitsorganisation, Arbeitszeit, EDV-Einsatz, Telearbeit.

Kontakt:
Gewerkschaft der Privatangestellten
Deutschmeisterplatz 2
A-1013 Wien
Tel: +43-1-313 93-202
Fax: +43-1-313 93-388
Email: paul.kolm@gpa.at

Martin Leeb, MBA

Martin Leeb ist seit mehreren Jahren in e-Business, Telekommunikation und IT-Consulting tätig. Als Business Developer für IBM Österreich war er mit dem Aufbau des Call Center-Produktangebotes betraut und federführend für die Konzeption einer Direktbank zuständig. Herr Leeb studierte Business Administration in den USA.

Kontakt:
martinleeb@gmx.net

Mag. Martina Molnar

Studium der Psychologie mit Schwerpunkt Arbeits- und Wirtschaftspsychologie an der Universität Wien. Danach freie sozialwissenschaftliche Forschungsarbeit und Lehraufträge im Bereich Technik und Arbeit an der TU Wien - Inst. f. Gestaltungs- und Wirkungsforschung und für andere Institutionen; Kommunikationstrainings und Beratung in der Privatwirtschaft. 1992 Gründung der Firma human-ware GmbH. - Institut für Gesundheit, Sicherheit und Ergonomie im Betrieb. Schwerpunkt sind Seminar- und Beratungsleistungen, Fachpublikationen, Vor-

tragstätigkeiten auf dem Gebiet der Ergonomie und Arbeitspsychologie sowie Tätigkeiten als ministeriell anerkannte Fachausbildungsstelle für Gesundheitspsychologie. Seit 1995 Lehraufträge zu den Themen Benutzungsfreundlichkeit, Informations-Ergonomie, Software-Ergonomie, Kommunikation an den FH-Lehrgängen „Industrial Design" und „Informations-Design" am Technikum Joanneum Graz. Mitglied der Österreichischen Arbeitsgemeinschaft für Ergonomie und des Österr. Berufsverbandes für Psychologinnen und Psychologen, Kooperationen mit einer Reihe einschlägiger in- und ausländischer Fachstellen.

Kontakt:
Human✓Ware GmbH
Burggasse 88, A-1070 Wien
Tel: +43-1-526 02 88
Fax: +43-1-526 02 88-9
Email: martina.molnar@humanware.at

Dipl. Ing. Alexander Otto

Maschinenbaustudium, Entwicklungsingenieur in mehreren Branchen. Inhaber eines technischen Büros für industrielle Produktentwicklung. Tätigkeitsschwerpunkte: Praxisorientierte System- und Produktentwicklung von der Idee bis zur Serie auf den Gebieten der Mechanik, Kunststofftechnik, Optik und Lichttechnik, insbesonders Büromöbel, visuelle Anzeigen, Verkehrs-Lichtsignale, Fertigungseinrichtungen, Behinderten-Fahrzeug-Umbauten unter Anwendung modernster Technologien wie CAE (Computer-Aided-Engineering), Simulation, Visualisierung und Computer-Animation, Versuchslabor.

Kontakt:
Korneuburgerstr. 33
A-2102 Bisamberg/Wien
Tel und Fax: +43-2262-62 607
Email: tbo.otto@kabsi.at

Dipl. Wirtschaftsingenieur Martin Pongratz

Er studierte Betriebswirtschaft und Ingenieurwissenschaften in Brüssel und Barcelona, ist deutscher Staatsbürger und lebt mit seiner Familie in Wien. Er ist Gründungsmitglied und Geschäftsführer der Bene Consulting, eines Beratungsunternehmens, das sich auf die Beratung von Bauherren und Nutzern von Büroimmobilien spezialisiert hat. Neben der Projektleitung einer Vielzahl von Neubau- und Sanierungsprojekten im In- und Ausland, beschäftigt er sich sehr intensiv mit den Formen des Neuen Arbeitens. Er leitete u.a. Pilotprojekte für Baan und Shell und war federführend an der Entstehung von Österreichs erstem konsequent non-territorialem Prozeßbüro für Deloitte Consulting beteiligt. Er ist Autor zahlreicher Fachpublikationen und Kongreßschriften, welche sich mit innovativen Büroansätzen befassen.

Kontakt:
Bene Consulting Ges.m.b.H.
Wipplinger Straße 12
A-1010 Wien
Tel: 01/532 63 30
Fax: 01/532 63 30/2181
Email: martin.pongratz@bene.com

Mag. Ingrid Reifinger

Studium der Geschichte und der Fächerkombination Psychologie, Philosophie und Pädagogik. Lehrberechtigung für Informatik an der AHS-Oberstufe, Tätigkeit als EDV-Trainerin in der Erwachsenenbildung, Lehrbeauftragte an der Universität Innsbruck für „EDV und Arbeitswelt". Seit 1994 Mitarbeiterin der Abteilung Arbeit und Technik der Gewerkschaft der Privatangestellten. Arbeitsbereiche: Neue Technologien, ArbeitnehmerInnenschutz, Büroergonomie.

Kontakt:
Gewerkschaft der Privatangestellten
Deutschmeisterplatz 2
A-1013 Wien
Tel: +43-1-313 93-204
Fax: +43-1-313 93-388 (bitte immer meinen Namen am Fax angeben, es steht nicht in unserer Abteilung)
Email: ingrid.reifinger@gpa.at

Dipl. Ing. Stephan Scheuer

Studium der Elektrotechnik an der Uni Siegen. Seit 1993 ist er im Bereich Ergonomie der TÜV Rheinland Product Safety in Köln tätig, den er seit 1996 verantwortlich leitet. Er beschäftigt sich mit der Entwicklung und Durchführung von Ergonomie- und Usabilityprüfungen mit dem Schwerpunkt IT-Produkte. Als Mitarbeiter im Deutschen Institut für Normung (DIN) und in der International Standardization Organisation (ISO) für benutzergerechte Gestaltung und Interaktion mit visuellen Systemen befaßt er sich sehr intensiv mit der Erarbeitung der ergonomischen Anforderungen an neue Technologien.

Kontakt:
TÜV Rheinland Product Safety
D-51105 Köln
Tel.: +49-221-806-1654
Fax: +49-221-806-3480
Email: scheuer@de.tuv.com

Dipl. Verwaltungswirtin Hildegard Schmidt

Selbständige Lehrbeauftragte an der Bundesakademie für öffentliche Verwaltung und der Bundesanstalt für Arbeitsschutz und Arbeitsmedizin.

Leistungsspektrum: Fachdidaktische Beratung und Konzeption von Ausstellungen, Veranstaltungen und Events, Textvorbereitung und sprachliche Kosmetik für Produktinformationen, Fortbildung und Training zur eigenständigen Umsetzung der Anforderungen aus dem Arbeitsschutzgesetz in Verbindung mit der Artikelverordnung in Unternehmen.

Kontakt:
An der Beuster 5 B
D-31199 Diekholzen
Tel: +49-5121-26 55 76
Fax: +49-5121-26 26 82
Email: info@ergonomiecampus.de
Internet: www.ergonomiecampus.de

Dipl. Ing. Peter Tappler

Studium der Umweltanalytik TU/BOKU Wien. Allgemein beeideter und gerichtlich zertifizierter Sachverständiger. Leiter des „Arbeitskreises Innenraum" am Bundesministerium für Land- und Forstwirtschaft, Umwelt und Wasserwirtschaft. Seit 1991 Leiter des Meß- und Beratungsservice Innenraum des Österreichischen Instituts für Baubiologie und -ökologie (IBO) in Zusammenarbeit mit dem Technischen Büro/Chemisches Labor Damberger, Tappler & Twrdik OEG. Lehrbeauftragter an den Universitätslehrgängen Solararchitektur und Facility Management an der Donau Universität Krems im Bereich „Indoor Air". Durchführung und Publikation mehrerer wissenschaftlicher Studien im Bereich Innenraumluft.

Kontakt:
Stutterheimstraße 16-18/2
A-1150 Wien
Tel: 0664-3008093
Fax: +43-1-983 80 80-15
Email: p.tappler@innenraumanalytik.at
Internet: www.innenraumanalytik.at

Dipl. Ing. Michael Wichtl

Studienabschluß Maschinenbau, Fachrichtung Betriebswissenschaften. Ergonom in der Hauptstelle der AUVA, Abteilung für Unfallverhütung und Berufskrankheitenbekämpfung, Vortragender bei Ergonomiefachseminaren, Mitarbeit an nationaler und internationaler Normung im Ergonomiebereich, Fachdozent für Ergonomie an der FH Joanneum Graz (Industriedesign). Zivilingenieur für Maschinenbau und gerichtlich zertifizierter Sachverständiger für Ergonomie und Arbeitsplatzgestaltung mit Kanzleisitz in Wien. Tätigkeitsschwerpunkte: Bewertung und Gestaltung von Arbeitssystemen und Arbeitsabläufen nach ergonomischen Kriterien, Büroergonomie, Call Center, Licht- und Beleuchtungstechnik.

Kontakt:
Burggasse 88
A-1070 Wien
Tel: +43-1-522 67 14,
+43-1-33 111-514 (AUVA)
Mobil 0664-22 31 791
Fax: +43-1-526 02 88-9
Email: michael.wichtl@auva.sozvers.at
oder ergo.wichtl@scicon.co.at

Dipl. Ing. Klaus Wittig

Studienabschluß Maschinenbau, Fachrichtung Betriebswissenschaften, Diplomarbeit zum Thema Evaluierung von Sicherheits- und Gesundheitsgefahren bei der Arbeit. Seit 1994 Ergonom in der Hauptstelle der AUVA, Abteilung für Unfallverhütung und Berufskrankheitenbekämpfung, Fachautor und Vortragender bei Ergonomie-Fachseminaren und Ausbildungslehrgängen für Sicherheitsfachkräfte. Tätigkeitsschwerpunkte: Arbeitsplatzevaluierung, Arbeitsorganisation, Analyse und ergonomische Gestaltung von Arbeitsplätzen in der Produktion, Kosten-Nutzen-Aspekte im Arbeitnehmerschutz, Sicherheits- und Gesundheitsmanagement.

Kontakt:
Allgemeine Unfallversicherungsanstalt

Abteilung für Unfallverhütung und Berufs-
krankheitenbekämpfung
Adalbert Stifter Straße 65
A-1200 Wien
Tel: +43-1-33 111-502 (AUVA)
Email: klaus.wittig@auva.sozvers.at

Dr. Walter Witting

Studium der Psychologie in Innsbruck. Seit
1990 Leiter der wahrnehmungspsychologi-
schen Forschungsabteilung im Bartenbach
Lichtlabor. Durchführung und Publikation
mehrerer wissenschaftlicher Studien (auch
EU-Projekte) zum Einfuß von Tageslicht und
Kunstlicht auf das Leistungsverhalten des
Menschen.

Kontakt:
Bartenbach Lichtlabor
Rinner Str. 14
A-6071 Aldrans
Tel: +43-512-33 38
Fax: +43-512-33 38-88
Email: walter.witting@bartenbach.com

Mag. Martin Zelewitz

Studium der Handelswissenschaften an der
Universität Linz, Österreich. Auslandsauf-
enthalte an der Universität Krakau, Polen
sowie an der ESC Brest, Frankreich. Zunächst für einen österreichischen Baustoff-
produzenten im Market Research für Polen
tätig. Seit Beginn 1998 Mitarbeiter der Bene
Consulting. Betreuung der Deutschen Luft-
hansa, Frankfurt, Deutsche Shell, Hamburg,
Universität St.Gallen, sowie einiger kleine-
rer Projekte in Österreich und Deutschland.

Kontakt:
Bene Consulting Ges.m.b.H
Leipziger Straße 8
D-60487 Frankfurt
Tel: +49-69-71 40 1-60
Fax: +49-69-71 40 1-6180
Email: m_zelewitz@bene.com

Prof. Xuequin Zha

Prof. Xueqin Zha studierte an der Nanking
Universtität physikalische Akustik. Am Design Institute, Ministry of Radio and Tele-
vision in Beijing war sie zum Schluß als
Chef-Ingenieurin der Akustikabteilung, in
allen Bereichen der Raum-, Bau- sowie
Elektroakustik forschend und beratend tätig.
Nach Gastaufenthalten am Insitut für Rund-
funktechnik in München und am Fraunhofer-Institut für Bauphysik leitet sie seit
1995 die Arbeitsgruppe Raumakustik in der
Abteilung Raumakustik/Technische Akustik
des IBP.

Kontakt:
Fraunhofer-Institut für Bauphysik (IBP)
Nobelstr. 12
D-70569 Stuttgart
Tel: +49-711-970-3320
Fax: +49-711-970-3433
Email: habermann@ibp.fhg.de

1
Aktuelle Gesetze und Normen im Bereich der Bildschirmarbeit

Das Wichtigste im Überblick

In den nachfolgenden Kapiteln werden die hier kurz zusammengefaßten Themen ausführlich dargestellt:

Regelungen zur Bildschirmarbeit in Europa und Österreich

Regelungen zum Arbeitnehmerschutz bei Bildschirmarbeit sind ein europäisches Thema. 1989 ist die 5. Einzelrichtlinie 90/270/EWG (Richtlinie des Rates über die Mindestvorschriften bezüglich der Sicherheit und Gesundheitsschutzes bei der Arbeit an Bildschirmgeräten) erlassen worden, die in Österreich 1995 durch das ASchG (ArbeitnehmerInnenschutz-Gesetz) und 1998 durch die BS-V (Bildschirmarbeits-Verordnung) umgesetzt wurde. Anfang 2000 sind damit alle EU-Regelungen, die sich auf Bildschirmarbeitsplätze und Bildschirmarbeit beziehen, in Österreich in Kraft getreten, soweit sie unter den Geltungsbereich des ASchG fallen. In diesem Beitrag werden allgemeine rechtliche und normative Hintergründe sowie konkrete Erfordernisse aus dem ASchG und der BS-V dargestellt.

Arbeitnehmerschutzregelungen für Bildschirmarbeit im öffentlichen Dienst

Die Geltung des EU-Rechts erstreckt sich prinzipiell auch auf den gesamten öffentlichen Dienst, allerdings wurde die Umsetzung der entsprechenden Gesetze in Österreich zu einem späteren Zeitpunkt als für das ASchG begonnen und ist somit noch nicht zur Gänze abgeschlossen. Darüber hinaus gelten im öffentlichen Dienst Bundes- und Landesgesetze, was eine jeweils unabhängige Gesetzgebung auf Basis der Mindestanforderungen der EU-Richtlinien erforderlich macht. Die hier behandelten Ausführungen geben einen grundsätzlichen Überblick über diese Entwicklung.

Arbeitsstätten-Verordnung

In diesem Text werden jene Passagen der Arbeitsstätten-Verordnung vorgestellt, die für die Gestaltung von Büro- und Bildschirmarbeitsplätzen von besonderer Bedeutung sind. Die Verordnung enthält eine

Vielzahl von Sonder- und Ausnahmeregelungen, welche eine flexible Anwendbarkeit in der Praxis gewährleisten sollen. Für Büro-und Bildschirmarbeitsplätze beziehen sich diese vor allem auf Kassenschalter, kleine Arbeitsräume wie Portierslogen und Meisterkojen und Arbeitsräume für kurzzeitige Nutzung. Darüber hinaus werden die wichtigsten allgemeinen Anforderungen der Arbeitsstätten-Verordnung wie Verkehrswege, Fluchtwege, Sozialräume, Brandschutzmaßnahmen etc. zusammengefaßt.

Normenwerke mit Relevanz für Bildschirmarbeit

Normen dokumentieren den anerkannten Stand der Technik und sind insbesondere für Hersteller und Beschaffer von Bedeutung. Darüber hinaus gibt es zwischen Hersteller- und Anwenderregelungen im EU-Bereich häufig Querbezüge, sodaß normative Regelungen auch für benutzerbezogene Anwendungen relevant sein können. Dies gilt auch im Bereich der Bildschirmarbeit, wo es Hinweise auf die inhaltliche und formale Verbindung zwischen der EU-Bildschirmrichtlinie 90/270/EWG und der EN ISO 9241 gibt. Dieser Beitrag liefert eine Übersicht über die wichtigsten österreichischen, europäischen und internationalen Normenwerke und Entwicklungstrends im Normungswesen auf dem Gebiet der Bildschirmarbeit.

Die häufigsten Fragen zur Bildschirmarbeit

Rechtliche Regelungen zur Bildschirmarbeit und Fragen aus der Praxis führen nicht immer zu einheitlichen Standardantworten. Einerseits erlaubt die Flexibilität der gesetzlichen Regelungen eine Anpassung an individuelle Ausgangssituationen und bietet hierfür auch Interpretationsspielraum. Andererseits fordert die Praxis und die Diskussion von Interessensgruppen auch heraus, daß verschiedene Standpunkte zum selben Thema formuliert werden. In diesem Beitrag werden die wichtigsten und am häufigsten gestellten Fragen zur Bildschirmarbeit durch Experten der gesetzlichen Arbeitnehmer- und Arbeitgebervertretung beantwortet. Dies umfaßt beispielsweise Fragen zu Augenuntersuchungen und Bildschirmbrille, Kostenfragen, ergonomische Anforderungen an Arbeitsmittel, Evaluierung, Pausenregelungen und spezielle Situationen wie Telearbeit und tragbare Computer.

1.1. Regelungen zur Bildschirmarbeit in Europa und Österreich

Gesetzliche und normative Grundlagen aus dem EU-Recht, dem ASchG
und der Bildschirmarbeits-Verordnung

Martina Molnar, Michael Wichtl

In aller Kürze

Regelungen zum Arbeitnehmerschutz bei Bildschirmarbeit sind ein europäisches Thema. 1989 ist die 5. Einzelrichtlinie 90/270/EWG (Richtlinie des Rates über die Mindestvorschriften bezüglich der Sicherheit und Gesundheitsschutzes bei der Arbeit an Bildschirmgeräten) erlassen worden, die in Österreich 1995 durch das ASchG (ArbeitnehmerInnenschutzgesetz) und 1998 durch die BS-V (Bildschirmarbeits-Verordnung) umgesetzt wurde. Anfang 2000 sind damit alle EU-Regelungen, die sich auf Bildschirmarbeitsplätze und Bildschirmarbeit beziehen, in Österreich in Kraft getreten, soweit sie unter den Geltungsbereich des ASchG fallen. In diesem Beitrag werden allgemeine rechtliche und normative Hintergründe sowie konkrete Erfordernisse aus dem ASchG und der BS-V dargestellt.

1.1.1. Europa

Gesundheit und Sicherheit am Arbeitsplatz spielt im EU-Raum auf zwei Ebenen eine Rolle.[1]

Einerseits werden im EG-Vertrag Richtlinien zu sozialpolitischen Regelungen für Gesundheit und Sicherheit am Bildschirmarbeitsplatz formuliert, um diesbezüglich im EU-Raum einen einheitlich guten Mindeststandard zu erreichen (bisher Artikel 118 a des EG-Vertrages, seit 1.5.1999 Artikel 138).[2]

Es existieren eine Rahmenrichtlinie und eine Reihe von Einzelrichtlinien für Mindestanforderungen an Gesundheit und Sicherheit am Arbeitsplatz. Alle Richtlinien sind von allen EU-Mitgliedsländern in die nationale Arbeitnehmerschutzgesetzgebung umzusetzen. Die Rahmenrichtlinie formuliert allgemeine Mindestanforderungen im Hinblick auf Sicherheit und Gesundheitsschutz am Arbeitsplatz, die in der Verantwortung von Arbeitgebern zu verwirklichen sind. Dazu gehört die Pflicht, die erforderlichen Mittel und die notwendige Organisation bereitzustellen, sich dabei laufend am Stand der wissenschaftlichen Erkenntnisse und der Technik zu orientieren, Gefahren an der Quelle zu bekämpfen und nicht vermeidbare Gefahren weitgehend zu reduzieren, die Arbeitnehmer anzuhören, zu beteiligen sowie über Sicherheits- und Gesundheitsaspekte nachweisbar zu informieren und zu unterweisen, Arbeitsplätze im Hinblick auf Risiken und Gefahren zu untersuchen, zu bewerten und entsprechende Verbesserungsmaßnahmen zu setzen (Evaluierung) und diese Aktivitäten zu dokumentieren.

---

1 Nähere Details siehe auch Molnar M., Wichtl M., S. 39 bis 56, in Blaha (1995).

2 Durch den „Vertrag von Amsterdam" wurde auch der Vertrag zur Gründung der Europäischen Gemeinschaft geändert. Der vormalige Artikel 100 a lautet nun Artikel 95, der bisherige Artikel 118 a heißt nun Artikel 138. Diese Änderungen gelten seit 1.5.1999 (siehe zum Beispiel BGBl III Nr. 83/1999 und BGBl III Nr. 85/1999).

Eine der Einzelrichtlinien bezieht sich auf Bildschirmarbeitsplätze und Bildschirmarbeit. Die Adressaten für die Umsetzung der Richtlinienanforderungen sind die Arbeitgeber.

Andererseits gibt es Richtlinien auch auf dem Gebiet des Binnenhandels, welche grundsätzlich den Abbau von Handelshemmnissen und den freien Warenverkehr zum Ziel haben (bisher Artikel 100 a, seit 1.5.1999 Artikel 95). Diese Richtlinien beinhalten auch Anforderungen hinsichtlich erforderlicher Gesundheits- und Sicherheitsmerkmale der betreffenden Produkte. Die EU-Kommission hat auf der Basis von Artikel 100 a der Europäischen Normungsinstitution CEN den Auftrag erteilt, harmonisierte (in allen EU-Ländern gleichermaßen geltende) Normen zu entwickeln, nach denen Maschinen und Geräte zu gestalten sind. Adressaten für Normen sind die Hersteller und Inverkehrbringer von Produkten.

Auf Basis Artikel 118 a (jetzt 138) regelt die 5. Einzelrichtlinie 90/270/EWG (Richtlinie des Rates über die Mindestvorschriften bezüglich der Sicherheit und Gesundheitsschutzes bei der Arbeit an Bildschirmgeräten) welche Grundanforderungen des Arbeitnehmerschutzes an Bildschirmarbeitsplätzen und bei Bildschirmarbeit gelten. Es sind zu ihrer Umsetzung alle Aspekte zu berücksichtigen, die auch in der Rahmenrichtlinie 89/391/EWG enthalten sind. Darüber hinaus beinhaltet sie zusätzliche personenbezogene Anforderungen (wie Augenuntersuchungen, Unterbrechungen beziehungsweise Pausen bei der Bildschirmarbeit) und Mindestanforderungen zur ergonomischen Gestaltung von Bildschirmarbeitsplätzen (Gerät, Umgebung, Mensch-Maschine-Schnittstelle), die im Anhang der Richtlinie geregelt sind.

Gleichfalls wurde ausgehend von Artikel 100 a (jetzt 95) eine harmonisierte Norm für Büro- und Bildschirmarbeit geschaffen. Es handelt sich um die EN ISO 9241 (Ergonomische Anforderungen für Büroarbeit mit Bildschirmgeräten). Jede „harmonisierte" Norm gilt in jedem EU-Land gleichermaßen. Sie ist gesetzlich nicht zwingend, jedoch ein bedeutsamer Nachweis für Konformität. Die EN ISO 9241 wurde über die Harmonisierung auch von Österreich übernommen und heißt hier ÖNORM EN ISO 9241. Normen richten sich zwar an Hersteller, jedoch haben auch Konsumenten Interesse an ihrer Umsetzung.

Obwohl sich die Bildschirmrichtlinie auf die Verbesserung von Arbeitsbedingungen bezieht und die EN ISO 9241 auf die Herstellung von Produkten sowie auf den Handel im Binnenmarkt, gibt es zwischen beiden einen engen praktischen Zusammenhang. Die Europäische Kommission hat darauf hingewiesen, daß zur Konkretisierung des Anhangs der Bildschirmrichtlinie auch auf die EN ISO 9241 Bezug genommen werden kann.

1.1.2. Österreich

Das österreichische Bundesgesetz über Sicherheit und Gesundheitsschutz bei der Arbeit (ArbeitnehmerInnenschutzgesetz – ASchG) ist eines von vielen Gesetzen, das durch den EWR-Vertrag an die Anforderungen des Binnenmarktes angeglichen werden mußte (Abb. 1.1.1.). Die Richtlinien über Gesundheit und Sicherheit am Arbeitsplatz wurden in Österreich in Form des Bundesgesetzes über Sicherheit und Gesundheitsschutz bei der Arbeit (ArbeitnehmerInnenschutzgesetz beziehungsweise ASchG) sowie zugehörigen Verordnungen großteils umgesetzt. Analoge Regelungen für die Bundesbediensteten in Form des Bundesbediensteten-Schutzgesetz (B-BSG) gibt es bereits, Regelungen für Länder und Gemeinden müssen zur vollständigen Erfüllung der

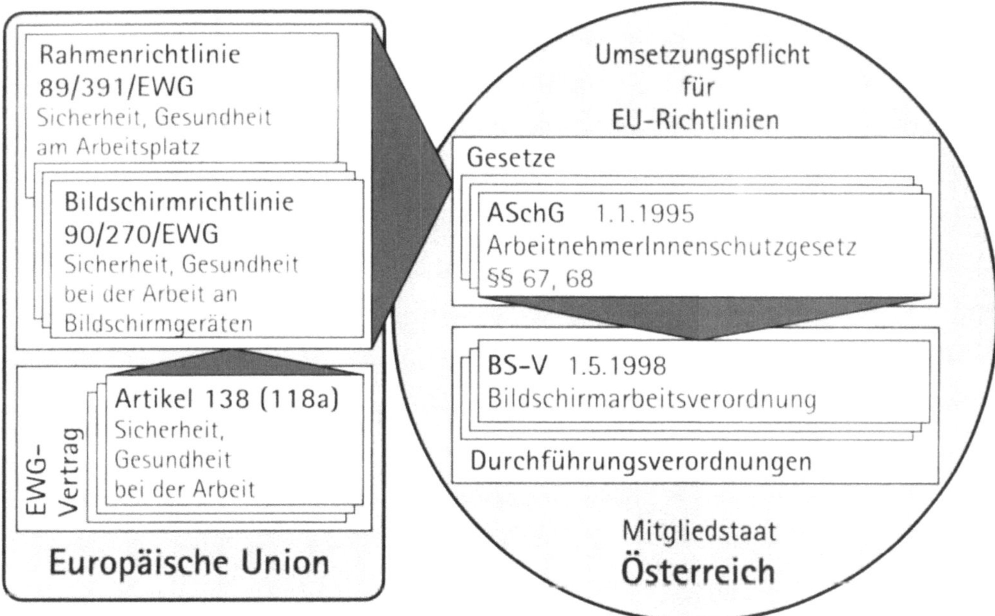

Abb. 1.1.1. Rechtliche Rahmenbedingungen

Umsetzungspflicht nachfolgen und sind derzeit teilweise noch in Arbeit.[3]

Diejenigen Teile des ASchG, welche sich auf Bildschirmarbeit beziehen, und die Verordnung zur Bildschirmarbeit (BS-V) entsprechen weitgehend dem Text der Bildschirmrichtlinie.

Das österreichische Normungsinstitut gibt die mandatierte Norm EN ISO 9241 inhaltsgleich als ÖNORM EN ISO 9241 heraus. Damit ist gewährleistet, daß diese Norm total harmonisiert in das österreichische Normungswerk übergeht.

Ganz allgemein und grundsätzlich bezieht sich die Textierung, Auslegung und Umsetzung des ASchG und damit auch jener Regelungen, die mit Bildschirmarbeit zu tun haben, auf die Erreichung von Schutzzielen. Das bedeutet, die entsprechenden Gesetzestexte geben vor, welche Ziele aus der Sicht der Arbeitswissenschaft und Ergonomie zu erreichen sind. Sie geben aber großteils nicht vor, auf welchen Wegen und mit welchen Mitteln diese Ziele verwirklicht werden sollen. Dies führt in der Praxis dazu, daß ausgehend von den definierten Schutzzielen je nach Arbeitsplatz, Arbeitspersonen, Arbeitsumfeld, organisatorischen Rahmenbedingungen, individuellen Präferenzen etc. passende Umsetzungswege individuell gefunden werden müssen. Es ist daher weder sinnvoll noch zielführend, solche Gesetzesregelungen mit „Rezepten" zu füllen, von denen keine individuellen Abweichungen möglich sind (Abb. 1.1.2.).

Die folgenden Ausführungen verdeutlichen überdies, daß das ASchG und die BS-V aufeinander abgestimmt sind (sie gelten im rechtlichen Zusammenhang) und diese Tatsache darauf abzielt, die EU-Bildschirmrichtlinie 90/270/EWG voll inhaltlich umsetzbar zu machen.

---

3 Nähere Ausführungen dazu siehe Kapitel 1.2.

Abb. 1.1.2. Freiheit beim Kuchenbacken und beim Gestalten von Bildschirmarbeitsplätzen

1.1.3. Bildschirmarbeit im ASchG und in der BS-V[4]

Das ASchG und damit die für Bildschirmarbeit relevanten §§ 67 und 68 (Abb. 1.1.3.) sind am 1.1.1995 in Kraft getreten. Ergänzt wurden diese beiden Paragraphen durch die Bildschirmarbeitsverordnung (BS-V), welche am 1.5.1998 in Kraft trat. Grundsätzlich ist zu sagen, daß eine Verordnung eine Ergänzung zum Gesetz darstellt, dieses Gesetz jedoch nicht aufhebt oder in irgendeiner Weise verändert, sondern an den erforder-

lichen Stellen präzisiert. Für die praktische Umsetzung der gesetzlichen Regelungen für Bildschirmarbeit gilt, daß sowohl das ASchG als auch die BS-V zugleich anzuwenden sind.

Die Abb. 1.1.4. zeigt, daß die meisten Regelungen des ASchG und der BS-V vor allem vom Faktum abhängig sind, daß ein Bildschirmarbeitsplatz gemäß der Definition § 67 Abs. 1 ASchG vorliegt. Das bedeutet, wenn ein Bildschirmarbeitsplatz im Sinne dieser Definition vorliegt, dann gelten die davon abhängigen Bestimmungen von ASchG und BS-V. Bestimmte Regelungen sind jedoch davon abhängig, ob Bildschirmarbeit gemäß § 1 Abs. 2 BS-V vorliegt, beziehungsweise gemäß § 68 Abs. 3 ASchG ArbeitnehmerInnen beschäftigt werden, die

---

4 Siehe auch Molnar M., Wichtl M.: Bildschirmarbeit. In: Lang M. (Hg.): Handbuch ArbeitnehmerInnenschutzgesetz. Weka-Verlag, Wien, 1999.

bei einem nicht unwesentlichen Teil ihrer Arbeit ein Bildschirmgerät benutzen.

Die Inhalte der §§ 67 und 68 ASchG und auch der Bildschirmarbeitsverordnung lassen sich daher in zwei Hauptbereiche gliedern:

1. **Arbeitsplatzbezogene Regelungen:** Einerseits gibt es Regelungen, die sich auf die ergonomische Gestaltung von Bildschirmarbeitsplätzen beziehen – unabhängig davon, welche Personen in welcher Weise und wie lange an diesen Arbeitsplätzen tätig sind (was ist ergonomisch zu gestalten, wo sind Abweichungen zulässig, welche Gestaltungsziele sollen erreicht und welche Belastungen vermieden werden ...).

2. **Personenbezogene Regelungen:** Andererseits liegen Regelungen vor, die sich auf die Personen beziehen, die Bildschirmarbeit verrichten (zum Beispiel Untersuchungen, Tätigkeitswechsel oder Pausen, Information, Unterweisung, Beteiligung ...).

Die Gesetzestexte drücken aus, welche Gefahren und Belastungen zu vermeiden sind, beziehungsweise welche Ziele für die ergonomische Gestaltung von Bildschirmarbeitsplätzen zu erreichen sind. Diese Ziele können unter Anwendung der gesicherten arbeitswissenschaftlichen Erkenntnisse aus dem Bereich der Ergonomie abgeleitet werden. Schon aus der interdisziplinären Definition der Ergonomie ergibt sich, daß ergonomische Gestaltung immer problemspezifisch ist. Deshalb existieren keine Einheitslösungen, Patentrezepte und Lehrformeln, die in jeder Situation gleichermaßen anwendbar sind. Um gute ergonomische Gestaltungslösungen zu erreichen, ist es nötig, ergonomische Grundlagen zu verstehen und problemadäquat in Lösungskonzepte umzusetzen.

Die Textierung der Bildschirmrichtlinie (Richtlinie 90/270/EWG), der Regelungen im ASchG (§§ 67 und 68) und der Verordnung zur Bildschirmarbeit (BS-V) beruhen auf dieser Tatsache. Es werden keine fallbe-

§ 67 Bildschirmarbeitsplätze	§ 68 Besondere Maßnahmen bei Bildschirmarbeit
• Definition von Bildschirmgeräten, Bildschirm-Arbeitsplätzen	• Ermittlung und Beurteilung von Gefahren (Beeinträchtigung des Sehvermögens, physische und psychische Belastungen)
• Verpflichtung zur ergonomischen Gestaltung der Bildschirmarbeitsplätze	• Benutzungsfreundliche Software
• Zulässige Abweichungen	• Pausen/Tätigkeitswechsel
	• Untersuchung der Augen
	• Sehhilfen

Abb. 1.1.3. Inhalte der §§ 67 und 68 ASchG

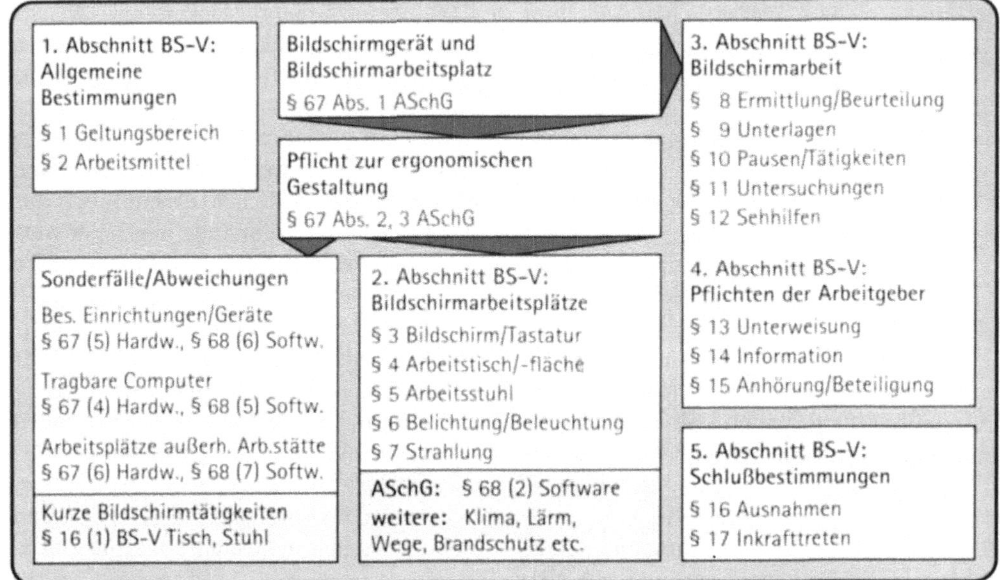

Abb. 1.1.4. Zusammenhänge zwischen §§ 67, 68 ASchG und BS-V

zogenen Vorgaben definiert (zum Beispiel Maßwerte des Bildschirmarbeitsplatzes), die in der Praxis zu starken Einschränkungen der Gestaltungsmöglichkeiten führen würden und darüber hinaus keine technische Weiterentwicklung ermöglichen (zum Beispiel Einsatz von Flachbildschirmen). Diese Absicht wird auch von der Arbeitsinspektionsbehörde verfolgt: *„Bezüglich der Handhabung der BS-V hat das BMAGS in einem an alle Arbeitsinspektorate gerichteten Erlaß vom 11.5.1998 (Zl 61.600/3-1/98) klargestellt: Da die Ergonomie auf das Individuum abziele, sei bei der Beurteilung von Bildschirmarbeitsplätzen darauf zu achten, daß die Schutzziele erreicht und nicht darauf, daß die in Normen oder Richtlinien angeführten Abmessungen eingehalten werden. Allerdings seien Normen und Richtlinien auch im Bereich der Ergonomie insofern hilfreich, als angenommen werden dürfe, daß beispielsweise normgerechte Arbeitsstühle in den meisten Fällen den indivi-*duellen *Bedürfnissen der Verwender gerecht werden und die Schutzziele erfüllen.“*[5]

Die nachfolgenden Ausführungen zum ASchG und zur BS-V sind auch in diesem Licht zu interpretieren. Im Vordergrund stehen die Schutzziele, die in den gesetzlichen Regelungen formuliert werden. Originaltexte aus dem ASchG und der BS-V werden jeweils kursiv dargestellt und werden durch Erklärungen und Erläuterungen ergänzt. Die Übersicht integriert sowohl alle Inhalte des ASchG als auch alle Inhalte der BS-V, sie ist an der Praxis orientiert und dementsprechend thematisch gegliedert. Damit sollen das Verständnis und die Anwendbarkeit der gesetzlichen Regelungen zur Bildschirmarbeit für die Praxis gewährleistet werden. Zusätzlich wird das mühsame Suchen von zusammengehörigen Textstellen aus den Gesetzen vermieden.

5 Quelle: Bernhard W. Gruber, WKÖ, Sozialpolitische Abt., Manuskript zur BS-V vom 29. Mai 1998

1.1.3.1. Arbeitsplatzbezogene Maßnahmen: Was, wie, warum?

a) Begriffe: Bildschirmgerät, Bildschirmarbeitsplatz, Arbeitsmittel

§ 67 Abs. 1 ASchG:
Bildschirmgerät im Sinne dieser Bestimmung ist eine Baueinheit mit einem Bildschirm zur Darstellung alphanumerischer Zeichen oder zur Grafikdarstellung, ungeachtet des Darstellungsverfahrens. Bildschirmarbeitsplätze im Sinne dieser Bestimmung sind Arbeitsplätze, bei denen das Bildschirmgerät und die Dateneingabetastatur oder sonstige Steuerungseinheit sowie gegebenenfalls ein Informationsträger eine funktionale Einheit bilden.

Diese Definition gemäß § 67 Abs. 1 ASchG ist Ausgangspunkt für eine Reihe von Bestimmungen, die immer dann gelten, wenn ein Bildschirmgerät an einem Bildschirmarbeitsplatz im Sinne dieser Definition vorliegt. Dies gilt vor allem für die Verpflichtung, sämtliche Arbeitsplätze, welche dieser Definition entsprechen, ergonomisch gestalten zu müssen. Es ist ein weit verbreitetes Mißverständnis, daß die Pflicht zur ergonomischen Gestaltung von der Arbeitsform und der Arbeitsdauer am Bildschirm abhängig ist. Unabhängig von der Art und Dauer der Arbeit an einem Bildschirmarbeitsplatz ist demnach jeder Bildschirmarbeitsplatz ergonomisch zu gestalten. Das macht auch durchaus Sinn, denn auch wenn heute jemand nur 10 Minuten an einem Bildschirmarbeitplatz zubringt, kann das morgen schon ganz anders sein, beziehungsweise morgen ein anderer Mensch mit einer anderen Tätigkeit an diesem Arbeitsplatz tätig sein. Dennoch bedeutet das nicht, daß die ergonomische Gestaltung nicht auch unter dem Gesichtspunkt der Arbeitsabläufe zu sehen ist (zum Beispiel unterschiedliche Anforderungen von Bildschirmarbeitsplätzen im Bereich Büro, Warten und CAD). Dies verdeutlicht die Notwendigkeit, sich an Schutzzielen zu orientieren.

§ 2 BS-V:
Als Arbeitsmittel im Sinne dieser Verordnung gelten Bildschirmgeräte, Eingabe- und Datenerfassungsvorrichtungen sowie unbedingt erforderliche Zusatzgeräte.

§ 2 BS-V definiert somit, was unter dem Begriff Arbeitsmittel zu verstehen ist.

b) Wann sind Bildschirmarbeitsplätze ergonomisch zu gestalten?

§ 67 Abs. 2 ASchG:
Arbeitgeber sind verpflichtet, Bildschirmarbeitsplätze ergonomisch zu gestalten.

Das ist eine Muß-Anforderung zur ergonomischen Gestaltung von allen Bildschirmarbeitsplätzen, wenn diese der Definition von § 67 Abs. 1 ASchG entsprechen.

§ 67 Abs. 2 ASchG:
Es dürfen nur Bildschirmgeräte, Eingabe- oder Datenerfassungsvorrichtungen sowie Zusatzgeräte verwendet werden, die dem Stand der Technik und den ergonomischen Anforderungen entsprechen; es sind geeignete Arbeitstische beziehungsweise Arbeitsflächen und Sitzgelegenheiten zur Verfügung zu stellen.

Die Umsetzung dieser Anforderungen muß – entsprechend der individuellen Gegebenheiten und Randbedingungen – auf der Basis ergonomischer Kenntnisse erfolgen. In § 67 Abs. 2 ASchG selbst befinden sich nur Grundsatzaussagen dazu.

Die BS-V legt im 2. Abschnitt (§§ 3, 4, 5, 6, 7) diesbezüglich Mindestanforderungen genauer fest, die nachfolgend detailliert dargestellt werden.

c) Was ist der Stand der Technik und was sind die ergonomischen Anforderungen?

§ 3 Abs. 2 ASchG:
Arbeitgeber haben sich unter Berücksichtigung der bestehenden Gefahren über den neuesten Stand der Technik und der Erkenntnisse auf dem Gebiet der Arbeitsgestaltung entsprechend zu informieren.

Diese Aussage gilt generell und nicht nur für Bildschirmarbeitsplätze.

Normen dokumentieren den anerkannten Stand der Technik, wobei der aktuelle Stand der Technik mitunter auch darüber hinaus gehen kann. Normen haben im allgemeinen keinen Gesetzescharakter, aber eine Relevanz von Normen im Zusammenhang mit der Gestaltung von Arbeitsstätten und Arbeitsplätzen ist durchaus auch ohne Gesetzwertigkeit gegeben.

Auch die Kommission der EU hat auf eine diesbezügliche Anfrage darauf verwiesen, daß die EN ISO 9241 („Ergonomische Anforderungen für Büroarbeit mit Bildschirmgeräten“) durchaus als Umsetzungshilfe für die im Anhang der Bildschirmrichtlinie 90/270/EWG formulierten ergonomischen Anforderungen zur Gestaltung von Bildschirm-Arbeitsplätzen herangezogen werden kann. Dies ist schon deshalb verständlich, weil die EN ISO 9241 eine mandatierte harmonisierte Norm gemäß Art. 95 (früher: 100 a) EWG-Vertrag darstellt, die sich an Hersteller und Vertreiber von Hard- und Software wendet und daher klarerweise gestaltungsrelevant ist.[6]

§ 2 Abs. 8 ASchG:
Stand der Technik im Sinne dieses Bundesgesetzes ist der auf einschlägigen wissenschaftlichen Erkenntnissen beruhende Entwicklungsstand

Wenn Normen den anerkannten Stand der Technik dokumentieren, dann können sie im Sinne von § 2, Abs. 8 ASchG auch als entsprechende Bezugspunkte herangezogen werden, die *mindestens* einzuhalten sind, da in der Regel der aktuelle Stand der Technik darüber hinausgeht.

---

6 Siehe dazu auch Kapitel 1.4.

fortschrittlicher technologischer Verfahren, Einrichtungen und Betriebsweisen, deren Funktionstüchtigkeit erprobt oder erwiesen ist.

Das ASchG und die relevanten Passagen bezüglich Bildschirmarbeit betonen jedoch ausdrücklich, daß Informationen über den neuesten Stand der Erkenntnissen auf dem Gebiet der Arbeitsgestaltung einzuholen sind (im Sinne von § 3 Abs. 2 ASchG). Informationsquellen hierzu sind neben Normen natürlich auch Fachliteratur, Fachveranstaltungen und Fachexperten. Für die Praxis ist es weder möglich noch erforderlich, auf jedem Fachgebiet selbst Experte sein zu müssen. Wesentlich ist es jedoch, sich bei ergonomischen Gestaltungsaufgaben über die aktuellen Fachkenntnisse zu informieren und sich darauf zu stützen.

d) Ziele ergonomischer Gestaltung

§ 67 Abs. 3:
Bildschirmarbeitsplätze sind so zu bemessen und einzurichten, daß ausreichend Platz vorhanden ist, um wechselnde Arbeitshaltungen und -bewegungen zu ermöglichen. Es ist für eine geeignete Beleuchtung und dafür zu sorgen, daß eine Reflexion und eine Blendung vermieden werden.

Ziel ergonomischer Gestaltungsmaßnahmen ist die Anpassung der Arbeitsbedingungen an die Eigenschaften des menschlichen Organismus und damit die Vermeidung von Fehlbeanspruchungen, wie dies ganz allgemein durch § 67 Abs. 3 ausgedruckt wird.

Welche spezifischen Belastungen durch die Arbeit am Bildschirm entstehen können, wird durch die speziellen Anforderungen an die Gefahrenermittlung gemäß § 68 Abs.1 zum Ausdruck gebracht. Es handelt sich vor allem um visuelle Belastungen, Belastungen des Stütz- und Bewegungsapparates sowie psychische Belastungen. Die oben angeführte Formulierung aus dem Gesetz entspricht wieder der Philosophie, in erster Linie von Schutzzielen auszugehen. Beispielsweise ist eine geeignete Beleuchtung aus technischer und ergonomischer Sicht durch eine Vielzahl von Beleuchtungssystemen realisierbar. Die Auslegung und Auswahl des Beleuchtungssystems hat hierbei so zu erfolgen, daß eine ausreichende Lichtmenge zur Verfügung steht und visuelle Störeinflüsse (Blendung, Reflexion, Helligkeitsunterschiede im Gesichtsfeld) vermieden werden. Details sind auch hier den entsprechenden Fachnormen für Licht und Beleuchtung und auch dem Stand der ergonomischen Anforderungen der Licht- und Beleuchtungstechnik zu entnehmen.

e) Was muß am Bildschirmarbeitsplatz ergonomisch gestaltet werden?[7]

Der 2. Abschnitt (Bildschirmarbeitsplätze) der BS-V formuliert genauer, welche Arbeitsmittel und Arbeitsplatzfaktoren in welcher Weise ergonomisch zu gestalten sind. Wenn ein

---

7 Details dazu siehe auch Kapitel 2.3., 2.4., 2.5., 2.6., 2.7. und 4.2.

Arbeitsplatz tatsächlich ergonomischen Ansprüchen genügen soll, kommt es auf die jeweils passende Abstimmung der Arbeitsmittel, Arbeitsumgebung und Tätigkeitserfordernisse an. Alle ergonomischen Grundsätze und Leitlinien sind immer in deren Zusammenwirken anzuwenden. Zum Beispiel muß gemäß § 3 Z 3 die Wiedergabe der Zeichen in Positivdarstellung möglich sein. Diese Anforderung ist in einem Großteil der Fälle aus ergonomischer Sicht sinnvoll, weil damit die Sehbedingungen im allgemeinen verbessert werden (Reduktion von Reflexionsneigung, verbesserte Kontraste zwischen Zeichen und Hintergrund, geringere Störlichtempfindlichkeit). Es gibt jedoch Arbeitsaufaben, bei denen aufgrund der Erfordernis dünne Linienzüge wahrzunehmen eine Negativdarstellung sehphysiologisch zweckmäßiger ist. Dies gilt zum Beispiel für CAD-Arbeit, wo die Darstellung feiner Linien und kleiner Sehdetails besser in Negativdarstellung erfolgt, weil in solchen Fällen die Sichtbarkeit des Dargestellten erhöht wird.

Nachfolgende Ausführungen der BS-V sind wieder vor dem Hintergrund der Orientierung an Gestaltungszielen zu betrachten:

Bildschirm und Tastatur (§ 3 BS-V):

(1) Den Arbeitnehmern/Arbeitnehmerinnen dürfen nur Bildschirme zur Verfügung gestellt werden, die folgenden Anforderungen entsprechen:
1. Die Benutzung des Geräts als solches darf keine Gefährdung der Arbeitnehmer/innen mit sich bringen.

Schutzziele: Vermeidung beziehungsweise Verringerung von Sicherheitsrisiken und Unfallgefahren.

Erläuterungen: Bei Gerätesicherheit geht es um grundlegende sicherheitstechnische Merkmale von Bildschirm und Tastatur, daher im wesentlichen um elektrotechnische Sicherheitskriterien. Diese können zum Beispiel durch GS-Prüfung beziehungsweise ÖVE-Prüfung attestiert werden. Darüber hinaus kann die Gerätesicherheit auch durch Augenscheinüberprüfung (zum Beispiel im Hinblick auf intakte Kabelverbindungen) geprüft werden. Außerdem ist das Bildschirmgerät auch so aufzustellen, daß es durch wegragende Gehäuseteile und überhängende Kabel nicht zur potentiellen Gefahrenstelle wird.

2. Die auf dem Bildschirm angezeigten Zeichen müssen scharf und deutlich, ausreichend groß und mit angemessenem Zeichen- und Zeilenabstand dargestellt werden.

Schutzziele: Vermeidung beziehungsweise Verringerung von visuellen und psychischen Belastungen.

Erläuterungen: Kriterien der Darstellungsgüte der Zeichen (ausreichend scharf, deutlich groß und mit angemessenem Zeichen- und Zeilenabstand) können vom Nutzer oftmals nur durch Augenscheinüberprüfung beurteilt werden. Nutzer wissen, ob sie die dargestellten Zeichen lesen können oder nicht. Dieses Kriterium ist so stark von individuellen Benutzerwahrnehmungen und dessen Aufgabenerfordernissen abhängig, daß eine „objektive" Außenbeurteilung gar nicht möglich ist.

Aus diesem Grund ist es erforderlich, daß die Zeichenqualität und Darstellungsgüte durch die technischen Gegebenheiten von Hard- und Software prinzipiell realisierbar sind. Dies kann durch die Einhaltung von Gütekriterien geprüft werden. Genaue technische Aussagen hierzu finden sich in ÖNORM EN 29241 Teil 3 („Anforderungen an visuelle Anzeigen") und zwar in einer Form, die sich im wesentlichen an Hersteller wendet und daher von diesen eingehalten werden muß. Empfehlenswert ist es daher, die Einhaltung von Gütekriterien bezüglich der Zeichendarstellung entweder durch Augenscheinprüfung oder mit höherer Sicherheit durch Prüfzeichen (zum Beispiel TÜV Ergonomie geprüft) zu bestätigen.[8]

Darüber hinaus ist zu bedenken, daß es nicht nur technische Voraussetzungen zur Einhaltung von visuellen Darstellungsanforderungen braucht, sondern die Benutzer von Bildschirmsystemen auch individuelle Einstellungen (zum Beispiel Zeichengrößen, Kontraste, Schriftarten, Farben, etc.) vornehmen können, die Einfluß auf die Lesbarkeit haben. In diesem Kontext gibt es auch Querverbindungen zur Software-Ergonomie.[9]

3. Die Wiedergabe der Zeichen in Positivdarstellung muß möglich sein.

Schutzziele: Vermeidung beziehungsweise Verringerung von visuellen Belastungen.

Erläuterungen: Die Positivdarstellung (dunkle Zeichen auf hellem Hintergrund) ist in den meisten Anwendungsfällen eine ergonomisch sinnvolle Anforderung zur Verbesserung des visuellen Komforts (Lesbarkeit der Zeichen, Reflexionsreduktion und Helligkeitsunterschiede zwischen Bildschirm und Hintergrund). Es gibt aber auch Fälle, wo bessere Lesbarkeitsresultate in Negativdarstellung (helle Zeichen auf dunklem Hintergrund) erzielt werden. Dies gilt zum Beispiel bei CAD-Darstellungen, die sehr kleine und feine Liniendetails enthalten. In diesem Fall sollte aus ergonomischer Sicht auf Negativdarstellung übergegangen werden, wobei jedoch die Umgebungsbedingungen (zum Beispiel Licht- und Beleuchtungsverhältnisse) hinsichtlich der Vermeidung von Reflexionen und hohen Kontrasten im Gesichtsfeld speziell darauf abzustimmen sind. Grundsätzlich muß jedoch die technische Möglichkeit der Positivdarstellung hard- und softwareseitig vorhanden sein, um eine ergonomisch flexible Gestaltungslösung erzielen zu können.

4. Das Bild muß stabil und frei von Flimmern sein. Das Bild darf auch keine Instabilitäten anderer Art aufweisen,

Schutzziele: Vermeidung beziehungsweise Verringerung von visuellen und psychischen Belastungen.

Erläuterungen: Flimmerfreiheit ist zur Gewährleistung des visuellen Komforts und zur Vermeidung von vorzei-

---

8 Siehe Kapitel 2.7.
9 Siehe Kapitel 2.4.

wie störende Veränderungen von Zeichengestalt und Zeichenort.

tigen Ermüdungseffekten notwendig. Es handelt sich dabei um ein komplexes Kriterium. Technisch wird es durch die Bildwiederholfrequenz der Gerätekonfiguration und den Bildaufbau unter Abstimmung von Soft- und Hardware bestimmt. Aber auch menschbezogene Einflüsse, wie zum Beispiel die Ermüdung des Benutzers, haben Einfluß auf den Flimmereindruck (Flimmerverschmelzungsfrequenz). Deshalb wird Flimmern auch mit zunehmender Dauer der Bildschirmarbeit eher wahrgenommen, weil ein ausgeruhter Mensch am Morgen solche Flimmerreize physiologisch noch besser ausgleichen kann. Flimmern kann in der Praxis durch Augenscheinüberprüfung bis zu einem gewissen Grad beurteilt werden. Flimmern wird am besten wahrgenommen, wenn man am Bildschirm vorbei sieht und die Bildschirmoberfäche aus dem Augenwinkel betrachtet, weil in den Randzonen des Sehfeldes die Flimmerempfindlichkeit am größten ist. Eine solche Betrachungsweise kann bei der Flimmerbeurteilung hilfreich sein. Allerdings existieren am Markt auch einfache Meßgeräte für Praktiker, die direkt am Monitor die Bildwiederholfrequenz messen.

Bildschirmgröße (Diagonale)	Auflösung	Erforderliche Bildwiederholfrequenz*	
14″ (36 cm)	640 × 480	75 Hz	(VESA)
15″ (38 cm)	800 × 600	75 Hz	(VESA)
17″ (43 cm)	1024 × 768	75 o. 85 Hz	(VESA)**
21″ (53 cm)	1280 × 1024	85 Hz	(VESA)

Tabelle 1.1.1. DI Stephan Scheuer, TÜV Rheinland: Ergonomie-Anforderungen an Bildschirmanzeigen. In: human-wareNEWS 2/98, S. 8, 9.
*Berechnet nach ISO 9241-3, Anhang A; ** abhängig von der eingestellten Helligkeit (Leuchtdichte)

Bildschirmgröße	Darstellbare Fläche	Minimum*	Empfehlung
14 Zoll	33 cm	73 Hz	85 Hz
15 Zoll	35 cm	73 Hz	85 Hz
17 Zoll	39 cm	75 Hz	89 Hz
19 Zoll	43 cm	80 Hz	95 Hz
21 Zoll	47 cm	90 Hz	100 Hz

Tabelle 1.1.2. Bildwiederholfrequenz für Farbbildschirme mit Kathodenstrahlröhren. Horst Brandauer: Bildschirmflimmern durch gezielte Maßnahmen vermeiden. Prüfen, Messen, Beurteilen. Skriptum vom 12.3.1998, Stuttgart.
*Bei einer mittlereren Leuchtdichte von 100 cd/m²

Technische Voraussetzungen für Flimmerfreiheit sind ein geeigneter Monitor und eine geeignete Graphikkarte, die richtig zueinander konfiguriert sind. Dazu gibt es von mehreren Seiten Empfehlungen, wie die Tabellen 1.1.1. und 1.1.2. zeigen.

Ausdrücklich muß aber festgestellt werden, daß sich aus technischen und physikalischen Gründen Flimmererscheinungen der beschriebenen Art ausschließlich auf Bildschirmgeräte mit Kathodenstrahlröhren beziehen. Im Bereich der Flachbildschirmtechnologien können prinzipiell andere Bildinstabilitäten auftreten, die oft mit spezifischen Eigenschaften der verwendeten Technologie oder der Konfiguration von Hardware und Grafikkarte zusammenhängen. Klassische Flimmererscheinungen bedingt durch den wiederholten Bildaufbau sind allerdings auszuschließen, da sie entweder nicht auftreten oder weit oberhalb der Wahrnehmungsschwelle liegen.

5. Die Helligkeit und der Kontrast zwischen Zeichen und Bildschirmhintergrund müssen leicht von dem/der Arbeitnehmer/Arbeitnehmerin eingestellt und den Umgebungsbedingungen angepaßt werden können.

Schutzziele: Vermeidung beziehungsweise Verringerung von visuellen und psychischen Belastungen.

Erläuterungen: Die Veränderung des Kontrastes zwischen Zeichen und Bildschirmhintergrund kann aufgrund unterschiedlicher Helligkeitsbedingungen im Raum notwendig sein, um die Lesbarkeit und damit den visuellen Komfort zu erhöhen. Die leichte Einstellbarkeit des Kontrastes bedeutet, daß dieser Vorgang für die Benutzer leicht durchschaubar und auf einfache Weise bedienbar sein soll. Wenn es hardwareseitig möglich ist, soll die Einstellvorrichtung auf der Vorderfront des Bildschirmgehäuses vorhanden sein. Bei softwaregesteuerter Funktionseinstellung (zum Beispiel über Menübedienung) müssen die Kriterien der Softwareergonomie erfüllt sein, um eine benutzerfreundliche Bedienung zu gewährleisten.

6. Der Bildschirm muß zur Anpassung an die individuellen Bedürfnisse des/der Arbeitnehmers/Arbeitnehmerin leicht dreh- sowie neigbar sein. Es kann auch stattdessen ein separater Ständer für den Bildschirm oder ein verstellbarer Tisch verwendet werden.

Schutzziele: Vermeidung beziehungsweise Verringerung von visuellen Belastungen sowie von Belastungen des Stütz- und Bewegungsapparates.

Erläuterungen: Die leichte Dreh- und Neigbarkeit des Bildschirmes ist erforderlich, damit einerseits eine entspannte Arbeitshaltung, Sehentfernung und Blickrichtung zum Bildschirmgerät eingenommen werden kann (Vermeidung von Belastungen des Stütz- und Bewegungsapparates) und andererseits damit etwaige visuelle Störungen im zulässigen Ausmaß durch die Licht- und Beleuchtungseinflüsse ausgeglichen werden können.

Ein separater Ständer für den Bildschirm (Schwenkarm, Auflagepodest etc.) ist aus ergonomischer Sicht nur dann zu empfehlen, wenn die Verstellfunktion nicht vom Bildschirm erfüllt wird und dennoch die Einstellung der richtigen Sehposition ermöglicht wird. Dabei darf die oberste Bildschirmzeile keinesfalls über der Augenhöhe liegen, weil es dadurch zur unnatürlichen Überstreckung der Halswirbelsäule kommt.

7. Der Bildschirm muß eine reflexionsarme Oberfläche besitzen.

Schutzziele: Vermeidung beziehungsweise Verringerung von visuellen und psychischen Belastungen.

Erläuterungen: Die Anforderung der Reflexionsarmut der Oberfläche ist im Zusammenhang mit den Seh- beziehungsweise Beleuchtungsbedingungen am Bildschirmarbeitsplatz zu sehen. Grundsätzlich sind alle Maßnahmen zu ergreifen beziehungsweise anzuwenden, die Reflexionen auf der Bildschirmoberfläche minimieren. Diese Maßnahmen sind erstens herstellerseitig vorzusehen (zum Beispiel reflexionsmindernde Schichten). Zweitens müssen Bildschirme so zum Licht positioniert werden, daß Reflexionen weitgehend nicht auftreten können (keine Lichtquellen oder direkt strahlende Beleuchtungskörper beziehungsweise Fensteröffnungen direkt vor, über oder im Rücken der Benutzer). Wenn trotzdem Reflexionen auftreten, die anders nicht zu beheben sind, können auch geeignete Bildschirmfilter eingesetzt werden. Dabei ist jedoch darauf zu achten, daß die visuellen Verhältnisse keinesfalls verschlechtert werden dürfen (keine Verminderung der Kontraste zwischen Zeichen und Hintergrund, entsprechende Pflege und Reinigung um Verschmutzung und damit optische Beeinträchtigungen zu verhindern).

8. Die Größe des Bildschirms muß der Arbeitsaufgabe entsprechen.

Schutzziele: Vermeidung beziehungsweise Verringerung von visuellen und psychischen Belastungen.

Erläuterungen: Wie groß der Bildschirm sein soll, ist in der Praxis eine der häufigst gestellten Fragen im Kontext der ergonomischen Bildschirmarbeitsplatzgestaltung. Der ergonomische Hintergrund dieser Anforderung ist, daß die Benutzer von Bildschirmgeräten weder visuell belastet werden sollen, weil die Zeichengröße für eine gute Lesbarkeit zu gering ist, noch in der Aufgabendurchführung behindert werden, weil die Darstellungsfläche für den darzustellenden Informationsumfang nicht ausreicht. Die der Arbeitsaufgabe entsprechende Größe des Bildschirms leitet sich aus vielen Kriterien ab. Wesentlich sind arbeitsaufgabenseitige Anforderungen und die Art der Tätigkeit (zum Beispiel Textverarbeitung, CAD, Graphik, Programmierung etc.). Viele andere Einflußgrößen sind jedoch auch zu berücksichtigen (zum Beispiel Tätigkeitszeit, Sehdetails, Sehentfernung, etc.). Aus diesem Grund können keine allgemeingültigen Aussagen gemacht werden und solche Generalaussagen werden auch in Normen beziehungsweise der Fachliteratur nicht getroffen. Beispielhafte aufgabenabhängige Empfehlungen hierzu bietet der TÜV Rheinland gemäß Tabelle 1.1.3. an.

Es läßt sich auch aus der Marktentwicklung ein „Stand der Technik" für die Bildschirmgröße ablesen, der in Richtung 17″-Monitore für den Büroeinsatz geht. Bereits 1996 waren von allen verkauften Monitoren in Österreich 35 % 17″-Geräte und 44 % 15″-Geräte. 14″-Monitore wurden nur mehr in 15 % der Fälle verkauft (siehe Abb. 1.1.5.).

Für CAD- und Programmiertätigkeiten können 21″-Geräte als Standard vorausgesetzt werden. Welche Monitorgröße angemessen ist, wird also im Einzelfall in Abhängigkeit von den Arbeitsaufgaben zu entscheiden sein.

In der Praxis sind die Präferenzen für bestimmte Bildschirmgrößen jedoch sicherlich nicht nur unter dem Gesichtspunkt der Aufgabenangemessenheit entschieden worden, sondern auch unter den Aspekten der Flächenerfordernisse und Kosten. Mit der Flachbildschirmtechno-

Arbeitsaufgabe (beispielhaft)	Monitorgröße (Kathodenstrahlgerät)		Auflösung (maximal)
Textverarbeitung Informationen (Texte) lesen Masken- und Befehlseingaben Temporäre Datenerfassung	Seitenformat* A4 hoch 10–12pt	15″	800 × 600
Textverarbeitung mit Grafikbearbeitung Tabellenkalkulation DV-Programmierung	Seitenformat A4 hoch und quer, 10–12pt	17″	1024 × 768
Textverarbeitung mit Grafikbearbeitung im DTP-Bereich Tabellenkalkulation mit Mehrseitendarstellung DV-Programmierung mit Mehrfensterdarstellung CAD-Anwendungen	Seitenformat A4 quer 10–12pt	19″ bis 21″	1280 × 1024 bis 1600 × 1280

Tabelle 1.1.3. DI Stephan Scheuer, TÜV Rheinland: Ergonomie-Anforderungen an Bildschirmanzeigen. In: human-wareNEWS 2/98, S. 8, 9.
* Bei A4 Querformat sind bei dieser Auflösung keine 120 Zeichen ohne Zeilensprung stabil darstellbar

Absatz Monitorgrößen 1994 bis 1996

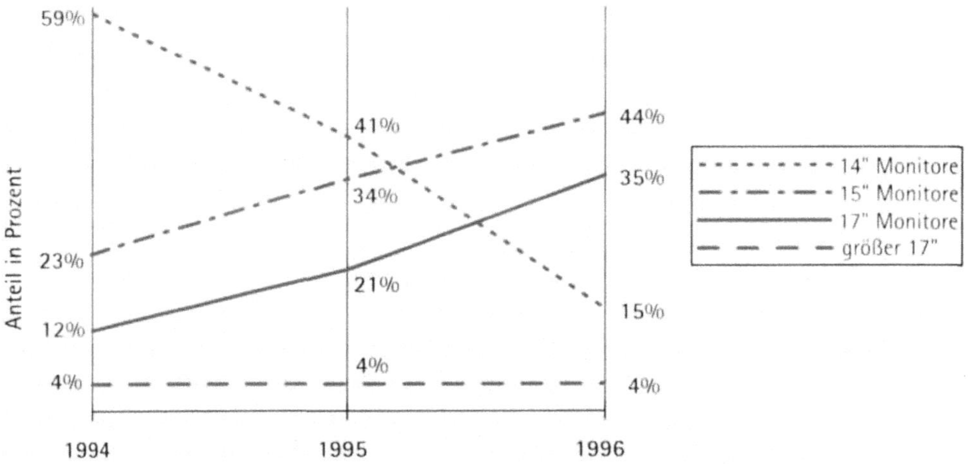

Abb. 1.1.5. Wirtschaftskammer Österreich, Gremium Computer & Bürosysteme, 1997

logie werden diese Beschaffungsentscheidungen neu aufgeworfen. Flächenkonflikte lassen sich damit gut lösen, Kostenkonflikte derzeit noch nicht. Ein möglicher Kompromiß hinsichtlich der Flächen- und Kostenaspekte können die derzeit auch angebotenen Kathodenstrahlröhrenbildschirme mit verkürzter Bauweise und vergrößertem Röhrenwinkel sein.

Es ist zu beachten, daß die Maßangaben bei klassischen Kathodenstrahlröhrenbildschirmen und Flachbildschirmen bei gleicher Betrachtungsfläche aufgrund der geometrischen Eigenheiten voneinander abweichen.

(2) Den Arbeitnehmern/Arbeitnehmerinnen darf nur eine Tastatur zur Verfügung gestellt werden, die folgenden Anforderungen entspricht:
1. Die Tastatur muß neigbar und eine vom Bildschirm getrennte Einheit sein.

Schutzziele: Vermeidung beziehungsweise Verringerung von Belastungen des Stütz- und Bewegungsapparates (hier insbesondere des Schulter-Arm-Hand-Bereiches).

Erläuterungen: Aus ergonomischer Sicht ist damit gewährleistet, daß die Benutzer die Tastatur so auf der Arbeitsfläche positionieren können, daß eine bequeme Arbeitshaltung möglich ist. Die Trennung der Tastatur vom Bildschirm kann für Standardausstattungen als marktüblicher Normalfall vorausgesetzt werden. Die Neigbarkeit der Tastatur wird auch in der Bildschirmrichtlinie 90/270/EWG gefordert. Neigbarkeit mag in besonderen Fällen nützlich sein, allerdings ist unter Normalbedingungen eine möglichst flache Einstellung der Tastatur ergonomisch sinnvoller, weil damit eine physiologisch ungünstige Winkelhaltung der Handgelenke vermieden werden kann. Aufstellfüßchen bei Tastaturen können somit im Grunde als ergonomisch widersinnig bezeichnet werden.

2. Zur Vermeidung von Reflexionen muß die Tastatur eine matte Oberfläche haben.

Schutzziele: Vermeidung beziehungsweise Verringerung von visuellen Belastungen.

Erläuterungen: Diese Anforderung dient zur Vermeidung von visuellen Beeinträchtigungen. Ungünstige Farben und Glanzstellen auf der Oberfläche sind zu vermeiden. Die matte Oberfläche der Tastatur kann durch eine geeignete Material- und Oberflächenstruktur sichergestellt werden.

3. Die Tastenbeschriftung muß sich vom Untergrund deutlich abheben und auch bei leicht wechselnden Arbeitshaltungen ohne Schwierigkeit lesbar sein.

Schutzziele: Vermeidung beziehungsweise Verringerung von visuellen Belastungen.

Erläuterungen: Dazu sind geeignete Kontraste zwischen Zeichen und Zeichenhintergrund notwendig. Auch bei dem Eingabegerät Tastatur hat es sich aus ergonomischen Gründen durchgesetzt, helle Tasturen mit dunkler Tastenbeschriftung zu verwenden. Visuelle Irritationen sind im umgekehrten Fall (dunkle Tastaturen, helle Zeichen) aufgrund der hohen Kontrastunterschiede im Sehfeld eher zu erwarten. Die Tastenbeschriftung muß auch nach längerem Gebrauch lesbar und deshalb abriebsicher sein. Die Forderung nach der Lesbarkeit bei wechselnden Arbeitshaltungen bezieht sich auf unterschiedliche Bewegungen und Blickwinkel, die bei wechselnder Sitzarbeitshaltung üblicherweise auftreten.

4. Die Anordnung der Tastatur und die Beschaffenheit der Tasten müssen die Bedienung der Tastatur erleichtern.

Schutzziele: Vermeidung beziehungsweise Verringerung von Belastungen des Stütz- und Bewegungsapparates sowie psychischen Belastungen.

Erläuterungen: Die Bedienungsfreundlichkeit der Tastatur durch Anordnung und Beschaffenheit der Tasten ist eine allgemeine ergonomische Forderung, die durch die Normtastaturen (deutschsprachig: qwertz-Tastatur und englischsprachig: qwerty-Tastaturen) erfüllt wird. Bei diesen Normtastaturen sind die Tasten entsprechend der Gebrauchshäufigkeit der Zeichen und dem damit verbundenen Bedienungskomfort in der Handhabung angeordnet. Deutschsprachige Normtastaturen entsprechen auch den gelernten Erwartungshaltungen der Benutzer. Wer einmal gelernt hat, eine Tastatur zu bedienen, verläßt sich beim Schreiben darauf, die Tasten immer an derselben Stelle zu finden. Tastaturen aus dem angloamerikanischen Raum haben teilweise andere Tastenanordnungen, was für deutschsprachige Benutzer zu einem mühseligen Umgewöhnungsprozeß und entsprechenden Schreibfehlern führen kann. Dazu kommt noch, daß die Abstände zwischen den Tasten und die Größe der Tasten auf die maßlichen Voraussetzungen der menschlichen Hand abgestimmt sein sollten. Besonders relevant ist dies bei tragbaren Computern, wo aufgrund der produktspezifischen Größenbeschränkung in der Regel auch eine Verknappung des Tastaturbereiches erfolgt, die zu Bedienungserschwernissen führen kann. Spezielle Tastaturgestaltungen (wie zum Beispiel Winkeltastaturen) sind aus ergonomischer Sicht auch möglich und unter Bedachtnahme auf die Akzeptanz und Bedienbarkeit einsetzbar. Winkeltastaturen entsprechen in ihrer Form weit eher der natürlichen Arm- und Handgelenkshaltung und sind deshalb komfortabler zu bedienen. Der Umstieg von der Normaltastatur auf eine Winkeltastatur ist allerdings mit Übungs- und Gewöhnungsnotwendigkeit verbunden.

Arbeitstisch und Arbeitsfläche (§ 4 BS-V):
(1) Den Arbeitnehmern/Arbeitnehmerinnen sind geeignete Arbeitstische oder Arbeitsflächen zur Verfügung zu stellen, für die folgendes gilt:
1. Sie müssen eine ausreichend große und reflexionsarme Oberfläche besitzen.

Schutzziele: Vermeidung beziehungsweise Verringerung von Belastungen des Stütz- und Bewegungsapparates sowie von visuellen Belastungen.

Erläuterungen: Die Größe der Oberfläche ist eine wichtige ergonomische Anforderung, die durch die Tischflächenmaße beziehungsweise die Tischplattenform bestimmt wird.[10] Besonders auch diese Anforderung ist eine, für die es keine Standardantworten gibt. Die richtige Größe von Arbeitsflächen kann nur unter Berücksichtigung von Arbeitsaufgaben und Arbeitsplatzausstattung festgelegt werden. Selbstverständlich haben Arbeitsflächenmaße immer auch Wirkung auf die erforderlichen Raumabmessungen.[11]

Die Ziffern 2 und 3 des § 4 BS-V (Größe entsprechend den verwendeten Arbeitsmitteln und flexible Anordnung

---

10 In diesem Zusammenhang kann auf die Ausführungen und Anforderungen der ÖNORM A 8010 „Ergonomische Gestaltung von Büroarbeitsplätzen und Büroflächen" verwiesen werden. Die ÖNORM A 8010 beinhaltet eine funktional orientierte beziehungsweise auf die Arbeitsabläufe zentrierte Sichtweise.

11 Siehe auch Wichtl M.: Platz ist in der kleinsten Hütte? Die ÖNORM A 8010. In: Blaha F. (Hg.): Der Mensch am Bildschirmarbeitsplatz, Springer-Verlag, Wien, 1995.

von Arbeitsmitteln und Arbeitsvorlagen) zielen ebenfalls auf diese Gestaltungsanforderungen. Absicht dieser Anforderung ist es, damit ergonomisch gute Rahmenbedingungen hinsichtlich der Einnahme von bequemen und komfortablen Körperhaltungen bei der Benutzung der Arbeitsmittel zur schaffen. Bei Flächenknappheit und Platzmangel kommt es immer zu physiologisch ungünstigen Haltungs- und Bewegungszwängen.

Die Reflexionsarmut der Oberfläche ist eine visuell-ergonomische Anforderung, denn es gilt prinzipiell, daß visuelle Beeinträchtigungen durch Reflexionen zu vermeiden sind.

2. Die Größe muß den Maßen der verwendeten Arbeitsmittel entsprechen.

Schutzziele: Vermeidung beziehungsweise Verringerung von Belastungen des Stütz- und Bewegungsapparates sowie von visuellen Belastungen.

Erläuterungen: Wie in § 4 Abs. 1 Z 1 ausgeführt, geht es aus ergonomischer Sicht darum, für die Arbeitspersonen natürliche Körperhaltungen zu ermöglichen. Für den Bildschirmarbeitsplatz gibt es dazu Grundregeln, die sich aus den Maßen für Greifräume, Sehfelder, Blicklinienverläufe, Beinfreiräume etc. ableiten lassen. So gelten beispielsweise ein 50 cm-Abstand des Bildschirms zu den Augen oder eine 5 cm-Auflagefläche für die Handgelenke vor der Tastatur als Mindestanforderungen. Aufgrund der Maße der Arbeitsmittel ergeben sich in der konkreten Anordnungssituation klare Einflüsse auf die Greifräume, Sehentfernungen und damit auf die Tischflächengröße. Es ist daher aus ergonomischer Sicht notwendig, zuerst von diesen menschenbezogenen Maßen in Bezug zu den verwendeten Arbeitsmitteln auszugehen und danach die Tischflächenmaße festzulegen. Beispielsweise erfordert CAD-Arbeit mit einem 21″-Monitor, Graphiktablett, Tastatur und Maus wesentlich mehr Aufstell- und Arbeitsfläche als durchschnittliche Bürotätigkeiten.

3. Eine flexible Anordnung von Arbeitsmitteln und Arbeitsvorlagen muß möglich sein.

Schutzziele: Vermeidung beziehungsweise Verringerung von Belastungen des Stütz- und Bewegungsapparates sowie von visuellen Belastungen.

Erläuterungen: Die flexible Anordnung der Arbeitsmittel und Arbeitsvorlagen gewährleistet aus ergonomischer Sicht wieder, daß der Mensch seine Arbeitsmittel bedürfnisgemäß positionieren kann und nicht gezwungen wird, seine Haltungen und Bewegungen an die vorgegebene Positionierung der Arbeitsmittel anzupassen. Voraussetzung für flexible Anordnung von Arbeitsmitteln ist einerseits eine entsprechende Arbeitsflächengröße und andererseits eine geeignete Form und Beschaffenheit dieser Arbeitsfläche. So geben beispielsweise zu gering dimensionierte Arbeitsflächen keinen Spielraum für die bedürfnisgerechte Anordnung von Arbeitsmitteln oder Tastaturmulden schränken die freie und flexible Positionierung der Tastatur und der Maus ein.

4. Sie müssen abgerundete Ekken und Kanten aufweisen.

Schutzziele: Vermeidung von Verletzungsgefahren und Vermeidung beziehungsweise Verringerung von Kontaktreizen im Bereich von Hand und Unterarm (Durchblutungsbehinderung durch Oberflächendruck).

Erläuterungen: Abgerundete Ecken und Kanten bei Arbeitsflächen sind einerseits ein allgemeines Sicherheitskriterium und andererseits hinsichtlich des ergonomischen Benutzerkomforts beim Auflegen von Hand und Unterarm auf die Tischkante von Bedeutung. Entsprechende Abrundungen der Kanten sollen helfen, Druckstellen zu vermeiden.

Diese Aussage gilt jedenfalls für die Vorderkante des Tisches im Arbeitsbereich. Sonstige Kanten sind auf Grund der funktionalen Anforderungen, zum Beispiel Verkettung und Kombination der Einzeltische zu gestalten.

(2) Bei häufiger Arbeit mit Arbeitsvorlagen sind auf Wunsch Vorlagehalter zur Verfügung zu stellen, für die folgendes gilt:

Der Vorlagenhalter (Beleghalter, Konzepthalter) kann dazu dienen, natürliche Körperhaltungen und -bewegungen sowie den Sehkomfort zu unterstützen, indem die Positionierung der Arbeitsvorlagen durch die Benutzer bedürfnis- und aufgabenorientiert – ohne unnatürliche Zwangshaltungen beim Ablesen – erfolgen kann. Eine Grundidee dabei ist es, die Sehentfernung von Augen und Bildschirm und Augen zu Arbeitsvorlage möglichst gleich zu halten und auch in dieselbe Ebene zu legen. Ob der Einsatz eines Konzepthalters im Einzelfall sinnvoll ist, hängt von der Art der Unterlagen und den Tätigkeiten mit diesen Unterlagen ab.

1. Sie müssen ausreichend groß, stabil und verstellbar sein.

Schutzziele: Vermeidung beziehungsweise Verringerung von Belastungen des Stütz- und Bewegungsapparates sowie von visuellen Belastungen.

Erläuterungen: Größe und Stabilitiät sind funktionale Kriterien und haben in Abstimmung mit den verwendeten Vorlagen und Belegen zu erfolgen (zum Beispiel lose, geheftet, Format, Gewicht ...).

2. Sie müssen möglichst im gleichen Sehabstand zum Bildschirm anzuordnen sein.

Schutzziele: Vermeidung beziehungsweise Verringerung von Belastungen des Stütz- und Bewegungsapparates sowie von visuellen Belastungen.

Erläuterungen: Vorlagehalter sollen am besten neben dem Bildschirm in der gleichen Sehentfernung angeordnet sein, damit dauernde Akkommodationsarbeit der Augen (ständig wechselnde entfernungsabhängige Sehschärfenabstimmung) vermieden wird.

3. Sie müssen so eingerichtet werden, daß unbequeme Kopf- und Augenbewegungen soweit wie möglich eingeschränkt werden.

Schutzziele: Vermeidung beziehungsweise Verringerung von Belastungen des Stütz- und Bewegungsapparates sowie von visuellen Belastungen.

Erläuterungen: Die Hauptabsicht für die Verwendung eines Vorlagehalters ist es, die Belege in derselben Sehentfernung wie den Bildschirm unterzubringen, um Belastungen durch ständig wechselnde beziehungsweise einseitige Kopfhaltungen und -bewegungen zu vermeiden. Deshalb wird auch die Anforderung gemäß Ziffer 3. erhoben.

(3) Die Fläche vor der Tastatur oder vor dem Tastenfeld der Tastatur muß eine ausreichende Tiefe aufweisen, um den Arbeitnehmern/Arbeitnehmerinnen das Auflegen der Hände zu ermöglichen.

Schutzziele: Vermeidung beziehungsweise Verringerung von Belastungen des Stütz- und Bewegungsapparates (insbesondere statische Muskelbeanspruchungen im Schulter-Arm-Hand-Bereich).

Erläuterungen: Aus ergonomischer Sicht dient diese Anforderung dazu, Beschwerden des Schulter-Nacken-Bereiches und des Hand-Arm-Systems möglichst gering zu halten, welche durch dauernde muskuläre Haltearbeit (ein Arm wiegt ca. 5 kg) verursacht werden, wenn keine geeignete Abstützmöglichkeit für die Hände beziehungsweise Arme vorhanden ist. Gibt es diese Abstützmöglichkeit oder Auflagefläche für die Handgelenke beziehungsweise Unterarme nicht, dann müssen die Muskelgruppen im Schultergürtel dieses Gewicht halten. Dies führt aufgrund der statischen Haltearbeit zu muskulärer Überbeanspruchung und in der Folge zu den bekannten und häufig auftretenden Verspannungen und Schmerzen im Nacken- und Schulterbereich. Als Mindesttiefe für die Fläche vor der Tastatur gelten 5 cm, aus ergonomischer Sicht sind 8 bis 10 cm jedenfalls zu empfehlen.

(4) Der Beinfreiraum unter dem Arbeitstisch und der Arbeitsfläche ist so zu bemessen, daß ein unbehindertes und ge-

Schutzziele: Vermeidung beziehungsweise Verringerung von Belastungen des Stütz- und Bewegungsapparates (insbesondere auch Verdrehungen im Bereich der Wirbelsäule).

fahrloses Erreichen und Bedienen der darauf angeordneten und häufig verwendeten Arbeitsmittel durch Verschieben oder Verdrehen des Arbeitsstuhls, unter Beibehaltung der Sitzposition, gewährleistet ist.

Arbeitsstuhl (§ 5 BS-V):
(1) Den Arbeitnehmern/Arbeitnehmerinnen sind Arbeitsstühle zur Verfügung zu stellen, die folgenden Anforderungen entsprechen müssen:
1. Arbeitsstühle dürfen die Bewegungsfreiheit nicht einschränken und müssen den Arbeitnehmern/Arbeitnehmerinnen die Einnahme ergonomisch günstiger Körperhaltungen ermöglichen.

Erläuterungen: Auch hier geht es wieder um die Gewährleistung von natürlichen Körperhaltungen und -bewegungen und die Vermeidung von unnatürlichen Zwangshaltungen, welche häufig entsprechende Beschwerdebilder des Stütz- und Bewegungsapparates nach sich ziehen. Insbesondere führt eingeschränkter Beinfreiraum durch zu knappe Abmaße oder behindernde Gegenstände immer zu Körperhaltungen mit Verdrehungen im Wirbelsäulenbereich, woraus eine zusätzliche Bandscheibenbelastung resultiert. In der Praxis ist darauf zu achten, daß der Beinfreiraum nicht durch Hardwarekomponenten, Ladencontainer, Papierkörbe, Kabelführungen, Tischverstrebungen oder Tischbeine beziehungsweise andere Gegenstände verstellt und beeinträchtigt wird.

Zur Vermeidung von Beschwerden des Stütz- und Bewegungsapparates ist es insbesondere erforderlich, bei vorwiegender Sitztätigkeit geeignete Arbeitsstühle zu benutzen. Dieses Anliegen wird deshalb auch in der BS-V zum Ausdruck gebracht.

Schutzziele: Vermeidung beziehungsweise Verringerung von Belastungen des Stütz- und Bewegungsapparates (insbesondere der Wirbelsäule).

Erläuterungen: Die formulierte Anforderung bezüglich der Einnahme von ergonomisch günstigen Körperhaltungen ist aus ergonomischer Sicht nicht allein durch die Eigenschaften des Arbeitsstuhls zu erfüllen (auch wenn dies eine notwendige Voraussetzung dafür ist), sondern nur in der Abstimmung zwischen dem Arbeitsstuhl und dem Arbeitstisch.[12] Die Ergonomie definiert hierzu die sogenannte „Referenzposition" als eine Körperhaltung, die bei der richtigen Abstimmung des Stuhl-Tisch-Systems eingenommen werden können muß. Die Referenzposition ist nicht als empfohlene Dauersitzhaltung aufzufassen. Sie dient lediglich dazu, eine richtige Einstellung des Tisch-Stuhl-Systems zu prüfen. Dabei sind vor allem die Sitz- und Arbeitsflächenhöhe entsprechend der Körpermaße des Benutzers zu variieren.[13] Natürlich setzt dies solche Anpassungseigenschaften des Arbeitsstuhls voraus.

---

12 Siehe auch: Hackl-Gruber W., Klaus E., Schwendenwein G., Wittmann A.: Sitting Settings. Ergonomische Kriterien und Anregungen für gesundes Sitzen im Büro. Schriftenreihe der Österr. Arbeitsgem. für Ergonomie, Band 1, Wien, 1998.
13 Siehe auch Kapitel 2.3. und 2.8.

Die hier gestellte Anforderung hinsichtlich Bewegungsfreiheit und ergonomisch günstiger Körperhaltungen schließt jedenfalls auch das dynamische Sitzprinzip mit ein. D.h., die Rückenlehne sollte so beschaffen sein, daß verschiedene Sitzhaltungen wie die vordere, mittlere und hintere Position bei guter Unterstützung der Rückenlehne möglich ist.

Die Sitzfläche sollte über eine geeignete Profilierung verfügen, um im Bereich des Beckens eine ausreichende Abstützung sicherzustellen. Hierdurch wird zusätzlich die Möglichkeit für eine physiologisch günstige Wirbelsäulenhaltung geschaffen.

Armstützen sind nicht zwingend notwendig. Allerdings sollten vorhandene Armstützen einerseits eine gute Abstützung in allen Sitzhaltungen ermöglichen, andererseits in der mittleren und vorderen Sitzhaltung keine Behinderung darstellen (zum Beispiel Kollision mit Tischkante). Hierfür eignen sich besonders höhenverstellbare Armstützen.

2. Arbeitsstühle müssen als Drehstühle mit Rollen oder Gleitern ausgeführt und kippsicher sein, wobei Rollen beim unbelasteten Stuhl schwergängig sein müssen. Das Untergestell muß mindestens fünf Auflagepunkte aufweisen.

Schutzziele: Vermeidung von Sicherheitsrisiken und Unfallgefahren.

Erläuterungen: Dies bedeutet, daß an Bildschirmarbeitsplätzen die Verwendung von anderen Stühlen als solchen mit Rollen oder Gleitern mit zumindest fünf Auflagepunkten ausgeschlossen ist. Die Anforderungen nach Rollen beziehungsweise Gleitern und der Kippsicherheit sind sicherheitsbezogene Basisanforderungen an Bürodrehsessel, die im wesentlichen in der ÖNORM EN 1335-1 (Büroarbeitsstuhl) und derzeit noch in A 1675 (Büromöbel: Bürodrehsessel – Abmessungen, Anforderungen, Prüfung und Normkennzeichnung) als bauliche und konstruktive Kriterien festgehalten sind.

3. Die Sitzhöhe muß verstellbar sein.

Schutzziele: Vermeidung beziehungsweise Verringerung von Belastungen des Stütz- und Bewegungsapparates.

Erläuterungen: Die Verstellbarkeit der Sitzhöhe ergibt sich aus der Notwendigkeit, daß eine ergonomische Anpassung der Sitzposition (mit Bezug auf die Arbeitshöhe) entsprechend der Körpergröße der Benutzer notwendig ist. Dies dient wieder dem Ziel, physiologisch günstige Körperhaltungen und -bewegungen zu erreichen (siehe Referenzposition).

Der Höhenverstellbereich soll so ausreichend sein, daß sowohl kleine als auch große Personen eine ihrer Größe angemessene Höheneinstellung vornehmen können. Für sehr kleine Personen ist diese Anforderung durch die Produkteigenschaften von Arbeitsstühlen häufig nicht ausreichend erfüllbar. Es sollten daher entsprechende Produkte ausgewählt werden, deren Höhenverstellbereich nach unten hin die Anforderungen der ÖNORM EN 1335-1 möglichst gut erfüllt.

4. Die Rückenlehne muß den Arbeitnehmer/innen eine gute Abstützung in verschiedenen Sitzhaltungen ermöglichen und in Höhe und Neigung verstellbar sein.

Schutzziele: Vermeidung beziehungsweise Verringerung von Belastungen des Stütz- und Bewegungsapparates (insbesondere im Bereich der Wirbelsäule).

Erläuterungen: Dieses Ziel kann im allgemeinen nur durch baulich getrennte Ausführung der Verstellbarkeit von Höhe und Neigung der Rückenlehne erzielt werden. Dennoch kann eine gute Abstützung in verschiedenen Sitzhaltungen prinzipiell auch durch andere konstruktive bauliche Maßnahmen erzielt werden, wie etwa verstellbare und einstellbare Wölbungsverhältnisse im Bereich des Lendenbausches, geeignete Flexibilität und Elastizität der Sitzschale etc., welche das Schutzziel einer ergonomisch günstigen Körperhaltung ebenfalls unterstützen.[14]

Die hier erhobene Anforderung hinsichtlich der Unterstützung von verschiedenen Sitzhaltungen muß im Sinne von Rückenlehnen mit Permanentkontakt (dynamisches Sitzen) verstanden werden.

(2) Den Arbeitnehmern/Arbeitnehmerinnen sind Fußstützen zur Verfügung zu stellen, wenn dies aufgrund der Körpermaße oder fehlender Tischhöhenverstellung erforderlich ist.

Schutzziele: Vermeidung beziehungsweise Verringerung von Belastungen des Stütz- und Bewegungsapparates.

Erläuterungen: ArbeitnehmerInnen sind in solchen Fällen Fußstützen zur Verfügung zu stellen, wo dies aufgrund der Körpergröße (kleine Personen) *und* fehlender Tischhöhenverstellung erforderlich ist. Kleine Personen können die Referensitzzposition häufig nicht einnehmen, wenn die Tischhöhenanpassung nach unten nicht möglich ist. Nur in diesem Fall kann eine fehlende Tischhöhenverstellung durch eine Fußstütze ersetzt werden. Aus ergonomischer Sicht wäre es jedoch besser, die Tischhöhe anzupassen, weil Fußstützen nur für ihre Auflagefläche den erforderlichen Höhenausgleich bewirken und deshalb auch zu Zwangshaltungen führen können. Fußstützen sollen den ergonomischen Grundanforderungen entsprechen, das sind im wesentlichen Standfestigkeit, entsprechende Größe und Verstellbarkeit.

---

14 Siehe auch einen diesbezüglichen Erlaß des Zentral-Arbeitsinspektorates vom Mai 1998

Belichtung und Beleuchtung (§ 6 BS-V):

(1)   Bildschirmarbeitsplätze sind so einzurichten, daß Blendungen und störende Reflexionen auf dem Bildschirm und anderen Arbeitsmitteln durch Lichtquellen auch bei leicht wechselnden Arbeitshaltungen vermieden werden. Bei der Aufstellung des Bildschirms ist darauf zu achten, daß die Blickrichtung annähernd parallel zu Fensterflächen gerichtet ist, wenn dies aufgrund der Raumanordnung möglich ist.

Schutzziele: Vermeidung beziehungsweise Verringerung von visuellen und psychischen Belastungen (insbesondere durch Blendung und Reflexion).

Erläuterungen: Die Vermeidung von Blendungen und störenden Reflexionen ist eines der wesentlichen Anliegen zur Verhinderung von visuellen Störungen bei der Bildschirmarbeitsplatzgestaltung. Notwendig sind hierzu in bezug auf Bildschirmarbeitsplätze geeignete Beleuchtungskörper, eine entsprechende Anordnung der Beleuchtungskörper beziehungsweise Anordnung der Arbeitsplätze und Bildschirme zu Beleuchtungskörpern und Lichtquellen sowie Sonnen- und Blendschutzmaßnahmen.

Beleuchtungskörper mit direkter Lichtausstrahlung müssen über entsprechend blendungsbegrenzende Raster verfügen (zum Beispiel Spiegelraster). Andere Beleuchtungssysteme sind Systeme mit Indirektlicht, Direkt-Indirekt-Licht beziehungsweise Lichtlenkung.

Eine Bildschirmaufstellung mit Blickrichtung zum Fenster oder einem nicht ausreichend blendungsbegrenzten Beleuchtungskörper (Blendung, Kontraste) beziehungsweise mit einem Fenster oder solchen Beleuchtungskörpern im Rücken (Spiegelung) ist zu vermeiden. Bei der Aufstellung des Bildschirmes mit annähernd fensterparalleler Ausrichtung ist im allgemeinen die Störung durch Blendungen und Reflexionen durch Außenlichteinfall am geringsten. Die räumlichen Verhältnisse und die Möglichkeiten zur Layoutierung der Bildschirmarbeitsplätze im Raum sind eine der wesentlichen Randbedingungen im Hinblick auf die fensterparallele Aufstellung. Manche Raumstrukturen ermöglichen dies nicht. Insbesondere sind dies Räume mit mehr als einer Fensterfläche, Fensterecken und vom Rechtecksgrundriß abweichende Raumstrukturen. Richtig positionierte Bildschirme sind außerdem nicht direkt neben dem Fenster, sondern eher fensterfern in der Raumtiefe untergebracht.

Der Bildschirm muß darüber hinaus einen guten Reflexionsschutz (zum Beispiel eine matte Bildschirmoberfläche) aufweisen. Bildschirmfilter zur Reduktion von Reflexionen können verwendet werden, wenn Maßnahmen zur Ursachenbekämpfung nicht möglich sind (Fenster oder direkt strahlende Leuchtkörper sollten sich nicht im Rücken des Bildschirmbenutzers befinden, Lichtschutzmaßnahmen sind vorzusehen).

Etwaige Bildschirmfilter dürfen keine zusätzlichen visuellen Belastungen bewirken. Die Verringerung des

(2) Lichteintrittsöffnungen, die störende Reflexionen oder zu hohe Kontraste hervorrufen, müssen mit verstellbaren Lichtschutzvorrichtungen ausgestattet sein.

Kontrastes und der Zeichenschärfe muß möglichst gering gehalten werden.

Schutzziele: Vermeidung beziehungsweise Reduktion von visuellen Belastungen durch Tageslichteinfall.

Erläuterungen: Lichteintrittsöffnungen (Fenster, Lichtkuppeln, Glasfassaden, Glasbausteine, etc.) führen aufgrund des Tageslichteinfalls in der Regel zu hohen Kontrasten im Blickfeld auf die Lichteintrittsöffnung und dadurch oftmals zu störenden Reflexionen auf der Bildschirmoberfläche. Dies kann auch ohne direkte Sonneneinstrahlung der Fall sein, weil die Außenhelligkeit vielfach wesentlich größer als die des Innenraumes ist. Dies bedeutet, daß nur in Ausnahmefällen auf verstellbare Lichtschutzvorrichtungen (Sonnen- und Blendschutz) verzichtet werden darf. Solche Situationen können beispielsweise bei Lichteintrittsöffnungen in dunklen Innenhöfen und Lichtschächten, dunklen ebenerdig und nordseitig ausgerichteten Räumen, bei starker Lichtreduktion durch Vegetation, Zäune, Wände etc. vor den Fenstern, vorgesetzten Fassadenelementen (insbesondere wenn sie als Lichtlenkelemente ausgebildet sind) auftreten. In allen anderen Fällen ist jedenfalls mit hohen Kontrasten zu rechnen.

Die verstellbaren Lichtschutzvorrichtungen für Lichteintrittsöffnungen, die zu störenden Reflexionen oder zu hohen Kontrasten führen, müssen zur Reflexions- beziehungsweise Kontrastminderung geeignet sein.[15]

(3) Die Beleuchtung ist so zu dimensionieren und anzuordnen, daß ausreichende Lichtverhältnisse und ein ausgewogener Kontrast zwischen Bildschirm und Umgebung gewährleistet sind. Dabei sind die Art der Tätigkeit sowie die sehkraftbedingten Bedürfnisse des/der Arbeitnehmers/Arbeitnehmerin zu berücksichtigen.

Schutzziele: Vermeidung beziehungsweise Reduktion von visuellen Belastungen durch die künstliche Beleuchtung.

Erläuterungen: Mit Kontrasten sind die im Blickfeld auftretenden Helligkeitsunterschiede gemeint, welche die Augenmuskeln zu häufigen und anstrengenden Adapationswechseln (Hell-Dunkel-Einstellung) zwingen. Die Dimensionierungsfrage für die Beleuchtungsanlage ist im Zusammenhang mit den Planungs- und Auslegungsanforderungen für künstliche Beleuchtungsanlagen zu lösen.[16] Jedenfalls sind hierbei die speziellen Anforderungen an Bildschirmarbeitsplätze zu berücksichtigen, d. h., das ausgewählte Beleuchtungssystem muß für Bild-

---

15 Details siehe auch Kapitel 3.12.

16 Siehe hierzu die einschlägigen Fachnormen für Künstliche Beleuchtung von Innenräumen, Kapitel 1.4.

schirmarbeitsplätze tauglich sein.[17] Darüber hinaus sind allgemeine, dem Sehkomfort entsprechende Anforderungen zu berücksichtigen, zum Beispiel die Einsatzkriterien von Spiegelrasterleuchten, die Wirksamkeit von Indirektbeleuchtung, die Einsatzkriterien von tauglichen Arbeitsplatzleuchten. Die Kontrastbedingungen zwischen Bildschirm und Umgebung richten sich nach dem gewählten Beleuchtungssystem, dem sonstigen Lichteinfall (zum Beispiel durch Außenlichtverbindung) und den Einrichtungs- und Ausstattungsgegenständen im Raum. Als allgemeine Anforderung gelten die Kontrastbedingungen 10:1 beziehungsweise 3:1 Umfeld/Infeld des Sehbereiches.

Strahlung (§ 7 BS-V):
Alle Strahlungen mit Ausnahme des sichtbaren Teils des elektromagnetischen Spektrums müssen auf Werte verringert werden, die für die Sicherheit und Gesundheit der Arbeitnehmer/innen unerheblich sind.

Schutzziele: Vermeidung beziehungsweise möglichst weitgehende Verringerung gesundheitsgefährdender elektromagnetischer Strahlung.

Erläuterungen: Es geht dabei um Strahlung unterschiedlicher Wellenlängenbereiche des elektromagnetischen Spektrums. Zum Beispiel für UV-Strahlung von 100 bis 400 nm (Nanometer) Wellenlänge. Alle modernen Bildschirmgeräte liegen hinsichtlich ihrer elektromagnetischen Emissionswerte weit unterhalb der gültigen Grenzwerte im Normungsbereich und in aller Regel auch unterhalb der Werte, die zum Beispiel für TV-Apparate, Radios, Rasierapparate, Haarföns etc. zu finden sind. Hersteller von Monitoren streben dennoch danach, die technisch niedrigsten Werte zu verwirklichen. Diese Werte werden beispielsweise durch die gültigen Prüfzeichen MPR II beziehungsweise TCO 92, TCO 95, TCO 99 sichergestellt.[18]

f) Gestaltungsanforderungen für Software

§ 68 Abs. 2 ASchG:
Bei der Konzipierung, Auswahl, Einführung und Änderung der Software sowie bei der Gestaltung von Tätigkeiten, bei denen Bildschirmgerä-

Mit dieser Formulierung wird deutlich gemacht, daß im Prinzip zwei Fälle unterschieden werden müssen. Arbeitgeber haben entweder Einfluß darauf auszuüben, daß eine in ihrem Auftrag für die Nutzung durch Arbeitnehmer bestimmte Software im Sinne der Anforderungen des ASchG beziehungsweise den Verordnungsergänzungen

---

17 Details siehe auch Kapitel 3.11. und Wichtl M.: Im richtigen Licht. In: Blaha F. (Hg.): Der Mensch am Bildschirmarbeitsplatz. Springer-Verlag, Wien, 1995, S. 138–152.

18 Details siehe auch Kapitel 2.7., 4.4. und Wichtl M. u. Brusl H.: Was ist wahr an Bildschirmstrahlen. In: Blaha F. (Hg.): Der Mensch am Bildschirmarbeitsplatz. Springer-Verlag, Wien, 1995, S. 161–166.

te zum Einsatz kommen, haben die Arbeitgeber folgende Faktoren zu berücksichtigen:

individuell entwickelt (konzipiert, geändert) wird, oder sie haben bei der Auswahl von Standardsoftware diesbezügliche Prüfkriterien heranzuziehen.[19] Es handelt sich bei den nachfolgend angeführten Faktoren großteils um Anforderungen aus dem Fachgebiet der Software-Ergonomie. Als normativer Bezugspunkt der Anforderungen zur ergonomischen Gestaltung von Computerprogrammen kann die ÖNORM EN ISO 9241 (Teile 10 bis 17) herangezogen werden. In der Praxis wird es zur Gewährleistung software-ergonomischer Kriterien vor allem darum gehen, eine Stichprobe künftiger Benutzer sowohl in den Entwicklungsprozeß als auch in die Kaufentscheidung von Software einzubeziehen.

Nachfolgende Faktoren haben nun Arbeitgeber gem. § 68 Abs. 2 hinsichtlich der Beschaffenheit von Software zu berücksichtigen:

1. Die Software muß der auszuführenden Tätigkeit angepaßt sein.

Schutzziele: Vermeidung beziehungsweise Verringerung von psychischen Belastungen, welche die menschlichen Informationsverarbeitungsprozesse beziehungsweise die Arbeitsabläufe beeinträchtigen.

Erläuterungen: In der EN ISO 9241 wird hierfür der Begriff „Aufgabenangemessenheit" verwendet. Diese Anforderung ist nicht allein durch die grundlegenden Basisanforderungen zur ergonomischen Gestaltung von Computerprogrammen zu erfüllen, sondern erfordert im Einzelfall auch eine Prüfung und Beurteilung der Tätigkeitsanforderungen im Hinblick auf die Frage, welche Software spezifische Arbeitsaufgaben effizient und effektiv unterstützt.

2. Die Software muß benutzerfreundlich sein und gegebenenfalls dem Kenntnis- und Erfahrungsstand der Benutzer angepaßt werden können.

Schutzziele: Vermeidung beziehungsweise Verringerung von psychischen Belastungen, welche die menschlichen Informationsverarbeitungsprozesse beziehungsweise die Arbeitsabläufe beeinträchtigen (hier konkret durch softwareseitige Einschränkungen des Handlungsspielraums bei der Benutzung).

Erläuterungen: Mit dem Wort „benutzerfreundlich" wird im Grunde ein Generalbegriff verwendet, der allgemein die ergonomische Gestaltung von Software im Hinblick auf menschliche Informationsverarbeitungsprozesse meint. Die erforderliche Anpassungsnotwendigkeit an den Kenntnis- und Erfahrungsstand der

---

19 Nähere Ausführungen zur Software-Ergonomie siehe auch Kapitel 2.4. und 4.1.

Anwender bezieht sich auf die Möglichkeit eines Anwenders, die Software und ihre Funktionen flexibel nutzen zu können und keine starren Bedienungsvorgaben einhalten zu müssen (der Anwender steuert das Programm nach seinen Kenntnissen und nicht umgekehrt). In der EN ISO 9241 wird hierfür der Begriff „Individualisierbarkeit" gebraucht. Beispielsweise kann ein Benutzer wahlweise mittels Tastatur, Icons oder Menüführung dieselben Prozesse auslösen.

3. Die Systeme müssen den Arbeitnehmern Angaben über die jeweiligen Abläufe bieten.

Schutzziele: Vermeidung beziehungsweise Verringerung von psychischen Belastungen, welche die menschlichen Informationsverarbeitungsprozesse beziehungsweise die Arbeitsabläufe beeinträchtigen (hier konkret durch softwareseitige Einschränkungen der Selbstbeschreibungsfähigkeit).

Erläuterungen: Diese Anforderung entspricht dem Begriff „Selbstbeschreibungsfähigkeit" in der EN ISO 9241 und meint, daß die Gestaltung der Benutzeroberfläche und die einzelnen Dialogschritte unmittelbar verständlich und nachvollziehbar sind und daß der Anwender auf Verlangen zusätzliche Hinweise, Erklärungen, Erläuterungen und Hilfestellungen bekommt.

4. Die Systeme müssen die Information in einem Format und in einem Tempo anzeigen, das den Benutzern angepaßt ist.

Schutzziele: Vermeidung beziehungsweise Verringerung von psychischen Belastungen, welche die menschlichen Informationsverarbeitungsprozesse beziehungsweise die Arbeitsabläufe beeinträchtigen (hier konkret durch softwareseitige Einschränkungen bei Darstellung und Zeitverlauf der Informationspräsentation).

Erläuterungen: In der EN ISO 9241 ist diese Anforderung im Begriff „Steuerbarkeit" enthalten. Damit ist etwa gemeint, daß der Anwender die Ablaufgeschwindigkeit und Ablauf und Reihenfolge der Dialogschritte nötigenfalls beeinflussen kann und diesbezüglich nicht von Programmvorgaben abhängig ist. Darüber hinaus ist dieses Kriterium nicht ausschließlich von der Software, sondern auch von Hardwarevoraussetzungen abhängig (zum Beispiel Leistungsfähigkeit von Rechnern und Netzwerken).

5. Die Grundsätze der Ergonomie sind insbesondere auf die Verarbeitung von Informationen durch den Menschen anzuwenden.

Schutzziele: Vermeidung beziehungsweise Verringerung von psychischen Belastungen, welche die menschlichen Informationsverarbeitungsprozesse beziehungsweise die Arbeitsabläufe beeinträchtigen.

Erläuterungen: Hier handelt es sich wieder um eine grundlegende Basisanforderung, welche eine Umschreibung für Software-Ergonomie im allgemeinen ist und sich auf die Aspekte der menschlichen Informationsverarbeitung bezieht (zum Beispiel Informationsmenge, Informationsdarstellung, Zeitabläufe etc.). Sie betont insbesondere die kognitive (geistige, mentale) Komponente. Sämtliche grundlegenden Anforderungen auf dem Gebiet der Software-Ergonomie sind in dieser Anforderung enthalten.

g) Sonderfälle der ergonomischen Gestaltung

Die Definition dessen, was ein Bildschirmarbeitsplatz ist und was nicht, ist eindeutig. Gemäß § 67 Abs. 2 ASchG ist prinzipiell auch jeder Arbeitsplatz, der unter die Kategorie Bildschirmarbeitsplatz fällt, ergonomisch zu gestalten. Entsprechend § 1 Abs. 1 der BS-V gilt der 2. Abschnitt, welcher ergonomische Gestaltungsziele für Bildschirm, Tastatur, Arbeitstisch, Arbeitsstuhl, Belichtung und Beleuchtung sowie Strahlung festlegt, *für Bildschirmarbeitsplätze im Sinne des § 67 Abs. 1 zweiter Satz ASchG, ausgenommen die in § 67 Abs. 5 ASchG genannten Einrichtungen und Geräte.* Abweichungen und Sonderregelungen gelten für folgende Fälle:

1. Besondere Einrichtungen

Abweichungen bezüglich der definierten ergonomischen Gestaltungsziele (§ 67 Abs. 2 und 3 ASchG) sind gem. § 67 Abs. 5 ASchG für folgende Fälle zulässig:

§ 67 Abs. 5 Z 1 bis 5 ASchG: *Bei den nachstehend angeführten Einrichtungen beziehungsweise Geräten sind die nach der Art oder Zweckbestimmung der Einrichtung oder der Art der Arbeitsvorgänge erforderlichen Abweichungen von Abs. 2 und 3 zulässig: 1. Fahrer- und Bedienungsstände von Fahrzeugen und Maschinen, 2. Datenverarbeitungsanlagen an Bord eines Verkehrsmittels, 3. Datenverarbeitungsanlagen, die hauptsächlich zur Benutzung durch die Öffentlichkeit bestimmt sind,*

Erläuterungen Hardware-Ergonomie: Für die hier in § 67 Abs. 5 Z 1 bis 5 ASchG angeführten Einrichtungen sind lediglich Abweichungen von, nicht aber der völlige Verzicht auf hardware-ergonomische Gestaltungsprinzipien zulässig.

4. Rechenmaschinen, Registrierkassen und Geräte mit einer kleinen Daten- oder Meßwertanzeigevorrichtung, die zur direkten Benutzung des Gerätes erforderlich sind, und

5. Display-Schreibmaschinen.

§ 67 Abs. 6 ASchG:
Auf die in § 67 Abs. 5 angeführten Einrichtungen beziehungsweise Geräte ist Abs. 2 nur anzuwenden, soweit die Art oder Zweckbestimmung der Einrichtung oder die Art der Arbeitsvorgänge dem nicht entgegenstehen.

Erläuterungen Software-Ergonomie: Das bedeutet, für die genannten Einrichtungen und Geräte sind auch Abweichungen hinsichtlich software-ergonomischer Gestaltungsprinzipien (gem. § 68 Abs. 2 ASchG) zulässig.

Schutzziele: Für diese Gattungen von Einrichtungen gelten spezifische hard- und softwareergonomische Gestaltungsanforderungen, die aufgabenorientiert zu behandeln sind.

2. Tragbare Computer

§ 67 Abs. 4 ASchG:
Auf tragbare Datenverarbeitungsgeräte ist Abs. 2 und 3 anzuwenden, wenn sie regelmäßig am Arbeitsplatz eingesetzt werden

Erläuterungen Hardware-Ergonomie: Datenverarbeitungsanlagen, die regelmäßig stationär eingesetzt werden, sind im Sinne des § 67 Abs. 2 und 3 ASchG ergonomisch zu gestalten. Daraus ergeben sich in diesem Fall klare Gestaltungsnotwendigkeiten, sofern ein tragbarer Computer regelmäßig am Arbeitsplatz verwendet wird. Beispielsweise etwa die Anforderung, daß die Tastatur *„neigbar und eine vom Bildschirm getrennte Einheit"* (§ 3 Abs. 2 Z 1 BS-V) sein muß und *„die Anordnung der Tastatur und die Beschaffenheit der Tasten müssen die Bedienung der Tastatur erleichtern"* (§ 3 Abs. 2 Z 4 BS-V), was bei Fehlen der entsprechenden Eigenschaften eine zusätzliche externe Tastatur erforderlich macht. Weiters gibt es auch die Anforderung, daß der Bildschirm *„zur Anpassung an die individuellen Bedürfnisse des/der Arbeitnehmers/Arbeitnehmerin leicht dreh- sowie neigbar"* (§ 3 Abs. 1 Z 6 BS-V) sein muß, was in der Regel nur durch einen zusätzlichen externen Monitor möglich ist.

§ 68 Abs. 5 ASchG:
Auf tragbare Datenverarbeitungsgeräte, die nicht regelmäßig am Arbeitsplatz eingesetzt werden, ist Abs. 2 nicht anzuwenden.

Erläuterungen Software-Ergonomie: Bezüglich der ergonomischen Software-Gestaltung gelten ebenfalls Einschränkungen. Gemäß § 68 Abs. 5 ASchG gilt: Wenn tragbare Datenverarbeitungsgeräte regelmäßig am Arbeitsplatz eingesetzt werden, dann sind die in § 68 Abs. 2 ASchG definierten Anforderungen hinsichtlich der Software einzuhalten. Diese Einschränkung ist sachlich betrachtet durchaus merkwürdig. In der Regel ist davon auszugehen, daß die installierten Software-Anwendungen auf tragbaren Computern nicht nur außerhalb der Arbeitsstätte, sondern auch innerhalb der Arbeitstätte genutzt werden.

Schutzziele: Für tragbare Computer gelten spezifische hard- und software-ergonomische Gestaltungsanforderungen, die aufgabenorientiert zu behandeln sind.

3. Arbeitsplätze außerhalb der Arbeitsstätte

§ 67 Abs. 6 ASchG:
Abs. 1, 2 mit Ausnahme des letzten Satzes und 4 gelten auch für die vom Arbeitgeber den Arbeitnehmern zur Erbringung von Arbeitsleistungen außerhalb der Arbeitsstätte zur Verfügung gestellten Bildschirmgeräte, Eingabe- oder Datenerfassungsvorrichtungen sowie Zusatzgeräte, Arbeitstische beziehungsweise Arbeitsflächen und Sitzgelegenheiten.

Diese Ergänzung von § 67 ASchG durch einen weiteren Absatz 6 erfolgte im Zuge einer Novellierung des ASchG.

Erläuterungen Hardware-Ergonomie: Damit wird sichergestellt, daß Bildschirmgeräte und sonstige technische Einrichtungen im Rahmen von Heim- oder Telearbeit gleichfalls den ergonomisch-technischen Anforderungen entsprechen. Diese Regelung nimmt nicht Bezug auf die Umgebungsbedingungen des Bildschirmarbeitsplatzes, wie zum Beispiel die Licht- und Beleuchtungsverhältnisse.

§ 68 Abs. 7 ASchG:
Abs. 2 gilt auch für Bildschirmarbeit außerhalb der Arbeitsstätte.

Erläuterungen Software-Ergonomie: § 68 Abs. 7 ASchG wurde im Zuge einer Novellierung ergänzt, womit die Anforderungen der ergonomischen Software-Gestaltung (§ 68 Abs. 2) auch für Tele- und Heimarbeitsplätze mit Bildschirm gelten.

Schutzziele: Für Arbeitsplätze außerhalb der Arbeitsstätte gelten spezifische hard- und software-ergonomische Gestaltungsanforderungen, die aufgabenorientiert zu behandeln sind.

4. Kurzdauernde Bildschirmtätigkeiten

§ 16 Abs. 1 BS-V:
Auf Arbeitsvorgänge, die fallweise kurzdauernde Eingaben und Abfragen von Informationen am Bildschirm mit nachfolgendem Tätigkeitswechsel (z. B. Kundenbetreuung in

Erläuterungen: Bei den genannten Tätigkeiten handelt es sich um Arbeiten, die in der Regel im Stehen verrichtet werden. Es ist daher nicht erforderlich, hierfür einen ergonomischen Sitzarbeitsplatz einzurichten. Die §§ 4 und 5 der BS-V beziehen sich auf ergonomische Anforderungen für Arbeitstische und Arbeitstühle. Allerdings gelten für diese Arbeitsplätze dennoch alle anderen ergo-

Kaufhäusern, Buchhandlungen, im Bankschalterdienst oder bei der Lagerhaltung) erfordern, sind die §§ 4 und 5 nicht anzuwenden.

nomischen Anforderungen, insbesondere im Hinblick auf Beleuchtung und Sehbedingungen.

Schutzziele: Für kurzdauernde Bildschirmtätigkeiten gelten spezifische hard- und software-ergonomische Gestaltungsanforderungen, die aufgabenorientiert zu behandeln sind.

1.1.3.2. Personenbezogene und besondere Maßnahmen bei Bildschirmarbeit

a) Was ist Bildschirmarbeit?

§ 1 Abs. 2 der BS-V legt fest, daß Regelungen bezüglich der Ermittlung und Beurteilung (§ 8 BS-V), Unterlagen (§ 9 BS-V), Pausen und Tätigkeitswechsel (§ 10 BS-V), Untersuchungen (§ 11 BS-V), Sehhilfen (§ 12 BS-V) für Bildschirmarbeit gelten.

§ 1 Abs. 2 BS-V:
Der 3. Abschnitt gilt für Bildschirmarbeit, das ist die Ausfuhrung von Tätigkeiten wie Datenerfassung, Datentransfer, Dialogverkehr, Textverarbeitung, Bildbearbeitung oder CAD/CAM-Arbeiten an Bildschirmarbeitsplätzen im Sinne des § 67 Abs. 1 zweiter Satz ASchG unter Verwendung von Bildschirmgeräten im Sinne des § 67 Abs. 1 ASchG.

Die Definition des Begriffes Bildschirmarbeit findet sich an dieser Stelle das erste und einzige Mal. Die Aufzählung ist nicht taxativ aufzufassen, da die aufgelisteten Tätigkeitselemente auch bei anderen Tätigkeitsarten mit Bildschirmeinsatz (zum Beispiel bildschirmgeführte Wartenbedienung oder Prozeßsteuerung) vorkommen können und somit Bildschirmarbeit vorliegt.

b) Ermittlung und Beurteilung von Gefahren, Maßnahmen treffen

1. Beeinträchtigung des Sehvermögens sowie physische und psychische Belastungen

§ 68 Abs. 1 ASchG:
Im Rahmen der Ermittlung und Beurteilung der Gefahren ist auch auf die mögliche Beeinträchtigung des Sehvermögens sowie auf physische und psychische Belastungen besonders Bedacht zu nehmen. Auf Grundlage dieser Ermittlung und Beurteilung sind zweckdienliche Maßnahmen zur Ausschaltung der festgestellten

§ 68 Abs. 1 ASchG legt fest, welche Gefahren an Bildschirmarbeitsplätzen und bei Bildschirmarbeit zu ermitteln und zu beurteilen sind. Bei Bildschirmarbeit sind daher gem. § 68 Abs. 1 zusätzlich zu den körperlichen Belastungsfaktoren auch psychische Belastungsfaktoren zu ermitteln, zu beurteilen und entsprechende Maßnahmen abzuleiten.

Körperliche Belastungen können sich bei Bildschirmarbeit aufgrund von Fehlhaltungen, einseitigen Muskelbeanspruchungen und ungünstigen Umgebungsbedingungen vor allem für den Stütz- und Bewegungsapparat, sowie aufgrund von Reflexionen, Blendungen, hohen

Gefahren zu treffen, wobei das allfällige Zusammenwirken der festgestellten Gefahren zu berücksichtigen ist.

Leuchtdichtekontrasten, ungünstigen Sehobjekten und Umgebungsbedingungen für das visuelle System ergeben. Sämtliche Anforderungen zur ergonomischen Gestaltung der Arbeitsmittel und Arbeitsumgebung gemäß den §§ 3 bis 7 BS-V haben daher das Ziel, ergonomisch günstige Arbeitsplatzbedingungen festzulegen und damit die beschriebenen Belastungen zu vermeiden. Im Rahmen der Gefahrenermittlung und -beurteilung und Maßnahmenableitung ist es daher notwendig, alle Aspekte des Arbeitsplatzes, der Arbeitsmittel und der Arbeitsumgebung dahingehend zu prüfen.

Grundsätzlich ist jede körperliche Belastung zugleich auch eine psychische Belastung. Dennoch ist Bildschirmarbeit vor allem dadurch gekennzeichnet, daß es sich um eine Tätigkeit handelt, die hohe Anforderungen an die menschlichen Informationsverarbeitungsprozesse stellt und zugleich wesentlich mit Aspekten der Arbeitsorganisation und der Arbeitsabläufe zusammenhängt. Psychische Belastungen können sich einerseits aus unzureichenden Software-Eigenschaften ergeben, welche die Wahrnehmung und Ver- und Bearbeitung von Informationen für den Menschen erschweren. Andererseits können psychische Belastungen auch aus einer Reihe von weiteren Faktoren, wie zum Beispiel aus den Tätigkeitsanforderungen, aus organisatorischen Rahmenbedingungen, aus Bedingungen der Zusammenarbeit und Kommunikation resultieren.[20]

2. Durchschnittliche Arbeitsdauer am Bildschirm

§ 8 BS-V:
Im Rahmen der Ermittlung und Beurteilung von Gefahren im Sinne des § 68 Abs. 1 ASchG ist insbesondere festzustellen, ob Bildschirmarbeit im Sinne des § 1 Abs. 4 vorliegt.

§ 8 der BS-V ergänzt die Ermittlungs- und Beurteilungsnotwendigkeiten auch hinsichtlich des Zeitausmaßes, das Beschäftigte am Bildschirm verbringen. Zu ermitteln ist also auch, ob Arbeitnehmerinnen und Arbeitnehmer *durchschnittlich ununterbrochen mehr als zwei Stunden oder durchschnittlich mehr als drei Stunden ihrer Tagesarbeitszeit mit Bildschirmarbeit beschäftigt werden.* Denn ab dieser durchschnittlichen Arbeitsdauer am Bildschirm

---

20 Hilfestellung für die Ermittlung und Beurteilung der Gefahren an Bildschirmarbeitsplätzen bieten die Kapitel 4.1. bis 4.3. in diesem Buch, Checklisten in Blaha F. (1995) sowie drei Evaluierungsleitfäden der Allgemeinen Unfallversicherungsanstalt zum Thema „Büro- und Bildschirmarbeit" (Autoren: Michael Wichtl, Klaus Wittig), zum Thema „Psychische Belastungen" (Autoren: Martina Molnar und Herbert Friesenbichler) und zum Thema „Software-Ergonomie" (Autorin: Martina Molnar).

haben die Beschäftigten Anspruch auf Pausen oder Tätigkeitswechsel, Untersuchungen und Sehhilfen.

c) Unterlagen

§ 9 BS-V:
Alle zur Programmbedienung notwendigen Informationen, wie Handbücher und Tastaturschablonen müssen, soweit sie für die Erfüllung der Arbeitsaufgabe notwendig sind, für die Arbeitnehmer/innen leicht erreichbar zur Verfügung stehen.

Dies bedeutet nicht, daß alle Beschäftigten solche Unterlagen persönlich zur Verfügung haben müssen, jedoch grundsätzlich Zugang zu solchen Unterlagen brauchen.

d) Bestimmungen, die von der Dauer der täglichen Bildschirmarbeit abhängig sind

§ 68 Abs. 3 ASchG:
Bei Beschäftigung von Arbeitnehmern, die bei einem nicht unwesentlichen Teil ihrer normalen Arbeit ein Bildschirmgerät benutzen, gilt folgendes:

Das ASchG und die BS-V beinhalten eine Reihe von personenbezogenen Regelungen (Pausen oder Tätigkeitswechsel, Untersuchungen, Sehhilfen), die von der Dauer der täglichen Arbeit am Bildschirm (ein nicht unwesentlicher Teil der täglichen Arbeit) abhängig sind.

§ 1 Abs. 4 BS-V:
Ein nicht unwesentlicher Teil der normalen Arbeit im Sinne des § 68 Abs. 3 ASchG liegt vor, wenn Arbeitnehmer/innen

Es wird definiert, was unter einem nicht unwesentlichen Teil der täglichen Arbeit zu verstehen ist.

Zur Bedeutung und Handhabung des Begriffs „durchschnittlich" wurden verschiedene Interpretationen vorgelegt.[21]

---

21 Bernhard Gruber (WKÖ) hält in einer Stellungnahme fest, daß die durchschnittliche Bildschirmarbeitsdauer im Rahmen der Ermittlung und Beurteilung (§ 8 BS-V) festzustellen ist. Mit Bezug auf die Ansicht des BMAGS weist er darauf hin, daß für den zu Grunde liegenden Zeitraum ein bis vier Wochen heranzuziehen sind. Gruber kommt zu folgender Meinung: *„Die allgemeine Grundvorrausetzung erfüllt mE jedenfalls jener AN, der (1.) regelmäßig an mindestens der Hälfte der Tage der Arbeitswoche Bildschirmarbeit im Ausmaß von jeweils ununterbrochen mehr als zwei Stunden leistet und (2.) im Fall einer Fünf-Tage-Woche dadurch in Summe auf mindestens 8 bis 10 Wochenstunden bzw im Fall einer Sechs-Tage-Woche auf mindestens 10 bis 12 Wochenstunden ununterbrochener Bildschirmarbeit pro Woche kommt."* (Quelle: Bernhard W. Gruber, WKÖ, Sozialpolitische Abt., Manuskript zur BS-V vom 29. Mai 1998)
Eine weitere Interpretation liefert Joe Püringer im kommentierten Text zur BS-V: *„In jenen (nicht zu häufig zu erwartenden) Arbeitssituationen oder Fällen, in denen in bestimmten Zeitabschnitten vorübergehend sehr viel Bildschirmarbeit durchzuführen ist, ist auf Grund des Schutzziels der Regelung nach den Erkenntnissen der Arbeitsmedizin vorzugehen (Beispiel: Bei stark schwankender Ausführung von Bildschirmarbeit könnte sich für einen AN eine* durchschnittliche *Beschäftigung mit Bildschirmarbeit [die durch Pausen unterteilt ist] von* weniger als drei Stunden pro Arbeitstag ergeben, wenn der

1. durchschnittlich ununterbrochen mehr als zwei Stunden oder

2. durchschnittlich mehr als drei Stunden ihrer Tagesarbeitszeit mit Bildschirmarbeit beschäftigt werden.

Die nachfolgenden Bestimmungen bezüglich Pausen oder Tätigkeitswechsel, Untersuchungen und Sehhilfen (§ 68, Abs. 5, Z 1 bis 4, ASchG und §§ 10 bis 12 BS-V) gelten nicht für alle Arbeitnehmer, sondern nur für jene, bei denen das genannte Kriterium der täglichen Bildschirmarbeitsdauer erfüllt ist.

1. Pausen oder Tätigkeitwechsel

§ 68 Abs. 3 Z 1 ASchG:
Die Arbeitgeber haben die Tätigkeit so zu organisieren, daß die tägliche Arbeit an Bildschirmgeräten regelmäßig durch Pausen oder durch andere Tätigkeiten unterbrochen wird, die die Belastung durch Bildschirmarbeit verringern.

Schutzziele: Vermeidung beziehungsweise Verringerung von arbeitsbedingten Belastungen bei Bildschirmarbeit durch Reduktion der Belastungsdauer.

Erläuterungen: Es obliegt gemäß § 8 der BS-V dem Arbeitgeber, auf Basis der Ermittlung und Beurteilung der Gefahren an Bildschirmarbeitsplätzen selbst entsprechende Maßnahmen (Information der betroffenen Beschäftigten bezüglich Pausen/Tätigkeitswechsel, Organisation von Pausen beziehungsweise Tätigkeitswechsel) abzuleiten. Daher wird sich aus den „Arbeitsplatzanalysen" ergeben, welches Zeitausmaß täglicher Arbeitszeit am Bildschirmarbeitsplatz vorliegt und ob es sich dabei um einen (juristisch beziehungsweise arbeitswissenschaftlich) relevanten Grenzwert handelt, der zusätzliche Erholungsphasen (Tätigkeitswechsel, Pause) notwendig macht. Über die Ergebnisse der diesbezüglichen Ermittlungen und Beurteilungen sowie die daraus abgeleiteten Maßnahmen sind die betreffenden Arbeitnehmerinnen und Arbeitnehmer beziehungsweise die Sicherheitsvertrauenspersonen gemäß § 14 BS-V zu informieren und auch Aufzeichnun-

---

*AN 15 aufeinanderfolgende Arbeitstage täglich 10 Stunden und die folgenden 50 Arbeitstage täglich 1 Stunde Bildschirmarbeit leistet.) Bei einem „Block" von zum Beispiel 15 Tagen praktisch ganztägiger Bildschirmarbeit wäre jedenfalls von erheblichen gesundheitlichen Belastungen und Störungen auszugehen, deren Rückbildung nur langsam und/oder schwierig erfolgt, auch wenn in späteren Wochen nur wenig Bildschirmarbeit geleistet wird. Nach dem Stand der Arbeitsmedizin sind bei einem derartigen „Block" von Bildschirmarbeit Gesundheitsbeeinträchtigungen bei Personen auch mit nur leichten Sehfehlern zu erwarten. Aus arbeitsmedizinischen und arbeitspsychologischen Gründen ist es daher bei stark wechselndem Anfall von Bildschirmarbeit notwendig und gerechtfertigt, zur Entscheidung darüber, ob ein nicht unwesentlicher Anteil auf Bildschirmarbeit entfällt, die Durchschnittsbetrachtung auf jene Arbeitstage zu beziehen, die in einem Zeitraum von maximal etwa einem Monat liegen. Bei AN, bei denen auf Grund dieser Ermittlung auch nur in einzelnen Phasen des Arbeitsjahres ein nicht unwesentlicher Anteil ihrer Arbeit auf Bildschirmarbeit entfällt, ist eine Untersuchung der Augen und des Sehvermögens und erforderlichenfalls eine Sehhilfe arbeitsmedizinisch angezeigt." (Quelle: Informationssystem ArbeitnehmerInnenschutz expert. Verlag Österreich, Österreichische Staatsdruckerei, 1998 – laufende Aktualisierung)

gen in den Sicherheits- und Gesundheitsschutzdokumenten zu führen.

§ 10 Abs. 1 BS-V gilt also nur, wenn täglich mehr als zwei Stunden ununterbrochen Bildschirmarbeit geleistet wird.

Die BS-V regelt in § 10 Abs. 1 bis 6 genau, von welcher Art die Pausen oder Tätigkeitswechsel sein müssen.

(1) Nach jeweils 50 Minuten ununterbrochener Bildschirmarbeit muß eine Pause oder ein Tätigkeitswechsel im Ausmaß von jeweils mindestens 10 Minuten erfolgen.

(2) Abs. 1 gilt nicht, wenn täglich nicht mehr als zwei Stunden ununterbrochen Bildschirmarbeit geleistet wird.

(3) Eine nach 50 Minuten zustehende Pause oder der Tätigkeitswechsel kann jeweils in die anschließende zweite Stunde verlegt werden, sofern der Arbeitsablauf dies erfordert.

(4) Ein Tätigkeitswechsel im Sinne der Abs. 1 und 2 muß in Tätigkeiten bestehen, die geeignet sind, die durch die Arbeit am Bildschirmgerät auftretenden Belastungen zu verringern. Tätigkeiten, die mit ähnlichen Belastungsformen verbunden sind, stellen keine Verringerung der Belastung durch Bildschirmarbeit dar. Beispielsweise stellt der Wechsel von der sitzenden und sehintensiven Tätigkeit am Bildschirmgerät zur sitzenden und sehintensiven Tätigkeit an einer Schreibmaschine keinen Tätigkeitswechsel im gewünschten Sinn dar. Bei der Beurteilung der Entlastungswirksamkeit eines Tätigkeitswechsels ist jedenfalls auf diesen Tatbestand Rücksicht zu nehmen.

(5) Pausen gemäß Abs. 1 sind in die Arbeitszeit einzurechnen.

(6) Ist aus zwingenden technischen Gründen (z. B. beim Bedienen und Überwachen von Verkehrsleitsystemen) eine Pausenregelung oder ein Tätigkeitswechsel im Sinne der Abs. 1 und 3 nicht möglich, so ist eine gleichwertige andere Pausenregelung zu treffen oder ein gleichwertiger anderer Tätigkeitswechsel vorzusehen.

2. Untersuchung der Augen

§ 68 Abs. 3 Z 2 ASchG:
Die Arbeitnehmer haben das Recht auf eine Untersuchung der Augen und des Sehvermögens, und zwar vor Aufnahme der Tätigkeit, sowie anschließend in regelmäßigen Abständen und weiters bei Auftreten von Sehbeschwerden, die auf die Bildschirmarbeit zurückgeführt werden können.

§ 11 Abs. 1 BS-V:
Der/die Arbeitgeber/in hat Arbeitnehmern/Arbeitnehmerinnen bei Vorliegen von Bildschirmarbeit im Sinne des § 1 Abs. 4 eine angemessene Untersuchung der Augen und des Sehvermögens (Überprüfungen der Sehschärfe und Untersuchung des sonstigen Sehvermögens) anzubieten, und zwar vor Aufnahme der Tätigkeit, sowie anschließend in Abständen von drei Jahren und weiters bei Auftreten von Sehbeschwerden, die auf Bildschirmarbeit zurückgeführt werden können.

Schutzziel: Prophylaktische Früherkennung von Sehbeschwerden und Sehfehlern, die bei Bildschirmarbeit ein Risiko hinsichtlich visueller Leistungsfähigkeit darstellen können.

Erläuterungen: Dieses Recht gilt wieder nur für Beschäftigte, die gemäß § 1 Abs. 4 BS-V eine bestimmte tägliche Mindestzeitdauer mit Bildschirmarbeit verbringen. Die BS-V spezifiziert in § 11 genauer was unter der Untersuchung der Augen zu verstehen ist, wann und wie oft der Anspruch darauf besteht und wer sie durchführen darf.

Es handelt sich dabei um eine Regelung, bei der die Aktivität nicht in erster Linie von der Arbeitgeberseite auszugehen hat. Der Arbeitgeber hat gemäß § 14 Abs. 1 beziehungsweise 2 die Pflicht, die betroffenen Arbeitnehmerinnen und Arbeitnehmer über ihre Rechte zu informieren. Es ist die Aktivität der Arbeitnehmerseite, dieses Recht gegebenenfalls in Anspruch zu nehmen. Das bedeutet, daß das Recht auf Untersuchungen keinesfalls als Verpflichtung des Arbeitgebers zu Reihenuntersuchungen aller betroffenen Arbeitnehmer und Arbeitnehmerinnen zu verstehen ist und auch nicht als Pflicht aller betroffenen Arbeitnehmer zu verstehen ist, Augenuntersuchungen zwingend in Anspruch nehmen zu müssen.

(2) Arbeitnehmer/innen können für Untersuchungen gemäß Abs. 1 in Anspruch nehmen:
1. Fachärzte/Fachärztinnen für Augenheilkunde und Optometrie,
2. Fachärzte/Fachärztinnen für Arbeits- und Betriebsmedizin oder
3. Personen, die zur selbständigen Ausübung des ärztlichen Berufes im Sinne des Ärztegesetzes 1984, BGBl. Nr. 373, berechtigt sind und eine vom Bundesminister für Arbeit, Gesundheit und Soziales anerkannte arbeitsmedizinische Ausbildung absolviert haben.
4. Personen, die die Meisterprüfung im Augenoptikerhandwerk (§ 120 GewO 1994) erfolgreich abgelegt haben, zwecks Durchführung der Überprüfungen der Sehschärfe.
(3) Die Kosten für Untersuchungen gemäß Abs. 1 sind von den Arbeitgebern/Arbeitgeberinnen zu tragen.
(4) Der/die Arbeitgeber/in hat Arbeitnehmern/Arbeitnehmerinnen weiters eine augenfachärztliche Untersuchung zu ermöglichen, wenn sich diese aufgrund von Untersuchungen gemäß Abs. 1 als erforderlich erweist.

§ 11 Abs. 2 BS-V legt fest, welche Personen in welchem Umfang die genannten Untersuchungen durchführen dürfen und daß die Kosten hierfür vom Arbeitgeber zu tragen sind.

Diese Aussage war im selben Sinn auch schon in § 68 Abs. 3 Z 1 ASchG zu finden: *Die Arbeitnehmer haben das Recht auf eine augenärztliche Untersuchung, wenn sich dies auf Grund der Ergebnisse der Untersuchung nach Z 2 als erforderlich erweist.*

3. Spezielle Sehhilfen

§ 68 Abs. 3 Z 4 ASchG:
Den Arbeitnehmern sind spezielle Sehhilfen zur Verfügung zu stellen, wenn die Ergebnisse der Untersuchungen nach Z 2 und 3 ergeben, daß diese notwendig sind.

§ 68 Abs. 3 Z 4 ASchG legt fest, unter welchen Umständen Arbeitnehmern Sehhilfen angeboten werden müssen.

§ 12 BS-V:
(1) Arbeitnehmern/Arbeitnehmerinnen sind spezielle Sehhilfen zur Verfügung zu stellen, wenn die Ergebnisse der Untersuchungen nach § 11 Abs. 1 und 4 ergeben, daß diese notwendig sind, weil normale Sehhilfen nicht verwendet werden können. Spezielle Sehhilfen müssen folgenden Anforderungen entsprechen:
1. Abstimmung auf eine Arbeitsdistanz zum Bildschirm und zu den Belegen,
2. Abstimmung auf die physiologischen Gegebenheiten und pathologischen Befunde des/ der Arbeitnehmers/Arbeitnehmerin,
3. die Gläser müssen entspiegelt, dürfen aber nicht getönt sein.
(2) Hinsichtlich der Brillenglasqualität sind unter Berücksichtigung des Abs. 1 Z 2 zu verwenden:
1. Einstärkengläser für die Arbeitsdistanz zum Bildschirm,
2. Mehrstärkengläser, entweder hohe Bifokalgläser für die Arbeitsdistanz zum Bildschirm und Beleg oder Trifokal- oder Multifokalgläser mit besonders breitem Korridor für die Arbeitsdistanz zum Bildschirm.

Die Bildschirmarbeitsverordnung präzisiert in § 12 BS-V, welche Anforderungen diese Sehhilfen erfüllen müssen:

Schutzziele: Gewährleistung der vollständigen visuellen Leistungsfähigkeit durch Bereitstellung einer für die Arbeitsaufgabe beziehungsweise Sehentfernung geeigneten Sehhilfe.

4. Kostenübernahme

§ 68 Abs. 4 ASchG:
Maßnahmen nach Abs. 3 Z 2 bis 4 dürfen in keinem Fall zu einer finanziellen Mehrbelastung der Arbeitnehmer führen.

Gemäß § 68 Abs. 4 ASchG war lediglich festgelegt, daß die Kosten für Untersuchungen und Sehhilfen nicht vom Arbeitnehmer zu tragen sind.

§ 11 Abs. 2 BS-V:
Die Kosten für Untersuchungen gemäß Abs. 1 sind von den Arbeitgebern/Arbeitgeberinnen zu tragen.

§ 12 Abs. 3 BS-V:
Die Kosten für Sehhilfen, die ausschließlich durch den notwendigen Schutz bei Bildschirmarbeit unter Beachtung der Abs. 1 und 2 entstehen, sind von den Arbeitgebern/ Arbeitgeberinnen zu tragen, sofern nicht die Träger der Sozialversicherung diese übernehmen.

Die BS-V legt ferner in § 12 Abs. 3 fest, daß die Kosten für Sehhilfen entweder durch die Arbeitgeberseite oder (gegebenenfalls zur geteilten Hand) durch die Sozialversicherung getragen werden müssen.

Wer unter welchen Umständen Kosten beziehungsweise Kostenanteile an den Sehhilfen übernimmt, geht aus dieser Formulierung nicht eindeutig hervor. Mittlerweile wurden mit dieser Frage auch die Gerichte bis zum OGH[22] befaßt und Interpretationen seitens der gesetzlichen Arbeitgeber- und Arbeitnehmerinteressensvertretungen angeboten.[23]

1.1.3.3. Sonstige Pflichten der Arbeitgeber/innen

Die sonstigen Pflichten sind im 4. Abschnitt der BS-V geregelt. Er gilt gem. § 3 BS-V nur *für die Beschäftigung von Arbeitnehmern/Arbeitnehmerinnen an Bildschirmarbeitsplätzen im Sinne des Abs. 1.* Dies bedeutet im Sinne von § 1 Abs. 1 der BS-V eine Geltung *für Bildschirmarbeitsplätze im Sinne des § 67 Abs. 1 zweiter Satz ASchG, ausgenommen die in § 67 Abs. 5 ASchG genannten Einrichtungen und Geräte.*

1. Unterweisung

§ 13 BS-V:
(1) Jeder/jede Arbeitnehmer/in ist vor Aufnahme seiner/ihrer Tätigkeit am Bildschirmgerät und bei jeder wesentlichen Veränderung der Organisation seines/ihres Arbeitsplatzes im Umgang mit dem Gerät sowie hinsichtlich der ergonomisch richtigen Einstellung und Anordnung der Arbeitsmittel zu unterweisen.

Schutzziele: Die Gewährleistung der Vermeidung von arbeitsbedingten Belastungen setzt voraus, daß die betroffenen ArbeitnehmerInnen über Belastungsfaktoren und deren Verringerung beziehungsweise Vermeidung unterwiesen werden müssen.

Erläuterungen: Das bedeutet, daß alle Arbeitnehmer/innen persönlich und direkt hinsichtlich der Bedienung und Handhabung des Bildschirmgerätes zu unterweisen sind.

Die Unterweisung bezüglich der ergonomisch richtigen Einstellung und Anordnung der Arbeitsmittel schließt im Prinzip alle Punkte ein, die auch in der BS-V genannt wurden (Bildschirm, Tastatur, Arbeitstisch und Arbeitsfläche, Arbeitsstuhl, Belichtung und Beleuchtung, Strahlung, Software).

---

22 Entscheidung des Obersten Gerichtshofes als Revisionsgericht vom 6.9.2000, 9 ObA 63/00f.
23 Details siehe Kapitel 1.5.

2. Information

§ 14 BS-V:
(1) Die an Bildschirmarbeitsplätzen beschäftigten Arbeitnehmer/innen sind über folgendes zu informieren:
1. ob an Arbeitsplätzen Bildschirmarbeit im Sinne des § 1 Abs. 4 vorliegt,
2. das Recht auf Untersuchungen gemäß § 11,
3. das Recht auf Zurverfügungstellung einer speziellen Sehhilfe bei Zutreffen der Voraussetzungen des § 68 Abs. 3 Z 4 ASchG und
4. den Anspruch auf Pausen und Tätigkeitswechsel gemäß § 10.
(2) Die Information der einzelnen Arbeitnehmer/innen kann entfallen, wenn Sicherheitsvertrauenspersonen bestellt oder Belegschaftsorgane errichtet sind und diese im Sinne des Abs. 1 informiert werden.

Schutzziele: Die Gewährleistung der Vermeidung von arbeitsbedingten Belastungen setzt voraus, daß die betroffen ArbeitnehmerInnen über Belastungsfaktoren und deren Verringerung beziehungsweise Vermeidung informiert werden müssen.

Erläuterungen: Im Gegensatz zur Unterweisung, die persönlich und direkt erfolgen muß, kann die Information der Arbeitnehmer/innen auch indirekt über die Sicherheitsvertrauenspersonen erfolgen, die jedenfalls zu informieren sind.

Die betreffenden Arbeitnehmer/innen sind also darüber zu informieren, ob sie einen nicht unwesentlichen Teil ihrer Arbeit (täglich durchschnittlich 2 Std. ununterbrochen oder täglich durchschnittlich 3 Std. ingesamt) mit Bildschirmarbeit zubringen. Wenn das der Fall ist, müssen diese Personen über die Ziffern 2 bis 4 informiert werden (Augenuntersuchung, Sehhilfe, Pause bzw. Tätigkeitswechsel).

3. Anhörung/Beteiligung

§ 15 BS-V:
(1) Die an Bildschirmarbeitsplätzen beschäftigten Arbeitnehmer/innen sind zu den in dieser Verordnung geregelten Fragen anzuhören und an deren Behandlung zu beteiligen.
(2) Die Anhörung und Beteiligung der einzelnen Arbeitnehmer/innen kann entfallen, wenn Sicherheitsvertrauenspersonen bestellt oder Belegschaftsorgane errichtet sind und diese im Sinne des Abs. 1 befaßt werden.

Es kann die Anhörung und Beteiligung der Arbeitnehmer/innen auch indirekt über die Sicherheitsvertrauenspersonen erfolgen, die jedenfalls anzuhören und zu beteiligen sind.

1.1.3.4. Schlußbestimmungen

1. Ausnahmen und Abweichungen

§ 16 BS-V:
(1) Auf Arbeitsvorgänge, die fallweise kurzdauernde Eingaben und Abfragen von Informationen am Bildschirm mit nachfolgendem Tätigkeitswechsel (z.B. Kundenbetreuung in Kaufhäusern, Buchhandlungen, im Bankschalterdienst oder bei der Lagerhaltung) erfordern, sind die §§ 4 und 5 nicht anzuwenden.

(2) Mit Ausnahme des Abs. 1 wird gemäß § 95 Abs. 1 ASchG festgelegt, daß die zuständige Behörde keine Ausnahmen von den §§ 3, 4 Abs. 1 und 3 sowie von den Bestimmungen des 3. und 4. Abschnitts dieser Verordnung zulassen darf.

Diese Abweichung hinsichtlich Arbeitstisch/Arbeitfläche und Arbeitsstuhl und weitere Abweichungen hinsichtlich der Gestaltungserfordernisse an Bildschirmarbeitsplätzen wurden bereits angeführt. Dennoch sind für die genannten Arbeitsplätze die diesbezüglichen Bestimmungen der AAV (Allgem. Arbeitnehmerschutzverordnung) in Zusammenhalt mit § 114 Abs. 2 Z 2 ASchG anzuwenden.[24]

Mit Ausnahme der Abweichungen für Arbeitstisch/Arbeitfläche und Arbeitsstuhl bei den genannten kurzdauernden Tätigkeiten mit nachfolgendem Tätigkeitswechsel kann die Kontrollbehörde keine Abweichungen hinsichtlich der ergonomischen Gestaltungserfordernisse bezüglich § 3 (Bildschirm, Tastatur) und § 4 Abs. 1 (Arbeitstische und Arbeitsflächen) und Abs. 3 (Fläche vor der Tastatur) sowie von den Anforderungen für den 3. Abschnitt der BS-V (Ermittlung und Beurteilung, Unterlagen, Pausen und Tätigkeitswechsel, Untersuchungen, Sehhilfen) und den 4. Abschnitt der BS-V (Unterweisung, Information, Anhörung/Beteiligung) zulassen.

4. Inkrafttreten

§ 17 BS-V:
(1) Die Verordnung tritt mit 1. Mai 1998 in Kraft.

Sämtliche Anforderungen der BS-V sind bereits in Kraft getreten.

(2) Die §§ 3 und 4 treten mit 1. Jänner 2000 in Kraft.

Gemeint waren damit Übergangsbestimmungen hinsichtlich ergonomischer Anforderungen bezüglich Bildschirm, Tastatur, Arbeitstisch und Arbeitsfläche.

(3) Die §§ 3 und 4 sind jedoch zu beachten
1. wenn Arbeitsplätze wesentlich geändert werden,

Übergangsregelungen galten nicht für ergonomische Anforderungen hinsichtlich des Beinfreiraums.
Die EU hat vorgegeben, daß die Mindestvorschriften im Anhang der Bildschirmrichtlinie für alle bestehenden

---

24 Püringer J.: Informationssystem ArbeitnehmerInnenschutz expert. CD-Rom. Stand: 2000.

2. wenn die Ermittlung und Beurteilung der Gefahren gemäß § 68 Abs. 1 ASchG ergibt, daß durch die Arbeit an diesen Arbeitsplätzen Leben oder Gesundheit der Arbeitnehmer/innen gefährdet ist.

Wesentliche Änderungen betreffen jedenfalls Neubeschaffung beziehungsweise Austausch von Hard- und Software beziehungsweise Austausch von Arbeitsmitteln (z.B. Arbeitstisch, Arbeitsstuhl).

(4) Die Abs. 2 und 3 gelten nicht für § 4 Abs. 4.

Bildschirmarbeitsplätze bis längstens 31.12.1996 umzusetzen sind. Bildschirmarbeitsplätze, die nach dem 31.12. 1992 erstmals in Betrieb genommen wurden, hätten diese Anforderungen schon unmittelbar erfüllen müssen. Die in der österreichischen BS-V gesetzten Fristen reichten einige Jahre über diese von der EU festgelegten Fristen hinaus, gelten aber mittlerweile alle.

1.1.4. Weitere rechtliche Regelungen mit Wirkung auf Bildschirmarbeit

Alle allgemeinen Anforderungen aus dem ASchG treffen auch für den Arbeitsplatz „Bildschirm" und die dort beschäftigten Arbeitnehmer zu und nicht nur die §§ 67 und 68 des ASchG beziehungsweise die Regelungen der BS-V. So ist beispielsweise die letzte gesetzlich festgelegte Frist für die Ermittlung und Beurteilung der Gefahren und die Umsetzung von Maßnahmen entsprechend § 4 ASchG und deren Dokumentation laut § 5 für Arbeitsstätten mit weniger als 10 Arbeitnehmern am 1.7.2000 in Kraft getreten.

Wesentlich ist auch, daß für Bildschirmarbeitsplätze die entsprechenden Regelungen der Arbeitsstätten-Verordnung gelten.[25]

Ergänzend soll angemerkt werden, daß im Nachtschwerarbeitsgesetz (NSchG) die Bildschirmarbeit als eine der besonderen Belastungen aufgeführt ist. Diese Vorschrift ist älter als die Regelungen aus dem ASchG und der BS-V und kennt daher zum Teil andere Kriterien bei der Beurteilung. Es wird hier insbesondere auf die Belastung der Tätigkeit (zum Beispiel Vielfalt, Menge, Dichte der zu verarbeitenden Information und Störeinflüsse) abgestellt.

Bezüglich der Regelungen im öffentlichen Dienst für Bund, Länder, Gemeinden lesen Sie bitte Kapitel 1.2. Grundsätzlich kann gesagt werden, daß sich diese Bestimmungen kaum von jenen im ASchG-Bereich unterscheiden, weil sie ja die Mindestanforderungen aus dem EU-Recht in derselben Weise umsetzen müssen.

1.1.5. Literatur und weitere Informationen

1.1.5.1. Literatur

Allgemeine Unfallversicherungsanstalt (Hg.): Merkblatt „ArbeitnehmerInnenschutzgesetz mit Anmerkungen, Verweisen und Stichwortverzeichnis". 7. aktualisierte Auflage, Wien, 1999.

Allgemeine Unfallversicherungsanstalt (Hg.): Merkblatt „Evaluierung von Arbeitsplätzen und Gefährdungsminimierung. Eine Einführung". Wien, 1995.

Allgemeine Unfallversicherungsanstalt (Hg.): Merkblatt „Evaluierungsleitfaden für den

---

25 Siehe Kapitel 1.3.

Bürobereich. Die ersten Schritte". Wien, 1998.

Blaha F. (Hg.): Der Mensch am Bildschirmarbeitsplatz. Ein Handbuch über Recht, Gesundheit und Ergonomie. Springer-Verlag, Wien – New York, 1995.

Gruber B.W.: Arbeitnehmerschutz bei Teleheimarbeit unter besonderer Berücksichtigung des persönlichen Geltungsbereiches des ASchG. In: Zeitschrift für Arbeitsrecht und Sozialrecht, Heft Nr. 3, 33. Jahrgang, Mai 1998, S. 65–72.

Hackl-Gruber W. et. al.: ArbeitnehmerInnenschutz im Büro. Handbuch für ArbeitsmedizinerInnen, Sicherheitsfachkräfte, Betriebsräte, Sicherheitsvertrauenspersonen sowie ArbeitsinspektorInnen. Inst. f. Umwelthygiene der Univ. Wien, Inst. f. Betriebswissenschaften, Arbeitswissenschaft und Betriebswirtschaftslehre der TU Wien, Gewerkschaft der Privatangestellten (Hg.), Verlag des ÖGB, Wien, 1995.

Hackl-Gruber W., Klaus E., Schwendenwein G., Wittmann A.: Sitting Settings. Ergonomische Kriterien und Anregungen für gesundes Sitzen im Büro. Schriftenreihe der Österr. Arbeitsgemeinschaft für Ergonomie (ÖAE), Band 1, Wien, 1998.

human-ware (Hg.): PC-FIT – User-Saver. Software und Begleitbuch zur Information von Anwendern über ergonomische Arbeitsplatzgestaltung, Arbeitsablaufgestaltung und Ausgleichstraining. Wien, 1992.

human-ware (Hg.): GS-Manager. Das Organisationssystem für Gesundheits- und Sicherheitsmanagement. Wien, 1995

Köck P., Berdel D., Ent E.: Bürogestaltung – Bestandsaufnahme und zukünftige Entwicklung. Hg.: BWK-AAW (Eigenverlag). Wien, 1992.

Molnar M., Wichtl M.: Die EU schafft Standards; EU-Rahmenrichtlinie 89/391/EWG; EU-Bildschirmrichtlinie 90/270/EWG; Die österreichische EU-Arbeitnehmerschutzanpassung; Bundesgesetz über Sicherheit und Gesundheitsschutz bei der Arbeit; In: Blaha F. (Hg.): Der Mensch am Bildschirmarbeitsplatz. Springer-Verlag, Wien – New York, 1995, S. 39–71.

Molnar M., Wichtl M.: Bildschirmarbeit. In: Lang, M. (Hg.): Handbuch ArbeitnehmerInnenschutzgesetz – Erläuterungen (Register 9, Kapitel 5). Weka-Verlag, Wien, 1999.

Molnar M., Wichtl M.: Bildschirmarbeitsplätze. Die Konsequenzen durch die EG-Bildschirmrichtlinie. In: Sichere Arbeit. Internationales Fachmagazin für Arbeitsschutz und Arbeitsmedizin. AUVA, Heft 3/1994.

Mosler R.: Bildschirmarbeit und Arbeitsrecht. Verlag Orac, Wien, 1991.

Püringer J.: Informationssystem ArbeitnehmerInnenschutz expert. CD-Rom. Verlag Österreich, Print Media Austria AG, Wien, 2000, laufende Aktualisierungen.

Schwaninger U. et al.: Auswirkungen der Bildschirmarbeit auf Augen sowie Stütz- und Bewegungsapparat. Schriftenreihe der Bundesanstalt für Arbeitsschutz (Hg.). Wirtschaftsverlag NW, Bremerhaven, 1992.

Tjoa A. M., Kolm P., Koch M., Reiterer H., Gärtner J.: EDV im Büro, Handbuch zur menschengerechten Gestaltung. OCG-Sonderschriftenreihe Bd.II, Wien, 1990.

Wichtl M.: Stressbelastung durch schlechte Sehleistung an Bildschirmarbeitsplätzen. In: Sichere Arbeit. AUVA (Hg.), Heft 1/93.

1.1.5.2. Regelwerke

Bundesgesetzblatt für die Republik Österreich: 450. Bundesgesetz über Sicherheit und Gesundheitsschutz bei der Arbeit (ArbeitnehmerInnenschutzgesetz – ASchG), ausgegeben am 17. Juni 1994.

Bundesgesetzblatt für die Republik Österreich: 124. Verordnung der Bundesministerin für Arbeit, Gesundheit und Soziales über den Schutz der Arbeitnehmer/innen bei Bildschirmarbeit (Bildschirmarbeitsverordnung – BS-V), ausgegeben am 21.4.1998.

Hauptverband der gewerblichen Berufsgenossenschaften e.V. (Hrsg.): Unfallverhütungsvorschrift „Arbeit an Bildschirmgeräten" VBG 104 (Teilvorentwurf), Hamburg, 1994.

Richtlinie des Rates vom 12.6.1989 über die Durchführung von Maßnahmen zur Verbesserung der Sicherheit und des Gesundheitsschutzes der Arbeitnehmer bei der Arbeit (89/391/EWG).

Richtlinie des Rates vom 29.5.1990 über die Mindestvorschriften bezüglich der Sicherheit und des Gesundheitsschutzes bei der Arbeit an Bildschirmgeräten (90/270/EWG).

1.2. Arbeitnehmerschutzregelungen für Bildschirmarbeit im öffentlichen Dienst

B-BSG und weitere Regelungen im öffentlichen Dienst
Michael Höchtl

In aller Kürze

Die Geltung des EU-Rechts erstreckt sich prinzipiell auch auf den gesamten öffentlichen Dienst, allerdings wurde die Umsetzung der entsprechenden Gesetze in Österreich zu einem späteren Zeitpunkt als für das ASchG begonnen und ist somit noch nicht zur Gänze abgeschlossen. Darüber hinaus gelten im öffentlichen Dienst Bundes- und Landesgesetze, was eine jeweils unabhängige Gesetzgebung auf Basis der Mindestanforderungen der EU-Richtlinien erforderlich macht. Die hier behandelten Ausführungen geben einen grundsätzlichen Überblick über diese Entwicklung.

1.2.1. Allgemeines zum B-BSG

Am 25.5.1994 hat der Nationalrat das Bundesgesetz über Sicherheit und Gesundheitsschutz bei der Arbeit (kurz: ArbeitnehmerInnenschutzgesetz – ASchG) beschlossen und mit BGBl.Nr.450/1994 kundgemacht. Dieses Bundesgesetz setzte die grundsätzlichen Regelungen der EG-Richtlinien auf dem Gebiet des technischen und arbeitshygienischen Arbeitnehmerschutzes um.

Mit Unterzeichnung des EWR-Abkommens entstand für den nationalen Gesetzgeber auch die Notwendigkeit, sämtliche Vorschriften auf dem Gebiet des technischen und arbeitshygienischen Bedienstetenschutzes – analog den bestehenden Bestimmungen des ASchG – zu adaptieren und die bis zu diesem Zeitpunkt bereits vorhandenen Regelungen für Bundesbedienstete (BSG 1977) und Landesbedienstete entsprechend anzupassen.

Bei der Neufassung der Bedienstetenschutzregelungen galt es einerseits die Mindeststandards der EG-Richtlinien analog dem ASchG zur Erhaltung eines einheitlichen nationalen Umsetzungskonzeptes zu erfüllen. Andererseits war es auch erforderlich, rechtliche Kompatibilität zwischen den Bediensteten im Bundesdienst (für die das neue B-BSG 1999 gilt) und den privatrechtlich Beschäftigten in den Betrieben des Bundes (für die das ASchG gilt), herzustellen.

Das neue B-BSG trat mit 1.6.1999 in Kraft und gilt für Vertragsbedienstete und Beamte des Bundes in Verwaltungsstellen sowie sonstigen Bundesanstalten.

Die komplette Neufassung des bestehenden BSG 1977 war auch deshalb erforderlich, weil eine Adaptierung der bisher geltenden Rechtsregelungen an die Richtlinien wesentlich komplizierter und aufwendiger gewesen wäre.

1.2.2. Regelwerke hinsichtlich Bildschirmarbeitsplätzen

Regelungen, wie Bildschirmarbeitsplätze auszusehen haben und widmungsgemäß zu verwenden sind, sind einerseits auf EU-Ebene durch EG-Richtlinien definiert. Diese EG-Richtlinien sind jeweils in nationales Recht umzusetzen. In Österreich ist dies eben durch das ASchG für privatrechtlich

Beschäftige und durch analoge Gesetze für öffentlich Bedienstete geschehen (B-BSG und Bedienstetenschutzgesetze für die Länder). Solche Gesetzesanforderungen sind zwingend anzuwenden. Darüber hinaus existieren noch eine Reihe von Normen, die gleichfalls Bezug zur Gestaltung von Bildschirmarbeitsplätzen bzw. deren Komponenten thematisieren. Normenwerke sind im Regelfall gesetzlich nicht zwingend und richten sich primär an Hersteller und Inverkehrbringer von Produkten (z.B. Büromöbel, Hardware, Software ...).[1]

Einige bereits vorhandene und spezifisch für den öffentlichen Dienst geltende Regelungen sind hier zu nennen:

1.2.2.1. Bund

- Bundesgesetz über Sicherheit und Gesundheitsschutz der in den Dienststellen des Bundes beschäftigten Bediensteten (Bundes-Bedienstetenschutzgesetz – B-BSG 1999), BGBl. Nr. 70/1999
- Verordnung über Sicherheits- und Gesundheitsschutzdokumente (B-DOK-VO)
- Verordnung der Bundesregierung über den Schutz der Bundesbediensteten bei Bildschirmarbeit (Bildschirmarbeits-Verordnung – B-BS-V), BGBl. II Nr. 453/1999
- Bundes-Personalvertretungsgesetz (PV-G), in § 9 wird die Befassung der Personalvertretung hinsichtlich Bildschirmarbeit festgelegt

1.2.2.2. Länder[2]

Aufgrund des Abkommens über den Europäischen Wirtschaftsraum gelten die in diesem Abkommen genannten Mindestvorschriften über Sicherheit und Gesundheitsschutz bei der Arbeit auch für die Bediensteten des öffentlichen Dienstes und somit auch für die Bediensteten der Länder, der Gemeinden und der Gemeindeverbände, die nicht in Betrieben tätig sind. Soweit in den diesbezüglichen Landesgesetzen diese Mindestvorschriften noch nicht umgesetzt sind, gelten sie dennoch und sind direkt anzuwenden.

Burgenland (Richtlinien noch nicht gesetzlich umgesetzt)

- Burgenländisches Landesbedienstetenschutzgesetz (LGBl. Nr. 21/1987 i. d. Fassung 50/1991)
- Burgenländische Landesbedienstetenschutzverordnung (Nr. 35 aus 1992)

Kärnten (Richtlinien noch nicht gesetzlich umgesetzt)

- Kärntner Bedienstetenschutzgesetz (LGBl. Nr. 5/81 vom 24.11.1980)
- Allgemeine Kärntner Bedienstetenschutzverordnung (Nr. 77 aus 1990)

Niederösterreich

- NÖ BSG 1998 – NÖ Bediensteten-Schutzgesetz 1998 (LGBl. Nr. 150 aus 1998)
- NÖ Bediensteten-Schutzverordnung (Nr. 2015/1-0 aus 1998)

Oberösterreich

- Oö LBSG – Oö Landesbediensteten-Schutzgesetz 1998
- Oö BSV – Oö Bildschirmarbeitsverordnung für Landesbedienstete
- Oö DOKV – Oö Sicherheits- und Gesundheitsschutzdokumente-Verordnung für Landesbedienstete
- Oö GÜV – Oö Gesundheitsüberwachungsverordnung für Landesbedienstete

---

1 Details zum rechtlichen Hintergrund und zur Normung finden Sie in den Kap. 1.1. und 1.4.

2 Püringer J.: Informationssystem ArbeitnehmerInnenschutz expert. CD-Rom, Stand: 2000.

– Geschäftsordnung der Kommission für den Landesbedienstetenschutz
– Oö GbSG – Oö Gemeindebediensteten-Schutzgesetz 1999

Salzburg

– Salzburger Landesbedienstetenschutzgesetz (LGBL. Nr. 103 aus 2000)

Steiermark

– St-BSG – Steiermärkisches Bedienstetenschutzgesetz (LGBl. Nr. 24 aus 2000)

Tirol (Richtlinien noch nicht gesetzlich umgesetzt)

– Tiroler Bedienstetenschutzgesetz (LGBl. Nr. 71 aus 1991)

Vorarlberg

– Landes- und Gemeindebediensteten-Schutzgesetz (LGBl. Nr. 14 aus 1999).

Wien

– W-BedSchG 1998 – Wiener Bedienstetenschutzgesetz 1998 (LGBl. Nr. 28 aus 1979 i. d. Fassung von 1998)
– Wiener SVP-Verordnung
– Wiener Kennzeichnungsverordnung
– Wiener Erste-Hilfe-Maßnahmen-Verordnung
– Wiener Brandschutz-Maßnahmen-Verordnung
– Wiener Bildschirmarbeitsverordnung
– Wiener DOK-Verordnung

1.2.3. Diskussion einzelner Regelungen am Beispiel Bund und Land Wien

1.2.3.1. Richtlinie 89/391/EWG und 90/270/EWG

Allgemeine Grundsätze über Mindestvorschriften bezüglich Sicherheit und Gesundheitsschutz am Arbeitsplatz bzw. speziell für Bildschirmarbeit werden durch die EG-Einzelrichtlinien 89/391/EWG bzw. 90/270/ EWG formuliert.[3]

1.2.3.2. Bundes-Bedienstetenschutzgesetz 1999 (B-BSG 99)

Im B-BSG 99 sind die gesetzlichen Vorgaben für Bildschirmarbeitsplätze in den Paragraphen 67 und 68 enthalten. In § 67 Abs.1 findet man zunächst Begriffsklärungen wie „Bildschirmgerät" und „Bildschirmarbeitsplätze". Die Abs. 2 bis 6 beinhalten Forderungen hinsichtlich ergonomischer Gestaltung von Bildschirmarbeitsplätzen, sowie einen Katalog von Abweichungsmöglichkeiten bezüglich der ergonomischen Gestaltung. In § 68 Abs.1 wird auf die mögliche Beeinträchtigung des Sehvermögens sowie auf physische und psychische Belastungen im Rahmen der Ermittlung und Beurteilung der Gefahren Bezug genommen. Wesentliche Faktoren für die Konzipierung, Auswahl, Einführung und Änderung der Software sowie für die Gestaltung von Tätigkeiten, bei denen Bildschirmgeräte zum Einsatz kommen, werden in Abs. 2 geregelt. In Abs. 3 werden Regelungen für jene Bediensteten getroffen, bei denen Bildschirmarbeit einen wesentlichen Teil der Gesamtarbeit ausmacht. Hier wird im besonderen auf die „Pausenregelungen" (korrekt: belastungsmindernde Tätigkeitswechsel oder Pausen), auf ärztliche Untersuchung der Augen und des Sehvermögens sowie auf die mögliche Erfordernis einer „Bildschirmbrille" eingegangen. Auch für Bildschirmbrillen (gemeint ist vor allem Alterssichtigkeit) gelten dieselben Definitionen und Anwendungskriterien wie in der BS-V.[4] (Für

---

3 Details dazu siehe Kapitel 1.1.
4 Details zur Bildschirmbrille finden Sie in den Kapiteln 1.1. und 1.5.

öffentlich Bedienstete wird im Rahmen der arbeitsmedizinischen Betreuung eine Untersuchung der Augen angeboten, die der im § 11 der BS-V gesetzlich vorgeschriebenen Untersuchung entspricht.) Sofern der untersuchende Arbeitsmediziner feststellt, daß der Untersuchte möglicherweise eine Bildschirmbrille braucht, ist eine genaue Untersuchung durch einen Augenfacharzt notwendig. Die Paragraphen 11 und 12 BS-V behandeln die rechtlichen Bedingungen hinsichtlich „Untersuchungen" (§11 BS-V) und „Sehhilfen" (§12 BS-V). Die übrigen Absätze (Abs. 4 bis 7) formulieren Regelungen für tragbare Datenverarbeitungsgeräte und Bildschirmarbeit außerhalb der Arbeitsstätte.

Zusätzlich soll erwähnt werden, daß auch das B-BSG entsprechende „Unterweisung" und „Information" der Bediensteten festlegt. Die Regierungsvorlage zum B-BSG führt in den bezugnehmenden Erklärungen aus, daß die Unterweisung (§ 14 B-BSG) ebenso wie die Information der Bediensteten eine wesentliche Grundlage für Sicherheit und Gesundheitsschutz am Arbeitsplatz darstellt, sodaß auch in diesem Punkt Übereinstimmung mit dem ASchG existiert.[5]

1.2.3.3. Bildschirmarbeits-Verordnung (B-BS-V 1999)

Inhaltlich ist diese Verordnung, welche unter BGBl. II Nr. 453/1999 am 3.12.1999 kundgemacht wurde, in vier Paragraphen unterteilt:

§ 1 befaßt sich mit der Anwendung von Bestimmungen der BS-V (Harmonisierung mit der korrespondierenden „Bildschirmarbeitsverordnung"- BS-V (BGBl. II Nr. 124/1998), d.h. daß sämtliche Regelungen, Be-

stimmungen und Vorgaben der BS-V wörtlich in die B-BS-V übernommen und als vollzugsrelevant bestimmt worden sind.

§ 2 befaßt sich mit der Durchführung von Untersuchungen (der Augen und des Sehvermögens).

§ 3 behandelt Abweichungen (bezüglich der Pflicht zu ergonomischen Gestaltung in bestimmten Dienststellenbereichen, z.B. bei der Lagerhaltung, in Dienstfahrzeugen).

§ 4 behandelt das Verbot von Ausnahmen (bezüglich ergonomischer Gestaltung).

1.2.3.4. Bundes-Personalvertretungsgesetz (PV-G)

Der Personalvertretung (im ASchG: „Belegschaftsorgan") wurden im B-BSG – konform zum ASchG hinsichtlich den Belegschaftsorganen – entsprechende Mitwirkungsrechte eingeräumt. Diese Mitwirkungsrechte sind in verschiedenen Paragraphen des Personalvertretungsgesetzes verankert.

§ 9 Abs. 2 PV-G verweist darauf, daß der Dienststellenausschuß zur Erfüllung aller jener im § 2 umschriebenen Aufgaben berufen ist, die nicht ausdrücklich anderen Einrichtungen der Personalvertretung vorbehalten sind. Dabei sind beabsichtigte Maßnahmen vor ihrer Durchführung seitens des Dienstgebers mit dem Ziel einer Verständigung gemäß den Bestimmungen des § 10 rechtzeitig und eingehend mit dem Dienststellenausschuß zu verhandeln. Insbesondere ist im Sinne des § 10 hinsichtlich der ergonomischen Ausgestaltung von Bildschirmarbeitsplätzen Einvernehmen herzustellen. Zudem wird in den §§ 74, 75, 77 und 78 PVG die Einbeziehung der Personalvertretung in Angelegenheit der Arbeitssicherheit und der menschengerechten Arbeitsgestaltung – womit u.a. auch Bildschirmarbeitsplätze gemeint sind – verfügt.

---

[5] Details zu diesen Begriffen siehe auch Kapitel 1.1.

1.2.3.5. Wiener Bedienstetenschutzgesetz (W-BedSchG 1998) in Verbindung mit der korrespondierenden Verordnung

Auf Grund der §§ 57, 58 und 73 Abs. 1 des Gesetzes über den Schutz des Lebens und der Gesundheit der in Dienststellen der Gemeinde Wien beschäftigten Bediensteten (Wiener Bedienstetenschutzgesetz 1998 – W-BedSchG 1998), LGBl. f. Wien Nr. 49/1998, wird die darauf bezugnehmende Verordnung erlassen. Diese Verordnung der Wiener Landesregierung über den Schutz der Bediensteten in Dienststellen der Gemeinde Wien bei Bildschirmarbeit entspricht in den rechtlichen Ausführungen der B-BS-V.

1.2.4. Zusammenfassung und Ausblick

Der Bedienstete im öffentlichen Dienst von heute sieht sich einer zunehmenden Flut von Informationen, immer schneller werdenden Transfermechanismen sowie einer hypertechnisierten Umwelt gegenüber, die er mehr oder weniger beeinflussen kann.

Die Implementierung des technischen Know-how in den Arbeitsbereich des Bediensteten bedingt einen permanenten Lernprozeß sowie eine hohe Bereitschaft sich über einen längeren Zeitraum mit den Systemen auseinanderzusetzen.

Die Verwaltung erfährt Zug um Zug den Wechsel von Papierakten zu elektronisch gespeicherten Dateien. Waren es früher Aktenschränke, welche den oftmals überbürokratisierten Verwaltungsdienststellen den „Amtsschimmelcharakter" aufprägten, übernehmen heute – fast unbemerkt – elektronische Archive diese Rolle. Bildschirmarbeitsplätze nehmen daher auch im öffentlichen Dienst an Bedeutung zu.

Aus diesem Grund kann mit der ergonomischen Gestaltung dieser Arbeitsplätze im öffentlichen Dienst ein wesentlicher Beitrag zur Umsetzung des Dienstnehmerschutzes geleistet werden.

1.2.5. Literatur und weitere Informationen

1.2.5.1. Literatur

Gewerkschaft öffentlicher Dienst (Hg.): B-BSG. Bundesbediensteten-Schutzgesetz, Wien, 2000.

Püringer J.: Informationssystem ArbeitnehmerInnenschutz expert. CD-Rom. Verlag Österreich, Print Media Austria AG, Wien, 2000, laufende Aktualisierungen.

Regierungsvorlage zum B-BSG 99 von 11.2.1999 (1574 der Beilagen zu den stenographischen Protokollen des Nationalrates XX. GP).

Wachter H.P., Winter, A.: Computerrecht für die Praxis. 4. überarb. u. erw. Aufl., Verlag Weiss, Wien, 1999, S. 130–152.

1.2.5.2. Regelwerke

Bundes-Personalvertretungsgesetz (PV-G), BGBl. Nr. 133/1967 i. d. F. BGBl. Nr. 127/1999.

Bundesgesetz über Sicherheit und Gesundheitsschutz bei der Arbeit (ArbeitnehmerInnenschutzgesetz – ASchG 1995), BGBl. Nr. 450/1995.

Bundesgesetz über Sicherheit und Gesundheitsschutz der in den Dienststellen des Bundes beschäftigten Bediensteten (B-BSG 1999), BGBl. Nr. 70/1999.

Verordnung der Bundesregierung über den Schutz der Bundesbediensteten bei Bildschirmarbeit (Bildschirmarbeits-Verordnung – B-BS-V 1999).

Verordnung der Wiener Landesregierung über den Schutz der Bediensteten in Dienststellen der Gemeinde Wien bei der Bildschirmarbeit (LGBl. Nr. 08/1999).

Wiener Bedienstetenschutzgesetz (W-BedSchG 1998), LGBl. Nr. 28/1979 i. d. F. 1998.

1.3. Arbeitsstätten-Verordnung

Relevanz für die Planung und Gestaltung von Bildschirmarbeitsplätzen
Walter Hutterer, Klaus Wittig

> **In aller Kürze**
>
> In diesem Text werden jene Passagen der Arbeitsstätten-Verordnung vorgestellt, die für die Gestaltung von Büro- und Bildschirmarbeitsplätzen von besonderer Bedeutung sind. Die Verordnung enthält eine Vielzahl von Sonder- und Ausnahmeregelungen, welche eine flexible Anwendbarkeit in der Praxis gewährleisten sollen. Für Büro-und Bildschirmarbeitsplätze beziehen sich diese vor allem auf Kassenschalter, kleine Arbeitsräume wie Portierslogen und Meisterkojen und Arbeitsräume für kurzzeitige Nutzung. Darüber hinaus werden die wichtigsten allgemeinen Anforderungen der Arbeitsstätten-Verordnung wie Verkehrswege, Fluchtwege, Sozialräume, Brandschutzmaßnahmen etc. zusammengefaßt.

Bei der Arbeitsstättenverordnung (AStV)[1] handelt es sich um eine Verordnung nach dem ArbeitnehmerInnenschutzgesetz. Sie regelt ganz allgemein, welchen Anforderungen Arbeitsstätten genügen müssen, und geht dabei nicht auf bestimmte Arbeitsvorgänge oder Tätigkeiten ein, die in Arbeitsstätten verrichtet werden. Man wird daher vergeblich nach Bestimmungen suchen, die unmittelbar auf Bildschirmarbeitsplätze zugeschnitten sind.

Es ist vielmehr so, daß es notwendig ist, die allgemein gehaltenen Vorschriften auf ihre Relevanz für die Gestaltung von Bildschirmarbeitsplätzen zu überprüfen. Dabei sind es vor allem die *Allgemeinen Anforderungen für Arbeitsstätten* (1. Abschnitt) und die *Anforderungen an Arbeitsräume* (3. Abschnitt), die gegebenenfalls von Bedeutung sind. Es werden aber auch jene Bestimmungen kurz beleuchtet, die im weiteren Zusammenhang mit „Büros" beachtet werden sollten.

1.3.1. Arbeitsräume

Arbeitsräume sind alle Räume, in denen mindestens ein ständiger Arbeitsplatz eingerichtet ist. Als ständige Arbeitsplätze werden Bereiche bezeichnet, wo sich ArbeitnehmerInnen – der Zweckbestimmung des Raumes entsprechend – während ihrer Arbeit, im regulären Betriebsablauf aufhalten. Bei den Anforderungen an Arbeitsräume beziehungsweise Bereiche darf unterschieden werden in solche, wo längerfristig gearbeitet wird und solche, wo einzelne ArbeitnehmerInnen nicht mehr als 2 Stunden pro Tag beschäftigt werden.

In Tabelle 1.3.1. werden die allgemeinen Anforderungen kurz wiedergegeben, in Tabelle 1.3.2. die Anforderungen an die sogenannten „2-Stunden-Räume".

Da man davon ausgehen kann, daß es sich bei Bildschirmarbeit im allgemeinen um

---

1 Verordnung der Bundesministerin für Arbeit, Gesundheit und Soziales, mit der Anforderungen an Arbeitsstätten und an Gebäuden auf Baustellen festgelegt und die Bauarbeiterschutzverordnung geändert werden. BGBl. II 368/1998, ausgegeben am 13. Okt. 1998, Inkrafttreten 1. Jan. 1999.

eine Arbeit mit geringer körperlicher Belastung handelt, werden die Anforderungen für normale und hohe körperliche Belastung nicht wiedergegeben (siehe Tabelle 1.3.1.).

Mit Ausnahme der Klimaparameter Lufttemperatur, Luftgeschwindigkeit und Luftfeuchte handelt es sich bei den angegebenen Werten um Mindestwerte, die zum Wohl der ArbeitnehmerInnen überschritten werden können.

Eine derartige Überschreitung wird bei Bildschirmarbeit sogar häufig notwendig sein, und zwar dann, wenn spezielle Regelungen für Bildschirmarbeit (zum Beispiel die Bildschirmarbeits-Verordnung – BS-V), Spezialnormen oder gesicherte ergonomische Erkenntnisse das vorsehen. Auf diese Quellen soll an dieser Stelle nicht näher eingegangen werden, sie werden ausführlich in Blaha F. (1995) und in den Kapiteln 1.1., 1.4., 2.3., 2.5., 2.6. und 3.11. dieses Buches behandelt.

Für die Raumtemperatur ist anzumerken, daß in der warmen Jahreszeit eine Lufttemperatur von höchstens 25° C anzustreben ist, wenn eine Klima- oder Lüftungsanlage vorhanden ist. Ist keine Klima- oder Lüftungsanlage vorhanden, sind andere geeignete Maßnahmen zu treffen um nach Möglichkeit eine Temperaturabsenkung zu erreichen, zum Beispiel: Verringerung der Sonneneinstrahlung durch geeignete Einrichtungen (zum Beispiel Außenjalousien), Aufstellen von Ventilatoren.

Zu den angeführten allgemeinen Anforderungen gibt es unter bestimmten Voraussetzungen Ausnahmen, die zum Teil für die Gestaltung spezieller Bildschirmarbeitsplät-

Raumhöhe	3,0 m 2,8 m bis 500 m² Grundfläche 2,5 m bis 100 m² Grundfläche
Bodenfläche	2,0 m² freie zusammenhängende Fläche 8,0 m² für den ersten Arbeitnehmer, 5,0 m² für jeden weiteren Arbeitnehmer im Arbeitsraum
Luftraum	12 m³ pro Arbeitnehmer
Belichtungsflächen	10 % der Bodenfläche
Sichtverbindung zum Freien	5 % der Bodenfläche
Natürliche Lüftung	Lüftungsquerschnitte 2 % der Bodenfläche Querlüftung, wenn Raumtiefe > 10 m Dachlüftung, wenn Grundfläche > 500 m² (eingeschossige Gebäude)
Mechanische Lüftung, wenn natürliche Lüftung nicht ausreicht	35 m³ Außenluftzufuhr pro Person und Stunde
Lufttemperatur	19 bis 25 °C
Luftgeschwindigkeit	max. 0,1 m/s
Luftfeuchte	40 bis 70 % relative Luftfeuchtigkeit, nur bei Vorhandensein einer Klimaanlage
Künstliche Beleuchtung	Beleuchtungsstärke 100 Lux

Tabelle 1.3.1. Allgemeine Anforderungen an Arbeitsräume (Werte für geringe körperliche Belastung)

Raumhöhe	2,1 m
Lufttemperatur	16 °C
Luftgeschwindigkeit und -feuchte	„Alle vorhandenen technischen Möglichkeiten sind auszuschöpfen"
Künstliche Beleuchtung	Beleuchtungsstärke 100 Lux

Tabelle 1.3.2. Anforderungen an 2-Stunden-Räume

ze bedeutsam sind. Die Ausnahmen betreffen den 2-Stunden-Raum, Kassenschalter und Meisterkojen.

1.3.1.1. 2-Stunden Raum

Die erste dieser Voraussetzungen ist gemäß § 30 Abs. 1 AStV gegeben[2], *„wenn*

- *in dem Arbeitsraum seiner Nutzungsart nach nur kurzfristige Tätigkeiten durchzuführen sind, sodaß die maximale Beschäftigungsdauer pro ArbeitnehmerIn in diesem Raum nicht mehr als zwei Stunden pro Tag beträgt und*
- *diese ArbeitnehmerInnen während ihrer restlichen Arbeitszeit nicht in Arbeitsräumen beschäftigt werden, die den ...* oben angeführten allgemeinen Voraussetzungen (Anm.) ... *nicht entsprechen."*

Diese Voraussetzungen können zum Beispiel für Serverräume zutreffen, die zu Wartungs- und Datensicherungszwecken nur kurzzeitig benützt werden müssen. Auch der Raum in dem ein Kopierer steht, könnte unter diese Ausnahme fallen. Derartige Räume werden üblicherweise zwar ganztägig genutzt, allerdings durch jede einzelne ArbeitnehmerIn nur kurzfristig.

Wenn die genannten Voraussetzungen erfüllt sind, gelten die Mindestwerte gemäß Tabelle 1.3.2.

Für die übrigen Größen (Bodenfläche, Luftraum, Belichtung, Lüftung) werden auf-

grund der Ausnahmeregelung keine Mindestwerte verlangt.

1.3.1.2. Kassenschalter, Portierslogen, Meisterkojen

Gemäß § 30 Abs. 5 AStV gilt:[3]

„Für Meisterkojen, Portierslogen und Kassenschalter innerhalb von Räumen gelten folgende Ausnahmen:

1. Es ist zulässig, daß Lichteintrittsflächen, Sichtverbindung und Lüftungsöffnungen [...] nicht direkt ins Freie, sondern in den umgebenden Raum führen [...]"

Weiters werden im Rahmen dieser Ausnahmebestimmung keine Mindestbodenflächen verlangt. Für Kassenschalter ist darüber hinaus eine Mindestraumhöhe von 2,1 m ausreichend und die Vorschrift bezüglich des Mindestluftraumes findet keine Anwendung.

Bitte beachten Sie, daß diese Ausnahmeregelung nur für Meisterkojen, Portierslogen und Kassenschalter *innerhalb von Räumen* gilt. Die Ausnahme der Lüftungsmöglichkeit in den umgebenden Raum gilt nur dann, wenn dieser nicht durch „Schadstoffe" belastet ist.

Die obigen Ausnahmen gelten unabhängig davon, ob Bildschirmarbeit in einem Kassenschalter, einer Portiersloge oder Meisterkoje verrichtet wird. In Kassenschaltern und zunehmend auch in Meisterkojen und

---

2 Kursiver Text ist Orginalzitat aus entsprechender Gesetzespassage.

3 Kursiver Text ist Orginalzitat aus entsprechender Gesetzespassage.

Abb. 1.3.1. Rauchen verboten

Portierslogen sind Bildschirmgeräte heute aber kaum mehr wegzudenken.

Im Zusammenhang mit Arbeitsräumen wird noch auf die grundsätzliche Bestimmung des Schutzes von Nichtrauchern im Sinn des ArbeitnehmerInnenschutzgesetzes (ASchG) hingewiesen (siehe Abb. 1.3.1.). Diesem Grundsatz folgend ist anzustreben, daß Raucher und Nichtraucher nicht im gleichen Arbeitsraum tätig sind. Ist diese räumliche Trennung nicht möglich, ist eine mechanische Belüftungs- und Entlüftungsanlage (6-facher Luftwechsel) vorzusehen.

1.3.2. Verkehrswege, Fluchtwege, Notausgänge, gesicherte Fluchtbereiche

Anforderungen für Verkehrswege, Fluchtweg, gesicherten Fluchtbereich, Durchgangsbreiten und Brandschutzanforderungen sind in Abhängigkeit von Personenanzahlen zu sehen (siehe Abb. 1.3.2.).

1.3.2.1. Verkehrswege

Diese müssen mindestens 1,0 m breit sein und dürfen bei Durchgängen zwischen Mö-

beln, Lagerungen u.s.w. auf 0,6 m eingeschränkt werden. Im Sinn der Arbeitsstättenverordnung muß nach maximal 10 m Verkehrsweglänge ein Fluchtweg erreicht werden. Auch Ausgänge (mindestens 0,8 m breit) von Arbeitsräumen müssen auf Fluchtwege führen.

1.3.2.2. Fluchtwege

Fluchtwege sind entsprechend der Personenanzahl, die auf diesen Fluchtweg angewiesen sind, zu bemessen, z.B. 120 cm Breite für 120 Personen. Fußboden- und Wandoberflächen müssen aus mindestens schwer brennbaren und schwach qualmenden Deckenoberflächen (B_1, Q_1) und darüber hinaus aus nicht tropfenden Materialien (Tr_1) bestehen.

Bei Kombibüros ist diese Bestimmung von besonderer Bedeutung, da im Regelfall die Fluchtwege entlang von Konstruktionselementen geführt werden, die aus denselben Materialien bestehen, aus denen auch Büromöbel hergestellt werden. Wenn diese Materialien nicht der Qualifikation B_1, Q_1 beziehungsweise Tr_1 entsprechen, bedarf es einer Ausnahmegenehmigung von der zuständigen Behörde. Als wirksame Schutzmaßnahme bietet sich in derartigen Fällen eine Brandalarmanlage an, um ArbeitnehmerInnen rasch über Gefahrensituationen zu informieren.

Fluchtwege müssen im Gefahrenfall leicht und eindeutig als solche erkennbar sein (siehe Abb. 1.3.3.). Bei nicht eindeutiger Erkennbarkeit sind entsprechende Hinweisschilder anzubringen.[4] Fluchtwege sind mit selbst- beziehungsweise nachleuchtenden Orientierungshilfen oder mit einer Sicherheitsbeleuchtung auszustatten.

---

4 Verordnung der Bundesministerin für Arbeit, Gesundheit und Soziales über die Sicherheits- und Gesundheitsschutzkennzeichnung BGBl. II Nr. 101/1997.

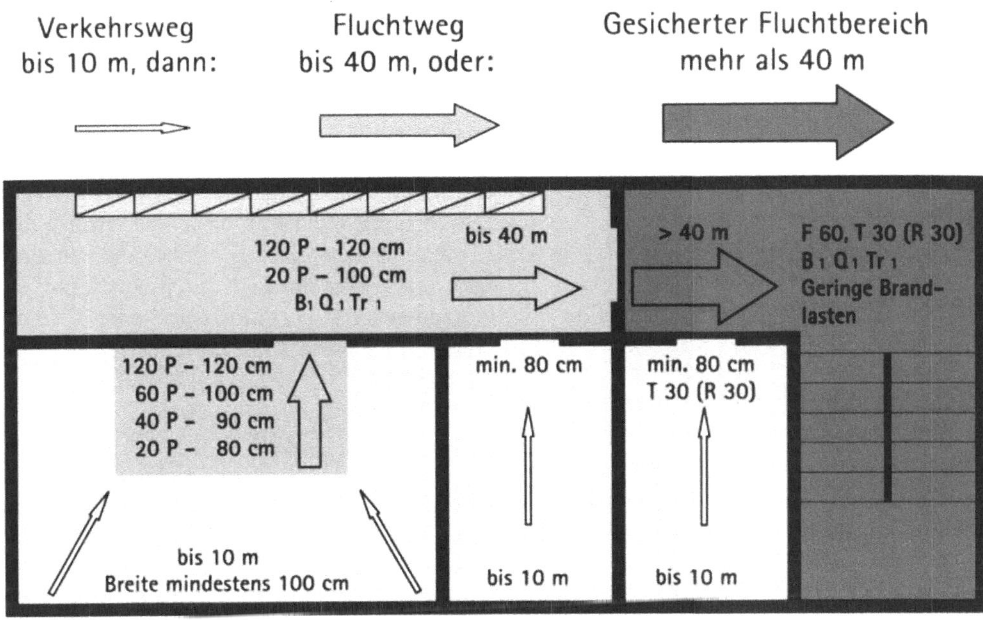

Abb. 1.3.2. Verkehrswege, Fluchtweg, gesicherter Fluchtbereich, Durchgangsbreiten und Brandschutzanforderungen in Abhängigkeit von Personenanzahlen

1.3.2.3. Notausgänge und gesicherte Fluchtbereiche

Alle Türen im Verlauf von Fluchtwegen sind als Notausgänge auszubilden. Diese müssen sich jederzeit leicht und ohne fremde Hilfsmittel öffnen lassen. Sind auf einen Notausgang mehr als 15 Personen angewiesen, muß sich die Tür in Fluchtrichtung öffnen lassen.

Nach maximal 40 m muß ein gesicherter Fluchtbereich erreicht werden. Praktisch bedeutet dies, daß das Freie, ein gesichertes Stiegenhaus oder ein Fluchttunnel erreicht sein muß. In diesem gesicherten Fluchtbereich dürfen nur geringe Brandlasten vorhanden sein. Wände, Decken, Fußböden und Stiegen sind mindestens hochbrandhemmend (F 60) auszuführen. Zu angrenzenden Räumen müssen Türen mindestens brandhemmend und selbstschließend (T 30) oder

zu Räumen mit geringer Brandlast mindestens rauchdicht und selbstschließend (R 30) sein. Wenn mehr als zwei Geschosse vorhanden sind, ist ein durchgehendes Stiegenhaus vorzusehen, welches den Anforderungen für gesicherte Fluchtwege entspricht. Bei mehr als fünf Geschossen müssen Wände, Decken, Fußböden und Stiegen brand-

Abb. 1.3.3. Rettungsweg-Notausgang

beständig und die Oberflächen aus nicht brennbaren Materialien sein.

1.3.3. Sanitäre und soziale Einrichtungen

1.3.3.1. Persönliche Aufbewahrungsmöglichkeiten

In Büros dürfen anstelle eines eigenen Garderobekastens auch andere versperrbare Aufbewahrungsmöglichkeiten für die Straßenkleidung sowie eine versperrbare Einrichtung zur Aufbewahrung persönlicher Gegenstände (zum Beispiel versperrbare Schreibtischlade) zur Verfügung gestellt werden. Andere geeignete Aufbewahrungsmöglichkeiten können sein: ein absperrbarer eigener Raum, der Arbeitsraum, ein Kasten oder ähnliche Einrichtungen.

1.3.3.2. Aufenthaltsräume

Aufenthaltsräume (Pausenräume) sind einzurichten, wenn in der Arbeitsstätte regelmäßig gleichzeitig mehr als 12 ArbeitnehmerInnen anwesend sind. Diese Räume sind so zu bemessen, daß für jeden gleichzeitig auf den Raum angewiesenen Arbeitnehmer ein freier Luftraum von mind. 3,5 m^3 und eine freie Bodenfläche von mind. 1 m^2 zur Verfügung stehen. Die Raumhöhe hat mind. 2,5 m und die Raumtemperatur mind. 21 °C zu betragen. Es sind Einrichtungen zum Wärmen und Kühlen von Speisen und Getränken zur Verfügung zu stellen. Durch geeignete technische oder organisatorische Maßnahmen ist dafür zu sorgen, daß in diesen Räumen Nichtraucher vor den Einwirkungen von Tabakrauch geschützt werden.

1.3.3.3. Toiletten

Für jeweils höchstens 15 ArbeitnehmerInnen ist mindestens eine verschließbare Toilettenzelle zur Verfügung zu stellen. Nach Geschlechtern getrennte Toiletten sind dann einzurichten, wenn mind. 5 weibliche Arbeitnehmerinnen und mind. 5 männliche Arbeitnehmer anwesend sind. Bei den Toilettenanlagen für Männer können diese bis zur Hälfte der erforderlichen Anzahl der Toilettenzellen durch Pißstände ersetzt werden. Toiletten sind durch Vorräume so anzulegen, daß sie mit Arbeits- oder Aufenthaltsräumen nicht unmittelbar in Verbindung stehen.

1.3.3.4. Waschplätze

Für jeweils höchstens 5 ArbeitnehmerInnen, die gleichzeitig ihre Arbeit beenden, ist mindestens 1 Waschplatz einzurichten. Wenn in der Arbeitsstätte mehr als 12 ArbeitnehmerInnen anwesend sind, sind Waschräume einzurichten. In Büros können die Vorräume vor den Toilettenzellen als Waschräume dienen, wenn ein Handwaschbecken sowie geeignete Mittel zur Reinigung und Einweghandtücher oder Händetrockner, sofern nicht jedem ein eigenes Handtuch zur Verfügung steht, vorhanden sind.

1.3.4. Erste Hilfe Leistung

Werden regelmäßig gleichzeitig mindestens 5 ArbeitnehmerInnen beschäftigt, muß mindestens eine Person in Erste-Hilfe-Leistung ausgebildet sein. Bei 30 bis 49 ArbeitnehmerInnen 2 Personen und für je weitere 20 ArbeitnehmerInnen eine zusätzliche Person. Die Ausbildung hat nach den Lehrplänen des Roten Kreuzes zu erfolgen und dauert 16 Stunden. Übungen sind in Abständen von 5 Jahren durchzuführen. In jeder Arbeitsstätte ist auch eine entsprechende Ausstattung an Mitteln für die Erste-Hilfe-Leistung bereitzustellen (siehe Abb. 1.3.4.). Als Richtlinie hierzu gilt die ÖNORM Z 1020.

Abb. 1.3.4. Kennzeichnung Erste Hilfe

Abb. 1.3.5. Kennzeichnung Feuerlöscher

1.3.5. Brandschutzmaßnahmen

In jeder Arbeitsstätte müssen geeignete Löschhilfen, wie Löschwasser, Löschdecken, Löschsand, Wandhydranten, tragbare Feuerlöschgeräte oder fahrbare Feuerlöscher in ausreichender Anzahl bereit sein. Im allgemeinen werden in Büros Handfeuerlöscher für die Brennbarkeitsklasse A verwendet. Die Aufstellungsorte dieser Löschhilfen sind entsprechend der Kennzeichnungsverordnung zu kennzeichnen (siehe Abb. 1.3.5.). Kohlendioxydlöscher dürfen in kleinen, engen oder schlecht lüftbaren Räumen nicht verwendet werden.

1.3.6. Prüfungen

Folgende Anlagen und Einrichtungen sind (im Sinne der Arbeitsstättenverordnung) einmal jährlich, längstens jedoch in Abständen von 15 Monaten auf ihren ordnungsgemäßen Zustand zu prüfen:

- Sicherheitsbeleuchtungsanlagen,
- Alarmeinrichtungen,
- Klima- oder Lüftungsanlagen (inklusive allfälliger Brandschutzklappen) und Brandmeldeanlagen,
- Löschgeräte (nach der neuen ÖNORM

F 1053) und stationäre Löschanlagen jedes zweite Kalenderjahr (maximal nach 27 Monaten).

1.3.7. Information der ArbeitnehmerInnen

Alle ArbeitnehmerInnen sind über das Verhalten im Gefahrenfall, allfällige Alarmsignale, spezielle Lagerverbote, die Standorte der Einrichtungen zur Brandbekämpfung und über die Standorte der Erste-Hilfe-Mittel zu informieren.

1.3.8. Literatur und weitere Informationen

1.3.8.1. Literatur

Blaha F. (Hg.): Der Mensch am Bildschirmarbeitsplatz. Ein Handbuch über Recht, Gesundheit und Ergonomie. Springer-Verlag, Wien, 1995.

1.3.8.2. Regelwerke

Verordnung der Bundesministerin für Arbeit, Gesundheit und Soziales, mit der Anforderungen an Arbeitsstätten und an Gebäude auf Baustellen festgelegt und die Bauarbeiterschutzverordnung geändert werden. BGBl II 368/1998, ausgegeben am 13. Okt. 1998, Inkrafttreten 1. Jan. 1999.

1.4. Normenwerke mit Relevanz für Bildschirmarbeit

Entwicklungen der österreichischen und europäischen Normungsarbeit
Michael Wichtl

In aller Kürze

Normen dokumentieren den anerkannten Stand der Technik und sind insbesondere für Hersteller und Beschaffer von Bedeutung. Darüber hinaus gibt es zwischen Hersteller- und Anwenderregelungen im EU-Bereich häufig Querbezüge, sodaß normative Regelungen auch für benutzerbezogene Anwendungen relevant sein können. Dies gilt auch im Bereich der Bildschirmarbeit, wo es Hinweise auf die inhaltliche und formale Verbindung zwischen der EU-Bildschirmrichtlinie 90/270/EWG und der EN ISO 9241 gibt. Dieser Beitrag liefert eine Übersicht über die wichtigsten österreichischen, europäischen und internationalen Normenwerke und Entwicklungstrends im Normungswesen auf dem Gebiet der Bildschirmarbeit.

Die Einhaltung einer Norm ist gesetzlich nicht zwingend, außer es wird in Gesetzesregelungen ausdrücklich die Einhaltung und Anwendung von Normen oder Normenteilen verlangt. Jedoch dokumentieren Normen den anerkannten Stand der Technik, wobei der aktuelle Stand der Technik in der Regel von dieser Dokumentation abweichen kann. Normen enthalten ihrer Charakteristik nach präzise ausformulierte Definitionen, (Prüf-)Verfahren, Gestaltungsregeln oder Verfahrensanweisungen. Sie sind deshalb eine wichtige Hilfe und Handlungsanleitung zur Planung und Durchführung von Maßnahmen. Dies gilt auch für den Bereich der ergonomischen Gestaltung von Bildschirmarbeitsplätzen. Insbesondere sind hierbei zu nennen:

- ÖNORM A 2630, Teil 1 (Bildschirmarbeitsplätze in der digitalen Daten- und Textverarbeitung). Diese Norm stellt immer noch das Rückgrat der österreichischen Normung für Bildschirmarbeit dar. Nach Überarbeitung im Jahre 1993 gilt sie in Zusammenhang mit ÖNORM EN 9241.

- ÖNORM A 2630, Teil 3 (Anforderungen an visuelle Anzeigen). Sie wurde schon bisher für ergonomische und lichttechnische Basisanforderungen in Zusammenhang mit Bildschirmarbeitsplätzen herangezogen.
- ÖNORM A 8010 (Ergonomische Gestaltung von Büroarbeitsplätzen) ist für Bildschirmarbeitsplatzgestaltung mittelbar von Bedeutung, da Flächendefinitionen, die auf die Arbeitsplatzgestaltung Rückwirkung haben, angegeben und flächenrelevante Layoutfragen behandelt werden.
- ÖNORM O 1040 (Künstliche Beleuchtung von Innenräumen) ist für Fragen in Zusammenhang mit der beleuchtungstechnischen Gestaltung von Büroarbeitsplätzen mit Bildschirmeinsatz von Bedeutung.

Solange die EN 12464 (Angewandte Lichttechnik – Arbeitsstättenbeleuchtung) nicht endgültig fertiggestellt ist, existiert die ÖNORM O 1040 als österreichische Beleuchtungsnorm.

Im Laufe der EU-Integration und der Entwicklung des Binnenmarktes haben die nationalen Normungsaktivitäten zugunsten Europäischer Normungsvorhaben stark an Bedeutung verloren. Aus diesem Grunde sind im EU-Raum nunmehr insbesondere Europäische Normen von Bedeutung. Für Büro- und Bildschirmarbeitsplätze ist dies insbesondere die ÖNORM EN ISO 9241, Teil 1–17 (Ergonomische Anforderungen für Bürotätigkeiten mit Bildschirmgeräten).

1.4.1. ÖNORM EN ISO 9241:
Ergonomische Anforderungen für Bürotätigkeiten mit Bildschirmgeräten

Ursprünglich wurde mit der Erarbeitung dieser Norm mit 17 Teilen in ISO-Gremien begonnen (ISO – International Standardisation Organisation). Im Bereich der CEN (Commission Européen Normalisation) wurde das zuständige Fachgremium TC 122 „Ergonomics" damit beauftragt, an der Übernahme des Normwerkes ISO 9241 als europäische Bildschirmnorm zu arbeiten. 1989 wurde der Auftrag erteilt, diese EN 29241 als harmonisierte Norm erscheinen zu lassen. Vorerst wurde damals die Bezeichung EN 29241 gewählt. Diese Bezeichnung ist aber in weiterer Folge auf EN ISO 9241 abgeändert worden, um die Herkunft als ISO 9241 klarzulegen.

Das sogenannte „Vienna Agreement" Anfang der 90er Jahre ermöglicht die zügige Übernahme von ISO-Normen in den CEN Bereich und umgekehrt ohne weitere inhaltliche Bearbeitung. Abstimmungsverfahren können „parallel" in beiden Normungsgremien (CEN und ISO) eingeleitet werden. Die erforderlichen Einspruchsverfahren sind von den nationalen Normungsträgern durchzuführen. Für Österreich ist dies das Österreichische Normungsinstitut.

Im Normungsbereich gibt es einige spezielle Abkürzungen, mit welchen Herkunft und Status einer Norm bezeichnet werden:

N	Norm (ÖNORM)
N-E	Normentwurf (ÖNORM)
pr. EN	Vornorm (EN)
DIS	Vornorm (ISO)
D	Draft (EN)
WD	Working Draft (ISO)

Einschlägige ÖNORMEN sind über das ASchG als *„Stand der Technik, der Arbeitsmedizin und Hygiene sowie sonstigen gesicherten arbeitswissenschaftlichen Erkenntnissen"* zu berücksichtigen. Der hier aufgezeigte Zusammenhang über das ArbeitnehmerInnenschutzgesetz[1] existiert auch unabhängig von Inhalten der EG-Richtlinien.

1.4.1.1. Inhalt der EN ISO 9241

EN ISO 9241 Teil 1:
Allgemeine Einführung

Der Teil 1 enthält Informationen über ISO 9241 und gibt einen Überblick über die einzelnen Teile. Die Grundlage der *„benutzungsqualitätsorientierten Herangehensweise"*, die für ISO 9241 gilt, wird erläutert. Es wird darauf hingewiesen, daß *„die Benutzer der Geräte unterschiedlich sind und es wichtig ist, den Unterschied quantitativ zu bestimmen, damit er bei der Gestaltung berücksichtigt werden kann"*. Diese Herangehensweise befaßt sich direkt mit den ergonomischen Anforderungen und ist vom gegenwärtigen Stand der Technik weitaus unabhängiger, als dies üblicherweise bei Produktnormen der Fall ist. In diesem Zusammenhang sind jedoch aussagefähige Prüfverfahren von Bedeutung, die detaillierte Angaben darüber enthalten, welche ergonomischen Anforderungen für eine spezielle Eigenschaft des Gerätes oder der Einrichtung anzuwenden sind.

---

1 Siehe Kapitel 1.1.

Teil 2: Anforderungen an die Arbeitsaufgabe – Leitsätze

Dieser Normenteil unterstützt sowohl den Arbeitgeber als auch den Arbeitnehmer bei der Erfüllung der in der Bildschirmrichtlinie angeführten jeweiligen Pflichten durch Vorgabe von Leitlinien im Hinblick auf Arbeitsaufgaben bei Bürotätigkeiten. Insbesondere ist diese Norm sehr hilfreich für die Vorbereitung und Durchführung von Arbeitsplatzanalysen. Es werden die Ziele der Anwendung ergonomischer Grundsätze auf die Aufgabengestaltung sowie Merkmale gut gestalteter Arbeitsaufgaben erläutert.

Teil 3: Anforderungen an visuelle Anzeigen

Dieser Teil wendet sich deutlich an Konstrukteure und Systemgestalter. Ergonomische Anforderungen werden durch Empfehlungen zu Lesbarkeit und Beeinträchtigungsfreiheit konkretisiert. Konformität mit dieser Norm ist dann gegeben, wenn entweder alle Anforderungen erfüllt sind oder ein positives Ergebnis bei der Anwendung der in der Ergänzung zu dieser Norm festgelegten Testmethoden erreicht wird. Die Norm sagt: *„Konformität mit diesem Teil der Norm kann von Hardware, Software und Arbeitsplatzelementen abhängen. Obwohl die Konformität jedes dieser Elemente durch seinen Lieferanten nachgewiesen werden muß, sind diejenigen, die eine Kombination dieser Elemente verwenden, für die Konformität dieser Konfiguration verantwortlich."* Die Norm unterschreitet in einigen Aspekten den Stand der Technik deutlich. Als zulässige Mindestleuchtdichte der Anzeige auf dem Bildschirm werden beispielsweise 35 cd/m² festgelegt. Das bedeutet eine Absenkung der heute üblichen Werte um zumindest den Faktor 2 bis 3, da Bildschirme mit einer Leuchtdichte von 100 cd/m² oder mehr bereits seit etlichen Jahren üblich sind.

Teil 4: Anforderungen an die Tastatur

Für das Eingabemedium „Tastatur" wurde ein eigener Teil gewählt, weil die Tastatur zur Zeit noch das am häufigsten benutzte Eingabemedium ist. Die Anforderung in diesem Normenteil lautet: *„Die Tastatur muß für den vorgesehenen Zweck brauchbar sein. Sie ist brauchbar, wenn der Benutzer entsprechend der Arbeitsaufgabe zufriedenstellende Anschlaggeschwindigkeiten erreichen kann und ein zufriedenstellendes Niveau an Leistung und Wohlbefinden aufrechterhalten kann".* Da auch die Mindestvorschriften der Richtlinie 90/270/EWG zur Tastatur eigentlich Produktbeschaffenheitsanforderungen sind, kann man davon ausgehen, daß bei der Benutzung einer Tastatur, die konform zu dieser Norm ist, die Schutzziele der Richtlinie erfüllt sind.

Teil 5: Anforderungen an Arbeitplatzgestaltung und Körperhaltung

Der Teil 5 der Normenreihe spezifiziert ergonomische Grundsätze hinsichtlich der Benutzeranforderungen sowie der Gestaltung und Beschaffenheit von Arbeitsplätzen für Büroarbeit und von Bildschirmgeräten. Es geht dabei um Grundprinzipien der ergonomischen Arbeitsplatzgestaltung hinsichtlich Arbeitshaltungen und Körpermaße. Dieser Teil der ISO 9241 wendet sich an Gestalter von Produkten und Arbeitsplatzkomponenten sowie an Personen, die solche Arbeitsplätze einrichten. Die Norm enthält 5 Leitsätze:

- Vielseitigkeit und Flexibilität
- Anpassung (an den Menschen)
- Wechsel der Körperhaltung
- Benutzerinformation
- Wartbarkeit und Anpaßbarkeit (aus technischer Sicht)

Die Anforderungen des Teils 5 sind derart verfaßt, daß sie keine technischen Vorgaben zur Produktgestaltung beinhalten. So wird z.B. nicht gefordert, daß der Arbeitstisch eine bestimmte physikalisch meßbare Fläche aufweist, vielmehr ist die erforderliche Tischfläche aus den Anforderungen der benutzten Arbeitsmittel zu berechnen. Dasselbe gilt für das Layout und den Flächenbedarf des Arbeitsplatzes. Die Verstellbarkeit von Arbeitsflächen wird nicht gefordert, jedoch die Anpassung an die Körpermaße des jeweiligen Benutzers. Der Hersteller eines industriellen Produkts beziehungsweise der Beschaffer von Arbeitsmöbeln kann die erforderliche Anpassung durch

- Verstellbarkeit von Möbeln
- verschiedene maßliche Dimensionierung von Möbeln
- Kombination von beiden Faktoren sowie
- Maßanfertigung (im Sonderfall, beispielsweise am CAD-Arbeitsplatz)

erzielen. Zum Arbeitsstuhl werden Empfehlungen und Anforderungen hinsichtlich der Maße vor allem bezüglich der individuellen Anpassungsmöglichkeit und hinsichtlich des dynamischen Sitzens gegeben.

Teil 6: Anforderungen an die Arbeitsumgebung

Teil 6 von ISO 9241 wurde mit dem Ziel erarbeitet, Leitlinien zur Bestimmung und Festlegung solcher Umgebungsbedingungen zu formulieren, die die Leistungsfähigkeit der Benutzer optimieren und Beeinträchtigungsfreiheit bei der Arbeit gewährleisten. Im Rahmen dieses Teils von ISO 9241 werden relevante Eigenschaften von Arbeitsmitteln und der Arbeitsumgebung in folgenden Punkten behandelt:

- natürliche und künstliche Beleuchtung
- Verwendung von Farbe
- Schall, Lärm und mechanische Schwingungen

- thermische Umgebung
- elektromagnetische und magnetische Felder
- statische Aufladungen
- Abhängigkeiten dieser Einflußfaktoren

So kann beispielsweise die künstliche Beleuchtung die akustischen und die thermischen Umweltbedingungen am Arbeitsplatz beeinflussen. In diesem Sinne verlangt die Norm eine Gesamtlösung, jedoch nicht einzelne voneinander unabhängige Maßnahmen für den Arbeitsraum. In dieser Weise kann die Norm als Konkretisierung der EG-Richtlinie 90/270/EWG betrachtet werden und folgt auch dem Ansatz des Entwurfes der EN 12464 „Angewandte Lichttechnik, Arbeitsstättenbeleuchtung".

Teil 7: Anforderungen an visuelle Anzeigen bezüglich Reflexionen

Da die Oberfläche der Bildschirmgeräte aus Glas besteht, muß man gewisse Anforderungen an die Reflexionseigenschaften der Bildschirmoberfläche stellen. Teil 7 legt in diesem Sinne fest, wann Bildschirmdarstellungen leserlich sind. Für die Bewertung werden Bildschirme in drei Klassen eingeteilt: Bildschirme, die die Reflexionen am besten unterdrücken, bilden die Klasse I und sind für den allgemeinen Bürogebrauch zugelassen. Die nächste Klasse II beinhaltet alle Bildschirme, die nur eingeschränkt im Bürobereich eingesetzt werden können. Die Klasse III erfordert eine kontrollierte Umgebungsbeleuchtung. Auch an dieser Stelle ergibt sich eine Querverbindung zum Entwurf der EN 12464. Die Richtlinie 90/270/ EWG geht auf den Effekt der Reflexionsreduktion ein und fordert, daß Reflexionen *„nicht störend für den Benutzer"* sein sollen. Der Teil 7 präzisiert und definiert Grenzwerte für die gerichtete beziehungsweise diffuse Reflexion an der Oberfläche der Bildröhre.

Ob herstellerseitige Antireflexionsmaßnahmen (zum Beispiel Beschichtungen), die zur Konformität mit diesen Grenzwerten führen, auch zur Konformität mit den Schutzzielen der Richtlinie führen, hängt von den Bedingungen am Arbeitsplatz ab (zum Beispiel Licht und Beleuchtung).

Teil 8: Anforderungen an Farbdarstellungen

Durch die Verwendung von Farbe soll die Informationsaufnahme und -verarbeitung durch den Benutzer verbessert werden. Hierzu müssen die Farben leicht erkennbar, identifizierbar und unterscheidbar sein. Diese Ziele werden in Teil 8 formuliert. Neben den Produktbeschaffenheitsanforderungen an den Bildschirm für Farbgleichmäßigkeit und Farbkonvergenzfehler spezifiziert der Teil 8 Zeichengrößen von farbigen Zeichen, den Kontrast von Zeichen sowie erforderliche Abstände von dargestellten Farben im IEC-Farbdreieck, bei denen es auf die Farbunterscheidung ankommt. Diese Merkmale – Zeichengröße, Leuchtdichtekontrast und Farbabstände – werden sowohl vom Bildschirm als auch von der Anwendung bestimmt. Deshalb sind die Anforderungen des Teils 8 sowohl als Nutzungsregelung und auch als Produktbeschaffenheitsanforderung anzusehen.

Daraus ergibt sich wiederum eine Querverbindung zwischen diesem Teil der Norm und der Richtlinie 90/270 EWG.

Teil 9: Anforderungen an Eingabegeräte – ausgenommen Tastaturen (derzeit noch Normenentwurf)

In diesem Teil der Normenreihe werden Anforderungen an Eingabemittel wie Maus, Joystick, Trackball, Tablets und Overlays, Griffel und Lichtgriffel, Touchscreens und Thumbwheels definiert. Die Norm ist mehrstufig aufgebaut. Zunächst werden sogenannte fundamentale Gestaltungsrichtlinien für die genannten Eingabemittel dargestellt. Diese Gestaltungsrichtlinien sind gegliedert in Eignung, Benutzbarkeit, Steuerbarkeit und biomechanische Rahmenbedingungen. Für diese Gestaltungsrichtlinien werden Konstruktionsanforderungen angegeben. Als Prüfmethoden für die Konstruktionsanforderungen werden drei Verfahren genannt: erstens die direkte Messung (z.B. Zeitbedarf der Bedienung), zweitens die unmittelbare Beobachtung der Bedienung und drittens ein Benutzungstest mit einer Anzahl von Versuchspersonen.

Die Teile 10 bis 17 der Normenreihe ISO 9241

Die auf Software bezogenen Teile der Normenreihe ISO 9241 (Teile 10, 12 bis 17) weichen von der Linie der Normenreihe im Hardwarebereich erheblich ab, da sie keine quantifizierbaren Anforderungen beinhalten. Dies ergibt sich daraus, daß softwareergonomische Konzepte sich an menschlichen Informationsverarbeitungsprozessen orientieren, die nicht generell physikalisch determinierbar sind.[2]

Der Teil 10 formuliert Basisanforderungen, deren Ziel darin besteht, bestimmte Grundsätze der Software-Ergonomie anzuführen, sogenannte „Dialoggrundsätze". Die Teile 12 bis 17 enthalten eine Reihe von spezifischen Empfehlungen für unterschiedliche Dialogformen (direkte Manipulation, Bildschirmformulare, Kommandosprachen etc.) und den Hinweis darauf, aus diesen Empfehlungen Produktattribute für die Softwaregestaltung abzuleiten. Eine wichtige Zielvorgabe formuliert Teil 11, welcher „Richtlinien für Gebrauchstauglichkeit" anführt. Danach sind die Maße „Effektivität", „Effizienz" und „Zufriedenheit" (des Benutzers, Anm. d. V.) zu bestimmen.

---

2 Siehe Kapitel 2.4.

1.4.1.2. Vor- und Nachteile der EN ISO 9241

Zusammenfassend ergeben sich folgende Vorteile und Nachteile der EN ISO 9241:

Vorteile

- Vielfach Handlungsanleitungen, die durch keinerlei (normative) Festlegungen eingeengt werden (z. B. Teil 2).
- Oft zusätzlich zu Produktanforderungen auch Nutzungsregelungen (z. B. Teil 3).
- Auch die Richtlinie 90/270 EWG gibt oft Produktbeschaffenheitsanforderungen an (z. B. für die Tastatur), so daß eine gute Zuordnung zur EN ISO 9241 existiert (z. B. Teil 4).
- Arbeitsplatzbezogene Anforderungen (z. B. Teil 5) sind derart verfaßt, daß sie keine technische Vorgabe zur Arbeitsmittelgestaltung beinhalten (z. B. keine Forderung, daß der Arbeitstisch eine bestimmte Formgebung haben muß – Übereinstimmung mit ÖNORM A 8010).
- Die flexible Gestaltung und Anordnung von Arbeitsmitteln wird gefördert.
- Welche Nutzungsregelungen oder Beschaffenheitsanforderungen aus den beispielhaften Empfehlungen der Teile 10 bis 17 entstehen, ist den „Vertragspartnern" überlassen.
- Die Thematik der Gebrauchstauglichkeit (Teil 11) bezieht sich nicht nur auf die Software, sondern auch auf allgemeine Aspekte der Aufgabenunterstützung durch diese Software, wobei dabei Effizienz und Effektivität bewertet werden. Somit ist auch ein Bezug zu Qualitätssicherungssystemen gegeben.
- Die Norm geht eindeutig auf den Aspekt der „zu erwartenden Benutzerpopulation" ein, was sowohl für die Hardware als auch Software ein wesentlicher Aspekt der Ergonomie ist.
- In einigen Fällen sind die Aussagen der Norm direkt und relativ leicht für den

Einsatz beziehungsweise die Gestaltung von Evaluierungswerkzeugen heranzuziehen (z. B. Teil 16 – Dialogführung mit direkter Manipulation).

Nachteile der EN ISO 9241

- Der Adressatenkreis sind in der Regel Konstrukteure und Systemgestalter und nicht die Anwender und Benutzer (z. B. Teil 3, 4, 7, 8).
- Für Produktbeschaffenheitsanforderungen können Konformitätserklärungen abgegeben werden, für Nutzungsregelungen ist die Konformität arbeitsplatzabhängig – damit ist eine allgemeine Aussage in der Regel nicht mehr möglich (z. B. Teil 3 enthält nicht nur hardware- sondern auch software-abhängige Darstellungskriterien).
- Bei bestimmten Merkmalen (insbesondere Umgebungseinflüsse, Klima, Beleuchtung – Teil 6) ist die Formulierung von Anforderungen nicht möglich, da für diese Aspekte nationale Regelungen bis hinauf zur Gesetzesebene existieren.
- Einzelne Faktoren werden oft zu isoliert betrachtet (z. B. „künstliche Beleuchtung" – Teil 6). Die realen Verhältnisse werden aber durch Tageslichtbedingungen und die Architektur stark mitbestimmt. Ergänzende Regelungen sind erforderlich (z. B. EN 12464).
- Die Normenteile 10 bis 17 (Softwareergonomie) enthalten keine quantifizierbaren Anforderungen.
- Die Normenteile (ebenfalls vor allem 10–17) enthalten vielfach keine Empfehlungen sondern nur Beispiele (die Verwendung dieser Beispiele als Empfehlung muß im Einzelfall überlegt werden).
- Die Anwendung der Norm ist für den Einzelanwender mit erheblichem Aufwand verbunden, da er die zu benutzen-

den Methoden (z. B. Tests, Evaluierung) zumeist selbst zusammenstellen muß.

1.4.2. ÖNORM EN 12464: Angewandte Lichttechnik, Arbeitsstättenbeleuchtung

Die Herangehensweise des Entwurfs der neuen europäischen Beleuchtungsnorm hat auch für die Gestaltung von Beleuchtungssituationen an Bildschirmarbeitsplätzen weitreichende Auswirkungen.

Aus der Sicht der Ergonomie ist es wesentlich, daß die EN 12464 von der Beschreibung der Sehaufgabe ausgeht, für die ein Beleuchtungsniveau und eine Beleuchtungssituation zu gestalten ist. Der Lichtgestalter und Planer soll also nicht primär von der Raumsituation ausgehen, für die dann das Beleuchtungsniveau unter verschiedenen gestalterischen Randbedingungen festzulegen ist, sondern von Sehaufgaben, für die Beleuchtungsanforderungen festgelegt werden sollen, also von der Sehanforderung an einem Bildschirmarbeitsplatz.

Bezogen auf diese Sehaufgaben sind nun die sogenannten Wartungsbeleuchtungsstärken gemäß EN 12464 zu planen. Zu diesem Zwecke muß in der Liste der Sehaufgaben im Anhang der EN 12464 nach den entsprechenden Tätigkeiten gesucht werden.

Die sehaufgabenbezogene Anforderung an die Wartungsbeleuchtungsstärke ist auch abhängig davon, ob künstliche oder natürliche Beleuchtung zur Verfügung steht. Die EN 12464 berücksichtigt diesen Umstand insofern, als die in der Praxis häufig auftretenden Mischlichtzustände für die Beurteilung der Beleuchtungssituation herangezogen werden können.

Ein völlig neuer Ansatz der EN 12464 besteht darin, daß Aussagen für den Abschirmwinkel von Leuchten und der zugehörigen Abschirmleuchtdichte in Abhängigkeit von der Art des eingesetzten Bildschirmgerätes festgelegt werden. Die Bildschirmklassifizierung erfolgt in diesem Zusammenhang gemäß ÖNORM EN ISO 9241-7. Für gute und mittlere Gerätequalitäten gemäß dieser Norm werden nunmehr 1000 cd/m^2 Abstrahlungsleuchtdichte außerhalb eines Abschirmwinkels, von 65° definiert (Tabelle 1.4.1.).

Bei ausreichender Bildschirmqualität gehört demgemäß die Anforderung einer starken Begrenzung des Abstrahlwinkels der Leuchte, wie sie von klassischen Bildschirmspiegelrasterleuchten geleistet wird, der Vergangenheit an. Für die Beleuchtungsgestaltung eines Arbeitsraumes mit Bildschirmgeräten ist dies aus der Sicht der Ergonomie ein Fortschritt, da der Einsatz der Spiegelrastertechnik in Relation zum Vorteil der Blendungsbegrenzung immer wieder Probleme mit sich gebracht hat.

Die Ausgewogenheit der Beleuchtungssituation wird durch die Abstimmung zwischen Beleuchtungssituation einerseits und Qualität des Bildschirmes in Hinblick auf Entblendung andererseits, erreicht. Dies ist eine Herangehensweise, welche die Anliegen der Ergonomie – gute Abstimmung zwischen Beleuchtung und Lichtsituation am Bildschirmarbeitsplatz – unterstützt.

Bildschirmklassifizierung gemäß EN ISO 9241-7	I	II	III
Anti-Reflex-Eigenschaften	Gut	Mittel	Schlecht
Grenzwinkel = 65° rundum	1000 cd/m^2	1000 cd/m^2	200 cd/m^2

Tabelle 1.4.1. Grenzwinkel und Abstrahlungs-Leuchtdichten von Beleuchtungskörpern

1.4.3. Sonstige EN ISO-Normen mit Querbezug zu Bildschirmarbeit

1.4.3.1. ÖNORM EN ISO 10075:
Ergonomische Gestaltung bezüglich
psychischer Arbeitsbelastung

Die Normenreihe EN ISO 10075 ist besonders für die Gestaltung von Arbeitssystemen hinsichtlich psychischer Belastung und Beanspruchung relevant.

Teil 1: Allgemeines und Begriffe

Wie der Name schon sagt, geht es um Grundbegriffe der psychischen Arbeitsbelastung. Diese sind vor allem deshalb von Bedeutung, um mit der speziellen Problematik vertraut zu werden.

Teil 2: Gestaltungsgrundsätze

Diese Norm bietet eine Querverbindung zu der Anforderung des § 68 ASchG Abs. 1 (besonders unter Bedachtnahme auch auf psychische Belastung). Die Norm kann als anerkannter Status auch auf den speziellen Bereich der psychischen Arbeitsbelastungen herangezogen werden.

1.4.3.2. ÖNORM EN ISO 11064: Ergonomische Gestaltung von Leitzentralen

Die Normenreihe ÖNORM EN ISO 11064 (Ergonomische Gestaltung von Leitzentralen) regelt den Gestaltungsprozeß von „Control centres". Der Begriff ist mit „Kontrollzentren" im deutschsprachigen Normentext nicht zutreffend übersetzt worden. „Warten und Leitstände" wäre eine gängige deutschsprachige Bezeichnung.

Teil 1: Grundsätze für die Gestaltung von Leitzentralen

Der Teil 1 von ISO 11064 beschreibt den ergonomischen Gestaltungsprozeß im Sinne von Grundsätzen („fundamentals") und führt die für die Gestaltung notwendigen Schritte in der Form eines prozeßhaften Verlaufs an.

Teil 2: Grundsätze für die Anordnung von Warten und Nebenräumen

Teil 2 behandelt den Wartenraum und die Nebenräume der Warte. Es ist vorgesehen, die Anordnung dieser Räumlichkeit innerhalb einer Anlage sowie deren Gestaltung und Ausstattung (Anordnung der Arbeitsplätze, Zuordnung der Nebenräume zur Warte, die Arbeitsumgebung u. ä.) aus der Sicht der Ergonomie zu regeln.

Teil 3: Ergonomische Gestaltung von Leitzentralen: Auslegung von Warteräumen

Der Teil 3 von ISO 11064 behandelt die Gestaltung des Wartenraums unter den Aspekten

- Layout des Raums
- Anordnung von Arbeitsstationen[3]
- Benutzung von nicht-arbeitsstationsgebunden Anzeigen und
- Wartungsarbeiten in der Warte

Die Teile 4 bis 8 der Normenreihe liegen nur als Arbeitspapiere vor.

Über die Auswirkungen der Normenreihe ISO 11064 läßt sich nur wenig aussagen, weil die meisten Teile erst als Arbeitspapier vorliegen. Vom Ansatz her ist sie vermutlich nur bedingt geeignet, als Ausfüllung der EG-Richtlinie 90/270/EWG außerhalb des

---

3 Die Unterscheidung von „Arbeitsstation" und „Arbeitsplatz" ist beabsichtigt und folgt der Bedeutung in ISO 9241-5. Danach ist die Arbeitsstation eine kleinere Einheit, z. B. ein bestimmter Arbeitstisch oder ein Pult an der Instrumentenwand. Der Arbeitsplatz einer Warte kann aus mehreren Arbeitsstationen bestehen.

Bürobereichs angesehen zu werden. EN ISO 11064 behandelt global betrachtet nur zum Teil ähnliche Sachverhalte wie ÖNORM A 8021 („ Ergonomische Gestaltung von Warten – Begriffsbestimmungen, Abmessungen und Konstruktionsmerkmale für Sitzarbeitsplätze") weil für die Darstellung der wesentlichen ergonomischen Gestaltungsaspekte eine andere Herangehensweise gewählt wird, die sich auf Konstruktion und Design und nicht auf den Betrieb der Warte bezieht. Solche Aspekte, beziehungsweise Kompatibilität von Benutzeroberflächen in der Warte, werden übrigens im Entwurf des vierten Teiles der EN 894 „Sicherheit von Maschinen – Ergonomische Anforderungen für die Gestaltung von Anzeige- und Stellteilen" diskutiert.

1.4.3.3. ÖNORM EN ISO 13406: Ergonomische Anforderungen bei der Verwendung von Flachbildschirmen

Weil sich die Normenreihe EN ISO 9241 nur auf Bildschirme mit Kathodenstrahltechnik bezieht, hat ISO beschlossen, eine eigene Norm für Flachbildschirme herauszubringen. Die Anforderungen aus ergonomischer Sicht sind großteils identisch mit jenen der EN ISO 9241, jedoch auf die Flachbildschirmtechnologie ausgerichtet.

Im Moment liegt Teil 1 der EN ISO 13406 (Ergonomische Anforderungen an optische Anzeigeneinheiten in Flachbildschirmbauweise – Einführung) als Norm vor. Teil 2 (Requirements for flat panel displays) liegt nur als prEN (Normentwurf) vor.

1.4.3.4. ÖNORM EN ISO 13407 (Human centred design process for interactive systems) und ÖNORM EN 14915 (Multimedia user interface design – Software ergonomics requirements)

Erwähnt werden soll, daß im ISO Bereich weitere Normungsvorhaben zum Thema Mensch-Benutzer-Schnittstelle laufen, die sich vornehmlich auf komplexe Anwendungen, interaktive Systeme und Multimedia-Einsatz beziehen. Damit werden weiterführende Aspekte der Software-Ergonomie für solche Systeme angesprochen. Es handelt sich um folgende Normenentwürfe:

- prEN ISO 13407: Human centred design process for interactive systems
- prEN ISO 14915: Multimedia user interface design – Software ergonomics requirements
  - Part 1: Introduction and framework
  - Part 2: Multimedia control and navigation (WD – Arbeitspapier)
  - Part 3: Selection of media and media combination
  - Part 4: Domain specific multimedia interfaces – (WD – Arbeitspapier)

1.4.4. Zusammenhang zwischen EU-Richtlinie 90/270 EWG und Normung

Die Mindestvorschriften im Anhang der Bildschirmrichtlinie sind als allgemeine Schutzziele formuliert. Hierdurch sollte Raum für Innovation offen gehalten werden. Zur Erfüllung dieser Vorschriften sind unterschiedliche Maßnahmen notwendig:

- Bereitstellung von anforderungsgerechten Produkten
- Nutzungsregelungen
- Kombination von beiden Maßnahmen

Zur Konkretisierung einer Richtlinie nach Artikel 138 EWG-Vertrag sind vom Grundsatz her keine Europäischen Normen vorgesehen, sondern verbindliche nationale, dem politischen Entscheidungsprozeß unterliegende Regelungen im Sinne von Gesetzen und Verordnungen. Entsprechend liegt von der EU-Kommission kein Normungsauftrag vor, der die Normen zur Bildschirmarbeit in einen rechtlichen Zusammenhang mit der

Rahmenrichtlinie 89/391/EWG zu Sicherheit und Gesundheitsschutz bei der Arbeit und der Bildschirmrichtlinie 90/270 EWG bringt. Allerdings existiert für das Gebiet der Bildschirmrichtlinie 90/270/EWG ein allgemeines Mandat der Generaldirektion XIII der EU-Kommission[4] an CEN/TC 122 „Ergonomie". Dieses Mandat, das schon vor der Bildschirmrichtlinie existierte, gibt die Erarbeitung von Normen im Bereich der Informationstechnologie und der Telekommunikation auf dem Gebiet der Ergonomie in Auftrag. Letztendlich wurden jedoch keine eigenen Europäischen Normen erarbeitet, sondern ISO 9241 Teil 1 bis 4 als Europäische Norm EN ISO 9241 Teil 1 bis 4 übernommen. Über eine nachträgliche Mandatierung der Normenreihe ISO 9241 mit den Teilen 5 bis 17 wird auf europäischer Ebene nachgedacht.

Die vorgesehenen Normen sind – entsprechend den CEN-Regeln – unverändert von den CEN-Mitgliedsorganisationen in die nationalen Normenwerke zu übernehmen. Die so entstehenden nationalen Normen sind im Moment jedoch keine harmonisierten europäischen Normen, da eine rechtliche Anbindung an die Bildschirmrichtlinie fehlt.

Für die Bildschirmrichtlinie gibt es demnach keine harmonisierten EN-Normen nach der Neuen Konzeption (New Approach), die diese Richtlinie ausfüllen. Damit ist die Übereinstimmung eines Produkts, zum Beispiel eines Monitors, mit den einschlägigen CEN-Normen nicht zwangsläufig auch eine Übereinstimmung mit den Anforderungen der Richtlinie. Dennoch besteht im Bereich der Europäischen Kommission die Absicht, einen tragfähigen Zusammenhang zwischen dem Anhang der Bildschirmrichtlinie und den einschlägigen Normen herzustellen. Die-

se Absicht stützt auch ein Schreiben der Generaldirektion III der Europäischen Kommission (GD III) vom 28.1.1994. Der Inhalt des in englischer Sprache abgefaßten Schreibens lautet im wesentlichen: *„EN 29241 parts 1 to 3 can indeed be considered to be useful guidelines for ensuring conformity with the requirements of the Directive".*

Demgegenüber hat CEN/TC 122/WG 5 – nach einer persönlichen Mitteilung des Convenors Tom Stewart[5] – folgerichtig den Beschluß gefaßt, daß zukünftig in jeder Norm der Reihe EN ISO 9241 ausdrücklich darauf hingewiesen werden soll, daß kein rechtlicher Zusammenhang mit der Bildschirmrichtlinie besteht.

Daraus ergibt sich die Situation, daß Normen, die als rechtliche und inhaltliche Konkretisierung herangezogen werden können, dies offenbar explizit ausschließen. In Ermangelung einer anderen brauchbaren normativen Konkretisierung werden sie jedoch von den Herstellern wie den Anwendern als solche benutzt beziehungsweise benutzt werden. Dadurch entfallen sie die normative Kraft des Faktischen.

1.4.5. Literatur und weitere Informationen

1.4.5.1. Literatur

Gutzmann Ch., Kirchner J.-H., Wolberg K.: Europäische Normen zur Ergonomie. Bestandsaufnahme und Systematisierung. Verein zur Förderung der Arbeitssicherheit in Europa e.V. (Hg.), KAN-Bericht 7, Geschäftsstelle St. Augustin, 1996.

Schäfer P., Wilke, Çakir A., Çakir G.: Normung im Bereich Bildschirmarbeit. Verein zur Förderung der Arbeitssicherheit in Europa e.V. (Hg.). KAN-Geschäftsstelle Sankt Augustin, 1997.

---

4 Generaldirektion XIII: Telekommunikation, Informationsmarkt und Nutzung der Forschungsergebnisse.

5 Tom Stewart ist Vorsitzender der Arbeitsgruppe WG 5 des europäischen Ergonomienormungsgremiums CEN/TC 122, welches sich mit der EN ISO 9241 beschäftigt.

1.4.5.2. Regelwerke[6]

ÖNORM A 2630, Teil 1: Bildschirmarbeitsplätze in der digitalen Daten- und Textverarbeitung

ÖNORM A 2630, Teil 3: Anforderungen an visuelle Anzeigen

ÖNORM A 8010: Ergonomische Gestaltung von Büroarbeitsplätzen

ÖNORM O 1040: Künstliche Beleuchtung von Innenräumen

ÖNORM EN ISO 9241: Ergonomische Anforderungen für Bürotätigkeiten mit Bildschirmgeräten

- Teil 1: Allgemeine Einführung
- Teil 2: Anforderungen an die Arbeitsaufgabe – Leitsätze (EN 29241-2)
- Teil 3: Anforderungen an visuelle Anzeigen
- Teil 4: Anforderungen an die Tastatur (EN 29241-3)
- Teil 5: Anforderungen an Arbeitplatzgestaltung und Körperhaltung
- Teil 6: Anforderungen an die Arbeitsumgebung
- Teil 7: Anforderungen an visuelle Anzeigen bezüglich Reflexionen
- Teil 8: Anforderungen an Farbdarstellungen
- Teil 9: Anforderungen an Eingabegeräte – ausgenommen Tastaturen (derzeit Normenentwurf)
- Teil 10: Grundsätze der Dialoggestaltung
- Teil 11: Anforderungen an die Gebrauchstauglichkeit – Leitsätze
- Teil 12: Informationsdarstellung
- Teil 13: Benutzerführung
- Teil 14: Dialogführung mittels Menüs
- Teil 15: Dialogführung mittels Kommandosprachen
- Teil 16: Dialogführung mittels direkter Manipulation
- Teil 17: Dialogführung mittels Bildschirmformularen

ÖNORM EN ISO 10075, Teil 1: Ergonomische Grundlagen bezüglich psychischer Arbeitsgestaltung – Allgemeines und Begriffe (derzeit Normentwurf)

ÖNORM EN ISO 10075, Teil 2: Ergonomische Grundlagen bezüglich psychischer Arbeitsbelastung – Gestaltungsgrundsätze

ÖNORM EN ISO 11064: Ergonomische Gestaltung von Leitzentralen

- Teil 1: Grundsätze für die Gestaltung von Leitzentralen
- Teil 2: Grundsätze für die Anordnung von Warten und Nebenräumen
- Teil 3: Auslegung von Warten

ÖNORM EN ISO 13406: Ergonomische Anforderungen bei der Verwendung von Flachbildschirmen

- Teil 1: Einführung
- Teil 2: Requirements for flat panel displays (derzeit Normenentwurf)

ÖNORM EN ISO 13407: Human centred design process for interactive systems (derzeit Normenentwurf)

ÖNORM EN ISO 14915: Multimedia user interface design – Software ergonomics requirements

- Part 1: Introduction and framework (derzeit Normenentwurf)
- Part 2: Multimedia control and navigation (WD – Arbeitspapier)
- Part 3: Selection of media and media combination (derzeit Normenentwurf)
- Part 4: Domain specific multimedia interfaces – (WD – Arbeitspapier)

ÖNORM EN 12464: Angewandte Lichttechnik – Arbeitsstättenbeleuchtung (derzeit Normenentwurf)

---

6 Teilweise gemäß Arbeitspapieren, die dem Verfasser aufgrund seiner Mitarbeit im Fachnormenausschuß 160 (Ergonomie) des Österreichischen Normungsinstituts zur Verfügung stehen.

1.5. Die häufigsten Fragen zur Bildschirmarbeit

Antworten aus der Sicht der Interessensvertretungen

Alexander Heider (Bundesarbeitskammer), Peter Köck (Wirtschaftskammer Österreich)[1]

> **In aller Kürze**
>
> Rechtliche Regelungen zur Bildschirmarbeit und Fragen aus der Praxis führen nicht immer zu einheitlichen Standardantworten. Einerseits erlaubt die Flexibilität der gesetzlichen Regelungen eine Anpassung an individuelle Ausgangssituationen und bietet hierfür auch Interpretationsspielraum. Andererseits fordert die Praxis und die Diskussion von Interessensgruppen auch heraus, daß verschiedene Standpunkte zum selben Thema formuliert werden. In diesem Beitrag werden die wichtigsten und am häufigsten gestellten Fragen zur Bildschirmarbeit durch Experten der gesetzlichen Arbeitnehmer- und Arbeitgebervertretung beantwortet. Dies umfaßt beispielsweise Fragen zu Augenuntersuchungen und Bildschirmbrille, Kostenfragen, ergonomische Anforderungen an Arbeitsmittel, Evaluierung, Pausenregelungen und spezielle Situationen wie Telearbeit und tragbare Computer.

1.5.1. Was ist unter einem Bildschirmarbeitsplatz zu verstehen?

A. Heider: An einem Bildschirmarbeitsplatz bilden Bildschirmgerät, Dateneingabetastatur oder sonstige Steuerungseinheiten und gegebenenfalls ein Informationsträger eine funktionale Einheit. Ein Bildschirmgerät ist eine Baueinheit mit einem Bildschirm zur Darstellung alphanumerischer Zeichen oder zur Graphikdarstellung, ungeachtet des Darstellungsverfahrens. Diese Definitionen finden Sie im § 67 Abs. 1 ArbeitnehmerInnenschutzgesetz (ASchG).

P. Köck: Ein Arbeitsplatz, der mit einem Bildschirm, einem Rechner und Bedieneinrichtungen (wie Tastatur, Maus) ausgestattet ist.[2] Die Bildschirmarbeitsplatz-Vorschriften des § 67 ASchG und des 2. Abschnittes der Bildschirmarbeitsverordnung sind an jedem Bildschirmarbeitsplatz einzuhalten; dies un-

abhängig davon, in welchem Ausmaß Arbeit am Bildschirmgerät geleistet wird.

1.5.2. Was ist eine Bildschirmbrille?

A. Heider: Eine Bildschirmarbeitsbrille ist eine entspiegelte aber nicht getönte spezielle Sehhilfe, die auf eine atypische Sehdistanz von etwa 60 bis 90 cm zwischen Augen und Bildschirmgerät eingestellt ist. Deshalb sind normale Brillen, wie sie zum Lesen oder zum Auto fahren üblicherweise verwendet werden, ungeeignet. Die möglicherweise unterschiedlichen Sehabstände zum Bildschirmgerät, zur Belegvorlage und dem allenfalls noch zu betreuenden Kunden ergeben sich aus den konkreten Arbeitsaufgaben und den ergonomischen Hardware-Bedingungen. Daher kommen sowohl Ein- als auch Mehrstärkengläser, entweder hohe Bifokalgläser oder Trifokal- oder Multifokalgläser mit besonders breitem Korridor für die Arbeitsdistanz in Betracht.

P. Köck: Ist eine Brille, welche die Arbeit

---

1 In Kooperation mit Bernhard W. Gruber.
2 Gruber B.W. und Köck P. (2001), Seite 4.

im Bildschirmbereich speziell berücksichtigt.[3] Gemeint ist vor allem eine Korrektur auf eine Sehdistanz zum Bildschirm (von 50 bis 90 cm) und gegebenenfalls auch auf eine Sehdistanz zu Belegen beziehungsweise zur Tastatur.

1.5.3. Wer trägt die Kosten der Bildschirmbrille?

A. Heider: Wenn eine augenfachärztliche Untersuchung ergeben hat, daß eine Bildschirmarbeitsbrille notwendig ist und der Augenfacharzt dies am Verordnungsschein festhält, weil normale Sehhilfen nicht ausreichen oder nicht verwendet werden können, sind die Kosten der Bildschirmarbeitsbrille vom Arbeitgeber zu tragen.

Weil manche Fehlinterpretationen dazu geführt haben, daß ArbeitnehmerInnen die Kosten für die Anschaffung der Bildschirmarbeitsbrille nicht ersetzt wurden, haben die Arbeiterkammern die Betroffenen erfolgreich vertreten. Zu Recht wurde in jüngeren Entscheidungen erkannt, daß der Arbeitgeber die Kosten zu tragen beziehungsweise zu übernehmen hat.[4]

P. Köck: Grundsätzlich hat laut EU-Richtlinie (Bildschirmrichtlinie 90/270 EWG vom 29.5.1990) und ASchG der Arbeitnehmer für die Kosten einer Bildschirmbrille (funktionsnotwendige Gläser und Fassung) nicht aufzukommen. Der OGH hat entschieden, daß bei einer vom Augenarzt verschriebenen Bildschirmbrille eine arbeitsbedingt notwendige Standardversion von der Krankenkasse zu bezahlen ist. Darüber hinausgehen-

de Kosten hat der Arbeitgeber dann zu bezahlen, wenn sie funktional begründet sind. Allfällige Mehrkosten von funktionell nicht notwendigen Spezialgläsern und modischen teuren Fassungen muß der Arbeitnehmer selbst tragen.

1.5.4. Wann sind Augenuntersuchungen vorzunehmen?

A. Heider: Bei Bildschirmarbeit hat der Arbeitgeber den ArbeitnehmerInnen eine angemessene Untersuchung der Augen und des Sehvermögens vor Aufnahme der Tätigkeit anzubieten. Danach in Zeitabständen von maximal 3 Jahren und immer dann, wenn Sehbeschwerden auftreten.

P. Köck: Erstmals vor der Aufnahme der Tätigkeit am Bildschirmgerät und danach in Abständen von 3 Jahren[5] sowie immer dann, wenn Sehbeschwerden auftreten, die auf Bildschirmarbeit zurückzuführen sind. Diese Untersuchungen sind dem Arbeitnehmer vom Arbeitgeber kostenlos anzubieten.

1.5.5. Wer trägt die Kosten der Augenuntersuchungen?

A. Heider: Die Kosten der Augenuntersuchungen hat der Arbeitgeber zu tragen. Auch die erforderliche Zeit für die Durchführung der Augenuntersuchung hat der Arbeitgeber unter Fortzahlung des Entgelts zu gewähren. Lediglich bei Auftreten von Sehbeschwerden oder bei Notwendigkeit einer augenfachärztlichen Untersuchung werden die Kosten vom zuständigen Krankenversicherungsträger übernommen, weil im sozialversicherungsrechtlichen Sinne eine Krankheit vorliegt, die eine Behandlung erfordert.[6]

---

3 Gruber B.W. und Köck P. (2001), Seite 16.

4 Landesgericht Salzburg als Arbeits- und Sozialgericht; 11 Cga 12/96 vom 15. Mai 1997; und Oberlandesgericht Wien in Arbeits- und Sozialrechtssachen; OLG Wien 9 Ra 342/98z vom 23. März 1999; Oberster Gerichtshof OGH 9 Ob A 63/00f vom 6. September 2000.

---

5 Gruber B.W. und Köck P. (2001), Seite 4.

6 Rundschreiben des Hauptverbandes der Österreichischen Sozialversicherungsträger vom 26.9.1995.

P. Köck: Der Arbeitgeber; im Falle nötiger Untersuchungen nach Sehbeschwerden die Krankenversicherung (auf Grund einer Erkrankung im Sinne des Sozialversicherungsrechtes).[7]

1.5.6. Wer ist berechtigt, Augenuntersuchungen vorzunehmen?

A. Heider: Zur Vornahme der Untersuchungen der Augen und des Sehvermögens (Überprüfung der Sehschärfe und Untersuchung des sonstigen Sehvermögens) sind Fachärzte für Augenheilkunde und Optometrie, Fachärzte für Arbeits- und Betriebsmedizin und Arbeitsmediziner berechtigt.

Bleiben die Untersuchungen auf die Überprüfung der Sehschärfe begrenzt, dürfen diese auch Optiker vornehmen (Personen, die die Meisterprüfung im Augenoptikerhandwerk (§ 120 GewO 1994) erfolgreich abgelegt haben). Hat der Optiker jedoch den Verdacht, daß eine Augenanomalie besteht, muß er auf den Augenfacharzt verweisen.

Auch wenn die Augenuntersuchung vom Facharzt für Arbeits- und Betriebsmedizin oder vom Arbeitsmediziner durchgeführt und eine Bildschirmarbeitsbrille empfohlen wird, muß zum Augenfacharzt weiter verwiesen werden. Erst nachdem eine augenfachärztliche Untersuchung die Notwendigkeit einer Bildschirmarbeitsbrille ergibt beziehungsweise diese bestätigt, hat der Arbeitgeber die Kosten der Bildschirmarbeitsbrille zu tragen.

P. Köck: Hier kommen verschiedene Funktionsträger in Frage:

– Der betriebseigene Arbeitsmediziner bei größeren Betrieben, bei entsprechender Zusatzausbildung und Ausstattung. Allenfalls ergänzende Überprüfung der optometrischen Daten durch einen Augenoptiker.

– Ein Augenfacharzt oder ein arbeitsmedizinisches Zentrum (AMZ) mit einem entsprechenden Facharzt und Ausstattung. Allenfalls ergänzende Überprüfung der optometrischen Daten durch einen Augenoptiker.
– Optometrische Untersuchungen können von einem Augenoptiker oder von einem Augenfacharzt vorgenommen werden.

Über die Reihenfolge von optometrischen Untersuchungen (Optiker oder Arzt) und augenärztlichen Untersuchungen bestehen – aus verständlichen finanziellen Aspekten und Risikogründen – unterschiedliche Meinungen:

Variante I: Die Optometrie (vom Optiker) erfolgt vor der augenärztlichen Untersuchung.

Positiv: Arzt kann auf entsprechenden Meßergebnissen des Optikers aufbauen und braucht weniger Zeit.

Negativ: Oft werden Brillen direkt vom Optiker – ohne ärztliche Untersuchung – vergeben und dabei wichtige Faktoren übersehen. Darüber hinaus sind in solchen Fällen weder Krankenkasse noch Arbeitgeber verpflichtet, die Kosten der Bildschirmarbeitsbrille zu übernehmen, weil die augenärztliche Verschreibung fehlt.

Variante II: Die augenärztliche Untersuchung (und eventuell auch die Optometrie) kommt vor dem Aufsuchen des Optikers.

Positiv: Ist aus der Sicht der Augenärzte die richtige Reihenfolge und wird bei einer gründlichen augenärztlichen Untersuchung auch alle notwendigen Erkenntnisse bringen.

Negativ: Bei Inanspruchnahme eines externen Augenarztes: Wartezeit auf Arzttermine, Anfahrtswege zum Arzt und Wartezeit beim Arzt – dadurch können vom Arbeitgeber zu bezahlende Abwesenheitszeiten von der Arbeit in nicht unbeträchtlichem Ausmaß anfallen.

---

7 Gruber B.W. und Köck P. (2001), Seite 5.

1.5.7. Welche Bildschirmgröße (Diagonale) ist für welche Tätigkeit nötig?

A. Heider: Die Bildschirmgröße hängt maßgeblich von der erforderlichen Informationswiedergabe ab. Für Textlayout und ähnliche Büroarbeiten sind Bildschirmgeräte mit mindestens 17 Zoll (das sind ca. 43 cm) Diagonale und für CAD-Arbeiten sind Bildschirmgeräte mit mindestens 20 Zoll (das sind ca. 51 cm) Diagonale der Stand der Technik und der arbeitswissenschaftlichen Erkenntnisse.

Flachbildschirmgeräte sollen mindestens 15 Zoll (das sind ca. 38 cm) für Textlayout und ähnlichen Büroarbeiten aufweisen. Die 15 Zoll entsprechen 17 Zoll eines herkömmlichen Bildschirmgerätes, weil bei Flachbildschirmgeräten die Bilddiagonale der tatsächlich sichtbaren Bildfläche entspricht.

P. Köck: Die erforderliche Bildschirmgröße (Diagonale der Schirmfläche in Zoll) hängt vor allem von der Art der Tätigkeit und die notwendige Zeichengröße in Verbindung mit Sehabstand und Seitenbreite ab.[8]

1.5.8. Welche Zertifikate garantieren eine gute Bildschirmergonomie?

A. Heider: Als strenge Prüfsiegel gelten zur Zeit „TCO 99" und „ECO-Kreis 99". Weitere verläßliche Prüfsiegel sind auch „TÜV-Rheinland", „Blauer Engel" sowie „TCO 92" und besser „TCO 95". Achten Sie daher auf die entsprechenden Aufkleber am Bildschirmgerät.

Wichtig: Ein Prüfsiegel kann die Einhaltung der Bildschirmarbeitsverordnung nicht gewährleisten, weil die unterschiedlichen Aufstellungs- und Umgebungsbedingungen an den Arbeitsplätzen sowie der Einsatz der Bildschirmgeräte von der Prüfstelle nicht geprüft werden können.[9]

P. Köck: Es wird unter anderem zwischen mechanischen Eigenschaften und optischen Eigenschaften, Bedienergonomie, „Strahlen"-Emissionen, Energieverbrauch unterschieden.

Es gibt etwa 20 Zertifikate für die unterschiedlichen Kriterien, von denen die wichtigsten MPR II, TCO 95, 99, Geprüfte Sicherheit (GS) sowie TÜV Ergonomie geprüft sind.[10]

1.5.9. Ist die Strahlung vom Bildschirmgerät gesundheitsschädigend?

A. Heider: Beim Betrieb von Bildschirmgeräten treten so geringe Strahlungen auf, daß sie für den Menschen nach dem Erkenntnisstand der Wissenschaft ungefährlich sind. Dies gilt auch für Schwangere. Gesundheitlich schädliche Auswirkungen und Langzeitwirkungen sind nicht zu erwarten und wurden bisher auch nicht nachgewiesen. Von in Österreich zugelassenen Bildschirmgeräten kann davon ausgegangen werden, daß sie die Grenzwerte der ÖNORM S 1119 und S 1120 nicht überschreiten. Besonders strahlungsarm sind Bildschirmgeräte, die nach den Meßvorschriften des schwedischen MPR II-Standards geprüft sind. MPR II hat sich als Mindeststandard durchgesetzt und umfaßt die Prüfung elektromagnetischer und elektrostatischer Felder.

P. Köck: Bei intakten Markengeräten, die die wesentlichsten Zertifikate aufweisen und nicht älter als zwei bis drei Jahre sind,

---

8 Gruber B.W. und Köck P. (2001), Seite 5f.

9 Empfehlenswerte nähere Informationen dazu finden sie im Internet (www.sozialnetz-hessen.de/Ergo-online/).

10 Weitere Zertifikate sowie eine Zuordnung durch diese abgedeckten Prüfkriterien sind aus der SP-Information Aktuell Nr. 8 von Jänner 2000 zu ersehen.

ist die „Strahlung" (ausgedrückt in elektrischen Feldstärken) zu vernachlässigen und damit nicht gesundheitsschädlich.

1.5.10. Reicht bei Flachbildschirmgeräten eine Tischtiefe von 80 cm aus?

A. Heider: Ja. Flachbildschirmgeräte weisen eine deutlich geringere Tiefe als herkömmliche Bildschirmgeräte auf. Dabei ist darauf zu achten, daß ein flexibles Anordnen von Arbeitsmitteln und Arbeitsvorlagen möglich ist. Auch die Fläche vor der Tastatur muß eine ausreichende Tiefe aufweisen, um ein problemloses Auflegen der Hände zu ermöglichen.

P. Köck: Im Regelfall – ja. Außer bei einer Hintereinander-Positionierung von Tastatur, Beleghaltern und Bildschirm, hier wäre eine Tiefe von 90 cm besser. Bei einem konventionellen Bildschirmgerät mit einer Tiefe von 45 bis 48 cm plus Kabeln sind mindestens 90 bis 100 cm erforderlich. Wenn das Bildschirmgerät im Mittelteil einer Eckkombination aufgestellt wird, reicht eine Tischtiefe von 80 cm für die Anschlußtischteile.

1.5.11. Wie sitze ich richtig bei der Bildschirmarbeit?

A. Heider: Ergonomisch richtiges Sitzen ist Voraussetzung für beschwerdefreies Arbeiten und wirkt der Ermüdung entgegen. Auf dem Markt sind Bürostühle erhältlich, die eine weitgehend ermüdungsfreie Sitzposition erlauben. Die Sitzposition soll öfters variiert werden (Stichwort: dynamisches Sitzen). Dazwischen empfiehlt es sich, aufzustehen oder etwas Bewegung zu machen. Mit zusätzlichen Stehpulten oder höhenverstellbaren Tischen kann zwischen Sitzen und Stehen beliebig gewechselt werden.

Als Faustregel zur Einstellung des Arbeitsstuhles gilt: Die Sitzhöhe ist richtig einge-

stellt, wenn bei aufgestützten Füßen (auf dem Fußboden oder einer Fußstütze) die flache Hand zwischen Sitzfläche und Unterseite des Oberschenkels im Kniegelenksbereich Platz findet. Ober- und Unterschenkel sollen einen Winkel von 90 Grad bilden. Auch die Ober- und Unterarme sollen beim Arbeiten einen Winkel von etwa 90 Grad bilden. Schließlich muß die Lendenwirbelsäule durch die Rückenlehne gut abgestützt sein.

P. Köck: Das richtige Sitzen am Bildschirmarbeitsplatz ist verbal nicht ganz leicht zu beschreiben. Es betrifft eine Kombination aus optimaler Sehdistanz, richtiger Oberkörperhaltung, Armhaltung und einer Beinstellung, bei welcher die Oberschenkel satt auf der Sitzfläche aufliegen (keine Druckbeschwerden entstehen) und andererseits die Füße auf dem Boden abgestützt werden.

Grundsätzlich sollte eine Körperstellung nicht zu lange eingenommen werden und die Möglichkeiten zum Haltungswechsel, fallweisen Aufstehen und Gehen genützt werden.

Die Sehdistanz, die einen großen Einfluß auf die eingenommene Körperhaltung hat, sollte so bemessen sein, daß eine natürliche Oberkörperhaltung (weitestgehend verspannungsfreies Sitzen) eingenommen werden kann und Störungen des Sehvorganges (Blendwirkungen, Reflexionen) vermieden werden.

1.5.12. Wie stelle ich das Bildschirmgerät im Arbeitsraum richtig auf?

A. Heider: Das Bildschirmgerät soll so aufgestellt werden, daß die Blickrichtung parallel zur Fensterfront erfolgt. Auch die Beleuchtungskörper sollen parallel zur Blickrichtung montiert sein. In unmittelbarer Nähe von Lichteintrittsflächen wie Fenster soll das Bildschirmgerät nicht aufgestellt werden.

Falsch ist eine vom Fenster abgewandte Blickrichtung, da dann Spiegelungen der hellen Fenster im Bildschirmgerät unvermeidbar sind. Ebenso zu vermeiden ist eine Blickrichtung zum Fenster, da der Kontrast zwischen Bildschirmgerät und hellem Tageslicht zur Blendung der Augen führt.

P. Köck: Die Aufstellung des Bildschirmgerätes sollte so erfolgen, daß die Blickrichtung weitestgehend parallel zu der Fensterfront und auch zu den fensternahen Lichtbalken (Allgemeinbeleuchtung) erfolgt. Leichte Abweichungen davon sind dann zulässig, wenn es im Blickfeld größere dunkle Wandteile gibt oder die Wirkung des natürlichen Lichtes, insbesondere der Sonneneinstrahlung, durch Pflanzen oder Stellwände reduziert wird.[11]

1.5.13. Worauf ist bei der Evaluierung von Bildschirmarbeitsplätzen besonders zu achten?

A. Heider: Evaluierung bedeutet, daß alle Gefahren und ergonomischen Mängel ermittelt und geeignete Schutzmaßnahmen getroffen werden müssen. Über die „normale" Evaluierungspflicht hinaus müssen an Bildschirmarbeitsplätzen auch die mögliche Beeinträchtigung des Sehvermögens sowie die physischen und psychischen Belastungen evaluiert werden.

Anläßlich der Evaluierung ist abzuklären und festzuhalten, ob Bildschirmarbeit im zeitlichen Ausmaß von durchschnittlich ununterbrochen mehr als zwei Stunden der Tagesarbeitszeit oder von durchschnittlich mehr als drei Stunden der Tagesarbeitszeit verrichtet wird.

P. Köck: Auf die Belastung beziehungsweise die Entlastung des Sehsinnes, auf die Bewegungsanimation bei längeren Phasen

ununterbrochenen Sitzens vor dem Bildschirmgerät und auf Ausgleichsbewegungen bei länger andauernden einseitigen Belastungen des Hand–Arm-Systems, wie zum Beispiel bei einer Maussteuerung. Daneben ist natürlich auf die Belastungen durch Umgebungseinflüsse wie Wärme, ungünstige Beleuchtung, schlechte Luftqualität und eventuell Lärm zu achten.

1.5.14. Sind Pausen oder Tätigkeitswechsel bei längerer Bildschirmarbeit einzuplanen?

A. Heider: Ja. Nach jeweils 50 Minuten ununterbrochener Bildschirmarbeit muß eine Pause von mindestens 10 Minuten gehalten werden (der Blickwechsel auf die Schreibvorlage gilt nicht als Unterbrechung). Sofern es der Arbeitsablauf erfordert, kann die zustehende erste Pause in die zweite Stunde verlegt werden, so daß dann die zusammengefaßte Pause mindestens 20 Minuten beträgt. Die Pausen sind in die Arbeitszeit einzurechnen.

Läßt sich die Arbeit so organisieren, daß ein Tätigkeitswechsel von ebenfalls mindestens 10 Minuten erfolgt und dieser Tätigkeitswechsel auch geeignet ist, die Belastungen durch die Bildschirmarbeit zu verringern, kann die Pause entfallen. Voraussetzung dafür ist, daß die zwischenzeitlich ausgeübte andere Tätigkeit ausreichend erholwirksam ist, um als Pausenersatz anerkannt zu werden. Die Tätigkeiten „Schreiben" oder „Lesen" zählen beispielsweise nicht zu den erholwirksamen anderen Tätigkeiten, weil sich die Augen beim Schreiben oder Lesen nicht ausreichend erholen können.

P. Köck: Wenn es sich gem. BS-V um Bildschirmarbeit handelt, ist nach 50 Minuten ununterbrochener Bildschirmarbeit eine 10 Minuten-Pause oder ein gleichwertiger Belastungsausgleich vorzusehen.[12] Nach

---

11 Siehe WKÖ-Ergonomietip Nr. 2, Wien 1999.

12 Gruber B.W. und Köck P. (2001), Seite 1.

einem vorgeschriebenen Zeitraum verlangte Arbeitsunterbrechungen werden jedoch fast nie durchgeführt, und wenn doch, oft als störend empfunden. Ein sinnvolles, arbeitsablaufmäßig entsprechendes Arbeitszeit-Pausen-Regime ist deshalb zweckmäßig. D.h., statt einer Pause ist z.B. eine die Muskelanspannungen des Oberkörpers, der Schultern und der Augenmuskeln abbauende Tätigkeit (zum Beispiel Erledigung von Telefonaten oder Bürowegen) einzubauen.

1.5.15. Gilt die Bildschirmarbeits-Verordnung auch für tragbare Computer?

A. Heider: Werden Laptops (tragbare Datenverarbeitungsgeräte) regelmäßig auch am Arbeitsplatz eingesetzt, gelten dieselben Bestimmungen wie für alle anderen Bildschirmgeräte auch. Werden Laptops nicht regelmäßig am Arbeitsplatz eingesetzt, sind nur die Bestimmungen über die Software-Ergonomie (§ 68 Abs. 2 ASchG) nicht anzuwenden.

P. Köck: Sobald ein Notebook am Arbeitsplatz eingesetzt wird, sind unter anderem eine externe (beziehungsweise ablösbare) Tastatur und/oder ein externer Bildschirm erforderlich, weil es sich um einen Bildschirmarbeitsplatz im Sinne der Bildschirmarbeits-Verordnung handelt. Neben den Arbeitsplatzvorschriften sind auch die Bildschirmarbeitsvorschriften (betreffend Augenuntersuchungen, Pausen, Tätigkeitswechsel etc.) zu beachten, wenn das Notebook am Arbeitsplatz in einem nicht unwesentlichen zeitlichen Ausmaß verwendet wird (siehe auch § 10 BS-V).

1.5.16. Ist die Bildschirmarbeits-Verordnung bei Telearbeit anzuwenden?

A. Heider: Stellt der Arbeitgeber den ArbeitnehmerInnen zur Erbringung von Arbeitsleistungen außerhalb der Arbeitsstätte (zum Beispiel bei Telearbeit) Bildschirmgeräte, Laptops, Eingabe- oder Datenerfassungsgeräte sowie Zusatzgeräte zur Verfügung, müssen sie dem Stand der Technik und den ergonomischen Anforderungen entsprechen.

Nach § 1 Bildschirmarbeits-Verordnung sind die §§ 2 bis 15 anzuwenden, also insbesondere auch die Bestimmungen der besonderen Evaluierungspflicht, der Pausen beziehungsweise des Tätigkeitswechsels, die Augenuntersuchungen sowie die Zurverfügungstellung der Bildschirmarbeitsbrille. Das Direktionsrecht des Arbeitgebers endet dort, wo in die Privatsphäre der ArbeitnehmerInnen eingegriffen würde oder bauliche Maßnahmen in der Privatwohnung ausgelöst würden wie im Bezug auf die Belichtung, die Beleuchtung oder die Klimaverhältnisse.

P. Köck: Wenn es sich im Sinne des § 1 der Bildschirmarbeits-Verordnung um einen Bildschirmarbeitsplatz in der Privatwohnung des Arbeitnehmers handelt, dann sind Abschnitt 2 (Bildschirmarbeitsplatz; außer dem § 6) Abschnitt 3 (Bildschirmarbeit; hier vor allem die §§ 9, 11 und 12) sowie Abschnitt 4 anzuwenden.

Im Hinblick auf den Schutz der Privatsphäre gibt es hier allerdings Auffassungsunterschiede über die Breite und Tiefe der möglichen Gestaltungsvorgaben durch die Bildschirmarbeits-Verordnung und die §§ 67, 68 ASchG.

1.5.17. Literatur und weitere Informationen

1.5.17.1. Literatur

Gruber B.W. und Köck P.: Wie komme ich mit der Bildschirmarbeits-Verordnung BS-V zurecht? Juristische und ergonomische Aspekte. Wirtschaftskammer Österreich (Hg.), 2. korrig. u. erweiterte Auflage, Abteilung für Sozialpolitik, Wien, Juni 2001. Zu beziehen beim Mitgliederservice der WKÖ unter Tel: 01/501 05-5050, Fax: 01/502 06-236.

Kammer für Arbeiter und Angestellte für Wien (Hg.): Arbeitsplatz Bildschirm – Eine Handlungsanleitung für die Praxis. 11. Auflage, Februar 2000.

Köck P.: Richtige Körperhaltung bei Bildschirmarbeit, Ergonomie-Tips. Wirtschaftskammer Österreich (Hg.), Wien 1998. Zu beziehen bei Sp-Ergonomie der WKÖ unter Tel: 01/501 05-4068, Fax: 01/505 05-215.

Köck P.: Steht mein Bildschirm richtig? ... im Raum? ... auf dem Tisch?, Ergonomie-Tips Folge 2. Wirtschaftskammer Österreich (Hg.), Wien 1999. Zu beziehen bei Sp-Ergonomie der WKÖ unter Tel: 01/501 05-4068, Fax: 01/505 05-215.

SP-Information Aktuell Nr. 8 von Jänner 2000. Zu beziehen bei Sp-Ergonomie der WKÖ unter Tel: 01/501 05-4068, Fax: 01/505 05-215.

1.5.17.2. Internetadressen

www.sozialnetz-hessen.de/Ergo-online. Informationen zum Thema Bildschirm-Ergonomie

2
Grundsätze der Ergonomie bei Bildschirmarbeit

Das Wichtigste im Überblick

In den nachfolgenden Kapiteln werden die hier kurz zusammengefaßten Themen ausführlich dargestellt.

Ergonomie und Ökonomie

Der Ergonomie wird manchmal vorgeworfen, daß sie hohe Kosten verursacht und nichts für den Wertschöpfungsprozeß bringt. Im Gegensatz dazu kann man die Ergonomie als ein Verbesserungspotential betrachten, das mit verhältnismäßig geringem finanziellen Aufwand, beachtliche Steigerungen der Produktivität einleiten kann. Bisher wurde dieses Verbesserungspotential oft nicht genutzt, weil die Kosten für Reparaturen von Gestaltungsfehlern als „Kosten für die Ergonomie" verstanden wurden. Tatsächlich sind aber ergonomische Arbeitsplätze in der Regel nicht teurer, wenn die Aspekte der Ergonomie bereits im Planungsstadium berücksichtigt werden.

Nehmen wird das Beispiel eines neuen Büroarbeitsplatzes. Oft werden neue Büros eingerichtet, ohne daß der Architekt und der für die Inneneinrichtung verantwortliche Planer wirklich wissen, was und wie in diesen Büros später gearbeitet werden soll. Schreibtische, die vom Raumkonzept her nur gegen große Fensterflächen aufgestellt werden können, behindern dann aufgrund von störenden Blendungen und Reflexionen die Mitarbeiter bei der Bildschirmarbeit und führen zu einer Verringerung der Produktivität. Plant man von Anfang an nicht nur mit architektonischen, technischen und kaufmännischen Aspekten, sondern bezieht bereits bei Planungsbeginn die ergonomischen und arbeitswissenschaftlichen Gesichtspunkte mit ein, so erreicht man eine insgesamt deutlich bessere Gesamtlösung.

Belastungen bei Bildschirmarbeit – aktuelle Forschungsergebnisse

Es gibt zahlreiche Untersuchungen und wissenschaftliche Studien, die immer wieder nachweisen konnten, daß die länger dauernde Bildschirmarbeit mit ihren spezifischen Belastungsfaktoren (visuelle Belastungen,

Belastungen des Stütz- und Bewegungsapparates, psychische Belastungen) zu typischen Beschwerdebildern führen. In der jüngeren Gegenwart befassen sich solche Studien daher häufig mit der Frage, welche Wechselwirkungen zwischen diesen Belastungsfaktoren und den auftretenden Beschwerden bestehen. In diesem Beitrag werden einige Ergebnisse solcher Studien vorgestellt. Damit wird auch deutlich gemacht, daß sinnvolle Gestaltungsansätze und Präventionskonzepte eine komplexere Herangehensweise benötigen, um gesundheitliche Probleme tatsächlich vermeiden zu können.

Ergonomische Grundprinzipien an Bildschirmarbeitsplätzen

Prinzipien der Ergonomie gehen immer von den physischen und psychischen Eigenschaften des Menschen aus. Alle aus der Arbeit resultierenden Wirkungsfaktoren auf den menschlichen Organismus sind weitgehend so zu gestalten, daß keine Fehlbeanspruchungen daraus resultieren können. Welche Gesetzmäßigkeiten für den Bildschirmarbeitsplatz, die Arbeitsmittel, die Arbeitsumgebung und für Informationsverarbeitungsprozesse gelten, wird hier übersichtlich dargestellt. Gestaltungsziel dabei ist es, visuelle Fehlbelastungen, Fehlbelastungen des Stütz- und Bewegungsapparates und psychische Fehlbelastungen zu verhindern bzw. zu vermindern. Hierbei spielen beispielsweise Aspekte wie Platz und Fläche, Beschaffenheit, Aufstellpositionen und Einstellung der Arbeitsmittel, Gestaltung der Licht- und Beleuchtungssituation etc. eine Rolle.

Software-Ergonomie

Software-Ergonomie erhöht die Gebrauchstauglichkeit von Software, verbessert die Effizienz ihrer Nutzung und führt somit zu Benutzungsfreundlichkeit für die Anwender. Software-Ergonomie ist ein spezieller Anwendungsfall für das Anliegen einer benutzungsfreundlichen Informationsgestaltung, die den Eigenschaften menschlicher Informationsverarbeitungsprozesse entspricht. Fehlende Gebrauchstauglichkeit beziehungsweise mangelnde Benutzungsfreundlichkeit von Software führt zu Behinderungen und Fehlern und damit zu Belastungen bei der Aufgabendurchführung. Sie verhindert somit Effizienz, Effektivität und Zufriedenheit bei der Software-Anwendung. Ergonomische Gestaltung von Software orientiert sich daher an den Grundsätzen der Kognitiven Ergonomie, also den Kenntnissen, die über die Wahrnehmung, die Denk- und die Gedächtnisfunktionen des Menschen vorliegen. Der Beitrag behandelt, welche Grundlagen es hierfür gibt, welche Konzepte der Software-Ergonomie sich daraus ableiten, welche rechtlichen und normativen Bezüge herangezogen werden können. Anhand von praktischen Beispielen wird gezeigt, wie betriebliche Pflichten aus dem ASchG bei der Beschaffung von Standardsoftware oder der Entwicklung von Individualsoftware in die Praxis umgesetzt werden können.

Ergonomieaspekte bei speziellen Arten von Bildschirmarbeit

Für Bildschirmarbeitsplätze gibt es eine Reihe von allgemeinen Anforderungen, die man bei der ergonomischen Gestaltung berücksichtigen soll. Bei speziellen Arten von Bildschirmarbeitsplätzen, wie bei Computer Aided Design (CAD), in der Fertigung, in Warten und bei Schalterarbeitsplätzen, kommen zu diesen Basisanforderungen noch einige spezielle Anforderungen hinzu, die auch Auswirkungen auf ergonomische Aspekte (zum Beispiel Arbeitshaltungen und -bewegungen, visuelle Kriterien, Rahmenbedingungen der Tätigkeitsausführung und der Kommunikation) haben. Im folgenden Abschnitt werden spezifische Rahmenbedingungen bei der Gestaltung von solchen Arbeitsplätzen dargestellt und Querbezüge zu rechtlichen und normativen Regelwerken geschaffen.

Ergonomische Anforderungsprinzipien an die Arbeitsplatzausstattung

Die Umsetzbarkeit von ergonomischer Arbeitsplatzgestaltung hängt auch wesentlich von der Beschaffenheit der eingesetzten Arbeitsmittel und Arbeitsplatzausstattung ab. Gute und ergonomisch taugliche Arbeitsmittel garantieren für sich genommen noch keinen ergonomischen Arbeitsplatz, sie sind aber Voraussetzung dafür. Ergonomie ist nur möglich, wenn dafür geeignete Ausstattungskomponenten in richtiger Weise eingestellt, positioniert und verwendet werden. Beispielsweise setzt die körpergerechte Anpassung der Sitz- und Arbeitshöhe entsprechende Einstellmöglichkeiten des Arbeitsstuhles und des Arbeitstisches voraus. Aus diesem Grund müssen bei der Auswahl solcher Ausstattungselemente ergonomische Überlegungen eine Rolle spielen. Welche grundsätzlichen Aspekte hierbei zu berücksichtigen sind, wird in diesem Beitrag dargestellt.

Ergonomische Anforderungsprinzipien an die Hardware

Ergonomisch gestaltete Arbeitsplätze entstehen durch die sinnvolle Adaptierung von Arbeitsplatz, Arbeitsmitteln und Arbeitsumgebung an die individuellen Ausgangsbedingungen, Tätigkeitserfordernisse und Arbeitsabläufe der beschäftigten Person. Um funktionierende ergonomische Bildschirmarbeitsplätze gestalten zu können, sind entsprechend gute Arbeitsplatzkomponenten erforderlich. In diesem Beitrag werden diesbezügliche Anforderungen für Monitor, Grafikkarte, Eingabemittel und Drucker dargestellt und Prüfzeichen dafür beschrieben. Dabei werden neben ergonomischen Überlegungen auch Sicherheits- und ökologische Aspekte (Energiesparen, Schadstoffe, Recycling) berücksichtigt.

Klassische Mißverständnisse der Bildschirm-Ergonomie

Im Bereich der Bildschirmergonomie haben sich eine Reihe von Mißverständnissen und Fehlinterpretationen etabliert, die weit verbreitet sind. Aus diesem Grunde möchte diese Übersicht einen Beitrag dazu leisten, solche hartnäckig bestehenden Irrtumer aufzuklären. Hier erfahren Sie beispielsweise, warum niemand bewegungslos in der Referenzsitzposition verharren sollte, wo sich die oberste Bildschirmzeile wirklich befinden muß, warum zu viele Verstellmöglichkeiten an Arbeitsmitteln der Ergonomie nicht dienen, wer tatsächlich eine Bildschirmbrille benötigt, was von Bildschirmstrahlen zu halten ist und es werden noch eine Reihe weiterer Irrtümer der Bildschirm-Ergonomie angesprochen.

2.1. Ergonomie und Ökonomie

Überlegungen zu Nutzen und Kosten von der Planung an

Georg Effenberger, Klaus Wittig

In aller Kürze

Der Ergonomie wird manchmal vorgeworfen, daß sie hohe Kosten verursacht und nichts für den Wertschöpfungsprozeß bringt. Im Gegensatz dazu kann man die Ergonomie als ein Verbesserungspotential betrachten, das mit verhältnismäßig geringem finanziellen Aufwand, beachtliche Steigerungen der Produktivität einleiten kann. Bisher wurde dieses Verbesserungspotential oft nicht genutzt, weil die Kosten für Reparaturen von Gestaltungsfehlern als „Kosten für die Ergonomie" verstanden wurden. Tatsächlich sind aber ergonomische Arbeitsplätze in der Regel nicht teurer, wenn die Aspekte der Ergonomie bereits im Planungsstadium berücksichtigt werden.

Nehmen wird das Beispiel eines neuen Büroarbeitsplatzes. Oft werden neue Büros eingerichtet, ohne daß der Architekt und der für die Inneneinrichtung verantwortliche Planer wirklich wissen, was und wie in diesen Büros später gearbeitet werden soll. Schreibtische, die vom Raumkonzept her nur gegen große Fensterflächen aufgestellt werden können, behindern dann aufgrund von störenden Blendungen und Reflexionen die Mitarbeiter bei der Bildschirmarbeit und führen zu einer Verringerung der Produktivität. Plant man von Anfang an nicht nur mit architektonischen, technischen und kaufmännischen Aspekten, sondern bezieht bereits bei Planungsbeginn die ergonomischen und arbeitswissenschaftlichen Gesichtspunkte mit ein, so erreicht man eine insgesamt deutlich bessere Gesamtlösung.

2.1.1. Woran wird Ergonomie-Nutzen gemessen?

Es gibt Bereiche des täglichen Lebens, in denen ist die gute Umsetzung der Ergonomie selbstverständlich geworden. Niemand will mehr darauf verzichten und die Produzenten tätigen teilweise beträchtliche Aufwendungen, um am letzten Stand zu sein. Ergonomie ist ein wesentlicher Teil des guten Images vieler Produkte.

Ein Beispiel dafür ist die Automobilindustrie. Wenn Sie sich heute ein neues Auto kaufen, erwarten Sie zu Recht, daß alle Schalter erreichbar, gut angeordnet und sinnvoll zu bedienen sind. Erlaubt sich ein Autohersteller hier einen Mängel, wird dieser Gestaltungsfehler mit Sicherheit im nächsten Testbericht einer Autozeitschrift erwähnt. Klimaanlagen sind bei Neuwagen gang und gäbe, in der Mittel- und Oberklasse gehören sie meist zur Serienausstattung. Das geht so weit, daß Ergonomie von einer bayrischen Nobelmarke als unmittelbares Verkaufsargument beworben wird.

Dieser Konzern setzt die ergonomischen Grundprinzipien aber nicht nur bei der Gestaltung seiner Produkte konsequent um, sondern mit ebensolcher Selbstverständlichkeit bei der Planung der Arbeitsplätze für die eigenen Arbeiter und Angestellten. Dabei geht man nicht nur von der Überzeugung aus, daß ergonomische Gestaltung immer wirtschaftlich ist, man betrachtet die konsequente Umsetzung auch als eine Frage der Glaubwürdigkeit des Konzerns. Wenn man Ergonomie bei den eigenen Autos bewirbt, muß man diese auch mit ergonomisch gestalteten Arbeitsplätzen und Arbeitsabläufen produzieren.

Schon im Jahr 1857, als das Wort Ergonomie erstmals nachweislich verwendet wurde,[1] stand bei den diesbezüglichen Überlegungen nicht allein der humanitäre Aspekt im Vordergrund, sondern vor allem die Wirtschaftlichkeit. Der Autor des damaligen Zeitungsartikels und „Erfinder" des Wortes Ergonomie schrieb: *„Ergonomie ... um reichlich Früchte zu erhalten mit geringster Mühe und größter Zufriedenheit für das eigene und allgemeine Wohl ..."*

In diesem einfachen Satz steckt das Versprechen, die Forderung nach Effizienz könne bei ergonomischer Arbeitsgestaltung erfüllt werden. Effizienz wird definiert als *Wirksamkeit im Verhältnis zu den aufgewandten Mitteln*, und nichts anderes ist es ja, wenn von *reichlich Früchten mit geringster Mühe* gesprochen wird.

Wenn dann vom *eigenen und allgemeinen Wohl* die Rede ist, war damit in der frühindustriellen Zeit sicher nicht dasselbe gemeint, was wir heute unter Wohlbefinden (im Sinne von Behaglichkeit) verstehen. Damals stand das wirtschaftliche „Wohl" im Vordergrund, weil es unumgänglich war, sein eigenes Leben durch Erwerbsarbeit abzusichern. Wer seine Arbeit verlor oder nicht mehr arbeiten konnte, weil er etwa krank geworden war, der war unmittelbar in seiner Existenz bedroht.

Gott sei Dank sind wir heute gegen diese Bedrohungen gut abgesichert. Aktueller

denn je gilt jedoch die Maxime, daß ergonomische Arbeitsgestaltung die Effizienz steigert und gleichzeitig das Wohlbefinden erhöht. Einige Beispiele machen dies deutlich.

2.1.1.1. Wirkungen mangelnder Ergonomie

Muß ein Mensch bei der Arbeit ungünstige Körperhaltungen einnehmen, so kostet dies Energie. Diese Energie steht dann nicht mehr für die eigentliche Tätigkeit zur Verfügung (siehe Abb. 2.1.1.). Diese Tatsache gilt im Büro wie am Fließband oder in der Werkstätte.

Untersuchungen über die richtige Beleuchtung ergaben unmittelbare Leistungssteigerungen, Verbesserungen der Qualität und der Arbeitssicherheit. Die Verbesserungen der Arbeitsleistung liegen bei den in Rüschenschmidt[2] dargestellten Fallstudien zwischen 7 % und 28 %. Andere Untersuchungen kommen auf Leistungszuwächse bis zu 40 %.[3]

Die menschliche Leistungsfähigkeit ist auch vom Umgebungsklima abhängig. In Studien zu diesem Thema zeigte sich, daß die erbrachte Leistung bei körperlicher Arbeit und bei geistigen Tätigkeiten (zum Beispiel Rechenfähigkeit) bei ungünstigen klimatischen Verhältnissen deutlich absinkt. Weiters zeigte sich eine deutliche Zunahme von Fehlern.[4]

Die Arbeitsplatzkosten machen nur rund ein Prozent der Bürogesamtkosten aus. Den größten Kostenblock bilden die Personalkosten. Während die Leistungsfähigkeit und -bereitschaft des Menschen doch relativ starken Schwankungen unterliegen, sind die Personalkosten mehr oder weniger fix.

---

1 Siehe Hackl-Gruber W.: Ergonomie. Begriff, historische Entwicklung, aktuelle Bezüge. In Blaha F. (Hrsg.): Der Mensch am Bildschirmarbeitsplatz. Springer-Verlag, Wien – New York, 1995, S. 4–10.

2 Rüschenschmidt, 1988.
3 Arbeitsgemeinschaft der Metallberufsgenossenschaften, 1999.
4 Wenzel, Piekarski, 1982.

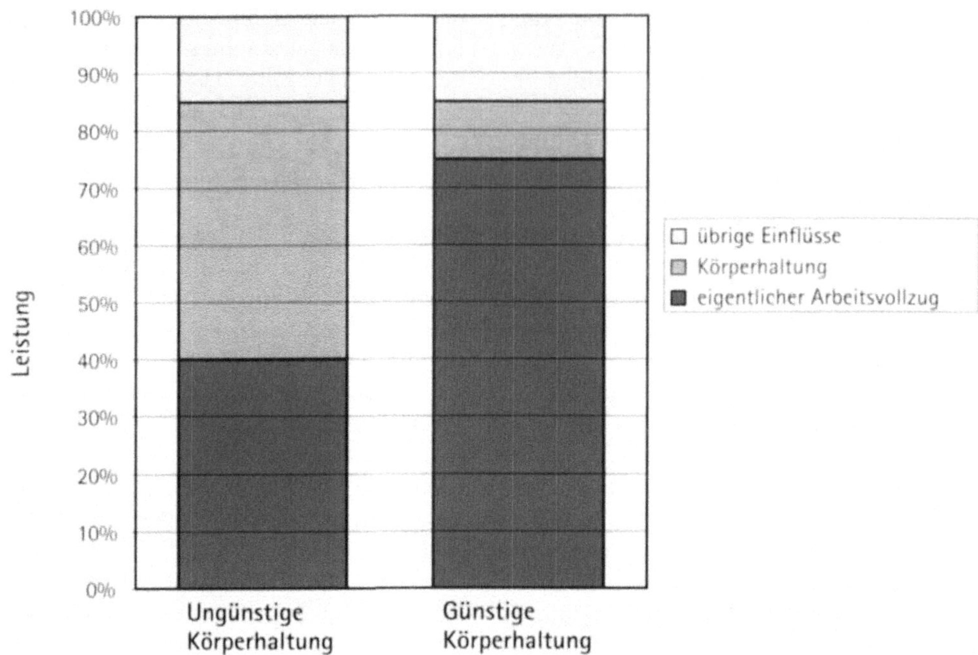

Abb. 2.1.1. Erhöhter Energieverbrauch bei ungünstiger Körperhaltung nach Sämann, zitiert in Peters (1976)

Den Nutzen ergonomischer Maßnahmen allein über den nicht eingetretenen Schaden zu definieren, würde eindeutig zu kurz greifen. In jedem Mitarbeiter schlummert ein Leistungspotential, welches durch die Arbeitsbedingungen mehr oder weniger entfaltet werden kann. Dieses Potential ist oft durch mühevolle Arbeitsbedingungen blokkiert und kann nicht richtig entwickelt werden. Daraus resultieren Ineffizienz und Frustration der Mitarbeiter. Oft ist es schon ein sehr wirkungsvoller erster Schritt, diese verborgenen Energien freizusetzen, wenn die Mitarbeiter das ehrliche Bemühen erkennen, daß für ihre Arbeitssituation Verbesserungen herbeigeführt werden sollen. Je weiter dieser Prozeß fortschreitet, umso mehr wird sich nicht nur die Motivation der Mitarbeiter, sondern auch deren Effizienz und Produktivität verbessern.

2.1.1.2. Beispiele für Projekte mit ergonomischen Maßnahmen

Im schwedischen Monsteras wurde in der Park- und Molstad-Schule eine Evaluierung und Neugestaltung für die Arbeitsplätze der Hausmeister vorgenommen. Die Ergebnisse des Projekts, das in den Jahren 1991/92 durchgeführt wurde, zeigen die positiven Wirkungen ergonomischer Maßnahmen. Die Zahl der Krankheitstage ging von 44,1 auf 10,1 Tage pro beschäftigter Person im Jahr zurück. Die Einsparungen für den Arbeitgeber und das Sozialversicherungssystem beliefen sich 1992 auf 57.000 Dollar. Gleichzeitig stiegen die Produktivität und die Arbeitsplatzzufriedenheit.[5]

---

5 IAO, 1997.

Im Falle des Staatlichen Norwegischen Instituts wurden Rückenbeschwerden bei Büroangestellten erfaßt und ergonomische Verbesserungen an den Arbeitsstätten und Sitzgelegenheiten vorgenommen. Die Krankenstände wegen solcher Rückenschmerzen gingen um die Hälfte zurück, die Fluktuation sank von 40 auf 5 %, und 40 % der krankgemeldeten Arbeitnehmer kehrten an den Arbeitsplatz zurück. Die Bedeutung dieser Zahlen wird noch dadurch gesteigert, daß Muskel- und Skeleterkrankungen die Hauptursache für Krankenstandstage sind.[6]

2.1.1.3. Beispiele für Softwareergonomie und E-commerce

Bei der Eingabe der österreichischen Katastralpläne (260.000 Pläne) wurde durch Verbesserungen der Usability der Software die Durchlaufzeit einer Teilaufgabe um 27 % gesenkt. Obwohl diese Aufgabe nur 11 % des Gesamtaufwands pro Plan ausmachte, konnten damit Einsparungen in der Höhe von 1 Mio $ realisiert werden.[7]

Eine Hotelkette mit 500 Angestellten konnte durch die Verbesserung der Benutzbarkeit ihres Online-Systems die Fluktuation von 25 % auf 22,5 % senken. Das heißt, es gingen pro Jahr ca. 12 Mitarbeiter weniger verloren. Rechnet man als Kosten der Fluktuation pro Mitarbeiter das 1,5-fache des Gehaltes, so beträgt die Ersparnis durch die Maßnahme (bei DM 34.000,– Gehalt): 34.000 DM x 1,5 x 12 Mitarbeiter = 612.000 DM pro Jahr.[8]

Durch die mangelhafte Gestaltung von Internetshopping-Angeboten verlieren die Verkäufer potentielle Kunden. Vier von fünf erfahrenen Online-Shoppern versuchen zu bestellen, geben aber aufgrund der schlechten und undurchsichtigen Gestaltung der

Webseiten auf. Am weltweiten E-commerce Markt gehen dadurch Geschäfte im Ausmaß von 3,8 Milliarden Dollar verloren.[9]

2.1.1.4. Mit Ergonomie rechnen

In Blaha (1995, Kapitel 4.2) werden von Greier unter dem Titel *Unsichtbare Verschwendung* verschiedene Verfahren der Investitionsrechnung vorgestellt, die zeigen, daß sich auf Basis der erwarteten Einsparung von Krankenstandstagen die Investition in neue, ergonomisch sinnvolle Büroausstattungen rechnet. Für die dort gezeigten Rechenverfahren ist die Verwendung der Krankenstandstage eine anschauliche und vor allem auch monetär relativ leicht bewertbare Bezugsgröße.

Es wäre aber zu einfach, die Zahl der Krankenstandstage ausschließlich von ergonomischen Arbeitsbedingungen abhängig zu machen oder als einzigen Indikator für den Erfolg ergonomischer Maßnahmen gelten zu lassen. Als vor ein paar Jahren die Konjunktur schwächer und die Situation auf dem Arbeitsmarkt deutlich angespannter war, sank von einem Jahr auf das nächste die Zahl der Krankenstandstage in Österreich um einen zweistelligen Prozentbetrag. Waren die Arbeitnehmer um so viel gesünder geworden? Hatten etwa die Arbeitgeber so viel in Ergonomie investiert? Nein, viele Leute hatten Angst um ihren Arbeitsplatz, und gingen auch wenn sie krank waren zur Arbeit, wenn es nur irgendwie ging. Mit Ergonomie und Gesundheitsschutz hatte dieser Rückgang nichts zu tun.

Zyniker könnten zudem sagen: „Ich suche mir von vornherein junge, gesunde Arbeitnehmer, die haben wenig Krankenstände, da brauche ich nicht so viel Geld in die ergonomische Büroausstattung investieren." Ergonomische Bürogestaltung darf nicht erst bei

---

6 IAO, 1997.
7 Haunold, 1994.
8 Schlesinger, Heskett, 1991.

9 Kearney, 2000.

der Verringerung von Krankenstandstagen ansetzen. Sie muß vielmehr schon ganz früh beginnen, so lange es noch möglich ist, die Gesundheit zu erhalten. Es sind viel größere Anstrengungen notwendig, eine Büroumgebung so zu gestalten, daß dort auch eine Person beschwerdefrei arbeiten kann, die in ihrer Gesundheit bereits beeinträchtigt ist.

Daher dürfte auch das Argument stammen, daß ergonomische Bürogestaltung teuer wäre. Weil leider allzu oft erst dann reagiert wird, wenn die Mitarbeiter bereits Beschwerden haben, und es eigentlich schon zu spät ist. Die Maßnahmen, die dann gesetzt werden müssen, haben oft beinahe schon Rehabilitationscharakter und sind meist viel teurer, als wenn von Beginn an mit Augenmaß auf die ergonomischen Anforderungen geachtet worden wäre.

Will man ergonomisch sinnvolle Arbeitsgestaltung betreiben, dann ist es sicher unverzichtbar, in geeignete Möbel, Hardware, eine anforderungsgerechte Beleuchtungsanlage und gegebenenfalls auch in Lichtschutzeinrichtungen und eine Klimatisierung zu investieren. Wenn man dadurch leistungsbereite, effiziente Mitarbeiter erreichen will, kann das allein zu wenig sein. Es ist genauso wichtig, eine geeignete Organisationsform und leistungsförderliche Arbeitsstrukturen zu schaffen.

Es reicht auch nicht aus, daß die Ausstattung im Büro ergonomisches Arbeiten ermöglicht, wenn die Mitarbeiter nicht wissen, wie sie die Arbeitsmittel einstellen können und welche Einstellungen überhaupt sinnvoll sind. Die teuerste Ausstattung bringt nichts und kann sogar gesundheitsschädlich sein, wenn sie falsch eingesetzt wird. Insofern sollte jede Sachinvestition auch von einer Maßnahme zur Bewußtseins- und Weiterbildung der Mitarbeiter begleitet sein. Das muß keine aufwendig organisierte Schulungsveranstaltung sein. Mitarbeiter sollen erfahren, daß

etwas zu ihrem Wohl unternommen wird, aber ihr eigenes Zutun erforderlich ist, um den Nutzen der neuen Ausstattung optimal zu entfalten.

2.1.2. Die „Lebensphasen" eines Büros

Oft setzen Maßnahmen der ergonomischen Gestaltung auch aus einem anderen Blickwinkel gesehen zu spät ein. Im Qualitätswesen gibt es den Begriff der Qualitätsabweichungskosten. (Man könnte sie zum besseren Verständnis auch „Fehlerkosten" nennen, aber das wäre aus Sicht der Qualitätswissenschafter eine unzulässige Vereinfachung.) Das sind jene Kosten, die entstehen, wenn eine Abweichung von der geforderten Qualität auftritt. Der Fehler muß behoben werden, unter Umständen entsteht ein Mehraufwand, ein Imageschaden usw. Je nachdem, zu welchem Zeitpunkt man die Qualitätsabweichung bemerkt, werden die Kosten für ein- und dieselbe Abweichung unterschiedlich hoch sein, und zwar umso höher, je später man sie bemerkt.

2.1.2.1. Ein Vergleich

Stellt man beispielsweise während der Planungsphase bei der Konstruktion eines Autos einen Fehler im Lenksystem fest, muß dieser klarerweise sofort behoben werden. Diese Maßnahme kostet fast nichts, weil praktisch nur ein paar Linien auf der Konstruktionszeichnung geändert werden müssen. Bemerkt man denselben Fehler erst dann, wenn schon Autos an die Kunden ausgeliefert wurden, dann wird es teuer: Es muß eine Rückrufaktion durchgeführt werden, diese ist ein hoher organisatorischer Aufwand. Teile müssen gratis ausgetauscht und Arbeitsstunden gratis verrichtet werden und zu all dem direkten finanziellen Schaden kommt noch der Verlust an Image in der Öffentlichkeit. Man geht davon aus, daß die entstandenen Qualitätsabweichungskosten in diesem Fall um mindestens das tausendfache höher sind, als wenn der Fehler sofort entdeckt worden wäre. Diese Gesetzmäßigkeit ist in Abb. 2.1.2. dargestellt.

Ziehen wir nun den Vergleich und legen wir dieses Beispiel einfach auf eine ergonomische Aufgabenstellung um:

Ergonomie muß also in der Planungsphase berücksichtigt werden, will man Aufwand und Kosten für Arbeitsplatzqualität möglichst gering halten. Jetzt ist es an der Zeit, sich über die spätere Nutzungsform Gedanken zu machen, sich zu überlegen, welche Büroform (z. B. Zellen-, Gruppen- oder Großraum) man will, welche Arbeitsflächengrößen man für die später zu verrichtenden Aufgaben brauchen wird, was das für den Platzbedarf in den Arbeitsräumen bedeutet und so weiter. Man sollte auch zum jetzigen Zeitpunkt darüber nachdenken, wie das Gebäude von den Himmelsrichtungen her orientiert sein wird, was das

für den Tageslichteinfall und die Sonnenbestrahlung bedeutet, ob die gewünschte Fassaden- und Fenstergestaltung die Nutzung als Büroräume eher begünstigt oder ob aufwendige zusätzliche Maßnahmen zum Licht- und Sonnenschutz und für die Klimatisierung notwendig sein werden. Man sollte sich auch jetzt schon überlegen, wie die Beleuchtungsanlage ergonomisch sinnvoll gestaltet werden kann.

Werden diese Überlegungen nicht angestellt, ist es häufig erforderlich, später auftretende Probleme mit Mühe und höheren Kosten zu lösen. Starke Sonneneinstrahlung führt oft zu erheblichen klimatischen und visuellen Belastungen, die durch nachträgliche Sonnen- und Lichtschutzinstallationen behoben werden. Spätere Änderungen an Klimaanlagen sind extrem aufwendig und daher kaum realisierbar. Falsche Bedarfseinschätzungen von Flächen und Arbeitsplatzlayouts führen zu äußerst gedrängten und unergonomischen Platzverhältnissen in Ar-

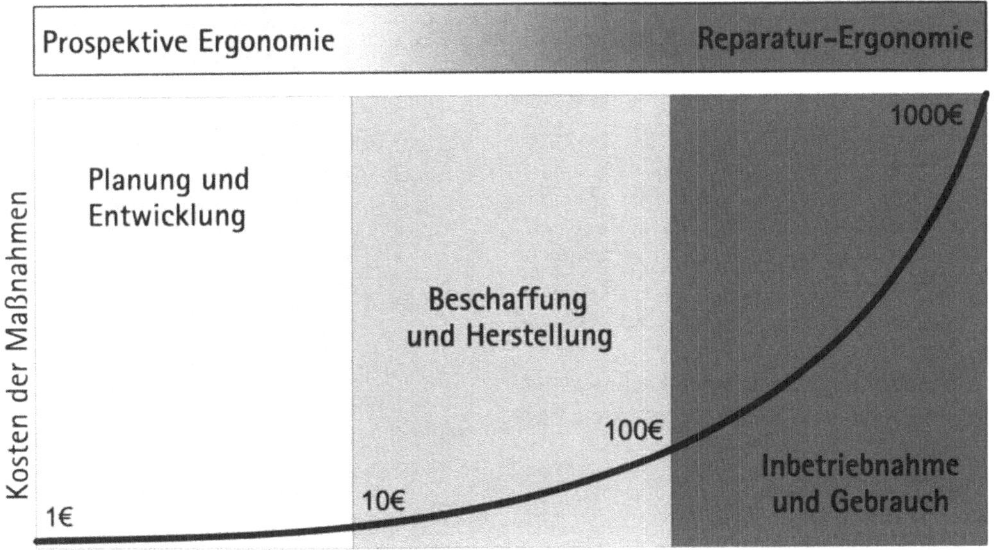

Abb. 2.1.2. Anstieg der Kosten für Ergonomie-Maßnahmen in Abhängigkeit vom Zeitpunkt der Berücksichtigung der ergonomischen Anforderungen

beitsräumen und an Arbeitsflächen. Resultat sind falsche Sitzhaltungen, fehlende Wirkräume und ungünstige Positionierung der Arbeitsmittel samt häufig auftretender visueller Probleme. Auch solche Bedingungen führen zu hoher Unzufriedenheit und sind nachträglich kaum veränderbar.

Im ungünstigsten Fall bemerken erst die Nutzer nach dem Beziehen des neuen Büros durch schmerzvolle Erfahrung, daß in der Planung nicht ausreichend auf die ergonomische Gestaltung geachtet wurde. Ein Bürogebäude, dessen Fassade zu 95 % aus Glas besteht, und das von allen Seiten der Sonneneinstrahlung ausgesetzt ist, kann einfach nicht ohne Lichtschutzeinrichtungen betrieben werden. Wird man darauf erst durch die Nutzer aufmerksam gemacht, die bei Sonne auf ihren Bildschirmen rein gar nichts erkennen können, dann wird es teuer (so wie bei der Rückrufaktion eines Autos): Zu den reinen Anschaffungskosten des Lichtschutzes – diese wären ja auch bei rechtzeitiger planerischer Berücksichtigung zu tragen gewesen – kommen jetzt noch folgende Dinge hinzu:

- Arbeitsausfälle und Effizienzverlust der Mitarbeiter, die bei Lichteinfall praktisch nicht arbeiten können, bis ein Lichtschutz montiert ist;
- neuerliche Planungskosten für den Lichtschutz;
- höhere Montagekosten für nachträgliche Montage;
- Arbeitsausfall der Mitarbeiter während der Montage;
- eventuelle Kosten für Rechtsstreitigkeiten mit dem Planer, Architekten, Bauherrn.

2.1.3. Prospektive Ergonomie

Ein weiterer Grund, warum die frühe Berücksichtigung von ergonomischen Grundsätzen im Planungsstadium wichtig ist, liegt in zunehmenden Flexibilitätsanforderungen. In vielen Organisationen wechseln Mitarbeiter und Tätigkeitsanforderungen sehr rasch. Die Arbeitsplätze müssen diesen Anforderungen gerecht werden. Eine Anpassung des Arbeitsumfeldes ist daher unumgänglich. Dazu passende Bürokonzepte, wie etwa das Kombibüro und das nonterritoriale Büro,[10] erfordern bereits in der Planung ergonomische Lösungen. Dies gilt beispielsweise für die Auswahl einer ergonomisch tauglichen und flexiblen Beleuchtungsanlage und entsprechender Flächen- und Möblierungskonzepte.

Ein weiterer Trend im Büro- und Verwaltungsbau zeigt, daß Vermietung und Verleasung fertiger Büroflächen zunimmt. Die Nutzung dieser Flächen kann zum Bauzeitpunkt nicht endgültig an die Nutzererfordernisse angepaßt werden, sodaß vor allem bei aufwendigen Komponenten wie Raummodulen und Haustechnik (Licht und Klima) von vornherein Ergonomie und Flexibilität gewährleistet sein muß. Ergonomie ist damit der Schlüssel zu effizienten Bürokonzepten.

In Analogie zum obigen Beispiel mit den Qualitätsabweichungskosten in der Autoindustrie steigen auch in unserem Fall die Kosten für die Berücksichtigung ergonomischer Anforderungen überproportional stark, je später die Anforderungen ins Kalkül einbezogen werden. Im besten Fall sind ergonomisch gute Lösungen, die man sofort einplant, günstiger als Behelfslösungen, die man später umsetzen muß, weil man bei der Planung darauf vergessen hat. So ist die Preisdifferenz zwischen einem höheneinstellbaren und einem starren Tisch heute schon geringer als die Kosten für eine gute Fußstütze! Daß ein in der Höhe richtig eingestellter Tisch die ergonomisch bessere Lösung darstellt, liegt wohl auf der Hand.

---

10 Siehe Kapitel 3.2., 3.3., 3.4., 3.5.

Ergonomische Anforderungen in vorausschauender Weise schon während der Planungsphase eines Arbeitssystems zu berücksichtigen und entsprechende Maßnahmen schon von Beginn an mit einzuplanen, wird auch als „prospektive Ergonomie" bezeichnet. Wie wir gesehen haben, bringt dieser Zugang nicht nur ergonomisch erstklassige Arbeitsbedingungen sondern auch die geringsten Kosten. Ergonomische Maßnahmen erst dann umzusetzen, wenn die Mängel unübersehbar und die Beschwerden der Nutzer unüberhörbar werden, indem man auf Gestaltungsmängel reagiert und diese nachträglich durch suboptimale Lösungen repariert, wird häufig „reaktive Ergonomie" oder auch „Reparatur-Ergonomie" genannt. Dieser Zugang bringt meist Lösungen, die nur halb zufrieden stellen und kostet zudem das meiste Geld. Leider sind die meisten ergonomischen Gestaltungsmaßnahmen der zweiten Kategorie, also der „Reparatur-Ergonomie" zuzuordnen. Daher stammt auch das Vorurteil, daß die Umsetzung ergonomischer Anforderungen viel kostet und wenig bringt.

2.1.4. Literatur und weitere Informationen

2.1.4.1. Literatur

Arbeitsgemeinschaft der Metallberufsgenossenschaften (Hrsg.): Mensch und Arbeitsplatz. ZH-Richtlinie 1/28, 1999.

Greier H.: Unsichtbare Verschwendung. Wirtschaftliche Argumente für Büroergonomie. In: Blaha F. (Hrsg.): Der Mensch am Bildschirmarbeitsplatz. Springer-Verlag, Wien – New York, 1995, S. 194–197.

Hammer G.: Ergonomische Bildschirmarbeitsplatzgestaltung – der intelligente Weg zu mehr Gesundheit und Wirtschaftlichkeit. Projektbericht EU-Projekt ERGO-SCREEN, Bremen, 1998.

Haunold P., Kuhn W.: A Keystroke Level Analysis of a Graphics Application: Manual Map Digitizing. In: Adelson B., Dumais S., Olson J. (Hg.): Proceedings of CHI' 94-Conference on Human Factors in Computing Systems. ACM, Boston, 1994, S. 337–343.

IAO (Hrsg): Ergonomische Arbeitsplätze verhindern Arbeitsunfälle und Berufskrankheiten. In: Die Welt der Arbeit Nr. 21, 1997, S. 5–8.

Kearney A.T.: Satisfying the Experienced On-line Shopper, Nov. 2000 (http://www.atkearney.com/pdf/eng/E-shopping_survey.pdf).

Peters Th: Arbeitswissenschaft für die Büropraxis. Friedrich-Kiehl-Verlag, Ludwigshafen, 1976.

Rüschenschmidt H: Beleuchtung und Farbe am Arbeitsplatz. Verlag Technik & Information, Bochum, 1900.

Schlesinger L.A., Heskett J.L.: The Service-Driven Service Company. In: Harvard Business Review 69, 5, 1991, S. 71–81.

Schreilechner P.: Arbeitssicherheit und betriebliche Vermögenssicherung. Band 275 der Schriftenreihe des Wirtschaftsförderungsinstitutes, Wien, 1996.

Wenzel H.G., Piekarski C.: Klima und Arbeit, Bayr. Staatsministerium für Arbeit und Sozialordnung (Hrsg.), München, 1982.

2.2. Belastungen bei Bildschirmarbeit – aktuelle Forschungsergebnisse

Wechselwirkungen bezüglich Augen, Stütz- und Bewegungsapparat und Psyche
Martina Molnar, Hildegard Schmidt

In aller Kürze

Es gibt zahlreiche Untersuchungen und wissenschaftliche Studien, die immer wieder nachweisen konnten, daß die länger dauernde Bildschirmarbeit mit ihren spezifischen Belastungsfaktoren (visuelle Belastungen, Belastungen des Stütz- und Bewegungsapparates, psychische Belastungen) zu typischen Beschwerdebildern führen. In der jüngeren Gegenwart befassen sich solche Studien daher häufig mit der Frage, welche Wechselwirkungen zwischen diesen Belastungsfaktoren und den auftretenden Beschwerden bestehen. In diesem Beitrag werden einige Ergebnisse solcher Studien vorgestellt. Damit wird auch deutlich gemacht, daß sinnvolle Gestaltungsansätze und Präventionskonzepte eine komplexere Herangehensweise benötigen, um gesundheitliche Probleme tatsächlich vermeiden zu können.

Immer mehr Menschen arbeiten immer länger und immer mehr verschiedene Dinge am Computer. Die elektronischen Informationsverarbeitungssysteme sind inzwischen zur Normalausstattung vieler Arbeitsplätze geworden. Diese Entwicklung hinterläßt auch Spuren hinsichtlich der spezifischen Anforderungen und Belastungen, die mit einer vorwiegend sitzenden und sehintensiven Tätigkeit der Informationsver- und -bearbeitung einhergehen. Seit Jahren zeigen deshalb Untersuchungen zu Gesundheitsbeschwerden bei Bildschirmarbeit immer die gleichen Ergebnisse,[1] wie sie typisch für Bildschirmarbeit sind. Ein aktuelles Beispiel dazu sehen Sie in Tabelle 2.2.1.[2]

Den Zusammenhang zwischen Arbeitsbeanspruchung und gesundheitlichen Auswirkungen ließ die Bundesanstalt für Arbeitsschutz und Arbeitsmedizin, Dortmund – Deutschland, in der öffentlichen Verwaltung untersuchen.[3]

Insgesamt konnten 557 Fragebögen von Angestellten und Beamten einer öffentlichen Verwaltung (Rücklaufquote 70 %) ausgewertet werden. Auf die Frage „Treten bei Ihnen häufiger Beschwerden während und nach der Arbeit auf?" wurden in folgender Reihenfolge genannt:

1. Schulter- und Nackenschmerzen 49,2 %
2. Rücken- und Kreuzschmerzen 37,3 %
3. Kopfschmerzen 35,4 %
4. Augenbeschwerden 29,8 %.

Über zwei Drittel der Befragten gaben an, daß bei ihnen häufig gesundheitliche Be-

---

1 Molnar M., Schmidt H.: Zahlen, Fakten, Daten. Aktuelle Forschungsergebnisse. In: Blaha F. (Hg.): Der Mensch am Bildschirmarbeitsplatz. Springer-Verlag, Wien – New York, 1995, S. 187–189.

2 Ertel M., Junghans G., Pech E., Ullsperger P.: Auswirkungen der Bildschirmarbeit auf Gesundheit und Wohlbefinden (Fb 762). Wirtschaftsverlag NW, Bremerhaven, 1997.

3 Junghans G., Ullsperger P., Ertel M.: Studie zum Auftreten von Gesundheitsbeschwerden bei computergestützter Büroarbeit . In: Zeitschrift für Arbeitswissenschaft, Ausgabe 53, 1999, S. 18 ff.

schwerden während und nach der Arbeit auftreten. Die Auswertung der Daten ergab, daß die von den Befragten eingeschätzte Arbeitsbelastung, die Unterstützung durch Arbeitskollegen, individuelle Ansprüche an die Arbeit und Aspekte der Gratifikation (Sicherung und Entwicklung des beruflichen Status) wichtige Einflußfaktoren für Gesundheit und Wohlbefinden sind.

Die Forschungsarbeiten reduzieren sich inzwischen nicht mehr darauf, nur die Arten und Häufigkeiten verschiedener Beschwerden aufzulisten. Jetzt geht es verstärkt

Gesundheitsbeschwerden in % der Befragten (Stichprobenumfang n = 208)	
Schulter-Nackenschmerzen	62,7
Rücken-Kreuzschmerzen	53,0
Kopfschmerzen	45,3
Augenbeschwerden	43,9
Vorzeitige Müdigkeit/Mattigkeit	35,6
Erschöpfung	34,5
Sehschärfeveränderungen	33,6
Konzentrationsstörungen	30,8
Innere Unruhe/Anspannung	26,8
Lustlosigkeit	26,8
Beschwerden an Händen, Armen, Beinen	24,2
Schlafstörungen	22,5
Reizbarkeit	21,9
Magenbeschwerden	16,2
Niedergeschlagenheit	13,7
Geräuschempfindlichkeit	12,5
Herzklopfen	11,4
Hautrötungen	11,4
Schwindelgefühle	9,7
Atemnot	8,5
Appetitlosigkeit/Völlegefühl	7,7
Herzdruck/Herzschmerzen	6,0
Händezittern	2,6

Tabelle 2.2.1. Auswirkungen der Bildschirmarbeit auf Gesundheit und Wohlbefinden (Ertel et al., 1997)

darum, genauer festzustellen, welche Belastungsformen in welcher Stärke gesundheitliche Beschwerden verursachen und welche Wechselwirkungen es zwischen diesen Einflüssen gibt. Sind die Ursachen und Einflüsse bekannt, ergeben sich daraus auch entsprechend vorbeugende Gestaltungsmöglichkeiten.

2.2.1. Belastungen und Beanspruchungen

Eine Belastung läßt sich aus arbeitswissenschaftlicher Sicht als Einwirkung auf den Organismus und eine Beanspruchung als eine sich daraus ergebende individuelle Auswirkung betrachten. Weder Belastungen noch Beanspruchungen sind vermeidbar oder nicht wünschenswert, denn nur in der Auseinandersetzung mit Umweltanforderungen ist Vitalität und Gesundheit möglich. Zu vermeiden sind allerdings Fehlbelastungen, die einen Menschen auf längere Zeit zu stark oder einseitig beanspruchen und so zu Störungen des Wohlbefindens oder der Gesundheit führen können.

Bei der Arbeit am Bildschirm sind solche Fehlbelastungen insbesondere durch folgende Faktoren gekennzeichnet:[4]

- Sitzarbeit (Zwangshaltungen, Fehlbeanspruchungen des Muskel- und Skelettsystems)
- Sehleistungen (hohe visuelle Anforderungen, Fixierung von Blickrichtung und Sehentfernungen)
- Informationsverarbeitung (mentale Belastungen, hohe Anforderungen hinsichtlich der Informationsaufnahme und -verarbeitung).

---

4 Details dazu siehe auch die Beiträge von Donner M., Huber-Spitzy V., Molnar M., Steurer A., Übleis W. In: Blaha F. (Hg).: Der Mensch am Bildschirmarbeitsplatz. Springer-Verlag, Wien – New York, 1995.

Reaktionen aus Fehlbeanspruchungen können beispielsweise sein:

- asthenopische Beschwerden (zum Beispiel Druckgefühl in den Augen, Brennen, Tränen der Augen, trockene Augen, rote Augen, Lichtempfindlichkeit ...)
- körperliche Beschwerden (zum Beispiel Schmerzen im Bereich von Schultern, Nacken, Rücken, Handgelenken, Durchblutungs- und Kreislaufprobleme, Verdauungsstörungen, Kopfschmerzen ...)
- psychische Beschwerden (zum Beispiel vorzeitige Ermüdung, Konzentrationsschwierigkeiten, Entspannungprobleme, Schlaflosigkeit, Aggression, Depression ...).

Ausgehend vom Wissen über die spezifischen Belastungsfaktoren und den damit verbundenen häufigen Beanspruchungsreaktionen bei der Arbeit am Bildschirm werden ergonomische Gestaltungskonzepte für die Bildschirmarbeit formuliert. Diese betreffen sowohl die Gestaltung von Arbeitsplätzen als auch die Gestaltung der Arbeitsabläufe und der Arbeitsorganisation.[5]

2.2.2. Wechselwirkungen zwischen Sehen und Beschwerden des Muskel- und Skelettsystems

Die Anpassung der Arbeitsplatzgestaltung auf die Benutzer ist ein wesentlicher Beitrag zur Vermeidung von Erkrankungen der Muskulatur, der Gelenke und der Sehnen. Das Ziel ist, durch geeignete Anordnung und Einstellung der Arbeitsmittel eine ergonomisch günstige Körperhaltung zu ermöglichen. Hierzu gibt es einige Gestaltungsregeln, wie beispielsweise folgende, die sich auf die Sitzhaltung und die Positionierung des Bildschirmes beziehen:

2.2.2.1. Sitzhaltung

Bei aufrechter Körperhaltung, der sogenannten physiologischen Mittelstellung, sollen die Hände auf der Tastatur liegen, ohne daß die Schultern angespannt oder hochgezogen sind. Zwischen Unter- und Oberschenkel ergibt sich mindestens ein rechter Winkel. Ein Wechsel der Körperhaltung ist möglich, da ausreichend Bewegungsraum zur Verfügung steht. Diese „Referenz-Sitzposition"[6] dient nur zur richtigen Einstellung der Sitz- und Tischhöhe, darf aber nicht als ideale Dauerhaltung mißverstanden werden. Gut sitzt, wer abwechslungsreich die Körperhaltungen und Bewegungen immer wieder variiert.

In der Praxis häufig anzutreffen ist entweder der typische Rundrücken mit stark vorgebeugtem Kopf oder die kyphotische Haltung (Croissant-Haltung), bei der das Becken fast aus dem Sitz rutscht. Bei zunehmend sitzender Tätigkeit am Rechner „sacken" die Anwenderinnen und Anwender in sich zusammen. Muskelarbeit wird dann nur noch statisch verrichtet, ansonsten „hängt" der Oberkörper in Bändern und Sehnen, ohne daß der Muskeltonus angemessen gefordert wäre. Die Bandscheiben werden überproportional einseitig belastet. Dies führt zu weitreichenden Folgen, nicht nur für den Körper, sondern auch für die Psyche; Ausdruck findet·dies beispielsweise in der mangelnden Konzentrationsfähigkeit, Schwierigkeiten zu entspannen und sich zu erholen sowie raschen Erschöpfungszuständen.[7]

---

5 Details dazu siehe Kapitel 2.3. bis 2.7. sowie auch Kapitel Mikro-Ergonomie in Blaha F. (1995).

---

6 Siehe Kapitel 2.3., 2.8., 3.9.

7 Siehe hierzu auch: Junghanns G., Ullsperger P., Ertel M.: Studie zum Auftreten von Gesundheitsbeschwerden bei computergestützter Büroarbeit. In: Zeitschrift für Arbeitswissenschaft, Ausgabe 53, 1999, S. 18 ff.

2.2.2.2. Positionierung des Bildschirms

Eine weitere Zielvorgabe der Ergonomie ist es, den Monitor möglichst unterhalb der Augen-Ohr-Linie aufzustellen,[8] damit in einem Blickwinkel von etwa 20 bis 30 Grad in den Monitor geschaut werden kann.[9] Das Bildschirmgerät soll außerdem nicht gegen eine helle Fläche, zum Beispiel Fenster, gestellt werden, um die vorzeitige Ermüdung der Augen zu verhindern. Die äußere Augenmuskulatur sorgt durch dynamische Muskelarbeit für eine ständige Anpassung der Augen an Hell- und Dunkelunterschiede. Diese zusätzlichen Bewegungen haben mit dem eigentlichen Sehauftrag – Erkennen der Schriftzeichen und Abbildungen auf dem Monitor – nichts zu tun. Sie kosten Kraft,[10] die sonst für die eigentliche Arbeitsaufgabe genutzt werden könnte.

Selbst wenn ergonomische Rahmenbedingungen und ein Gesundheitsbewußtsein des Benutzers vorliegen, sind dies keine Garanten für Beschwerdefreiheit am Computer. Denn liegen beispielsweise Defizite im Sehvermögen vor, die nicht ausgeglichen wurden, sind klassische ergonomische Gestaltungsregeln für den Anwender nutzlos.

Die aktuellen Forschungsergebnisse aus dem Verbundvorhaben „Arbeit und Sehen" (Teil A – Entwicklung von Methoden zur Identifikation visueller Ursachen arbeitsbedingter Gesundheitsrisiken und hierauf bezogener Präventionsstrategien im betrieblichen Gesundheitsschutz) betrachten daher die Einflußgrößen im Zusammenhang. Horst Mayer, Forschungsgruppe Streß des Universitätsklinikums Heidelberg und Ellen Kraus-Mackiew, Abteilungsdirektorin der Universitätsaugenklinik in Heidelberg, stellten ihren Schlußbericht im Juli 1999 vor:[11]

Die meisten gesundheitlichen – schmerzhaft spürbaren – Beschwerden treten in Form von Kompensationshandlungen auf. Da, wo schlechte Sehbedingungen herrschen, kompensieren die betroffenen Personen unbefriedigende Sehabstände, vermindertes Sehvermögen, Blendungen, Reflexionen und Spiegelungen durch eine Ausgleichshaltung. Diese Haltung erfordert fast ausschließlich statische Haltearbeit. Dynamische Muskelaktivitäten sind kaum vorhanden. Dies führt automatisch zu Mißbefindlichkeiten, allen voran Beschwerden im Halswirbelsäulen- und Schultergürtelbereich.

Die Wissenschafter Horst Mayer und Ellen Kraus-Mackiew fanden bei ihren Untersuchungen der Augen und des Sehvermögens von älteren Probanden und Patienten heraus, warum bestimmte unergonomische Gewohnheiten zum Teil trotz vorheriger Unterweisung – beibehalten wurden. Untersuchungen zeigen, daß die Beschäftigten meist gute Gründe haben, diese Eigenwilligkeiten zu entwickeln.

So wird der Bildschirm oft von Menschen ab dem 38. Lebensjahr höher gestellt, weil – bei gegebenem Abstand zwischen Augen und Bildschirmoberfläche – der Kopf die Tendenz hat, nach hinten auszuweichen. Dieses Verhalten wurde bei Personen beobachtet, die Veranlagung zur Presbyopie (Alterssichtigkeit) und gleichzeitiger laten-

---

8 Siehe Kapitel 2.3.

9 Ankrum R.D.: Integrating neck posture and vision at VDT workstations. Proceedings of WWDU, Tokyo, 1997, S. 63.

10 Böhlemann J. spricht hier von „physiologischen Kosten" (1997).

11 Kraus-Mackiew E. et al.: Entwicklung von Methoden zur Identifikation visueller Ursachen arbeitsbedingter Gesundheitsrisiken und hierauf bezogener Präventionsstrategien im betrieblichen Gesundheitsschutz. Abschlußbericht zum Verbundvorhaben „Arbeit und Sehen", Juli 1999, S. 74.

ter Hyperopie[12] haben. Eine solche Monitoraufstellung ist allerdings häufig damit verbunden, daß die Sehabstände zwischen Kopf und Bildschirm relativ groß sind. Von daher sind die Klagen angemessen zu beurteilen, daß die Schrift zu klein sei.

Diese Beschäftigten bevorzugen oft auch die Aufstellung des Bildschirms vor dem Fenster. Die Begründung liegt darin, daß die Helligkeit zu einer Verengung der Pupillen führt. Das bewirkt eine größere Schärfentiefe mit Akkommodationserleichterung.[13] Die resultierenden Kontrastprobleme werden zugunsten des besseren Scharfsehens toleriert. Zur Behebung des ursprünglichen Problems ist allerdings eine speziell auf die Sehdistanz am Bildschirm eingestellte Brille erforderlich, welche Ausweichhaltungen und -bewegungen und die damit verbundenen Beanspruchungsfolgen verhindern kann. Die notwendige Sehhilfe muß an die Distanzen und Arbeitsaufgaben angepaßt werden.[14] Viele der getragenen Brillen waren für die geforderten Distanzen und Aufgaben ungeeignet.

2.2.3. Psychische Belastungen fördern physische Beschwerden[15]

Nicht nur Faktoren der Arbeitsplatzgestaltung (und daraus resultierende Haltungen, Bewegungen, Licht- und Beleuchtungsverhältnisse) sind entscheidend, sondern es zeigt sich, daß auch psychische Belastungen einen entscheidenden Einfluß auf das Auftreten und die Ausprägungsstärke von gesundheitlichen Beeinträchtigungen haben.

Beeinträchtigungen des Wohlbefindens resultieren vor allem aus der Gestaltung der Arbeitsorganisation, den Arbeitsinhalten, der Hard- und Software, der Schnittstellengestaltung und der Arbeitsumgebung. In einer Befragung[16] von 352 Beschäftigten wurde eine Rangfolge der Einflußgrößen für die Stärke der Gesundheitsbeschwerden ermittelt. Einen negativen Einfluß auf Wohlbefinden und Gesundheit haben danach beispielsweise monotone (eintönige) Arbeitsbedingungen, die Art der Bildschirmarbeit (Dateneingabe, Programmierung) und die Arbeitsumgebung. Eine wesentliche Ursache für Beeinträchtigungen des Wohlbefindens bei der Computerarbeit stellen Qualifizierungsdefizite dar.[17]

Gabriele Richter von der Bundesanstalt für Arbeitsschutz und Unfallforschung weist auf eine weitere Studie[18] hin, wonach die Beschwerden von der Art der Bildschirmarbeit abhängig sind. Bei Datenerfassungstätigkeit haben 61% der Beschäftigten Schulter- und Nackenbeschwerden, bei Programmierarbeit sind es 27%. Die Beschwerdenhäufigkeit drückt sich in erhöhten Fehlzeiten aus. So sind Beschäftigte in

---

12 Latente Hyperopie beschreibt eine Weitsichtigkeit, die oft nicht erkannt wird, da die Linsen diese durch einen guten Trainingszustand des die Linsen betätigenden Muskels, des sogenannten Cilliarmuskels, ausgleichen können.

13 Akkommodation: Einstellung der Sehschärfe beim Nah- und Fernsehen erfolgt durch Änderung der Linsenform.

14 Siehe Kapitel 1.1., 1.5., 2.8.

15 Zu psychischen Belastungen finden Sie mehr in Kapitel 4.2.

16 Ertel M., Junghans G., Pech E., Ullsperger P.: Auswirkungen der Bildschirmarbeit auf Gesundheit und Wohlbefinden (Fb 762). Wirtschaftsverlag NW, Bremerhaven, 1997.

17 Richter G.: Psychische und physische Belastungen bei Bildschirmarbeit. Vortrag im Rahmen der ergo-online Fachtagung „Bildschirmarbeit: Aktuelle Trends und Herausforderungen" am 4.4.2000 in Kiederich (www. sozialnetzhessen.de/ergo-online/Service/Internes/richter.htm)

18 Junghans G, Ertel M, Ullsperger P: Anforderungsbewältigung und Gesundheit computerunterstützter Büroarbeit (Fb 787). Wirtschaftsverlag NW, Bremerhaven, 1998.

der Dateneingabe durchschnittlich 10,9 Tage im Jahr krank. Die Programmierer hatten durchschnittlich nur 4,2 Ausfalltage. Wenn Beschäftigte in der Datenerfassung eine geringe soziale Unterstützung bei ihrer Arbeit wahrnehmen, geben aber 70 % der Beschäftigten Schulter- und Nackenbeschwerden an. Auch diese Daten geben Aufschluß über psychologische Faktoren, die das Auftreten und das Ausmaß der Beschwerden beeinflussen. Einerseits zeigen die Zahlen, daß das Befinden und die Beschwerdehäufigkeiten und -intensitäten von der Qualität der Tätigkeit (Handlungsspielraum, Vielfalt, Kreativität, Persönlichkeitsförderlichkeit, etc.) abhängig sind und andererseits auch von sozialen Rahmenbedingungen (ist das Umfeld unterstützend oder nicht). Diese Einflußgrößen auf das individuelle Befinden wurden arbeitspsychologisch bereits sehr häufig bestätigt.

Eine arbeitsmedizinische Studie an der Frankfurter Universität[19] untersuchte den Zusammenhang zwischen Bildschirmarbeit und auftretenden Augenbeschwerden beziehungsweise Veränderungen der Sehschärfe. Die Daten stammen von 418 an Bildschirmarbeitsplätzen tätigen Personen, die mindestens zweimal betriebsärztlich untersucht wurden. 266 Personen sind im Arbeitsamt tätig, 152 an der Börse.

Die Datenauswertung zeigte – wie viele Studien vorher – daß Augenbeschwerden mit der Dauer der Bildschirmarbeit zunehmen. Außerdem konnten die Daten zeigen, daß es signifikante Unterschiede hinsichtlich der Sehkraftverschlechterung zwischen den Börseangestellten und den Beschäftigten des Arbeitsamtes gibt. Deutlich häufiger als bei den Börsenangestellten wurde bei

den Beschäftigten des Arbeitsamtes eine Verschlechterung der Sehkraft im mittleren Entfernungsbereich (33 bis 55 cm) zwischen der ersten und der letzten Vorsorgeuntersuchung beobachtet. Das Forscherteam begründet dies mit den unterschiedlichen Arbeitsbedingungen. Die Börseangestellten haben im Vergleich zu den Beschäftigten des Arbeitsamtes bei ihrer Tätigkeit mehr Handlungsspielraum und Selbstbestimmungsmöglichkeiten und ihre ergonomischen Rahmenbedingungen am Arbeitsplatz sind weit besser.

Insgesamt läßt sich aus den aktuellen Forschungsarbeiten zeigen, daß es viele Wechselwirkungen zwischen Belastungsfaktoren und Effekten auf das Wohlbefinden und die Gesundheit gibt. Zusammenhänge zwischen Einwirkungen und Auswirkungen sind also nicht monokausal und linear. Darüber hinaus bestimmt das individuelle Erleben der Arbeitssituation (Arbeitsumfeld, Arbeitsbedingungen, Arbeitszufriedenheit etc.) auch Häufigkeit und Ausmaß von auftretenden Gesundheitsbeeinträchtigungen. Präventive Gestaltungsmaßnahmen an Bildschirmarbeitsplätzen müssen sich daher auch dieser Vielfalt bewußt sein, um adäquate Lösungen entwickeln zu können.

2.2.4. Literatur und weitere Informationen

2.2.4.1. Literatur

Ankrum R. D.: Integrating neck posture and vision at VDT workstations. Proceedings of WWDU, Tokyo, 1997, S. 63.

Blaha F. (Hg).: Der Mensch am Bildschirmarbeitsplatz. Springer-Verlag, Wien, 1995.

Böhlemann J.: Entwicklung elektromyographischer Methoden zur Beurteilung der ergonomischen Qualität verschiedener Arbeitsmittel und Arbeitsplätze. Shaker Verlag, Achen, 1997, S.171–172.

Ertel M., Junghans G., Pech E., Ullsperger P.: Auswirkungen der Bildschirmarbeit auf Ge-

---

19 Elsner G., Seidler A., Feinweber E., Feinweber R.: Betriebsärztliche Untersuchungen bei Bildschirmarbeitern. Zentralblatt für Arbeitsmedizin, Heft 8/1998, S. 330–337.

sundheit und Wohlbefinden (Fb 762). Wirtschaftsverlag NW, Bremerhaven, 1997.

Junghans G., Ertel M., Ullsperger P.: Anforderungsbewältigung und Gesundheit computerunterstützter Büroarbeit (Fb 787). Wirtschaftsverlag NW, Bremerhaven, 1998.

Junghans G., Ullsperger P., Ertel M.: Studie zum Auftreten von Gesundheitsbeschwerden bei computergestützter Büroarbeit. In: Zeitschrift für Arbeitswissenschaft, Ausgabe 53, 1999, S. 18 ff.

Kraus-Mackiew E. et al.: Entwicklung von Methoden zur Identifikation visueller Ursachen arbeitsbedingter Gesundheitsrisiken und hierauf bezogener Präventionsstrategien im betrieblichen Gesundheitsschutz. Abschlußbericht zum Verbundvorhaben „Arbeit und Sehen" Juli 1999, S. 74.

Kraus-Mackiew E.: Der berufstätige Patient in der klinisch-orthoptischen Sprechstunde. 39. Tagung der Österreichischen Ophtalmologischen Gesellschaft, St. Pölten, In: Spektrum der Augenheilkunde, Bd. 12, H.2, 1998.

Mayer H. et al.: Vereinseitigung des Sehens als Ursache arbeitsbedingter Gesundheitsrisiken – ein neuer Ansatz in der betrieblichen Gesundheitsförderung. Ergo Med 18, Heft 6, 1995, S. 172–177.

Ministerium für Arbeit, Soziales, Gesundheit und Frauen des Landes Brandenburg (Hg.): Erprobung der Handlungsanleitung zur Beurteilung der Arbeitsbedingungen bei der Bildschirmarbeit. Arbeitsschutz Jahresbericht 1998, S. 79 ff.

Richter G.: Psychische und physische Belastungen bei Bildschirmarbeit. Vortrag im Rahmen der ergo-online Fachtagung „Bildschirmarbeit: Aktuelle Trends und Herausforderungen" am 4.4.2000 in Kiederich (www.sozialnetz-hessen.de/ergo-online/Service/Internes/richter.htm).

2.2.4.2. Internetadressen

www.sozialnetz-hessen.de/ergo-online. Umfassende Informationen samt Forschungsergebnissen und praktischen Hilfestellungen rund um das Thema Bildschirmarbeit.

www.europe.osha.eu.int. Die Europäische Agentur für Sicherheit und Gesundheitsschutz am Arbeitsplatz gibt auf ihrer website eine Übersicht zu aktuellen veröffentlichten Forschungsergebnissen, Statistiken zu Krankheitsarten und arbeitsbedingten Beschwerden sowie Informationen über erfolgreiche Praxismodelle und Präventionsmaßnahmen bekannt.

www.baua.de/whp-net. Die Bundesanstalt für Arbeitsschutz und Arbeitsmedizin betreut das Europäisches Netzwerk für betriebliche Gesundheitsförderung. Es werden gute Praxisbeispiele gesammelt und anderen interessierten Betrieben zur Verfügung und Nachahmung vorgestellt.

www.praevention-online.de. Dieser kostenlose Online-Informationsdienst zum Arbeitsschutz und zur Gesundheit wird von der BC Verlags- und Mediengesellschaft alle vierzehn Tage aktualisiert und Interessenten zugemailt.

www.system-concepts.com. Die Firma System Concepts, Großbritannien, bietet beständige und aktuelle Informationen zur Ergonomie, insbesondere zur Normungsarbeit zur ISO 9241.

www.granit.maschinenbau.tu-ilmenau.de/mb/wwwaw/forsch.htm. Arbeitswissenschaftliche Forschungen zum Sehen, Heben und Tragen und zur Software-Ergonomie.

2.3. Ergonomische Grundprinzipien an Bildschirmarbeitsplätzen

Arbeitsplatz, Arbeitsmittel, Arbeitsumgebung, Informationsverarbeitung
Martina Molnar, Michael Wichtl, Klaus Wittig

In aller Kürze

Prinzipien der Ergonomie gehen immer von den physischen und psychischen Eigenschaften des Menschen aus. Alle aus der Arbeit resultierenden Wirkungsfaktoren auf den menschlichen Organismus sind weitgehend so zu gestalten, daß keine Fehlbeanspruchungen daraus resultieren können. Welche Gesetzmäßigkeiten für den Bildschirmarbeitsplatz, die Arbeitsmittel, die Arbeitsumgebung und für Informationsverarbeitungsprozesse gelten, wird hier übersichtlich dargestellt. Gestaltungsziel dabei ist es, visuelle Fehlbelastungen, Fehlbelastungen des Stütz- und Bewegungsapparates und psychische Fehlbelastungen zu verhindern bzw. zu vermindern. Hierbei spielen beispielsweise Aspekte wie Platz und Fläche, Beschaffenheit, Aufstellpositionen und Einstellung der Arbeitsmittel, Gestaltung der Licht- und Beleuchtungssituation etc. eine Rolle.

Ergonomische Gestaltung hat das Ziel, die Arbeitsbedingungen und den Menschen mit seinen Eigenschaften, Fähigkeiten und Fertigkeiten möglichst gut aneinander anzupassen. Dadurch wird effizientes Arbeiten erst möglich, denn nur so kann der Mensch ein Maximum an Leistung bei angemessener Beanspruchung erbringen. Durch ein moderates Beanspruchungsniveau ergeben sich aber auch günstige Voraussetzungen für hohes Wohlbefinden bei der Arbeit und letztlich auch für Gesundheit bis ins Alter.

Um die Beanspruchung zu optimieren, ist es notwendig, die von der Arbeit her auf den Menschen einwirkenden Belastungen möglichst gut an dessen persönliche Leistungsvoraussetzungen anzupassen. Ergonomische Gestaltung von Arbeit und Arbeitsbedingungen kann daher nicht nur auf die Ausstattung des Arbeitsplatzes Bedacht nehmen, sondern muß primär an die Eigenschaften, Fähigkeiten, Fertigkeiten und Bedürfnisse des Individuums angepaßt werden. Da ergonomische Gestaltung in der Praxis also immer auch auf den konkreten Einzelfall des betrachteten Menschen und dessen Arbeitsplatz Bezug nimmt, können Grundprinzipien der Gestaltung nicht als unumstößliche Dogmen verstanden werden.

Neben der Berücksichtigung individueller Voraussetzungen müssen Gestaltungsgrundsätze immer flexibel angewendet und gegeneinander abgewogen werden, um so das gesamte Arbeitssystem zu optimieren. Dabei sind eine Menge von Rahmenbedingungen und Wechselwirkungen zu beachten. Ein einfaches Beispiel macht dies deutlich:

Die Forderung nach einem angemessenen Sehabstand von mindestens 50 cm führt sehr häufig dazu, daß der Bildschirm schräg auf dem Tisch angeordnet wird, weil dies einen größeren Sehabstand ermöglicht (Über-Eck-Anordnung). Das hat aber zur Folge, daß oft die Blickrichtung schräg gegen das Fenster verläuft, oder daß sich das Fenster im Bildschirm spiegelt. Man hat also ein Problem gelöst und das nächste dabei geschaffen.

Eine befriedigende Lösung kann in diesem Fall nur gemeinsam mit dem arbeitenden Menschen und zwar unter Berücksichtigung der Rahmenbedingungen (Flächenangebot im Arbeitsraum, finanzielle Möglichkeiten beispielsweise für neue Büromöbel, Lichtschutz etc.) und unter Bedachtnahme auf die Arbeitsanforderungen gefunden werden.

Wie schon in Wichtl, 1995,[1] beschrieben, gibt es einige ergonomische Grundprinzipien, die in einfachen Gestaltungsregeln ihren Niederschlag gefunden haben. Obwohl jede dieser Regeln für sich gesehen einfach anwendbar scheint, ist ergonomisch richtige Gestaltung von Bildschirmarbeit aufgrund der oben beschriebenen Rahmenbedingungen und Wechselwirkungen nicht ganz so einfach.

2.3.1. Ergonomie und Bildschirmarbeit

Ergonomie muß aus diesem Grund mehr als nur die Gestaltung einzelner Komponenten des Arbeitsplatzes sein. Die einzelnen Elemente des Arbeitsraumes, des Arbeitsplatzes, der Arbeitsmittel und der Tätigkeiten und deren Organisation ergeben nur dann ein (ergonomisches) Ganzes, wenn man sie zueinander und zum Benutzer in Beziehung setzt. Die gesetzlichen Anforderungen spiegeln das auch wider. Der Bildschirmarbeitsplatz besteht nicht nur aus Stuhl, Tisch und Bildschirm. Alle Komponenten müssen gleichermaßen in die Planung und Gestaltung einbezogen werden. Flächen- und Platzfragen spielen genauso eine Rolle, wie Licht- und Beleuchtungsaspekte, die benutzerfreundliche Software und der Arbeitsablauf. Ziel ist es, bequeme Arbeitshaltungen,

ungehinderte Bewegungsmöglichkeiten und visuellen Komfort zu gewährleisten, um damit physische und psychische Fehlbeanspruchungen zu vermeiden.

Mit der Zunahme von Bildschirmtätigkeiten ist auch die Gruppe jener Menschen angewachsen, die über spezifische Beschwerdeformen bei Bildschirmarbeit klagt. Nach den Erkenntnissen der Forschung sind eine Reihe von Ursachen für Mißbefinden und gesundheitliche Beeinträchtigungen zu finden. Die Arbeit am Bildschirm führt oft zu Zwangshaltungen und einseitigen Muskelbeanspruchungen bei gleichzeitigen hohen geistigen Anforderungen. Die Gestaltung des Arbeitsplatzes, die Zeitdauer der ununterbrochenen Bildschirmarbeit, die Art der Tätigkeit und deren Rahmenbedingungen nehmen Einfluß auf das körperliche und psychische Befinden.

Die Beanspruchungsfolgen bei Bildschirmarbeit umfassen vor allem Augenbeschwerden, Beschwerden des Stütz- und Bewegungsapparates und psychische Beschwerden. Präventionsmaßnahmen müssen daher bei der Arbeitsplatzgestaltung (Arbeitsplatz, Arbeitsmittel, Arbeitsumgebung), der Arbeitsablaufgestaltung (Mischarbeit, Tätigkeitswechsel, Pausen), der Gestaltung von Arbeitsorganisation und -umfeld (Personen- und Arbeitsplatzfaktoren, Gestaltung von Tätigkeiten und Aufgaben) sowie bei der notwendigen Information, Unterweisung und Beteiligung der Beschäftigten ansetzen.

2.3.2. Basisanforderungen der ergonomischen Arbeitsplatzgestaltung

Eine günstige Gestaltung von Arbeitsplatz und Arbeitsablauf soll potentiell gesundheitsschädigende Beanspruchungsfolgen verhindern. Die aus der Forschung bekannten Zusammenhänge zwischen Arbeitsplatz und Arbeitsgestaltung einerseits und Be-

---

1 Wichtl M.: Gestaltung mit Augenmaß. In: Blaha F. (Hg.): Der Mensch am Bildschirmarbeitsplatz. Springer-Verlag, Wien, 1995, S. 182–186.

lastungs- bzw. Beanspruchungseffekten andererseits bilden den Ausgangspunkt für ergonomische Gestaltungsrichtlinien.

Bei der Arbeit am Bildschirm liegen insbesondere folgende Anforderungen an den Menschen vor:

- Visuelle Anforderungen,
- Bewegungs- und Manipulationsanforderungen,
- Informationsverarbeitungsanforderungen,
- Anforderungen aus Umgebungsbedingungen und
- psychische Anforderungen.

Nachfolgend eine Übersicht über die wichtigsten ergonomischen Grundprinzipien:

2.3.2.1. Arbeitsplatz

Flächenbedarf

Der arbeitende Mensch soll hinter seinem Schreibtisch eine Freifläche (Wirkfläche) zur Verfügung haben, die über die ganze Breite des Tisches mindestens 1 m umfaßt (siehe Abb. 2.3.1.). Zwischen der Tischvorderkante und der im Rücken des Benutzers befindlichen Begrenzungsfläche (Wand, Einrichtungsgegenstände) soll also 1 m Platz für den Menschen und seinen Arbeitssessel sein. Zusätzlich sind beim Flächenbedarf Verkehrswege und Bewegungsräume vor Ablagen und Kästen sowie Abstandsflächen (z. B. vor Klimageräten) zu berücksichtigen. Flächenüberlagerungen von Verkehrswegen

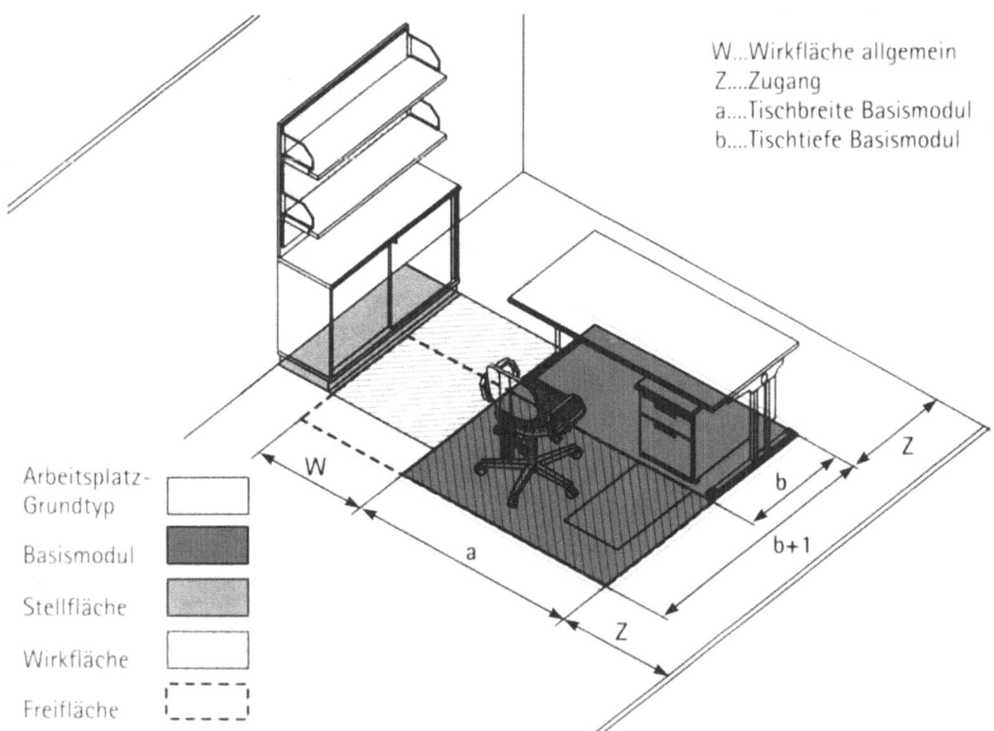

Abb. 2.3.1. Arbeitsplatzgrundtyp gemäß ÖNORM A 8010

und Bewegungsräumen und der Freifläche am Arbeitstisch sind jedenfalls zu vermeiden.

Arbeitsfläche

Die Arbeitsfläche muß für die jeweilige Arbeitsanforderung und die erforderlichen Arbeitsmittel groß genug sein und eine flexible Anordnung dieser Arbeitsmittel (Tastatur, Maus, Bildschirm, Belege) ermöglichen. Sie soll zumindest 160 x 80 cm betragen – in Abhängigkeit von Bildschirmgröße, Zubehör und weiteren Arbeitsmitteln ist jedoch unter Umständen eine größere Arbeitsfläche erforderlich. Bildschirm und Tastatur müssen so angeordnet werden, daß keine verdrehte Körper- oder Kopfhaltung eingenommen werden muß. Eine ausreichende Arbeitsfläche gewährleistet die Möglichkeit für wechselnde Arbeitshaltungen, ausreichenden Sehabstand und eine geeignete Auflagefläche für die Handgelenke mit dem Ziel, Zwangshaltungen zu vermeiden (siehe Abb. 2.3.2.).

Beinfreiraum

Der Freiraum unter dem Tisch (Beinfreiraum) darf nicht durch Hindernisse beein-trächtigt sein (Verstrebungen, Ladenblöcke, Papierkorb, PC-Tower usw.), die zu einer Bewegungseinschränkung der Beine führen. Ein ausreichender Beinfreiraum hilft, verdrehte Körperhaltungen und Zwangshaltungen im Bereich der Beine zu verhindern (siehe Abb. 2.3.3.).

Sitzhöhe und Stuhl-Einstellung

Die benutzergerechte Verstellbarkeit von Sitzhöhe und Rückenlehnenhöhe muß gegeben sein. Der Lendenbausch, der die natürliche Wölbung der Lendenwirbelsäule unterstützen soll, ist im unteren Teil der Rückenlehne angeordnet. Er soll in der Höhe zwischen drittem und viertem Lendenwirbel (entspricht ungefähr der Gürtelhöhe) liegen. Aus diesem Grund muß entweder die Rückenlehne oder der Lendenbausch höhenverstellbar sein. Der Arbeitsstuhl soll auch eine permanente Nachführung der Rückenlehnenneigung haben und damit „dynamisches Sitzen" ermöglichen. Das bedeutet, die Bewegungen des Benutzers nach vorne und nach hinten werden durch die Lehne in allen Bewegungsphasen unterstützt.

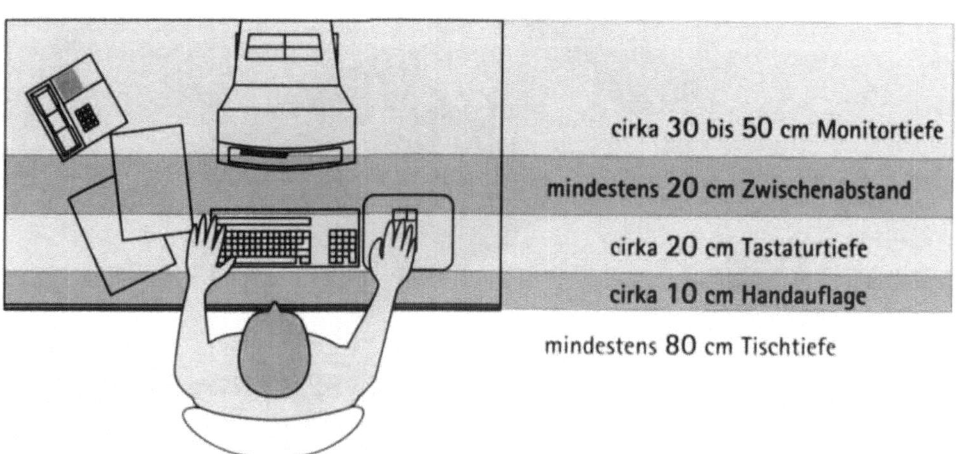

Abb. 2.3.2. Anordnung der Arbeitsmittel von oben betrachtet

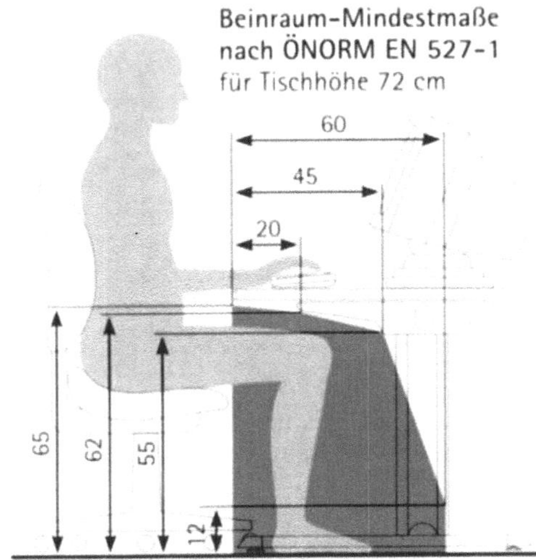

Abb. 2.3.3. Beinfreiraum

Zur richtigen Einstellung der individuellen Sitzhöhe sollen die Füße bequem auf dem Boden stehen und die gesamte Sitzfläche und die Rückenlehne benutzt werden. Die abgewinkelten Arme (Oberarm/Unterarm – ca. 90 Grad) sollten die Tastatur nun so erreichen, daß Handgelenke und Unterarme bequem aufgelegt werden können. Wenn diese Haltung problemlos eingenommen werden kann, sind Sitzhöhe und Tischhöhe für den jeweiligen Benutzer richtig eingestellt. Dabei handelt es sich um die sogenannte Referenzposition für die richtige Einstellung des Tisch-Stuhl-Systems (siehe Abb. 2.3.4.). Sie ist nicht als „Idealsitzhaltung" über längere Zeit aufzufassen, weil dies eine Zwangshaltung wäre. Ausgehend von dieser Position sollte es daher das Ziel sein, möglichst „beweglich" zu sitzen, was durch das oben beschriebene Prinzip des „dynamischen Sitzens" unterstützt werden kann. Wenn die Referenzposition nicht ohne weiteres eingenommen werden kann, muß die Tischhöhe individuell in der Höhe angepaßt werden.

Tischhöhe

Um die Referenzposition und eine bequeme Körperhaltung zu gewährleisten, muß die Tischhöhe an die Benutzer angepaßt werden. Höhenverstellbare bzw. -einstellbare Tische sind daher zu bevorzugen. Von

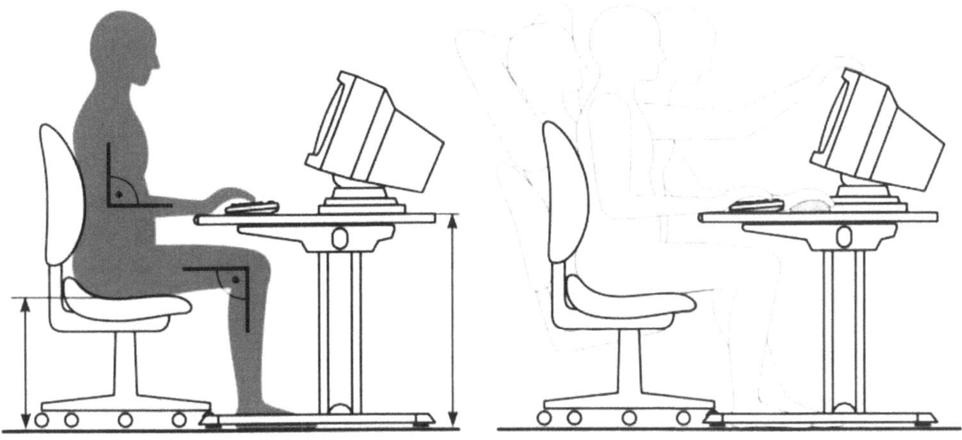

Abb. 2.3.4. Referenzposition und dynamisches Sitzen

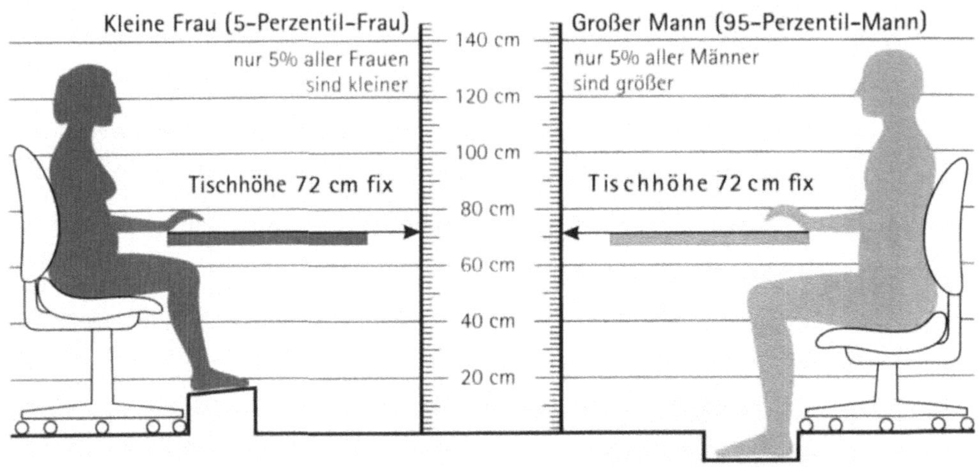

Abb. 2.3.5. Fußstütze und „Fußgrube". Während bei kleineren Personen ein Höhenausgleich des Bodenniveaus durch eine Fußstütze herbeigeführt werden kann, ist dies umgekehrt bei großen Personen nicht möglich.

einem höheneinstellbaren Tisch spricht man dann, wenn die Höhe bei der Montage auf die Bedürfnisse des jeweiligen Nutzers eingestellt werden kann (z. B. Tischuntergestell mit Lochraster o. ä.). Der Begriff Höhenverstellung meint hingegen, daß man die Höhe jederzeit über Handkurbel, mittels Gasfeder oder auch Elektromotor ändern kann. Speziell wenn sich mehrere Personen einen Arbeitstisch teilen (Desksharing, nonterritoriale Büros etc.) ist die Forderung nach Höhenverstellung unbedingt zu berücksichtigen.

Sind die Tische nicht höhenverstellbar, so beträgt die übliche Standardtischhöhe 72 bis 75 cm. Diese Standardhöhe ist für durchschnittlich große Personen gut geeignet. Für kleine Personen kann der Höhenausgleich ersatzweise auch mit Fußstützen durchgeführt werden.

Die Fußstütze soll höhenverstellbar und neigbar sein, genügend Platz für Positionsänderungen und eine rutschfeste Auflagefläche aufweisen. Fußschalter (z. B. für Dik-

tiergeräte) sollen bequem von der Fußstütze aus bedient werden können.

Für sehr große Personen bedarf es zur Gewährleistung einer bequemen Sitzposition jedenfalls eines höheneinstellbaren oder -verstellbaren Arbeitstisches (Abb. 2.3.5.).

2.3.2.2. Arbeitsmittel

Bildschirm

Der Bildschirm muß einen guten Reflexionsschutz (z. B. durch eine matte oder vergütete Bildschirmoberfläche) bieten.

Bildschirmfilter zur Reduktion von Reflexionen sind nur dann sinnvoll, wenn Maßnahmen zur Bekämpfung der Ursachen (richtige Aufstellung des Bildschirms, Blendschutz) nicht möglich sind oder nicht ausreichend wirken. Sie sind günstigerweise so beschaffen, daß sie möglichst wenig unerwünschte Nebeneffekte (z. B. die Verringerung des Kontrasts, der Leuchtdichte oder der Zeichenschärfe) bewirken.

Die geeignete Bildschirmgröße hängt in erster Linie von der durchzuführenden Tätigkeit ab. Für gewöhnliche Büroanwendungen, wie Textverarbeitung, Tabellenkalkulation etc. mit graphischen Benutzeroberflächen, ist bei den verbreiteten Röhrenmonitoren (CRT = Kathodenstrahlröhrenmonitor) eine Bildschirmdiagonale von 17″ zu empfehlen. Dies entspricht bei Flachbildschirmen einer Bildschirmdiagonale von 15″. Für spezielle Tätigkeiten wie CAD und Grafikanwendungen sollte der Bildschirm (CRT) mindestens 20″ groß sein.

Der Bildschirm soll in Positivdarstellung betrieben werden, er soll also dunkle Zeichen auf hellem Hintergrund anzeigen. Farben – am besten in Pastelltönen – können zur Informationsstrukturierung sparsam verwendet werden. Dabei sind Großflächigkeit, gesättigte Farben, Verschmelzung von Komplementärfarben und zu hohe Farbenanzahl zu vermeiden. Die Bildwiederholfrequenz soll bei mindestens 80 Hz liegen, um einen Flimmereindruck zu vermeiden. Sie ist jedoch auf die Größe des Monitors abzustimmen. Dies geschieht in der Regel durch die Einstellung der Grafikkarte. Der Zeichenkontrast (Helligkeitsunterschied zwischen Bildzeichen und Hintergrund) darf weder zu schwach, noch zu stark sein und die Grundhelligkeit des Bildschirms muß einstellbar sein. Die Umrisse der Zeichen müssen an den Rändern des Bildschirms genauso scharf sein wie in der Mitte des Schirms und dürfen auch nicht ineinander verlaufen. Bei gutem Leseabstand beträgt die Zeichenhöhe zumindest 3,5 mm.

Anordnung der Arbeitsmittel

Der Bildschirm (und gegebenenfalls der Beleghalter) sollen im zentralen Sehfeld des Benutzers aufgestellt werden, um unbequeme Körper-, Kopf- und Augenbewegungen zu vermeiden. Stehen bei der Tätigkeit andere Seh- und Manipulationsobjekte im Vordergrund, so sind diese so einzurichten, daß keine verdrehte Oberkörper- oder Kopfhaltung eingenommen werden muß. Das heißt, Bildschirme können auch seitlich vom Benutzer stehen, wenn andere Arbeitsmittel wesentlich häufiger benutzt werden (Abb. 2.3.6.).

Bildschirm und Tastatur dürfen nicht auf Flächen aufgestellt werden, unter denen zu

Abb. 2.3.6. Bildschirm-Anordnung zentral und dezentral in Abhängigkeit von Arbeitsaufgaben

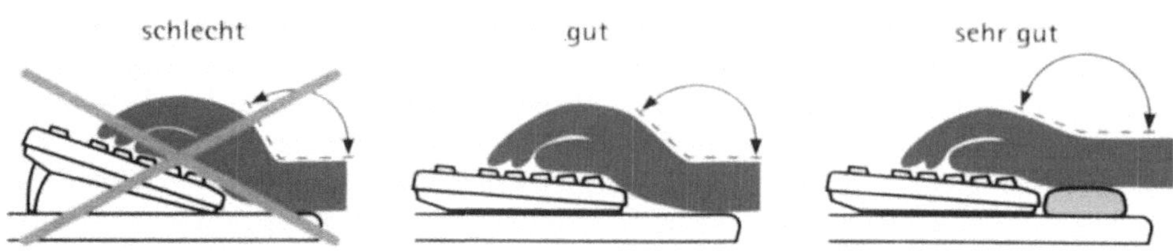

Ziel: natürliche Handhaltung, möglichst geringe Abwinkelung des Handgelenkes

Abb. 2.3.7. Aufstellung der Tastatur

wenig Beinraum vorhanden ist (z.B. im Bereich von Ladeneinbauten oder über Tischbeinen). Tastatur und Bildschirm dürfen keine Baueinheit bilden, so daß die Tastatur getrennt vom Bildschirm bewegt und aufgestellt werden kann.

Bildschirmarme oder Bildschirmauflagen mit integrierter Tastaturhalterung sind in der Regel nicht empfehlenswert, da deren Verwendung oft zu Zwangshaltungen führt. Bildschirme sind dabei oft zu hoch angeordnet, was eine Überstreckung der Halswirbelsäule bewirkt.

Höhe und Neigungswinkel der Tastatur sollen so eingestellt werden, daß eine entspannte Winkellage im Handgelenk möglich ist (Höhe der Tastatur, gemessen von Tischfläche zu mittlerer Tastaturreihe A–Ä, maximal 3 cm). Die Aufstellfüße der Tastatur werden am besten nicht ausgeklappt. Vor der Tastatur sollte eine Auflagefläche für die Handgelenke bzw. Unterarme von mindestens 5 bis 8 cm gegeben sein. Eine gepolsterte Handballenauflage kann vor allem bei Personen, die sehr viel schreiben, sinnvoll sein (siehe Abb. 2.3.7.).

Die Maus ist günstigerweise so dimensioniert, daß eine entspannte Handhaltung und Bedienung möglich ist. Es muß im kleinen Greifraum genügend Arbeitsfläche für die bequeme Bedienung der Maus vorhanden sein (siehe Abb. 2.3.8.).

Der Drucker soll so positioniert werden, daß eine einfache und ungehinderte Bedie-

nung möglich ist (z. B. Nachfüllen und Entnahme von Papier).

Sehabstand und Betrachtungswinkel

Die Tiefe des Arbeitstisches oder der Arbeitsfläche soll eine Aufstellung des Bildschirms mit einem Sehabstand von mindestens 50 cm ermöglichen. Die Sehdistanz zu Beleghalter und Bildschirm sollte etwa gleich groß sein. Diese Aufstellung soll unbequeme Augenbewegungen oder Körperhaltungen verhindern. Der Neigungswinkel des Bildschirms soll einfach verstellt bzw. eingestellt werden können. Die oberste Bildschirmzeile darf nicht oberhalb der Augen-

Abb. 2.3.8. Kleiner und großer Greifraum

höhe des Benutzers (auch nicht bei Verwendung eines Bildschirmarmes oder einer Bildschirmauflage) liegen. Die natürliche Sehlinie für die Sehentfernung bei Bildschirmarbeit verläuft nicht horizontal, sondern ist um etwa 30° nach unten geneigt. Der Bildschirm sollte daher im Normalfall nicht auf dem Gehäuse von Desktop-PCs oder auf speziellen Auflagen aufgestellt werden. Bei großen Bildschirmdiagonalen kann es sogar nötig werden, daß der Bildschirm weiter als die eigentliche Arbeitsfläche abgesenkt werden muß. Die reale Aufstellhöhe und Sehentfernung hängt neben der Größe des Monitors aber auch von den Körpergrößen der Benutzer ab. Sehr große Menschen können den Bildschirm aus diesem Grund durchaus höher positionieren, um eine gute Arbeitshaltung einnehmen zu können. Große Bildschirme machen es häufig erforderlich, die Sehentfernung gleichfalls zu vergrößern, damit keine unbequemen Kopfbewegungen erforderlich sind (siehe Abb. 2.3.9. und Abb. 2.3.10.).

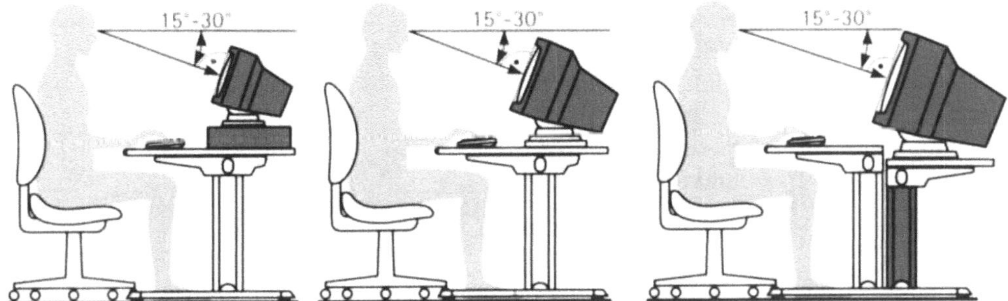

Abb. 2.3.9. Richtige Aufstellung eines kleinen und großen Monitors in Abhängigkeit von Augenhöhe und Sehstrahlwinkel

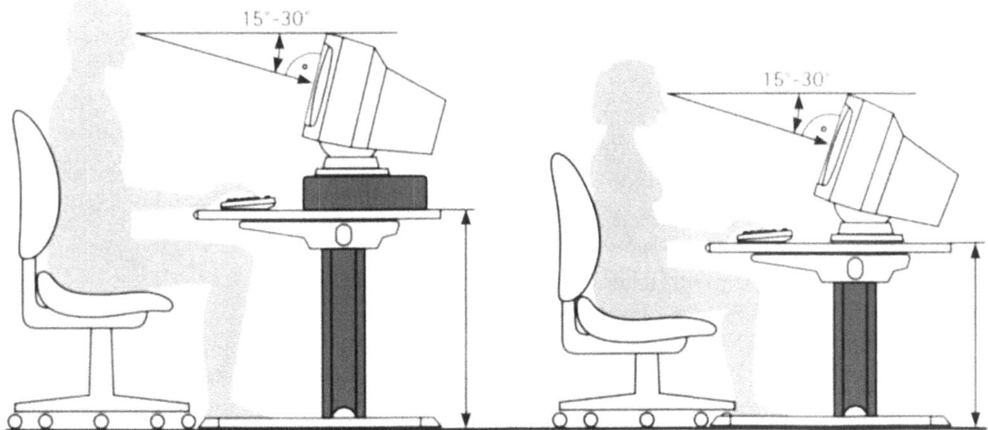

Abb. 2.3.10. Einhaltung des richtigen Sehstrahlwinkels zum Bildschirm bei großen und kleinen Menschen

2.3.2.3. Umgebungsbedingungen

Belichtung und Beleuchtung

Gemeint sind sämtliche Lichtquellen, sowohl der Tageslichteinfluß als auch künstliche Beleuchtungskörper. Tageslicht ist wie an jedem Arbeitsplatz immer wünschenswert, kann aber zu einer Quelle für störende Blendung und Reflexionen werden. Die Aufstellung des Bildschirms mit Blickrichtung zum Fenster oder zu Beleuchtungskörpern mit direkter Lichtausstrahlung führt zu Blendung und überhöhten Kontrasten. Sie muß genau so vermieden werden, wie die Anordnung mit einem Fenster oder mit Beleuchtungskörpern im Rücken, welche zwangsweise zu Spiegelungen am Bildschirm führt (siehe Abb. 2.3.11.). Richtig positionierte Bildschirme sind nicht direkt neben dem Fenster, sondern eher in der Raumtiefe untergebracht. Es sind wirksame Lichtschutzvorrichtungen erforderlich. Sonnen- und Blendschutz (Lichtschutz) muß verstellbar sein, um Blendungseinflüsse wirksam und in Abhängigkeit vom Sonnenstand bekämpfen zu können. Das Tageslicht soll nicht ganz abgehalten werden, sondern eine geeignete Menge soll günstig im Arbeitsraum verteilt werden. Durchsicht nach außen und damit ein Bezug zur Umgebung soll erhalten bleiben.[2]

Beleuchtungskörper müssen bildschirmtauglich sein und sollen daher über entsprechend blendungsbegrenzende Raster verfügen. Vor allem kombinierte Direkt-Indirekt-Beleuchtungssysteme oder Kombinationen von bildschirmtauglicher Raum- und Arbeitsplatzbeleuchtung (2K-Systeme) sind für Bildschirmarbeitsplätze geeignet (Abb. 2.3.12.).

Die Beleuchtungsstärke muß der Arbeitsaufgabe und der Art der Bildschirmdarstel-

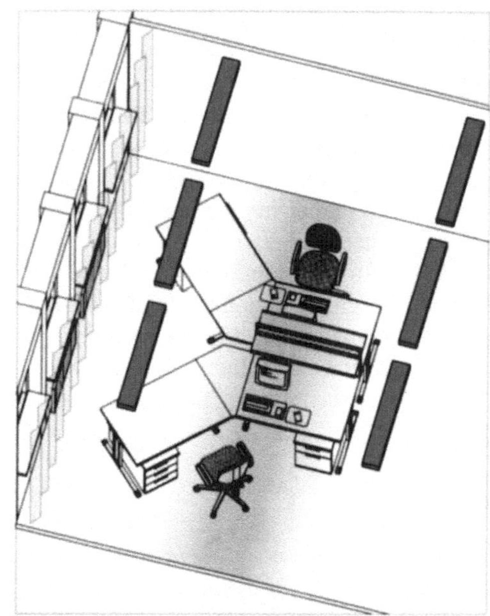

Abb. 2.3.11. Fenster- und beleuchtungskörperparallele Aufstellung

lung angepaßt sein. Für Negativdarstellung (helle Zeichen auf dunklem Hintergrund) empfehlen sich Werte von 300–500 Lux, für Positivdarstellung (dunkle Zeichen auf hellem Hintergrund) sind höhere Beleuchtungsstärken von 500–750 Lux möglich.

Die ergonomische Qualität der Beleuchtung am Bildschirmarbeitsplatz ergibt sich aus der richtigen Abstimmung von Leuchtdichteverteilung, Blendungsreduktion, Lichteinfall und Schattigkeit, Lichtfarbe und Farbwirkung.[3]

Raumklima

Die Temperatur im Raum sollte im wesentlichen zwischen 21° C und 23° C liegen. Ausnahmen sind lediglich bei sommerlichen Temperaturen kurzfristig möglich. Geräte

---

2 Siehe Kapitel 3.12.   3 Siehe Kapitel 3.10. und 3.11.

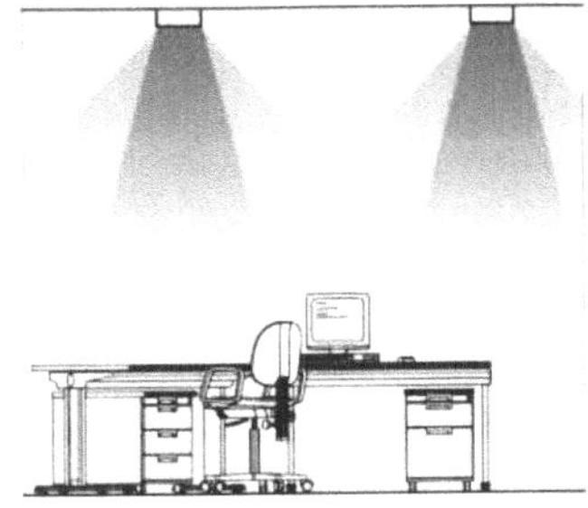
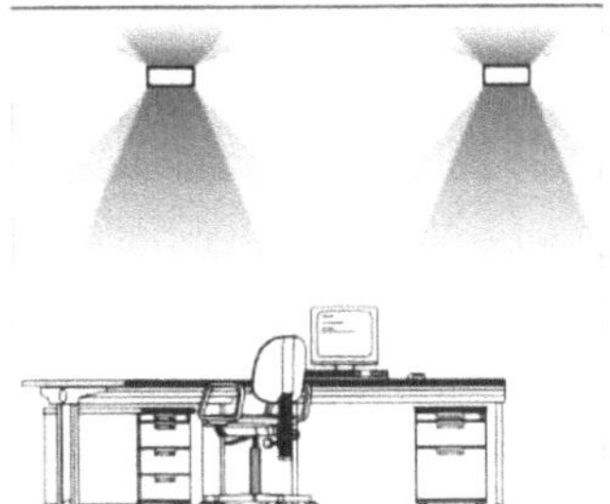
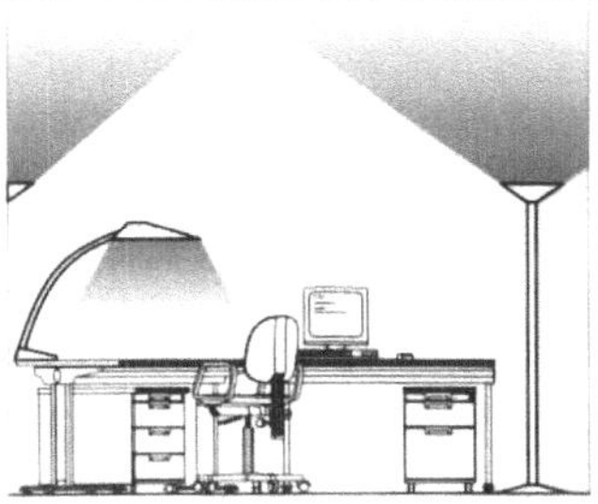

Direktbeleuchtung mit Spiegelrastercharakteristik (BAP-Spiegelrasterleuchten, Dark-Light-Leuchten)	Direkt/Indirekt-Beleuchtungssystem (tiefstrahlender Direktanteil und breit strahlender Indirektanteil)	Zwei-Komponenten-Beleuchtung (Zum Beispiel Indirekt-Beleuchtung und Arbeitsplatzleuchte)

Abb. 2.3.12. Beleuchtungssysteme für Bildschirmarbeitsplätze

mit intensiver Wärmeabstrahlung sollen nicht im Arbeitsbereich untergebracht werden. Störende Zuglufterscheinungen sind zu vermeiden. Personen sollen nicht im Luftstrom von Kühlgebläsen (Bildschirm oder andere Geräte) sitzen, weil vor allem gerichtete Luftströme als lästig empfunden werden. Kühle Luftströmungen vor allem im Kopf- und Beinbereich sind besonders unangenehm und werden zusätzlich häufig als Kälteempfindung beschrieben. Die Luftfeuchtigkeit soll angenehm empfunden werden (Richtbereich 40 bis 60%). Zu geringe Luftfeuchtigkeitswerte führen zum Austrocknen der Schleimhäute mit erhöhter Infektionsgefahr.

Es sollen Geräte mit möglichst geringer Lärm-, Wärme- und Schadstoffentwicklung verwendet werden. Bei hohen Druckleistungen soll sich der Drucker wegen der möglichen Wärme-, Lärm- und Ozonbelastung nicht unmittelbar am Arbeitsplatz befinden.

Akustik

Konzentration und Sprachverständlichkeit dürfen nicht durch störenden Lärm beeinträchtigt werden. Bei unvermeidlicher Lärmentwicklung (z.B. durch Drucker, Kopierer) können Abdeckhauben und eventuell schalldämpfende Unterlagen verwendet werden, wenn diese Geräte nicht außerhalb des Arbeitsbereiches untergebracht werden können. Die tatsächlichen Akustikverhältnisse im Raum werden allerdings stark durch die Bauweise und Ausstattung des Raumes mitbestimmt.[4]

Oberflächen von Möbeln, Tastatur, Gehäusen etc.

Einrichtungsgegenstände, Bildschirmgehäuse, Tastatur etc. sollten helle, matte, nicht glänzende Oberflächen haben. Die Tastenbeschriftung soll dunkel, gut lesbar und abriebsicher sein.

2.3.2.4. Informationsverarbeitung

Die menschliche Informationsverarbeitung erfordert, wenn sie effizient erfolgen soll, bestimmte Voraussetzungen. Diese orientieren sich vor allem an den Eigenschaften der menschlichen Wahrnehmung, des Kurz-

---

4 Siehe Kapitel 3.14.

und Langzeitgedächtnisses sowie der Denk- und Entscheidungsprozesse.

Moderne Informationsverarbeitungstechnologien müssen so beschaffen sein, daß die Informationsverarbeitungsprozesse des Menschen gut unterstützt werden. Ist das nicht der Fall, so kommt es für die Benutzer häufig zu Informationsüberflutung, Undurchschaubarkeit, Entscheidungskonflikten, Fehlinterpretationen, Fehlhandlungen etc. Die Software soll also die auszuführenden Arbeiten unterstützen (ist daher „aufgabenangemessen" und keine Behinderung für die Arbeitsaufgabe). Unterschiedlich erfahrene Anwender sollen das Programm nach ihrem Kenntnisstand nutzen können. Das Programm muß für die Anwender durchschaubar und selbsterklärend sein.[5]

2.3.3. Literatur und weitere Informationen

2.3.3.1. Literatur

Allgemeine Unfallversicherungsanstalt (Hg.): Evaluierungsleitfaden für den Bürobereich. Wien, 1997.

Allgemeine Unfallversicherungsanstalt (Hg): Merkblatt M 026: Bildschirmarbeitsplätze. Wien.

Blaha F. (Hg.): Der Mensch am Bildschirmarbeitsplatz. Ein Handbuch über Recht, Gesundheit und Ergonomie. Springer-Verlag, Wien – New York, 1995.

Bundesanstalt für Arbeitsschutz und Arbeitsmedizin (Hg.): Visuelle Informationsverarbeitung bei der Bildschirmarbeit – Forschungsbericht Fb 667, Dortmund, 1992.

Deutsches Büromöbel Forum im Verband Büro-, Sitz- und Objektmöbel e.V. (Hg.): Bildschirmarbeit. Das „Gesundheitsgesetz" für die Bildschirmarbeit. Hinweise zur Gestaltung vorschriftsmäßiger Bildschirmarbeitsplätze. Informationszeitschrift 4, Düsseldorf.

Döbele-Martin C., Martin P., Richenhagen G., Prümper J.: Ergonomie-Prüfer. TBS Technologieberatungsstelle beim DGB Landesbezirk NRW (Hg.), Oberhausen, 1998.

Fördergemeinschaft Gutes Licht (Hg): Gutes Licht für Büros und Verwaltungsgebäude. Schriftenreihe Informationen zur Lichtanwendung Nr. 4, Frankfurt.

Hackl-Gruber W. et al.: ArbeitnehmerInnenschutz im Büro. Verlag des ÖGB, Wien, 1995.

Hackl-Gruber W., Klaus E., Schwendenwein G., Wittmann A.: Sitting Settings. Ergonomische Kriterien und Anregungen für gesundes Sitzen im Büro. Schriftenreihe der Österr. Arbeitsgemeinschaft für Ergonomie (ÖAE), Band 1, Wien, 1998.

Hahn H., Köchling A., Krüger D., Lorenz D.: Arbeitssystem Bildschirmarbeit. Schriftenreihe der Bundesanstalt für Arbeitsschutz (Hg), Wirtschaftsverlag NW, Dortmund, 1995.

Hartung P.: Arbeitssicherheit und Gesundheitsschutz im Büro. WEKA-Praxishandbuch. Weka-Fachverlag für technische Führungskräfte GmbH., Augsburg, September 2000, permanente Aktualisierungen.

Hungenberg W.: Büroarbeitsplätze. Ergonomisch, funktionell und motivierend gestalten. Der Weg zu mehr Arbeitseffizienz und Produktivität im Büro. Informationsschrift 2 des Deutschen Büromöbel Forum im Verband Büro-, Sitz- und Objektmöbel e.V. (Hg.), Düsseldorf.

Hungenberg W.: New Work. Bürozukunft heute. Neue Arbeitsmethoden, Organisationsformen und Bürokonzepte. Informationsschrift 5 des Deutschen Büromöbel Forum im Verband Büro-, Sitz- und Objektmöbel e.V. (Hg.), Düsseldorf.

Köck P., Berdel D., Ent E.: Bürogestaltung – Bestandsaufnahme und zukünftige Entwicklung. Hrsg.: BWK-AAW (Eigenverlag), Wien, 1992.

Lips W., Krueger H., Rauterberg M.: Die Arbeit am Bildschirm. Ausführliche Information für Fachleute und Interessierte. Schweizerische Unfallversicherungsanstalt (Hg.), Luzern, 1998.

Molnar M., Wichtl M.: Bildschirmarbeit. In: Lang, M. (Hg.): Handbuch ArbeitnehmerInnenschutzgesetz – Erläuterungen (Register 9, Kapitel 5). Weka-Verlag, Wien, 1999.

Peters Th.: Büropraxis: Besser arbeiten, mehr leisten, gesund bleiben. Friedrich Kiehl Verlag GmbH, Ludwigshafen (Rhein), 1993.

---

5 Siehe Kapitel 2.4.

Richenhagen G.: Bildschirmarbeitsplätze. Luchterhand-Verlag, Berlin, 1995.

Richenhagen G., Prümper J., Wagner J.: Handbuch der Bildschirmarbeit. Mit einer Kommentierung der neuen Bildschirmarbeitsverordnung. 2. Aufl., Hermann Luchterhand Verlag GmbH, Neuwied, Kriftel, 1998.

Richter H.-J.: Licht im Büro. Ergonomie und Wirtschaftlichkeit der Beleuchtung. Verlag Moderne Industrie, Landsberg/Lech, 1993.

Verwaltungs-Berufsgenossenschaft (Hg.): Ergonomie im Büro (mit Beurteilung der Arbeitsbedingungen am Bildschirm- und Büroarbeitsplatz), CD-ROM, C.L. Rautenberg-Druck, Glückstadt, 1997.

Verwaltungs-Berufsgenossenschaft (Hg.): Bildschirm- und Büroarbeitsplätze: Leitfaden für die Gestaltung. C.L. Rautenberg-Druck, Glückstadt, 2000.

Wichtl M., Gneist H.: Büro- und Bildschirmarbeitsplätze. Allgemeine Unfallversicherungsanstalt (Hg): Ausbildung zur Sicherheitsfachkraft, Band 1. Wien, 1999.

Wieland-Eckelmann R., Baggen R., Saßmannshausen A., Schmitz U., Ademmer C., Rose M.: Gestaltung beanspruchungsoptimaler Bildschirmarbeit. Grundlagen und Verfahren für die Praxis. Wirtschaftsverlag NW, Bremerhaven, 1996.

2.4. Software-Ergonomie

Einkauf und Gestaltung von Software
Martina Molnar, Daniel Felix

In aller Kürze

Software-Ergonomie erhöht die Gebrauchstauglichkeit von Software, verbessert die Effizienz ihrer Nutzung und führt somit zu Benutzungsfreundlichkeit für die Anwender. Software-Ergonomie ist ein spezieller Anwendungsfall für das Anliegen einer benutzungsfreundlichen Informationsgestaltung, die den Eigenschaften menschlicher Informationsverarbeitungsprozesse entspricht. Fehlende Gebrauchstauglichkeit beziehungsweise mangelnde Benutzungsfreundlichkeit von Software führt zu Behinderungen und Fehlern und damit zu Belastungen bei der Aufgabendurchführung. Sie verhindert somit Effizienz, Effektivität und Zufriedenheit bei der Software-Anwendung. Ergonomische Gestaltung von Software orientiert sich daher an den Grundsätzen der Kognitiven Ergonomie, also den Kenntnissen, die über die Wahrnehmung, die Denk- und die Gedächtnisfunktionen des Menschen vorliegen. Der Beitrag behandelt, welche Grundlagen es hierfür gibt, welche Konzepte der Software-Ergonomie sich daraus ableiten, welche rechtlichen und normativen Bezüge herangezogen werden können. Anhand von praktischen Beispielen wird gezeigt, wie betriebliche Pflichten aus dem ASchG bei der Beschaffung von Standardsoftware oder der Entwicklung von Individualsoftware in die Praxis umgesetzt werden können.

2.4.1. Worum geht es bei der Software-Ergonomie?

Gerd Dziambor, Mit-Autor dieses Buches und Mitarbeiter des TÜV Rheinland, machte im Rahmen eines Vortrages eine sehr interessante Bemerkung. Er meinte, die Software sei der eigentlich zentrale Bestandteil des Bildschirmarbeitsplatzes. Denn alle anderen Komponenten dieses Arbeitsplatzes samt ergonomischen Überlegungen dazu (Bildschirm, Eingabegeräte, Tisch-Stuhl-System, Licht etc.) gäbe es nur deshalb, weil an diesem Arbeitsplatz Software verwendet werden muß. Was heißt das also? Die Software ist kein Nebenprodukt des Bildschirmarbeitsplatzes, sondern ohne Software gäbe es überhaupt keinen Bildschirmarbeitsplatz. Das Werkzeug Computer ist ohne Software nur eine leere Kiste ohne Sinn und Zweck. Das Werkzeug und die damit verbundenen Arbeitsaufgaben sind zur Gänze abhängig von Softwareprodukten. Wie gut das Werkzeug also für die damit durchzuführenden Arbeiten geeignet ist, bestimmt daher, wie effektiv und effizient die Aufgaben erledigt werden können und wie gut die Ergebnisse dieser Arbeiten sind.

Software-Ergonomie wird häufig falsch interpretiert. Es geht nicht darum, daß die Benutzungsoberfläche „hübsch" oder „bunt" oder „originell" gestaltet ist. Auch garantiert eine graphische Benutzeroberfläche (GUI) nicht automatisch, daß das Programm deshalb leichter verständlich und besser bedienbar ist. Es geht bei der Software-Ergonomie auch nicht darum, daß jede einzelne Person eine maßgeschneiderte Software bekommt. Vielmehr ist das Ziel, Software so zu gestalten, daß möglichst viele Benutzer damit möglichst wenig Anwendungsprobleme haben.

Benutzungsfreundlichkeit (Gebrauchstauglichkeit, Usability, Informationsergonomie) von Software ist also das Ausmaß, in dem ein (Informations-)Produkt durch bestimmte Benutzer in einem bestimmten Nutzungskontext genutzt werden kann, um bestimmte Ziele effektiv und effizient zu erreichen. Effektiv meint dabei, die Genauigkeit und Vollständigkeit, in dem das Ziel des Benutzers erreicht wird. Effizienz ist das Verhältnis von Aufwand zu erreichter Effektivität bei der Zielverfolgung.

Beschäftigt man sich mit diesem Gebiet näher oder begibt man sich auf die Suche nach Literatur und Fachleuten, so begegnen einem immer wieder eine Reihe von Begriffen und Schlagworten: Usability, Benutzungsfreundlichkeit, Benutzerfreundlichkeit, Gebrauchstauglichkeit, Anwendungsfreundlichkeit, Kognitive Ergonomie, Human Factors, Mensch-Maschine-Schnittstelle, Human Computer Interaction (HCI), User Interface Design (UID), Graphische Benutzeroberfläche (GUI) etc.

Bei der ergonomischen Gestaltung von Software geht es darum, die Benutzungsoberfläche und die Dialogführung so zu gestalten, daß maximale Verständlichkeit und Orientierung bei gleichzeitiger Arbeitsablaufoptimierung erreicht wird. Software-ergonomische Konzepte orientieren sich daher immer an menschlichen Informationsverarbeitungsprozessen einerseits und an den Aufgaben und Arbeitszielen andererseits. Wie in der Ergonomie allgemein, sollen einerseits negative Beanspruchungsfolgen für die Anwender von Software weitgehend verhindert beziehungsweise verringert, und andererseits die Effizienz bei der Benutzung von Software erhöht werden. Es ist daher ganz und gar nicht gleichgültig, ob gut oder

schlecht benutzbare Softwarewerkzeuge verwendet werden.

Darüber hinaus werden diese Werkzeuge aber nicht nur im Büro, sondern mehr und mehr in anderen Arbeits- und Lebenssituationen eingesetzt. Bildschirmarbeitsplätze gibt es in immer höherem Ausmaß auch in Planungs- und Überwachsungsbereichen und in der Produktion. Überall dort kann die Gestaltung der Software darauf Einfluß nehmen, wie leicht oder schwer die Aufgaben der Beschäftigten durchzuführen sind und wieviele Irrtümer und Fehler auftreten.

In diesem Beitrag geht es in erster Linie darum, praktische Schlußfolgerungen aus den gesetzlichen Anforderungen für die ergonomische Gestaltung von Software zu ziehen und an Beispielen zu erläutern. Arbeitgeber sind verpflichtet, bei der Beschaffung von Standardsoftware oder bei der Entwicklung von Individualsoftware darauf Einfluß zu nehmen, daß die Software gebrauchstauglich und benutzungsfreundlich ist (§ 68 ASchG).

In der Praxis ist es in allen Fällen wichtig, dies durch eine systematische Einbindung der zukünftigen Benutzer beim Einkauf oder bei der Entwicklung von Software zu gewährleisten. Denn wer könnte besser beurteilen, ob eine Software für die durchzuführenden Arbeitsaufgaben gut benutzbar ist als die BenutzerInnen selbst? Beispielsweise könnte die Anwendung des in diesem Buch[1] enthaltenen Fragebogens ISONORM 9241/ 10 eine mögliche erste Hilfestellung für Kauf- beziehungsweise Gestaltungsentscheidungen sein.

2.4.2. Was bewirkt mangelnde Benutzungsfreundlichkeit?

Menschen haben in ihrem Leben immer wieder mit komplexen technischen Geräten zu

---

1 Siehe Kapitel 4.3.

tun, deren Handhabung schwer zu durchschauen ist. Die Bedienung von Videorecordern, programmierbaren Telefonen, Fernsteuerungen, Fotoapparaten und Videokameras, Faxgeräten und Druckern, Mikrowellenherden, Mobiltelefonen, Computern und computergesteuerten Geräten und Maschinen ist häufig nicht sofort einleuchtend und einfach, sondern sehr kompliziert und wird oft durch noch kompliziertere Gebrauchsanleitungen erklärt. Im Normalfall wird ein Gerät zuerst ausprobiert, bevor die Bedienungsanleitung herangezogen wird und diese hilft dann oft auch nicht weiter. Durch zahlreiche Benutzungsstudien und diverse Kennzahlen von Herstellerfirmen (zum Beispiel Häufigkeit und Grund von Anrufen bei Kundendienst und Hotline, Reklamationen) läßt sich zeigen, daß nicht wenige, sondern die meisten Menschen dieselben Probleme bei der Bedienung von komplexen technischen Geräten haben.

Gute Benutzbarkeit ist aber keine Frage der Intelligenz, sondern der Produktgestaltung. Die benutzergemäße Gestaltung technischer Geräte kann Irrgänge, geistige Hürdenläufe und frustrierendes Scheitern verhindern. Ein Arbeitsmittel muß die Durchführung von Arbeitsaufgaben zur Erreichung bestimmter Arbeitsergebnisse unterstützen (erleichtern, verbessern), das Arbeitsmittel selbst darf nicht zu einer Behinderung dieser Aufgabe werden. Durch informationsergonomische Gestaltung sind

aber nicht nur die negativen Erlebnisse der Benutzer zu verringern, sondern auch die Personal-, Material- und Nebenkosten, die durch Fehlbedienungen, Hotline- und Kundendienstleistungen sowie Reklamationen anfallen.

Wird allein bedacht, daß im Durchschnitt 12 % der Arbeitszeit an Computern (Software) mit der Suche und Behebung von Fehlern verbracht wird[2] und ca. 80 % des Funktionsumfangs von Software dem Durchschnittsbenutzer nicht bekannt sind, ergibt sich daraus ein enormes Verbesserungspotential. Weiters entfallen während eines fünfjährigen Lebenszyklus eines PCs lediglich ein Sechstel der Kosten auf Beschaffungsinvestitionen. 57 % sind „verdeckte Kosten" durch unproduktive Tätigkeiten der Benutzer (Fehlbedienung, Verwaltung, Reparatur von Dateien, Suche in Handbüchern, Erörterung von Bedienungsproblemen).[3]

Abgesehen davon entstehen durch Fehlbedienungen komplexer Technologien häufig dramatische Folgeschäden.[4] Reason (1994)[5] berichtet über eine Analyse von 387 Ausgangsursachen bei 180 Berichten über bedeutsame Vorfälle in Kernkraftwerken zwischen 1983 und 1984. Mehr als die Hälfte der aufgetretenen Vorfälle (also Abweichungen und Störungen des Normalbetriebes) hatten mit Ausführungsleistungen von Menschen zu tun (Tabelle 2.4.1.).

Menschliche Ausführung	52 %
Konstruktionsmängel	33 %
Rest (Herstellung, Verarbeitung, externe Ursachen, sonstige Ursachen)	13 %

Tabelle 2.4.1. 387 Ausgangsursachen bei 180 Berichten über bedeutsame Vorfälle in Kernkraftwerken zwischen 1983 und 1984 von INPO – Institute of Nucelar Power Operations mit Sitz in Atlanta, Georgia, USA

2 Zapf D.: Streßbezogene Arbeitsanalyse bei der Arbeit mit unterschiedlichen Bürosoftwaresystemen. In: Zeitschrift für Arbeits- und Organisationspsychologie, 35, 1/1991, S. 2–14.

3 Deutsches Bundesverwaltungsamt (Hg.): BBB-Informationen, Oktober, 1994.

4 Schilderungen von solchen Beispielen sind zum Beispiel bei Perrow (1992) oder Casey (1993) zu finden.

5 James Reason: Menschliches Versagen. Psychologische Risikofaktoren und moderne Technologien. Spektrum-Verlag, Heidelberg, 1994.

Das bedeutet aber nicht, daß Menschen prinzipiell zu dumm sind, um mit Hochtechnologien sicher umgehen zu können. Es bedeutet (und das sind auch die Schlußfolgerungen der hier zitierten Autoren), daß die physiologischen Einschränkungen der Informationsaufnahme und -verarbeitung sowie des Handeln von Menschen häufig die Komplexität des Informationsumfeldes nicht bewältigen können. Oder umgekehrt formuliert, die Art und Weise der Gestaltung des Informationsumfeldes trägt oft dazu bei, daß Fehlhandlungen und Irrtümer mit hoher Wahrscheinlichkeit auftreten müssen, weil sie im Widerspruch zu Merkmalen des menschlichen Informationsverarbeitungsvermögens stehen.

Reason (1994, S. 228) beschreibt das so: *„Bei der Überwachungskontrolle durch den Menschen hatte man sich eigentlich nicht Menschen vorgestellt. Sie war ein Nebenprodukt der Mikrochiprevolution. Versammelte man eine Gruppe von Spezialisten im Bereich der „Human Factors" mit der bösartigen Absicht, sich eine Tätigkeit auszudenken, die für die Stärken und Schwächen der menschlichen Kognition völlig ungeeignet wäre, so könnte dabei etwas herauskommen, was sich im Großen und Ganzen kaum von dem unterscheidet, was derzeit von den Bedienern chemischer und nuklearer Anlagen verlangt wird. Um es einfach zu sagen: Die aktiven Fehler des gestreßten Überwachungspersonals sind zu einem großen Teil die verzögerten Effekte von Fehlern in der Systemkonstruktion."*

Grundsätzliche Merkmale der Interaktion des Menschen mit komplexen Informationssystemen gelten selbstverständlich auch für den Umgang mit Computern und Software. Die Gestaltung von Software hat also Einfluß auf:

- die Effizienz und Effektivität der Aufgabendurchführung,

- die Produktivität der Mitarbeiter,
- die Fehlerrate bei der Verwendung der Software,
- die Bearbeitungsgeschwindigkeit,
- den Nutzungsumfang verfügbarer Funktionen,
- die Anzahl nicht genutzter Funktionen,
- die Häufigkeit von Versuchs- und Irrtumshandeln („Trial and Error"),
- die Häufigkeit von Hilfe-Aufrufen und Zusatzinformationen,
- die Lerndauer und den Schulungsaufwand,
- das Behalten über die Zeit (Langzeitgedächtnis),
- die Akzeptanz von Softwarewerkzeugen,
- die Motivation der Anwender, die Software zu nutzen.

2.4.3. Menschliche Informationsverarbeitung

Um diese Mensch-Maschine-Schnittstelle besser, also menschenangepaßter gestalten zu können, ist zunächst die Frage zu stellen, wie die menschliche Informationsverarbeitung funktioniert. Die wissenschaftlichen Grundlagen der Software-Ergonomie[6] stützen sich vorwiegend auf psychologische Grundkategorien der menschlichen Informationsverarbeitung. Dieses Fachgebiet wird deshalb auch als Kognitive Ergonomie bezeichnet. Unter Kenntnis der kognitiven (geistigen, mentalen) menschlichen Leistungsfähigkeit und deren Leistungsgrenzen werden zur Vermeidung von daraus resultierenden, negativ wirksamen psychischen Belastungen und Beanspruchungen Gestaltungsgrundsätze formuliert (siehe Abb. 2.4.1.).

Für die Ausführung einer einzigen Handlung des Anwenders bei der Benutzung von

---

6 Martina Molnar: Benutzerfreundliche Software. In: Blaha (Hg.): Der Mensch am Bildschirmarbeitsplatz. Springer-Verlag, Wien, 1995.

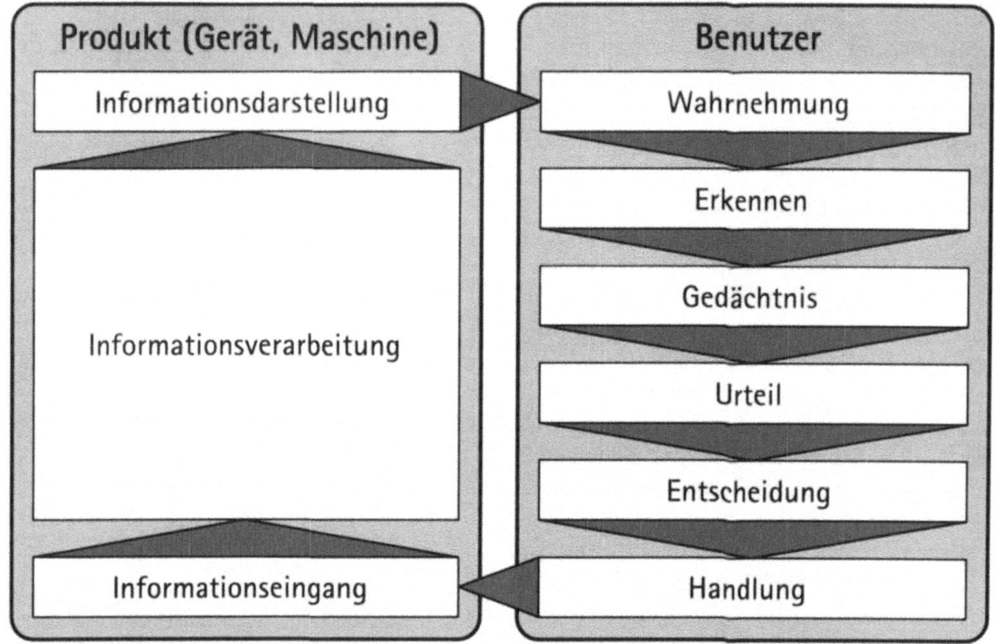

Abb. 2.4.1. Nach ÖNORM EN ISO 10075-2 (Ergonomische Grundlagen bezüglich psychischer Arbeits-belastung. Teil 2: Gestaltungsgrundlagen), 6/2000

Software sind eine Reihe von psychophysischen Prozessen notwendig (Wahrnehmung, Erkennen, Gedächtnis, Lernen, Denken, Entscheiden, Handeln). Diese Prozesse sind Thema und Inhalt des Gebietes der Kognitiven Ergonomie.

2.4.3.1. Gedächtnisfunktionen, Informationsverabeitung und Fehleranfälligkeit

Nur einzelne *Sinnesreize* (optische, akustische, taktile Signale) bekommen unsere *bewußte Aufmerksamkeit* und gelangen in das Kurzzeitgedächtnis. Wenn Sie gerade diesen Text lesen, fällt Ihnen vielleicht gar nicht auf, daß vor dem Fenster der Verkehr zu hören ist oder irgendein Gerät im Raum brummt. Es findet ein Selektionsprozeß statt, der sich nach bestimmten Merkmalen

richtet, wie zum Beispiel der Auffälligkeit von Farbe, Form, Größe, Bewegung, Lautstärke etc. von Reizen und dem Grad der Aufmerksamkeit.

Im *Kurzzeitgedächtnis* haben gleichzeitig fünf bis sieben Informationseinheiten Platz. Sie können sich das gut an folgender Situation vorstellen. Sie telefonieren mit jemandem und bekommen eine Telefonnummer, die sie dann anrufen wollen. Sie haben aber keinen Notizzettel dabei und können sich die Nummer nur merken. Sie werden sich diese Telefonnummer mehrmals laut oder leise vorsagen, damit Sie sie nicht vergessen bis Sie sie gewählt haben. Obwohl es sich nur um wenige Informationseinheiten handelt ist das für das Kurzzeitgedächtnis schon an der Grenze des Fassungsvermögens.

Informationen im Kurzzeitgedächtnis werden in Höchstgeschwindigkeit mit den

Inhalten des *Langzeitgedächtnisses* verglichen. Dieser Prozeß ordnet jeder Information eine Bedeutung zu. Was ist das? Was bedeutet das? Kenne ich das? Was tut man damit? Wie reagiert man darauf? Das sind Fragen, die diesen Prozeß umschreiben könnten. Das Kurzzeitgedächtnis könnte als „Vorzimmer" bezeichnet werden, welches jede Information durchqueren muß, bevor sie eine Chance hat ins das Langzeitgedächtnis zu kommen. Das Langzeitgedächtnis hingegen könnte als die „Bibliothek" bezeichnet werden, in der alle unsere Erfahrungen, Erinnerungen und Wissensinhalte gespeichert sind. Es ist ein bewußt nicht kontrollierbarer Prozeß, bei dem alle eintreffenden Informationen automatisch identifiziert und auf ihre Bedeutung geprüft werden. Auf der Basis dieser Bedeutungen werden ebenso rasch Urteile gefällt, Verhaltensentscheidungen getroffen und Handlungen gesetzt. Ähnlichkeiten zwischen neuen Informationen und vorhandenen Inhalten der „Bibliothek" werden untersucht. Menschen wären vollkommen handlungsunfähig, wenn dieser Mechanismus nicht bestünde. Jede neue Situation würde zu einer unendlich langen Irritation, langwierigen Prüfprozessen und unsicheren Handlungsversuchen führen, wären da nicht die standardisierten Muster, die zu reflexartigen Gefühlen, Gedanken und Verhaltensweisen führen.

Reason (1994) beschäftigt sich mit menschlichen Fehlleistungen[7] und beschreibt dabei zunächst, welche Merkmale die Informationsverarbeitungsprozesse des Menschen aufweisen. Kognitive Aktivitäten sind ein kompliziertes Wechselspiel zwischen kontrollierten beziehungsweise bewußten Prozessen und automatischen beziehungsweise unbewußten Prozessen. Das

---

7 James Reason: Menschliches Versagen. Psychologische Risikofaktoren und moderne Technologien. Spektrum-Verlag, Heidelberg, 1994.

Kurzzeit- und das Langzeitgedächtnis unterscheiden sich durch diese zwei verschiedenen Formen der Prozeß-Steuerung:

Kurzzeitgedächtnis

Das Kurzeitgedächtnis (KZG, Arbeitsgedächtnis, Workspace) wird durch bewußte und aufmerksamkeitsbezogene Kontrolle gesteuert. Das Kurzzeitgedächtnis hat begrenzte Aufmerksamkeitsressourcen, Information kann nur sequentiell (hintereinander) und selektiv verarbeitet werden, was die Prozesse im Kurzzeitgedächtnis sehr langsam und mühsam macht.

Kognitive Fehlleistungen und darauf beruhende Fehlhandlungen des Menschen im Bereich des Kurzzeitgedächtnisses sind auch durch diese Merkmale bestimmt. Die Aufmerksamkeitsbegrenzung und der zwingende Selektionsmechanismus führen so vielleicht dazu, daß entscheidende Informationen gar nicht registriert werden können, nicht schnell genug registriert werden oder zu schnell wieder vergessen werden.

Beispiel: Mein Computer beziehungsweise Bildschirm präsentiert eine Vielfalt von optischen und akustischen Informationen, die ich nicht alle gleichzeitig wahrnehmen kann. Aus diesem Grunde ist die Online-Hilfe am Computer oft kaum verwendbar. Denn beim Hin- und Herblättern zwischen dem Hilfe-System und meiner Anwendung verliert das Kurzzeitgedächtnis häufig die Information, die es gerade noch präsent hatte. Bin ich dann dort, wo ich die Hilfe brauche, habe ich die Lösung für mein Problem schon vergessen.

Langzeitgedächtnis

Das Langzeitgedächtnis (Wissensspeicher) wird durch unbewußte schematische Kontrolle gesteuert. Das bedeutet, erlernte Muster, Regeln, Modelle oder Schemata werden durch Aktivatoren (Sinnesreize, Vorstellungen) ausgelöst. Dies geschieht sehr schnell und im Gegensatz zum Kurzzeitgedächtnis auch parallel. Daher ist dieser Prozeß, weil er keine bewußte Aufmerksamkeit benötigt, auch nicht anstrengend.

Fehlhandlungen bei diesem Prozeß lassen sich ebenfalls aus den Eigenschaften des Langzeitgedächtnisses ableiten. Durch die automatische Übertragung von vorhandenen Standards, Regeln und Mustern auf neue Informationen können neue Informationen mit Bedeutungen versehen werden, die gar nicht zutreffen. Eine Korrektur ist nur durch bewußte aufmerksamkeitsbezogene Kontrolle (Kurzzeitgedächtnis) möglich.

Beispiel: Auf meinem Bildschirm sehe ich Buttons und Symbole, die bei mir automatisch die Assoziationen „Drucken", „Löschen", „Scrollen", „Fenster öffnen", „Fenster schließen" etc. auslösen, denn das ist in meiner Bibliothek des Langzeitgedächtnisses so archiviert. Sämtliche Handlungen sind mit diesen Erwartungshaltungen verbunden. Irritationen und Störungen können auftreten, wenn ich es mit Informationen zu tun habe, für die kein Muster im Langzeitgedächtnis vorhanden ist oder wenn die erwarteten Bedeutungen nicht zutreffen. Dann wird der schnelle und automatisierte Informationsverarbeitungsprozeß mit Hilfe des Langzeitgedächtnisses plötzlich zum langsamen und seriellen Informationsverarbeitungsprozeß mit Hilfe des Kurzzeitgedächtnisses. Der betreffende Mensch wird suchen, ausprobieren und Schritt für Schritt das aktuelle Informationsproblem bewältigen müssen.

2.4.3.2. Schlußfolgerungen für die Informationsgestaltung

Jedes zu bedienende Produkt liefert durch seine Gestalt auch Informationen darüber, wie es zu benutzen ist. Informationswahrnehmung, -verarbeitung und Handlungs-

Reduktion von Komplexität	Reduktion von Funktionen und Informationsmenge, Einschränkungen der Interpretationsspielräume (Gedächtnisentlastung, Reduktion von Lernaufwand, Irrtümern und Fehlbedienungen)
Nötiges sichtbar, Unnötiges unsichtbar machen	Was für die Bedienung notwendig ist, muß sichtbar sein und umgekehrt
Trennung von Wichtigem und Unwichtigem	Strukturierung und Gestaltung nach Prioritäten, Bedienungshäufigkeit, Handlungsablauf etc.
Strukturierung von Information	Sinnvolle Gruppierung und Gestaltung räumlich, optisch, akustisch (Erleichterung der Orientierung, Informationsverarbeitung und Bedienung)
Konsistenz und Durchschaubarkeit	Schaffung und Beibehaltung eines „roten Fadens" bei ähnlichen Darstellungs- und Bedienungsprozessen
Analogienbildung unterstützen	Anknüpfen am Vorwissen, Verwendung kultureller Standards (Übertragung bestehender Erfahrungen auf eine neue Situation)
Einschränkungen	Reduktion von Handlungsmöglichkeiten reduziert die Fehlerwahrscheinlichkeit
Feedback geben	Feedback ist das Maß für den Erfolg von Handlungsentwürfen. Fehlendes Feedback gibt keine Orientierung über Effekte und Richtigkeit/Unrichtigkeit der Handlungsentwürfe

Tabelle 2.4.2. Gestaltungshinweise zur Verbesserung der Informationsergonomie

entscheidungen sind Leistungen des Menschen. Dieser Prozeß kann nur so gut funktionieren, wie die Informationspräsentation des Produktes auf die Informationsverarbeitungsprozesse des Menschen abgestimmt ist. Bei der Gestaltung von Informationsverarbeitungssystemen sollte daher der Informationsverarbeitungskapazität des Menschen entsprochen werden, der Interpretationsspielraum für den Benutzer möglichst klein sein sowie ausreichend nachvollziehbares Feedback auf der Maschinenseite zur Verfügung stehen (siehe Tabelle 2.4.2.).

Konkrete Gestaltungshinweise zur Software-Ergonomie umfassen eine ganze Reihe von Teilbereichen und können in dieser Übersicht nicht detailliert behandelt werden. Ein anschauliches Beispiel hierzu finden Sie am Ende dieses Textes.

2.4.4. Gesetzliche und normative Grundlagen

2.4.4.1. ArbeitnehmerInnenschutzgesetz

Anforderungen hinsichtlich der Gestaltung von Software finden Sie in § 68 Abs. 2 ASchG. Sie lauten:

„Bei der Konzipierung, Auswahl, Einführung und Änderung der Software sowie bei der Gestaltung von Tätigkeiten, bei denen Bildschirmgeräte zum Einsatz kommen, haben die Arbeitgeber folgende Faktoren zu berücksichtigen:

1. Die Software muß der auszuführenden Tätigkeit angepaßt sein.

2. Die Software muß benutzerfreundlich sein und gegebenenfalls dem Kenntnis- und Erfahrungsstand der Benutzer angepaßt werden können.

3. Die Systeme müssen den Arbeitnehmern Angaben über die jeweiligen Abläufe bieten.

4. Die Systeme müssen die Information in einem Format und in einem Tempo anzeigen, das den Benutzern angepaßt ist.

5. Die Grundsätze der Ergonomie sind insbesondere auf die Verarbeitung von Informationen durch den Menschen anzuwenden."

Die hier genannten fünf Ziffern sind wörtlich von der EU-Bildschirmrichtlinie 90/270/EWG übernommen worden. Es handelt sich um etwas „unglücklich" formulierte Basisanforderungen zur Software-Ergonomie, wie sie auch in der ÖNORM EN ISO 9241, Teil 10 enthalten sind. Die wesentliche Grundaussage wird durch Ziffer 5 zum Ausdruck gebracht.

Die software-ergonomischen Anforderungen entsprechend § 68 Abs. 2

- sind *„auf tragbare Datenverarbeitungsgeräte, die nicht regelmäßig am Arbeitsplatz eingesetzt werden"*, nicht anzuwenden (§ 68 Abs. 5 ASchG).
- sind auf auf die in § 67 Abs. 5 angeführten Einrichtungen und Geräte (zum Beispiel Fahrer- und Bedienungsstände von Fahrzeugen und Maschinen, Datenverarbeitungsanlagen an Bord eines Verkehrsmittels etc.) *„nur anzuwenden, soweit die Art oder Zweckbestimmung der Einrichtung oder die Art der Arbeitsvorgänge dem nicht entgegenstehen"* (§ 68 Abs. 6 ASchG).
- gelten *„auch für Bildschirmarbeit außerhalb der Arbeitsstätte"* (§ 68 Abs. 7 ASchG).

In der Bildschirmarbeitsverordnung, die am 1.5.1998 in Kraft getreten ist, wird auf diese software-ergonomischen Anforderungen nicht mehr gesondert Bezug genommen. Die Grundsätze sind in § 68 Abs. 2 ASchG festgehalten.

2.4.4.2. Normative Bezugspunkte

Die Normenreihe ÖNORM EN ISO 9241[8] behandelt in Teil 10 bis 17 die folgenden

---

8 Siehe Kapitel 1.4.

Aspekte, die sich mit der ergonomischen Gestaltung von Software befassen:

Teil 10: Grundsätze der Dialoggestaltung
Teil 11: Anforderungen an die Gebrauchstauglichkeit
Teil 12: Darstellung von Informationen
Teil 13: Benutzerführung
Teil 14: Dialogführung mittels Menüs
Teil 15: Dialogführung mittels Kommandosprachen
Teil 16: Dialogführung mittels direkter Manipulation
Teil 17: Dialogführung mittels Bildschirmformularen

Ein Normenwerk richtet sich im Regelfall an die Hersteller beziehungsweise Inverkehrbringer von Produkten und nicht an die Anwender. Es kann in einzelnen Fällen jedoch auch nützlich sein, sich von der Anwenderseite her Information über normative Empfehlungen zu beschaffen.

Die ÖNORM EN ISO 9241 Teil 10 (Grundsätze der Dialoggestaltung) enthält die Basisbausteine der Software-Ergonomie und stellt den Ausgangsrahmen für die nachfolgenden Detailanforderungen der Teile 11 bis 17 dar. Sie klassifiziert die Anforderungskriterien an ergonomische Software in sieben wichtige Grundsätze. Dies sind auch die Grundsätze, die im hier enthaltenen Fragebogen ISONORM 9241/10[9] operationalisiert sind:

1. Aufgabenangemessenheit (Eigenschaft eines Arbeitsmittels, den Benutzer bei der Erledigung der Arbeitsaufgabe zu unterstützen, ohne den Benutzer durch Eigenschaften des Arbeitsmittels unnötig zu belasten).

2. Selbstbeschreibungsfähigkeit (Eigenschaft eines Rechensystems, auf Verlangen des Benutzers Erläuterungen zum Einsatzzweck oder Leistungsumfang zu geben oder unmittelbar verständliche Rückmeldungen anzuzeigen).

3. Steuerbarkeit (Eigenschaft eines Dialogsystems, den Dialog durch den Benutzer veränderbar anzubieten).

4. Erwartungskonformität (Eigenschaft eines Arbeitsmittels, den Erwartungen des Benutzers hinsichtlich allgemeiner Übereinkünfte, der in Arbeitsabläufen oder Schulungen gewonnenen Erfahrungen und den Erklärungen im Benutzerhandbuch zu entsprechen).

5. Fehlertoleranz (Eigenschaft eines Dialogsystems, bei erkennbar fehlerhaften Eingaben die Arbeitsaufgabe mit minimalem oder ohne Korrekturaufwand zu erledigen).

6. Individualisierbarkeit (Eigenschaft eines Arbeitsmittels, dieses durch den Benutzer für eine bestimmte Arbeitsaufgabe zu verändern).

7. Lernförderlichkeit (mentaler und physischer Aufwand für die Nutzung eines Arbeitsmittels).

Was das in der praktischen Umsetzung von Software-Ergonomie bedeutet, können Sie anhand einiger nachfolgend angeführter Beispiele sehen.

2.4.5. Evaluierung von Software als Verpflichtung aus dem ASchG

Die ergonomische Angemessenheit von Informationsverarbeitungssystemen an das menschliche Denken kann nicht physikalisch „gemessen" werden. Dennoch kann die Informationsarbeit für den Menschen durch schlecht gestaltete Systeme einerseits zu Belastungen führen (diese gehören in den Bereich der psychischen Belastungen und betreffen solche Belastungen, die mit Behinderungen bei der Arbeitsdurchführung zu tun haben)[10] und andererseits sind durch Fehlbedienungen an solchen Systemen (insbesonde-

---

9 Siehe Kapitel 4.3.

10 Siehe auch Kapitel 4.2. und 4.3.

re zum Beispiel im Bereich von Prozeß-Steuerungen) auch Sicherheitsrisiken gegeben.[11]

Entscheidend bei allen Evaluationsmethoden ist, daß die Benutzer in diesen Prozeß einbezogen werden. Nur sie sind in der Lage, gültige Aussagen über die Benutzungsfreundlichkeit zu treffen. Eine für einen breiteren Anwenderkreis und einfach einzusetzende Methode wird nachfolgend beschrieben. Eine kurze Beschreibung anderer Methoden wird nachfolgend ergänzt.

Im Kapitel 4.3. dieses Buches finden Sie den Fragebogen ISONORM 9241/10, mit welchem Beurteilungen von Software auf Basis der EN ISO 9241, Teil 10 durch Auswertung von Benutzerbefragungen möglich sind.[12] Nachfolgend wird beispielhaft beschrieben, wie dieses Verfahren für die Auswahl von Standardsoftware beziehungsweise die Entwicklung von Individualsoftware eingesetzt werden könnte.

2.4.5.1. Aufgaben und Pflichten von Arbeitgebern bei der Beschaffung von Standardsoftware

- Die Integration der geforderten software-ergonomischen Kriterien bei *Auswahl und Beschaffung* muß gemäß § 68 ASchG gewährleistet sein.
- Entsprechende Beschaffungsdefinitionen sind daher erforderlich.
- Die software-ergonomische Beurteilung kann auch durch Heranziehung von software-ergonomischen Prüfkriterien (Produktvergleich durch Experten- beziehungsweise Benutzerevaluierung, Orientierung an einschlägigen Prüfzei-

chen, zum Beispiel TÜV ERGONOMIE GE-PRÜFT) und durch Benutzerevaluierung abgedeckt werden.

2.4.5.2. Praxisbeispiel

Wenn also zum Beispiel ein Arbeitgeber beziehungsweise eine von ihm beauftragte Person ein neues Programm beispielweise für die Buchhaltungsabteilung kaufen will, wird normalerweise festgelegt, welche Funktionen das Programm erfüllen und in welchem Preisrahmen es sich bewegen soll. Es wird dann zwischen mehreren Produkten auf dem Markt eine Auswahl zu treffen sein.

Das Unternehmen X will ein neues Buchhaltungsprogramm einkaufen. Nach der Einholung von einigen Offerten kommen hinsichtlich des Leistungsumfanges und der Kosten zwei Programme in die engere Wahl. Diese beiden Programme werden nun von 10 Personen aus der Buchhaltungsabteilung getestet und beispielsweise auch mit Hilfe des Fragebogens ISONORM 9241/10 bewertet. Eine Auswertung bringt bezüglich des Kriteriums „Aufgabenangemessenheit" folgende durchschnittliche Ergebnisse (siehe Abb. 2.4.2.):

10 Personen haben die Buchhaltungsprogramme A und B beurteilt. Sie sehen einen der sieben Beurteilungsbereiche (Aufgabenangemessenheit) aus dem Fragebogen ISO-NORM 9241/10. Programm B liegt in der durchschnittlichen Bewertung der Benutzer weit besser als Programm A. Auch in den weiteren sechs Beurteilungskategorien des Fragebogens zeigen sich solche Unterschiede. Das Unternehmen entscheidet sich daher für den Kauf des Programms B.

Die gesetzlichen Regelungen hinsichtlich der Software-Ergonomie sind in diesem Fall dann weitgehend berücksichtigt, wenn die künftigen Benutzer aus der Buchhaltungsabteilung in die Auswahlentscheidung einbezogen werden, indem sie die in Frage

---

11 Perrow, 1992; Casey, 1993

12 Das Verfahren von Prümper und Anft wurde von den Autoren auch in die Publikation „Software-Ergonomie" der Allgemeinen Unfallversicherungsanstalt aus der Reihe „Gefahren ermitteln und beseitigen" integriert.

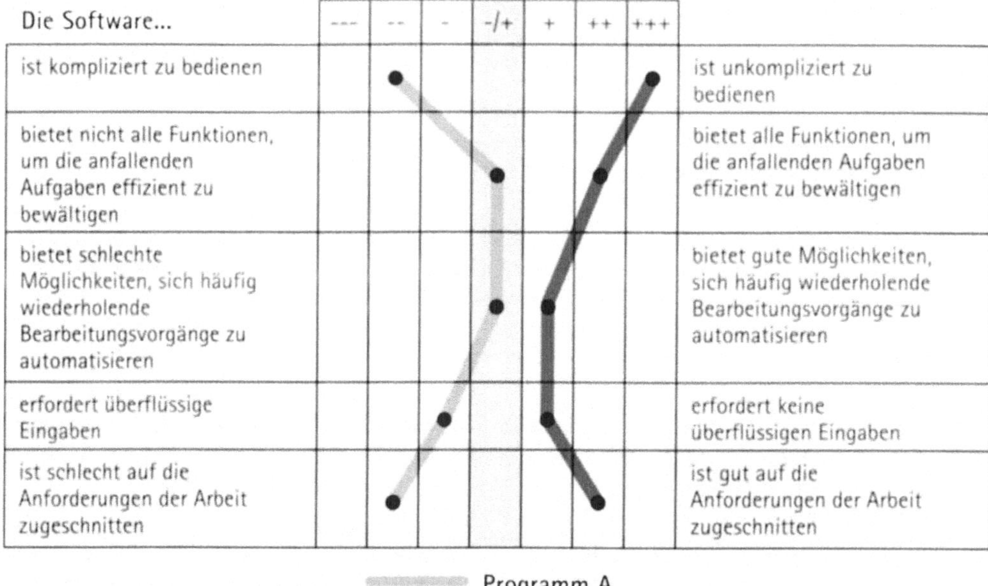

Abb. 2.4.2. Auswertung für den Vergleich zwischen den Buchhaltungsprogrammen A und B hinsichtlich des Kriteriums „Aufgabenangemessenheit" im Fragebogen ISONORM 9241/10

kommenden Programme miteinander vergleichen und testen können. Denn die Mitarbeiter aus der Buchhaltungsabteilung wissen genau, mit welchen Softwarefunktionen sie ihre Aufgabe gut bewältigen können und welches Programm sie am besten dabei unterstützt. Sicherlich wird dieser Vorgang nur dort möglich sein, wo für den gewünschten Einsatzzweck und Funktionsumfang tatsächlich mehrere Standard-Softwareprodukte auf dem Markt zur Verfügung stehen.

2.4.5.3. Aufgaben/Pflichten von Arbeitgebern bei der Entwicklung von Individualsoftware

- Die Integration der geforderten software-ergonomischen Kriterien bei *Konzipierung, Entwicklung und Änderung von Software* muß entsprechend § 68 ASchG gewährleistet werden.

- Eine entsprechende interne oder externe Auftragsdefinition ist daher vorzusehen (Pflichtenheft).
- Durch die Integration der künftigen Benutzer in den Entwicklungsprozeß (am besten von Beginn an) und laufende systematische Benutzertests werden die Erfordernisse der Evaluierung (§§ 5, 68 ASchG) erfüllt.

2.4.5.4. Praxisbeispiel

Bei einem großen Maschinenherstellerunternehmer wird beispielsweise im Auftrag eines Arbeitgebers beziehungsweise einer von ihm beauftragten Person eine neue Software für die Prüfung von Maschinensicherheit nach der MSV (Maschinensicherheitsverordnung) entwickelt, welches den Prozeß der Konformitätsprüfung und CE-

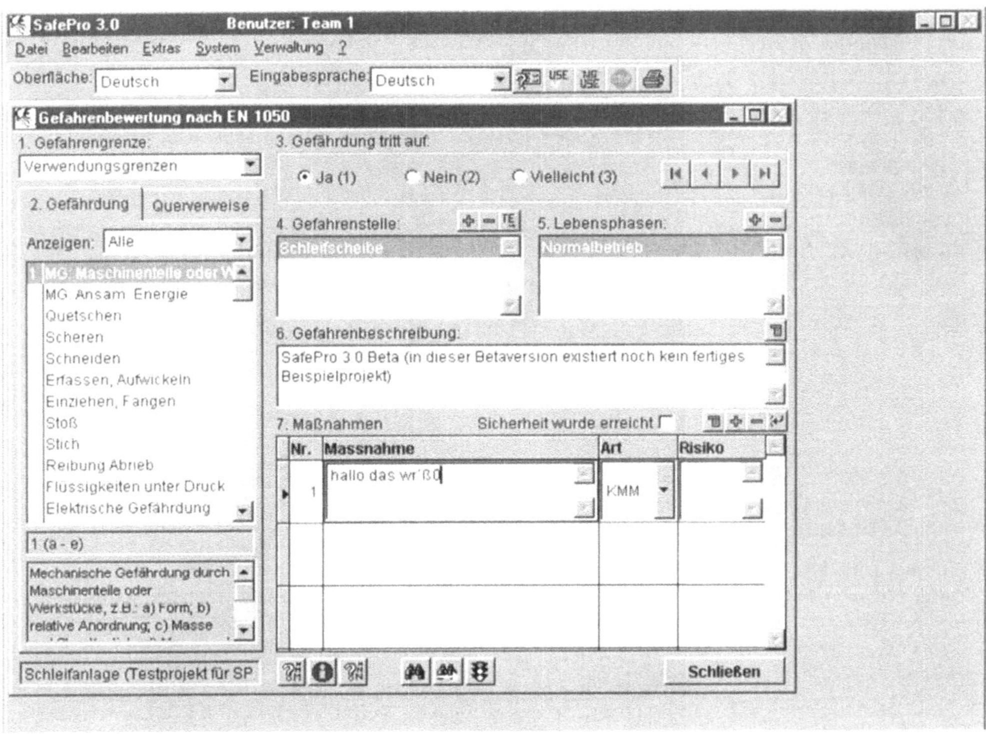

Abb. 2.4.3. Zu beurteilender Eingabebereich „Risikoanalyse" aus dem Programm SafePro

Kennzeichnung unterstützen soll. Der Arbeitgeber/Auftraggeber muß dafür sorgen, daß software-ergonomische Überlegungen in die Konzeptphase und während des Entwicklungsprozesses einbezogen werden, unabhängig davon, ob das Programm im eigenen Hause oder auch durch einen externen Auftragnehmer entwickelt wird.

Auch hier ergibt sich aus den Erfahrungen der Anwender des künftigen Programms, welche Funktionen sie für die Durchführung ihrer Tätigkeit brauchen. Die Erstellung eines Pflichtenheftes sollte auf diese wichtigen Kenntnisse nicht verzichten. Es ist darüber hinaus unbedingt notwendig, während des Entwicklungsprozesses systematische Evaluierungen der „Usability" (Gebrauchstauglichkeit) durch Benutzertests vorzuneh-

men. Der Fragebogen ISONORM 9241/10 kann hierfür jedoch nur grundlegende Informationen über etwaige Benutzungsprobleme geben. Was, warum, wo zu Bedienungsproblemen führt, muß systematisch bei Benutzern beobachtet oder erfragt werden und in den weiteren Entwicklungsprozeß einfließen.

Während der Entwicklungsphase des Programms wurde ein Prototyp durch die künftigen Benutzer beurteilt. Der zentrale Programmteil ist der Bereich „Risikobeurteilung" in der Software, dessen Haupteingabemaske Sie als Beispiel in Abb. 2.4.3. dargestellt sehen:[13]

---

13 Das Programm SafePro wurde im Rahmen von Lehrveranstaltungen am Technikum Joan-

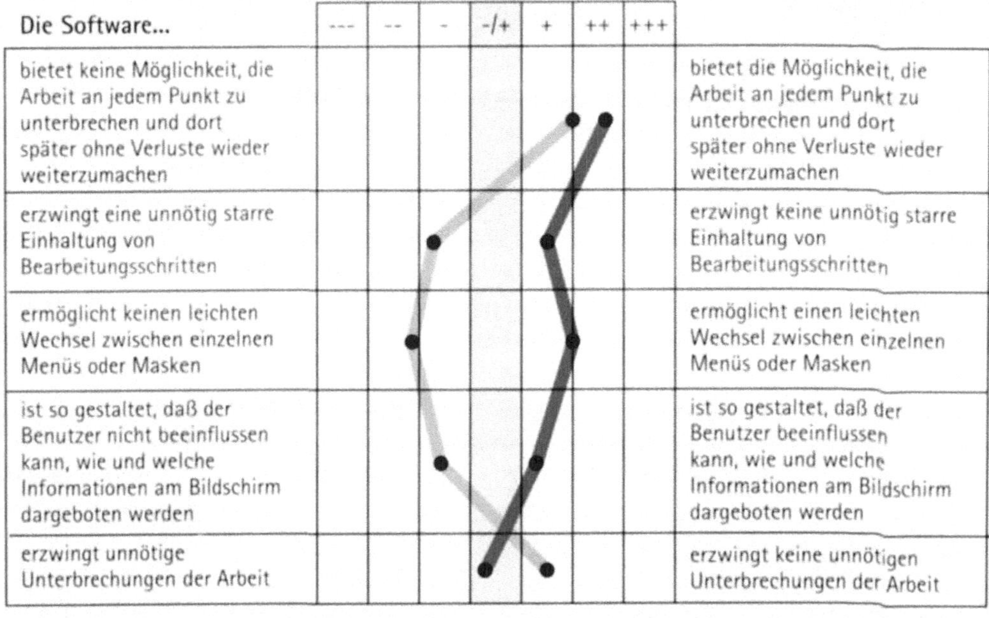

Abb. 2.4.4. Beurteilung des Programms SafePro hinsichtlich des Kriteriums „Steuerbarkeit" im Fragebogen ISONORM 9241/10

Die durchschnittlichen Bewertungen im Fragebogen ISONORM 9241/10 brachten folgende Ergebnisse für das gesamte Programm und sämtliche Funktionsbereiche (Auszug aus dem Bereich „Steuerbarkeit", Abb. 2.4.4.).

Wie die statistische Auswertung der Benutzerurteile zeigt, wird das Programm als wenig steuerbar empfunden. Das heißt, die meisten Beurteiler fanden, daß die Programmgestaltung wenig Spielraum für die Benutzer läßt (starre Einhaltung von Arbeitsschritten, schwieriger Wechsel zwischen einzelnen Menüs oder Masken, keine Einflußnahmen auf die dargestellte Informationsmenge).

Die Benutzer wurden dann befragt, worin die konkreten Bedienungsprobleme lagen und nannten eine Reihe von konkreten Schwierigkeiten. Beispielweise folgende, die sich auf die Darstellung in Abb. 2.4.3. bezogen:

- Die Eingabemaske für den Bereich „Risikobeurteilung" ist unübersichtlich und überladen. Man weiß nicht, wo man anfangen soll.

neum Graz (M. Molnar) und an der ETH Zürich (D. Felix) nach Usabilitykriterien beurteilt, Designvorschläge wurden durch Studenten erarbeitet. Dank an Helmut Frick und die Firma IBF-Automatisierungs- und Sicherheitstechnik GmbH & Co KEG für die Möglichkeit zur Veröffentlichung von beispielhaften Teilen der Software SafePro. Das Programm unterstützt die CE-Kennzeichnung und die Normenverwaltung, Details finden Sie unter http://www.ibf-at.com.

– Die Gefährdungsliste (siehe Abb. 2.4.3. Punkt 2. Gefährdung) und ihre Einzelbeurteilung durch „ja", „nein", „vielleicht" (siehe Abbildung 2.4.3. Punkt 3. Gefährdung tritt auf) liegen zu weit auseinander. Außerdem sind die durchzuführenden Mausbewegungen dadurch sehr unökonomisch.

– Der Bewertungsbegriff „vielleicht" ist unklar. Heißt das, daß eine Gefahr „vielleicht" auftreten kann, dann müßte man eigentlich „ja" sagen. Oder heißt das, daß man es bei der Beurteilung noch nicht weiß und deshalb noch offen läßt?

– Die Bedeutung der Icons auf dieser Seite ist unklar.

– Wieso können die Sprachen für Oberfläche/Eingabe in jedem Bereich der Software gewechselt werden? Das ist nicht notwendig und nimmt Aufmerksamkeit und Platz weg.

Für die verbesserte Gestaltung wurde deshalb auf der Basis dieser Mängel ein neues Konzept vorgeschlagen (Abb. 2.4.5.):

Dieser Vorschlag war zwar nicht zur Gänze umsetzbar, enthielt aber eine Reihe von brauchbaren Ideen, die den Bedienungs-

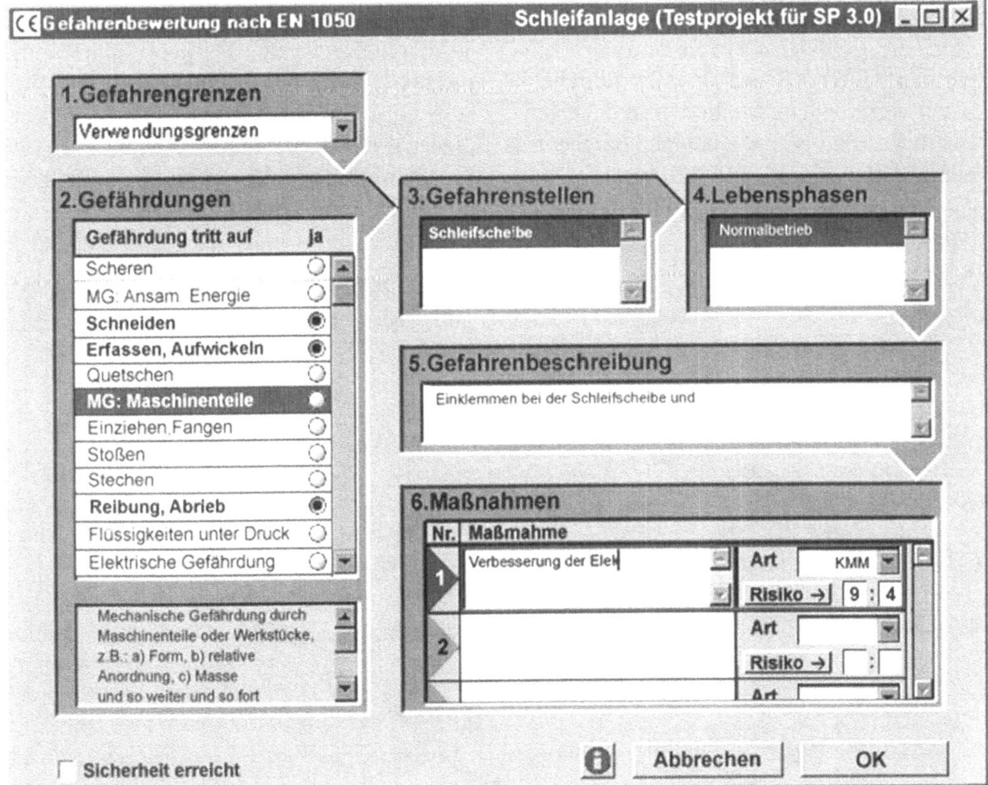

Abb. 2.4.5. Konzept für ein Re-Design des Eingabebereichs „Risikoanalyse" aus dem Programm SafePro (Entwurf von Auer, Breier, Puschner, Pfister, Georgokitsos im Rahmen der LV „Software-Ergonomie" am FH-Lehrgang „Industrial Design" [Technikum Joanneum Graz, Mag. Martina Molnar])

komfort für die Anwender entscheidend verbesserten.

2.4.6. Weitere Schritte

Die ÖNORM EN ISO 13407 (Normentwurf, 1997) empfiehlt, den Entwicklungsprozeß für interaktive Systeme in Zyklen iterativ durchzuführen (siehe Abb. 2.4.6.). Nach einer Benutzer- und Tätigkeitsanalyse folgt die Prototyping-Phase (Entwürfe in zunehmender Detailtreue) und anschließend eine Evaluation. Damit wird von Anfang an gewährleistet, daß die Bedürfnisse und Wünsche der Benutzer bekannt sind und berücksichtigt werden und in der Evaluation auf diesen Aspekt hin geprüft wird.

Für die Evaluierung von Software hinsichtlich ihrer Benutzungsfreundlichkeit stehen verschiedene Methoden und Verfahren zur Verfügung. Entscheidend ist, wer für welchen Zweck und mit welchem Ziel ein Beurteilungsverfahren auswählt und anwendet.

In frühen Entwicklungsphasen reichen Fragebogentechniken und Interviews, um die Bedürfnisse der Benutzer, aber auch ihre Wünsche und Erwartungen zu ergründen. Daneben ist eine genaue Analyse der Aufgaben mit einer Klärung des Kontextes wichtig. Einfache Entwürfe im ersten Prototyping (sogenanntes Lo-Fi Prototyping) mit Papier und Bleistift genügt, um in Walkthroughs mit den Benutzern (gemeinsames Durchlaufen der Bedienungsschritte) die Qualität und Benutzungsfreundlichkeit festzustellen.

Expertenbeurteilungen aufgrund von Styleguides, Guidelines und auch Normen wie die ISO 9241 können mithelfen, Zyklen kurz zu halten und effizient zu arbeiten.

In späteren Zyklen können anhand eines interaktiven Prototyps (Hi-Fi Prototyp) Versuche im Usability-Labor Aufschluß über die Qualität der Navigation, Orientierung im Programm und Logik der einzelnen Schritte geben. Im Usability-Labor werden Benutzer aus dem Zielanwenderbereich mit typischen

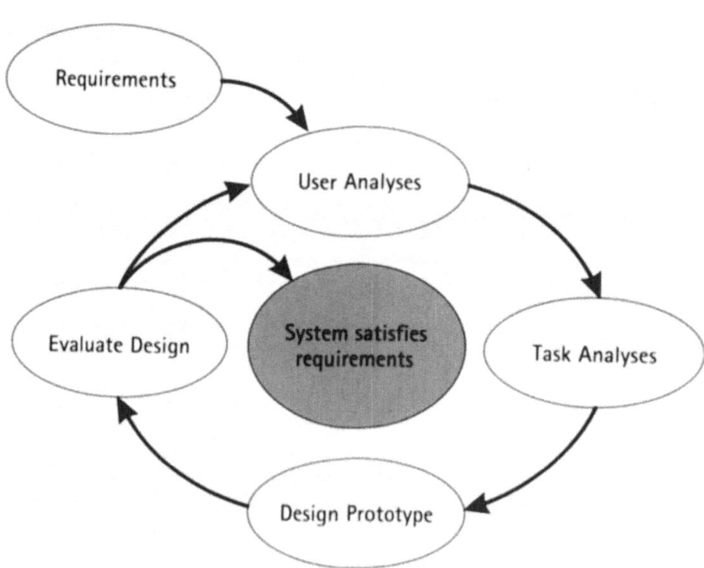

Abb. 2.4.6. Entwicklungsprozeß nach ÖNORM EN ISO 13 407 (Normentwurf, 1997)

Aufgaben, die mit dem Programm gelöst werden sollten, konfrontiert. Während des Lösens der Aufgaben werden die Benutzer beobachtet, und anschließend wird das Erlebte gemeinsam diskutiert.

Ganz zum Schluß wird mit einem Feldversuch (das heißt am Ort des effektiven Einsatzes des Programms) nochmals geprüft, ob alle Anforderungen erfüllt sind, und ob auch unter realen Bedingungen keine schwerwiegenden Probleme auftreten.

Wenn die Evaluation ergibt, daß die Anforderungen erfüllt sind, kann das Programm als ergonomisch geprüft und für gut befunden bezeichnet werden.

Die in diesem Entwicklungsprozeß enthaltenen Methoden können auch zur Evaluation von Produkten, die eingekauft werden sollen, eingesetzt werden. Essentiell an diesen Methoden ist, daß die Benutzer in allen Phasen als Prüfstein integriert sind. Nur sie können Aussagen treffen, wie gut sie mit einem Programm arbeiten können und ihre Beurteilung, ihre Reaktionen sind das wesentliche Meßinstrument.

2.4.7. Literatur und weitere Informationen

2.4.7.1. Literatur

Blaha F. (Hg.): Der Mensch am Bildschirmarbeitsplatz. Ein Handbuch über Recht, Gesundheit und Ergonomie. Springer-Verlag, Wien – New York, 1995.

Casey S.: Set Phasers on Stun. Aegean Publishing Company, Santa Barbara, 1993.

Erben B., Götz V.: Schrift & Farbe am Bildschirm. Verlag Hermann Schmitt, Mainz, 1997.

Fähnrich K. P. (Hg.): Software-Ergonomie. Oldenbourg-Verlag, München – Wien, 1987.

Hackl-Gruber W. et al.: ArbeitnehmerInnenschutz im Büro. Handbuch für ArbeitsmedizinerInnen, Sicherheitsfachkräfte, Betriebsräte, Sicherheitsvertrauenspersonen sowie ArbeitsinspektorInnen. Inst. f. Umwelthygiene der Univ. Wien, Inst. f. Betriebswissenschaften, Arbeitswissenschaft und Betriebswirtschafts-

lehre der TU Wien, Gewerkschaft der Privatangestellten (Hg.), Verlag des ÖGB, Wien, 1995.

Johannsen G.: Mensch-Maschine-System. Springer, Berlin, 1993.

Johnson P.: Human-Computer-Interaction. McGraw-Hill Book Company, London, 1992.

Koch M., Reiterer H., Tjoa A. M.: Software-Ergonomie. Springer-Verlag, Wien, 1991.

Mandel T.: The Elements of User Interface Design. John Wiley & Sons, New York, 1997.

Molnar M.: Software-Design und Ergonomie. Sozialwissenschaften und Software-Engineering. In: Informatik-Forum der Forschungsgesellschaft für Informatik an der TU Wien, 1992.

Molnar M.: Benutzerfreundliche Software. In: Blaha F. (Hg.).: Der Mensch am Bildschirmarbeitsplatz. Springer-Verlag, Wien – New York, 1995, S. 167–182.

Molnar M.: Software-Ergonomie. Allgemeine Unfallversicherungsanstalt (Hg.). Im Rahmen der Serie „Gefahren ermitteln und beseitigen", Wien, 2000.

Nielsen J.: Usability Engineering. Academic Press, San Diego, 1993.

Norman D.: The Design of Everyday Things. Doubleday, New York, 1990.

Nullmeier E., Rödiger K. H.: Dialogsysteme in der Arbeitswelt. Bibliographisches Institut, Angewandte Informatik, Mannheim, 1988.

Perrow C.: Normale Katastrophen: Die unvermeidbaren Risiken der Großtechnik. Campus Verlag (Reihe Campus, Band 1028), Frankfurt/Main, 1992.

Preece J.: Human-Computer Interaction. Addison-Wesley, Harlow, 1994.

Prümper J: Der Benutzungsfragebogen ISONORM 9241/10: Ergebnisse zur Reliabilität und Validität. In: Liskowsky R., Velichkovsky B.M., Wünschmann W. (Hg.): Software-Ergonomie '97 – Usability Engineering: Integration von Mensch-Computer-Interaktion und Software-Entwicklung. Teubner-Verlag, Stuttgart, 1997, S. 253–262.

Prümper J., Anft M.: Die Evaluation von Software auf Grundlage des Entwurfs zur internationalen Ergonomie-Norm ISO 9241 Teil 10 als Beitrag zur partizipativen Systemgestaltung – ein Fallbeispiel. In: Rödiger K.H. (Hrsg.): Software-Ergonomie '93 – Von der

Benutzungsoberfläche zur Arbeitsgestaltung. Teubner-Verlag, Stuttgart, 1993, S. 145–156.

Rubin J.: Handbook of Usability Testing. John Wiley & Sons, New York, 1994.

Shneiderman B.: Designing the User Interface: Strategies for Effective Human-Computer Interaction. Addison-Wesley Publishing Company, Reading/Massachusetts, 1998.

Stary et al: EU-CON – Ein Verfahren zur EU-konformen software-ergonomischen Bewertung und Gestaltung von Bildschirmarbeit. vdf-Verlag – Hochschulverlag an der ETH Zürich, 1997.

Tjoa A. M., Kolm P., Koch M., Reiterer H., Gärtner J.: EDV im Büro, Handbuch zur menschengerechten Gestaltung. OCG-Sonderschriftenreihe Bd.II, Wien, 1990.

Wessel I.: GUI-Design. Richtlinien zur Gestaltung ergonomischer Windows-Applikationen. Hanser Verlag, München, 1998.

2.4.7.2. Regelwerke

Bundesgesetz über Sicherheit und Gesundheitsschutz bei der Arbeit (ArbeitnehmerInnenschutzgesetz – ASchG). BGBl Nr. 450/1994.

Maschinen-Sicherheits-Verordnung (MS). Verordnung über das Inverkehrbringen und Ausstellen von Maschinen und über grundlegende Sicherheitsanforderungen an Maschinen. BGBl. 306/1994.

ÖNORM EN ISO 10075-2: Ergonomische Grundlagen bezüglich psychischer Arbeitsbelastung. Teil 2: Gestaltungsgrundsätze, 06/2000.

ÖNORM EN ISO 9241/10: Ergonomische Anforderungen für Bürotätigkeiten mit Bildschirmgeräten – Teil 10. Grundsätze der Dialoggestaltung. 07/1996.

ÖNORM EN ISO 13407 (Normenentwurf): Human-centred design processes for interactive systems, 12/1997.

Richtlinie des Rates vom 29.5.1990 über die Mindestvorschriften bezüglich der Sicherheit und des Gesundheitsschutzes bei der Arbeit an Bildschirmgeräten (90/270/EWG).

124. Verordnung über den Schutz der Arbeitnehmer/innen bei Bildschirmarbeit (Bildschirmarbeitsverordnung – BS-V), 1998.

2.4.7.3. Internetadressen

Gute und schlechte Beispiele aus dem Bereich der Software-Ergonomie (Usability, Interface Design, Kognitive Ergonomie, Human Computer Interaction) samt Literaturhinweisen, Ergebnissen aus Studien, weiteren Links finden Sie auf folgenden Seiten:

www.ahref.com/guides/design/199808/0831 jefprintable.html

www.bulltown.com/colorspeak/index.html (Schwerpunkt ist das Thema „Farbe".)

http://dragon.uml.edu/psych/index.html (Befaßt sich mit menschlicher Wahrnehmung und Informationsverarbeitungsprozessen.)

www.gooddocuments.com (Tips für die Gestaltung von Texten.)

www.gui-design.de

www.humanfactors.com (Enthält anschauliche vorher-nachher-Vergleiche.)

www.iarchitect.com (In der Sektion „Hall of Shame" gibt es kommentierte Beispiele für schlechtes Interface-Design, in der „Hall of Fame" sieht man gute Beispiele.)

www.ideenreich.com (Vom Online-Magazin „Dr. Web" enthält diese deutschsprachige Website ein reichliches Informationsangebot rund um die Themen Webdesign und HTML und eine umfangreiche Linksammlung.)

www.mmi-interaktiv.de (Homepage der „Online Fachzeitschrift zu Fragen der Mensch-Maschine-Interaktion" mit einem interdisziplinären Background.)

www.sozialnetz-hessen.de/Ergo-Online (Eine gute deutschsprachige Quelle zur Software-Ergonomie, besonders praxisgerechte Beiträge und Informationen über Normen.)

www.usableweb.com (Listen mit Links zu Texten über Usability und Webdesign.)

www.useit.com (Website des Usability-Autors Jakob Nielsen mit vielfältigen Informationen über Studien, Literatur, weiteren Links.)

2.5. Ergonomieaspekte bei speziellen Arten von Bildschirmarbeit

CAD–Arbeit, Fertigung, Warten, Schalter

Georg Effenberger, Michael Wichtl, Klaus Wittig

In aller Kürze

Für Bildschirmarbeitsplätze gibt es eine Reihe von allgemeinen Anforderungen, die man bei der ergonomischen Gestaltung berücksichtigen soll. Bei speziellen Arten von Bildschirmarbeitsplätzen, wie bei Computer Aided Design (CAD), in der Fertigung, in Warten und bei Schalterarbeitsplätzen kommen zu diesen Basisanforderungen noch einige spezielle Anforderungen hinzu, die auch Auswirkungen auf ergonomische Aspekte (zum Beispiel Arbeitshaltungen und -bewegungen, visuelle Kriterien, Rahmenbedingungen der Tätigkeitsausführung und der Kommunikation) haben. Im folgenden Abschnitt werden spezifische Rahmenbedingungen bei der Gestaltung von solchen Arbeitsplätzen dargestellt und Querbezüge zu rechtlichen und normativen Regelwerken geschaffen.

2.5.1. CAD-Arbeitsplätze

Georg Effenberger

2.5.1.1. Arbeitsplatz – Platzbedarf und Aufstellung

Konstruktionsarbeitsplätze benötigen immer wesentlich mehr Platz als normale Büroarbeitsplätze. Dies war auch schon im Zeitalter der Zeichenmaschinen der Fall. Damals mußte man für die Zeichenmaschine zusätzlichen Platz berücksichtigen, heute benötigt das CAD-Equipment ähnliche Flächen.

Auch wenn das papierlose Büro und die papierlose Konstruktionsabteilung immer wieder als die nahe Zukunft skizziert werden, so zeigt sich doch, daß Büros ohne genügend große Ablageflächen bald in Papierbergen oder Planrollen untergehen. Es wird also nach wie vor genügend Arbeitsfläche zum Auflegen und/oder Aufhängen von Plänen benötigt.

Ein Beispiel aus ÖNORM A 8010 soll den nötigen Flächenbedarf für einen CAD-Arbeitsplatz abschätzen helfen (Abb. 2.5.1). Bei dieser L-förmigen Anordnung des Mobiliars benötigt man nur für die Stell- und Wirkflächen der Tische eine Bodenfläche von 6,72 m². Addiert man den Platzbedarf von nötigen Schränken, Ablagen und die Verkehrswege kommt man auf Flächen von etwa 15 m² pro Arbeitsplatz. Dieser Wert kann als untere Planungsgrundlage für einen CAD-Arbeitsplatz herangezogen werden.

Bei der Anordnung der CAD-Arbeitsplätze ist besonders auf mögliche Blendungen zum Beispiel durch helle Fensterflächen oder Leuchten zu achten. Auch dürfen sich am Monitor keinerlei Spiegelungen ergeben. Die wesentliche Voraussetzung dazu ist auch hier, daß die Sichtrichtung auf den Monitor möglichst parallel zur Fensterfront erfolgt.

2.5.1.2. Arbeitsmittel – Monitor und Grafikkarte

Der Monitor eines CAD-Arbeitsplatzes stellt ein zentrales Arbeitsmittel dar, das den ge-

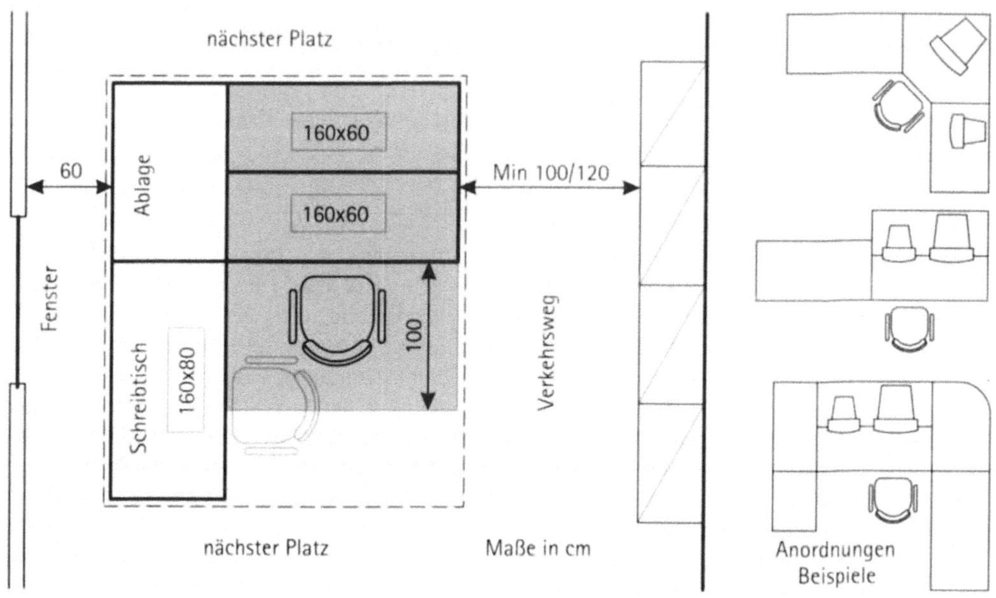

Abb. 2.5.1. CAD-Arbeitsplatz nach ÖNORM A 8010

samten Arbeitsplatz determiniert. Es gibt auch zahlreiche CAD-Plätze, die mit zwei Bildschirmen betrieben werden. Ein Bildschirm ist für die Darstellung der Zeichnung zuständig, der zweite Bildschirm kann für die Werkzeuge und Kommandos verwendet werden. Die nachfolgenden Anforderungen gelten dann in besonderer Weise für den großen Grafikschirm.

Ein wesentlicher Unterschied beim Zeichnen eines Planes am Bildschirm zum konventionellen Zeichnen am Zeichenbrett ist, daß der Konstrukteur immer nur einen Ausschnitt vom gesamten Plan sieht. Am Zeichenbrett liegt der gesamte Plan vor ihm, er hat also Überblick über den gesamten Inhalt des Plans. Natürlich kann man bei CAD-Programmen durch die Zoom-Funktion auch den gesamten Plan am Bildschirm darstellen, jedoch sind bei einem größeren Plan dann keinerlei Details mehr zu erkennen. Es ist also für den Zeichner wichtig, daß er einen möglichst großen Ausschnitt darstel-

len kann. Daher soll man nur CRT-Monitore (Kathodenstrahlröhre) mit einer Diagonale ab 21″ für CAD-Anwendungen einsetzen, dies entspricht einem 18″-LCD-Schirm. Bisher können sich die LCD-Schirme gegen die CRT-Konkurrenz noch nicht durchsetzen, da die Preisunterschiede derzeit noch zu groß sind.

Zur Darstellung von feinen Linien am Bildschirm spielt die Bildschirmauflösung eine wichtige Rolle. Eine Auflösung von 1600 × 1440 ist für CRT-Monitore der genannten Größe Standard, 2058 × 1544 bei den meisten Schirmen machbar. Auch hier zeigen die LCD-Schirme einen Nachteil mit der fixen Auflösung (1280 × 1024 bei 18″-Schirmen).

Ein weiteres wichtiges Merkmal des CAD-Monitors ist die Bildwiederholfrequenz. Sie soll möglichst hoch sein, um einen Flimmereinduck zu verhindern. Dieser Flimmereindruck ist im peripheren Gesichtsfeld größer als im zentralen, deshalb soll bei großen

Monitoren auch eine hohe Bildwiederholfrequenz möglich sein (Tabelle 2.5.1).

Die beiden Anforderungen Bildschirmauflösung und Bildwiederholfrequenz betreffen nicht nur den Monitor, sondern auch die Grafikkarte des Rechners. Der beste Monitor nützt nichts, wenn das Signal aus der Grafikkarte nicht mit der entsprechenden Frequenz und Auflösung vorhanden ist. Umgekehrt kann natürlich auch ein schlechter Monitor jede gute Grafikkarte wirkungslos machen. Es müssen also beide Komponenten betrachtet werden.

Ein weiterer wesentlicher Unterschied bei der Arbeit mit CAD-Systemen zu normalen Office-Anwendungen ist, daß die meisten Konstrukteure die Negativdarstellung bevorzugen. Eine Erklärung dazu kann mit Hilfe des Schwellenkontrastwertes gegeben werden: das menschliche Auge kann nicht beliebig feine Helligkeitsunterschiede wahrnehmen. Erst ab einem Unterschied von 1:1,3 (= Schwellenkontrast) ist für einen Betrachter eindeutig ein Unterschied zu erkennen. Es soll nun eine Linie mit einer definierten Breite einmal schwarz auf weiß (Positivdarstellung) und einmal weiß auf schwarz (Negativdarstellung) am Bildschirm dargestellt werden, um die Wirkung auf den Betrachter zu beschreiben. Bei einem weißen Bildschirmhintergrund auf einem CRT-Monitor ist ein Leuchtdichtewert von 100 cd/m^2

üblich. Unter Berücksichtigung des Schwellenkontrastes (1:1,3) beginnt der eindeutig unterscheidbare Helligkeitsbereich bei einem Leuchtdichtewert von 77 cd/m^2. Die Linie wird am Bildschirm nicht mit perfekt scharfen Kanten dargestellt, sondern es ergibt sich eine aus Abb. 2.5.2 ersichtliche Verteilungskurve. Der Mensch erkennt nun diese schwarze Linie ab dem oben errechneten Wert von 77 cd/m^2, die Linie hat somit für den Zeichner eine deutlich geringere sichtbare Breite. Betrachtet man hingegen die Linie auf dem schwarzen Bildschirmhintergrund (Leuchtdichtewert von 10 cd/m^2), so errechnet sich der unterscheidbare Helligkeitsbereich über den Schwellenkontrast ab einer Leuchtdichte von 13 cd/m^2. Es ergibt sich somit für den Betrachter eine deutlich größere sichtbare Breite (Abb. 2.5.2). Das bedeutet, daß feine helle Linien auf einem dunklen Hintergrund besser erkannt werden können.

Wie die mögliche Zukunft der CAD-Bildschirme aussieht, hat ein Hersteller bereits gezeigt: Nachdem Zeichnungen nur zweidimensionale Abbilder von dreidimensionalen Objekten sind, entwickelte man einen Monitor für 3D-Bilder. Dies funktioniert über die Darstellung von unterschiedlichen Bildern für das rechte und das linke Auge mittels eines Eye-Track-Systems. Auch über Brillen kann man diese 3D-Darstellung erreichen. Vielleicht werden die CAD-Zeichner in Zukunft also wirklich die Objekte in ihrer räumlichen Ausdehnung am Bildschirm erkennen können.

2.5.1.3. Arbeitsmittel – Tisch

Bedingt durch die Tiefe und das Gewicht des Monitors, der zusätzlich erforderlichen Arbeitsfläche zum Aufstellen der sonstigen Arbeitsmittel (zum Beispiel Tastatur, Grafiktablett) und den nötigen Ablageflächen für Pläne und Zeichnungen, müssen CAD-Ti-

Größe	Auflösung	Minimale Bildwiederholfrequenz
17″	1024 × 768	75 Hz
19″	1280 × 1024	80 Hz
21″	1600 × 1280	90 Hz
24″	bis 2058 × 1544	100 Hz

Tabelle 2.5.1. Bildwiederholfrequenzen in Abhängigkeit von der Auflösung und der Monitorgröße für Positivdarstellung

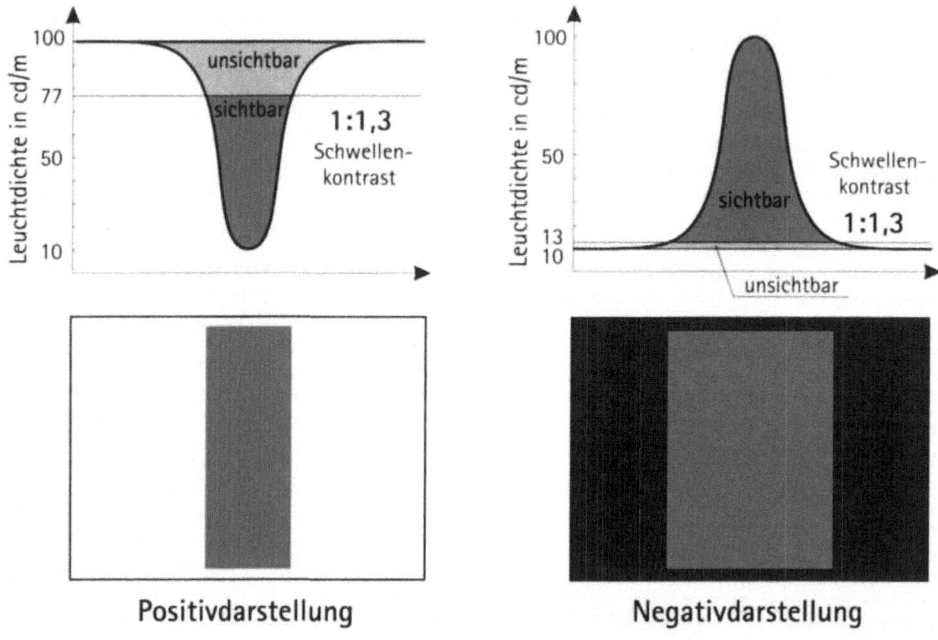

Abb. 2.5.2. Erkennbarkeit von Strichbreiten bei Positiv- und Negativdarstellung

sche größer und stabiler als konventionelle Bürotische ausgeführt sein (Abb. 2.5.3.).

Weitere Anforderungen betreffen die Anpassungsmöglichkeiten an die Wünsche des Nutzers. Dabei sind folgende Verstellmöglichkeiten wünschenswert:

- Arbeitshöhe von 72 bis 120 cm, damit die Konstrukteure und Zeichner sowohl im Stehen als auch im Sitzen arbeiten können;
- Getrennte Höhenverstellung für die Monitorebene;
- Sehabstand von 60 bis 100 cm;
- Neigung der Monitorplatte um mindestens ± 6°.

Verstellmöglichkeiten werden von den Benutzern allerdings nur dann gut angenommen, wenn diese einfach und schnell durchzuführen sind. Aus der Praxis zeigt sich, daß zum Beispiel die Verstellung der Tischhöhe mit kleinen Kurbeln in der Regel als zu umständlich und langsam empfunden wird. Besser geeignet sind hier Tischgestelle mit Elektromotoren oder Varianten mit Gasdruckfedern, die auf das Gewicht einstellbar sind.

Aufgrund der nötigen umfangreichen Verstellmöglichkeiten gibt es bei CAD-Tischen zumeist zwei getrennt verstellbare Ebenen – die Bildschirmebene und die Bedienebene. Die Tischplatte für den Monitor muß zumindest so groß sein, daß der Monitor nicht über die Kanten hinausragt. Da 21″-Monitore Bautiefen von 48 bis 56 cm aufweisen, ergibt sich für die Monitorebene eine Tischplattengröße von 60 × 160 cm. Die nötige Größe der Bedienebene ergibt sich aus den verwendeten Arbeitsmitteln wie Tastatur, Tablett, Maus, aber auch den erforderlichen Arbeitsunterlagen und Zeichnungen. Die Platte sollte daher mindestens die Maße 80 × 160 cm aufweisen.

Die Stabilität der Tische in allen Positionen ist sehr wichtig, da man mit einer Gewichtsbelastung der Tische bis über 100 kg bei Mehrschirmbetrieb rechnen muß.

2.5.1.4. Arbeitsmittel – Eingabegeräte: Maus, Tablett und andere

Bei der Arbeit mit CAD-Programmen werden nicht wie bei gewöhnlichen Office-Anwendungen nur Tastatur und Maus zum Arbeiten verwendet, sondern es werden oft auch zum Beispiel Digitalisiertabletts (Digitizer) verwendet. Diese Tablettmenüs galten noch vor wenigen Jahren als der Inbegriff moderner, effektiver Bedienerführung. Sie geben die Möglichkeit viele unterschiedliche Befehle sehr effektiv mit einem einzigen Klick zu erreichen, man muß sich nicht erst durch etliche Bildschirmmenüs arbeiten. Außerdem liegt eine bestimmte Bildschirmposition auf dem Tablett immer an der gleichen Stelle. Man kann sich also einiges Hin- und Herfahren mit der Maus ersparen.

Allerdings geht der Trend in der Softwareentwicklung – vor allem durch die Dominanz von Windows – in Richtung Mausbedienung. Die Softwarehersteller haben daher auch mehr Unterstützungssysteme in ihre Programme eingebaut, damit das Arbeiten mit der Maus effizienter und schneller möglich ist. Unterschiedliche Werkzeugkästen und kontextsensitive Menüs – je nach dem was der Benutzer gerade tut, in welchem Modul er sich gerade befindet oder welchen Befehl er gerade gegeben hat – sind bereits üblich.

Neuere Entwicklungen bei den Eingabegeräten – wie Mäuse mit erweiterten Funktionen oder Kombinationen aus Tabletts und LCD-Schirmen – können in den nächsten Jahren dazu führen, daß sich die Arbeitstechniken wiederum stark verändern.

2.5.1.5. Arbeitsmittel – Software

Ein 'normaler PC-Anwender, der sich mit Textverabeitungsprogrammen, Tabellenkal-

Abb. 2.5.3. CAD-Tisch mit zwei Ebenen und Steh-Sitz-Dynamik (Leuwico, Internet)

kulationen und ähnlichem gut auskennt, wird mit einem CAD-Programm unter Umständen nicht einmal eine gespeicherte Zeichnung ausdrucken können. Dies soll verdeutlichen, daß CAD-Programme nur von gut geschulten und eingearbeiteten Zeichnern und Konstrukteuren effizient bedient werden können. Um diese Effizienz bei der Bedienung zu erreichen, ist eine gute und fundierte Einschulung beziehungsweise Ausbildung nötig. In den letzten fünf Jahren hat auch in den einschlägigen Schulen (zum Beispiel HTL) die Umstellung von der Zeichenmaschine hin zu CAD stattgefunden. Die jungen Konstrukteure wachsen somit bereits mit CAD auf.

Nachdem durch die rasante Entwicklung am Sektor der Personal Computer immer größere Rechenaufgaben in immer geringerer Zeit gelöst werden können, werden auch die CAD-Programme ständig „verbessert". Oft muß jedoch der Anwender bei der nächsten Version ein- und desselben Programms wieder einige Zeit zum Erlernen der „Verbesserungen" aufwenden. Solche Schulungen für neue Programmversionen bieten Ausbildungsorganisationen oder Softwarefirmen zwar an, sie werden aber von den Käufern der Produkte oft als überflüssig betrachtet. Will man jedoch die Vorteile der neuen Programmversionen auch wirklich optimal nutzen und damit einen Beitrag zur Steigerung der Produktivität leisten, sind solche Schulungen sehr wichtig.

2.5.1.6. Umgebungsbedingungen – Belichtung und Beleuchtung

Wie im Abschnitt über die Bildschirme bereits dargestellt, arbeiten CAD-Zeichner oft mit der Negativdarstellung. Durch den dunklen Bildschirmhintergrund werden höhere Anforderungen an die Beleuchtung und an die Anordnung der Arbeitsplätze gestellt, weil Spiegelungen und Blendungen bei Negativdarstellung wesentlich leichter auftreten. Spiegelungen von Lichtbändern oder -punkten sind bei der Darstellung einer Zeichnung besonders lästig, da dies zu Fehlinterpretationen der Bildschirmanzeige führen kann.

CAD-Konstrukteure bevorzugen bei Negativdarstellung meist relativ geringe Beleuchtungsstärken, 300 bis 500 Lux sind jedenfalls ausreichend. Bei Positivdarstellung kann auf Grund der geringeren Gefahr von Spiegelungen ein Bereich von 500 bis 750 Lux angegeben werden.

Da Spiegelungen und Blendungen durch Leuchten in CAD-Arbeitsräumen möglichst verhindert werden müssen, sind im Idealfall entweder Systeme mit Indirektbeleuchtung oder Indirekt/Direkt-Beleuchtungssysteme einzusetzen.

Zur individuellen Anpaßbarkeit und zur Anpassung für Negativdarstellung ist darüber hinaus der Einsatz von dimmbaren Beleuchtungsanlagen sehr zu empfehlen. Eine Weiterentwicklung dieser dimmbaren Beleuchtungsanlagen sind Anlagen, die programmierbare Beleuchtungsszenarien auf Knopfdruck herstellen können. Dies bietet überall dort Vorteile, wo unterschiedliche Beleuchtungsstärken und Lichtstimmungen erwünscht oder notwendig sind. Auch beim Zeichnen und Konstruieren am Bildschirm benötigt man immer wieder unterschiedliches Licht, zum Beispiel beim Lesen von Papierplänen, bei Besprechungen etc.

Blendungen und Spiegelungen können natürlich nicht nur von den Leuchten verursacht werden, sondern auch von den Fenstern. Es ist daher speziell bei CAD-Arbeitsräumen notwendig, einen ergonomisch tauglichen Blendschutz an den Fenstern anzubringen.[1]

---

1 Details dazu Kapitel 3.10. bis 3.12.

2.5.2. Bildschirme in der Fertigung

Georg Effenberger

Die rechtliche Situation rund um Bildschirmarbeitsplätze ist für den Bürobereich im wesentlichen klar. Im Gegensatz dazu ist in Fabrikshallen die Frage, ob ein Bildschirmarbeitsplatz vorliegt und auch Bildschirmarbeit geleistet wird, etwas komplizierter zu beantworten. An vielen Maschinen sind heute bereits Bildschirme notwendig, liegt deshalb schon ein Bildschirmarbeitsplatz vor und welche Regelungen gibt es hierzu?

Bei Maschinen gibt der Hersteller der Maschine schon wesentliche Aspekte der Bildschirmarbeit vor (zum Beispiel Höhe und Neigung des Bildschirmes), es stellt sich also auch die Frage für Maschinenhersteller, welche Regelungen sie bei der Konstruktion der Maschine zu beachten haben.

In Fabrikshallen gibt es aber nicht nur Maschinen mit oder ohne Bildschirm, immer öfter werden administrative Tätigkeiten und solche im Zusammenhang mit dem Qualitatsmanagementsystem auch direkt im Fertigungsbereich über EDV erledigt.

2.5.2.1. Allgemeines – Rechtliches

Zur Beurteilung, ob an einer Maschine ein Bildschirmarbeitsplatz vorliegt und ob Bildschirmarbeit geleistet wird, ist in erster Linie das ArbeitnehmerInnenschutzgesetz[2] als zentrale Vorschrift heranzuziehen. In § 67 Abs.1 werden Bildschirmarbeitsplätze definiert. Diese Definition verlangt für einen Bildschirmarbeitsplatz nur, daß ein Bildschirmgerät und eine Dateneingabetastatur oder eine sonstige Steuerungseinheit eine funktionale Einheit bilden müssen. Unter dem Bildschirmgerät versteht der Gesetzgeber jede Baueinheit mit einem Bildschirm

zur Darstellung alphanumerischer Zeichen oder zur Grafikdarstellung.

Diese Voraussetzungen sind bei vielen Maschinen mit Bildschirmen erfüllt, es liegen dann also Bildschirmarbeitsplätze vor. Es ergeben sich dadurch Verpflichtungen für den Arbeitgeber, zum Beispiel die Verpflichtung zur ergonomischen Gestaltung solcher Arbeitsplätze und die Einhaltung besonderer Maßnahmen bei Bildschirmarbeit aus § 68 ASchG.

Bei der Beurteilung von Arbeitsplätzen an Maschinen muß jedoch auch § 67 Abs. 5 des ASchG beachtet werden. Dieser Absatz gibt unter anderem an, daß an Bedienungsständen von Maschinen gewisse Abweichungen von der sonst geltenden Verpflichtung zur ergonomischen Gestaltung erlaubt sind. Die Abweichungen sind jedoch nur in jenem Ausmaß zulässig, wie dies nach *„der Art oder Zweckbestimmung der Einrichtung oder der Art der Arbeitsvorgänge"* erforderlich ist. Das bedeutet konkret, daß zum Beispiel für den Bedienungsstand einer CNC-gesteuerten Drehmaschine nicht die sonst geforderten Arbeitstische beziehungsweise -flächen erforderlich sind. Andere Ergonomie-Forderungen sind aber sehr wohl einzuhalten, wie zum Beispiel die Vermeidung von Spiegelungen und Blendungen am Bildschirm durch geeignete Aufstellung und Beleuchtung. Auch alle anderen Verpflichtungen des Arbeitgebers, die sich aus dem Vorhandensein von Bildschirmarbeitsplätzen ergeben, werden nicht eingeschränkt.

Die Bildschirmarbeitsverordnung (BS-V)[3] liefert konkretere Angaben zur Umsetzung der allgemeinen Forderungen aus dem ASchG. Auch für Bildschirmarbeitsplätze an Maschinen gelten die Forderungen der BS-V, jedoch mit Ausnahme des 2. Abschnittes, also den Bestimmungen zur Gestaltung der Bildschirmarbeitsplätze. Dies

---

2 Siehe Kapitel 1.1.

3 Siehe Kapitel 1.1.

bedeutet nicht, daß die betroffenen Bildschirmarbeitsplätze nicht ergonomisch zu gestalten wären, sondern nur, daß es dazu keine Konkretisierung durch die BS-V gibt.

2.5.2.2. Gestaltungsanforderungen der Ergonomie

Bei der Gestaltung muß man sich also an die gültigen ergonomischen Gestaltungsregeln halten. Insbesondere folgende Empfehlungen können gegeben werden:

- Bildschirme und Eingabegeräte dürfen nicht außerhalb des günstigen Sicht- und Greifbereiches angeordnet werden, sodaß komfortable Sichtverhältnisse und Körperhaltungen möglich sind.
- Die Bildschirme und Eingabegeräte sollen im Hinblick auf ihre Positionierung Flexibilität und Anpaßbarkeit ermöglichen.
- Die Beleuchtung muß bildschirmtauglich sein (Vermeidung von Spiegelungen und Reflexionen), zumindest in jenen Hallenbereichen, die im Einflußbereich des Bildschirmes liegen.
- Bei Steharbeitsplätzen mit längerer Bildschirmtätigkeit sind Stehhilfen empfehlenswert.

Erwähnt soll hier auch werden, daß im Nachtschwerarbeitsgesetz NSchG die Bildschirmarbeit als eine der besonderen Belastungen aufgeführt ist. Das ist deshalb von Bedeutung, da im Fertigungbereich häufig Nachtschichtarbeit geleistet wird.

2.5.2.3. Herstellervorschriften – MSV

Die Herstellervorschrift, die für Maschinen zentrale Bedeutung hat, ist die österreichische Umsetzung der EU-Maschinenrichtlinie, also die Maschinensicherheitsverordnung MSV.[4] Sie muß von den Herstellern

beziehungsweise den Inverkehrbringern einer Maschine im Europäischen Wirtschaftsraum EWR eingehalten werden. Dazu muß der Hersteller das Konformitätsbewertungsverfahren durchlaufen und als sichtbares Zeichen dafür das CE-Zeichen auf der Maschine anbringen.

In der MSV wird auch eindeutig geregelt, daß auch Maschinen, die „nur" für den Eigenbedarf gebaut werden, dieser Vorschrift unterliegen und auch CE-gekennzeichnet werden müssen.

Inhaltlich gibt die MSV keine detaillierten Bestimmungen für Bildschirmarbeitsplätze an Maschinen an. Verkürzt dargestellt fordert sie jedoch unter dem Titel „Integration der Sicherheit" in § 16, daß Belästigungen, Ermüdung und psychische Belastungen so weit wie möglich durch die ergonomische Gestaltung reduziert werden müssen. Das bedeutet, daß der Hersteller der Maschine die ergonomischen Grundprinzipien der Bildschirmarbeitsplatzgestaltung[5] so weit wie irgend möglich zu beachten hat.

2.5.3. Bildschirmarbeitsplätze in Warten
Michael Wichtl

2.5.3.1. Allgemeines – Rechtliches

Wartenarbeitsplätze sind heutzutage in der Regel intensiv genutzte Bildschirmarbeitsplätze. Dies betrifft sowohl die zeitliche Auslastung, als auch die Arbeitsaufgaben, die in der Regel ununterbrochene Beobachtung der Wartenbildschirme erfordern. Dazu kommt noch, daß Wartenarbeitsplätze vielfach im Mehrschichtbetrieb rund um die Uhr in Verwendung stehen. All dies stellt hohe Anforderungen an die ergonomische Gestaltung solcher Arbeitsplätze. Auf Anpassungsmöglichkeiten an unterschiedliche Nutzer muß großer Wert gelegt werden.

---

4 BGBl. Nr. 306/1994 i.d.g.F.

5 Siehe Kapitel 2.3., 2.4., 4.2.

Abb. 2.5.4. Darstellung eines Wartenarbeitsplatzes mit mehreren Monitoren und Blickkontakt auf eine Tafel

Aufgrund der angeführten Nutzungsgesichtspunkte müssen aber auch an die Qualität der verwendeten Hardware und Ausstattungskomponenten höchste Anforderungen gestellt werden. Nirgendwo mehr als im Wartenbetrieb können Monitore, Arbeitstische und Arbeitssessel aufgrund des Dauerbetriebes ihre Praxis- und Materialtauglichkeit unter Beweis stellen.

Die richtigen Sichtverhältnisse zum Bildschirmgerät sind am Wartenarbeitsplatz aufgrund der hohen, langandauernden visuellen Belastung von zentraler Bedeutung. Hierfür muß eine möglichst frontale Sitzposition vor dem Bildschirmgerät mit der Sehachse unter einem günstigen Sehwinkel von ca. 15 bis 20° von der waagrechten Sehlinie nach unten auf die gedachte Mitte des Bildschirms als Flächennormale in diesem Punkt eingehalten werden.

Zusätzlich ergibt sich für den Wartenarbeitsplatz die Anforderung des Blickkon-

taktes auf andere Informationsträger (z. B. Tafel, weitere Monitore etc.). Daraus leiten sich konstruktive Randbedingungen für die Pultform ab (siehe Abb. 2.5.4.).

Auch Wartenarbeitsplätze mit Bildschirmen sind gemäß § 67 Abs. 1 Bildschirmarbeitsplätze, die nach § 67 Abs. 2 ergonomisch zu gestalten und zu betreiben sind. Hierzu sind die Anforderungen aus § 67 und § 68 sowie die BS-V heranzuziehen.[6] Gemäß § 1 BS-V gelten damit die Ergonomie-Anforderungen des zweiten Abschnittes der BS-V auch für Bildschirmarbeitsplätze in Warten. Entsprechend der Arbeitsabläufe und der typischen Bauart von Warten ergeben sich jedoch einige Besonderheiten, welche spezifisch ergonomische Lösungen erfordern. Diese werden nachfolgend detailliert dargestellt.

---

6 Siehe Kapitel 1.1.

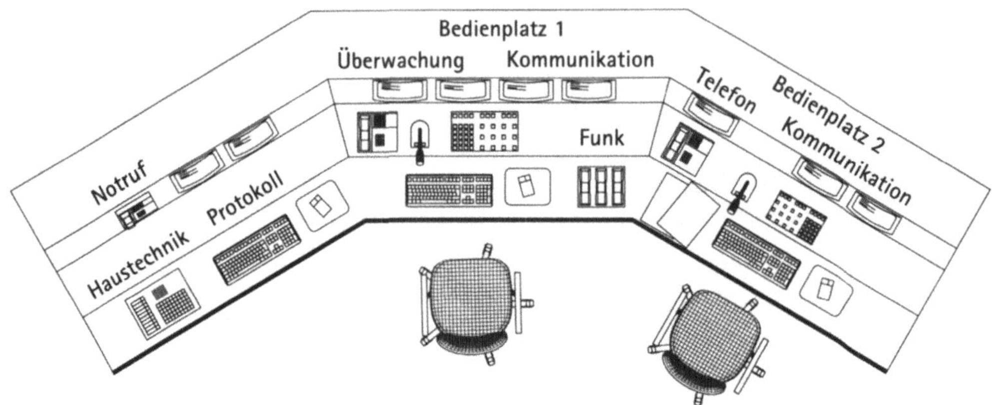

Abb. 2.5.5. Greifraum und Sehraum mit mehreren Monitoren und Benutzerabschnitten

2.5.3.2. Arbeitsplatz – Platzbedarf

Aus der Sicht der Ergonomie ist an Arbeitsplätzen, insbesondere an Sitzarbeitsplätzen, ein Wirkraum hinter dem Tisch vorzusehen. Grundsätzlich ist auch für Wartenarbeitsplätze hierfür zumindest ein Meter hinter der Tischkante (wo sich der Benutzer aufhält) einzuplanen. Zusätzlich geht es darum, daß für alle verwendeteten Arbeitsmittel der erforderliche Platz, sowohl auf der Arbeitsebene als auch im Wirkraum, vorhanden ist.

Aufgrund der organisatorischen Anforderungen (viele Arbeitsmittel, große Monitore, Zusatzinstrumente für Telekommunikation, Funk etc.) existiert ein starker Flächenbedarf. Ein solches Arbeitsplatzsystem kann daher nur als kombinierter Mehrflächenarbeitsplatz eingerichtet werden.

Die Flächenanforderungen für Wartenarbeitsplätze sind sinngemäß entsprechend ÖNORM A 8010 (Ergonomische Anforderungen für Büroarbeitsplätze – Flächengestaltung)[7] auszulegen.

---

7 Siehe Kapitel 1.4. und Normenliste im Anhang.

2.5.3.3. Arbeitsmittel – Wartentische und Pulte

Die übliche feste Tischhöhe von 72 bis 75 cm im Bürobereich stellt bekanntlich einen Kompromiß dar, der für den normalen Sitz- beziehungsweise Büroarbeitsplatz unter bestimmten Bedingungen (kleine Personen) eine Fußstütze erfordert, aber für große Personen keine befriedigende Lösung darstellt, um eine gute Körperhaltung einnehmen zu können.

An Wartenarbeitsplätzen liegen aufgrund des Pultbaues (insbesondere hinsichtlich der Abstimmung von Beinfreiraum und Pultplattenstärke) mitunter Tischhöhen von mehr als 75 cm vor. Die ÖNORM A 8021 (Ergonomische Gestaltung von Warten – Begriffbestimmungen, Abmessungen, Konstruktionsmerkmale für Sitzarbeitsplätze) läßt für das Wartenpult beziehungsweise den Wartentisch eine Höhe von 79 cm zu. Je höher der nicht verstellbare Wartentisch, desto ungünstiger können die Verhältnisse hinsichtlich der Körperhaltungen sein. Aus diesem Grund sollten höhenverstellbare Wartentische oder zumindest „büroähnliche" Verhältnisse mit fester Tischhöhe von 72 bis maximal 79 cm angestrebt werden (siehe Tabelle 2.5.2.).

Die Anforderung einer möglichst flexiblen Anordnung der Arbeitsmittel wird aufgrund der erforderlichen Einbauten im Wartenpult vielfach nicht möglich sein. Aus

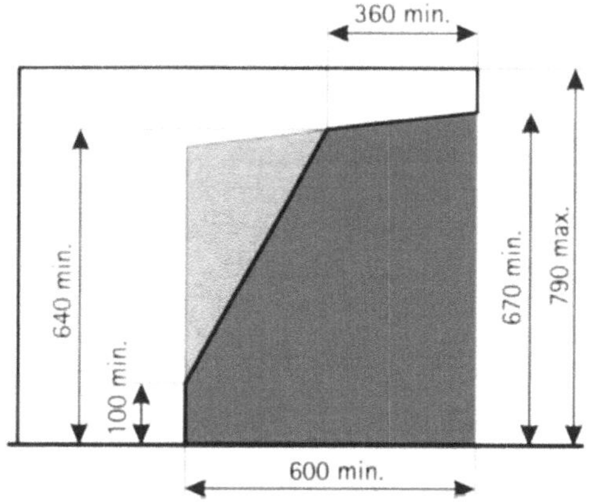

Abb. 2.5.6. Beinfreiraum und Arbeitshöhe für einen Wartentisch mit Einbauten (gemäß ÖNORM A 8021)

diesem Grund muß schon bei der Konstruktion auf die richtige Anordnung der Arbeitsmittel und auf einen gut dimensionierten Beinfreiraum besonders Wert gelegt werden (siehe Abb. 2.5.5. und 2.5.6.).

Grundsätzliche Anforderungen für Pulteinbauten sind:

- Stellteile und Pulteinbauten, die zusätzlich zur Tastatur und Maus verwendet werden, sollen entsprechend ihrer Funktionalität und Bedienungshäufigkeit angeordnet werden (Schalterknöpfe, Tasten, Telefon etc.). Wenn sie häufig verwendet werden im kleinen Greifraum, wenn sie selten verwendet werden im großen Greifraum.
- Die Positionierung der Bildschirme soll in geeigneter Sehentfernung (mindestens ca. 60 cm) erfolgen.
- Wenn mehrere Bildschirme verwendet werden, sollen zumindest jene, welche im Arbeitsablauf am häufigsten verwen-

Kriterien nach ÖNORM A 8021 und ÖNORM A 8010	Bemerkungen
Feste Tischhöhe max. 79 cm	Maßanforderungen an ein Pult mit Einbauten (z. B. Stellteile)
Beinraumbreite mind. 60 cm	Gewährleistet aufgrund der Abmaße des Wartentisches und der Verkettung von Tischelementen
Tischtiefe bis zum Pultaufsatz	Anforderungen des großen/kleinen Greifraumes
Minimale Arbeitsfläche 160 × 60 cm vor dem Pultaufsatz	Sehentfernung, Anordnung von Tastatur und Stellteilen

Sonstige Ergonomiekriterien	Bemerkungen
ÖNORM A 8020	Greifraum im Arbeitsbereich
ÖNORM A 8010	Flächenbedarf und Flächenökonomie, z. B. Winkelkombination aus mehreren Tischteilen (siehe Abb. 2.5.5.)
ÖNORM EN ISO 9241-3	Sehentfernung Augpunkt–Bildschirm
ÖNORM EN ISO 9241-3	Sehbereich zum Bildschirm soll für ständige Bildschirmbeobachtung geeignet sein (Aufstellhöhe)

Tabelle 2.5.2. Ergonomische Anforderungen für Wartentische und Pulte

det werden, so positioniert sein, daß auf gute Körperhaltungen und visuellen Komfort geachtet wird (oberste Bildschirmzeile maximal in Augenhöhe, keine verdrehte Körperhaltung).

Am Wartentisch beziehungsweise Pult muß in vielen Fällen ein relativ großer Bildschirm untergebracht werden (21″ bis 24″). Derartige Bildschirmgeräte sind im Warteneinsatz erforderlich, um den Arbeitsanforderungen und Darstellungserfordernissen gerecht zu werden. Um solche Bildschirmgeräte richtig anordnen zu können, wird es oft erforderlich sein, das Bildschirmgerät auf einem Tischflächenabschnitt unterzubringen, der gegenüber der Pultfläche (Wartentischoberfläche) nach unten hin abgesetzt ist (siehe Abb. 2.5.7.). Beim Einsatz von Flachbildschirmen wird man aufgrund der Bauform und Baugröße auf solche Maßnahmen verzichten können. Allerdings hat sich der Einsatz von Flachbildschirmen im Wartenbau aufgrund der Kosten für große Flachbildschirme noch nicht stark durchgesetzt. Dennoch ist im Warteneinsatz zukünftig mit verstärktem Einsatz der Flachbildschirmtechnologie zu rechnen.

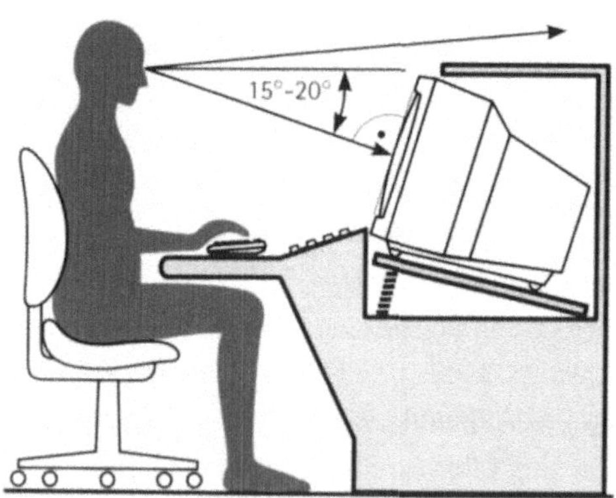

Abb. 2.5.7. Typische Anordnung eines großen Monitors im Pultaufbau des Wartentisches

2.5.3.4. Arbeitsmittel – Arbeitssessel

Der im Wartenbereich eingesetzte Arbeitssessel sollte aufgrund zumeist hoher Sitzdauer, starker Belastung sowie Benutzerwechsel (im Schichtbetrieb) aus ergonomischer Sicht neben den üblichen Anforderungen besonders folgende Merkmale erfüllen:

- In der hinteren Sitzhaltung sollte eine möglichst großflächige Unterstützung des Rückens vorhanden sein. Eine Rückenlehne, die bis zu den Schulterblättern des Sitzenden reicht, ist zu empfehlen.
- Die Sitzflächentiefe des Stuhles sollte sich verstellen lassen.
- Höhenverstellbare Armlehnen sollten vorhanden sein.
- Der Arbeitsstuhl sollte über eine dynamische, lastabhängige Kopplung von Sitzfläche und Rückenlehne verfügen. Diese soll bewirken, daß sich die Rückenlehne beim entspannten Nach-Hinten-Neigen des Benutzers der Körperhaltung in ihrem Neigungsgrad anpaßt. Die Einstellungen müssen arretierbar sein.
- Eine Neigungsverstellung der Sitzfläche ist zu empfehlen.
- Es sollte eine atmungsaktive, thermisch neutrale Polsterung vorhanden sein.
- Das Material, insbesondere der Polsterung, muß sehr robust und strapazierfähig sein.
- Alle Bedienelemente müssen besonders sinnfällig und leicht bedienbar sein.

2.5.3.5. Arbeitsmittel- Software[8]

Auf die Einhaltung softwareergonomischer Kriterien ist größtes Augenmerk zu legen. Ziel softwareergonomischer Gestaltungsmaßnahmen ist es, für Computerprogramme eine möglichst hohe Gebrauchstauglichkeit zu erzielen. Das bedeutet, die Informations-

---

8 Siehe Kapitel 2.4.

verarbeitungsprozesse des Menschen und die Aufgabendurchführung müssen durch die Informationsdarstellung am Bildschirm und die Dialogführung möglichst gut unterstützt werden. Insbesondere im Wartenbereich kann ergonomisch gestaltete Software die Wahrscheinlichkeit von Bedienungsfehlern und deren Folgen entscheidend reduzieren. Dabei ist auch auf die in der Regel hohe psychische Beanspruchung der Nutzer Bedacht zu nehmen. Diese ist vielfach durch hohen Zeit- und Verantwortungsdruck des Wartenbetriebes geprägt.

Dies könnte konkret beispielsweise heißen:

- Bei der Darstellung von Schaltschemata und Prozeßabläufen ist eine möglichst realitätsgerechte und nachvollziehbare Form zu wählen.
- Wichtige und häufig benötige Informationen sollen nicht versteckt werden, sondern leicht aufzufinden sein.
- Es sollte eine durchschaubare Trennung von häufigen und wichtigen Elementen und weniger häufigen und weniger wichtigen Elementen geben.
- Häufig notwendige Bedienungsvorgänge sollen ökonomisch durchführbar sein (Reduktion der Anzahl von Bedienungsschritten).

2.5.3.6. Umgebungsbedingungen – Licht und Beleuchtung

An Wartenarbeitsplätzen ist besonders auf optimale Beleuchtungsverhältnisse mit bildschirmtauglicher Beleuchtung zu achten. Beleuchtungsstärken von 500 lx sollen möglich sein. Es hat sich oft bewährt, Regelungsmöglichkeiten für die Beleuchtungsstärke (Dimmvorrichtungen) vorzusehen, die von den Benutzern beeinflußt werden können (automatische Beleuchtungsstärkeregelung soll auch manuell beeinflußt werden können). Zusätzlich soll auf eine – an

die Warteneinbauten und die Arbeitsabläufe angepaßte – zonenweise Schaltbarkeit von Beleuchtungskörpergruppen geachtet werden. Jedenfalls dürfen keine überhöhten Kontraste im Blickfeld auftreten.

Größere Arbeitsplatzstrukturen und Mehrflächenarbeitsplätze am Wartenpult können zusätzlich mit tauglichen, also blendfreien, arbeitsplatzbezogenen Beleuchtungskörper versehen werden (Kombinationsbeleuchtung).

Weil Warten in der Regel im Mehrschichtbetrieb, also auch in der Nacht, betrieben werden, kommt der Beleuchtungssituation zusätzliche Bedeutung zu. Die argumentierte Flexibilität des Beleuchtungssystems hinsichtlich der Beleuchtungsstärkeveränderung ist auch für die Anpassung an die circadiane Tagesrhythmik (physiologisches Aktivierungsniveau) von Bedeutung. Auch in diesem Zusammenhang soll auf die Schaffung von einem anregenden Lichtmilieu geachtet werden (Lichtakzentuierung im Raum, unterschiedliche Lichtszenarien).

2.5.3.7. Umgebungsbedingungen – Tageslichteinfall und Blendschutz

Störender Außenlichteinfall und zu hohe Helligkeiten aufgrund einfallenden Tageslichts sind durch geeignete Maßnahmen (z. B. Stellwände, Schutzvorrichtungen an den nahegelegenen Fenstern) zu unterbinden.

In Warten kann die Anforderung einer möglichst fensterparallelen Blickrichtung zum Bildschirm gemäß BS-V[9] oft nicht eingehalten werden. In manchen Fällen ist sie schon deshalb nicht möglich, weil die Außensicht eine Erfordernis des Arbeitsablaufes sein kann. Aus diesem Grund muß auf Fensterlichtschutz (Blend- und Sonnenschutz) geachtet werden.[10] Innenmontierter

---

9 Siehe Kapitel 1.1.
10 Siehe Kapitel 3.12.

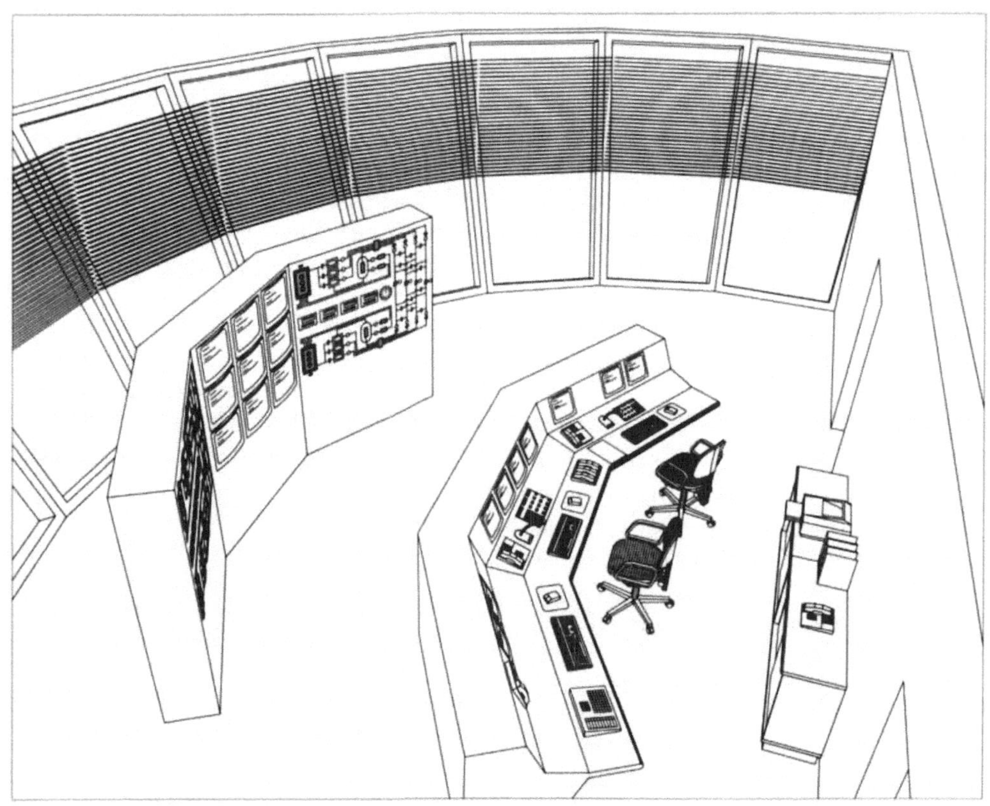

Abb. 2.5.8. Wartenlayout, bei dem eine fensterparallele Blickrichtung unmöglich ist

Fensterlichtschutz muß jedenfalls verstellbar – am besten elektromotorisch betrieben – ausgeführt werden. Dies deshalb, da der Gang zum Fenster oftmals aus arbeitsorganisatorischen Gründen nicht möglich ist (siehe Abb. 2.5.8.).

Aufgrund der Gebäude- oder Anlagensituation existieren auch Warteräume ohne Außenlichtversorgung. Arbeitsabläufe ohne Tageslichtversorgung sind unter diesen Bedingungen natürlich als besonders belastend einzustufen. Die beschriebenen Anforderungen hinsichtlich künstlicher Beleuchtung haben gerade unter diesen Umständen entsprechend hohen Stellenwert.

2.5.4. Schalterarbeitsplätze
Klaus Wittig

2.5.4.1. Allgemeines – Rechtliches

Die verschiedenen Nutzungsarten von Schalterarbeitsplätzen können sich innerhalb einer Spannweite von einem nur wenige Sekunden dauernden Verkauf einer Fahrkarte bis zu einem stundenlangen Beratungs- oder Verkaufsgespräch bewegen. Innerhalb dieser Spannweite können auch die Belastungen, die aus der Arbeit resultieren, stark schwanken. Natürlich wird man sich überlegen müssen, wie man diesen unterschiedlichen Anforderungen mit der Konstruktion des Schalters und der Einrichtung des Arbeitsplatzes Rechnung tragen kann.

Gemäß Arbeitsstätten-Verordnung[11] gibt es für Kassenarbeitsplätze, Portierlogen und auch für Meisterkojen innerhalb von Arbeitsräumen Ausnahmen von den *Anforderungen an Arbeitsräume* (3. Abschnitt der AStV). Diese Ausnahmen finden sich in § 30 Abs. 5 AStV und gelten unabhängig davon, ob an diesen Arbeitsplätzen Bildschirmgeräte eingesetzt werden oder nicht.

Zusammengefaßt sind folgende Abweichungen von den *Anforderungen an Arbeitsräume* zulässig:

- Lichteintritts- und Lüftungsöffnungen sowie die Sichtverbindung müssen nicht zwingend ins Freie führen. Sie dürfen auch in den umliegenden Arbeitsraum führen, sofern dieser dem 3. Abschnitt AStV genügt und dieser Raum nicht durch Schadstoffe belastet ist.
- Weiters wird für diese speziellen Arbeitsräume keine Sicherheitsbeleuchtung verlangt.

Für Kassenschalter in Arbeitsräumen gibt es noch drei weitere Ausnahmen, die jedoch nicht für Portierlogen und Meisterkojen gelten:

- Die Mindestraumhöhe ist mit nur 2,1 m festgelegt;
- die Mindestbodenfläche beträgt 2 m²;
- es wird kein Mindestluftraum gefordert.

2.5.4.2. Arbeitsplatz – Steh- oder Sitzkonzept

Oft ist es so, daß die Kunden vor dem Schalter stehen, weil ihre „Durchlaufzeit" kurz ist, während der Arbeitnehmer hinter dem Schalter sitzen können soll, weil er den ganzen Arbeitstag dort verbringt. Werden keine besonderen Maßnahmen getroffen, dann

führt das dazu, daß die Kunden den Arbeitnehmer hinter dem Schalter immer „von oben herab" ansprechen, weil ihre Augenhöhe höher ist als die des Arbeitnehmers. Außerdem benötigt der stehende Kunde eine andere Pulthöhe als der sitzende Arbeitnehmer. Das kann auf Dauer durch die häufige Überstreckung der Halswirbelsäule zu physischen, aber auch zu psychischen Beschwerden führen, weil die ständige Behandlung „von oben herab" normalerweise als bedrohlich empfunden wird. Ergonomische Überlegungen führen in folgende Richtungen:

Stehkonzept: Es besteht die Möglichkeit, den Arbeitsplatz im Schalterinneren bei gleichem Fußbodenniveau außen und innen als vollwertigen Steharbeitsplatz zu gestalten. Für Kunden und Mitarbeiter liegen Pult- und Augenhöhe in etwa auf gleichem Niveau. Ein solcher Arbeitsplatz muß aber genauso wie ein Sitzarbeitsplatz genügend Beinfreiraum haben. Ein reiner Steharbeitsplatz hat eine Reihe von Nachteilen. Dauernde stehende Arbeitshaltungen sind aus ergonomischer Sicht abzulehnen. Durch eine Stehhilfe, die zur Entlastung des Stütz- und Bewegungsapparates beiträgt, kann in dieser Situation Abhilfe geschaffen werden. Allerdings gibt es bei deren Einsatz häufig Akzeptanzprobleme, die wahrscheinlich mit der eingeschränkten Beweglichkeit und dem beschränkten Greifraum zusammenhängen.

Sitzkonzept: Wenn man einen hohen Drehstuhl zur Verfügung stellt, der eine integrierte Fußstütze besitzt, und der passend zur Arbeitsflächenhöhe eingestellt wird, dann hat man für den Arbeitnehmer die Möglichkeit geschaffen, sowohl im Sitzen als auch im Stehen zu arbeiten (siehe Abb. 2.5.9.). Leider hat diese an sich gute Lösung auch Nachteile: Aus Sicherheitsgründen dürfen derart hohe Stühle nicht mit Rollen ausgerüstet werden (Kippgefahr!). Das schränkt natürlich die Flexibilität stark

---

11 Siehe Kapitel 1.3.

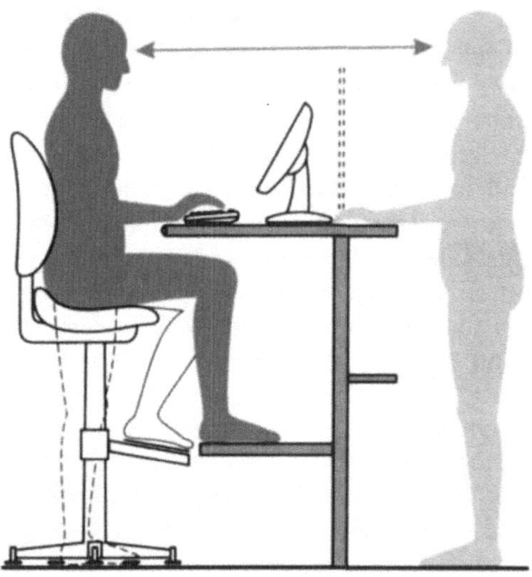

Abb. 2.5.9. Schnittdarstellung eines Schalters mit Pult in Steharbeitshöhe und hohem Sessel mit integrierter Fußstütze

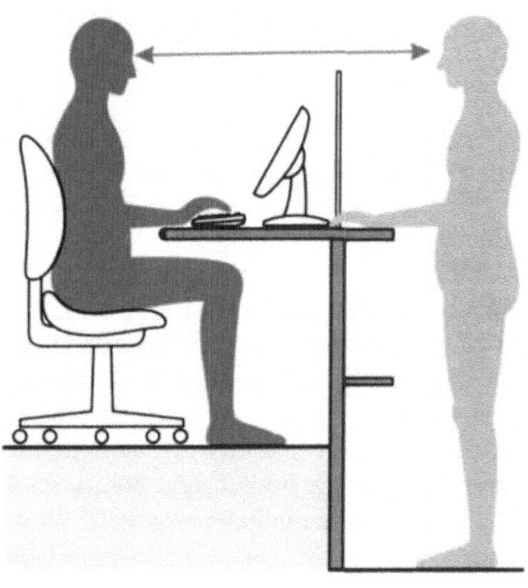

Abb. 2.5.10. Schalter mit erhöhtem Bodenniveau im Schalterinneren

ein und führt in der Praxis sogar dazu, daß man sich, sobald man einmal Platz genommen hat, nicht einmal den Stuhl näher zum Pult rücken kann. Weiters ist natürlich das Auf- und Absteigen bei einem solchen Sessel ungleich mühsamer als bei üblichen Büroarbeitsstühlen. Akzeptanzprobleme sind deshalb auch in diesem Fall häufig.

Eine weitere Maßnahme besteht darin, das Bodenniveau im Schalterinneren so weit anzuheben, daß der stehende Kunde und der sitzende Arbeitnehmer annähernd die gleiche Augenhöhe haben. Bei einem ebenen, durchgehenden Schalterpult führt diese Maßnahme dazu, daß der Kunde eine gute Steharbeitshöhe hat, während der Arbeitnehmer eine passende Arbeitsflächenhöhe zum Sitzen vorfindet (siehe Abb. 2.5.10.). Diese Lösungsvariante hat den Nachteil, daß sie das Arbeiten im Stehen nicht zuläßt, und der Arbeitnehmer daher zur ausschließlich sitzenden Arbeit gezwungen ist.

Sitz-Steh-Konzept: Bei gleichem Bodenniveau außen und innen besteht eine moderne ergonomisch taugliche Lösung darin, einen handelsüblichen ergonomischen Büroarbeitsstuhl auf einem sogenannten Schwebestuhlarm zu montieren. Ein Schwebestuhlarm ist ein Doppelgelenkarm, welcher am Boden sicher und fix montiert ist und durch seine Abmessungen gemeinsam mit dem Arbeitssessel ein richtiges Sitzniveau gewährleistet. Damit kann der Arbeitnehmer alle erforderlichen Bewegungen im Arbeitsbereich im Sitzen durchführen, die der Schwenkarm möglich macht. Diese Konzeption funktioniert umso besser, je günstiger die Anordnung und Form der Arbeitsflächen gewählt wird (Schalter-Cockpit), wie dies in Abb. 2.5.11. dargestellt ist. Das Schalter-Cockpit bietet darüber hinaus die Möglichkeit, den Büroarbeitsstuhl über den Schwenkarm in eine Parkposition zu bringen. Damit ist auch Steharbeit ohne Behinderung möglich, was oftmals im Sinne

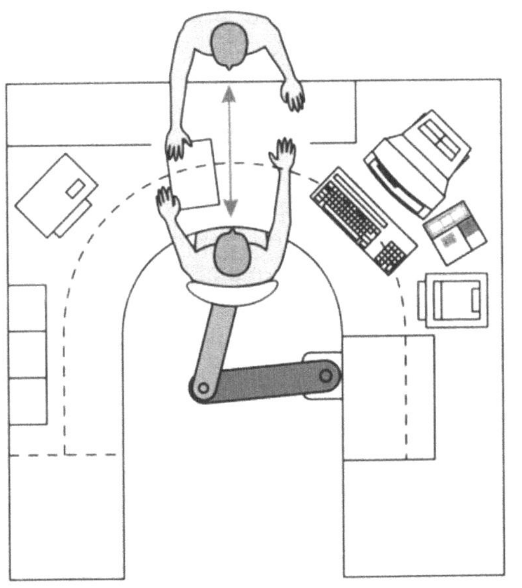

Abb. 2.5.11. Cockpit-Arbeitsplatz (Konstruktionsvariante Firma Lockersystems, Dornbirn)

des Arbeitsablaufes und des Belastungswechsels für den Arbeitnehmer ist.

2.5.4.3. Arbeitsplatz – Schalterfenster

In allen Bereichen, wo zwischen dem Schalterinneren und dem Kundenplatz davor klimatische Unterschiede herrschen (zum Beispiel in Bahnhofshallen) wird der Schalter von seiner Umgebung durch eine Glasscheibe getrennt. Diese soll einerseits die arbeitende Person im Schalter vor ungünstigen Klimaeinflüssen schützen, und andererseits möglichst freie Sicht gewährleisten.

In vielen Banken werden Panzerglasscheiben eingesetzt, um Kassiere und Bargeld vor Raub und gewaltsamen Übergriffen zu schützen.

Visuelle Aspekte

Die von den üblichen Bildschirmarbeitsplätzen her bekannte Blendungs- und Spiegelungsproblematik kann bei Schalterarbeitsplätzen mit einer Glasscheibe verstärkt auftreten. Das hat im wesentlichen zwei Gründe:

1. Durch die Glasscheibe kann aus dem Bereich vor dem Schalter Außenlicht zum Arbeitsplatz einfallen. Bei Nutzung eines Bildschirmes ist dieser zumeist mit Blickrichtung direkt gegen die Glasscheibe oder zumindest schräg dazu angeordnet, weil es als unhöflich gilt, sich zugunsten des Computers vom Kunden abzuwenden (siehe Abb. 2.5.12).

Es ist jedoch bekannt, daß diese Art der Aufstellung mit Blickrichtung direkt oder schräg gegen ein Fenster Probleme mit der Blendung verursachen kann. Die Art und Größe der Probleme hängt in erster Linie mit der Helligkeit zusammen, die von außen einfällt. Deshalb kann es notwendig werden, daß man den Raum vor dem Schalter insgesamt entsprechend abdunkeln muß. In den meisten Fällen wird man nicht umhin kom-

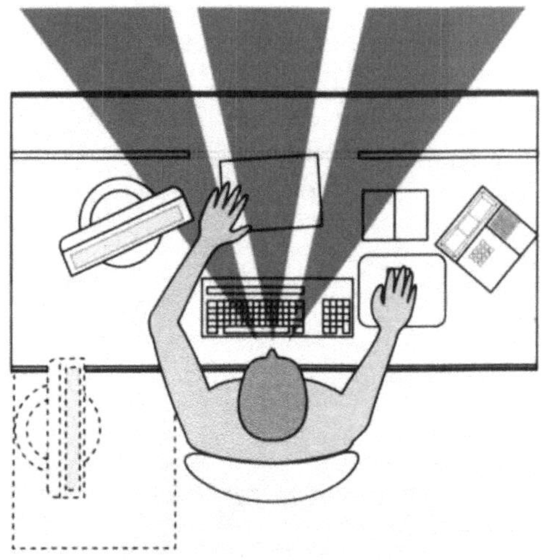

Abb. 2.5.12. Störungsfreie Bildschirm-Anordnung (Blendung, Reflexion) ist häufig wegen des Kundenkontaktes nicht möglich

men, auch die Beleuchtung außerhalb des eigentlichen Schalters bildschirmgerecht zu gestalten.

Es besteht zwar die theoretische Möglichkeit, das Schalterfenster mit einem entsprechenden Lichtschutz zu versehen, in der Praxis ist das jedoch hinderlich, weil dadurch der Kundenkontakt erschwert wird.

2. In der Glasscheibe können sich natürlich – genau wie im Bildschirm – Leuchten, die sich im Schalterinneren befinden, oder auch von hinten einfallendes Außenlicht spiegeln. In der Regel haben solche Schalterfenster keine beschichteten oder vergüteten Oberflächen, weshalb sie stärker reflektieren als Bildschirmoberflächen (Abb. 2.5.13).

Derartige Spiegelungen können nicht nur störend und irritierend für die Augen sein, sie können auch zu Zwangshaltungen führen. Die Person am Schalter wird in einem solchen Fall ständig versuchen, vorbei an einem solchen „hellen Fleck" den Kunden, oder etwaige Ausweise, Dokumente und dergleichen zu sehen.

Besonders mißlich kann die Situation dann werden, wenn Spiegelungen im Bereich der unteren Öffnung der Scheibe auftreten. Hier wird sehr oft mit Geld hantiert, das man gut sehen sollte, um schnell und richtig herausgeben zu können.

Bei Kartenverkaufsschaltern hat man häufig sogenannte Drehteller, die den Austausch von Karten und Wechselgeld mit dem Geld des Kunden leicht ermöglichen sollen. Manchmal werden die Spiegelungen in der Glasscheibe durch die glänzenden Metalloberflächen dieser Drehteller weiter verstärkt. Derartige Drehteller, aber auch Laden, die wechselweise aus- und eingeschoben werden, sollten daher stets matte, nicht glänzende Oberflächen besitzen. In manchen Fällen kann es auch vorkommen, daß die Sicht auf die äußere Hälfte des Drehtellers, wo der Kunde sein Geld hinlegt, durch die Einfassung der Glasscheibe (Rahmen aus Metall) beeinträchtigt wird. In einem solchen Fall muß sich der Arbeitnehmer sehr weit vorbeugen, um erkennen zu können, was auf dem Teller liegt, was sowohl bei stehender, aber vor allem bei sitzender Arbeitsweise zu einer ungünstigen Körperhaltung führt. Bei Verwendung eines Drehtellers sollte daher der Rand der Glasscheibe unmittelbar über dem Teller rahmenlos ausgeführt werden.

Sprechöffnung – Kommunikation

Um durch das Schalterfenster hindurch die Sprachkommunikation zwischen Kunden und Arbeitnehmer zu ermöglichen, gibt es meist eine Sprechöffnung. Leider wird der Gestaltung und Anordnung dieser Öffnung oft zu wenig Augenmerk geschenkt.

Vor allem in jenen Bereichen, wo eine Glasscheibe zum Schutz vor ungünstigen Klimaeinflüssen verwendet wird, sind die Sprechöffnungen meist relativ klein und mit einem Türchen versehen, um Zugluft zu ver-

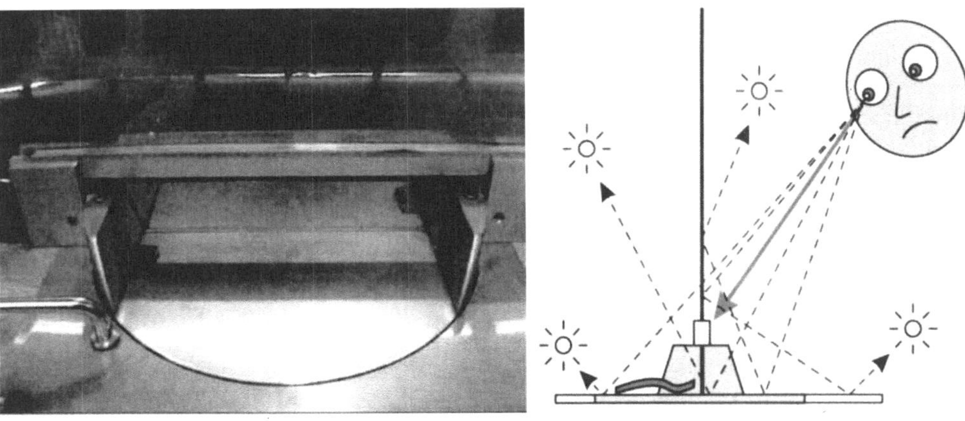

Abb. 2.5.13. Spiegelungen in der Glasscheibe können durch bildschirmtaugliche Beleuchtung verringert werden. Horizontale Flächen (zum Beispiel Drehteller) müssen möglichst matt ausgeführt werden.

meiden. Durch dieses Türchen wird jedoch oft die Sprachqualität sehr weit vermindert. Dies wird häufig durch ungünstige Körperhaltungen kompensiert und ist darüber hinaus auch eine Behinderung des Arbeitsablaufs. Der Platzierung dieser Öffnung ist daher besondere Aufmerksamkeit zu widmen (siehe Abb. 2.5.14.).

Bei den üblichen, relativ kleinen, ovalen Sprechöffnungen ist es notwendig, vorher zu wissen, ob Kunde und Arbeitnehmer sitzen oder stehen werden. Abwechselndes Arbeiten im Sitzen und Stehen ist aufgrund der oben genannten Voraussetzungen nur unter erschwerten Bedingungen möglich. Oftmals sind die Öffnungen so dimensioniert und angeordnet, daß sich der Arbeitnehmer beim Arbeiten im Stehen hinunterbeugen muß, um deutlich verstehen zu können. Das führt auf Dauer zu einer ungünstigen Zwangshaltung im Lenden- und Halswirbelbereich.

Es ist wünschenswert, für die Arbeitnehmer abwechselndes Arbeiten im Sitzen und Stehen zu ermöglichen (Sitz-Steh-Dynamik). Aufgrund der oben beschriebenen Zusammenhänge kann es aber notwendig sein,

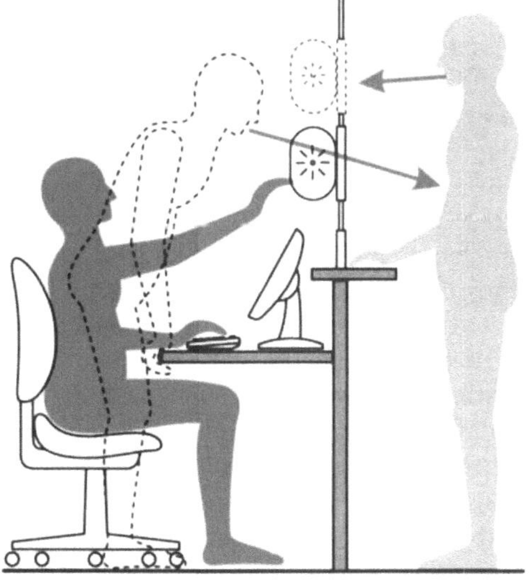

Abb. 2.5.14. Die Platzierung der Sprechöffnung im Schalterfenster in Abhängigkeit von der Arbeitshaltung

dafür größere Sprechöffnungen vorzusehen. Auch in diesem Fall bringt das Schalter-Cockpit Vorteile, weil die Niveauunterschiede zwischen Arbeitnehmer und Kunden nicht bestehen. Weitere Möglichkeiten bestehen darin, statt der Sprechöffnung Mikrofone und Lautsprecher zu montieren, was sich in manchen Bereichen in den letzten Jahren bewährt hat.

2.5.4.4. Arbeitsplatz – Arbeitshaltungen und Bewegungen

Bei Arbeitsanforderungen mit vielen, kurz dauernden Kundenkontakten (zum Beispiel an Fahrkartenschaltern), wiederholen sich einander ähnelnde Bewegungsabläufe sehr oft. Bei ungünstiger Gestaltung des Arbeitsplatzes und unzweckmäßiger Anordnung der Arbeitsmittel können aufgrund dessen bei den Arbeitnehmern vergleichbare physische Symptome und Beschwerden auftreten, wie wir sie von der repetitiven industriellen Fließbandarbeit her kennen. In diesem Fall müssen wir uns in der Arbeitsablaufanalyse darauf konzentrieren, welche Bewegungsmuster und damit verbundene Gelenkstellungen wie häufig auftreten.

Bei lang dauernden Kundenkontakten, zum Beispiel bei Beratungs- oder Verkaufsschaltern in Banken, Versicherungen, Reisebüros usw. kann es aufgrund der Zeitdauer, über die eine Haltung eingenommen wird und der damit verbundenen statischen Muskelarbeit zu Problemen kommen. In diesem Fall ist jenen Körperhaltungen besonderes Augenmerk zu widmen, die über lange Zeit hinweg eingenommen werden.

Abgesehen von der Anordnung und Größe der Sprechöffnung werden die Arbeitshaltungen überwiegend durch die Anordnung der Arbeitsmittel erzwungen. Darüber, welche Anordnung die günstigste ist, kann aufgrund der oben beschriebenen Schwankungsbreite der Arbeitsanforderungen und Gestaltungskonzepten von Schaltern keine allgemein gültige Aussage gemacht werden.

Als Faustregel gilt: Die Häufigkeit und Dauer des Umganges mit den einzelnen Arbeitsmitteln wird durch die Arbeitsaufgabe determiniert. Bewegungen, die häufig vorkommen oder Haltungen, die über lange Zeit hinweg eingenommen werden, sollen sich im Bereich neutraler, entspannter Gelenkstellungen abspielen. Wenn man oft zum Drucker greifen muß (zum Beispiel Vordruck einlegen und fertiges Ticket entnehmen), dann sollte der Drucker so angeordnet sein, daß man ihn aus einer nicht verdrehten Rumpfposition heraus gut erreichen kann. Welches Arbeitsmittel den „besten" Platz bekommt, kann eigentlich erst nach genauer Prüfung der Bewegungshäufigkeiten und -dauern festgelegt werden.

Wie bereits argumentiert, ist im Idealfall der Arbeitsplatz so gestaltet, daß das Arbeiten im Sitzen gleichwohl wie im Stehen möglich ist.

2.5.4.5. Arbeitsmittel – Bildschirm

Die Pulttiefen bei Schaltern sind in der Regel mit 90 cm nach oben hin beschränkt, weil es für Kunden und Arbeitnehmer möglich sein muß, zusammenzureichen. Schließlich soll der Kunde einen Gegenstand (Ticket, Geld, etc.), den der am Schalter Beschäftigte für ihn auf das Pult legt, auch leicht erreichen können. Für beide muß Wirkraum und vor allem auch Beinfreiraum vorhanden sein. Daraus ergibt sich auch, daß die Arbeitsflächentiefe auf der Seite des Mitarbeiters in der Regel nicht die übliche Tiefe für die Bildschirmaufstellung erreicht (siehe Abb. 2.5.15.).

Bei anderen Arbeitsplätzen mit Bildschirmeinsatz geht man hierbei von mindestens 80 cm aus. Bei einer eingeschränkten Pulttiefe ergeben sich Probleme mit der sachgerechten Bildschirmaufstellung, mit dem Platzangebot für die Tastatur und mit dem Sehabstand. Diese Problematik wird bei Vorhandensein einer Glasscheibe natürlich verstärkt, weil dadurch der mögliche Platz für die Bildschirmaufstellung begrenzt wird.

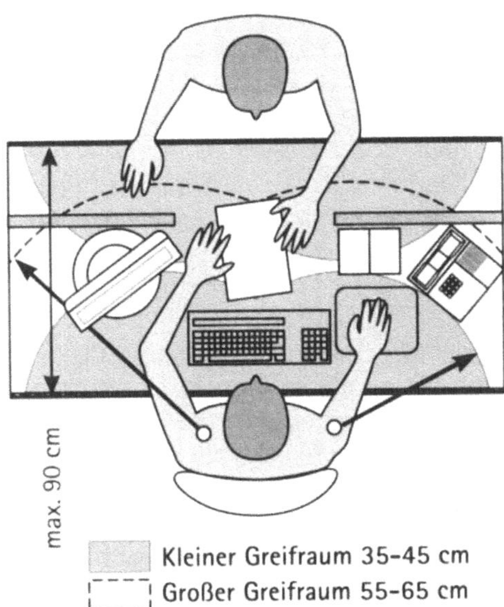

Abb. 2.5.15. Die Pulttiefe ist aufgrund der notwendigen Greifräume limitiert

Aus diesem Grund haben sich bei Schalterarbeitsplätzen moderne LCD-Flachbildschirme weitgehend durchgesetzt.

Ein weiteres Problem ergibt sich daraus, daß die Arbeit mit dem Bildschirm den Blickkontakt zum Kunden möglichst wenig behindern soll. Deshalb müssen die Bildschirme meist seitlich angeordnet werden, was einerseits zu einer verdrehten Rumpfhaltung und andererseits zu einer Abwendung vom Kunden führen kann. Bei häufiger Bildschirmnutzung ist es daher notwendig, den Beinraum auch unterhalb des Bildschirmes ausreichend zu dimensionieren, um die Rumpfdrehung zu vermeiden und den Bildschirm nur leicht schräg seitlich anzuordnen.

2.5.4.6. Arbeitsmittel – Tisch und Schalterpult

Das Anbringen von Laden, aber auch eines Druckers oder sonstiger Hardwarekompo-

nenten unterhalb der Tisch- oder Pultfläche führt meist zu Problemen mit dem Beinraum.

Diese Probleme gibt es in der Regel nur bei Arbeitsplätzen an denen im Sitzen oder mit einer Stehhilfe gearbeitet werden soll.

Wie an jedem Büroarbeitsplatz braucht man auch an einem Schalter zum Sitzen genügend Freiraum unterhalb der Arbeitsfläche, um dort die Beine unterzubringen. Der Beinfreiraum muß nicht nur genügend tief sein, um mit den Knien nicht vorne anzustoßen, sondern er muß seitlich auch breit genug sein, um Dreh- oder Fahrbewegungen mit Hilfe des Arbeitsstuhles nicht zu behindern. Nicht zuletzt muß er auch hoch genug sein, um genügend Platz für die Oberschenkel zu bieten.

Wird die Arbeitsflächenhöhe nach denselben Gesichtspunkten dimensioniert wie bei einem Büroarbeitsplatz, dann ist unter Einhaltung der obigen Maßanforderungen der Einbau von Laden nicht möglich, weil dann der Beinfreiraum zu nieder wird.

2.5.4.7. Arbeitsmittel – Tastatur

Aus der oben beschriebenen Platzknappheit aufgrund der beschränkten Pulttiefe können sich auch Probleme bei der Anordnung der Tastatur ergeben. Oft gibt es nicht genügend Platz zum Abstützen der Handballen, weil der geforderte Mindestabstand zwischen Tischkante und Tastatur nicht eingehalten werden kann. Bezüglich der Anordnung zentral oder seitlich gilt das gleiche, wie schon beschrieben: Je häufiger die Nutzung, umso zentraler soll die Tastatur angeordnet sein. Da jedoch die Anordnung der Tastatur leicht und flexibel durch den Benutzer geändert werden kann, sollte man vor allem darauf achten, daß die flexible Aufstellung nicht durch schlecht ausgeführte Tastaturladen oder -absenkungen oder durch ein zu geringes Platzangebot behindert wird.

2.5.4.8. Arbeitsmittel – Drucker

In der Praxis sind die Drucker oft seitlich vom Arbeitnehmer angeordnet, manche Drucker sind auch im Pult versenkt untergebracht.

Die seitliche Anordnung birgt die Gefahr in sich, daß sich der Arbeitnehmer stark verdrehen muß, wenn er zum Drucker reichen will. Auch hier ist wieder die Forderung nach einem ausreichend dimensionierten Beinraum unter dem Drucker zu erheben, damit sich der Nutzer mit dem Drehsessel und nicht aus dem Rumpf heraus verdrehen kann. Da auch die Drucker durch die fortschreitende Miniaturisierung immer kleiner werden, wird es in nächster Zukunft möglich sein, sie weiter ins Zentrum des Greifraumes zu rücken.

2.5.4.9. Arbeitsmittel – Geldlade

An vielen Schaltern muß mit Geld hantiert werden, das natürlich sicher verwahrt und dem schnellen Zugriff diebischer Finger entzogen werden soll. Immer wieder wird sogar gefordert, daß die Kunden die Geldlade nicht einsehen können dürfen, um erst gar keine Begehrlichkeiten zu wecken.

Auf der anderen Seite muß der Kassier leichten, ungehinderten Zugriff haben, um im Arbeitsablauf nicht gebremst zu werden.

In Bankschaltern gibt es Ablagesysteme für größere Geldmengen, die nicht in einer Lade Platz finden. Hier sind spezielle Organisationsmittel erforderlich. Geldablageladen und Hubregale sind Sonderkonstruktionen, die auch elektrisch betrieben sein können. Auf diese Systeme kann an dieser Stelle nicht näher eingegangen werden.

Bei den Geldladen im eigentlichen Sinn kann man unterscheiden zwischen Laden zum Herausziehen (manuell beziehungsweise durch Federkraft herausgeschoben) oder Laden mit einer Klappe, die sich nach oben öffnen läßt.

Laden zum Herausziehen sind für Kassen, an denen auch im Sitzen gearbeitet werden soll, nur bedingt geeignet, weil ihre richtige Positionierung aus Platzgründen oft unmöglich ist. Sie müssen so angebracht werden, daß sie seitlich vom Benutzer ausgezogen oder ausgefahren werden, ohne mit ihm zu kollidieren. Meist werden solche Laden direkt unter der Pultfläche eingebaut. Wenn mit so einer Lade ausschließlich im Stehen gearbeitet wird, ist bei beengten Platzverhältnissen auch die Anordnung zentral vor dem Benutzer denkbar, weil dieser leicht einen Schritt zurück machen kann, um die Lade zu öffnen.

Die zweite Variante, mit der Klappe, die sich nach oben hin öffnen läßt, ist hingegen auch für Schalter geeignet, an denen man im Sitzen arbeitet. Meist werden diese Laden

Abb. 2.5.16. Versenkte Geldlade, die bei Bedarf elektrisch ausgefahren wird (Konstruktionsvariante Firma Lockersystems, Dornbirn)

ins Pult integriert, sodaß die Kante der Klappe mit der Pultvorderkante abschließt.

Auch für Geldladen wurden in letzter Zeit ergonomische Sonderlösungen entwickelt, mit dem Ziel, die oben beschriebenen Probleme zu optimieren. Eine solche Lösung besteht beispielsweise aus einer elektrisch betriebenen Geldlade (siehe Abb. 2.5.16.), die bei Bedarf rasch und sicher aus dem hinteren Bereich des Beinraums beziehungsweise Schalterpultes einfährt. Damit ist eine Integration von Ergonomie- und Sicherheitsaspekten möglich.

2.5.5. Literatur und weitere Informationen

2.5.5.1. Literatur

Braun G.: CAD-Arbeitsplatz und -umfeld müssen ergonomisch gestaltet sein. In: CAD CAM 5/1990, S. 106–108.

Bundesanstalt für Arbeitsschutz und Arbeitsmedizin (Hg.): Auswirkungen informatorischer Mehrfachbelastung bei der Prozeßüberwachung – Forschungsbericht Fb 739. Dortmund, 1986.

Bundesanstalt für Arbeitsschutz und Arbeitsmedizin (Hg.): Sitzen – alles o.k.? Band 2: Arbeitssitze im Büro- und Dienstleistungsbereich. Dortmund, 1997.

Bundesanstalt für Arbeitsschutz und Arbeitsmedizin (Hg.): Arbeit und Technik im Bauhandwerk – CAD-Einsatz, Kooperation und Kommunikation – Forschungsbericht Fb 858. Dortmund, 1999.

Der ideale CAD-Arbeitsplatz. In: Monitor 6/1999, S. 30–36.

Frieling E., Klein H., Schliep W., Scholz R.: Gestaltung von CAD-Arbeitsplätzen und ihrer Umgebung. Forschungsbericht Fb 503. Bundesanstalt für Arbeitsschutz (Hg.), Bonn, 1987.

Grandjean E.: Physiologische Arbeitsgestaltung. 3. erweiterte Auflage, Ecomed-Verlag, Landsberg/Lech, 1979.

Hartung P.: Arbeitssicherheit und Gesundheitsschutz im Büro. WEKA-Praxishandbuch. Weka-Fachverlag für technische Führungskräfte GmbH., Augsburg, September 2000, permanente Aktualisierungen.

Landesanstalt für Arbeitsschutz NRW (Hg.): Sicherheit und menschengerechte Gestaltung von Leitwarten. Minden, 1996.

Lips W., Krueger H., Rauterberg M.: Die Arbeit am Bildschirm. 11. Auflage. SUVA (Hg.), Luzern, 1998.

Stiftung zur Förderung der innovativen Systemergonomie und Gesundheit im Büro – ISG (Hg.): Steh-Sitz-Dynamik an Büroarbeitsplätzen. Verlag für Gesundheitsförderung, Gamburg, 1998.

Thomann K.D.: Das Rückenbuch. Georg Thieme-Verlag, Stuttgart, 1991.

2.5.5.2. Regelwerke

ÖNORM A 8010: Ergonomische Gestaltung von Büroarbeitsplätzen

ÖNORM A 8021: Ergonomische Gestaltung von Warten – Begriffsbestimmungen, Abmessungen und Konstruktionsmerkmale für Sitzarbeitsplätze

ÖNORM EN ISO 11064-1: Grundsätze für die Gestaltung von Leitzentralen

ÖNORM EN ISO 11064-2: Grundsätze für die Anordnung von Warten und Nebenräumen

ÖNORM EN ISO 11064-3: Ergonomische Gestaltung von Leitzentralen – Teil 3: Auslegung von Warteräumen

2.5.5.3. Internetadressen

http://www.sozialnetz-hessen.de/ergo-online
http://www.lag.at
http://www.officeplus.de
http://www.hagas.de
http://www.stokke.com
http://www.sis-int.com
http://www.leuwico.de

2.6. Ergonomische Anforderungsprinzipien an die Arbeitsplatzausstattung

Walter Ambros, Martina Molnar, Michael Wichtl

In aller Kürze

Die Umsetzbarkeit von ergonomischer Arbeitsplatzgestaltung hängt auch wesentlich von der Beschaffenheit der eingesetzten Arbeitsmittel und Arbeitsplatzausstattung ab. Gute und ergonomisch taugliche Arbeitsmittel garantieren für sich genommen noch keinen ergonomischen Arbeitsplatz, sie sind aber Voraussetzung dafür. Ergonomie ist nur möglich, wenn dafür geeignete Ausstattungskomponenten in richtiger Weise eingestellt, positioniert und verwendet werden. Beispielsweise setzt die körpergerechte Anpassung der Sitz- und Arbeitshöhe entsprechende Einstellmöglichkeiten des Arbeitsstuhles und des Arbeitstisches voraus. Aus diesem Grund müssen bei der Auswahl solcher Ausstattungselemente ergonomische Überlegungen eine Rolle spielen. Welche grundsätzlichen Aspekte hierbei zu berücksichtigen sind, wird in diesem Beitrag dargestellt.

Im folgenden werden jene ergonomischen und sicherheitsrelevanten Kriterien angeführt, welche von den Arbeitsmitteln erfüllt werden sollten beziehungsweise auf welche im Beschaffungsfall zu achten ist. Diese basieren nicht ausschließlich auf den gesetzlichen und normativen Vorschriften. Vielmehr werden auch ergänzende Hinweise aus der Praxis gegeben.

Für die Beschaffung der angeführten Arbeitsmittel werden drei Kriterienbereiche als Beurteilungshilfe angeführt.

1. Funktionalität, Ergonomie
2. Aufgabenbezogene Anforderungen
3. Rechtsbezüge, Normen, Standards

Weitere Kriterien können auch Aspekte wie Umweltverträglichkeit, Rezyklierbarkeit, Trennbarkeit und Austauschbarkeit von Bauteilen und Baugruppen sowie die Wartungsfreundlichkeit sein.

Häufig können nicht alle Kriterien in vollem Umfang erfüllt werden. Ein Grund dafür sind oftmals gegenläufige Anforderungen bei unterschiedlichen Gestaltungsaufgaben, zum Beispiel feste Tischhöhe – verstellbare Tischhöhe.

Allgemeingültige Aussagen sind auch deshalb nicht möglich, weil die Hersteller von Systemmöbeln unterschiedliche Programme und Möbelkonzepte anbieten, die auf die Erfüllung von bestimmten Anforderungen hin konstruiert sind (Design, Funktionalität, Ergonomie etc.). Käufer stehen daher oftmals vor der Herausforderung, ganz unterschiedliche Programme mit unterschiedlichen Erfüllungsgraden zu vergleichen, um eine Kaufentscheidung treffen zu können.

Eine wesentliche Erleichterung für den Beschaffer sind Prüfzeichen für Büromöbel und Hardware. Mangels zutreffender Richtlinien gibt es für Büromöbel keine CE-Kennzeichnung. Aus diesem Grund empfehlen sich nationale Kennzeichnungen mit internationaler Anerkennung zum Beispiel TÜV Ergonomie geprüft, oder GS-geprüfte Qualität. Bei dieser Kennzeichnung kann man davon ausgehen, daß sie dem Stand der Technik entsprechen und auf letzte ergonomische Erkenntnisse Rücksicht nehmen.

Nachfolgende Übersicht ergänzt die Checkliste für die Beschaffung[1] und erklärt allgemeine Voraussetzungen und Benutzungsbedingungen. Ergonomische Gestaltungsregeln zur Arbeitsplatzgestaltung sind in weiteren Kapiteln[2] zu finden.

2.6.1. Arbeitstisch

2.6.1.1. Arbeitsflächenhöhe

Die richtige Einstellung von Sitz- und Tischhöhe soll die Einnahme der „Referenzsitzposition" ermöglichen. Bei fixen Tischhöhen ist dies für kleine oder große Personen häufig nicht möglich. Die fixe Tischhöhe von 72 cm ist aufgrund der statistischen Verteilung der Körpermaße üblicher Benutzergruppen nur für einen relativ kleinen Prozentsatz der Benutzer wirklich angemessen. Die Beschaffung hat sich daher an den zu erwartetenden Benutzergruppen zu orientieren. Grundsätzlich ist daher aus ergonomischer Sicht die Beschaffung von Arbeitstischen mit einstellbarer oder verstellbarer Tischhöhe vorzuziehen.

Die Einstellung mittels Werkzeug oder Verstellfunktionen mittels Stellteilen (Kurbel, Rastermechanik, Gasfeder, E-Motor) muß einfach erfolgen können (gute Zugänglichkeit, einfache Bedienbarkeit, gut sichtbare Skalierung). Fix angeordnete Stellteile dürfen den Beinfreiraum nicht einschränken.

Es ist weiters darauf zu achten, daß speziell bei großen Bildschirmen (zum Beispiel CAD-Schirme) die Standardtischhöhe von 72 cm häufig zu einer zu hohen Bildschirmposition führt. In solchen Fällen sollte die

Aufstellfläche für den Bildschirm (geteilte Tischflächen) nach unten verstellbar sein.

2.6.1.2. Arbeitsflächenbreite

Die Mindestbreite beträgt für einen einzeln stehenden Tisch 160 cm.

Bei der Beschaffung ist auf die jeweilige Arbeitsaufgabe, Verkettungserfordernisse, Anzahl und Dimension der Arbeitsmittel und die erforderlichen ergonomischen Kriterien (Beinfreiraum, Greifräume, Sehentfernung) Rücksicht zu nehmen.

2.6.1.3. Arbeitsflächentiefe

Die Tischtiefe ergibt sich gleichfalls aus Monitortiefe, Tastaturtiefe sowie Arbeitsmittelanzahl und -art. Die Sehentfernung ist dabei eine wichtige ergonomische Einflußgröße. Eine ausreichende Tischtiefe ist Voraussetzung für eine ergonomisch vertretbare Sehentfernung. Schließlich hat auch die Forderung nach einer Handballenauflage vor der Tastatur (ca. 10 cm) einen entsprechenden Einfluß auf die erforderliche Tischtiefe. Gehäuse und Kabel dürfen aus Sicherheitsgründen nicht über den Tischrand ragen.

Die Tischtiefe 80 cm ist bei 17″ Röhrenbildschirmen bereits ein Grenzfall. Bei Bildschirmen größer als 17″ sind Tischtiefen von 90 cm und mehr erforderlich. Die ÖNORM A 8010 sieht beispielsweise für einen CAD-Tisch 120 cm vor.

Eckanordnungen bieten bei Über-Eck-Aufstellung des Bildschirms an dieser Stelle ausreichende Tiefe. Allerdings bergen sie häufig die Gefahr von ungünstigen visuellen Nebeneffekten, vor allem dann, wenn die Blickrichtung nicht fensterparallel ist.

Da es absehbar ist, daß Flachbildschirme innerhalb der nächsten Jahre zum Bürostandard werden und damit der Tischtiefenbe-

---

1 Siehe Kapitel 4.4.
2 Siehe Kapitel 2.3. und 2.5.

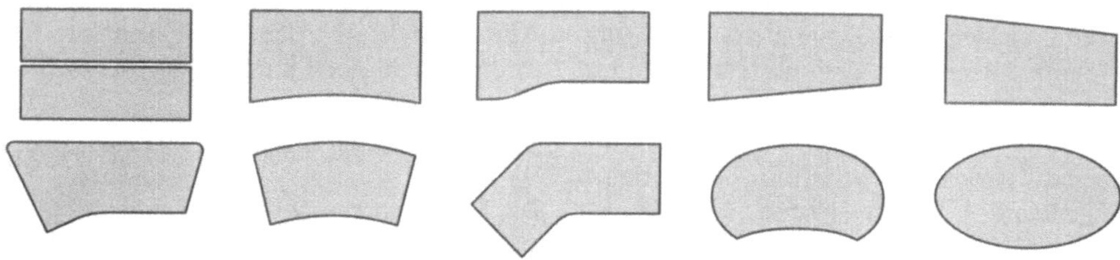

Abb. 2.6.1. Beispiele verschiedener Plattenformen

darf wieder geringer wird, empfiehlt es sich, Tische mit einer Tiefe von 80 cm zu kaufen und die Tiefe mit Plattenverlängerungen bedarfsweise temporär zu vergrößern.

2.6.1.4. Tischplatten

Die Materialien und Oberflächen von Tischplatten dürfen aus ergonomischen Gründen nicht zu dunkel oder zu hell sein beziehungsweise soll die Oberfläche nicht glänzen oder spiegeln, um visuelle Beeinträchtigungen zu vermeiden.

Tischplattenformen gibt es mittlerweile in unterschiedlichsten Ausführungen (siehe Abb. 2.6.1.).

Die Plattenformen sollen bei Bedarf Verkettbarkeit mehrerer Tischelemente zulassen (an einer oder mehreren Seiten das Hinzustellen von anderen gleichartigen Tischen ermöglichen). Das ist bei Rechteckflächen beziehungsweise geraden Seiten in der Re-

gel leichter möglich als bei geschwungenen Seiten und Freiformen (siehe Tabelle 2.6.1.).

2.6.1.5. Verkabelung

Unter der Tischplatte ist direkt an dieser oder am Gestell eine Einrichtung zur Aufnahme der Kabel (Kabelwanne) vorzusehen. Diese muß auch Kabelüberlängen und Kabelsteckverbindungen aufnehmen können. Für Kabelzu- und -abgänge sind entsprechende Kabeldurchlässe in der Platte (Schlitze, Rundlöcher etc.) oder andere Maßnahmen vorzusehen (zum Beispiel abgerundete Ecken der Wannenabdeckung, die einen Durchlaß ermöglichen). Kabelkanäle sollen von oben her leicht zugänglich sein.

2.6.1.6. Verkettung und Kombination

Durch Verkettungs-, Erweiterungs- und Anbau-Elemente können größere Arbeitsflächen und neue Formen entstehen (siehe Abb. 2.6.2.). Sie haben Einfluß auf die Arbeitsplatzqualität (Gleichartigkeit, Abtrennbarkeit, Privatheit, Schaffung von dritten Ebenen etc.) und bieten dafür weit mehr Flexibilität als einfache Standardlösungen. Unterschiedliche Raumzuschnitte sind durch verschiedene Verkettungsformen raumangepaßt ausstattbar.

Bei der Auswahl solcher Flächenformen ist jedoch unbedingt auf die vorhandene Raumfläche und -form und auf die organi-

	Rechteckstische	Freiformtische
Vorteile	Verkettbarkeit leichter	Layoutoptimierung leichter
Nachteile	Layoutoptimierung schwieriger	Verkettbarkeit formabhängig

Tabelle 2.6.1. Vor- und Nachteile verschiedener Plattenformen

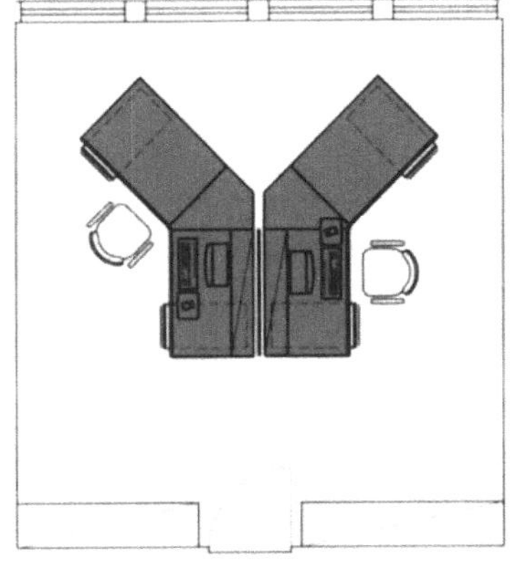

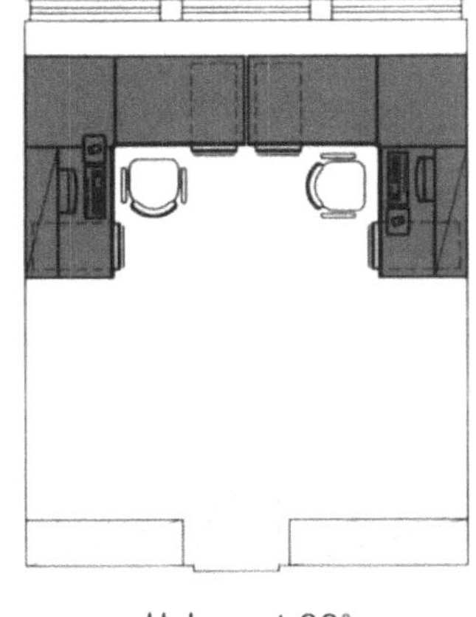

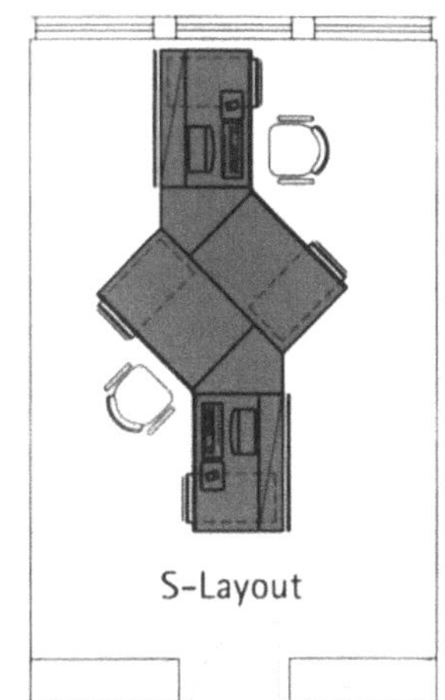

Abb. 2.6.2. Beispiele für Verkettungen

satorischen Arbeitsbedingungen der Benutzer zu achten (Ablagebedarf, Arbeitsmittel, Besucher, Besprechungen etc.).[3] Bei der Beschaffung ist zu klären, welche Elemente das Programm standardmäßig bietet und wie einfach Verkettung erfolgen kann.

2.6.1.7. Beinfreiraum

Alle genutzten Bereiche der Arbeitsfläche müssen im Sitzen ohne Behinderungen für die Beine und ohne die Einnahme ungünstiger Körperhaltungen gut erreichbar sein (versetzte Tischbeine, Platz und Wirkflächen für Container).

Die Konstruktionsmerkmale des Tisches beziehungsweise von Verkettungen dürfen nicht zu einer Einschränkung des Beinfreiraumes führen. Dies betrifft insbesondere die Gestaltung des Unterbaus (zum Beispiel Standbeine, Querträger, Kabelführungen, Tastaturladen). Speziell bei Sonderkonstruktionen (zum Beispiel Wartentische) ist darauf zu achten.

---

3 Siehe ÖNORM A 8010 – Normenübersicht im Anhang.

2.6.1.8. Standsicherheit

Verkettungen sind in der Regel stabiler als Einzeltische. Bei einzeln stehenden Tischen ist Stabilität daher besonders zu beachten.

Die Form des Tischgestells (Fuß, C-Fuß oder Mittelsäule) und die Bodenbeschaffenheit haben Einfluß auf die Standsicherheit.

Standsicherheit ist besonders wichtig bei Tischen, die auch ein Arbeiten im Stehen zulassen. Auch bei fahrbaren Tischen ist dies ein wesentliches Merkmal. Vor allem schwere Geräte (Monitore) sind hierbei zu berücksichtigen, insbesondere wenn eine Verstellbarkeit bis Stehhöhe möglich ist. In diesem Fall muß auf Stabilität und bedienerfreundliche Feststellmöglichkeit der Rollen geachtet werden.

2.6.2. Zubehör

2.6.2.1. Stehpulte

Als Ergänzung zum klassischen Arbeitsbereich können Stehpulte beziehungsweise bis auf Stehhöhe verstellbare (rollbare) Tische mit kleinen Arbeitsflächen den Wechsel von

Arbeitshaltungen fördern. Beim Einkauf ist besonders auf die erforderliche Arbeitsfläche, auf eine adäquate Höhenanpaßbarkeit und auf Stabilität zu achten.

Aus der Sicht der Ergonomie fördern Stehtpulte die gewünschte Bewegungsdynamik, wenn nicht ausschließlich im Stehen gearbeitet wird.[4] Daher sind sie empfehlenswert.

2.6.2.2. Tisch- und Wandaufbauelemente (3. Ebene)

Dies sind auf Tischplatten oder an der Wand fix montierbare Anbauten zur Vergrößerung der Ablageflächen. Häufig empfiehlt sich eine Anordnung beziehungsweise Montagehöhe, welche die Einnahme einer stehenden Haltung ermöglicht (fix oder schwenkbar). Notwendige Greifräume sind zu berücksichtigen.

2.6.2.3. Beleghalter und kleine Pulte

Zur Verbesserung der Arbeitshaltung und Reduzierung der Augenbelastung sind in der Neigung und der Entfernung an die Position der Bildschirmoberfläche anpaßbare Beleghalter und Pulte für Belege sinnvoll. Die Auswahl muß sich an den Arbeitsaufgaben und Belegen orientieren.

Solche Pulte sind nicht ausschließlich für Bildschirmtätigkeiten zu verwenden. Bei intensiver Lesetätigkeit unterstützen diese auch die Einnahme einer physiologisch günstigeren Haltung.

2.6.2.4. Drucker- und Scannertische

Wenn für Drucker und Scanner keine geeigneten Stellflächen bestehen, ist der Einsatz von solchen speziellen Tischen empfehlenswert. Allerdings ist der entsprechende Platz

vorzusehen, damit keine Wirkflächen im Arbeitsraum verstellt werden und Zugangswege (Verkehrswege) erhalten bleiben. Die Höhe der Tische soll es ermöglichen, in Abstimmung auf die Gerätehöhen die gute Erreichbarkeit und Bedienbarkeit dieser Geräte sicherzustellen.

2.6.2.5. Theken

Theken sind Möbelelemente, die in der Regel den Arbeitsbereich des Benutzers vom Kundenbereich trennen. Aus diesem Grund müssen sie für beide Seiten ergonomische Anforderungen hinsichtlich Arbeitshöhe, Greifräume und Beinfreiraum erfüllen. Hier hat auch die Frage großen Einfluß, ob der Benutzer beziehungsweise der Kunde steht oder sitzt.[5]

Vielfach genügt es für Abteilungssekretariate und Empfang für diesen Zweck mobile Pulte an die Tischkombination zu stellen.

In Arbeitsbereichen, wo der Kundenkontakt im Vordergrund steht, müssen meist spezielle Konstruktionen eingesetzt werden. In solchen Fällen sind Anforderungen wie Arbeitshöhen, Greifräume, Fußfreiräume und Stabilität besonders wichtig. Häufig handelt es sich dabei um Sonderkonstruktionen, die im Einzelfall bedarfgemäß konzipiert werden müssen.

2.6.3. Büroarbeitsstuhl

Wesentlich für den Sitzkomfort des Benutzers ist, daß durch eine entsprechende Gestaltung, Formgebung und Verstellbarkeit der Rückenlehne und der Sitzauflagefläche eine gute Abstützung im Bereich der Lendenwirbellordose und im Beckenbereich sichergestellt ist.

Gerade bei Arbeitsstühlen als Arbeitsmittel, mit dem der Mensch im unmittelbaren

---

4 Siehe Kapitel 3.9.

5 Siehe Kapitel 2.5. – Schalterarbeitsplätze.

Kontakt steht, ist es besonders wichtig, auf unterschiedliche Benutzergruppen, Körpermaße und Arbeitsaufgaben Rücksicht zu nehmen. Dies kann unter anderem dadurch geschehen, daß mehrere Modelle zur Auswahl stehen, beispielsweise um die Bedürfnisse besonders zarter oder korpulenter Personen abdecken zu können. Die neue Euronorm für Büroarbeitsstühle EN 1335 nimmt durch Schaffung von drei Maßkategorien auf diesen Umstand Rücksicht.

In diesem Zusammenhang wird empfohlen, Benutzertests durchzuführen, wobei ein repräsentativer Querschnitt der künftigen Benutzer über längere Zeit die Arbeitsstühle testen und beurteilen soll. Auch wissenschaftliche Studien bestätigen immer wieder, daß die Benutzerakzeptanz bei Arbeitsstühlen ein maßgebliches Ergonomiekriterium ist und daher auch beachtet werden soll.

Zur Frage, ob auch alternative Sitzgelegenheiten möglich sind, kann gesagt werden, daß als Basisaustattung jedenfalls ein Bürostuhl im Sinne von § 5 BS-V[6] erforderlich ist. Darüber hinaus können, sollte der Platz hierfür vorhanden sein, zur Abwechslung auch andere Sitzgelegenheiten verwendet werden (Sitzbälle, Kniesessel, Sattelstühle etc.). Als alleinige Sitzmöbel sind diese jedoch nicht zulässig, weil sie auf die Dauer auch einseitige Körperhaltungen und damit Fehlbeanspruchungen bewirken können.[7]

2.6.3.1. Sitzfläche

Hinsichtlich verschiedener Benutzergruppen und deren Körpermaße können unterschiedliche Sitzflächenmaße (Sitzbreite, Sitztiefe) erforderlich sein. Der Sitzkomfort wird von der Polsterung und Formgebung wesentlich beeinflußt.

---

6 Siehe Kapitel 1.1.
7 Siehe Kapitel 2.8.

Bei einigen Produkten wird eine Sitzflächenneigung nach vorne eingesetzt, wobei eine zumeist leichte Neigung der Sitzfläche nach vorne in Grundstellung vorgesehen wird. Das Ziel dieser Maßnahme ist die Aufrichtung des Beckens, um damit bessere Voraussetzungen für eine aufrechte Wirbelsäulenhaltung zu schaffen. Die Akzeptanz der Benutzer für diese Maßnahme ist nicht immer gegeben und hängt auch von der Ausprägung des Winkels nach vorne ab. Darauf ist jedenfalls Rücksicht zu nehmen.

Vor allem bei intensiver Nutzung und Mehrfachbenutzung (Schichtbetrieb) sollen Sitzflächen leicht austauschbar sein (Steckverbindung).

2.6.3.2. Rückenlehne

Die Form der Rückenlehne muß der individuellen Form des Rückens, insbesondere der Wirbelsäulenkrümmung im Lendenbereich (Lendenlordose) möglichst gut angepaßt werden können.

Die Höhe und Form der Rückenlehne richtet sich neben der Benutzerakzeptanz auch nach der Dauer der Stuhlbenutzung und der Sitzhaltung, die auch aufgabenabhängig ist. Tendenziell gilt, je länger gesessen wird und je mehr in hinterer Sitzposition, desto höher sollte die Rückenlehne sein. Wenn die Rückenlehne hoch ist, sollte sie auch im oberen Bereich des Rückens eine gute Abstützung gewährleisten.

2.6.3.3. Dynamisches Sitzen

Um Verspannungen und Rückenschmerzen weitgehend zu vermeiden, soll dynamisches Sitzen möglich sein. Dies kann durch Permanentkontakt-Rückenlehnen und/oder Synchronmechanik erreicht werden. Die Permanentkontakt-Rückenlehne unterstützt beim Zurücklehnen ständig mit angemessener Gegenkraft. Diese muß an den Benutzer anpaßbar sein. Bei der Synchronmechanik erfolgt beim Zurücklehnen eine mit der Rückenlehnneigung gekoppelte Bewegung (Neigung) der Sitzauflagefläche nach hinten, die dazu beiträgt, die Auflage- und Winkelverhältnisse im Beckenbereich zu optimieren. Die Synchronmechanik ist aus ergonomischen Gründen daher vorzuziehen.

2.6.3.4. Armlehnen

Armlehnen sind unter anderem eine Hilfe beim Setzen und beim Aufstehen. Für das Auflegen und Abstützen der Unterarme sind sie aber oft zu tief. Der Grund dafür liegt darin, daß Armlehnen zugleich auch gewährleisten müssen, in aufrechter Sitzposition nahe genug an die Tischkante heranrücken zu können. Um diesem Umstand Abhilfe zu schaffen, sollen Armlehnen möglichst höhenverstellbar sein.

Die Bauart und Tiefe von Armlehnen darf das Heranrücken an den Arbeitstisch nicht blockieren, weil sonst ungünstige Sitzpositionen entstehen.

Aus Gründen der Flexibilität ist es günstig, Arbeitsstühle in Modularbauweise zu beschaffen, bei denen Armlehnen nachträglich ergänzbar sind.

2.6.3.5. Bedienelemente

Aus Sicherheitsgründen ist es erforderlich, daß Bedienelemente durch ihre Form und Lage nicht zu Verletzungsrisiken führen.

Normen über die Funktionsweise der Bedienelemente aus der Sicht der Ergonomie existieren nur allgemein. Es haben sich jedoch einige übliche Standards für die Plazierung und Bedienung von solchen Stellteilen entwickelt (zum Beispiel Sitzhöhenverstellung - Hebel rechts unter der Sitzfläche).

Aus ergonomischer Sicht sollen Bedienteile leicht handhabbar, im Sitzen gut erreichbar und verständlich zu benutzen sein.

Die Bedienfunktionen sollen möglichst weitgehend auf die Benutzererwartung abgestimmt werden.

2.6.3.6. Untergestell

Grundsätzlich gelten allgemeine Sicherheitsanforderungen wie Kippsicherheit, Wegrollsicherheit, Stolpersicherheit und Stabilität. Das Untergestell muß aus Stabilitätsgründen fünf Rollen oder Gleiter haben.

Gasfedern sind Druckbehälter und müssen als solche entsprechende Sicherheitsanforderungen erfüllen (Prüfung auf Normkonformität).

2.6.3.7. Allgemeines

Es gibt ein reichhaltiges Marktangebot für Büroarbeitsstühle. Allerdings sind nicht alle angebotenen Produkte ergonomisch tauglich. Insbesondere die häufig sogar im gehobenen Preissegment angesiedelten „Chefsessel" (wuchtige Ausführungen, oft in Echt- oder Kunstleder, mit dicker Polsterung) weisen keine Ergonomiemerkmale auf (zum Beispiel gute Unterstützung der Wirbelsäule, Synchronmechanik, geeignete Form von Sitzfläche und Rückenlehne).

Es gibt andererseits sehr viele ergonomisch gute Büroarbeitssessel in vielfältigen Formen und Ausführungen. Bei der Auswahl spielen daher letztlich individuelle Präferenzen und Vorlieben eine große Rolle. Diese kommen durch subjektive Benutzertests zum Tragen und bieten eine Chance, passende Arbeitssessel für verschiedene Anforderungen auswählen zu können.

Auch Bedienungsanleitungen sind notwendig. Sie sollen verständlich und leicht anwendbar sein und auch Informationen über die ergonomische Einstellung und Nutzung von Arbeitssesseln enthalten. Auf diese Weise läßt sich eine ergonomisch richtige Benutzung unterstützen. Denn das beste

Produkt kann bei falscher Einstellung und Nutzung die ergonomischen Vorzüge nicht ausspielen.

2.6.3.8. Fußstützen

Der Einsatz von Fußstützen ist körpergrößenabhängig. Sie kommen nur dort sinnvoll zum Einsatz, wo bei Normtischhöhe (72 bis 75 cm) kleine Personen arbeiten. Die Fußstütze gewährleistet in so einem Fall, daß die „Referenzposition"[8] ordnungsgemäß eingenommen werden kann, auch wenn die Tischhöhe nicht einstellbar oder verstellbar ist. Sie wirkt jedoch nur punktuell und schränkt dynamisches Sitzen bis zu einem gewissen Grad ein, weshalb höhenverstellbare oder -einstellbare Tische jedenfalls vorzuziehen sind.

2.6.4. Schränke

2.6.4.1. Tiefe, Breite, Höhe

Schranktiefen, -höhen und -breiten müssen sich nach den räumlichen Gegebenheiten, den aufgabenspezifischen Anforderungen und wie bei allen Arbeitsmitteln nach den Körpermaßen der Benutzer richten (Bedienhöhen, Fußfreiraum, Greifräume und Eingriffstiefe).

Wesentlich ist der Einsatz dem Standard entsprechender Organisationsmittel (A4, A3 liegend, stehend, hängend). In diesem Zusammenhang werden die wichtigsten Funktionsmaße (Höhe, Tiefe, Breite) von Schränken als Vielfache von Ordnerhöhen angegeben.

Empfohlene maximale Schrankhöhe: 5 Ordnerhöhen (Optimum zwischen Volumen und Erreichbarkeit durch kleine Personen).

Empfohlene Schrankhöhe für raumteilende Schränke: 4 Ordnerhöhen (zum Beispiel

---

8 Siehe Kapitel 2.3.

für Gruppenbüros, Großraumbüros). Im Stehen ist der Gesamtraum übersehbar, im Sitzen ist Abgeschlossenheit und Individualität gegeben.

Optimale Greifhöhen befinden sich im Bereich des Oberkörpers. Aus diesem Grund ist die Anordnung von Material in Schränken entsprechend Häufigkeit und Notwendigkeit der Benutzung und nach dem Gewicht des Lagergutes empfehlenswert.

2.6.4.2. Fronten

Es gibt Schiebetüren, Drehtüren, Rolladen und ähnliches. Die Auswahl von Fronten und Türen hängt stark von Arbeitsanforderungen (zum Beispiel Menge des Lagermaterials, Zugriffshäufigkeit), von den Einbauten im Schrank und vom Platzangebot ab. Der Wirkraum der Türen ist jedenfalls zu beachten, Schiebetüren sind diesbezüglich häufig eine günstige Lösung.

Reflexions- und Glanzeigenschaften der Oberflächen sind bei der Auswahl aus ergonomischer Sicht zu berücksichtigen.

2.6.4.3. Oberschränke

Oberschränke sind zumeist am Rande oder außerhalb des Greifraumes (Kopf- oder Überkopfhöhe) angeordnet. Sie sollten daher Lagergut mit geringer Benutzungsnotwendigkeit enthalten. Für die Benutzung müssen in Abhängigkeit von der Körpergröße der Benutzer sichere Auftritte und Leitern verwendet werden.

2.6.4.4. Stellung im Raum

Schränke müssen keineswegs nur an Wänden stehen. Durchaus häufig werden Schränke als Raumteiler und Strukturierungselemente verwendet, um Arbeitsplätze, Arbeitsgruppen, Verkehrswege voneinander abzutrennen.

Darüber hinaus bieten auf diese Weise eingesetzte Schränke visuelle und in eingeschränktem Maße auch akustische Abschirmung sowie die Möglichkeit, Zonen der Privatheit zu schaffen.

Durch die Positionierung im Raum erhalten auch die Seiten- und Rückfronten von Schränken Bedeutung für die Gestaltung.

2.6.4.5. Allgemeines

Schränke müssen natürlich allgemeine Sicherheitsanforderungen wie Kippsicherheit und Durchbiegesicherheit von Fachbrettern erfüllen. Aus Sicherheitsgründen ist darauf zu achten, daß bei Benutzung von Schränken in Überkopfhöhe entsprechende Aufstiegshilfen vorhanden sind.

Bei der Planung und Auswahl von Schränken sollte auch an individuelle Gegebenheiten gedacht werden (Öffnungswinkel von Türen, Versperrbarkeit, Zubehör).

Bei der Plazierung von Schränken muß auch an andere ergonomische Rahmenbedingungen wie Lichteinfall oder Wirk- und Verkehrsräume gedacht werden.

2.6.5. Ladencontainer

Darunter versteht man kleine, vielseitig einsetzbare Behältermöbel, die stationär oder mit Rollen oder Gleitern ausgestattet sind. Ihre Höhe kann eine Verwendung unter der Arbeitsfläche oder eine Vergrößerung der Arbeitfläche ermöglichen. Caddies können teilweise auch Stehhöhe haben.

Aus Sicherheitsgründen und aus der Sicht der Ergonomie ist es wesentlich, daß Ladenteilungen, steckbare Zwischenwände und sonstige flexible Elemente leicht bedienbar und benutzungsfreundlich sind. Container müssen kippsicher sein (Auszugssperren). Die Funktionalität von Rollen muß dem Boden und dem Gewicht des Containers angepaßt sein.

Der Einsatz von Containern unter Arbeitsflächen erfordert die Berücksichtigung des Beinraums, der jedenfalls gewährleistet sein muß.

Folgende Containerarten sind gebräuchlich:

1. Standcontainer (fix montiert oder frei stehend). Bei fix zugeteilten Arbeitsplätzen und geringen Flexibilitätsanforderungen kann bei gleicher Höhe eine Erweiterung der Tischfläche erzielt werden.
2. Unterstellcontainer (grundsätzlich unter der Arbeitsfläche, durch Rollen oder Gleiter beweglich, sehr häufig im Einsatz, Flexibilität ist gewährleistet).
3. Caddies (stellen bei modernen Bürokonzepten – zum Beispiel nonterritoriales Büro – wichtige Funktionsmöbel dar, in der Regel mit Laden oder Auszügen, vielseitige Organisationsmöglichkeiten).
4. Funktionscontainer (zur Unterbringung von Technikkomponenten).

2.6.6. Raumgliederungselemente

Solche Elemente können die Funktion der Raumgliederung beziehungsweise der optischen und akustischen Arbeitsplatztrennung haben. Diese Einsatzkriterien müssen festgelegt werden, um geeignete Produkte für die jeweilige Raumsituation und die dort anfallenden Arbeitsaufgaben auswählen zu können. Sie haben Einfluß auf die erforderliche Höhe und die Flexibilitätsanforderungen.

Darüber hinaus sind auch Sicherheitsaspekte zu beachten (Standsicherheit, Stabilität, sichere Halterungen für eingehängte Elemente, keine Fußausleger in Verkehrs- und Fluchtwegen – Stolpergefahr.).

Folgende Raumgliederungselemente sind verbreitet:

1. Paravants (leichte Bauweise, nachträglich und jederzeit flexibel einsetzbar).

2. Stellwandelemente (massivere Ausführungen, zusätzlich verwendbar als Organisationswände, sollen bei Büroeinrichtung mitgeplant werden).

2.6.7. Literatur und weitere Informationen

2.6.7.1. Literatur

Effenberger G.: Anthropometrie. In: Allgemeine Unfallversicherungsanstalt (Hg.): Ausbildung zur Sicherheitsfachkraft. Band 1. Bohmann-Verlag, Wien, 1999, S. 437–450.

Grandjean E.: Physiologische Arbeitsgestaltung. 4. Auflage. Ott-Verlag, Thun, 1991.

Lorenz D.: Nutzwert und Auswahl von Büromöbeln. Skriptum zum Praxis-Seminar „Lean Office: Erfolgreiche Bürooptimierung", Akzente Studiengesellschaft (Hg.), D-Murnau/Staffelsee.

Lorenz D., Struhk H., Schneider F.: Lean-Office. Ganzheitliche Optimierung des Büros. Akzente Studiengemeinschaft GmbH., D-Murnau/Staffelsee, 1994.

Schneider F. u. Struhk H.: Das Kombi-Büro. Büroraumkonzept mit Zukunft. Akzente Studiengemeinschaft GmbH., D Murnau/Staffelsee, 1991.

Wichtl M.: Platz ist in der kleinsten Hütte. Die ÖNORM A 8010. In: Blaha F. (Hg.): Der Mensch am Bildschirmarbeitsplatz. Springer Verlag, Wien – New York, 1995, S. 108–116.

Wichtl M.: Gestaltung mit Augenmaß. Das Optimum und das Machbare. In: Blaha F. (Hg.): Der Mensch am Bildschirmarbeitsplatz. Springer Verlag, Wien – New York, 1995, S. 182–186.

Wichtl M.: Zusammenwirken Mensch und Arbeitsmittel. In: Allgemeine Unfallversicherungsanstalt (Hg.): Ausbildung zur Sicherheitsfachkraft. Band 1. Bohmann-Verlag, Wien, 1999, S. 451–468.

2.6.7.2. Regelwerke

Bundesgesetzblatt für die Republik Österreich: 450. Bundesgesetz über Sicherheit und Gesundheitsschutz bei der Arbeit (Arbeitnehmer-Innenschutzgesetz – ASchG), ausgegeben am 17. Juni 1994

Bundesgesetzblatt für die Republik Österreich: 124. Verordnung der Bundesministerin für Arbeit, Gesundheit und Soziales über den Schutz der Arbeitnehmer/innen bei Bildschirmarbeit (Bildschirmarbeitsverordnung – BS-V), ausgegeben am 21.4.1998

ÖNORM A 1600-1: Möbel; Arten und Einteilung

ÖNORM A 1610-3: Möbel-Anforderungen; Behältermöbel

ÖNORM A 1610-4: Möbel-Anforderungen; Tische

ÖNORM A 1610-5: Möbel-Anforderungen; ungepolsterte und leicht gepolsterte Sitzmöbel

ÖNORM A 1610-9: Möbel-Anforderungen; Schubladen und Auszugsplatten

ÖNORM A 1610-10: Möbel-Anforderungen; Türen, Klappen und Rolladen

ÖNORM A 1675: Büromöbel; Bürodrehsessel; Abmessungen, Anforderungen, Prüfung, Normkennzeichnung

ÖNORM A 1676: Büromöbel; Büroarbeitstische und Fußstützen; Abmessungen, Anforderungen, Prüfung, Normkennzeichnung

ÖNORM A 8010: Ergonomische Gestaltung von Büroarbeitsplätzen

ÖNORM O 1040: Künstliche Beleuchtung von Innenräumen, Begriffsbestimmungen und allgemeine Anforderungen

ÖNORM EN 527-1: Büromöbel – Büro-Arbeitstische – Teil 1: Maße

ÖNORM EN 527-2 (Normentwurf 03/98): Büromöbel – Büro-Arbeitstische – Teil 2: Mechanische Sicherheitsanforderungen

ÖNORM EN 527-3 (Normentwurf 11/96): Büromöbel – Büro-Arbeitstische – Teil 3: Physikalische und mechanische Eigenschaften der Konstruktion – Prüfverfahren

ÖNORM EN 1023-1: Büromöbel – Raumgliederungselemente – Teil 1: Maße

ÖNORM EN 1023-2: Büromöbel – Raumgliederungselemente – Teil 2: Mechanische Sicherheitsanforderungen

ÖNORM EN 1023-3: Büromöbel – Raumgliederungselemente – Teil 3: Prüfung

ÖNORM EN 1335-1: Büromöbel – Büro – Arbeitsstuhl – Teil 1: Maße – Bestimmung der Maße

ÖNORM EN 1335-2: Büromöbel – Büro – Arbeitsstuhl – Teil 2: Sicherheitsanforderungen

ÖNORM EN 1335-3: Büromöbel – Büro – Arbeitsstuhl – Teil 3: Sicherheitsprüfungen

ÖNORM EN 13721 (Normentwurf 12/99): Möbel – Bewertung des Oberflächenreflexionsgrades

ÖNORM EN 13722 (Normentwurf 12/99): Möbel – Bewertung des Oberflächenglanzes

ÖNORM EN 13761 (Normentwurf 01/00): Büromöbel – Besucherstuhl

ÖNORM EN ISO 9241-5: Ergonomische Anforderungen für Bürotätigkeiten mit Bildschirmgeräten – Teil 5: Anforderungen an Arbeitsplatzgestaltung und Körperhaltung (ISO 9241-5:1998)

DIN 4543-1: Büroarbeitsplätze – Teil 1: Flächen für die Aufstellung und Benutzung von Büromöbel; Sicherheitstechnische Anforderungen, Prüfung

DIN 4549: Büromöbel; Schreibtische, Bildschirm, Arbeitstische und Büromaschinentische; Maße

DIN 4551: Büromöbel, Bürodrehstühle und Bürodrehsessel; Sicherheitstechnische Anforderungen, Prüfung/Relevanz

2.7. Ergonomische Anforderungsprinzipien an die Hardware

Monitor, Grafikkarte, Eingabemittel, Drucker
Gerd Dziambor, Stephan Scheuer

> **In aller Kürze**
>
> Ergonomisch gestaltete Arbeitsplätze entstehen durch die sinnvolle Adaptierung von Arbeitsplatz, Arbeitsmitteln und Arbeitsumgebung an die individuellen Ausgangsbedingungen, Tätigkeitserfordernisse und Arbeitsabläufe der beschäftigten Person. Um funktionierende ergonomische Bildschirmarbeitsplätze gestalten zu können, sind entsprechend gute Arbeitsplatzkomponenten erforderlich. In diesem Beitrag werden diesbezügliche Anforderungen für Monitor, Grafikkarte, Eingabemittel und Drucker dargestellt und Prüfzeichen dafür beschrieben. Dabei werden neben ergonomischen Überlegungen auch Sicherheits- und ökologische Aspekte (Energiesparen, Schadstoffe, Recycling) berücksichtigt.

2.7.1. Monitor

Der Informationsaustausch zwischen Computer und Benutzer vollzieht sich überwiegend über die visuelle Schnittstelle zwischen den Augen des Benutzers und der Darstellung auf dem Bildschirm. Die Funktionsweise unseres visuellen Systems stellt hohe Anforderungen an die Darstellungsqualität der Monitorhardware.

Wichtige Anforderungen an einen ergonomischen Bildschirm sind:

- gute Zeichenschärfe auch in den Bildschirmkanten
- ausreichender Kontrast unter allen Beleuchtungsbedingungen
- flimmerfreie Bildschirmdarstellung
- farbgetreue Wiedergabe
- keine störenden Reflexionen und Blendungen
- keine geometrischen Verzerrungen
- gute Konvergenz
- leichte Einstellbarkeit durch einfaches On-Screen-Management (OSM/OSD)
- leichte Drehbarkeit und Neigbarkeit
- möglichst niedrige elektrostatische und elektromagnetische Emissionen

Entscheidenden Einfluß auf die Bildqualität hat die verwendete Grafikkarte, deren Qualität und technische Spezifikation die Voraussetzungen für gute Zeichen-, Kontrast-, und Farbdarstellung liefern. Speziell bei Kathodenstrahlgeräten mit hohen Auflösungen und der Einstellung einer großen Anzahl von Farben sind ausreichend hohe Videobandbreiten erforderlich, um eine akzeptable, flimmerfreie Darstellung zu generieren. Schnelle Grafik- und Bildverarbeitung erfordert darüber hinaus einen großen Speicherbedarf auf der Grafikkarte.

Neben den Kriterien der Bildqualität stehen Anforderungen an die Bedienungsfreundlichkeit, Sicherheit, elektromagnetische Verträglichkeit, Schadstoffarmut, das Recycling und Energiesparen des Monitors im Vordergrund. TCO in Schweden, RAL und der TÜV Rheinland in Deutschland haben Kriterien dafür in ihren Prüfzeichen „Blauer Engel", „TCO" und „ECO-Kreis" (siehe Abb. 2.7.1.) zusammengefaßt. In

Abb. 2.7.1. Prüfzeichen TCO 99, ECO-Kreis, Blauer Engel

Tabelle 2.7.1. sind die wichtigsten Anforderungen für Kathodenstrahlgeräte (CRT) und Flachbildschirme tabellarisch gegenübergestellt.

2.7.2. Eingabemittel: Tastatur und Maus

Bei den Eingabegeräten hat sich die Kombination aus Tastatur und Maus als eine Standardlösung am stationären Bildschirmarbeitsplatz durchgesetzt. Durch die objektorientiert geprägte Softwaregestaltung hat sich der Anteil der Mausbenutzung in Abhängigkeit von der Arbeitsaufgabe deutlich erhöht, womit gleichzeitig die Anforderungen an eine benutzergerechte Mausgestaltung zugenommen haben.

2.7.2.1. Die Tastatur

Die ergonomischen Anforderungen an Tastaturen leiten sich hauptsächlich aus der Anatomie und der Bewegungsphysiologie der Finger, Hände, Unterarme und Schultern ab. Für Bildschirmarbeitsplatztastaturen

finden sich die Anforderungen in der Norm ISO 9241-4[1] beschrieben.

Neben den Kriterien an die Neigbarkeit und reflexionsarme Gestaltung des Gehäuses werden ausreichend große Tasten und eine gut lesbare, kontrastreiche und abriebfeste Beschriftung verlangt.

Auch das unterschiedliche Anschlagverhalten der Tasten findet Berücksichtigung. Wenn die Krafteinwirkung auf die Taste über die Finger geradlinig verläuft (Rampenfunktion), muß die Taste mit gleichmäßiger Kraft bis zum Anschlag betätigt werden, damit das Zeichen generiert wird. Wenn der Punkt der Zeichengenerierung vor dem Anschlagsende liegt (wobei die Betätigungskraft nach dem Erreichen des Punktes der Zeichengenerierung stark abnimmt – das ist die sogenannte „Schnappfunktion"), erhält der Benutzer eine komfortable taktile Rückmeldung über den Tastenanschlag.

Mit niedrigen Tastenhöhen von weniger als 30 mm für die mittlere Tastenhöhe werden statische Belastungen aufgrund von eben und gerade aufliegenden Unterarmen oder Handballen vermieden. Dies wirkt sich nicht nur entlastend auf die Hand-/Arm-, sondern auch auf die Rückenmuskulatur im Bereich der Schultern aus, weil die statische Haltearbeit damit verringert wird. Voraussetzung hierfür ist aber auch eine größtmögliche Variabilität der Positionierung der Tastatur im Greifbereich des Benutzers.

Auch eine entsprechende Standfestigkeit gegen Rutschen muß gewährleistet sein. Die Tastengröße mit einer Tastenbreite von 12 bis 15 mm und der mittlere Tastenabstand von 19 mm ergeben sich direkt aus den anthropometrischen Maßen für die Fingerkuppengröße und den Fingerabstand. Eine konkave Form der Tastenoberfläche gibt einen erhöhten Halt gegen Abrutschen und verringert den Flächendruck und damit

---

1 Siehe Kapitel 1.4.

Bildqualität	Blauer Engel CRT	TCO 99 CRT	ECO Kreis CRT	TCO Flachbildschirm	ECO Kreis Flachbildschirm
Füllfaktor	$\geq 0{,}3$	–	$\geq 0{,}3$	$\geq 0{,}5$	$\geq 0{,}3$
Mind. mögliche Zeichenhöhe in Bogenminuten	$\geq 16'$	–	$\geq 16'$	–	$\geq 16'$
Zeichenbreite zu Höhenverhältnis	0,5:1–1:1	–	0,5:1–1:1	–	0,5:1–1:1
Gleichmäßigkeit der Zeichenhöhe (Prozent der Abweichung)	$\leq 5\%$	–	$\leq 5\%$	–	$\leq 5\%$
Wortabstand	Breite eines „N"	–	Breite eines „N"	–	Breite eines „N"
Zeichenabstand	Linienbreite oder 1 Pixel	–	Linienbreite oder 1 Pixel	–	Linienbreite oder 1 Pixel
Zeilenabstand	1 Pixel	–	1 Pixel	–	1 Pixel
Linearität (Prozent der Abweichung)	$\leq 2\%$	$\leq 1\%$	$\leq 2\%$	N/A	N/A
Orthogonalität	H/V: $\leq 2\%$ D: $\leq 2\%$	H/V: $\leq 2\%$ D: $\leq 3\%$	H/V: $\leq 2\%$ D: $\leq 2\%$	N/A	N/A
Leuchtdichteniveau	≥ 35 cd/m^2	≥ 100 cd/m^2	≥ 35 cd/m^2	≥ 125 cd/m^2	≥ 35 cd/m^2
Gleichmäßigkeit der Leuchtdichte	$\leq 1{,}7{:}1$	$\leq 1{,}5{:}1$	$\leq 1{,}7{:}1$	$\leq 1{,}7{:}1$	$\leq 1{,}7{:}1$
Leuchtdichtekontrast	$\geq 3{:}1$	–	$\geq 3{:}1$	–	$\geq 3{:}1$
Kontrastmodulation	$\leq 0{,}7$	$\geq 0{,}5$	$\leq 0{,}7$	$\geq 0{,}5$ (innerhalb 30°) $\geq 0{,}5$	–
Glanzgrad des Gehäuses	≤ 20 Einheiten	≤ 30 Einheiten	≤ 20 Einheiten	≤ 30 Einheiten	≤ 20 Einheiten
Gehäuse(farb)reflexion	15%–75%	$\geq 20\%$	–	$\geq 20\%$	–
Farbgleichmäßigkeit und Eigenschaften	Δu'v'$\leq 0{,}03$ (16 Farben)	Δu'v'$\leq 0{,}1$ (nur Weiß)	Δu'v'$\leq 0{,}03$ (16 Farben)	–	Δu'v'$\leq 0{,}03$ (16 Farben)
Konvergenzfehler	$\leq 3{,}4'$	–	$\leq 3{,}4'$	N/A	N/A
Bildflimmern	kein Bildflimmern wahrnehmbar	≥ 85 Hz	kein Bildflimmern über Messung wahrnehmbar	≥ 85 Hz	kein Bildflimmern über Messung wahrnehmbar

Bildqualität	Blauer Engel CRT	TCO 99 CRT	ECO Kreis CRT	TCO Flachbildschirm	ECO Kreis Flachbildschirm
Bildzittern	≤ 0,002 mm per mm bezogen auf den Sehabstand in mm	≤ 0,1 mm	≤ 0,002 mm per mm bezogen auf dem Sehabstand in mm	–	≤ 0,002 mm per mm bezogen auf den Sehabstand in mm
Vertikale Neigung des Gerätes	–5° / +15°	–5° / +20°	–5°/ +5°	–	mind. –5°/ +5°
Höhenverstellbarkeit	110 mm	110 mm	–	–	–
Drehbarkeit	± 180°	± 45°	± 180°	–	± 180°
Max. Kraft zum Bewegen	–	–	100 N	–	100 N
Leuchtdichte- und Kontrasteinstellung	–	E	M	–	M
Anzeige der Bildwiederholfrequenz	–	E	–	–	–
Lärm, nur mit integriertem Ventilator	Testreport	Testreport eines Prüflabors	Testreport eines Prüflabors	Testreport eines Prüflabors	Testreport eines Prüflabors
Elektrische Sicherheit	CE Hersteller-deklaration	Prüfung und Zertifizierung nach EN 60950	Prüfung und Zertifizierung nach EN 60950	Prüfung und Zertifizierung nach EN 60950	Prüfung und Zertifizierung nach EN 60950
Röntgenstrahlung	M	M	M	M	M
Elektrostatisches Potential	≤ ± 0,5 kV	≤ ± 0,5 kV	≤ ± 0,5 kV	N/A	N/A
Magnetische Wechselfelder	unter den definierten Meß-bedingungen: Band I ≤ 250 nT Band II ≤ 25 nT	unter den definierten Meß-bedingungen: Band I ≤ 200 nT Band II ≤ 25 nT	unter den definierten Meß-bedingungen: Band I ≤ 250 nT Band II ≤ 25 nT	unter den definierten Meß-bedingungen: Band I ≤ 200 nT Band II ≤ 25 nT	unter den definierten Meß-bedingungen: Band I ≤ 250 nT Band II ≤ 25 nT
Elektrische Wechselfelder	unter den definierten Meß-bedingungen: Band I ≤ 10 V/m Band II ≤ 1 V/m	unter den definierten Meß-bedingungen: Band I ≤ 10 V/m Band II ≤ 1 V/m	unter den definierten Meß-bedingungen: Band I ≤ 10 V/m Band II ≤ 1 V/m	unter den definierten Meß-bedingungen: Band I ≤ 10 V/m Band II ≤ 1 V/m	unter den definierten Meß-bedingungen: Band I ≤ 10 V/m Band II ≤ 1 V/m
Reflexionen auf dem Bildschirm	–	–	Prüfung nach ISO 9241-7	–	Prüfung nach ISO 13406-2

Bildqualität	Blauer Engel CRT	TCO 99 CRT	ECO Kreis CRT	TCO Flachbildschirm	ECO Kreis Flachbildschirm
Bedienungsanleitung	M	–	M	–	M
Energiesparen	Schritt 1 ≤ 30 W, Schritt 2 ≤ 8 W	Schritt 1 ≤ 15 W (in max. 3 Sek.) Schritt 2 ≤ 5 W	Schritt 1 ≤ 10 W (in max. 3 Sek.) Schritt 2 ≤ 3 W	Schritt 1 ≤ 15 W (in max. 3 Sek.) Schritt 2 ≤ 5 W	Schritt 1 ≤ 10 W (in max. 3 Sek.) Schritt 2 ≤ 3 W
Schadstoffe im Gehäuse und im Produktionsprozeß	keine gesundheitsgefährdenden Schadstoffe gemäß Liste: Herstellererklärung	keine gesundheitsgefährdenden Schadstoffe gemäß Liste und Herstellererklärung	keine gesundheitsgefährdenden Schadstoffe nach Schadstoffliste und Prüfung durch Labor	keine gesundheitsgefährdenden Schadstoffe gemäß Liste und Herstellererklärung	keine gesundheitsgefährdenden Schadstoffe nach Schadstoffliste und Prüfung durch Labor
Schadstoffe in der Verpackung	keine gesundheitsgefährdenden Schadstoffe gemäß Liste: Herstellererklärung	keine gesundheitsgefährdenden Schadstoffe gemäß Liste und Herstellererklärung	keine gesundheitsgefährdenden Schadstoffe nach Schadstoffliste und Prüfung durch Labor	keine gesundheitsgefährdenden Schadstoffe gemäß Liste und Herstellererklärung	keine gesundheitsgefährdenden Schadstoffe nach Schadstoffliste und Prüfung durch Labor
Recycling	Checkliste mit 23 Fragen, ausgefüllt vom Hersteller	4 Kriterien als Herstellererklärung	Checkliste mit 40 Kriterien, Prüfung durch TÜV Labor	–	Checkliste mit 40 Kriterien, Prüfung durch TÜV Labor
Garantie	1 Jahr	–	3 Jahre	–	3 Jahre
Ersatzteilversorgung	5 Jahre	–	5 Jahre	–	5 Jahre
Rücknahmesystem für Altgeräte	M	M	M	M	M

Tabelle 2.7.1. Die wichtigsten Anforderungen für Bildschirme. TCO entspricht Kriterien nach TCO 99, ECO Kreis entspricht Kriterien nach ECO Kreis 2000. E Empfehlung; M Anforderung; N/A nicht anwendbar; – nicht gefordert; **Füllfaktor** der Anteil von leuchtender zur gesamten Fläche eines Pixels oder Bildelementes; **Linearität** die Gleichmäßigkeit der horizontalen und vertikalen Informationsdarstellung (Linien); **Orthogonalität** geometrische Stabilität zwischen senkrechter und waagerechter Informationsdarstellung (Raster); **Kontrastmodulation** das relative Kontrastverhältnis (Helligkeitsunterschiede) benachbarter Bildelemente; $\Delta u'v'$ Maß für den Farbabstand (Farbunterscheidbarkeit) nach ISO 9241-8 zwischen zwei unterschiedlichen Farbeindrücken; **Konvergenzfehler** Maß für die geometrische Informationsverzerrung in Form von Farbunschärfen aufgrund einer nicht korrekten Ausrichtung des Elektronenstrahls auf die Leuchtstoffbildelemente; **Band I, II** Bandbreiten des elektromagnetischen Feldes (5 Hz–2 kHz, 2 kHz–400 kHz); **nT** (Nanoteslar) Einheit der magnetischen Flußdichte; **V/m** Volt pro Meter = Einheit der elektrischen Feldstärke; **Energiesparen (Schritt 1, 2)** 1 entspricht Stand by mode (Wartemodus), 2 entspricht Suspendmode (Schlafmodus)

Durchblutungs- und Ermüdungsstörungen in den Fingerspitzen. Tastenweg und Tastendruck sollten so aufeinander abgestimmt sein, daß bei geradlinigem Kraftverlauf des Tastenweges der Punkt der Zeichengenerierung kurz vor dem Anschlag der Taste liegt. Bei nichtlinearem Kraftverlauf sollte der Punkt der Zeichengenerierung im sogenannten „Schnappunkt" liegen, die Stelle des Tastenweges, wo der Kraftaufwand sich kurzzeitig verringert. Der Benutzer erfährt so über die Finger eine wahrnehmbare oder taktile Rückmeldung. Dabei ist darauf zu achten, daß die Tasten sich mechanisch nicht zu labil in ihrer seitlichen Bewegung verhalten.

Für die Belegung der Schriftzeichen existieren jeweils nationale Normen. Gerade bei mobilen Rechneranwendungen mit integriertem Tastenfeld wird herstellerseitig teils geringfügig aber auch teilweise stärker von eingeführten Standardbelegungen abgewichen. Gerade bei geübten Mehrfingerschreibern treten dann Gebrauchstauglichkeitsprobleme in Form von Fehlbetätigungen auf, falls es sich um häufig zu benutzende Tasten wie zum Beispiel die Eingabetaste handelt. Das neue Layout muß dann durch den Benutzer mühsam erlernt werden, unter dem Aspekt der Usability sicherlich zum Nachteil des Benutzers.

Auch die schwarze Gehäusefarbe hat sich bei Tastaturen in den letzten Jahren stärker durchgesetzt und trifft bei Benutzern auf Akzeptanz. Störende Reflexionen werden durch matt gestaltetes, nichtglänzendes Gehäusedesign vermieden.

Für die Tastaturbeschriftung sollte dunkle Schrift auf hellem Hintergrund verwendet werden, obwohl unter normalen hellen Beleuchtungsbedingungen bei der Benutzung von hellen Tastenbeschriftungen auf dunklem Hintergrund keine besonderen visuellen Einschränkungen gegeben sind. Bei teilweise dunkler Umgebungsbeleuchtung können sich aber Nachteile bei der Lesbarkeit einstellen, da das Auge bei dunkelangepaßten Lichtverhältnissen (Dunkeladaption) die Zeichen schwieriger erkennen kann.

Geteilte Tastaturen, teilweise auch mit einstellbarer Teilung, befinden sich seit vielen Jahren im Einsatz, haben die feste Standardtastatur aber nicht verdrängen können. Obwohl diese Tastaturen vom Design her physiologische Vorteile in der Vermeidung von statischer Belastung aufzeigen, erfordern sie längere und für viele Anwender eine zu aufwendige, für sie nicht akzeptable Umgewöhnungsphase. Hier muß der Benutzer individuell entscheiden.

2.7.2.2. Die Maus

Zunehmend mausgesteuerte und objektorientierte Anwendungsdialoge führen zum Rückgang von Tastatureingaben, verbunden mit einer schnelleren, effizienteren Aufgabenbearbeitung. Aber die objektorientierte Arbeitsweise mit Aufgaben und Aktionen wie Aktivieren und Deaktivieren, Auslösen, Navigieren und Formatieren stellt hohe Anforderungen an das Eingabemittel Maus. Permanente Benutzung der Maus kann bedingt durch andauernde statische Haltearbeit schnell zu Ermüdungen im Handgelenk und im Arm-Schulterbereich führen. Um so wichtiger ist eine möglichst der inneren Handform angepaßte halbrunde Form, die ein komfortables, halbförmiges Umfassen bei teilweise gekrümmter Handinnenfläche gestattet. Bedingt durch die Lage des Punktes der besseren feinmotorischen Steuerung im Bereich der Finger sollte der Anordnungspunkt der Mauskugel im vorderen Bereich liegen. Wegen der nach vorne und unten gerichteten Finger liegen die Bedien- und Schaltelemente idealerweise niedriger als der Mittelpunkt des Gehäuses im Bereich der Handballen. Die Betätigungselemente dürfen wegen unbeabsichtigter Aktionen nicht zu leichtgängig aber auch nicht zu schwergängig sein, was bei Betätigungskräften zwischen 0,5 bis 0,8 N (Newton) gewährleistet ist.

Die zu beachtenden ergonomischen Prinzipien für Eingabemittel werden auch in der Norm ISO 9241-9[2] angesprochen. Sie stellt Anforderungen an das Zusammenspiel (Verankerung) von Hand, Handgelenk und Finger mit dem Eingabemittel. Dazu gehört das einfache Umstellen und Anordnen oder die hardware-/softwaremäßige Verriegelungsmöglichkeit für elementare Eingabeaufgaben, wie Umbelegung der Maustasten oder Änderung der Funktionsbelegungen. Für die Genauigkeit der Aufgabenerfüllung müssen die Bewegungsrichtungen der Maus mit denen auf der Anzeige korrespondieren. Die Auflösung muß ausreichend hoch sein, damit die kleinste erforderliche Zeigerverschiebung auf der Anzeige erreicht wird. Besonders beim Einsatz in der grafischen Bild- und Fotobearbeitung aber auch bei der Navigation auf grafischen Benutzeroberflächen mit hoher Bildauflösung wird damit erst ein effizientes Arbeiten ermöglicht.

Dies setzt aber auch ein Mauspad voraus, daß rutschfest platziert werden kann, nicht zu glatt aber auch nicht zu rauh in der Oberflächenbeschaffenheit sein darf, damit kein Durchrutschen oder Schwergängigkeit den Bewegungsablauf stört und eine exakte Cursorsteuerung möglich ist.

Wichtig ist auch eine einfach und ohne Werkzeuge durchführbare Wartung oder Reinigung.

Kabelaustritte sollten nicht im Griffbereich der Maus liegen. Von der Ansteuerung her erlauben drahtlose, funkgesteuerte Mäuse hier die größten Bewegungsfreiräume.

Die Gebrauchstauglichkeit einer Maus oder eines Eingabemittels allgemein ist in hohem Maße auch von der Treibersoftware

abhängig und läßt sich mit ihren Eigenschaften erhöhen. Die Reaktionsempfindlichkeit, Geschwindigkeit des Datendurchsatzes und Funktionsbelegung der Tasten muß deshalb über diese Softwaretreiber und -dialoge einstellbar sein. Steuerelektronik und mechanische Komponenten wie zum Beispiel die Rollkugel müssen in der Lage sein, die getroffenen softwareseitigen Einstellungen exakt umzusetzen.

Eine weitere Generation von Eingabegeräten, die als Erweiterung zur Tastatur-/ Mauskombination angesehen werden kann, ist der „Pen"-Eingabestift. Speziell bei den mobilen Anwendungen läßt er einen direkten und schnellen Schreibzugriff über die Bildschirmoberfläche zu. Mit verbesserten Schreiberkennungsalgorithmen in bezug auf die Handschrifterkennung werden Pens leistungsfähiger und sind damit Texteingabe-, Befehlseingabe- und Navigationsmedium in einem Gerät. Die weitere Entwicklung wird erheblich von der Verbesserung der Schreiberkennungssoftware geprägt. Erst dann werden Pens zu bedienungsfreundlichen Werkzeugen und helfen am Bildschirmarbeitsplatz zu mehr Arbeitsfläche. Nimmt doch das Mauspad mit Maus, Kabel und Armauflagefläche für eine uneingeschränkte Bedienung fast 15 % der Tischfläche in Anspruch.

2.7.3. Der Drucker

Der Drucker ist nach wie vor das Ausgabegerät für die Informationsausgabe und Darstellung auf Papier, obwohl riesige Mengen an Informationen zunehmend ausschließlich elektronisch übertragen und gelesen werden. Diese Entwicklung wird sich insofern nicht gravierend ändern, als das Medium Papier zur Informationsübermittlung Vorteile bietet. Dazu gehört auch die derzeit noch bessere Bildqualität gegenüber dem Ausgabemedium Bildschirm.

---

2 Siehe Kapitel 1.4.

Die wichtigsten Anforderungen an Drukker ergeben sich unter Berücksichtigung der Arbeitsaufgabe, wie Schwarz-Weiß-Druck oder Farbdruck, der Druckqualität für Konzept-, Korrespondenz- oder Präsentationsdruck oder der Durchsatzmenge. Danach sind folgende Faktoren zu berücksichtigen:

- Auflösungsvermögen für hohe Druckqualität
- Druckgeschwindigkeit für hohen Papier- und Druckdurchsatz
- Schwarz/Weiß- oder Farbtechnologie

Weitere grundlegende Anforderungen an Drucker sind:

- Bedienungsfreundliche Handhabung in bezug auf Installation, Einstellung, Papiernachfüllen mit einfacher Bedienelementanordnung
- Wartungs- und Servicefreundlichkeit für Austausch von Verbrauchsmaterialien
- Geringe Lärmemission
- Keine Zugluftemission
- Geringe Schadstoffemissionen wie Ozon, Staub
- Geringer Energieverbrauch und Wärmeabgabe
- Recyclingfreundlichkeit

Hohe Druckqualität ist mit Schwarz-Weiß- oder Farblaserdruckern und LED-Druckern zu erreichen. Gute Druckergebnisse liefern auch Tintenstrahldrucker bei im Vergleich langsameren Druckgeschwindigkeiten. Für einen wirtschaftlichen Druck mit großen Papiermengen und der Möglichkeit der gleichzeitigen Generierung von Durchschlägen kommen weiterhin Matrixdrucker in Betracht. Diese sollten aber dann in vom Benutzer getrennten Räumen untergebracht

oder mit entsprechenden Schallschutzhauben versehen sein.

2.7.4. Literatur und weitere Informationen

2.7.4.1. Literatur

Conrady U., Meuser V., Scheuer St.: Ergonomie am Bildschirmarbeitsplatz. Die Analyse des Bildschirmarbeitsplatzes. TÜV Rheinland Product Safety (Hg.), Köln, 1997.
Richenhagen G., Prümper J., Wagner J.: Handbuch der Bildschirmarbeit. Luchterhand Verlag, Neuwied, Kriftel, Berlin, 1997.
Schmidt R.F. u. Thews G. (Hg.): Physiologie des Menschen. 21. Auflage. Springer-Verlag, Berlin – Heidelberg – New York, 1983.

2.7.4.2. Regelwerke

ECO-Kreis (Anforderungen an Bildschirmgeräte, PC's, Flachbildschirme, Tastaturen, Drucker). TÜV Rheinland Product Safety (Hg.), Köln, 2000.
ISO 9241-4:1998: Ergonomic requirements for office work with visual display terminals (VDTs) – Part 4: Keyboard requirements.
ISO 9241-9:2000: Ergonomic requirements for office work with visual display terminals (VDTs) – Part 9: Requirements for non-keyboard input devices.
ISO 9241-10:1996: Ergonomic requirements for office work with visual display terminals (VDTs) – Part 10: Dialogue principles.
ISO 9241-11:1998: Ergonomic requirements for office work with visual display terminals (VDTs) – Part 11: Guidance on usability.
RAL-UZ-78, Blauer Engel – Vergabegrundlage für die Vergabe des Umweltzeichens für Computer, 1999.
TCO 99 (Requirements and test methods for environmental labelling). The Swedish Confederation of Professional Employees, Stockholm, 1999.

2.8. Klassische Mißverständnisse der Bildschirm-Ergonomie

32 Irrtümer und ihre Aufklärung

Georg Effenberger, Martina Molnar, Michael Wichtl, Klaus Wittig

In aller Kürze

Im Bereich der Bildschirmergonomie haben sich eine Reihe von Mißverständnissen und Fehlinterpretationen etabliert, die weit verbreitet sind. Aus diesem Grunde möchte diese Übersicht einen Beitrag dazu leisten, solche hartnäckig bestehenden Irrtümer aufzuklären. Hier erfahren Sie beispielsweise, warum niemand bewegungslos in der Referenzsitzposition verharren sollte, wo sich die oberste Bildschirmzeile wirklich befinden muß, warum zu viele Verstellmöglichkeiten an Arbeitsmitteln der Ergonomie nicht dienen, wer tatsächlich eine Bildschirmbrille benötigt, was von Bildschirmstrahlen zu halten ist und es werden noch eine Reihe weiterer Irrtümer der Bildschirm-Ergonomie angesprochen.

2.8.1. Irrtum 1: Ergonomie gilt nur im Büro und am Bildschirm

Die Theorie und Praxis der Ergonomie im Bürobereich hat in den letzten Jahren große Breitenwirkung gehabt. In vielen Zeitungen, Zeitschriften und TV-Beiträgen ist über dieses Thema berichtet worden. Das führt häufig zu der Meinung, wenn von Ergonomie die Rede ist, dann gilt sie grundsätzlich nur für den Bildschirmarbeitsplatz. Das ist falsch. Die Ergonomie als eigene Wissenschaftsdisziplin gibt es seit den 50er Jahren und hat sich anfangs vorwiegend mit Industriearbeitsplätzen beschäftigt.[1] Das Wissen verschiedener wissenschaftlicher Erkenntnisse über physische und psychische Wirkungen des Arbeitsumfelds auf den Menschen ist in jedem Arbeitsbereich, an jedem Arbeitsplatz und bei allen Arbeitsbedingungen anwendbar. Natürlich auch für die Arbeit am Bildschirm, aber keineswegs ausschließlich nur hier.

---

1 Siehe Hackl-Gruber W.: Ergonomie. In: Blaha F. (Hg.): Der Mensch am Bildschirmarbeitsplatz. Springer-Verlag, Wien, 1995, S. 4–10.

2.8.2. Irrtum 2: Ergonomie ist eine Sammlung kleinkrämerischer Gebote und Verbote

Öfter ist zu hören, daß die Regeln der Ergonomie nur darauf abzielen, völlig praxisfremde Maße (zum Beispiel hinsichtlich Sitzhöhen, Tischhöhen, Greifräumen, Klimaparametern, Grenzwerten für Schadstoffe etc.) vorzuschreiben und daß Ergonomen Menschen sind, die nur mit einem Zentimetermaß herumlaufen und keine Abweichungen von Ergonomiedogmen zulassen. So ist die Ergonomie nicht gemeint. Ergonomisches Wissen beruht auf Kenntnissen über den menschlichen Organismus und Wirkungen der Arbeitsumwelt auf diesen Organismus. Aus diesem Wissen heraus bemüht sich die Ergonomie, schädliche und leistungsmindernde Arbeitsbedingungen zu definieren und gesunde und leistungsförderliche Bedingungen für die Beschaffenheit der Arbeitsumwelt zu formulieren. Das Zusammenwirken der verschiedenen Arbeitsbedingungen auf verschiedene Menschen ist äußerst vielfältig, weshalb im Einzelfall die

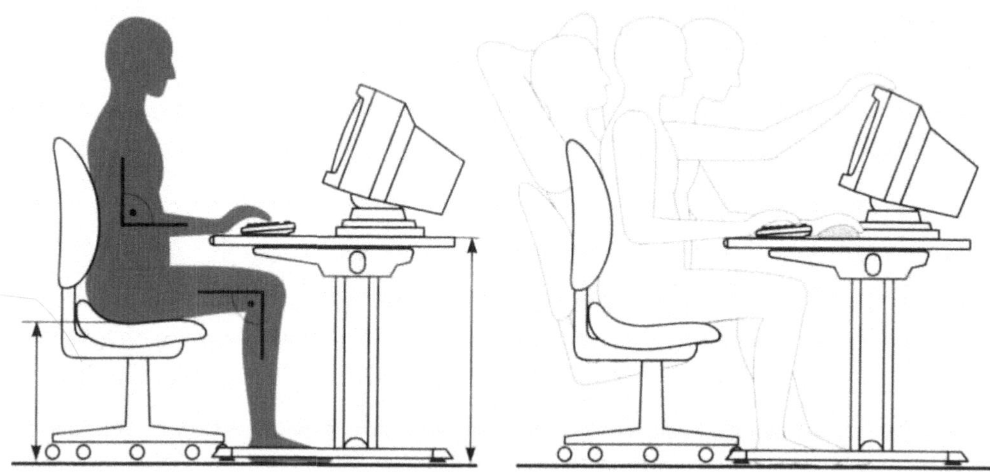

Abb. 2.8.1. Die Referenzsitzposition dient der richtigen Einstellung von Sitz- und Arbeitshöhe. Im Arbeitsablauf werden aber verschiedene Haltungen und Bewegungen eingenommen (dynamisches Sitzen)

beste Lösung für die vorhandenen Bedingungen gesucht werden muß. Ergonomieregeln bieten dafür einen Werkzeugkasten an, aus dem die passenden Werkzeuge immer individuell ausgewählt werden müssen. Seriöse Ergonomen sind daher zurückhaltend, wenn jemand von ihnen generell gültige Kochrezepte haben möchte.

2.8.3. Irrtum 3: Die einzig richtige Sitzposition bei Bildschirmarbeit ist gerade und rechtwinkelig

Die dargestellte Sitzposition (Abb. 2.8.1.) ist die Referenzsitzposition. Sie dient nur zur richtigen Höheneinstellung von Sessel und Tisch. Wenn sie eingenommen werden kann, dann passen die Sitzhöhe und die Arbeitshöhe zur jeweiligen Körpergröße des Menschen. Müßte man diese Haltung aber längere Zeit einnehmen, so wäre sie eine unangenehme Zwangshaltung. Die Ergonomie ist aber bestrebt, einseitige Haltungen und Bewegungen zu vermeiden. Aus dieser Referenzsitzposition heraus kann und soll man die unterschiedlichen Sitzhaltungen

einnehmen. Denn durch „dynamisches Sitzen" wird auch ins Sitzen Bewegung gebracht. Noch besser ist es, wenn man auch einen Wechsel zwischen Sitzen und Stehen in den Arbeitsablauf einbauen kann (Sitz-Stehdynamik).[2]

2.8.4. Irrtum 4: Die Tastatur gehört in eine Tastaturlade

Tastaturladen bewirken, daß die Tastatur an einer bestimmten Stelle im Arbeitsbereich fixiert wird. Dies führt in der Regel dazu, daß Flexibilität bei der Aufstellung der Arbeitsmittel verloren geht und statt abwechselnden Körperhaltungen nur mehr eine Zwangshaltung eingenommen wird. Zusätzlich wird meist eine Maus benutzt, die – weil die Tastaturlade keinen Platz dafür bietet – zwangsläufig eine Ebene höher und meist unbequem körperfern (also nicht im kleinen Greifraum) bedient werden muß (siehe Abb. 2.8.2.). Kann der Einsatz von Tastaturladen bei Steharbeitsplätzen mit sehr kurzer

---

2 Siehe auch Kapitel 3.9.

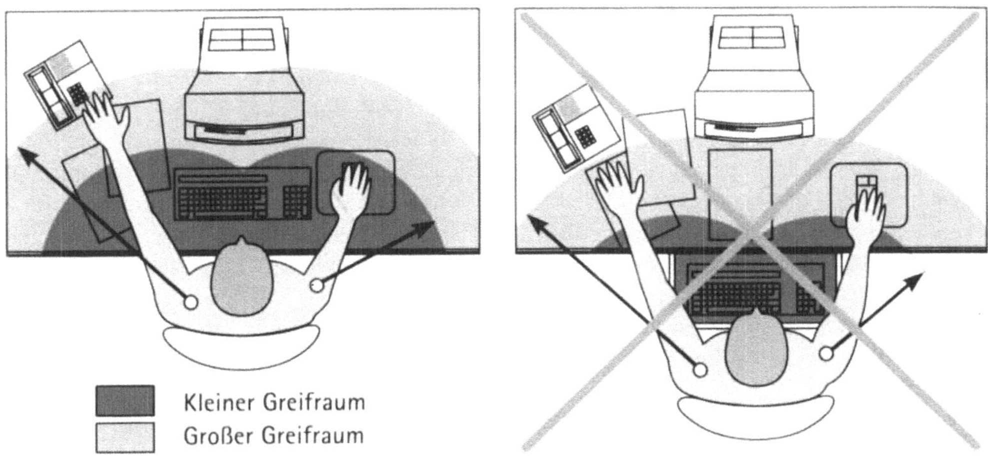

Abb. 2.8.2. Mausbedienung bedingt durch Tastaturlade außerhalb des kleinen Greifraums

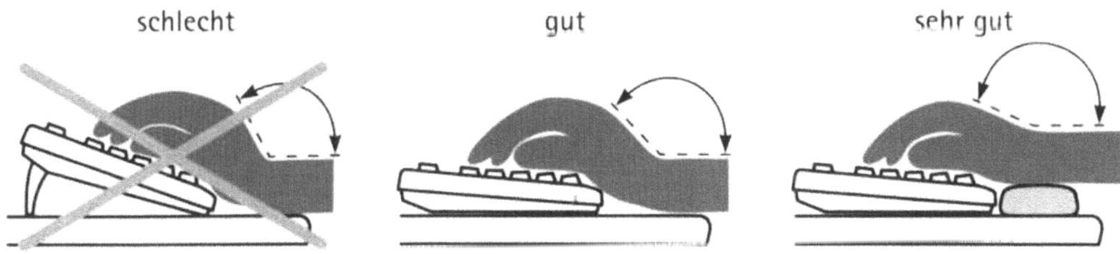

Abb. 2.8.3. Zu steile und flache Haltung des Handgelenks in Abhängigkeit von der Winkelneigung der Tastatur

Tastaturbenutzung noch sinnvoll sein, so wird bei Schreibtischen durch die Tastaturlade häufig auch der Beinfreiraum eingeschränkt, die Arbeitshöhen stimmen meist nicht und die Greifentfernungen sind, wie angesprochen, auch häufig problematisch. Besser ist daher eine ausreichend große Arbeitsfläche ohne Höhenunterschiede, die eine flexible Aufstellung der Tastatur und anderer Eingabemittel ermöglicht.

2.8.5. Irrtum 5: Die Tastatur soll mit den Tastaturfüßchen schräg gestellt werden

Leider ist in der Bildschirmarbeits-Verordnung die Forderung enthalten, daß die Möglichkeit bestehen soll, die Tastatur schräg stellen zu können. Das wird oft irrtümlich schon als Hinweis darauf gewertet, daß dies gut sei, aber das Gegenteil ist der Fall. Von der Schrägstellung der Tastatur ist deshalb abzuraten, weil dies zu einer starken Abwinkelung im Handgelenk führt und somit Abnutzungserscheinungen samt schmerzenden Folgesymptomen im Bereich des Handgelenkes begünstigt werden (siehe Abb. 2.8.3.).[3] In der natürlichen Haltung des Handgelenks

---

3 Siehe auch Übleis W.: Schmerzende Handgelenke. In: Blaha F. (Hg): Der Mensch am Bildschirmarbeitsplatz. Springer-Verlag, Wien – New York, 1995, S. 26–28.

bilden der Unterarm und die Hand fast eine Linie. Dies kann auch bei eingeklappten Tastaturfüßchen nicht ganz erreicht werden. Die Tastatur dann noch schräg zu stellen belastet die Handgelenke umso mehr. Personen, die bereits Handgelenksbeschwerden haben oder sehr viel und lange mit der Tastatur schreiben, können außerdem durch Handballenauflagen, die man vor die Tastatur legt, ihre Handgelenke entlasten. Am Markt sind auch bereits Tastaturen mit integrierten Auflagen zu kaufen.

2.8.6. Irrtum 6: Ein platzsparender PC-Tisch ist ergonomisch

Der Hauptvorteil solcher PC-Tische (siehe Abb. 2.8.4.) liegt in ihrer Flächenökonomie.

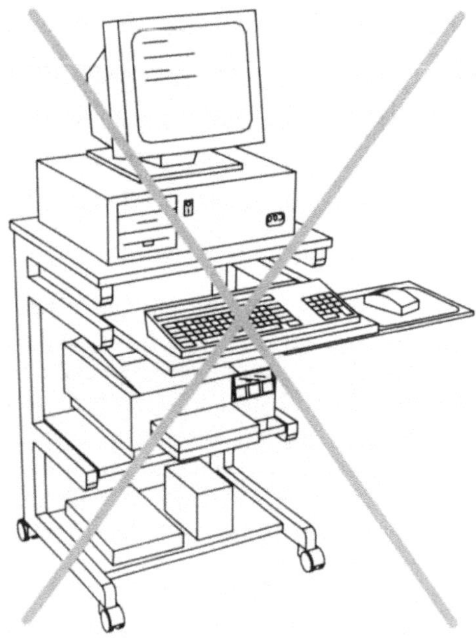

Abb. 2.8.4. Solche PC-Tische führen zu unergonomischen Zwangshaltungen (fehlender Beinfreiraum, fehlende Abstützmöglichkeiten der Handgelenke, ungünstige Sehentfernungen und Blickrichtungen)

Nur geht diese Platzersparnis auch auf Kosten der Benutzer, die an solchen Tischen nicht ausreichend Platz für gute Haltungen und Bewegungen zur Verfügung haben. Oftmals werden Konstruktionen mit mehreren höhenverstellbaren Flächenabschnitten und diversen Ablagen als „ergonomische PC-Tische" bezeichnet. Die einzelnen Flächen sind jedoch viel zu klein für die richtige Aufstellung und Verwendung der Arbeitsmittel (Tastatur, Maus, etc.). Bei diesen Konstruktionen werden häufig die CPU (der Rechner), der Drucker und der Scanner zusätzlich im Beinfreiraum angeordnet, um eine möglichst platzsparende Lösung zu bieten. Dies bedingt jedoch schlechte Arbeitshaltungen und Zwangshaltungen, weil die Bewegungsmöglichkeiten nicht mehr ausreichend vorhanden sind.

2.8.7. Irrtum 7: Höhenverstellbare Bildschirmarbeitstische erfordern aufwendige und teure Verstellmechanismen

Die richtige Höhenabstimmung des Arbeitstisches für den Benutzer ist eine der wichtigsten Anforderungen für den ergonomischen Bildschirmarbeitsplatz. Denn gute Haltungen und Bewegungen sind nur möglich, wenn die Sitz- und Arbeitshöhe an die Körpergröße der Menschen angepaßt sind.[4] Daraus ergibt sich, daß aufwendige Verstellmechanismen für die Höhenein- oder -verstellung, die schwierig zu bedienen sind (beispielsweise nur unter Einsatz speziellen Werkzeugs oder mit zu hohen Verstellkräften), für die Praxis ungeeignet sind. Solche Mechanismen werden deshalb so gut wie nie verwendet.

Für den allgemeinen Büroeinsatz gilt der Grundsatz: besser eine einfache, aber funktionsfähige Möglichkeit der Höhenanpaßbar-

---

4 Siehe Stichwort „Referenzsitzposition" in diesem Beitrag (2.8.3.).

keit oder Höhenverstellbarkeit der gesamten Tischfläche als komplizierte, aufwendige und schlecht bedienbare Verstellmechanismen für mehrere Flächenabschnitte.

2.8.8. Irrtum 8: Die oberste Bildschirmzeile soll in Augenhöhe sein

Richtig lautet die Aussage: Die oberste Bildschirmzeile soll *maximal* auf Augenhöhe sein. Das heißt, daß die oberste Bildschirmzeile eine Obergrenze ist, die Augenhöhe sollte keinesfalls darunter, sondern immer darüber liegen. Diese oben genannte vermeintliche Regel bei der Gestaltung eines Bildschirmarbeitsplatzes dürfte sich aus der ungenauen Wiedergabe der tatsächlichen Anforderungen entwickelt haben und hält sich besonders hartnäckig. Die richtige Aufstellhöhe für den Monitor erhält man, wenn der Benutzer in der natürlichen Sehlinie rechtwinkelig auf die Bildschirmmitte blicken kann. Die natürliche Sehlinie für die Sehentfernung bei Bildschirmarbeit verläuft

nicht horizontal, sondern ist um etwa 15 bis 30° nach unten geneigt (siehe Abb. 2.8.5.).

Bei großen Bildschirmdiagonalen kann es sogar nötig werden, daß der Bildschirm weiter als die eigentliche Arbeitsfläche abgesenkt werden muß (zum Beispiel CAD, Warten), um ergonomische Haltungs- und Sehbedingungen zu schaffen (siehe Abb. 2.8.6.).

Ein weiterer Punkt, der gegen die hohe Aufstellung von Bildschirmen spricht, ist die Konvergenz der Sehstrahlen. Blickt der Mensch in die Ferne, so verlaufen die Sehstrahlen von rechtem und linkem Auge parallel. Betrachtet man hingegen einen Punkt im Abstand von 0,5 bis 1 m, so schneiden sich die Sehstrahlen in diesem Punkt. Wenn wir in die Ferne blicken, so halten wir den Kopf aufrecht und die Sehlinien verlaufen horizontal. Betrachten wir hingegen Objekte in geringer Entfernung, so blicken wir fast immer nach unten (siehe Abb. 2.8.7.).

Müssen wir nun mit der Kopf- und Augenposition für den Fernblick eine gerin-

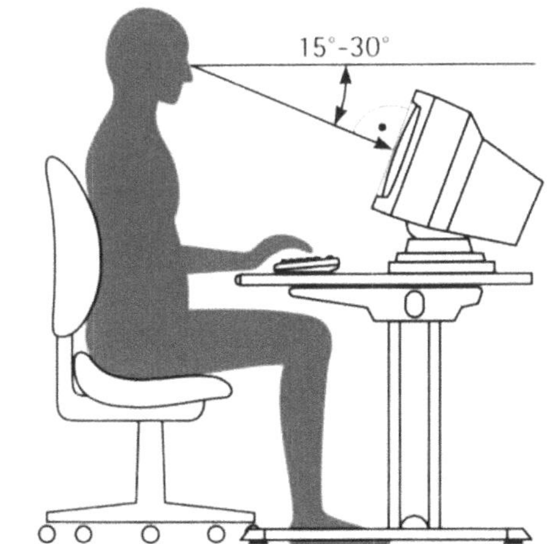

Abb. 2.8.5. Bei richtiger Aufstellung des Monitors trifft der Sehstrahl im rechten Winkel auf die Bildschirmoberfläche und der Sehwinkel beträgt ca. 15 bis 30° nach unten

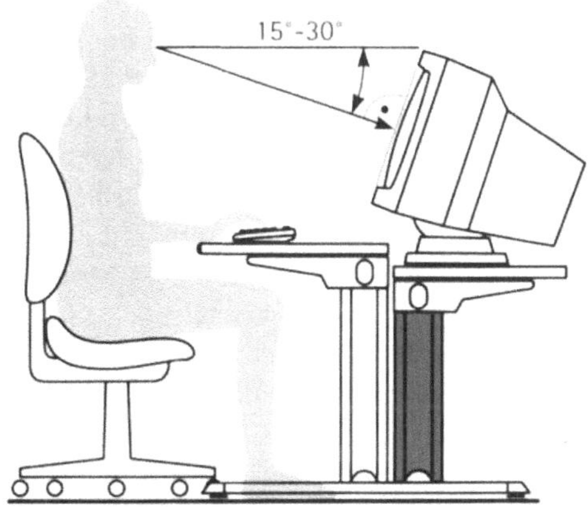

Abb. 2.8.6. Bei großen Bildschirmen ist gegebenenfalls eine Absenkung notwendig, um eine ergonomische Aufstellung und gute Arbeitshaltungen und Blickverhältnisse zu gewährleisten

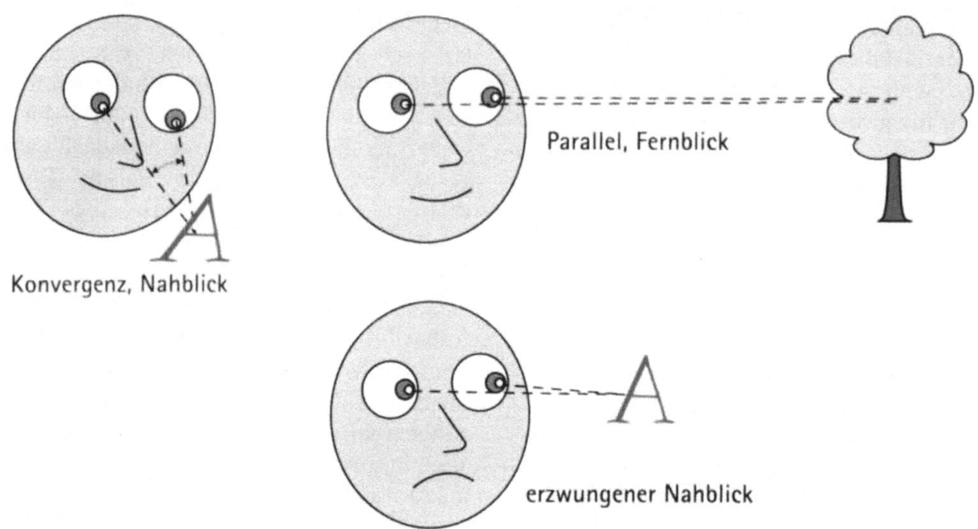

Abb. 2.8.7. Sehstrahlverlauf und Kopfhaltung bei Fern- und Nahblick; erzwungener Nahblick mit unphysiologischer Kopf- und Augenposition für das Sehen in der Ferne

ge Sehentfernung bewältigen, so müssen die Augenmuskeln eine entsprechende Korrektur vornehmen. Die falsche Bildschirmposition führt daher auch zu einer frühzeitigen Augenermüdung durch diese anstrengende Muskelarbeit.

Besonders unangenehm sind zu hoch aufgestellte Monitore für Personen mit Bifokal- und Multifokalbrillen, da der Bereich für die geringeren Sehentfernungen im unteren beziehungsweise mittleren Teil der Brille eingeschliffen ist.[5] Muß man nun mit dieser Brille auf einen hoch aufgestellten Monitor blicken, so wird der Kopf weit nach hinten geneigt, damit man durch den unteren Teil der Brille (Lesebereich) auf dem Bildschirm scharf sehen kann. Dies ergibt eine nicht akzeptable Arbeitsposition für den Betroffe-

nen, die meist von Schmerzen im Bereich von Hals, Schultern und Nacken begleitet ist (siehe Abb. 2.8.8.).

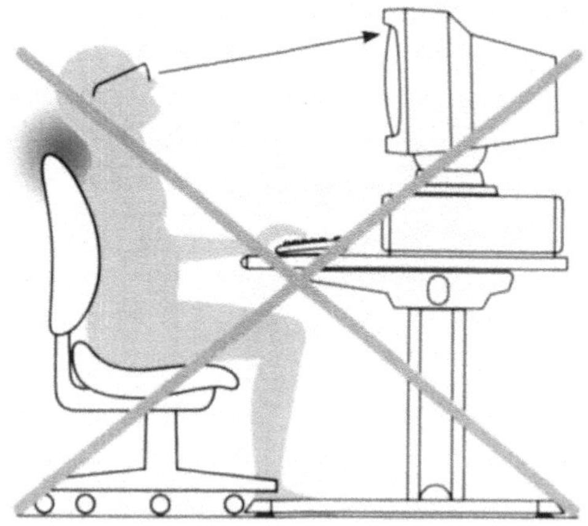

Abb. 2.8.8. Zwangshaltung des Kopfes bedingt durch das Zusammentreffen von hoher Bildschirmaufstellung und ungeeignetem Sehbehelf

---

5 Alterssichtige Personen benötigen aus diesem Grund einen speziellen Sehbehelf für die Bildschirmarbeit, der auf die Sehentfernung zum Bildschirm richtig eingestellt ist (Kap. 1.1.).

2.8.9. Irrtum 9: Bildschirmschwenkarme und -auflagen sind ergonomisch empfehlenswert

Eine weit verbreitete Meinung besteht darin, daß es ergonomisch sinnvoll ist, Bildschirmgeräte auf Aufstellvorrichtungen, insbesondere auf Schwenkarmen und Podesten, unterzubringen. Zugleich sind es häufig auch Platzfragen, die zu so einer Lösung Anlaß geben.

Die Erläuterungen zum Irrtum 8 zeigen, daß zu hohe Monitoraufstellungen immer zu problematischen Arbeitshaltungen und visuellen Fehlbeanspruchungen führen, die mit Folgebeschwerden verbunden sein können (siehe Abb. 2.8.9.). Der Bildschirm sollte daher im Normalfall weder auf dem Desktopgehäuse noch auf Schwenkarmen oder speziellen Auflagen positioniert werden. Wie immer ist daher jedoch die Körpergröße zu beachten. Bei besonders großen Personen kann es im Einzelfall nötig sein, eine höhere Bildschirmposition zu wählen, weil sonst vielfach Arbeitshaltungen mit Rundrücken auftreten.

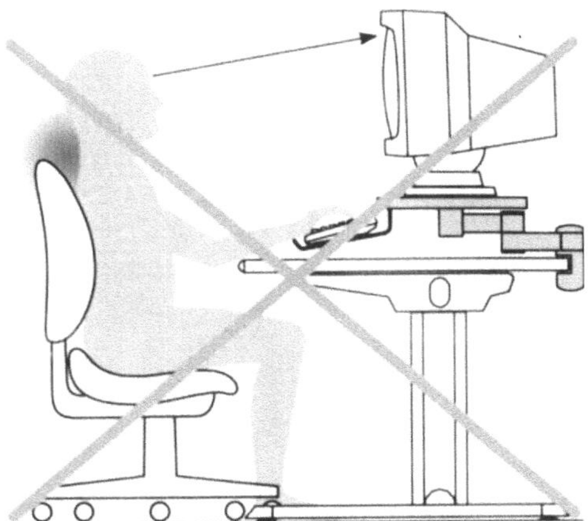

Abb. 2.8.9. Bei Einsatz von Schwenkarmen und Podesten treten häufig zu hohe Bildschirmpositionen auf

2.8.10. Irrtum 10: Sitzbälle und Kniesessel sind besser als normale Bürodrehstühle

Sitzbälle kommen aus dem Bereich der Therapie und werden dort unter anderem zum Muskeltraining eingesetzt. Man kann damit praktisch den gesamten Körper trainieren, speziell für Wirbelsäulenpatienten gibt es gute Übungen. Benutzt man den Sitzball hingegen wie einen normalen Bürostuhl, so würde dieses Muskeltraining acht Stunden dauern. Dies führt zu muskulären Überforderungen. Jede länger dauernde einseitige Muskelarbeit ist aus ergonomischer Sicht eine Fehlbeanspruchung, die ungünstige Auswirkungen haben kann.

Der Vorteil von einem Bürosessel ist, daß er eine stabile Sitzposition ermöglicht und den Menschen dort stützt, wo es nötig ist. Sitzbälle bieten keinerlei Unterstützung,

führen daher zu einer instabilen Sitzposition und erfordern ständige Muskelarbeit.

Kniesessel sind deshalb nicht besser als Bürodrehsessel, weil sie zu einer Zwangshaltung der Beine führen. Die Beine sind wie in einem Schraubstock eingespannt. Es wird die Bewegung und damit auch die Durchblutung behindert. Darüber hinaus gibt es keine Abstützung im Bereich der Lendenwirbelsäule. Die Muskulatur zur Aufrechthaltung des Beckens und der Wirbelsäule wird daher ebenfalls ständig einseitig beansprucht (siehe Abb. 2.8.10.).

Sitzbälle und Kniesessel sind somit aus ergonomischen Gründen nicht als vollwertiger Ersatz für Bürodrehsessel zu empfehlen. Hat man jedoch die Möglichkeit nach Lust, Laune und Arbeitsaufgabe das Sitzmöbel zu wechseln, so können diese zusätzlich zum Bürodrehsessel für gelegentliche Haltungs- und Bewegungsabwechslung im Büro sorgen. Einseitige Fehlbelastungen werden dadurch vermieden. Die Benutzung unterschiedlicher Sitzgelegenheiten führt zu Belastungswechseln und ist somit aus ergonomischer Sicht wünschenswert. Besteht also

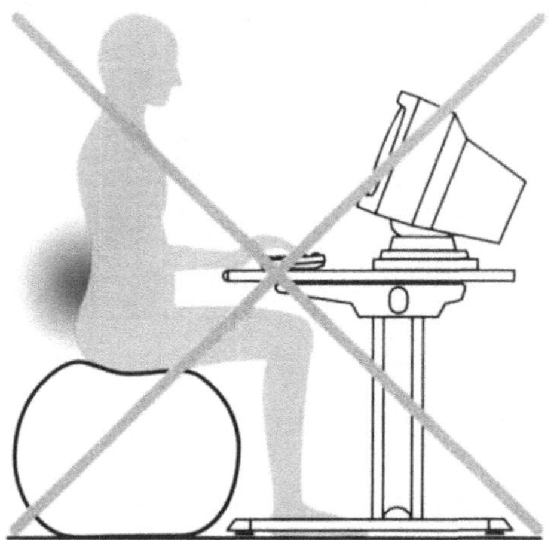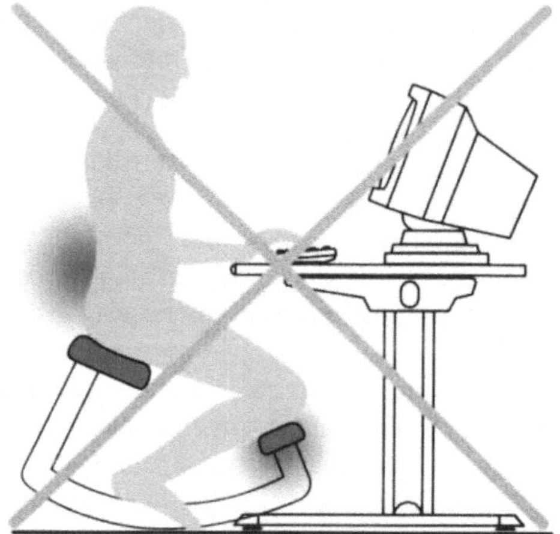

Abb. 2.8.10. Sitzbälle und Kniehocker können bei ständiger Benutzung zu Fehlbeanspruchungen führen

die Möglichkeit, diese Vielfalt zur Verfügung zu haben und zu nutzen, dann ist das eine optimale Rahmenbedingung. Bcstcht diese Chance aber nicht, dann ist der klassische Bürodrehsessel aus ergonomischer Sicht die beste Lösung.

2.8.11. Irrtum 11: Möglichst viele Ein- und Verstellmöglichkeiten des Bürosessels steigern die Ergonomie

Ein schlechter Bürosessel wird nicht besser, wenn man die Anzahl der Ein- und Verstellmöglichkeiten erhöht. Häufig ist es sogar so, daß mit der Menge der Ein- und Verstellmöglichkeiten auch die Wahrscheinlichkeit zunimmt, daß diese zu einem ergonomisch ungünstigen Einstellergebnis führen. Denn die Einstellung einer ergonomisch guten Sitzposition erfordert, Information über ergonomisch gute Sitzhaltungen zu haben und zu wissen, wie man diese ermöglicht. Deshalb sind Arbeitssessel zu bevorzugen, die über möglichst übersichtliche, leicht verständliche, gut zu handhabende und fehlbedienungsreduzierte Ein- und Verstellmöglichkeiten verfügen. Ob das der Fall ist, können Sie – wie auch andere Ergonomiekriterien – am besten durch Benutzertests prüfen. Damit sehen Sie am besten, ob die künftigen BenutzerInnen gut mit den Sesseln zurechtkommen, ob alle Ein- und Verstellmöglichkeiten einfach und gut zu bedienen sind und ob das längere Sitzen tatsächlich bequem ist.

2.8.12. Irrtum 12: Der Sessel ist ein Hierarchiesymbol

Dieses Mißverständnis wird zwar selten so offen ausgesprochen, in der Praxis ist es jedoch häufig anzutreffen. Zum Beispiel wird des Öfteren das Budget für die Arbeitssessel nach den Positionen der „Besitzer" gestaffelt. Die Auswahlkriterien für Bürodrehstühle richten sich häufig nach der äußerlichen Statussymbolik (zum Beispiel hohe Rückenlehnen, Armlehnen, Lederbezug etc.) und nicht nach ergonomischen Kriterien der Nutzungsart oder Nutzungsdauer. Die Sekretärin sitzt dann auf einem billigen Sessel mit Stoffbezug und niederer Rückenlehne, der Chef hingegen auf einem Modell mit Lederbezug und hoher Rückenlehne.

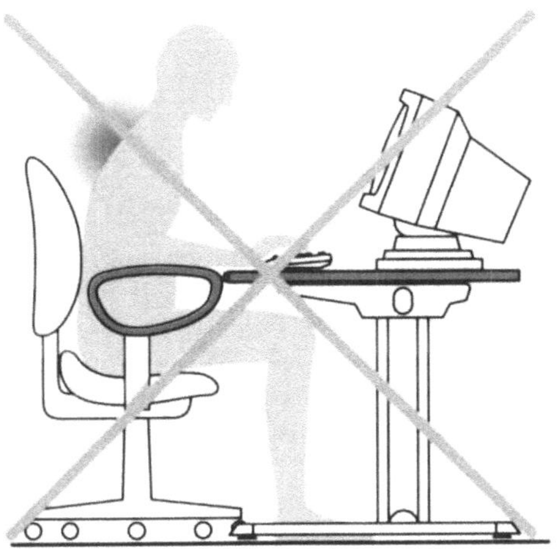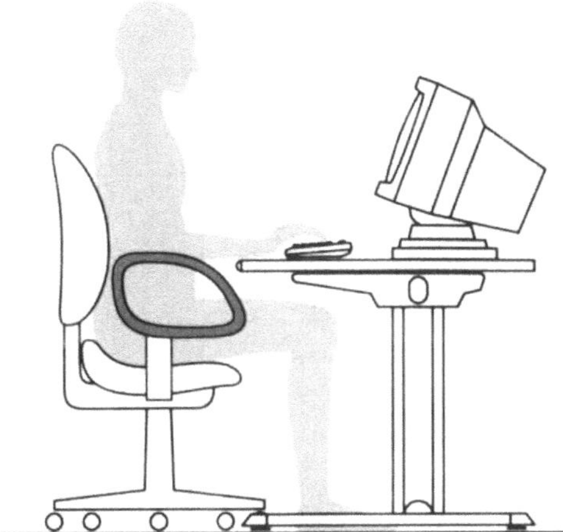

Abb. 2.8.11. Behindern Armlehnen das Heranrollen an den Arbeitstisch, sitzen die Benutzer häufig am vorderen Teil der Sitzfläche, wodurch sich eine Haltung mit Rundrücken ohne Rückenlehnenunterstützung ergibt

Bei der Budgetzuteilung oder der Auswahl der Sessel sollte die Frage nach der tatsächlichen Nutzung im Vordergrund stehen. In der Regel ist es so, daß Sekretärinnen wesentlich länger auf ihrem Sessel sitzen als beispielsweise ihre Chefs. Für die Gesundheit und Leistungsfähigkeit der Sekretärin ist es daher besonders wichtig, daß ihr Bürodrehsessel den ergonomischen Kriterien entspricht.

2.8.13. Irrtum 13: Sessel für Bildschirmarbeit sollen grundsätzlich keine Armlehnen haben

Dieses Mißverständis kommt dadurch zustande, daß durch schlecht geformte Armstützen die Einnahme der Referenzsitzposition behindert wird. Zu hohe und zu lange Armlehnen führen dazu, daß man nicht nahe genug zum Tisch rollen kann. Die BenutzerInnen rutschen dann auf dem Sessel nach vorne. Die Folge ist eine Arbeitshaltung mit Rundrücken, weil die Unterstützung der Rückenlehne fehlt (siehe Abb. 2.8.11.). Bei gut geformten und höhenverstellbaren Armlehnen tritt dieser Nachteil nicht auf. Damit werden auch skurrile Stützen für die Unterarme (Pantographen etc.) überflüssig.

2.8.14. Irrtum 14: Zur ergonomischen Grundausstattung eines jeden Bildschirmarbeitsplatzes gehört eine Fußstütze

Fußstützen dienen dazu, die fehlende Tischhöhenverstellung für kleinere Personen (und nur für diese) zu kompensieren, um die Referenzsitzposition[6] einnehmen zu können. Sie sind somit nicht als ergonomische Grundausstattung jedes Bildschirmarbeitsplatzes zu betrachten, sondern sind eher eine Reparaturmaßnahme für die Gruppe von Menschen mit eher kleiner Körpergröße. Besser sind jedenfalls höhenverstellbare Tische, deren Höhe vom Nutzer angepaßt werden kann (siehe Abb. 2.8.12.).

---

6 Siehe Kapitel 2.3. und Stichwort „Referenzsitzposition" in diesem Text (2.8.3.).

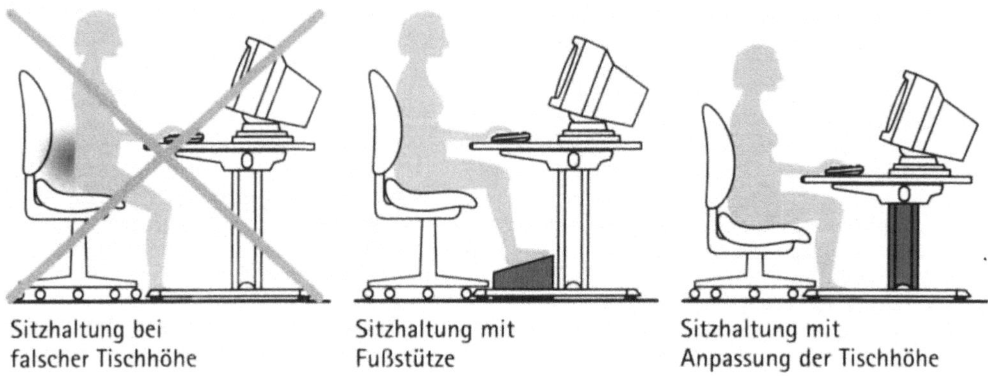

Abb. 2.8.12. Sitzhaltung einer kleinen Person ohne und mit Fußstütze beziehungsweise bei Tischhöhenanpassung

2.8.15. Irrtum 15: Arbeitstische brauchen keine Höhenanpassung

Die aufgrund der Vorschriftenlage und der normativen Situation zulässige fixe Standardtischhöhe von 72 bis 75 cm[7] läßt viele Praxisprobleme offen. Die Standardtischhöhe ist auf durchschnittliche Körpergrößen ausgerichtet, wodurch kleinere und größere Personen keine adäquaten Arbeitshaltungen einnehmen können (s. Abb. 2.8.13. oben). Während für kleine Personen auch gemäß BS-V ein Höhenausgleich in Form einer Fußstütze möglich ist, besteht für große Personen lediglich die Möglichkeit durch die Höheneinstellbarkeit oder -verstellbarkeit des Arbeitstisches eine ergonomisch richtige Sitzhaltung sicherzustellen[8] (siehe Abb. 2.8.13. unten).

2.8.16. Irrtum 16: Bildschirme müssen mit Bildschirmfiltern ergonomisch gemacht werden

Bildschirmfilter werden mit zwei Argumenten verkauft, gekauft und verwendet: einerseits geht es dabei um „Bildschirmstrahlen" beziehungsweise elektrostatische Aufladung, andererseits um störende Reflexionen und Spiegelungen.

„Bildschirmstrahlen" beziehungsweise elektromagnetische Felder sind bei modernen Bildschirmen unproblematisch, Bildschirmfilter haben diesbezüglich gar keinen Effekt. Der Schutz gegen elektrostatische Aufladung hat heute kaum noch Bedeutung, da Bildschirme schon seit einigen Jahren geerdete Beschichtungen der Bildschirmoberfläche aufweisen, welche die Aufladung verhindern.

Die Filterwirkung gegen Spiegelungen ist der wesentliche optische Effekt eines Bildschirmfilters. Sie kann aber unangenehme Nebeneffekte haben. Bildschirmfilter vermindern die Leuchtdichte des gesamten Bildschirmes. Dadurch werden die Kontraste zur Umgebung ungünstiger, so daß die 1:3:10-Regel[9] schwieriger einzuhalten ist. Diese Regel besagt, daß die Helligkeitsunterschiede zwischen Bildschirm und Arbeits-

---

7 Siehe Kapitel 1.1., 1.4. und 2.3.

8 Siehe Stichwort „Referenzsitzposition" in diesem Text.

9 Siehe Kapitel 2.3., 3.11. und Wichtl M.: Im richtigen Licht. In: Blaha F. (Hg.): Der Mensch am Bildschirmarbeitsplatz. Springer-Verlag, Wien – New York, 1995, S. 138–152.

umgebung diese angeführten Verhältnisse nicht überschreiten dürfen. Bildschirmfilter reduzieren aber die Helligkeit am Bildschirm und verstärken damit den Unterschied zur Umgebungshelligkeit.

Verbesserungen können Bildschirmfilter nur bei Reflexionen an dunklen (Negativ-darstellung) und spiegelnden Bildschirm-oberflächen bringen. Durch die optischen Eigenschaften des Filters können die Reflexionen verringert werden. Moderne Bildschirme sind jedoch mit guten Oberflächenbeschichtungen ausgestattet, haben hohe Leuchtdichten und eine nahezu plane Ober-

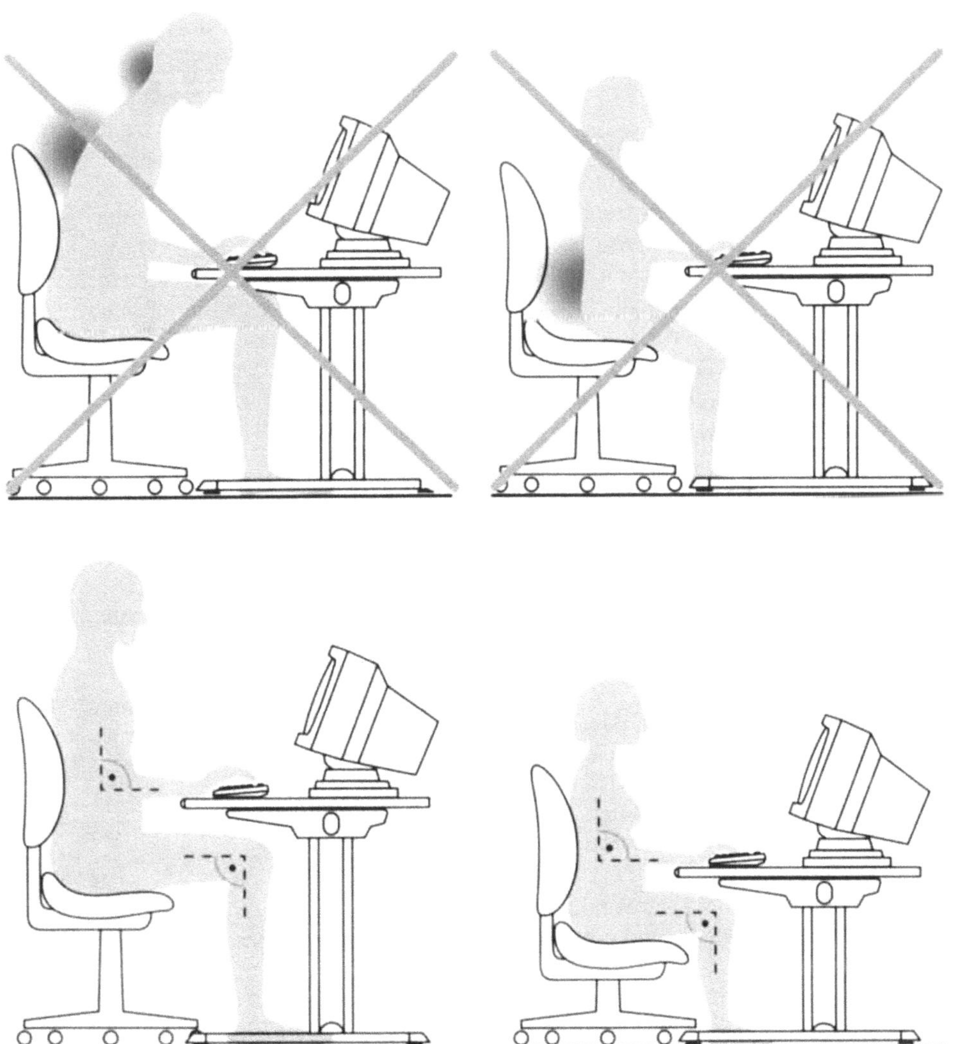

Abb. 2.8.13. Ungünstige Sitzposition bei großen und kleinen Personen und falscher Tischhöhe; richtig eingestellte Sitz- und Tischhöhe (Referenzsitzposition)

fläche, wodurch Filter meist überflüssig sind.

Reflexionen und Spiegelungen auf Bildschirmoberflächen sollten am besten an der Quelle bekämpft werden. Also durch ein geeignetes Beleuchtungssystem und die richtige Positionierung von Bildschirmen zum Tages- und Kunstlicht, die solche Spiegelungen gar nicht erst entstehen lassen.

2.8.17. Irrtum 17: Bildschirme bombardieren die Benutzer mit Strahlung

Nach dem gegenwärtigen Stand der arbeitswissenschaftlichen Erkenntnisse gibt es keine gesundheitlichen Beeinträchtigungen durch Strahlen und Felder, wie sie am Bildschirm auftreten.[10] Bildschirme erfüllen schon seit mehreren Jahren ziemlich strenge Grenzwerte für ionisierende Strahlen und elektromagnetische Felder. Die Einhaltung dieser Werte kann vom Nutzer nur sehr schwer überprüft werden, daher erstellen Hersteller und Prüfinstitutionen Prüfzertifikate für die Einhaltung möglichst geringer Emissionswerte. Für den Nutzer wird dies am Bildschirm durch die Prüfzeichen (zum Beispiel TCO 95 oder 99, TÜV Ergonomie geprüft, MPR II etc.) sichtbar gemacht.[11]

2.8.18. Irrtum 18: Bildschirme müssen möglichst groß sein

Die geeignete Bildschirmgröße hängt in erster Linie von der durchzuführenden Tätigkeit ab (siehe Tabelle 2.8.1.).

Für gewöhnliche Büroanwendungen (Textverarbeitung, Tabellenkalkulation etc.)

mit graphischen Benutzeroberflächen, ist bei Monitoren mit Kathodenstrahlröhre (CRT) eine Bildschirmdiagonale von 17″ zu empfehlen und meist ausreichend. Dies entspricht bei einem Flachbildschirm einer Bildschirmdiagonale von ungefähr 15″. Für spezielle Tätigkeiten wie CAD, Grafikanwendungen, Programmierarbeit und Wartenarbeitsplätze sollte der Bildschirm (CRT) möglichst groß, mindestens 20″ sein.

2.8.19. Irrtum 19: Software-Ergonomie ist die Gestaltung von möglichst „hübschen" und „bunten" Softwareoberflächen

Zum Begriff „Software-Ergonomie" gibt es häufig keine oder falsche Assoziationen. Falsche Vorstellungen meinen, die Gestaltung nach software-ergonomischen Prinzi-

Arbeitsaufgabe (beispielhaft)	Monitorgröße
Textverarbeitung Informationen (Texte) lesen Masken- und Befehlseingaben temporäre Datenerfassung	15″
Textverarbeitung mit Grafikbearbeitung Tabellenkalkulation DV-Programmierung	17″
Textverarbeitung mit Grafikbearbeitung im DTP-Bereich Tabellenkalkulation mit Mehrseitendarstellung DV-Programmierung mit Mehrfensterdarstellung CAD-Anwendungen	19″ bis 21″

Tabelle 2.8.1. Bildschirmgröße in Abhängigkeit von Arbeitsaufgaben[12]

---

10 Siehe auch Brusl H. u. Wichtl M.: Was ist wahr an Bildschirmstrahlen? In: Blaha F. (Hg.): Der Mensch am Bildschirmarbeitsplatz. Springer-Verlag, Wien – New York, 1995, S. 161–166.

11 Details zu Prüfzeichen Kapitel 2.7., 4.4.

12 Quelle: DI Stephan Scheuer (TÜV Rheinland): Ergonomie – Anforderungen an Bildschirmanzeigen. In: human-wareNEWS 2/98, S. 8, 9.

pien betrifft hauptsächlich die Verwendung möglichst vieler Bilder und Icons sowie den richtigen Einsatz von Farbe. Die Software-Ergonomie ist grundsätzlich darum bemüht, die optisch und akustisch durch die Benutzer wahrnehmbare Information von Computerprogrammen möglichst weitgehend an die Eigenschaften der menschlichen Informationsverarbeitung anzupassen. Das bezieht sich nicht nur auf die Gestaltung der einzelnen Bildschirmseiten, wo es zum Beispiel um die Informationsmenge, die Anordnung und Strukturierung dieser Information, die Auswahl von Symbolen, Bezeichnungen und Visualisierungen zur Gewährleistung von Verständlichkeit, Ordnung und Übersicht geht. Häufig wird auch angenommen, grafische Benutzeroberflächen (GUI) entsprechen jedenfalls der Softwareergonomie. Ob die Benutzeroberfläche grafisch gestaltet ist oder nicht, besagt nichts über Software-Ergonomie. Wie zahlreiche Softwarebeispiele und Webpages beweisen, können die Ziele der Softwareergonomie auch mit grafischen Benutzeroberflächen verfehlt werden. Hingegen gibt es auch Programme ohne GUI, die die Kriterien der Softwareergonomie in einem hohen Maß erfüllen und den Benutzer somit bei seiner Tätigkeit gut unterstützen.[13]

Software-Ergonomie gestaltet darüber hinaus auch den Aufbau, die Struktur und den Ablauf der Dialoge und ist bemüht, aufgabenangemessene, durchgängig konsistente, durchschaubare und überschaubare, fehlerreduzierende Formen des Dialogaufbaus zu verwirklichen.[14]

Die Anforderungen der Software-Ergonomie an die Software (Aufgabenange-

messenheit, Selbstbeschreibungsfähigkeit, Steuerbarkeit, Erwartungskonformität, Fehlertoleranz, Individualisierbarkeit, Lernförderlichkeit) werden durch verschiedene Gestaltungsmöglichkeiten der Software erreichbar, die jeweils an der Zielgruppe, dem Einsatzzweck und dem Funktionsumfang orientiert sein müssen.

2.8.20. Irrtum 20: Viele Farben am Bildschirm verbessern die Informationsaufnahme[15]

Farben sind eine Möglichkeit, Informationen zu kodieren, d. h. diese Informationen verständlicher und leichter wahrnehmbar zu machen. Dazu muß man aber auf die physiologische und psychologische Farbwirkung und auf Nutzergewohnheiten Rücksicht nehmen.

Im allgemeinen wird empfohlen, gesättigte Farben nicht zu großflächig zu verwenden. Schriften und Zeichen sollen nicht zu blaß sein, um einen guten Kontrast zum Hintergrund zu bilden. Ein weiteres Problem tritt auf, wenn Farbkombinationen verwendet werden, die für das Auge unterschiedliche Scharfstellungen aufgrund unterschiedlicher Farbwellenlängen erforderlich machen. Dies ist der Fall, wenn die Spektralanteile der Farben weit von einander entfernt sind (zum Beispiel rote Schrift auf blauem Hintergrund). Wichtig beim Einsatz von mehreren Farben ist es auch, daß sie gut unterscheidbar sind. Sind die Farben nicht eindeutig unterscheidbar, so sind Verwechslungen vorprogrammiert.

Aus der Wahrnehmungspsychologie ist bekannt, daß bei Informationsdarstellungen nicht mehr als sieben Farben (bei kleinen Details nicht mehr als fünf Farben) verwen-

---

13 Hinweise zu guten und schlechten Lösungen aus der Sicht der Software-Ergonomie finden Sie in einem Verzeichnis von Internetadressen im Kapitel 2.4.

14 Siehe Kapitel 2.4., 4.3.

---

15 Details zum Thema Farbe am Bildschirm können Sie auch den Internetadressen im Kapitel 2.4. entnehmen.

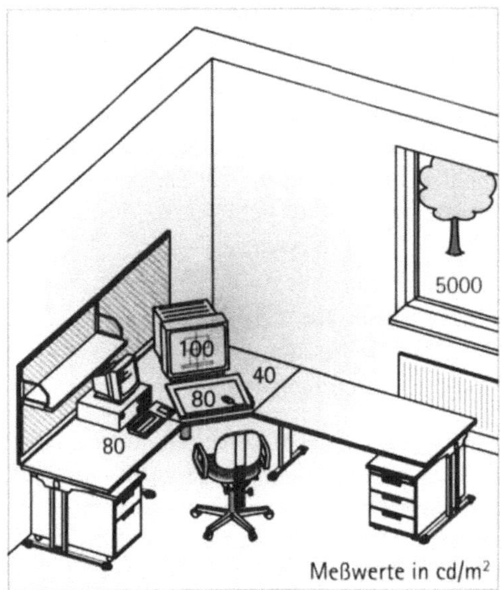

Abb. 2.8.14. Zulässige Über-Eck-Anordnung in der Raumecke

det werden sollen. Darüber hinaus beeinflußt die Wahl der Farbpaarungen die Wahrnehmbarkeit.[16]

2.8.21. Irrtum 21: Bei Bildschirmflimmern ist der Bildschirm schuld

Wenn der Bildschirm flimmert, so ist meist nicht der Bildschirm die Ursache. Weitere Gründe können in der Grafikkarte, der Software (Treiber von Grafikkarte und Bildschirm) oder überhaupt in äußeren Einflüssen (elektromagnetische Felder aus der Umgebung) liegen. Bei modernen Geräten ist die häufigste Ursache in einer schlechten Konfiguration und Einstellung von Hard- und Softwarekomponenten zu suchen. Leider bieten die Grafikkarten nicht immer benutzerfreundliche Einstellmöglichkeiten,

---

16 www.bulltown.com/colorspeak/index.html (auf dieser Internetseite finden Sie weitere Information zu diesem Thema).

relativ oft braucht man gute Kenntnisse des Betriebssystems.

2.8.22. Irrtum 22: Die Aufstellung des Bildschirmes darf grundsätzlich nicht über Eck erfolgen

Gegen eine Aufstellung über das Eck von Schreibtischkombinationen spricht nichts, wenn im Eckbereich genügend Aufstellfläche für die Tastatur und Beinfreiraum vorhanden ist und weder Blendungserscheinungen noch Spiegelungen oder Reflexionen auftreten (siehe Abb. 2.8.14.).

Da jedoch die Schreibtischkombinationen meist in unmittelbarer Fensternähe schräg zum Fenster angeordnet sind, ergibt sich bei einer Über-Eck-Anordnung häufig eine Blickrichtung gegen die helle Fensterfläche. Dies widerspricht aber dem Grundsatz der möglichst fensterparallelen Blickrichtung bei Bildschirmarbeit.[17] Visuelle Beeinträchtigungen sind daher eine häufige Folge.

2.8.23. Irrtum 23: Bildschirmarbeitsplätze müssen mit Spiegelrasterleuchten ausgestattet sein

Wesentliches Ziel einer guten künstlichen Beleuchtung am Bildschirmarbeitsplatz ist es, eine möglichst blendfreie Beleuchtungssituation sicherzustellen. Dafür sind viele Einflußgrößen zu berücksichtigen (z. B. Anordnung der Leuchten, Lichtverteilung, Anordnung des Bildschirmarbeitsplatzes). Spiegelrasterbeleuchtungskörper bewirken durch speziell geformte Alu-Hochglanzraster eine starke Blendungsbegrenzung in alle seitlichen Richtungen. Der Einsatz von solchen Beleuchtungskörpern ist daher dann besonders empfehlenswert, wenn die Bild-

---

17 Siehe auch § 6 Abs. 1 der Bildschirmarbeits-Verordnung (BS-V) in Kapitel 1.1.

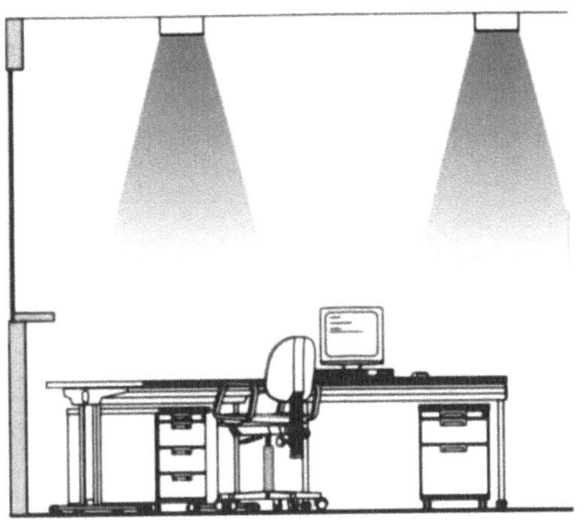 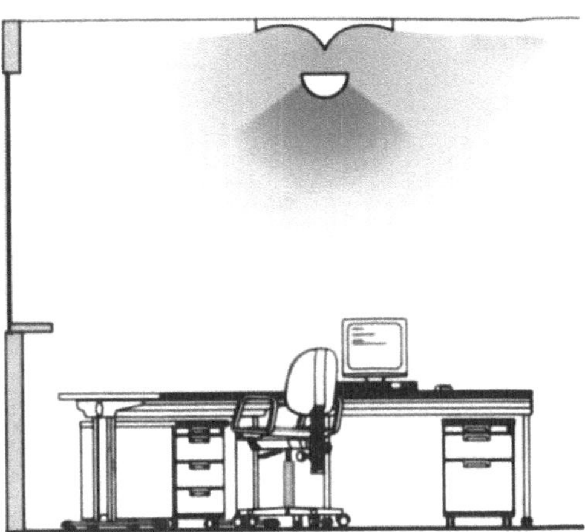

Abb. 2.8.15. Der Einsatz von Spiegelrasterleuchten erfordert eine Abstimmung zwischen Leuchte und Bildschirmposition. Andere Leuchtentechnologien (zum Beispiel Mildlicht-Leuchten) vermeiden diesen Effekt weitgehend

schirmoberfläche relativ dunkel ist (was beispielsweise für Negativdarstellung der Fall ist), sodaß der Bildschirm blendungsempfindlich ist oder wenn die Arbeitsplatzanordnung Lichteinfallsrichtungen ermöglicht, die das Blendungsrisiko für die Beschäftigten fördern. Das kann für Warten, bei CAD-Arbeitsplätzen aber auch in großen Räumen bei dichter Arbeitsplatzanordnung (z. B. Call Center) gelten. Normalerweise sind beim Einsatz guter Bildschirmtechnologie und ergonomisch richtiger Bildschirmarbeitsplatz-Anordnung in Büroräumen Bildschirmspiegelrasterleuchten als Deckeneinbau- oder Aufbauleuchten nicht unbedingt empfehlenswert, weil dieses Beleuchtungssystem auch erhebliche Nachteile hat. Die Nachteile liegen einerseits in der Lichtwirkung (die Decke erscheint sehr dunkel – Höhleneffekt) und andererseits in der stark zonierten Lichtverteilung von Spiegelrasterleuchten unmittelbar unterhalb der Leuchten. Dadurch ist die richtige Anordnung der Bildschirmarbeitsplätze unnötigerweise vom Beleuchtungsraster im Raum abhängig (siehe Abb. 2.8.15.). Die Längsachsen der

Spiegelrasterbeleuchtungskörper müssen jedenfalls fensterparallel ausgerichtet sein.

Die Normung berücksichtigt diese Situation. In der prEN 12464[18] wird beim Einsatz guter Bildschirmtechnologie die strenge Blendungsbegrenzung auf 200 cd/m² Abstrahlungsleuchtdichte, wie sie für BAP-Spiegelrasterleuchten typisch ist, nicht mehr gefordert. Der Wert wurde statt dessen mit 1000 cd/m² festgelegt.

Bei geeigneten Rahmenbedingungen hinsichtlich der eingesetzten Bildschirmtechnologie und des Raumlayouts können auch andere Rasterleuchten mit Matt-Alu-Rastern verwendet werden. Darüber hinaus sind auch andere Beleuchtungssysteme wie zum Beispiel Direkt-Indirekt-Beleuchtungskörper (eventuell auch mit Spiegelraster für den Direktanteil des Lichts), Beleuchtungskörper mit Mildlicht-Charakter (gleichmäßige allseitige Lichtverteilung) und Beleuchtungskörper mit Sekundärlichtanteilen (Indirektlicht aus der Leuchte heraus) sowie

---

18 Siehe Kapitel 1.4. und Normenliste im Anhang.

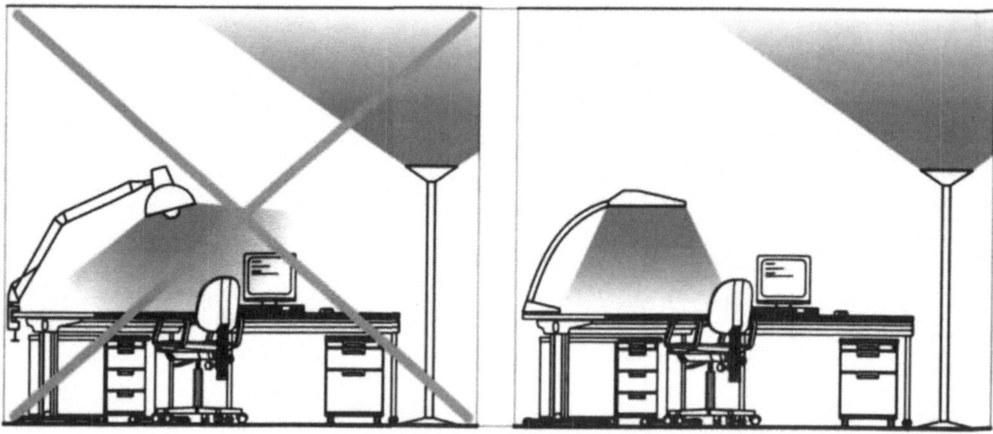

Abb. 2.8.16. Ungünstige und zulässige Lichtverteilung einer Arbeitsplatzleuchte

alternative Leuchtentechnologien (Prismen-Lichtlenkung aus der Leuchte heraus) einsetzbar.[19]

2.8.24. Irrtum 24: Bildschirmarbeitsplätze brauchen keine/eine Schreibtischleuchte

Schreibtischleuchten sind Beleuchtungskörper, die unmittelbar am Arbeitsplatz eingesetzt werden. Die Lichtpunkthöhe oberhalb der Arbeitsplatzfläche ist naturgemäß aufgrund der Bauform gering. Aus diesem Grund ist mit einem hohen Lichtstrom zu rechnen, sodaß auch das Blendungsrisiko hoch ist. Der Begriff „Schreibtischleuchte" deutet auf eine traditionelle Bauform (z. B. „Blechtrichter mit Glühlampe auf Gelenkarm") hin. Solche Beleuchtungskörper sind für den Einsatz am Bildschirmarbeitsplatz ungeeignet, da die erforderliche Blendungsbegrenzung zum Bildschirm hin lediglich durch Positionsabstimmung zwischen Beleuchtungskörper und Schreibtisch möglich

ist. Dadurch wird sich häufig eine ungünstige Bildschirmanordnung und eine unergonomische Arbeitshaltung ergeben. Zusätzlich treten auf der Arbeitsfläche lokal sehr hohe Beleuchtungsstärken auf, die oft störend wirken.

Wenn Beleuchtungskörper unmittelbar am Bildschirmarbeitsplatz eingesetzt werden, müssen sie eine wirksame Blendungsbegrenzung haben. Diese stellt sicher, daß auch in unmittelbarer Umgebung des Beleuchtungskörpers die Bildschirmaufstellung ohne optische Störungen (Spiegelung, Glanz, Blendung) möglich ist (siehe Abb. 2.8.16.). Sie können in Beleuchtungskonzepten eingesetzt werden, die eine mäßige allgemeine Beleuchtungsstärke von beispielsweise 300 lx im Mittel im Raum liefern. Zusätzlich dazu erfolgt die Beleuchtung am jeweiligen Bildschirmarbeitsplatz mit einem solchen arbeitsplatzbezogenen Beleuchtungskörper.

Viele am Markt befindliche Arbeitsplatzleuchten erfüllen die Anforderung nach Blendungsbegrenzung nicht. Dazu gehören auch Schreibtischlampen mit Niedervolt-Halogenlampen ohne Blendschutzraster. Bei deren Einsatz am Bildschirmarbeitsplatz ist Vorsicht geboten.

---

19 Siehe auch Kapitel 3.11. und Wichtl M.: Im richtigen Licht. In: Blaha F. (Hg.): Der Mensch am Bildschirmarbeitsplatz. Springer-Verlag, Wien – New York, 1995, S. 138–152.

2.8.25. Irrtum 25: Neonlicht ist widerlich und gehört nicht ins Büro

Eine Neonröhre ist ein spezieller Typus von Gasentladungslampen, der üblicherweise nicht mehr im Einsatz ist. Solche Röhren emittieren aufgrund ihrer physikalischen Wirkungsweise Licht, welches dem typischen Eindruck „Neonlicht" entspricht (fahl, blauhältig und mit schlechter Farbwiedergabe). Dieser schlechte Lichteindruck entsteht unter anderem dadurch, daß beim Einsatz von Neonröhren zumeist geringe Beleuchtungsstärken mit hoher Lichtfarbe kombiniert wurden.

Moderne Leuchtstoffröhren haben mit den beschriebenen Neonröhren keine Gemeinsamkeit. Es werden völlig andere Leuchtstoffe verwendet. Sowohl hinsichtlich der Lichtausbeute als auch hinsichtlich der Lichtfarbe und Farbwiedergabe bieten moderne Leuchtstoffröhren völlig andere Verhältnisse und machen darüber hinaus aufgrund zahlreicher Varianten ein sehr breites Anwendungsspektrum möglich.

Damit ist natürlich der Einsatz von Leuchtstoffröhren an Bildschirmarbeitsplätzen möglich und auch ergonomisch zulässig. Durch Auswahl der passenden Lichtfarbe und Farbwiedergabe lassen sich unterschiedliche Benutzerpräferenzen abdecken. Wichtig für den praktischen Einsatz ist, daß in einem Raum immer nur gleichartige Röhrentypen (hinsichtlich Lichtfarbe und Farbwiedergabe) eingesetzt werden, weil widrigenfalls ein ungünstiger Lichteindruck entsteht und keine einheitliche Lichtfarbe im Raum herrscht.

2.8.26. Irrtum 26: Vorhänge und Jalousien sind ein guter Blendschutz

Diese Aussage ergibt sich aus dem Unwissen über die Anforderungen an Sonnen- und Blendschutzeinrichtungen für Bildschirmarbeitsplätze. Häufig existiert die Meinung, daß sich Ergonomie am Bildschirmarbeitsplatz vorwiegend auf Arbeitstische, Arbeitssessel, Hardware und künstliche Beleuch-

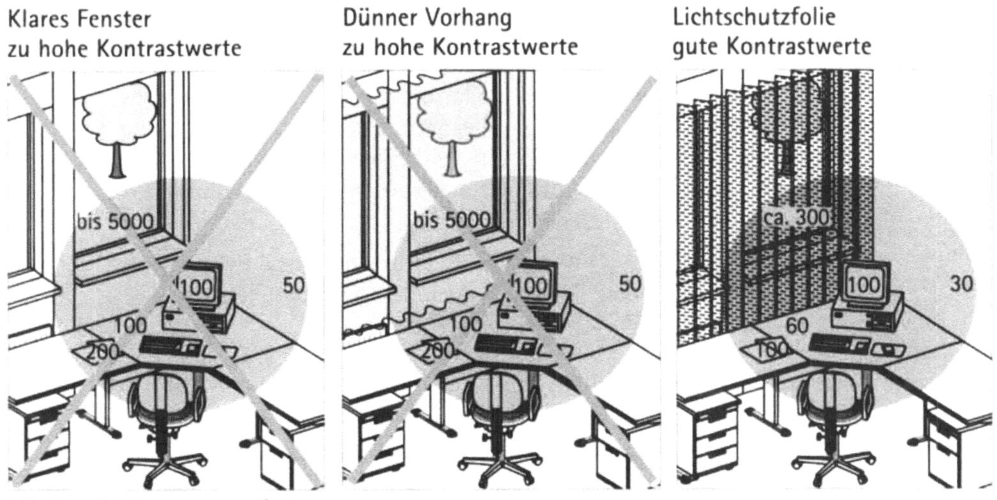

Abb. 2.8.17. Unzulässige Kontrastwerte ohne beziehungsweise mit untauglichem Lichtschutz, zulässige Kontrastwerte bei tauglichem Lichtschutz (Details zu Kontrastverhältnissen siehe auch Kapitel 3.11.)

tung bezieht. In der Tat ist aber richtiger Sonnen- und Blendschutz für einen ergonomischen Bildschirmarbeitsplatz oft von sehr großer Bedeutung, da der Tageslichteinfluß ein wichtiger und dominanter Faktor ist, der zu starken visuellen Störungen (Direktblendung, Reflexionen) führen kann.

Vorhänge sind als Blendschutz nicht gut geeignet, da sie das Licht – je nach Gewebe – nur abhalten oder Blendungserscheinungen gleichmäßig verteilen. Auch die Durchsicht ist stark eingeschränkt oder gar nicht vorhanden. Jalousien – vornehmlich ausgeführt als Horizontaljalousien – sind zwar einstellbar, schränken aber die Durchsicht auch nahezu völlig ein und liefern oft starken Restlichteinfluß durch die entstehenden Spalten. Die Hauptfunktion von Jalousien ist der Hitzeschutz, vornehmlich beim Einsatz als Außenjalousie. Ergonomische Anforderungen an guten Sonnen- und Blendschutz sind neben dem Hitzeschutz aber auch gute Entblendung und Lichtlenkung (siehe Abb. 2.8.17.).[20]

2.8.27. Irrtum 27: In der Raumtiefe gibt es keine Blendungserscheinungen

Ein weit verbreiteter Irrtum besteht darin zu vermuten, daß die Positionierung von Bildschirmarbeitsplätzen in der Raumtiefe – also nicht in unmittelbarer Fensternähe – hinsichtlich Blendungs- und Reflexionserscheinungen durch das einfallende Tageslicht prinzipiell unproblematisch ist. Grundsätzlich nimmt die Helligkeit des Tageslichts zwar in der Raumtiefe zwar stark ab, dennoch können direkte Sonnenstrahlen je nach Fensterlage, Himmelsrichtung und Jahreszeit mit nahezu ungehinderter Stärke auch tief in das Rauminnere vordringen. Auf diese Tatsache ist daher einerseits bei der Positionierung von Arbeitsplätzen und

bei der Auswahl von Sonnen- und Blendschutz Rücksicht zu nehmen (siehe Abb. 2.8.18. oben).

2.8.28. Irrtum 28: Alle Menschen mit Brille oder Sehproblemen brauchen eine Bildschirmbrille

Unter einer Bildschirmbrille ist eine Brille zu verstehen, die für die spezielle Sehentfernung zum Bildschirm und die spezielle Anforderungen der Sehaufgabe spezifisch angepaßt ist. Im Normalfall ist eine Bildschirmbrille für Personen mit Altersweitsichtigkeit notwendig, denn übliche Lesebrillen sind auf eine Sehdistanz von ca. 30 cm eingestellt und ein Bildschirm befindet sich in einer durchschnittlichen Entfernung von ca. 50 cm. Das bedeutet, die betroffenen Personen können mit einer üblichen Lesebrille am Bildschirm nicht scharf sehen. Es ist jener Typus von Brille, der auch in der Bildschirmarbeitsverordnung als solche definiert ist und unter speziellen Bedingungen[21] als Sehbehelf dem Beschäftigten bei Bildschirmarbeit zur Verfügung stehen muß. In diesem Zusammenhang sind benutzerseitig spezielle augenmedizinische Klärungen nötig. Aus Erfahrungswerten ist bekannt, daß nur ca. 5 bis 10 % der Beschäftigten einen solchen speziellen Sehbehelf für die Arbeit am Bildschirm benötigen.

2.8.29. Irrtum 29: Bildschirmpausen vermindern die Produktivität

Die BS-V[22] sieht vor, daß Personen mit einem bestimmten täglichen Ausmaß der Arbeitszeit am Bildschirm regelmäßig Anspruch auf Tätigkeitswechsel oder Bildschirmpausen haben. Sie dienen dazu, die bei Bildschirmarbeit auftretenden Belastun-

---

20 Details dazu im Kapitel 3.12.

21 Details siehe Kapitel 1.1. und 1.5.
22 Details siehe Kapitel 1.1.

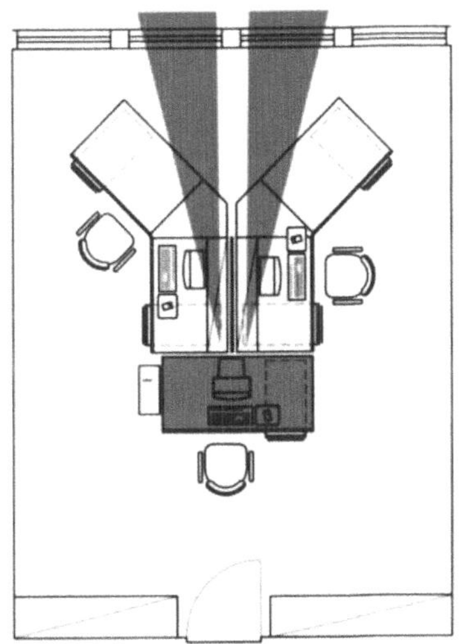

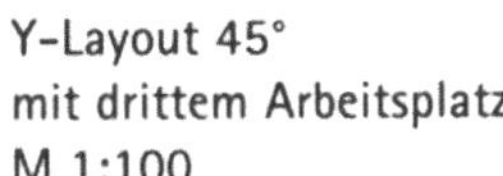

Y-Layout 45°
mit drittem Arbeitsplatz
M 1:100

Abb. 2.8.18. Musterbeispiel eines Arbeitsplatzes in der Raumtiefe mit Direktblendungsrisiko

gen wieder abzubauen. Dabei sind vor allem visuelle Belastungen und Belastungen des Stütz- und Bewegungsapparates gemeint, die bei längerer Bildschirmarbeit Auswirkungen auf das Wohlbefinden und die Produktivität haben. Beide Möglichkeiten (Tätigkeitswechsel oder Pause) sind gleichwertig. Ein Tätigkeitwechsel sollte jedenfalls immer mit anderen Anforderungen an die Augen und den Stütz- und Bewegungsapparat verbunden sein, als dies beim fixierten Sitzen am Bildschirm mit stets gleicher Sehentfernung und gleichen Blickbewegungen der Fall ist. Bei Sachbearbeitungstätigkeiten sind meist ohnehin Tätigkeits- und Anforderungswechsel Bestandteil des Arbeitsablaufs. Bei reiner Bildschirmarbeit (zum Beispiel Programmierung, CAD-Arbeit, Dateneingabetätigkeit etc.) müssen aber bewußt Bildschirmpausen eingeschaltet werden, weil kein beanspruchungsreduzierender Tätigkeitswechsel auftritt.

Kurze Erholungsphasen verhindern körperliche und geistige Ermüdung. Produktivitätsuntersuchungen zeigen immer, daß kurze und über den Arbeitstag verteilte Pausen mehr Erholungseffekte bringen, als eine lange Pause. Produktivitätsverluste treten bei Ermüdung auf, also verringern die Kurzpausen diese Verluste und sind somit auch für den Unternehmenszweck positiv zu bewerten.

2.8.30. Irrtum 30: Wenn Bildschirmarbeitsplätze wenig benutzt werden, dann müssen sie auch nicht ergonomisch gestaltet sein

Die gesetzlichen Regelungen im ASchG und der BS-V[23] besagen, daß immer dann, wenn ein Bildschirmgerät an einem Bildschirmarbeitsplatz vorkommt, eine ergonomische Gestaltung des Arbeitsplatzes notwendig ist. Dies gilt unabhängig von der Zeitdauer der täglichen Nutzung dieses Arbeitsplatzes. Ausnahmen gelten nur für bestimmte Steharbeitsplätze mit kurzzeitiger Bildschirmnutzung (zum Beispiel Bankschalter, Verkaufspulte). Diese Regelung ist vernünftig, denn erstens haben alle Beschäftigten gleiche Ansprüche auf gute Arbeitsplätze und zweitens kann sich die Art und Dauer der Nutzung bei jedem Arbeitsplatz verändern, weshalb alle Arbeitsplätze bestimmte ergonomische Grundanforderungen erfüllen müssen.

2.8.31. Irrtum 31: Beim Einsatz von tragbaren Computern gelten ergonomische Regelungen nicht

Mit der Verbreitung von Notebooks, Laptops und anderen mobilen Datenverarbeitungsgeräten ist auch deren Einsatzhäufigkeit und -dauer nicht nur außerhalb des eigenen Arbeitsplatzes, sondern auch an fest eingerichteten Arbeitsplätzen stark angestiegen. Im ASchG und in der BS-V[24] ist deshalb geregelt, daß die stationäre Verwendung von solchen mobilen Computern gleichfalls unter ergonomischen Rahmenbedingungen erfolgen muß. Aufgrund des ursprünglichen Verwendungszweckes solcher Geräte (klein, leicht, tragbar) ergeben sich oft ergonomische Einschränkungen, wie beispielsweise

---

23 Siehe dazu Kapitel 1.1.
24 Siehe Kapitel 1.1.

kleine Tastaturen und kleine Bildschirme. Die dauernde Verwendung solcher Geräte führt daher oft zu ungünstigen Arbeitshaltungen und schlechten visuellen Bedingungen. Aus diesem Grund ist es erforderlich, solche Computer – wenn sie ständig an festen Arbeitsplätzen eingesetzt werden – mit einem externen Monitor und/oder einer externen Tastatur zu betreiben.

2.8.32. Irrtum 32: Ergonomische Bildschirmarbeitsplätze sind teuer

Vielfach existiert die Meinung, daß ein ergonomischer Bildschirmarbeitsplatz grundsätzlich teuer ist. Dieses Vorurteil ist in der Praxis häufig eine große Blockade am Weg zu ergonomischen Bildschirmarbeitsplätzen. Ergonomische Hardware oder Arbeitsplatzausstattung ist oft nicht teurer als unergonomische Ausstattung. In erster Linie geht es um die bedarfsgerechte und ergonomische Planung und um die richtige Aufstellung und Nutzung der eingesetzten Arbeitsmittel. Es ist häufig der Fall, daß teure und (scheinbar) ergonomische Arbeitsmittel ergonomisch völlig falsch positioniert, eingestellt und genutzt werden.

Ergonomische Überlegungen sollten daher sinnvoller Weise in die Planung von Bildschirmarbeitsplätzen eingebracht werden, da sie dort leicht, umfassend und zielführend umgesetzt werden können. Damit ist jedenfalls auch ein Kostenvorteil verbunden, da nachträgliche Änderungen so gut wie immer zu mühseligen und kostenintensiven Reparaturmaßnahmen führen.

Betrachtungen in Zusammenhang mit Kosten müssen immer ganzheitlich sein. In diesem Zusammenhang gilt es auch, Systemstörungen und damit verbundene Folgekosten zu bewerten, die sich durch Leistungseinbußen, höhere Fehlerhäufigkeiten, Absenzen durch Krankenstände oder Arztbesuche und ähnliches ergeben können.

3
Neue Trends, neue Herausforderungen für die Bildschirmergonomie

Das Wichtigste im Überblick

In den nachfolgenden Kapiteln werden die hier kurz zusammengefaßten Themen ausführlich dargestellt:

Entwicklung informationstechnischer Tätigkeiten aus ergonomischer Sicht

Mit dem rasanten technologischen Fortschritt der letzten Jahrzehnte konnten die rechtlichen und normativen Regelungen kaum Schritt halten, was auch für die Verantwortlichen in den Firmen eine große Herausforderung bei der Umsetzung ergonomischer Anforderungen aus EU-Richtlinien bedeutet. Die technische Entwicklung brachte deutliche Veränderungen der Arbeitsplätze und viele völlig neue Arbeitsbereiche und Arbeitsformen mit sich, speziell ausgelöst durch das Zusammenwachsen von Telekommunikation und Informationstechnologie. Das Spektrum reicht von Terminals und DOS-Programmen bis zu tragbaren Bildschirmen, Organizern, Handys, Intra- und Internet-Anwendungen und zeitlich und örtlich flexiblen Nutzungsformen. Dieser Beitrag zeigt die historische und aktuelle Entwicklung von Hard- und Software-Technologien, deren Effekte auf die Arbeit und die Arbeitsprozesse, sowie die damit verbundenen Aktivitäten für die Schaffung von Regelwerken.

Büro im Wandel

Viele und rasche Veränderungstrends verändern die Arbeitwelt auch im Bürobereich nachhaltig. Technische Revolutionen, Internationalisierung der Märkte, neue Aufbau- und Ablaufstrukturen und veränderte demografische Entwicklungen bilden Ausgangspunkte für diese Umbrüche.

Das non-territoriale Prozeß-Büro

Es ist Bewegung ins Büro gekommen! Viele trendige Begriffe werden von Zukunftsforschern, Designern und PR-Profis kreiert und in Umlauf gebracht. Die Medien zelebrieren die Visionen der neuen Ära des „New Work".

Computer- und Telekommunikationskonzerne – flankiert von findigen Büroeinrichtern – unterstützen sie dabei, nicht zuletzt in der Hoffnung, bedeutende neue Märkte zu erschließen. Entsprechende Vorsicht ist geboten. Oberflächliche Mode und grundlegender Trend, echte Revolution und euphorische Schwärmerei liegen oft dicht beieinander. Entscheidend ist, treffsicher die Spreu vom Weizen zu trennen, denn, daß das Arbeiten im Büro in vielen Branchen in den nächsten Jahren einen tiefgreifenden Wandel erfahren wird, daran besteht kein Zweifel.

Der folgende Beitrag möchte die wesentlichen Thesen und Neuerungen, welche die sogenannten „New Ways of Working" mit sich bringen, heraus arbeiten und schließlich an Hand eines Praxisbeispiels zeigen, wie ein grundlegend neuer Arbeitsstil mit einem vollkommen neuen Raumnutzungskonzept einhergehen und entsprechend den neuen Regeln sehr effektiv funktionieren kann.

Facilitäre Planung

In Produktion und Logistik haben wir uns längst daran gewöhnt, daß Arbeitsabläufe und -prozesse genau strukturiert werden. Daß sich als direkte Folge daraus die notwendigen Gebäude nach den Vorgaben der „optimalen Organisation" richten müssen, ist eine Selbstverständlichkeit. Form follows function!

Wenn es jedoch darum geht, die Wertschöpfungsstätte der Dienstleistungsgesellschaft - das Büro - zu konzipieren, treffen wir zumeist auf eine ganz andere Realität: Die wesentlichsten Rahmenbedingungen wie Anzahl und Lage verschiedener Gebäudeteile, deren Dimensionen usw. werden durch den Architekten häufig fixiert ohne die „function", die Anforderungen und Bedürfnisse wirklich zu kennen. Diese fundamentalen Strukturentscheidungen sind dann nicht selten ein Zufallsprodukt aus der „allgemeinen Erfahrung" des Architekten und anderen „allgemeinen" Einflüssen wie der maximal möglichen Grundstücksverbauung oder auch den „allgemeingültigen" und somit verläßlichen Maßen von Parkplätzen. So entstehen Standard- bzw. Durchschnittsgebäude, die zwar von hoher architektonischer und technischer Qualität sein mögen, die Nutzungsqualität und somit die Basis für effiziente und produktive Büroarbeit ist jedoch in vielen Fällen mehr als dürftig.

Wie kann jedoch der Bauherr die mit einer Neudefinition des Raumes verbundenen Chancen für seine Organisation optimal wahrnehmen? Es gilt, ausgehend von den strategischen Zielen sowie auf der Basis einer sorgfältigen und zukunftsträchtigen Bedarfsplanung ein organisationsspezifisches Nutzungskonzept zu entwickeln. Die Verteilung des Gesamtbudgets auf einzelne Gewerke darf nur einem Grundsatz folgen: wie kann der höchste Bauherrennutzen erzielt werden. Im rasch wachsenden Konzert der Architekten, Fachplaner, Ausführenden, etc. muß eine gute und solide Projektorganisation sicherstellen, daß das angestrebte Konzept konsequent umgesetzt und nicht zusehends verwässert wird. Nebem dem baulichen Ablauf geht es nicht zuletzt darum, wie die Mitarbeiter eingebunden werden können und eine hohe Akzeptanz des Büroplanungsprojektes erzielt werden kann. Die Akzeptanz alleine ist zwar noch lange nicht alles, aber ohne Akzeptanz, Zufriedenheit und somit den Leistungswillen der Mitarbeiter ist alles andere - auch das beste Büro - nichts.

New Work

Neue Anforderungen des Marktes und Wettbewerbes, Veränderungen von Arbeits- und

Organisationskonzepten, Innovationsschübe im Bereich der Informations- und Kommunikationstechnologien, gestiegene Ansprüche an Flexibilität und Effektivität bewirken auch Veränderungen von Führungsaufgaben, Mitarbeiterkompetenzen und Teamarbeitsformen. Diese NEW WORK-Bedingungen haben auch unmittelbare Konsequenzen für die Art und Weise, wie eine dafür geeignete Arbeitsumwelt und die darin integrierten Arbeitsplätze gestaltet sein müssen. Dieser Beitrag begründet und erläutert die Anforderungen an ein zukunftsgerechtes „Multistruktur-Büro", welches eine Reihe von Merkmalen erfüllen muß. Dazu gehören die flexible Nutzbarkeit für Denk-, Kommunikations- und Teamprozesse, Rückzugs- und Regenerationsmöglichkeiten, die Integration von Desk-Sharing-Konzepten, die entsprechende Variabilität von Raumformen und Arbeitsplätzen, die ergonomische Qualität zur Gewährleistung von leistungsförderlichen Umfeldbedingungen und die Flächenökonomie. Ansatzpunkte zur Planung solcher NEW WORK-Bürokonzepte werden dargestellt.

Mobile Telearbeit

Heute gibt es auch in Österreich einen großen Anteil verschiedenster Formen von Telearbeit. Diese umfassen zum Beispiel das Heimbüro, die Arbeit in Telearbeitszentren und Außendiensttätigkeiten mit modernen Informations- und Kommunikationstechnologien. Dieser Beitrag beschäftigt sich mit den Voraussetzungen, unterschiedlichen Auftrittsformen, Potentialen und Gefahren der Telearbeit. Ergonomische und rechtliche Anforderungen gelten hier nahezu ebenso wie für andere Beschäftigte, deren Erfüllung wird durch die speziellen Bedingungen der Telearbeit aber oftmals erschwert. Ausgehend von den besonderen Merkmalen der Telearbeit werden auch Gestaltungsempfehlungen für die Arbeitsbedingungen und Hinweise auf bereits vorhandene Kollektivverträge und Betriebsvereinbarungen gegeben.

Call Center

Über das Telefon wird die Stimmungslage eines Mitarbeiters direkt auf den Anrufer übertragen und damit dessen Verhalten als Interessent, Stammkunde, Spender etc. stark beeinflußt. Es ist daher alles daran zu setzen, daß sich die Mitarbeiter im Call Center wohl fühlen. Ein ergonomisches Gesamtkonzept berücksichtigt Standort, Flächenbedarf, Klimatisierung, Beleuchtung, Akustik, individuell anpaßbares Mobiliar, intuitiv bedienbare Informationstechnik und Faktoren der Arbeitszeitgestaltung, der Arbeitsorganisation und der Entlohnung. Diese Maßnahmen verursachen nur 2 % zusätzliche Betriebskosten pro Jahr, bewirken aber durch weniger Krankenstandstage und niedrigere Fluktuation einen Produktivitätsgewinn von 5 bis 10 %. Die Verantwortung für die Umsetzung liegt beim Management, Mitbestimmung durch die Mitarbeiter ist aber erforderlich und wünschenswert.

Flachbildschirme

LCD-Flachbildschirme bieten eine Reihe von Vorteilen, weshalb sie schon seit längerem nicht nur im Büro eingesetzt werden. An Produktionsarbeitsplätzen in der industriellen Fertigung oder in der Medizintechnik halten sie wegen ihrer kompakten und leichten Bauweise und der Störfestigkeit gegenüber elektromagnetischen Feldern Einzug. Sie tragen bei Bildschirmarbeitsplätzen mit ihrer geringen Bautiefe dazu bei, auch bei kleineren Tischtiefen die Sehabstände zum Benutzer ohne aufwendige Tischvertiefungen oder Anschaffung neuen Mobiliars in einfacher Weise einzuhalten (insbesondere beim Einsatz von großen Bildschirmen). Sie ermöglichen so einen sparsameren Umgang mit den Ressourcen Raum- und Büroflächen. Im Vergleich zu anderen Technologien haben sie einen viel geringeren Energiebedarf und helfen damit bei der Verbesserung der Raumklimatisierung, indem sie gerade in Großraumbüros die Raumluft weniger erwärmen. Darüber hinaus zeichnen sie sich bauartbedingt durch sehr niedrige elektrische und magnetische Emissionen aus.

Flachbildschirme sind in der Bildqualität in Bezug auf die Helligkeit, Auflösung, Zeichenschärfe und Reflexionseigenschaften anderer Technologien deutlich überlegen und damit das geeignete Anzeigemedium für viele Einsatzbereiche. Displays basierend auf der LC-Technologie haben aber auch Nachteile bezüglich der Blickrichtungsabhängigkeit, was sich speziell auf die Farbwiedergabe stark auswirken kann. Für Aufgaben, die eine farbgetreue Wiedergabe auf der Anzeige erfordern, sind sie nur eingeschränkt einsetzbar.

Der Sitzarbeitsplatz im Büro

Noch vor nicht all zu langer Zeit war es erstrebenswert, Arbeit im Sitzen ausführen zu dürfen. Heute arbeitet die überwiegende Zahl der Menschen in den Industrieländern in dieser Arbeitshaltung. Ein weiteres Faktum ist, daß Beschwerden im Stütz- und Bewegungsapparat als die häufigsten Verursacher von Ausfallzeiten anzusehen sind und diese noch zunehmende Tendenz aufweisen. Sollte da etwa ein Zusammenhang bestehen? Die Rationalisierung des Büroarbeitsplatzes und die Entwicklung der Informationstechnologien hat das Sitzen zu einer verbreiteten Arbeitshaltung gemacht. Parallel dazu hat sich die Erkenntnis entwickelt, daß die reine Sitzhaltung der menschlichen Physiologie nicht zuträglich

ist und spezifische Gesundheitsbeschwerden daraus resultieren können. Ergonomische Konzepte für Bürosessel sind in der Folge entstanden. Mittlerweile wird jedoch davon ausgegangen, daß Bewegung und Abwechslung in den Haltungen forciert werden muß. Dies geschieht durch Sitz-Stehkonzepte und entsprechende Produktangebote für die Ausstattung von Arbeitsplätzen. Dieser Beitrag stellt die historischen und aktuellen Entwicklungen zu den genannten Themen dar.

Trends in der Licht- und Beleuchtungsgestaltung am Bildschirm

Vorschriften und Normen zur Beleuchtung haben heute die etwa 80 Jahre alten Vorstellungen in der Beleuchtungstechnik aufgegeben und befassen sich mit neueren Beleuchtungskonzepten und -arten. Dabei wird dem Tageslicht eine neue Bedeutung zugesprochen. Allerdings muß man bei der Einrichtung von Arbeitsplätzen heute viel schneller neue Erkenntnisse und Techniken berücksichtigen als es Normenausschüsse oder Gesetzgeber können.

Im Bürohausbau ist seit langem ein Trend zu mehr Tageslicht zu beobachten. Man geht systematisch von der unsinnigen Vorgehensweise ab, das Tageslicht als zweitrangig gegenüber der künstlichen Beleuchtung zu behandeln, wo doch die weitaus größere Zahl an Arbeitsstunden während der hellen Tageszeit geleistet werden.

Auf dem Markt werden heute Beleuchtungssysteme angeboten, die tageslicht- und präsenzgesteuert sind, eine flexible und adaptierbare Nutzung erlauben und damit den ständig wechselnden Anforderungen der Arbeitswelt entsprechen können. Zudem ist eine individuelle Einflußnahme möglich.

Neue lichterzeugende, lichtleitende- und lenkende Techniken sowie neue Regelungs-

und Steuerungstechniken sind in fortgeschrittener Entwicklungsphase und werden eine neue Vielfalt an Beleuchtungssystemen bieten, die vor einigen Jahren noch undenkbar war. Diese werden zudem ein erhebliches Potential zur Energieeinsparung bieten.

Bei der Planung der Beleuchtung bestehen viele Möglichkeiten, eine gebrauchstaugliche Beleuchtung für die Bildschirmarbeit zu gestalten. Dies bedarf allerdings umfangreicherer Überlegungen als früher, da die Planung aufgaben- und nutzerspezifisch erfolgen muß. Entsprechende Bewertungskriterien und -methoden werden vorgestellt.

Lichttechnik für Fortgeschrittene

Über Licht und Beleuchtung wird in der Regel vorwiegend in Form von lichttechnischen Kenngrößen gesprochen, welche häufig einziger Ausgangpunkt für Planungsüberlegungen sind. Die physiologischen Wirkungen von Licht auf den Menschen finden dabei zu wenig Beachtung. In diesem Beitrag werden wahrnehmungspsychologische Forschungsergebnisse des LichtLabors Bartenbach dargestellt, die unter objektiven experimentellen Bedingungen gewonnen wurden. Testpersonen führen dabei verschiedene standardisierte Arbeitsaufgaben am Bildschirm durch. Variiert werden jeweils die Licht- und Beleuchtungsverhältnisse. Die auftretenden Leistungsunterschiede und meßbare physiologische Parameter zeigen, welche Wirkung die unterschiedlichen Licht- und Beleuchtungsbedingungen haben. Auf diese Weise lassen sich Aussagen über die Effekte von verschiedenen Lichtbedingungen (Tageslicht und Lichtschutz, Direktbeleuchtung, Indirektbeleuchtung, Direkt-Indirekt-Beleuchtung, Vorschaltgeräte, Lichtfarbe, Bildschirmpolaritäten) auf den Menschen, seine Beanspruchung und damit auf sein Leistungsvermögen treffen.

Sonnen- und Blendschutz

Tageslichteinflüsse können zu erheblichen visuellen Beeinträchtigungen führen, die aus ergonomischer Sicht zu vermeiden sind. Entsprechende gesetzliche Regelungen im Rahmen des ASchG und der BS-V nehmen deshalb auch auf das Thema Lichtschutz Bezug. Verstellbare Lichtschutzvorrichtungen für Lichteintrittsöffnungen, die zu störenden Reflexionen oder zu hohen Kontrasten führen, müssen zur Reflexions- und Kontrastminderung geeignet sein. Wenn hohe Kontraste und störende Reflexionen vorliegen, sind dünne Vorhänge jedenfalls ungeeignet. Es sollen wirksame verstellbare Lichtschutzvorrichtungen, wie zum Beispiel Senkrechtlamellen, halbdurchlässige Lichtschutzfolien, Screengewebe und Lochgittermaterialien oder halbdurchlässige textile Verbund-Lichtschutzmaterialien in Rollo- oder Lamellenform eingesetzt werden. Gezielt eingesetzte Lichtlenkmaßnahmen zum Beispiel in Form von Prismen oder Spiegelelementen im Fenstersystem sind aufwendigere Varianten mit interessanten speziellen Eigenschaften.

Schadstoffe

Raumklima und Luftqualität haben große Bedeutung für das Befinden, die Gesundheit und das Leistungsvermögen am Arbeitsplatz. Die Einwirkung von Schadstoffen an Büroarbeitsplätzen wird in der Regel unterschätzt. Sie werden durch Tabakrauch, durch Schadstoffe von Baustoffen, Einrichtungsgegenständen und Bürogeräten verursacht und durch raumklimatische Aspekte (Frischluftmenge und -qualität, Klimatisierung) beeinflußt. Dieser Beitrag informiert über Schadstoffarten und ihre Wirkungen im Bürobereich, gibt konkrete Hinweise für Gestaltungsmaßnahmen und weist auf rechtliche Regelungen aus dem ASchG und der Arbeitsstätten-Verordnung sowie auf VDI-Richtlinien hin.

Akustische Gestaltung von Büroräumen

Akustische Belastungen stellen einen wenig beachteten Risikofaktor aus dem Themenspektrum der Ergonomie dar. Es handelt sich dabei um eine Belastung, welche insbesondere auch bei geistiger und kommunikativer Arbeit zu erheblichen Beeinträchtigungen führen kann. Schalltechnische Maßnahmen werden sehr oft nicht ausreichend in der Planungsphase von Gebäuden berücksichtigt, sondern häufig erst erwogen, wenn zu einem späteren Zeitpunkt massive akustische Störungen auftreten. Die hier behandelten akustischen Belastungen beziehungsweise Verbesserungsmaßnahmen beziehen sich aber nicht auf Außengeräusche, sondern auf die von den Benutzern von Arbeitsräumen und ihren Werkzeugen hervorrgerufenen akustischen Effekte. Ansatzpunkt geeigneter Verbesserungsmaßnahmen ist daher auch nicht die Schalldämmung, sondern Schalldämpfung der Bauteile und Einbauten. Es werden in diesem Beitrag Rahmenbedingungen, Einflußfaktoren und Wirkungen der akustischen Qualität unterschiedlicher Raumarten vorgestellt und neue bautechnische Lösungen zur Verbesserung des akustischen Umfeldes präsentiert.

Feng-Shui im Büro

Dieser Text faßt die Grundüberlegungen aus der Sicht von Feng Shui zusammen. Woher sich die Grundlagen ableiten und auf welchen Vorstellungen sie beruhen, wird in diesem Beitrag dargestellt. Zwischen Gestaltungsüberlegungen von Ergonomie und Feng Shui gibt es einige Gemeinsamkeiten hinsichtlich des Zieles der umfassenden Verbesserung von Arbeitsbedingungen des Menschen. In der Praxis zeigen sich jedoch deutliche Unterschiede der Ansatzpunkte. Überlegungen dazu werden auch im Kapitel 3.16. diskutiert. Dieses Buch hat das Anliegen, aktuelle Trends im Bereich Büro- und Bildschirmarbeit auf breiter Basis darzustellen. Aus diesem Grund wird mit diesem Beitrag ein Überblick über Feng Shui-Prinzipien im Büro gegeben.

Feng Shui versus Ergonomie

Stellt man die beiden Disziplinen Ergonomie und Feng Shui gegenüber, könnte man einen Vergleich zu Schul- und Alternativmedizin anstellen. Erstere basiert und baut auf naturwissenschaftlichen Erkenntnissen und Methoden auf und letztere, im Falle von Feng Shui, beruft sich auf Erkenntnisse, Erfahrungen und Überlieferungen auf vor allem alte chinesische Weisheiten und Traditionen. Die Betrachtung von Feng Shui und Ergonomie ist im Grunde auch eine Gegenüberstellung von Naturwissenschaft und Esoterik. Dieser Beitrag betrachtet und vergleicht die jeweiligen Ansätze zur Gestaltung der Arbeitsbedingungen.

3.1. Entwicklung informationstechnischer Tätigkeiten aus ergonomischer Sicht

Technologische und arbeitsorganisatorische Veränderungen und ihre Wirkung auf die Bildschirmtätigkeiten der Zukunft

Gerd Dziambor, Stephan Scheuer

In aller Kürze

Mit dem rasanten technologischen Fortschritt der letzten Jahrzehnte konnten die rechtlichen und normativen Regelungen kaum Schritt halten, was auch für die Verantwortlichen in den Firmen eine große Herausforderung bei der Umsetzung ergonomischer Anforderungen aus EU-Richtlinien bedeutet. Die technische Entwicklung brachte deutliche Veränderungen der Arbeitsplätze und viele völlig neue Arbeitsbereiche und Arbeitsformen mit sich, speziell ausgelöst durch das Zusammenwachsen von Telekommunikation und Informationstechnologie. Das Spektrum reicht von Terminals und DOS-Programmen bis zu tragbaren Bildschirmen, Organizern, Handys, Intra- und Internet-Anwendungen und zeitlich und örtlich flexiblen Nutzungsformen. Dieser Beitrag zeigt die historische und aktuelle Entwicklung von Hard- und Software-Technologien, deren Effekte auf die Arbeit und die Arbeitsprozesse, sowie die damit verbundenen Aktivitäten für die Schaffung von Regelwerken.

Der technologische Fortschritt hat auch die Bildschirmarbeitsplätze in hohem Maße beeinflußt und verändert. Mit dem Internet als Medium und Plattform für Kommunikation und Handel haben sich viele arbeitsorganisatorische Veränderungen ergeben. Die Beschäftigten kommunizieren intern über Intranet und sind über Netzwerke mit Niederlassungen, Tochtergesellschaften, Lieferanten und Kunden verbunden.

Nach wie vor klagt mehr als die Hälfte der an Bildschirmarbeitsplätzen Beschäftigten über gesundheitliche Beschwerden. Trotz kontinuierlicher Verbesserung der Arbeitsmittel ist diese Quote in den letzten 20 Jahren nicht zurückgegangen. Das hat gewiß auch damit zu tun, daß der Anteil der Bildschirmarbeit an der Arbeitszeit ständig gestiegen ist. Der „Homo Sedens" bestimmt das Bild. Mit der EU-Richtlinie zur Bild-schirmarbeit (90/270 EWG)[1] hat der Gesetzgeber in Europa ein Rahmenwerk für die ergonomische Gestaltung von Bildschirmarbeitsplätzen geschaffen, dessen Umsetzung in der betrieblichen Praxis eine tägliche Herausforderung für die Verantwortlichen darstellt.

3.1.1. Dynamik der Veränderungen

Viele Normen und ergonomische Empfehlungen beziehen sich nämlich auf Arbeitsaufgaben, -werkzeuge und -organisationen, die mancherorts längst überholt sind. Das Problem der Bildschirmarbeitsplatzgestaltung und -organisation liegt darin, mit den schnellen Veränderungen Schritt zu halten. Worauf soll man bauen, wenn man heutzu-

---

1 Siehe Kapitel 1.1.

tage Bildschirmarbeitsplätze einrichtet, wie werden diese in 5 bis 10 Jahren aussehen? An welchen Empfehlungen kann man sich orientieren?

Das heute gültige Regel- und Normenwerk der Ergonomie für Bildschirmarbeitsplätze bezieht sich auf Bürotätigkeiten mit Bildschirmgeräten. Damit ist eigentlich die klassische Textverarbeitung gemeint, die schwerpunktmäßig menü- und formulargesteuert mit statischen Bildschirmseiten erfolgt. DOS-Applikationen im PC-Bereich und Mainframe-Anwendungen mit sogenannten „dummen Terminals" haben bei der Entwicklung Pate gestanden. Schreib- und Leseaufgaben bezogen auf alphanumerische Zeichen dominieren hier. Empfehlungen für Umgebungsbedingungen und Arbeitsplatzgestaltung setzen das typische Büro mit normenkonformer Beleuchtung und statischen Arbeitsplätzen voraus. Der technologische Fortschritt macht jedoch auch vor dem Büro nicht Halt und hat gerade in letzter Zeit eine solche Dynamik entwickelt, daß praktisch keine Zeit bleibt, die ergonomischen Anforderungen den jeweils aktuellen technischen Randbedingungen anzupassen. Intranet und Internet, Multimedia, mobile Kommunikation und virtuelles Büro sind einige Schlagwörter in diesem Zusammenhang. Das stellt für die für die Einhaltung ergonomischer Anforderungen Verantwortlichen in den Firmen eine große Herausforderung dar. Worauf kommt es denn nun wirklich an? Welche ergonomische Anforderung ist die wichtigste?

3.1.2. Zur Entwicklung der Bildschirmergonomie

In der Normung der Ergonomie hat Deutschland Pionierarbeit geleistet. Die 1980 verabschiedete und bis immerhin 1998 gültige ZH 1/618: „Sicherheitsregeln für Bildschirmarbeitsplätze im Bürobereich" und die ange-

schlossenen DIN-Normen haben internationale Beachtung gefunden. Die ergonomischen Anforderungen wurden aus der Physiologie abgeleitet und die Testverfahren gemäß DIN verfolgten die Philosophie, mit möglichst einfacher Meßtechnik auszukommen. 85 Hz Bildwiederholrate zu empfehlen, wirkte damals geradezu futuristisch und visionär. Heute ist das Standard für Bildschirmgeräte mit Kathodenstrahlröhre.

Die Einbindung ergonomischer Anforderungen an die Hardware in die Zulassung von Geräten im Rahmen der Gerätesicherheitsanforderungen hat diesem Thema die nötige Aufmerksamkeit der Hersteller gesichert und für reichlich Diskussionsstoff gesorgt. Leider blieb die Software dabei weitgehend unbeachtet. Viele qualitative Anforderungen waren damals allerdings noch nicht quantitativ meßbar.

Besondere Aufmerksamkeit gewann schnell der Bildschirm als visuelle Schnittstelle zwischen Benutzer und System. Als Ziel der Ergonomie wurde verfolgt, diesen Informationskanal möglichst frei von irgendwelchen Störungen zu halten. Es galt, die Informationsdarstellung auf dem Bildschirm den Augen anzupassen. Kriterien der Bildqualität standen daher im Vordergrund. Arbeitplatzgestaltung und Beleuchtung waren weitere Schwerpunktthemen dieser sehr hardwareorientierten Phase. Als mit der deutschen Norm DIN 66234-8 Grundsätze der Dialoggestaltung und damit softwareergonomische Prinzipien formuliert wurden, konnte die staunende Fachwelt damit wenig anfangen und ignorierte dieses zukunftsweisende Werk lange Zeit als nicht umsetzbar.

Mit den gestiegenen Ansprüchen an die Hard- und Software sind auch die Ansprüche an die Meßtechnik gestiegen. Folgerichtig startete Anfang der 80er Jahre eine Initiative zur Entwicklung eines internationalen Normungswerks für Bürotätigkeiten mit Bildschirmgeräten. Fast 20 Jahre hat es gedauert, dieses Werk zu vollenden. Ausgangspunkt ist ein Benutzer, der in einer definierten Umgebung mit dem Bildschirmsystem eine Anwendung betreibt.

Die Anforderungen an die Zeichendarstellung auf dem Bildschirm gemäß ISO 9241-3[2] bezieht sich noch auf Darstellungstechniken in Matrixform, die in den 70er Jahren von Mainframes und DOS-basierten PCs der ersten Generation verwendet wurden. Guter Kontrast, Flimmerfreiheit, Zeichenschärfe, Entspiegelung und ausreichende Zeichengröße etablierten sich als die wichtigsten Anforderungen. Der Bildschirm mit Kathodenstrahlröhre war ohne technologische Alternative. Diese Technologie fand in den 90er Jahren ihre technische Reife und stagniert seitdem. Der starke Preisverfall hat ebenfalls dazu beigetragen, daß der Bildschirm mit Kathodenstrahlröhre heute vielfach eine Standardkomponente „made in Asia" geworden ist.

Das ergonomische Hauptproblem des Bildschirms mit Kathodenstrahlröhre ist allerdings sehr banal: Er braucht zu viel Platz. Auf dem üblichen Bürotisch mit 80 cm Tiefe ist ein 17" Monitor herkömmlicher Bauart nach ergonomischen Prinzipien nicht unterzubringen. Größere Formate führen zu enormen Schwierigkeiten. Dagegen nehmen sich die anderen Probleme (hoher Stromverbrauch und damit Verlustwärme, unzureichende Entspiegelung, schlechter Kontrast und mangelhafte Zeichenschärfe) wie Kleinigkeiten aus. Technologisch hat der Bildschirm mit Kathodenstrahlröhre keine Zukunftsperspektive. Zur Zeit sind Flachbildschirme mit Aktiv-Matrix-LCD-Technologie auf dem Vormarsch.[3] Die Norm ISO 13406 definiert analog zur ISO 9241 ergonomische Anforderungen an Flachbildschirme und befaßt sich mit technologisch bedingten Detailproblemen dieser Technologien. Aus ergonomischer Sicht kann man feststellen, daß die Flachbildschirme den Monitoren mit herkömmlicher Kathodenstrahlröhre inzwischen in vielerlei Hinsicht überlegen sind.

Anfang der 80er Jahre startete die ISO auch die Normungsarbeit im Bereich der Software-Ergonomie. Die Aufgabe besteht darin zu bewerten, ob die Software ein effektives und effizientes Werkzeug darstellt, den Benutzer bei der Erfüllung seiner Arbeitsaufgaben zu unterstützen. Bietet sie die benötigte Funktionalität und ist sie für die Zielgruppe benutzungsfreundlich? Voraussetzung ist die Klärung des Nutzungskontextes, das heißt: wer macht was, womit und in welcher Umgebung? Die Arbeitsaufgaben in den zentralen Fokus ergonomischer Aufmerksamkeit zu rücken, ist ein wichtiges Prinzip. Zunächst bewegte sich die Normungsarbeit der Software-Ergonomie nur zögerlich vorwärts. Viel Skepsis war zu spüren, ob überhaupt jemals ein solch „weiches Thema" normiert werden könne. Nach Fertigstellung der ersten Teile Hardware-Ergonomie beschleunigte sich in den 90er Jahren der Fortschritt in der Software-Ergonomie sehr. Mit den Normen ISO 9241 Teil 10 bis Teil 17[4] steht nunmehr das Handwerkszeug zur Verfügung, um Anwendungssoftware ergonomisch zu bewerten. Die ISO 13407 gibt darüber hinaus ergonomische Hilfestellung für den Entwicklungsprozeß von Software.

In der betrieblichen Praxis geben die Hersteller den Ton an. SAP, Microsoft, IBM, Oracle und neuerdings die Web-Provider geben heutzutage mit ihren Standard-Produkten weitgehend die Bildschirmoberfläche vor. Wir haben uns an einen Mix aus Menü-, Kommando-, Formular-Dialogen und direkter Manipulation gewöhnt. Durch den Siegeszug der Betriebssysteme auf

---

2 Siehe Kapitel 1.4.
3 Siehe Kapitel 3.8.

4 Siehe Kapitel 1.4., 2.4., 4.3.

Client-Server-Basis mit Unterstützung grafischer Oberflächen haben sich neue Möglichkeiten eröffnet, ergonomische Prinzipien umzusetzen. Der Preisverfall der Hardware verbunden mit einer kontinuierlich beschleunigten Steigerung der Rechnerleistung hat dazu beigetragen, immer leistungsfähigere und komplexere Softwarepakete zu entwickeln und einer großen Anwenderschar zur Verfügung zu stellen. Die ergonomische Herausforderung besteht nunmehr häufig darin, die Standardpakete individuell auf die Erfordernisse der Arbeitsaufgaben anzupassen, das heißt die Software „richtig" zu nutzen, aus der Vielfalt der Möglichkeiten die richtige auszuwählen.

Die statischen Bildschirmseiten mit alphanumerischer Darstellung und höchstens einfachen Grafikdarstellungen werden heute durch komplexe Grafik, Bilder und Videos abgelöst. Scanner und Digitalkamera gehören vielerorts zum Büroinventar. Workflowsysteme zum Dokumentenmanagement mit Archivierungssystemen lassen das Ziel „papierloses Büro" sehr realistisch erscheinen.

Leider zeigt die praktische Erfahrung, daß die verbesserten Möglichkeiten häufig nicht dazu genutzt werden, um die Ergonomie zu verbessern. Viel zu kleine Schrift, unergonomische Farbkombinationen, unübersichtliche Darstellung und unlogische Dialogführung kann man beispielsweise auch in den modernen Applikationen häufig antreffen.

3.1.3. Arbeitsorganisatorische Veränderungen

In den letzten Jahren ist ein deutlicher Trend zu mehr Flexibilität, Mobilität und Intensivierung der Kommunikation zu beobachten. Das World Wide Web nimmt verstärkten Einfluß auf die Arbeitswelt. Viele neue Berufe sind entstanden. Webdesigner und Netzwerkspezialisten sind derzeit gesuchte

Fachleute. Informationsmanagement und Prozeßoptimierung sind die Schlagworte.

Verbesserte Rechnerleistung und höhere Übertragungsraten haben zu neuen Formen der Datenorganisation, Archivierung und dem Outsourcing von DV-Leistungen geführt.

Starre, hierarchische Organisationsformen werden abgelöst durch projektorientierte temporäre Teamarbeit. Die einzelnen Mitarbeiter sind über ein Netzwerk oder Internet verbunden und können je nach Bedarf von anderen Standorten, vom Homeoffice oder mobil in einem virtuellen Büro zusammen arbeiten.[5] Als neue Werkzeuge haben sich die „PDA" (Portable Display Applications) bewährt. Die Notebooks haben sich zu leistungsfähigen Multi-Media-Geräten mit Telekommunikationsfunktionen entwickelt, die den Desktops in bezug auf die Performance ebenbürtig sind. Handys und Organizer ergänzen die Liste der modernen Werkzeuge. Die digitalen Kalender sind leicht, flach und einfach zu bedienen. Sie bieten fast die Funktionalität eines Computers. Die Verfahren der Handschrifterkennung sind soweit verbessert, daß kaum noch Korrekturaufwand entsteht, wenn man mit dem Pen Notizen eingibt. Die Bildqualität der reflektiven Displays ist allerdings noch verbesserungswürdig. Weil durch standardisierte Schnittstellen und leistungsfähige Software jetzt die Möglichkeit eröffnet wurde, zwischen Organizer, Notebook, PC und zunehmend auch Handy beliebig Daten zu replizieren, von überall her Zugriff auf das Internet zu bekommen und Informationen zu versenden, hat sich die Attraktivität und Akzeptanz dieser Hilfsmittel deutlich erhöht. Mit „Bluetooth", der neuen drahtlosen Verbindungstechnik, wird dieser Trend weiter beschleunigt. Notebook, Organizer und Handy machen den modernen Business-

---

5 Siehe Kapitel 3.6.

menschen immer und überall erreichbar. Jederzeit stehen ihm alle Informationen und Kommunikationsmittel zur Verfügung. Durch den Einsatz von Global Position Systems (GPS) wird er gläsern. Orwells Vision des „Big brother is watching you" ist technologisch längst Realität. Damit sind neue Belastungsformen verbunden.

Das Zusammenwachsen von Telekommunikation und Informationstechnik hat viele Dienstleistungtätigkeiten revolutioniert. Call-Center, die 24 Stunden am Tag Dienst leisten, sind selbstverständlich geworden. Versicherungen, Handelsunternehmen und viele Industrieunternehmen haben solche Services eingerichtet.[6]

Vertriebsinformationssysteme speichern alle relevanten Kundendaten und machen sie auch den Außendienstmitarbeitern aktuell zugänglich. Aus den Datenbanken heraus werden Mailings und Telefonaktionen über den Rechner gesteuert. Neben der visuellen Schnittstelle über die Darstellung auf dem Bildschirm hat also auch die Audio-Schnittstelle an Bedeutung gewonnen. Viele interaktive Lern- und Schulungsprogramme bedienen sich ebenfalls dieser Möglichkeit. Aus ergonomischer Sicht ist es zu begrüßen, daß mehrere Sinne angesprochen werden.

Immer mehr analoge Techniken werden durch digitale Systeme abgelöst. Die Fortschritte digitaler Bildbearbeitung können wir täglich in den Kommunikationsmedien und Disney-Movies bestaunen. Ohne Computer geht heutzutage nichts mehr in diesen Branchen.

Als Kommunikationsmedium im beruflichen Alltag hat sich e-mail etabliert. Die Möglichkeit, Informationen schnell und dokumentiert auszutauschen, hat entscheidend dazu beigetragen, die Bildschirmbenutzerschar zu vergrößern und selbst Bildschirmmuffel überzeugt. Es gibt aber auch

Nachteile: Wer ist verantwortlich, den Datenmüll zu entsorgen, wie unterscheide ich wichtig von unwichtig und wie behalte ich die Übersicht? Zudem „hackt" jeder Bildschirmbenutzer mehr oder weniger geschickt seine Botschaften selbst über die Tastatur in den Computer. Solange die Spracheingabe sich noch nicht durchgesetzt hat, könnte die Produktivität enorm gesteigert werden, wenn alle diejenigen, die nicht 10-Finger-blind schreiben können, ein Schreibtraining im traditionellen Schreibmaschinenstil absolvieren würden.

Neben der e-mail-Funktion wird das Internet von immer mehr Beschäftigten als Informationsquelle genutzt. Leistungsstarke Suchmaschinen und verbesserte Nutzungsqualität erlauben, in wenigen Sekunden auf Informationen Zugriff zu bekommen, für deren Beschaffung früher Spezialisten Tage und Wochen der Recherche verwenden mußten. Die moderne Bibliothek heißt Internet. Gab es früher noch Bedenken, die Mitarbeiter würden wahllos im Internet surfen, dort eher private Interessen befriedigen und somit Arbeitszeit vergeuden, hat sich nunmehr eine eher nüchterne Betrachtungsweise durchgesetzt, die die enormen Chancen zur Verbesserung der Produktivität im Auge hat. History-Protokolle und „Sniffing-Tools" weisen exakt nach, welche Dienste in Anspruch genommen wurden.

Der Schutz persönlicher Daten hat vor diesem Hintergrund Brisanz und Aktualität gewonnen. In Deutschland hat der Gesetzgeber reagiert und durch Novellierung des Bundesdatenschutzgesetzes mit verschärften Bestimmungen für die Betriebe diese Herausforderung aufgenommen.

Der nächste konsequente Schritt der Nutzung des Internet heißt e-commerce. Auktionen, Handel, Austausch von Dienstleistungen im „B2B" (Business to Business) oder „B2C" (Business to Customer) haben natürlich Konsequenzen für viele Berufsbil-

---

6 Siehe Kapitel 3.7.

der. Marketing und Vertrieb müssen sich darauf einstellen.

3.1.4. Neue Anforderungen

Die Bedeutung der Ergonomie ist in diesem Zusammenhang selbsterklärend. Wenn die Teilnehmer im Shop ihr Anliegen nicht leicht, schnell und bequem verwirklichen können und kein Vertrauen in die Sicherheit der Transaktionen, in den Schutz persönlicher Daten und die Seriosität des Anbieters haben, werden sie das Geschäft nicht abschließen und zu einem anderen Anbieter wechseln.[7]

Die offene Kommunikation im Internet birgt viele Gefahren. Viren, trojanische Pferde, Netzwerkattacken, Computerspionage von außen, Unachtsamkeit und mutwillige Angriffe von innen können großen Schaden anrichten. Wenn über Netzwerke beliebig viele Teilnehmer miteinander verbunden sind, müssen klare Spielregeln und Zugriffsbestimmungen den Wirkungskreis jedes Einzelnen definieren. Das erfordert ein hohes Maß an Motivation und Sensibilisierung für die Themen Verfügbarkeit, Integrität und Sicherheit von Informationen. Das Management von Informationsschutz im Unternehmen ist zu einer wichtigen Aufgabe der Führungskräfte geworden. Technische und organisatorische Maßnahmen müssen dazu ineinander greifen.

Die zunehmende Technisierung der Büros hat die ergonomischen Grundprobleme der Arbeitsplatzgestaltung und Klimatisierung eher verschärft als gelindert. Scanner, Drukker, Fax, Bildschirm, Rechner und Eingabemedien benötigen viel Platz, die Hochleistungsprozessoren sind kleine Wärmekraftwerke.

Die technologische Entwicklung stellt die betrieblich Verantwortlichen für die ergo-

nomische Gestaltung von Bildschirmarbeitsplätzen vor eine anspruchsvolle Herausforderung. Wie sehr wir abhängig geworden sind von diesen Systemen hat uns die Jahr-2000-Problematik vor Augen geführt und wir spüren sie bei jedem Stromausfall oder Systemabsturz.

Ergonomische Detailanforderungen und Empfehlungen können sich im Einzelfall durchaus widersprechen oder Arbeitserfordernissen im Wege stehen. Das heute gültige Normen- und Regelwerk ist in vielen Situationen nicht dienlich.

Der Maßstab der Bewertung sollte sich deshalb immer daran orientieren, zu bewerten, ob die bereitgestellten Werkzeuge inklusive Arbeitsplatz und Arbeitsumgebung die Erfüllung der Arbeitsaufgaben wirkungsvoll unterstützen. Die Qualifizierung der Beschäftigten und das Vermögen, innerbetrieblich verfügbares Know How dorthin zu bringen, wo es gerade benötigt wird, sind auch aus ergonomischer Sicht weitere wichtige und zeitlose Erfolgsfaktoren.

3.1.5. Literatur und weitere Informationen

3.1.5.1. Regelwerke

Bildschirmarbeitsverordnung (BildScharbV), Verordnung über Sicherheit und Gesundheitsschutz bei der Arbeit an Bildschirmgeräten (Bildschirmarbeitsverordnung – BildscharbV) in der Fassung vom 4. Dezember 1996.

DIN 66234 Teil 8 (DIN 66 234 Teil 8, Bildschirmarbeitsplätze, 1988), Bildschirmarbeitsplätze-Grundsätze ergonomischer Dialoggestaltung, 1988 (zurückgezogen).

EU-Richtlinie zur Bildschirmarbeit 90/270 EWG, Richtlinie des Rates vom 29. Mai 1990 über die Mindestvorschriften bezüglich der Sicherheit und des Gesundheitsschutzes bei der Arbeit an Bildschirmgeräten (Einzelrichtlinie im Sinne von Artikel 16 Absatz 1 der Richtlinie 89/391/ EWG), 1993.

ISO 9241-3:1992: Ergonomic requirements for office work with visual display terminals (VDTs) – Part 3: Visual display requirements.

---

7 Siehe 2.1.1.3. in diesem Buch.

ISO 9241-8:1997: Ergonomic requirements for office work with visual display terminals (VDTs) – Part 8: Requirements for displayed colours.

ISO 9241-10:1996 Ergonomic requirements for office work with visual display terminals (VDTs) – Part 10: Dialogue principles.

ISO 9241-11:1998 Ergonomic requirements for office work with visual display terminals (VDTs) – Part 11: Guidance on usability.

ISO 9241-12:1998 Ergonomic requirements for office work with visual display terminals (VDTs) – Part 12: Presentation of information.

ISO 9241-13:1998 Ergonomic requirements for office work with visual display terminals (VDTs) – Part 13: User guidance.

ISO 9241-14:1997 Ergonomic requirements for office work with visual display terminals (VDTs) – Part 14: Menu dialogues.

ISO 9241-15:1997 Ergonomic requirements for office work with visual display terminals (VDTs) – Part 15: Command dialogues.

ISO 9241-16:1999 Ergonomic requirements for office work with visual display terminals (VDTs) – Part 16: Direct manipulation dialogues.

ISO 9241-17:1998 Ergonomic requirements for office work with visual display terminals (VDTs) – Part 17: Form filling dialogues.

ISO 13407:1999 Human-centred design processes for interactive systems.

ISO 13406-1:1999 Ergonomic requirements for work with visual displays based on flat panels – Part 1: Introduction.

ISO/FDIS 13406-2: 2000: Ergonomic requirements for visual display units based on flat panels – Part 2: Requirements for flat panel displays.

ZH1/618: „Sicherheitsregeln für Bildschirmarbeitsplätze im Bürobereich"; Zentralhauptverband der Verwaltungsberufsgenossenschaften, 1980 (und die angeschlossenen DIN-Normen).

3.2. Büro im Wandel

Rahmenbedingungen, Hemmnisse, Entwicklungstrends und Szenarien
Peter Köck

> **In aller Kürze**
> Viele und rasche Veränderungstrends verändern die Arbeitwelt auch im Bürobereich nachhaltig. Technische Revolutionen, Internationalisierung der Märkte, neue Aufbau- und Ablaufstrukturen und veränderte demografische Entwicklungen bilden Ausgangspunkte für diese Umbrüche.

3.2.1. Einführung und generelle Trends

Der heute bereits im Gang befindliche Wandel und die zukünftig zu erwartenden Entwicklungen in der Büroarbeit, den Büroarbeitsorten und in den Arbeitsbedingungen sind an mehreren generellen Entwicklungen und Megatrends festzumachen. Diese haben direkte und indirekte Auswirkungen auf die Selbständigkeit und Unabhängigkeit in der Büroarbeit, auf die Wirkfelder (zeitlich, örtlich), die Produktivität der Bildschirmarbeit aber auch die Humanität der Bildschirmarbeit. Solche Trends und Entwicklungen werden von Zukunftsforschern für unterschiedliche Prognosezeiträume wie folgt beschrieben:

3.2.1.1. Die technische Revolution[1]

Die gewaltige und rasante Leistungsentwicklung in der Mikro-Elektronik und Netzwerk-Technik hat in der Bürowelt sowohl auf die Hardware (der Bildschirm als einrollbare Folie), auf die Orgware (weltumspannende Informations- und Kommunikationsmöglichkeiten) und natürlich auch auf die

Software (statt Eingaben von Hand Sensorabnahmen direkt vom Körper) starken Einfluß (siehe Abb. 3.2.1.).

3.2.1.2. Die Internationalisierung der Märkte des Wirtschaftens[2]

Die heute noch überwiegend kollektivvertraglich geregelte, unselbständige Arbeit für einen Arbeitgeber wird durch lose, projektbezogene Koppelung an Netzwerkorganisationen verschiedener Projekte für wechselnde (zum Teil anonyme) Arbeitgeber abgelöst. Dies wird von Pridat[3] als Formwandel der Arbeit bezeichnet.

3.2.1.3. Neue Herrschaftsstrukturen

Die neue Spezies des sich selbst vermarktenden Dienstleisters und geänderte soziologische und sozialpsychologische Bedingungen in der Bürowelt generieren neue aufbau- und ablauforganisatorische Struk-

---

1 Dostal W.: Urbane Arbeitsgesellschaft in der Metamorphose. In: IHK, DWB (Hg.): Büroarbeit von morgen. 1997, S. 41 ff.

2 Dostal W.: Urbane Arbeitsgesellschaft in der Metamorphose. In: IHK, DWB (Hg.): Büroarbeit von morgen. 1997, S. 43 ff.

3 Pridat B.: Social Entrepreneurship - Zukunft der Arbeit und Tätigkeitsgesellschaft. In: Eichendorf W. (Hg.): Beiträge zur Zukunft der Arbeit. 1998, S. 67 ff.

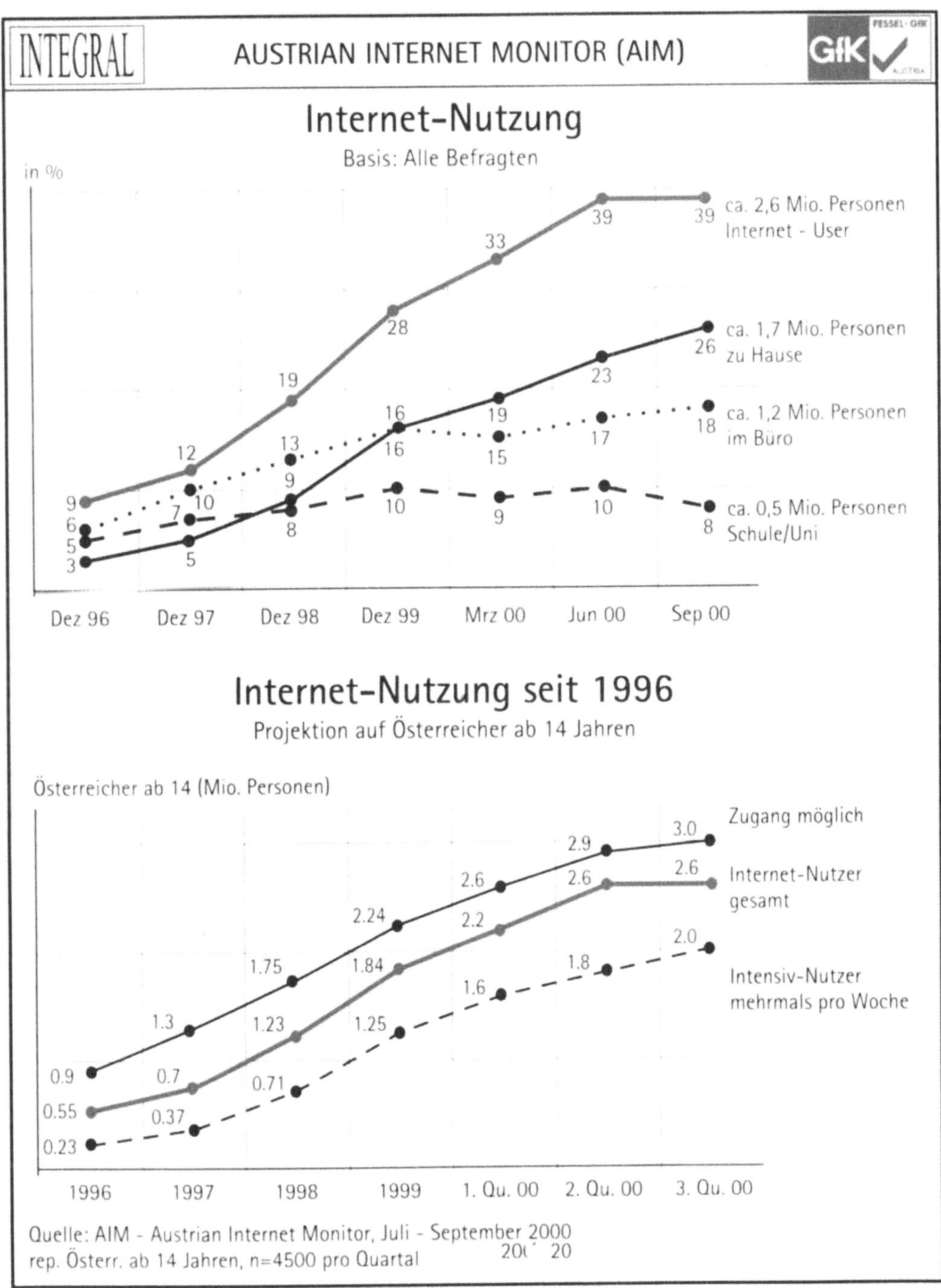

Abb. 3.2.1. Internet-Nutzung

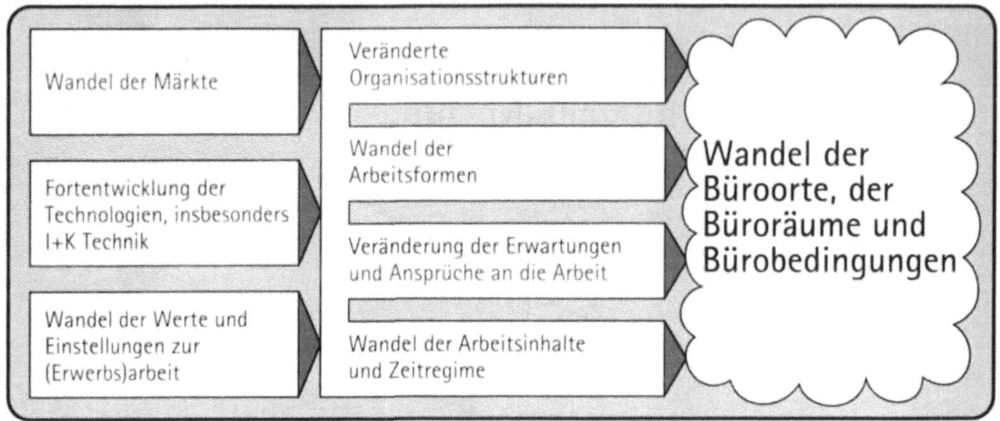

Abb. 3.2.2. Entwicklungen und Einflüsse auf den Wandel der Arbeitsbedingungen im Büro

turen. Die unmittelbar Vorgesetzten in einer konventionellen Stab-Linien-Organisation werden durch Agentur-Bevollmächtigte (für einen Konzern), Projekt-Moderatoren, Datenbankmanager, Controlling-Fachberater abgelöst.

3.2.1.4. Die demografischen Entwicklungen

Die weitestgehende Verlagerung von Produktionsstätten von Europa in entfernte Länder, nur mehr virtuelle Repräsentanzen, mehr Frauenarbeit, zunehmende Anteile älterer Arbeitnehmer und die vorher dargelegten Entwicklungen schaffen neue Berufsbilder, Anforderungen und Bedürfnisse, aber auch neue Möglichkeiten in der Arbeitsweise.

Der weitestgehend selbständige, unabhängig (zeitlich, örtlich) agierende Einzelunternehmer oder Teilhaber einer kleinen Dienstleistungseinheit verfügt neben der fachlichen Leistungskompetenz auch zusätzlich über Organisationskompetenz (Projektarbeit, Informations- und Kommunikationsmanagement) und soziale Kompetenz.

Neben der bisher überwiegenden Erwerbsarbeit an wenigen Einsatzorten bilden Eigenarbeit wie Produktentwicklung, Kontaktanbahnung, Bildungsarbeit und bürgerschaftliche Gemeinschaftsarbeit (in Vereinen) sowie humanitäre, karitative Tätigkeiten wichtige Säulen einer ganzheitlichen, zukunftsorientierten Beschäftigung. Diese Büromenschen neuen Typs sind Träger einer neuartigen Tätigkeitsgesellschaft statt der früheren Arbeitsgesellschaft.

Aus den dargestellten, zum Teil gegenläufig wirkenden Entwicklungen und Trends und nicht exakt vorhersagbaren Wirkungsstärken verschiedener Einflüsse läßt sich ableiten, daß zwar Merkmale zukünftiger Büroarbeit auch heute schon benannt werden können, exakte Prognosen über die Büroarbeit und die Büroarbeitsplätze der Zukunft jedoch nicht möglich sind (siehe Abb. 3.2.2.).

3.2.2. Gegebenheiten[4] und resultierende Probleme

Die in diesem Kapitel dargelegten Veränderungen und Wandlungen in der Büroarbeit

---

4 Bezug vor allem auf die WKÖ Studie „Bürogestaltung" (Wien, 1993), sowie auf umfang-

und den Büroarbeitsbedingungen gehen nicht ohne Probleme und Schwierigkeiten vonstatten, weil die Neuerungen auf Barrieren und hinderliche Gegebenheiten treffen. Um diese Probleme des Wandels der Büroarbeit und zukünftig erwartete Veränderungen bei den Arbeitsinhalten, den Arbeitsorten und der Arbeitsorganisation besser zu verstehen, sollen diese Hindernisse punktuell dargestellt werden:

3.2.2.1. Traditionelle Aufbau- und Ablauforganisationsformen

Es gibt schätzungsweise noch 40 bis 50 % traditionelle Organisationsformen (wie Linien- oder Stab-Linien-Strukturen, fallweise aufgelockert durch Projektgruppenarbeit) in Großbetrieben und 60 bis 70 % in Mittelbetrieben. In Kleinbetrieben ist der Anteil noch größer. Selbst in Branchen, wo Teilhabermodelle aus finanztechnischen und arbeitsrechtlichen Gründen überwiegen, sind häufig noch konventionelle Ablauforganisationen vorhanden. Das bedeutet meistens, daß eine kleine Gruppe von Führungskräften oder eine Einzelperson über Neuerungen entscheidet und – in der Meinung zu wissen, was für ihre Mitarbeiter am besten ist – ohne Beteiligung der Mitarbeiter neue Arbeitsbedingungen für diese festlegt. Oftmals fehlt auch eine systemorientierte Sichtweise, womit Probleme vorprogrammiert sind.

3.2.2.2. Konservative beziehungsweise unerfahrene Führungskräfte

Konservative, autoritäre Führungskräfte – das müssen nicht nur ältere Patriarchen sein – oder vielbeschäftigte, überlastete Vorgesetzte neigen dazu, ohne auf die aktuellen Erfordernisse einzugehen, schnelle Ent-

reiche Beratungserfahrung in den Jahren 1990 bis 2000.

scheidungen in althergebrachten Denkmustern zu treffen. Oftmals werden dabei auch nicht genügend ausgereifte Lösungen eines befreundeten Einflüsterers herangezogen.

Eine relativ häufige Situation sind bei Klein- und Mittelbetrieben Fehlentscheidungen und Fehlinvestitionen von jungen, unerfahrenen Firmenchefs, die den Betrieb von der Elterngeneration übernommen haben. Umgekehrt passiert es auch häufig, daß aus Angst vor starken Veränderungen und deren Auswirkungen auf Mitarbeiter oder Kunden, Bewährtes möglichst lange beibehalten und nicht verändert wird. Fast immer spielen hier auch die Kosten eine maßgebliche Rolle.

Hier können ganzheitliche Persönlichkeitstests (arbeitspsychologische Diagnostik nach Schaarschmidt, U., und Fischer, A.)[5] und anschließendes Coaching helfen, Eignungen und Defizite zu erkennen und gravierende Laufbahnfehler beziehungsweise existenzgefährdende Fehlentscheidungen zu vermeiden.

3.2.2.3. Alte Bürogebäude und unflexible Raumteilungen

Die WKÖ-Studie Bürogestaltung (1993) hat ergeben, daß Zellenbüros (ein bis drei Personen) mit 70 % überwiegen und sich diese in 10 bis 15 Jahre alten Bürogebäuden befinden. Selbst wenn sich heute die Anteile etwas verlagert haben, überwiegt diese Büroform auch noch im Jahre 2000. Charakteristisch für unsere Zeit sind aber auch schlecht geplante, lieblos gestaltete Bürokomplexe, die häufig durch eine unzulängliche Haustechnik, billige Ausstattung und geringe Flexibilität der Raumgliederung ge-

5 Schaarschmidt U., Fischer A.W.: IPS-Inventar zur Persönlichkeitsdiagnostik in Situationen, 1999. Schaarschmidt U., Fischer A.W.: Bewältigungsmuster im Beruf, 2000.

kennzeichnet sind. Solche Objekte existieren im städtischen Bereich oft in großen Überkapazitäten. Dies auch deshalb, weil die dezentralen Büroorte zunehmen und die zentral benötigten Verwaltungseinheiten immer kleiner werden.

Die Verlagerung von Produktionen von Europa in Billiglohnländer und von konventionellen Zentralverwaltungen in kleine, leistungsfähige Dienstleistungseinheiten schafft vielerorts hallenartige Leerräume, die oft nur schwer oder mit viel Aufwand neuen Nutzungen zuzuführen sind.

3.2.2.4. Veraltete, unflexible Haustechnik

Veraltete oder zu einfache raumlufttechnische Anlagen können oft die zusätzliche Wärmelast durch viele neue Geräte nicht bewältigen, was zu unbehaglichen Klimazuständen führt. Systeme, bei denen die Zuluft ungünstig oder mit zu hoher Luftgeschwindigkeit in die Räume eingebracht wird, führen häufig zu Zugluftwirkungen mit entsprechenden Folgeerkrankungen. Andererseits ist oft auch ein hinreichender Luftwechsel oder eine ausreichende Luftfilterung (Staubbelastung) nicht gewährleistet.

Weitere Probleme können sich im Bereich raumakustischer und lichttechnischer Lösungen ergeben. Dies vor allem dann, wenn in der Planungsphase die genauen Arbeitsabläufe, Raumwidmungen und Arbeitsinhalte noch nicht bekannt sind.

3.2.2.5. Stark gemischte Einrichtungen unterschiedlichen Alters

Mischformen sehr unterschiedlicher Generationen von Tischen, Stühlen und Ablagesystemen sind gerade bei Klein- und Mittelbetrieben die Regel. Es bestehen aus Kostengründen auch wenig Chancen, hier nachhaltig Abhilfe zu schaffen. Parallel dazu ist aber das Erneuerungstempo im Bereich der

Büromöbelproduktion in den letzten 10 Jahren stark gestiegen (Innovationsrate 2 bis 3 Jahre).

Diese Situation ist zwar kein direktes Hindernis für den Wandel in der Büroarbeit, es kommt jedoch durch schlechte Eignung älterer Möbel für neuere Bürogeräte des öfteren zu nachhaltigen ergonomischen Problemen und Arbeitserschwernissen (siehe Abb. 3.2.3.).

Ein maßgebliches Ergebnis aus der WKÖ-Studie Bürogestaltung[6] und ähnlichen Studien aus anderen europäischen Ländern, war folgendes:

Wenn gute zwischenmenschliche Beziehungen zwischen den Mitarbeitern und den Vorgesetzten bestehen, bildet sich selbst bei einer überalterten Einrichtung und wenig idealen Raumbedingungen häufig ein gutes, leistungsförderliches Betriebsklima aus. Dies wiederum ist eine Voraussetzung für die Bereitschaft, sich mit neuen Büroarbeitsformen und Organisationsformen aktiv auseinanderzusetzen und sich mit neuen Arbeitsbedingungen schneller anzufreunden. Umgekehrt kann eine noch so moderne Einrichtung und eine großzügige und freundliche Büroumgebung zu großen Widerständen gegenüber Neuerungen führen, wenn die sozialen Beziehungen nicht gut sind. Resultierende Probleme, Ängste und Unsicherheiten, die nicht aufgearbeitet werden, sind starke Bremser gegenüber möglichen Erneuerungen.

3.2.2.6. Bürobeschäftigte mit Veränderungsängsten

Obwohl die Tendenz besteht, ältere Arbeitnehmer, die sich mit den neuen I+K-Technologien[7] nicht auseinandersetzen wollen oder

---

6 Köck P., Ent E., Berdel D.: Bürogestaltung, 1993.

7 Informations- und Kommunikationstechnologien.

können beziehungsweise gegenüber den jüngeren Mitarbeitern zu langsam im Wissenserwerb sind, abzubauen, gibt es natürlich noch sehr viele Büros mit stark gemischten Populationen und damit auch sehr unterschiedlichen Einstellungen zu den verschiedenen Ausprägungen moderner Bürowelten.

Die Hemmschwelle, sich mit völlig neuen Systemen zu befassen und an neue Bedingungen anzupassen, ist zweifellos überall vorhanden. Darüber wird aber häufig nicht offen gesprochen. Tendenziell sind bei unselbständigen Mitarbeitern die Ängste und Widerstände größer als bei selbständigen, bei älteren größer als bei jungen.

Das Ausmaß und die Stärke der Akzeptanz neuer Bürowelten und -bedingungen wird maßgeblich dadurch bestimmt werden, in welche Richtungen beziehungsweise wie stark und schnell die geschilderten Veränderungen und Anpassungsvorgänge passieren, wie gut und tiefgehend man die jeweiligen betrieblichen Strukturen, Leistungsprofile und Wertvorstellungen der betroffenen Mitarbeiter analysiert und wie intelligent die Veränderungsprozesse ablaufen (richtig dosierte Veränderungsinhalte, hinreichende Veränderungszeiträume und individuelle Gestaltungsmöglichkeiten). Es ist relevant, wieviel Anpassungszeit man den Mitarbeitern läßt, mit diesen neuen Gegebenheiten zu Rande zu kommen.

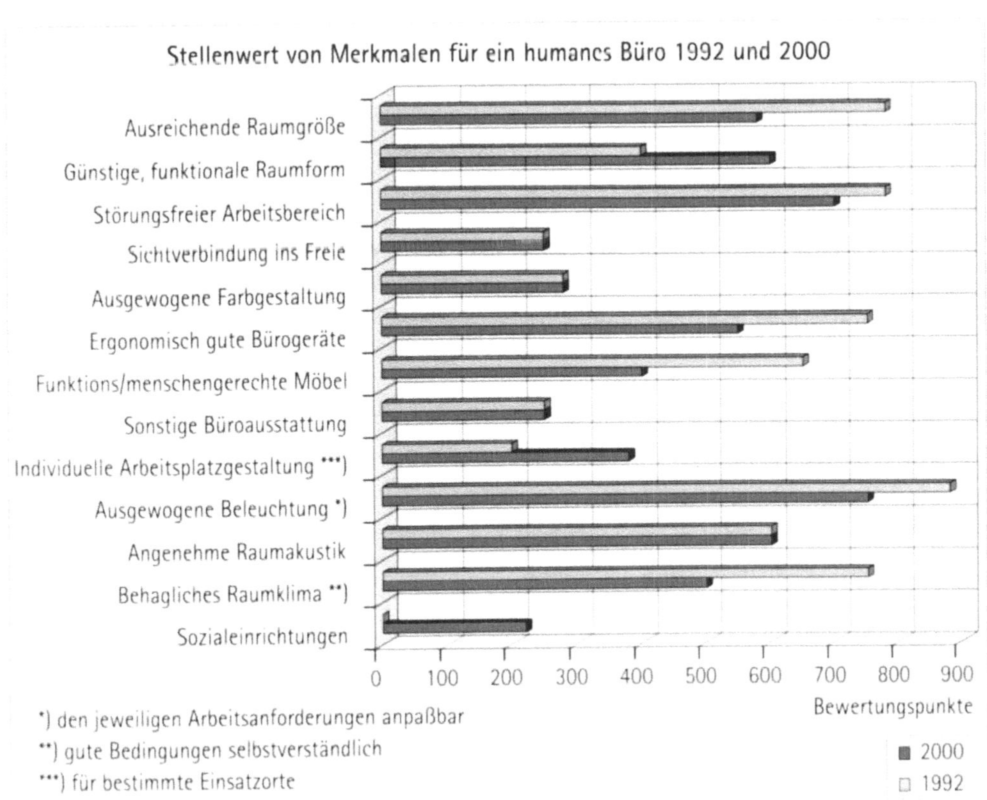

Abb. 3.2.3. Stellenwert von Merkmalen für ein humanes Büro (1992–2000)

3.2.2.7. Probleme beim Aufeinandertreffen von Althergebrachtem und neuen Arbeitsinhalten und Organisationsformen

- Die Frage, wieviel und welche Arbeit braucht der Büromensch, trifft auf individuell sehr unterschiedliche Bedürfnisse.
- Es gibt einen zunehmenden Zwang zu häufigen Umstellungen auf neue Aufgaben und zu ständiger Weiterbildung.
- Persönliche Kommunikation wird teilweise durch virtuelle Interaktion ersetzt. Direkte Ansprechmöglichkeiten für Kritik und Anerkennung werden dadurch schwieriger.
- Angeordnete oder zumindest in groben Linien vorgegebene Arbeit wird vielfach immer mehr durch die Anforderung zur Selbstorganisation (Zielvorgaben, Kontrolle, Steuerung) der Arbeit abgelöst.
- Durch den Übergang von geregelter Erwerbsarbeit zu verschiedenartigen unregelmäßigen Tätigkeiten wird es bei vielen Menschen zumindest in einer Übergangszeit zu finanziellen, familiären und sozialpolitischen Problemen kommen.
- Information wurde in der herkömmlichen Organisation partialisiert und war nur in Teilmengen zu bewältigen. Der neue Selbstständige hat die Arbeits- und Informationsmenge bei einer Vielfalt interner und externer Beziehungen selbst zu bewältigen. Die Innovationen der EDV vergrößern zusätzlich die Informationsflut.
- Durch projekt- und teamorientierte Strukturen werden alte Hierarchien abgebaut. Durch die Einführung von umfassenden Kontroll- und Steuerungsprozessen für I+K-Vorgänge, die meist ganz oben angesiedelt sind, entstehen neue Hierarchien. Diese neuen Hierarchien sind zwar durchsichtiger, aber anonymer und werden daher meist als inhumaner empfunden.
- Die neuen Formen der Flexibilität in den Arbeitsinhalten und den Arbeitsabläufen hinsichtlich Zeit und Ort haben nicht nur integrative Merkmale (kooperative Aufgabenverantwortung), sondern auch oft polarisierende Wirkungen (Entstehung neuer Hierarchien).
- Der Irrtum ist weit verbreitet, daß die hochgradig computerunterstützte und netzwerkorientierte (Büro-)Arbeit ad hoc immer starke Produktionszuwächse bringt. Genau das Gegenteil ist dann der Fall, wenn moderne, leistungsfähige Informations- und Kommunikationstechnologien auf nicht passend reorganisierte Betriebsorganisationen und nicht hinreichend qualifizierte und auf neue Arbeitsformen eingestellte Mitarbeiter treffen.[8, 9]

Es entstehen hier neue Dienstleistungs- und Trainingsfelder (man spricht nicht mehr von Berufen) wie zum Beispiel:

- Globales Kundenmanagement (Community Manager)
- Wissensmanagement (Innovationspartnerschaften, Nutzung von Virtual Idea Markets)
- Netzwerk-Design (Datenbank Distributor)
- Emotional Intelligence-Training

3.2.3. Lösungsansätze und mögliche Entwicklungen

Die geschilderten Probleme sind stark vernetzt und multikausal. Dabei spielen veral-

---

8 Bolz N.: Produktivkraft Kommunikation. Über das Büroleben im Zeitalter des Cyberspace. In FOD, DVA, Streitz et al. (Hg.): Arbeitswelt im Wandel – fit für die Zukunft? 1999, S. 95 ff.

9 Bullinger H-J. et al.: Global Networking – Management vernetzter Dienstleistungen. In: Eichendorf W. (Hg.): Beiträge zur Zukunft der Arbeit, 1998, S. 19 ff.

tete Raumformen, Einrichtungen und wenig flexible Haustechnik eine gewisse, aber nicht die größte Rolle. Problemlösungen liegen daher überwiegend nicht im eigentlichen Bürobereich, sondern in übergeordneten Systemen (Märkte, Politik, Technologien) oder in vernetzten Teilsystemen, wie der Arbeitsorganisation, der Ökonomie, Ökologie und den Werthaltungen. Da die Kräfte auf das puddingartige Gebilde „Bürowelt der Zukunft" in unterschiedliche Richtungen und zeitabhängig unterschiedlich stark wirken und hinsichtlich eines wahrscheinlichen Wandels in der Bürowelt teils förderlich, teils bremsend sind, sind die Merkmale zukünftiger Bürowelten mit Unsicherheiten der Eintrittswahrscheinlichkeit behaftet. Etwas sicherer sind die Aussagen darüber, was es in 10 bis 15 Jahren nicht mehr geben wird. Für das Eintreten bestimmter Entwicklungen sind folgende Begleitmerkmale bestimmend:

- Das Ausmaß der Veränderungen (hinsichtlich Arbeitsinhalten, Arbeitsorten, Arbeitsumgebung, Arbeitsbeziehungen ...) gegenüber den bisher vorhandenen und gewohnten Bedingungen und Gegebenheiten trifft auf individuell sehr unterschiedliche Veränderungsfähigkeiten und -bereitschaften betroffener Menschen.
- Die Schnelligkeit der Veränderungen, d.h. wie viele und wie große Veränderungsschritte in welchem Zeitraum erfolgen, stößt vor allem an die Grenzen der Verarbeitungsfähigkeit der betroffenen Personen und der möglichen Umstellungsgeschwindigkeit bestehender Strukturen. Maßgeblich wird hier die aktive, richtig dosierte Einbindung der betroffenen Mitarbeiter und ein gutes Veränderungsmanagement sein (Mitplanung, Mitgestaltung).
- Das Begleitmilieu flankierender Maßnahmen ist entscheidend, also die Frage, ob die positiv empfundenen gegenüber

den negativ empfundenen Auswirkungen – in allen Lebensbereichen – mittelfristig überwiegen.
- Wichtig für die Bewältigung von Veränderungen ist, daß diese von den betroffenen Personen als sinnvoll und notwendig akzeptiert werden und – vor allem bei großen Veränderungsschritten – gewisse Haltepunkte verbleiben (räumlich, personell, organisatorisch), an denen sich die Betroffenen orientieren können.

Wohin und in welchen Entwicklungsschritten und in welchen Zeiträumen sich die Büroarbeit entwickeln wird, kann heute niemand exakt sagen. Was man sicher weiß, ist, daß Bekanntes, Bewährtes, Liebgewonnenes, Zweckmäßiges zum Teil verschwinden oder sich zumindest verändern wird. Die häufige Veränderung von Aufgaben, Arbeitspartnern, Arbeitsorten in kürzeren Zeiträumen erfordert einen neuartigen, viel flexibleren und anpassungsfähigeren Office Worker und ein neuartiges Office Management.

Nachfolgend werden Elemente solcher Entwicklungen und Veränderungen schlaglichtartig angeführt. Sie sollen helfen, die dargelegten Bilder der Arbeit und von Büros der Zukunft zu erkennen und zu verstehen.

3.2.3.1. Räume und Raumgliederungen

Durch vollständig fehlende oder neuartig gestaltete Abtrennungen zwischen Innen- und Außenräumen (ehemals Bürozellen), aber auch viel transparenter und lebendiger gestaltete Übergänge zwischen verschiedenen Gebäudeebenen werden nicht nur völlig neuartige Raumempfindungen geschaffen, sondern auch die räumliche Gestaltung und organisatorische Veränderungen wesentlich erleichtert und flexibilisiert (zum Beispiel „Reversibles Büro" von BENE).[10]

---

10 Siehe auch Punkt 3.2.4.4. in diesem Beitrag.

3.2.3.2. Arbeitsorganisation

Konzentrierte Arbeit in störungsarmen Bereichen

- an verschiedenen Orten möglich
- der Wunsch von Kollegen nach Ungestörtheit muß erkannt und respektiert werden

Formen der Team- und Projektarbeit

- Unterschiedliche Anteile physischer und virtueller Tätigkeit
- Einsatz interaktiver Arbeitsmittel (Wände und Tische mit elektronischem Innenleben)
- Soziale Kontaktmöglichkeiten sind eine notwendige Umfeldbedingung
- Nutzung verschiedener Raumteile und Orte im Gebäude
- Rückzugsmöglichkeit aus dem Teambereich in einen Creativ-Corner

Informelle Kommunikation

- in entspannter Atmosphäre, zum Beispiel in der Recreation-Lounge, im Park, der Cafeteria, im Fitness-Center oder auf dem Trimm-Parcours

3.2.3.3. Arbeits- und Tätigkeitsinhalte

Gravierende Arbeits- und Verhaltensänderung bei zunehmender Computerisierung:

- Statt dem Gang ins Büro erfolgt das Einloggen ins Netz.
- Statt Empfangen von Besuchern findet Videokommunikation statt.
- Das Termindenken wird durch ein Denken in Zeiträumen von Projekterledigungen ersetzt.
- Statt serieller Aktenbearbeitung erfolgt simultane Arbeit an verschiedenen Projekten mit unterschiedlichen Partnern.

- Statt Besprechungen, Schulungen, Seminarbesuchen erfolgt eigenständiges Wissensmanagement und Wirken in kooperativen Räumen
  - mit **Interac-Table** – das ist ein interaktiver (Steh-)Tisch mit einer horizontalen, berührungsaktiven Fläche, auf dem 3 bis 4 Personen elektronische Informationen gleichzeitig und interaktiv gemeinsam bearbeiten können,
  - und **Dyna-Wall** – das ist eine elektronische Wand mit einer berührungsempfindlichen Interaktionsfläche zur Visualisierung und gemeinsamen Bearbeitung elektronischer Informationen.[11]

Wandel in der I+K-Technik und Arbeitsmethodik

Vom werkzeugorientierten Arbeiten kommt man immer mehr zum kontextorientierten Arbeiten, das bedeutet

- von der Nutzung von Computer-Software für die Dokumentenbearbeitung und -versendung (e-mailing) zur interaktiven und multipersonellen Projekt- und Systemarbeit, bei welcher der Computer bedarfsgerecht nicht nur die entsprechende Arbeitsumgebung aufruft, sondern auch alle nötigen Verbindungen und Werkzeuge her- beziehungsweise bereitstellt.
- von der seriellen Darstellung isolierter Arbeitsergebnisse einzelner Sachbearbeiter in die parallele Darstellung aktueller Bearbeitungszustände für alle an einem Projekt beteiligten Team-Mitarbeiter.
- von Informations- und Trivialkommunikationssystemen zu hochvernetzten,

---

11 Streitz et al.: Kooperative Gebäude und Roomware für die Arbeitswelten der Zukunft. In: FOD, DVA, Streitz et al. (Hg.): Arbeitswelt im Wandel – fit für die Zukunft? 1999, S. 29 ff.

alle Kreativkräfte und Wissenspotentiale eines Projektteams freisetzenden Kooperationsstrukturen.

3.2.3.4. Belastungsverschiebung und Gesundheitserhaltung

Daß sich durch die bisher geschilderten Veränderungen gravierende Anforderungs- und Beanspruchungsveränderungen ergeben werden, die auch Änderungen der natürlichen beziehungsweise gewohnten Lebens- und Verhaltensweisen nach sich ziehen werden, wird kaum mehr bestritten. Ob und wie sie die Menschen bewältigen und beherrschen lernen werden, ist offen. Hier einige Entwicklungen, die mit Sicherheit beanspruchungsrelevante Auswirkungen haben werden:

- Statt händischer Eingabe erfolgt Spracheingabe und/oder Scanning.
- Statt Steuerungen über die Tastatur oder Maus wird es auf Gestik und Mimik reagierende Körpercomputer am Gürtel, in der Armbanduhr, im Kopfbügel oder der Brille geben.
- Jederzeitige Erreichbarkeit durch Personalortungssysteme.
- Automatische Legitimierung durch Bio-Identifikationssysteme wird als Voraussetzung für das Einsteigen in kooperative Räume und Projektwelten eingesetzt.
- Statt persönlichem Kontakt erfolgen vermehrt Videokonferenzen.
- Hohe Prozentsätze der Arbeit in virtuellen Welten erfordern die Nutzung der dazu notwendigen Arbeitsmittel.

Weil die künftigen Entwicklungstrends noch unsicher und vielfältig sind, existieren in der Gegenwart hierfür noch kaum Überlegungen zu geeigneten Präventionsstrategien. Wo es solche Überlegungen gibt, handelt es sich um strukturell-organisatorische Maßnahmenvorschläge oder um individu-elle Verhaltensempfehlungen. Diese Überlegungen entsprechen gegenwärtigen Präventionsstrategien.

H.J. Burkhardt hat für den schwierigen Übergang vom konventionellen zum zukünftigen Arbeiten in virtuellen Arbeitswelten vorgeschlagen, in bestehende I+K-Techniken neue Organisationselemente und in bestehende Organisationsformen neue wohldosierte I+K-Technikelemente einzubringen. Die dadurch bewirkten Reaktionen und Anpassungen führen iterativ zu bewältigbaren Veränderungen in beiden Bereichen, vor allem aber zur Neugestaltung der Schnittstellen im System Mensch-Technik-Umwelt.

3.2.4. Elemente neuer, zukünftiger Bürowelten

Der erste Teil dieses Kapitels beinhaltet konkrete Visionen über die Entwicklungen in 5 bis 10 Jahren. Im zweiten Teil werden Bilder, Skizzen und Entwürfe von zukünftigen Büroräumen und Büroarbeitsplätzen dargelegt, wie sie von den verschiedenen Fachautoren entworfen werden.

3.2.4.1. Visionen über zukünftige Büromilieus

Arbeitsformen, Büroorte, Büroarten

- Das konventionelle Zellen- oder Kleingruppenbüro, das relativ unflexibel ist und oft mit Geräten und Ablagegut vollgestopft ist, wird nur in dezentralen Arbeitsorten erhalten bleiben. Auch räumlich werden neue Bürowelten entstehen.
- Die virtuelle Bürowelt wird mittelfristig zwar einen gewissen Anteil an konventioneller Büroarbeit ersetzen, aber nicht im kompletten Umfang und auch nicht in der Form, wie die derzeitigen Experimental- und Laborsituationen dies darstellen.

Abb. 3.2.4. Designstudie einer i-Welt in einer Bürostruktur (Wilkhahn)

– Die Vielfalt der Arbeitsformen und Büroorte wird langsam zunehmen. Dies wird unter anderem von der Entwicklung der rechtlichen und organisatorischen Randbedingungen und den Nah-Verkehrsproblemen abhängig sein und könnte folgende Orte beinhalten: das Home Office, das Satellitenbüro (zum Beispiel Bürogemeinschaft im ländlichen Bereich), das Büro im Verkehrsmittel (Minivan, Bahn, Flugzeug), das Büro im Hotel oder sonstigen Unterkünften, die Bürotätigkeit beim Kunden. Diese dezentralen Büroorte werden je nach Branche und Art der Tätigkeit in den nächsten 5 bis 10 Jahren etwa 50 % bis 70 % der derzeit zentral verrichteten Tätigkeiten umfassen, sodaß in den Hauptverwaltungen etwa 30 % bis 50 % der Arbeitsplätze verbleiben. Diese Anteile werden in den verschiedenen Wirtschaftsbereichen sehr stark differieren.

– In Hauptverwaltungen werden projektbezogene Tätigkeiten (mit persönlichen Kontakterfordernissen), wichtige persönliche Kontakte (zum Beispiel mit ausländischen Partnern und Kunden) sowie Trainings- und Weiterbildungstätigkeiten (für welche die entsprechend aufwendigen Ausstattungen vorhanden sind) verbleiben.

– In den nächsten 3 bis 7 Jahren wird es verschiedenartige Mischformen zwischen konventionellen 1 bis 3-Personen-Zellenbüros (von etwa 15 bis zu 50 m^2), Funktionsbüros (mit 100 bis 250 m^2) mit einer flexiblen Stellwandtechnik und dem „i-Land"[12] geben. Letzteres kann unter anderem mit elektronischen Tapeten (der sogenannten Dyna-Wall), dem Interac-Table und Com-chair ausgestat-

---

12 GMD-ipsy Projekt in Darmstadt; Office 21 Projekt „Orion" von IAO und FHG in Stuttgart.

tet sein (siehe Abb. 3.2.4.). Solche Büros wird es vor allem in Hauptverwaltungen geben. Die dezentralen Arbeitsorte werden in verstärktem Maß durch eine Mischung von konventionellen Einrichtungen mit teilweise moderner Technik gekennzeichnet sein. Blockaden bei der Realisierung größerer Anteile von i-Land-Situationen sind neben den Kosten auch das Problem, in vorhandene Gebäude und Räume die entsprechenden Installationen moderner I+K-Technologien nachträglich zu integrieren. Ebenfalls verzögernd wird die zurückhaltende Umstellungsbereitschaft der Büromenschen sein, sich auf zum Teil völlig neue Arbeitsvollzüge und eine weitgehend noch nicht beherrschbare moderne I+K-Kultur umzustellen.

Neuartiger Einrichtungs-Mix

Es kommt zu einer Veränderung in der Einrichtung herkömmlicher Büros hinsichtlich neuartiger oder zumindest derzeit als ungewöhnlich empfundener Einrichtungskomponenten:

- multimediale Liegen
- interaktive, elektronische Wände
- multifunktionale Tische, in deren Oberfläche interaktive Kontaktflächen integriert sind, die aber auch als Präsentationsfläche hochgeklappt verwendet werden können
- Stehpulte als multimediale Andockstationen
- spezielle Ausstattungen für silent rooms[13]
- multimediale Kommunikationscenter
- mit anderen Elementen wie Tischen, Wänden drahtlos verbundene Stuhlma-

---

13 Räume, in denen besondere Ruhe herrscht, ähnlich einem Leseraum in einer Bibliothek.

schinen, die über einfach ausklappbare Sichtschirme und über eine Kommandoeinheit zur Interaktion mit Projektpartnern und Datenbanken verfügen
- Hängematten mit Blick auf riesige Wand-Deckenschirme
- ausrollbare, intelligente Landkarten (Polymer-Display)

Zukünftige Arbeitsumgebungen

Mikroklima: Es ist bekannt, daß klimatisches Behaglichkeitsempfinden sehr individuell und zudem von der Wärmeproduktion bei verschiedenen Tätigkeiten abhängig ist. Darüber hinaus werden Klimazustände im Behaglichkeitsbereich teilweise mitunter als monoton empfunden und Zustände unterhalb der Behaglichkeitszonen teilweise als stimulierend und auch leistungssteigernd. Dies gilt in einer etwas anderen Form auch für die Akustik und die Beleuchtung. Daher könnten folgende Systeme in der Zukunft Realisierungs- und Verbreitungschancen haben:

- Natürliche Umgebungen, die aber extreme Einwirkungen von außen (starke Sonneneinstrahlung, starke Luftbewegungen, extreme Feuchtewerte) abhalten können. Dies könnte beispielsweise in einer Art Wintergarten vorstellbar sein.
- Eine gut abgeschirmte Konzentrationszelle, für die über ein Kommando- oder Steuerungstableau für verschiedene Tätigkeiten unterschiedliche Klimazustände programmiert und eingestellt werden können. Des weiteren könnte mit diesem Steuerungselement beispielsweise auch würzige Frischluft aus einer Duftbüchse in den Arbeitsbereich geleitet werden. Schließlich wäre es denkbar, über geeignete Luftführungselemente genau die richtige Luftbewegung zum Arbeitsplatz zu erzeugen und damit das Gefühl einer

natürlichen Umgebung ohne Zugluftbelästigungen zu bewirken.

- Temperaturspeicherkapseln, die als Raum-Energie-Regulatoren funktionieren, könnten an verschiedenen Stellen im Raum angebracht werden. Diese nehmen, je nach Art der Tätigkeit und Umgebungsbedingungen, die Wärme aus der Umgebung auf, speichern diese und geben sie zu einem passenden Zeitpunkt wieder an die Umgebung ab.
- Körpersensoren könnten automatisch wichtige Klimaparameter steuern, indem sie auf unterschiedliche Energieproduktion bei verschiedenen Tätigkeiten beziehungsweise Oberflächentemperaturen von Einrichtungen oder auch Raumbegrenzungsflächen reagieren.

Lärm und Raumakustik: Sprachsensoren (für den Empfang unterschiedlicher Lautheitsgrade) könnten aufgrund empfangener Schallintensitäten und Schallqualitäten verschiedene Schalldämpfungs- und Schalldämmungseinrichtungen (zum Beispiel ausfahrbare Deckenelemente, Schiebewände) steuern. Passend zu den Tätigkeiten wird ein akustisches Milieu mit dem jeweils optimalen Dämpfungsniveau erzeugt. In dieser Art kann im Konzentrationsbereich eine sehr ruhige Umgebung oder im Kommunikationsbereich durchaus eine Sounddusche mit funktionaler Musik geboten werden.

Beleuchtung: Über Code-Eingabe für unterschiedliche Tätigkeiten und gewünschte Stimmungslagen werden vorprogrammierte Lichtmilieus unter Verwendung mehrerer Lichtsysteme eingestellt. Diese Lichtmilieus ermöglichen auch individuelle Helligkeits- und Farbeinstellungen, je nach den spezifischen Wünschen und Bedürfnissen. Sie werden von den natürlichen Lichteinwirkungen überlagert und auf diese abge-

stimmt. So kann die Eintrittsmenge und Einfallsrichtung des natürlichen Lichtes (zum Beispiel durch prismenartige Lichtlenksysteme) unter Abschirmung zu hellen Sonnenlichtes gesteuert werden. Gerade aus dem Zusammenspiel von natürlichen und künstlichen Lichtkomponenten sind besonders leistungsfördernde oder konzentrationsfördernde Beleuchtungsmilieus zu gestalten.

3.2.4.2. Arten möglicher Entwicklungs- und Veränderungstrends

Die vorhin geschilderten Entwicklungen und Trends könnten vor allem in zwei Richtungen erfolgen: Einmal dahingehend, daß zu den verschiedenartigen künftigen Tätigkeiten und der entsprechenden I+K-Technologie passende Arbeitsplätze und neue Einrichtungsgegenstände entwickelt sowie auch neuartige Raumstrukturen und Raummilieus geschaffen werden. Zum anderen könnte vor allem in den dezentralen Arbeitsorten die neue I+K-Technik verbunden mit einer in Ansätzen vorhandenen Sensortechnik (Körpercomputer) in vorhandene Büromöbel und Arbeitselemente integriert werden.

Darüber hinaus ist die Integration solcher Elemente auch in Gegenstände denkbar, die bisher mit einer derartigen Technik nicht in Berührung kamen. Dies könnten Bilder, Regale, Schrankteile, aber auch persönliche Gegenstände wie Armbanduhren, Brillen, Füllhalter, etc. sein.

Die Übergänge von den heute bestehenden Situationen auf Elemente der zukünftigen elektronischen und virtuellen Welten werden nicht plötzlich und übergangslos erfolgen, sondern in mehreren Entwicklungsstufen über einen Zeitraum von etwa 7 bis 12 Jahren. Hierfür gibt es mehrere Gründe, wie zum Beispiel begrenzte Kosten- und Zeitressourcen.

3.2.4.3. Verbleib konventioneller Arbeitstechniken und Arbeitsmittel als Haltepunkte

Maßgebliche I+K-technische Veränderungen in der geschilderten Form müssen von arbeitstechnischen und organisatorischen Veränderungen sowie Verhaltensänderungen begleitet werden, um sowohl ökonomisch als auch human wirksam werden zu können. Solche Veränderungen laufen jedoch einigen Grundbedürfnissen der Menschen in der heutigen Bürowelt (zum Beispiel papiermäßige Sachbearbeitung) zuwider. Es ist daher für den Erfolg sehr wichtig, das Veränderungstempo so zu steuern, daß die Büromenschen diese hinsichtlich ihrer Auswirkungen verkraften können und während des Veränderungsprozesses „Haltepunkte aus der alten Bürowelt" haben, die die Veränderungen leichter erträglich machen (Retro-Trend).

Solche Haltepunkte können sein:

- Die Beibehaltung von Papierdokumenten und die Ablage von wichtigen Dokumenten, weil man der elektronischen Speicherung wichtiger Inhalte nicht ganz vertraut und Angst hat, daß wichtige Informationsbestände verloren gehen könnten.
- Die weitere Verwendung traditioneller Visualisierungsmedien bei der Darstellung komplexer Sachverhalte, wie zum Beispiel Flip-Chart und Pin-Wände.
- Die individuelle Nutzung älterer, aber liebgewordener Möbel und Einrichtungsgegenstände.
- Persönliche Kontaktpflege auch dann, wenn ein e-Kontakt (mittels elektronischer Medien) genügen würde.
- Das bewußte Durchbrechen der jederzeitigen Erreichbarkeit durch Aufenthalte in - elektronisch nicht zugänglichen - Rückzugsbereichen.

- Das genußvolle Bearbeiten von berufsfernen Aufgaben in einem selbst gewählten Tempo.

3.2.4.4. Szenarien zukünftiger Büroarbeitswelt

Entsprechend den Ideen, Vorstellungen und Phantasien mehrerer Forscher und Entwickler aus dem Bereich der Arbeitsgestaltung, der Architektur, der Ergonomie, der Informatik und der Kommunikationsbranche werden Büroarbeitswelten der Zukunft also vielfältig skizziert. Die Organisations- und Gestaltungslösungen müssen eine bedarfsgemäße Vielfalt von Arbeitsorten und Arbeitsmilieus bieten. Diese müssen folgende Merkmale und Eigenschaften besitzen:

- Transparenz, Ausblick, eine gewisse Weite
- Fixpunkte, Haltepunkte in den Raumteilen
- Rückzugsbereiche, Ruhezonen
- Orte der realen Begegnung
- Orte der virtuellen Kommunikation samt entsprechender arbeitstechnischer, kommunikationstechnischer Unterstützung
- büromaschinelle beziehungsweise elektronische Unterstützung, die jedoch nicht mehr persönlich bedient wird, sondern über entsprechende Steuerimpulse unsichtbar abläuft
- Orte zur geistigen Anregung und zur Freisetzung von Kreativpotentialen
- natürliche Umgebungen, also keine Plastikgrünpflanzen, sondern echte Natur mit den entsprechenden Farben und Gerüchen
- Kulturbereiche (für Ausstellungen, Musikabende, Lesungen)
- Bereiche, in denen ein zwangloses, informelles Zusammensein auch im Kreis der Familie möglich ist
- im Nahbereich Biotope, kleine Wasserläufe, Kurbereiche

Wie sich diese Visionen konkret ausprägen, läßt sich anhand einiger Modelle zukünftiger Bürogebäude und Büroplätze beschreiben:

Lebende Gebäude[14]

Lebendigkeit wird dadurch erzielt, daß verschiedene Räume mit unterschiedlichem Dichtheitsgrad im Gebäude plaziert werden. Durch die Anzahl der Büroplätze im Raum und unterschiedliche Menge und Anordnung von Einrichtungen entsteht entweder das Gefühl der Großzügigkeit und Weite oder der Eindruck von Kompaktheit und Dichte. Es kommt bei dem „lebendigen Gebäude" darauf an, daß die richtige (auch veränderliche) Mischung aus Dichte und Leere erzielt wird und zwar sowohl innerhalb als auch außerhalb eines Raumes. Es geht aber auch darum, verschiedene Räume mit unterschiedlichen Dichtheitseindrücken zu kombinieren. Der Mitarbeiter hat dann entsprechend seinen individuellen Bedürfnissen die Möglichkeit, sich in verschiedene Raumteile oder Räume mit unterschiedlichen Dichtheitsgraden zu begeben.

Räume, Haut, Zelle (ENAD, Limoges)

In einer großen Halle befinden sich auf verschiedenen Ebenen unterschiedliche Funktionsbereiche wie Verwaltungsbüros, Cafeteria, Bibliothek, Kommunikationsräume etc. und bilden damit landschaftliche Plateaus, die über Stiegen, schiefe Ebenen, Rolltreppen und Aufzüge miteinander verbunden sind. Daraus ergibt sich der Eindruck einer großen gegliederten Halle, die sich wie eine unspezifische Haut über mehrere unterschiedliche Funktionsbereiche und Wirkmilieus legt.

---

14 Geipel F.: Graduierte Räume. Zwei Projekte von Architekturbüro Labfac. In: Zeitschrift die Springerin, Band IV, Heft 4/98.

Amphitheater

Zwischen den Innenzonen und den Außenzonen bestehen bei einer solchen Baustruktur charakteristische Unterschiede. Je weiter man nach außen kommt, also je näher zur Außenhülle oder Außenfassade, desto offener, allgemeiner, deregulierter und großzügiger wird die Raumgliederung. Je weiter man nach innen kommt, also je weiter weg von der äußeren Hülle, desto geschlossener, geregelter, aber auch privater werden die Bereiche. Auch die Art der haustechnischen Versorgung unterscheidet sich im Innenbereich vom Außenbereich. Während innen ein höheres Maß an individueller Einstellbarkeit möglich ist, nimmt dies nach außen hin ab. Man kann sich also bei unterschiedlichen Tätigkeiten aber auch unterschiedlichen Stimmungslagen oder Bedürfnissen jeweils in das gewünschte Milieu oder Stimmungsszenario begeben.

Das Multifunktionsgebäude[15]

Die Gebäudegliederung ist durch den Wechsel zwischen den sogenannten Tätigkeitszonen (ca. 3.800 m² Bürofläche, 620 m² Schulungs- und Konferenzräume), einem Kunstmuseum und einem Schraubenmuseum, Verkehrsflächen, Veranstaltungsbereichen und einem Restaurant gekennzeichnet. Hinter der äußeren Fassade befindet sich ein Wandelgang von dem aus man nach innen tritt. Der nächste Bereich besteht aus Besprechungs-, Projektarbeits- und Trainingsräumen mit nebeneinander angeordneten Raumeinheiten, die von verschiedenen Personen genutzt werden können. Es folgt dann ein zweiter Wandelgang oder Verkehrsbereich, in dem auch gemeinsam genutzte Büromaschinen beziehungsweise kleine Wartebereiche untergebracht sind. Daran

---

15 Hauptverwaltung Fa. Würth, Künzelsau (D).

schließt der nächste Arbeitsbereich mit Kreativzellen und Intensivkommunikationsbereichen an, der mit moderner I+K- und Präsentationstechnologie ausgestattet ist. Schließlich ist diesem wieder ein informeller Wandelgang beziehungsweise Verkehrsbereich angeschlossen, in dem zum Beispiel Cafeterias und Stehpulte für Kurzgespräche untergebracht sind. Zuletzt geht diese Zone in einen begrünten und mit natürlichem Deckenlicht ausgestatteten Innenhof über. Das Prinzip des Multifunktionsgebäudes wurde bereits von verschiedenen Unternehmen in unterschiedliche Gebäudeformen integriert.

3.2.5. Literatur und weitere Informationen

3.2.5.1. Literatur

Bullinger H-J., Murmann H.: Dienstleistungen – der dynamische Sektor. Universum Verlag, Wiesbaden, 1999.

DGB (Hg.): Die Zukunft der Arbeit im globalisierten Kapitalismus. Material zur Diskussion bei der WA EXPO 2000, Hannover.

Elchendorf W. (Hg.): Work it out. Beiträge zur Zukunft der Arbeit. Universum Verlagsanstalt, Wiesbaden, 1998.

Fachzeitschrift für Management-Entwicklung-Hernsteiner: Virtuality – Arbeitsräume der Zukunft. (Autorenkollektiv), 12. Jahrgang 1/1999.

FOD, DVA, Streitz N., Rummers B., Pietzker M., Grundmann R. (Hg.): Arbeitswelten im Wandel – fit für die Zukunft. Menschen, Organisationen, Technologien und Architektur an der Schwelle zum 21. Jahrhundert. Deutsche Verlagsanstalt, Stuttgart, 1999.

Gibson R. (Hg.): Revoutions Works. Steelcase Eigenverlag, Rosenheim, 1999.

IHK Berlin, DWB Berlin (Hg.): Büroarbeit von morgen in den Büros von heute. Trends, Fallbeispiele und Standpunkte zum Büro der Zukunft. Regioverlag, Berlin, 1997.

Inventar zur Persönlichkeitsdiagnostik in Situationen. Frankfurt/M.: Swets Test Services, Computerversion im Rahmen des Wiener Testsystems, Schuhfried Ges.m.b.H., Mödling, 1999.

Kern P.: Office 21, Multimedia revolutioniert die Bürokultur. Praxiskongreß „New work – new buildings", Studiengemeinschaft AKZENTE (Hg.), Akzente Eigenverlag, Köln, 1998.

Köck P., Ent E., Berdel D.: Bürogestaltung. Bestandsaufnahme und zukünftige Entwicklung. BWK-BW, AAW, WKÖ-Mitgliederservice, Wien, 1993.

Mensch & Büro: Diverse Fachartikel verschiedener Autoren der Ausgaben 1/2000, 2/2000, 3/2000, 5/1999, 6/1999, 2/1998

Pelegrin-Genel E.: Büro. Schönheit, Prestige, Phantasie. Dumont, Köln, 1996.

Rifkin J.: Das Ende der Arbeit und ihre Zukunft. Rürup B. (Hg.), Fischer Wirtschaft, Taschenbuch Verlag, Frankfurt /Main, 1997.

Rüttgers J.: Zeitenwende – Wendezeiten. Das Jahr 2000 – Projekt: Die Wissensgesellschaft. Siedler-Verlag, Berlin, 1999.

Schaarschmidt U., Fischer A. W.: Bewältigungsmuster im Beruf. Persönlichkeitsunterschiede in der Auseinandersetzung mit der Arbeitsbelastung. Vandenhoeck & Ruprecht, Göttingen, 2000.

Struhk H.: Das Bürohaus als Ort zum Arbeiten und Leben. Konkrete Ergebnisse anhand gebauter Beispiele. Praxiskongreß „New work – new buildings". Studiengemeinschaft AKZENTE (Hg.), Eigenverlag, Köln, 1998.

3.3. Das non-territoriale Prozeß-Büro

Neue Arbeitsmuster verändern die Grundsätze der Büroflächennutzung
Martin Pongratz

In aller Kürze

Es ist Bewegung ins Büro gekommen! Viele trendige Begriffe werden von Zukunftsforschern, Designern und PR-Profis kreiert und in Umlauf gebracht. Die Medien zelebrieren die Visionen der neuen Ära des „New Work". Computer- und Telekommunikationskonzerne – flankiert von findigen Büroeinrichtern – unterstützen sie dabei, nicht zuletzt in der Hoffnung, bedeutende neue Märkte zu erschließen. Entsprechende Vorsicht ist geboten. Oberflächliche Mode und grundlegender Trend, echte Revolution und euphorische Schwärmerei liegen oft dicht beieinander. Entscheidend ist, treffsicher die Spreu vom Weizen zu trennen, denn, daß das Arbeiten im Büro in vielen Branchen in den nächsten Jahren einen tiefgreifenden Wandel erfahren wird, daran besteht kein Zweifel.

Der folgende Beitrag möchte die wesentlichen Thesen und Neuerungen, welche die sogenannten „New Ways of Working" mit sich bringen, herausarbeiten und schließlich an Hand eines Praxisbeispiels zeigen, wie ein grundlegend neuer Arbeitsstil mit einem vollkommen neuen Raumnutzungskonzept einhergehen und entsprechend den neuen Regeln sehr effektiv funktionieren kann.

3.3.1. Paradigmenwechsel

Tatsächlich sind die Möglichkeiten, welche durch die immer hochwertigeren und gleichzeitig immer preiswerteren Informations- und Telekommunikationstechnologien eröffnet werden, enorm. Die Geschwindigkeit, mit der Daten heute verarbeitet und an allen Ecken und Enden der Welt empfangen beziehungsweise versendet werden können, hat sich in den letzten Jahrzehnten um etliche 10er Potenzen beschleunigt.

Und die Beschleunigung geht ständig weiter voran.

Internet, E-Business, Workflow-Software, Bildschirmtelefonie, elektronisches Papier, drahtlose Datenverbindungen und virtuelle Archive sind Innovationen, welche die Arbeitsgewohnheiten tiefgreifend verändern

und im Begriff sind, komplett neue Marktstrukturen zu schaffen.[1]

Die typische technische Informationsbearbeitung ist längst kein Engpaß mehr im Unternehmen. Alte Organisationsformen, die auf dieser Engpaßbewältigung aufgebaut waren, werden von neuen informationstechnologisch durchsetzten Arbeitsmustern quasi überrollt.

Der neue Engpaß ist die Verarbeitungsgeschwindigkeit des Faktors Mensch. Es ist der einzelne Mitarbeiter, der als Glied einer komplexen Arbeitskette immer wieder Entscheidungen fällen muß, welche Informationsverarbeitungsprozesse sinnvoll und zielführend sind und welche nicht. Jeder Mitarbeiter, egal ob Sachbearbeiter oder Generaldirektor, ein jeder in seinem Maß

---

1 Siehe auch Kapitel 3.1.

und auf seiner Ebene wird zum Entscheider und kreativen Impulsgeber in einem Netzwerk von Prozessen, in der jedwede Routine durch Computerwerkzeuge erledigt wird.

Während im heutigen Bürobetrieb zwar längst Computer, E-Mail und andere neue technische Geräte Einzug gehalten haben, so blieben die meisten Arbeitsprozesse doch erstaunlich lange unverändert. Vereinfacht gesprochen: Das Textverarbeitungssystem hat zwar die Schreibmaschine, das Tabellenkalkulationsprogramm den Tischrechner ersetzt, und alles geht dadurch ein bißchen einfacher und schneller. Die grundsätzlichen Arbeitsabläufe allerdings wurden aber kaum in Frage gestellt.

In den Fabrikshallen der Fertigungsbetriebe dagegen, die dem Druck des globalen Wettbewerbes viel stärker und direkter ausgesetzt sind, hat sich die Umstellung, welche durch Computer- und Telekommunikationsinnovationen ermöglicht wurde, in Form eines regelrechten Paradigmenwechsels sehr viel konsequenter vollzogen. Lean Management, Re-engineering, fraktale Produktionsorganisation etc.[2] haben keinen Stein auf dem alten gelassen. So unterschiedlich diese Ansätze im einzelnen auch sein mögen, eines haben sie jedenfalls gemeinsam: Sie lösen sich von den tayloristischen Dogmen der Massenfertigung und nützen das ganze Spektrum der neuen IT-Möglichkeiten, um die gesamte Arbeitsorganisation neu auszurichten: nämlich am tatsächlichen, individuellen Kundenbedarf.

Anstatt – wie früher üblich – den Produktionsapparat möglichst gleichmäßig auszu-

---

2 Pongratz M.: The Fractal Organisation of Factory and Office Work and its Consequences for the Company and the Individual. In: Human Factors in Organisational Design and Management IV. Elsevier Science B.V., Amsterdam, 1994, S. 17–22.

lasten, um möglichst günstige Stückkosten zu erzielen, aber dafür hohe Lieferzeiten und eine relativ karge Produktpalette anzubieten, geht die moderne, im wahren Sinne des Wortes kundenorientierte Organisation genau den umgekehrten Weg: Sie strebt danach, bei minimaler Durchlaufzeit maximale Produktvariantenvielfalt in vom Kunden akzeptierten Kosten-Nutzenverhältnissen erzeugen zu können. Das Ergebnis für den Kunden: Der Kunde kann persönlich auf ihn abgestimmte Produkte zu verbindlichen Lieferterminen und preiswerten Konditionen beziehen.

Um dieses Ziel zu erreichen, sind etliche heilige Kühe geschlachtet worden: So ist etwa die allmächtige, zentrale Fertigungssteuerung durch ein mindestens ebenso wichtiges Geflecht aus dezentralen Verantwortlichkeiten ergänzt worden. Es gibt zwar nach wie vor leitende Führungsfunktionen, die das Netzwerk zusammen halten, doch ihre Aufgaben haben sich grundlegend verändert. Der „Lean Manager" hat vor allem die Aufgabe, in einem in großen Teilen durch unmittelbare Rückkopplung selbst gesteuerten System für Orientierung und strategische Ausrichtung zu sorgen. Alles Operative liegt in der Verantwortung der unmittelbar betroffenen Ausführenden. Vereinfacht formuliert: Nicht Fließband und Aufgabenteilung sind daher wesentliche Schlagwörter, sondern Inselfertigung, Selbstorganisation und Produktionsmittel-Sharing.

Die Selbststeuerung muß freilich Grenzen haben. Das Ziel einer solchen Organisation muß es sein, trotz der positiven, selbständigen, kreativen Kräfte, die dem System seine Dynamik und seine Anpassungsfähigkeit geben, sich dennoch eine gewisse Ordnung und Disziplin aufzuerlegen, um Desorientierung und Chaos zu vermeiden, die das System unweigerlich auseinanderreißen würden.

3.3.2. Das Büro – die eigentliche Wertschöpfungsquelle

Genau dieselbe Situation gilt letztlich auch für New-Work-Prozesse im Bürobereich. Auch das Büro ist eine Produktionsstätte. Die Produkte sind nur nicht materiell und haben deswegen oft etwas in gewisser Weise „Unwirkliches". Dennoch wird die Wichtigkeit des Reformbedarfs in dem Sektor, der immerhin in modernen Volkswirtschaften knapp zwei Drittel der Beschäftigten stellt, immer noch gerne verdrängt beziehungsweise heruntergespielt. Noch immer halten sich Vorurteile wie Büroarbeit sei ja letztlich nur „Schreibtisch-Sitzen", oder das Büro sei ein „unproduktiver Verwaltungsapparat", der „Overhead-Kosten blähende Wasserkopf".

Tatsächlich ist das Büro der wesentliche Ort, an welchem Wertschöpfung für das Unternehmen entsteht. Im Büro werden Zusammenhänge erkannt, Produktideen entwickelt, Markt- und Umsetzungsstrategien aufgesetzt, Vertriebs- und Logistikkonzepte erarbeitet und mittels Monitoring und Controllingsystemen sichergestellt, daß alles auf seinem richtigen Kurs bleibt. Das Büro ist Ideenwerkstätte, Taktgeber und Kommunikationsknoten in einem. Ohne diese für das Unternehmen entscheidenden Informationsprodukte und -dienstleistungen könnte ein Betrieb im modernen, globalen Wirtschaftssystem nicht lange bestehen.

Im Gegensatz zur klassischen Fertigung allerdings sind diese diffizilen Dienstleistungsprodukte, welche im Büro entstehen, jedoch nicht direkt sichtbar. Ihr Entstehungs- beziehungsweise Produktionsprozeß ist nicht so offensichtlich. Denn die meisten der entscheidenden Prozesse passieren in den Köpfen der Mitarbeiter beziehungsweise während Gesprächen und im Austausch miteinander. Sie hinterlassen keine deutlichen Spuren, so daß sich die Betroffenen der Prozesse oft gar nicht so bewußt sind.

Die Arbeitsmuster im Büro laufen dennoch nicht willkürlich ab, sondern sie erfolgen nach gewissen Regelmäßigkeiten, die jeder Funktion und jedem Betrieb, manchmal sogar jeder Persönlichkeit zu eigen sind. Auch wenn die geistigen Arbeitsprozesse weniger offensichtlich ablaufen, lassen sie sich klar identifizieren. Und genauso wie bei einer klassischen Produktionsplanung sehr genau über Arbeitsprozesse und deren räumliche Abwicklung nachgedacht wird, genauso muß dies auch in bezug auf die Büroarbeit und Büroraumgestaltung gelten, wenn man zu einer effizient und effektiv funktionierenden Bürolösung gelangen möchte.

3.3.3. Räume prägen Menschen

Raum und Arbeit stehen im klaren Zusammenhang. Räume prägen Menschen. Raumgestaltung hatte schon immer einen Einfluß auf die Leistungsfähigkeit der Mitarbeiter. Zahlreiche Studien haben dies zum Teil in sehr aufwendigen Feldversuchen aus verschiedensten Forschungsperspektiven überzeugend nachweisen können.[3] Wie müssen also Büroräumlichkeiten gestaltet sein,

---

3 DeMarco T., Lister T.: Programmer Performance and the effects of the workplace. In: Proceedings of the 8th International Conference of Electrical and Electronic engineers. IEEE, New York, 1985, S. 268–272. Kroner W., Stark-Martin J., Willemain T.: Using Advanced Office Technology to Increase Productivity. West Bend Mutual, West Bend, 1992. Bartenbach Ch., Witting W.: Lichtdesign und Leistung. In: human-wareNEWS 1/96, Wien, 1996. Friedl K., Kelter J., Kern P.: Bürolayout und Unternehmenserfolg. In: Office Management 6/92. Verlagsgruppe Handelsblatt, Düsseldorf, 1992. Pongratz M.: The Cost of Cost Savings. In: World Workplace Europe 99. IFMA, Göteborg, 1999. Friedl K., Pongratz M.: Flächen- und Kostenoptimierung in Bürogebäuden. In: Facility Management 4/96, Bertelsmann-Verlag, Gütersloh, 1996, S. 26–30.

wenn sie die neuen Arbeitsmuster optimal unterstützen und nicht behindern sollen?

Das „Neue Arbeiten" – soll es produktiv sein – erfordert sicherlich sinnvoll dimensionierte Arbeitsflächen, schnelle, spontane Möglichkeiten, Kurzabstimmungen mit Kollegen, Besprechungen oder Projekt-Workshops durchzuführen.

Das klassische Zellenbüro liefert hierfür nicht die idealen Voraussetzungen. Die langen, oft anonymen, abweisenden Gänge verhindern den für das Unternehmen lebenswichtigen, spontanen Informationsaustausch. Zwar unterstützen die Zellenstrukturen die Privatheit des Einzelnen, diese kann jedoch allzu leicht in Inseldenken und Abschottungsgewohnheiten ausufern, was Teamarbeit und abgestimmter Koordination massiv entgegen wirkt. Groupware und interne E-Mail-Kommunikation kann hier zwar eine gewisse Abhilfe schaffen, aber immer wieder machen die Unternehmen die gleiche Erfahrung, daß eine funktionierende Teamkultur nur in Räumlichkeiten entstehen kann, welche diese Kultur auch entsprechend räumlich reflektieren und unterstützen.

Das klassische Kombibüro oder Mischformen daraus können diesen Teamcharakter weitaus besser unterstützen. Den Funktionen entsprechend umgesetzt und gestaltet, kann hier akustische Abschirmung bei gleichzeitiger Transparenz und spontaner Vernetzung zwischen Kollegen erfolgen.

Die zunehmende Mobilität der Arbeitskräfte führt jedoch dazu, daß sich sowohl in Zellen- als auch in Kombi- oder Gruppenraumstrukturen die Flächenwirtschaftlichkeit kontinuierlich verschlechtert. Denn die immer mehr parallel ablaufenden Projekte, die der Einzelne zu bewältigen hat, führen dazu, daß jeder Mitarbeiter mehr Platz und Fläche an seinem unmittelbaren Arbeitsbereich benötigt, um die parallel zu bearbeiten Inhalte ordentlich zu verwalten. Zusätz-

lich erfordern Ruhe und Konzentration bei stetig anspruchsvolleren Tätigkeiten eine gewisse Abgrenzung, was nicht selten mit dem Anspruch auf den eigenen Raum übersetzt wird. Andererseits braucht die Organisation aber auch immer mehr Räume, um sich in kleinen bis mittelgroßen Gruppen miteinander zu besprechen und abzustimmen. Der Bedarf an Besprechungen wächst demnach ebenso, was dann den Flächenbedarf für Besprechungsräume in die Höhe schnellen läßt.

3.3.4. Immer mehr Fläche?

Dies führt bei Facility Managern aber zu einem Paradoxon: Auf der einen Seite klagen die Mitarbeiter über Platzmangel und reklamieren mehr Fläche am Arbeitsplatz und für Besprechungen. Gleichzeitig aber werden die einzelnen Arbeitsplätze nachweislich immer schlechter genutzt: Lorenz[4] führt an, daß statistisch gesehen ein Arbeitsplatz nur während einem Viertel der regulären Arbeitszeit tatsächlich verwendet wird. Wegen Besprechungen, Schulungen, Außendienst, Arbeitspausen, Krankheit und Urlaub liegt diese wertvolle Fläche, die durch persönliche Arbeitsplätze blockiert ist, den größten Anteil der Zeit brach.

Die schnelle Lösung – nämlich mehr Mitarbeiter ungeachtet aller ergonomischen Erkenntnisse und Forderungen auf engerem Raum zu verdichten – ist wirtschaftlich gesehen sicher ein pragmatischer, aber bei genauerer Rechnung der schlechteste Weg. Tatsächlich haben unter anderen die oben bereits zitierten Studien bewiesen, wie wichtig es ist, gewisse Raumqualitätsstandards zu wahren, um nicht die Leistungsfähigkeit der Mitarbeiter

---

4 Lorenz D., Friedl K.: Das Büro als reversibles System. In: Office Design. FBO-Verlag, Baden-Baden, 1993.

empfindlich zu beeinträchtigen. Die Produktivitätsverluste stehen in keinem Verhältnis zur möglichen Quadratmeterersparnis. Der Flächenverbrauch pro Mitarbeiter kann nicht beliebig reduziert werden. Der non-territoriale Ansatz erlaubt großzügige Arbeitsflächen für den einzelnen und dennoch effiziente Flächennutzung dank eines an die Organisation angepaßten Flächensharing-Konzeptes.

3.3.5. Der non-territoriale Büroansatz

Der non-territoriale Büroansatz bietet hier einen vollkommen neuen Lösungsweg: Anstatt jeder Einzelperson einen „Alleskönner"-Arbeitsplatz oder -Arbeitsraum zur Verfügung zu stellen, in welchem die verschiedensten Tätigkeiten, welche die Person zu erledigen hat, zum Teil mehr schlecht als recht an ein und derselben Stelle erledigt werden, anstatt also zu akzeptieren, daß damit jeder Mitarbeiter fix eine Flächeneinheit verbraucht, geht der non-territoriale Büroansatz einen neuen Weg.

Die non-territoriale Bürolösung schafft zunächst für jede Tätigkeit die funktional und ergonomisch optimal ausgestaltete Raumlösung. Diese wird dann aber nicht dem einzelnen Mitarbeiter persönlich zugeordnet (und zählt damit auch nicht in psychologischer Terminologie zum eigenen, privaten „Territorium" dieser Person), sondern steht demjenigen zu Verfügung, der durch die akute Arbeitsanforderung den entsprechenden Bedarf für solch eine Fläche beziehungsweise Raumlösung anmeldet. Statt also jedem Mitarbeiter einen Durchschnittsarbeitsplatz fest zuzugestehen und all die üblichen qualitativen Nachteile einer Durchschnittslösung damit indirekt in Kauf zu nehmen, werden statt dessen jeder Funktion speziell für deren momentane Tätigkeit ausgeformte, für den Zweck ideale Arbeitsräumlichkeiten zur Verfügung ge-

stellt. Ein Workplace-Portfolio, ein Portefeuille von Funktions-Arbeitsplätzen, steht einer Gruppe von Mitarbeitern gegenüber, welche sich täglich, stündlich, ja auch im Minutentakt aufs neue entscheiden, welche Arbeitsplatzsituation am Besten zu den anstehenden Arbeitsabläufen paßt und wo sie ihre Tätigkeit am liebsten ausüben wollen (Abb. 3.3.1.).

Das Workplace-Portfolio[5] kann bei vielen Organisationen die Qualität der Arbeitsbedingungen und damit die Effektivität und die Leistung der Mitarbeiter spürbar verbessern. Durchlaufzeiten verringern sich. Zusätzlich, je nach den organisationsbezogenen Parametern kann, aber muß nicht automatisch der Flächenverbrauch gesenkt werden. Im allgemeinen kann man jedoch unter der Berücksichtigung der Anwesenheitswahrscheinlichkeiten davon ausgehen, daß mehr Mitarbeiter als Portfolio-Arbeitsplätze vorgesehen werden können.

Das Um und Auf ist dabei die Abstimmung und die Koordination, nach welcher diese Zuteilung von Flächen und Arbeitsplätzen erfolgt. Sie kann spontan oder vorangekündigt, geregelt oder ungeregelt, kurzfristig oder langfristig, allgemeingültig oder nur in Sonderfällen erfolgen. Je nach Firmentätigkeit, Firmenkultur und Kostenrahmen kann die Non-Territorialität mehr oder weniger ausgeprägt sein.

Folgende Punkte sind bei non-territorialen Bürolösungen unbedingt zu beachten:

1. Verstehen der Arbeitsabläufe und Kommunikationsprozesse

Nicht die Einzelpersonen stehen im Mittelpunkt, sondern der Arbeitsprozeß und das

---

5 Pongratz M.: Flexibel arbeiten mit nonterritorialen Bürokonzepten. In: Facility Management 1/99. Technopress/Bertelsmann-Verlag, Klosterneuburg, 1999, S. 30–32.

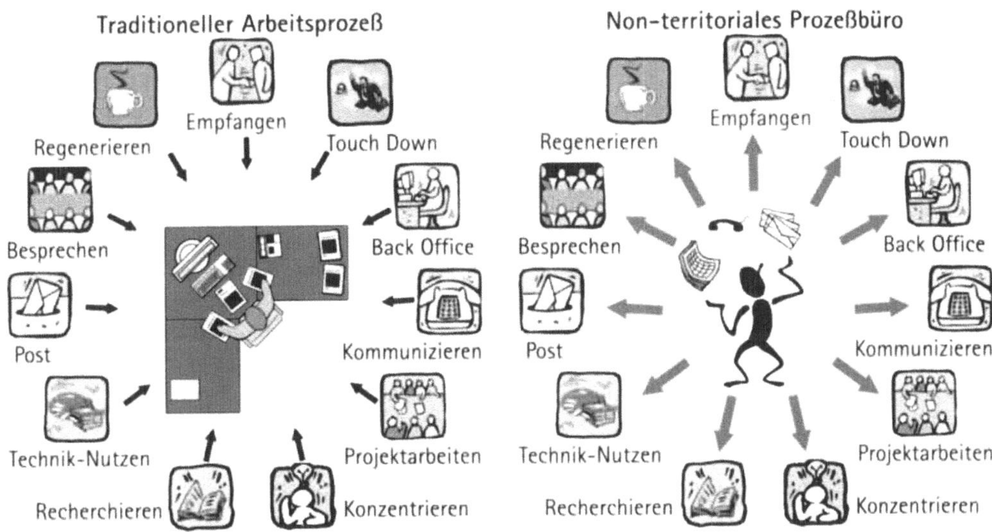

Abb. 3.3.1. Statt an einem durchschnittlich ausgestatteten Arbeitsplatz unterschiedlichste Tätigkeiten unter zum Teil nicht idealen Bedingungen auszuüben, bietet der non territoriale Ansatz ein Portfolio an optimal auf die jeweiligen Tätigkeiten ausgelegten Arbeitszonen an, die je nach Bedarf aufgesucht werden.

Team, das diesen Arbeitsprozeß erfüllt. Es macht daher Sinn, auch vom „Prozeßbüro" zu sprechen. Das Verständnis der Abläufe ist wesentlich, um Räume und Einrichtungen zu wählen, die die einzelnen Prozesse optimal unterstützen und zu möglichst wenig Reibungsverlusten führen. Nicht nur Einzelfunktionen müssen gut gelöst sein, sondern der Ablauf der Arbeitssequenzen muß reibungslos funktionieren. Die einzelnen „Fertigungsinseln" müssen deswegen vor allem in der richtigen Anzahl vorhanden sein, und in entsprechend kurzer Zeit aufgesucht werden können, da die Verfügbarkeit der Arbeitsmittel entscheidend ist. Findet einmal ein Mitarbeiter wegen Überbelegung keinen Arbeitsplatz oder versagt ein spezielles Arbeitsmittel, dann ist das eine negative Erfahrung. Wiederholt sich dieser Vorgang häufiger, beginnt eine schleichende Mitarbeiterdemotivation, die es unbedingt zu vermeiden gilt.

2. Je höher der Außendienstanteil, desto attraktiver die Flächenwirtschaftlichkeit

Je höher die Außendiensttätigkeit, desto geringer kann der Flächenverbrauch pro Mitarbeiter ausfallen. Wobei Außendienst nicht nur als Vertriebstätigkeit gedeutet werden sollte, sondern generell als Abwesenheit vom Normalarbeitsplatz verstanden werden kann. Telearbeit, häufige Besprechungen oder externe Schulungsaufenthalte entlasten die Büroinfrastruktur ebenso, so daß es genauso denkbar ist, eine Buchhaltungs-, Personalbüro- oder gar Einkaufsfunktion non-territorial zu gestalten. Es muß jedoch betont werden, daß ein non-territorialer Büroansatz aus der reinen Optimierung der Flächenwirtschaftlichkeit heraus Gefahr läuft, äußerst negativ auf die Unternehmenskultur und die Loyalität der Mitarbeiter dem Unternehmen gegenüber zu wirken. Deshalb sind unterstützende Rahmenbedingungen unbedingt Voraussetzung.

3. Mehrfachnutzungen

Mehrfachnutzungen ein und derselben Fläche helfen mehr Funktionen auf weniger Raum unterzubringen. Die konsequente Anwendung dieses Prinzips erlaubt es gerade für seltenere, aber trotzdem als wichtig erachtete Tätigkeiten zu flächensparenden aber zufriedenstellenden kompakten Raumlösungen zu kommen. Um diesen Effekt aber wirkungsvoll einzusetzen, ist eine sehr genaue Bedarfsplanung und eine äußerst sorgfältige Einrichtungsplanung notwendig, welche mitunter nicht vor Sonderanfertigungen zurückschrecken sollte. Mit Maß eingesetzt können die Einsparungen und der Gewinn durch solche unternehmensspezifischen Sonderlösungen sogar beträchtlich sein.

4. Nicht eine Plastik gilt es zu schaffen, sondern eine Bühne

Der Mensch ist geneigt, in starren statischen Bildern und Konzepten zu denken. Modernes Arbeiten zeichnet sich jedoch durch seine Dynamik und Veränderlichkeit aus. Wichtig ist es daher, das Büro als eine Bühne zu konzipieren, die im Sinne der sie benutzenden Organisation, beliebig in der einen oder anderen Weise verändert werden kann, um sie an die verschiedensten Szenen anzupassen, die täglich „gespielt" werden. Eine schöne, auf den ersten Blick nach Effekten und Eindrücken heischende Gestaltung ist meist in der Praxis mehr Hindernis als Nutzen. Eine gute Bühne besticht durch intelligente Struktur, potentielle Ausstattungsmöglichkeiten und die Fähigkeit sinnvolle Nutzungsvarianten kostengünstig zu erzeugen. „Nackt" mag die Bühne zuerst unspektakulär erscheinen, erst beim Durchspielen der Szenen offenbart sich jedoch ihre Qualität. Auf sie kommt es aber an.

5. Der Verlust des eigenen Territoriums muß durch entsprechende Maßnahmen kompensiert werden

Von der psychologischen Seite ist es wichtig, jedem einzelnen die Möglichkeit einer gewissen Privatheit und Geborgenheit zu gewähren. Im klassischen Büro ist das im allgemeinen der eigene Arbeitsplatz oder das Einzelbüro, das der einzelne nach seinen persönlichen Vorstellungen einrichtet. Im Falle des non-territorialen Ansatzes entfällt diese Möglichkeit. Entsprechende Kompensationen auf anderer Ebene sind deswegen unbedingt vorzusehen. Die Erfahrung zeigt, das dies sehr erfolgreich auf der Teamebene bewerkstelligt werden kann. Das bewußte Reflektieren von Teamkultur in den Räumlichkeiten, die vom Team bevorzugt genutzt werden, kann klare Verankerungen setzen und Identifikationen schaffen. Architekt und Innengestaltung haben hier eine wichtige Aufgabe. Diese darf aber nicht auf Kosten des Bühnencharakters überhandnehmen.

6. Reversibilität

Schließlich ist im Rahmen der immer schneller sich wandelnden Organisationen nicht aus dem Auge zu verlieren, daß auch die geschaffenen Raumlösungen sich an wandelnde Bedürfnisse anzupassen haben. Szenen zu wechseln ist eine Sache. Ein neues Theaterstück einzustudieren, setzt andere Voraussetzungen. Eine gute Bühne muß beidem gerecht werden. Die Qualität gestalterischer Ideen mißt sich nicht zuletzt daran, wie gut auch mittelfristig Räume und Raumeinrichtungen sich den veränderten Arbeitsanforderungen anpassen können.

3.3.6. Ein Praxisbeispiel – Deloitte Consulting

Deloitte Consulting ist ein international tätiger Unternehmensberatungskonzern, derzeit die Nummer fünf weltweit. Die Beratungsgruppe ist um äußerste Kundennähe bemüht, was bedeutet, daß sehr viele Projekte direkt mit und bei dem Kunden vor Ort abgewickelt werden. Dennoch braucht jede Unternehmenseinheit einen „Heimathafen", einen Punkt, der angelaufen werden kann, wenn es um Teamverstärkung, Wissensaustausch, interne Koordination, etc. geht. Teamarbeit ist in der Unternehmenskultur sehr wichtig. Je nach Projekt werden sogar je nach Wissensgebiet verschiedenste unternehmenseigene Spezialisten aus unterschiedlichsten Ländern zur Mitwirkung eingeladen, reell, das heißt, vor Ort, oder aber virtuell, also über das interne Knowledge-Management-System mitzuarbeiten.

Um den Teamgedanken zu stärken, aber auch um aufgrund des sehr hohen Außendienstanteiles von 50 bis 80 % der Mitarbeiter kostenbewußt mit Raumressourcen umzugehen, wurden alle Niederlassungen aufgefordert sich in Richtung Non-Territorialität zu entwickeln.

Die noch relativ junge österreichische Niederlassung wurde auf einer Fläche von ca. 500 m² in einem Wiener Altbau für 50 bis maximal 60 Mitarbeiter konzipiert. Das Workplace-Portfolio besteht aus etwa 25 Arbeitsplätzen.

Nach einem genauen Studium der für die Unternehmung typischen Arbeitsprozesse wurde gemeinsam mit den Betroffenen nach einem pragmatischen Mix gestrebt, der sowohl den gerade anwesenden Mitarbeitern großzügige Projekträume und -flächen zur Verfügung stellen sollte, als auch eine Vielzahl von Mehrfachnutzungen erlaubt, um die Fläche entsprechend vielseitig je nach Tagesbedarf einzusetzen. Gemeinsam mit den Nutzern wurden Nutzerprofile erarbeitet, für welche dann die entsprechenden „Bühneninszenierungen" geschaffen wurden. So gibt es die

a) Residents: jene Mitarbeiter, die – sobald ein Projekt feststeht – für eine bestimmte Dauer den für ihre Arbeit benötigten Raum und die notwendige Möblierung „anmieten" und für die Dauer des Projektes, welches etliche Monate dauern kann, einrichten.

b) Visitors: das sind Mitarbeiter, die an einem Projekt außer Haus arbeiten. Für Abstimmungsarbeiten, Forschung und Austausch mit den Kollegen kommen sie wöchentlich ins Büro. Der Visitor sucht sein Schließfach auf, in welchem er seine persönlichen Utensilien verstaut hat, und fährt sie mit einem dafür als Transportmittel vorgesehenen Caddy zu einer freien Arbeitsfläche, entweder in eine Einzelkoje oder aber an die Touch-Down-Bar, welche sich vor allem für kurze Aufenthalte eignet. Das Prinzip gilt für alle Hierarchien, Berater, Manager und Seniormanager gleichermaßen.

c) Guests: also jene Berater, welche zwar zum Konzern, aber nicht zu der Niederlassung gehören. Sie verhalten sich im Prinzip wie die Visitors, haben jedoch keinen Anspruch auf persönliche Boxen.

d) Das Backoffice: Trotz des hohen Außendienstes der Berater gibt es einen kleinen Teil der Mitarbeiterschaft, der dafür sorgt, daß die Niederlassung funktioniert und die Berater mit den notwendigen Diensten versorgt werden. Der Office Manager und sein Team belegen klassische, permanent reservierte, persönliche Arbeitsplätze.

Grundsätzlich gilt nun die „Rezeption" als Schaltstelle für das „Wer ist da?" und als Infostelle für jeden Mitarbeiter mit angrenzenden „Mailboxes" – herkömmliche, den Mitarbeitern persönlich zugeordnete Briefkästen für klassische Postsendungen, Dokumente, etc. Danach schließt der Bereich des Office Managements an, wo die Arbeitsplatzbelegung verwaltet wird, welche allerdings weitgehend in Selbstorganisation abläuft.

Je nach Tätigkeit und Projektdauer stehen den Mitarbeitern sogenannte „Partner-Boxes" (Einzelpersonenräume mit an sich fix zugeordneten Arbeitsflächen, mit geringem Außendienstanteil), der Meeting-Room (für Teambesprechungen bis Konferenzen) sowie Team- und Project-Rooms (absolut projektorientierte Arbeitsflächen, an denen ein Arbeiten von Kleingruppen bis zu großen Projektteams durch ein schnelles Umstellen der rollbaren Tische und ein Umstecken der EDV möglich wird) zur Verfügung. Außerdem kann in den Einzelkojen (Think-Tanks) konzentrierte Einzelarbeit geleistet werden. (Jede Belegung ist für einen befristeten Zeitraum vorgesehen und dient einer fluktuierenden Nutzergruppe, die im Regelfall einer ruhigeren, akustisch abgestimmten Arbeitssituation bedarf). Daneben schaffen „Touchdown-Bar" (eine Zone, an welcher man sich

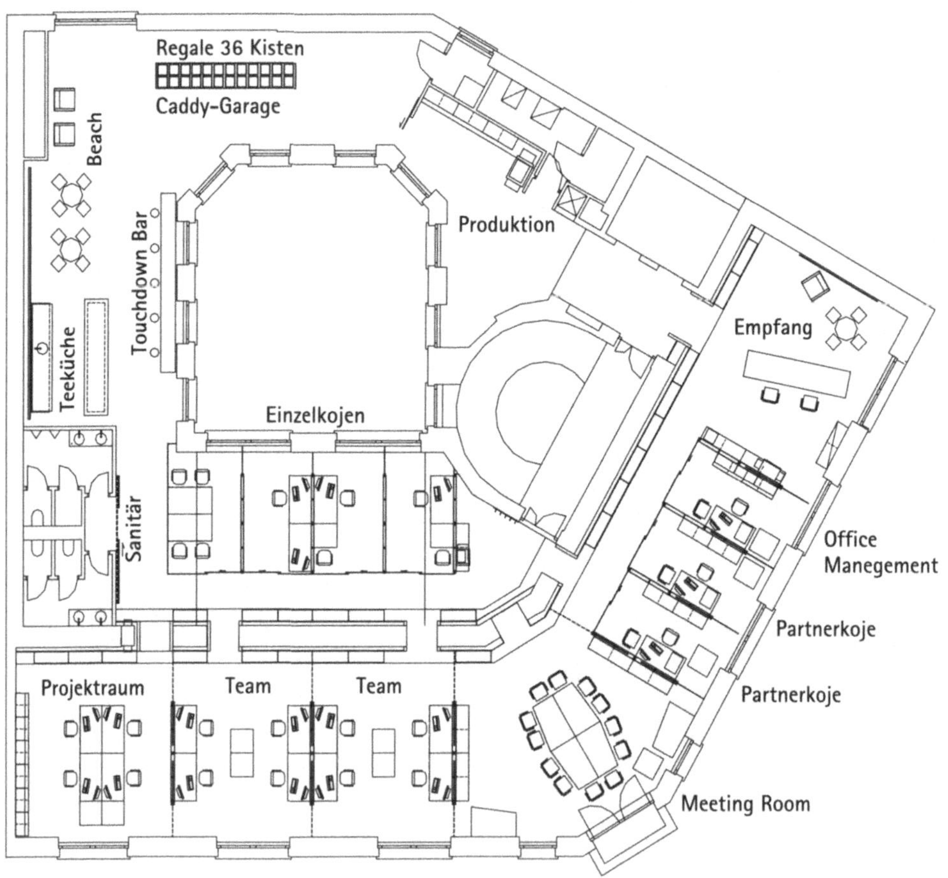

Abb. 3.3.2. Grundrißliche Darstellung. Ein Portfolio an unterschiedlichsten Räumen und Zonen steht den Mitarbeitern auf Abruf zur Verfügung. Durch genaue Bedarfserhebung und Arbeitsprozeßanalyse konnte der Portfolio so dimensioniert werden, daß trotz intensiver Flächenausnutzung Engpässe systematisch vermieden werden.

Abb. 3.3.3. Wesentliches Gestaltungselement ist eine hinterleuchtete Archivwand, welche sich vom Empfang bis tief in die Projekträume fortsetzt. Hier werden alle allgemein zugänglichen Dokumente abgelegt und stehen sämtlichen Benutzern zur Verfügung.

schnell mit dem Laptop ins Netz einloggen kann, ohne einen Arbeitsplatz zu beanspruchen) und die Cafeteria beziehungsweise ein Rekreationsbereich zusätzliche Möglichkeiten des Ausweichens und der kurzfristigen Belegung (Abb. 3.3.2., 3.3.4., 3.3.5.).

Um eine entsprechende Identifikation mit den neuen Räumlichkeiten zu schaffen – die Mitarbeiter sollten schließlich gerne und nicht notgedrungen ihre Kollegen aufsuchen – war die innenarchitektonische Gestaltung eine wichtige Komponente. Trotz der geringen Planungsfrist, die aus mietvertraglichen Gründen nicht verlängert werden konnte, wurde der Auswahl des geeigneten, die Anliegen der Firma verstehenden Architekten und der nachfolgenden Entwurfsphase viel Aufmerksamkeit geschenkt. Durch eine raffinierte Auswahl an Materialien und eine einfache, minimierte, aber pointierte Formensprache gelang es dem Wiener Architekten Tusnovics, die Unternehmenskultur auf der einen Seite und die Besonderheit des Altbaus inmitten der Wiener Altstadt zu einer spannenden und belebenden Atmosphäre zu verbinden, mit welchem sich das gesamte Beraterteam vollkommen identifizieren konnte (Abb. 3.3.3.).

Seit der Inbetriebnahme ist nunmehr ein Jahr vergangen, und das Büro hat bereits seine Feuerproben – so etwa der zeitlich befristete Zuzug eines sechzehnköpfigen Kollegenteams aus dem Ausland – erfolgreich bestanden.

3.3.7. Ausblick

Im deutschsprachigen Raum sind non-territoriale Arbeitsformen im Büro noch relativ selten. Vorreiter spielen Vertriebs- und Unternehmensberatungsorganisationen. Nicht zuletzt wegen des hohen Außendienstanteiles und der entsprechend geringeren Verhaftung mit dem angestammten Arbeitsplatz lassen sich unter solchen organisatorischen Voraussetzungen natürlich leichter neue Raumnutzungsformen erproben.

Ähnlich wie das Kombibüro vor 20 Jahren, haben gerade die skandinavischen Länder auch in diesem Feld wieder eine Vorreiterrolle übernommen. Das non-territoriale Konzept hat sich dort auch schon in zahlreichen anderen Branchen und Arbeitsbereichen bewährt. Dabei ist aber festzustellen, daß jedes Unternehmen sehr spezifische, unternehmenseigene Lösungen entwickelt. Das Pro-

zeßbüro von der Stange wird es ebensowenig geben können, wie es im Fertigungsbereich Firmen gibt, welche eine gänzlich idente Produktionslogistik aufweisen. Gerade der aus der Qualität der Organisation herausgearbeitete Unterschied ist es ja gerade, der meist den Wettbewerbsvorteil in einem gewissen Marktsegment zu sichern hilft.

Mit den immer zahlreicheren Anwendungsmöglichkeiten der Innovationen aus dem IT-Bereich, welche den Arbeitsprozeß immer stärker von räumlichen und zeitlichen Einschränkungen entkoppeln, erscheint jedoch in allen Arbeitsbereichen ein

Abb. 3.3.4. Unterschiedliche Projekträume können ad hoc miteinander verbunden oder voneinander getrennt werden. Eine flexible Ausstattung erlaubt auch das schnelle Umrüsten für neue Projektkonstellationen.

Abb. 3.3.5. Herzstück für informellen Austausch ist die Cafeteria, in welcher auch zahlreiche „Touchdown"-Arbeitsplätze das spontane Andocken ins Netz ermöglichen.

Aufweichen des alten Territoriendenkens unausweichlich. Das schlagende Argument ist dabei jenseits jeder Ideologie und persönlichen Einschätzung die beachtliche Dynamik und Anpassungsfähigkeit solcher neuartig organisierter Teams. Die verbesserte Wettbewerbsfähigkeit wird viele Firmen überzeugen, sich ebenfalls intensiver mit eigenen „New Ways of Working" zu beschäftigen.

3.3.8. Literatur und weitere Informationen

3.3.8.1. Literatur

Bartenbach Ch., Witting W.: Lichtdesign und Leistung. In: human-wareNEWS 1/96, Wien, 1996.

DeMarco T., Lister T.: Programmer Performance and the effects of the workplace. In: Proceedings of the 8th International Conference of Electrical and Electronics engineers. IEEE, New York, 1985, S. 268–272.

Friedl K., Kelter J., Kern P.: Bürolayout und Unternehmenserfolg. In: Office Management 6/92. Verlagsgruppe Handelsblatt, Düsseldorf, 1992.

Friedl K., Pongratz M.: Flächen- und Kostenoptimierung in Bürogebäuden. In: Facility Management 4/96, Bertelsmann-Verlag, Gütersloh, 1996, S. 26–30.

Kroner W., Stark-Martin J., Willemain T.: Using Advanced Office Technology to Increase Productivity. West Bend Mutual, West Bend, 1992.

Lorenz D., Friedl K.: Das Büro als reversibles System. In: Office Design. FBO-Verlag, Baden-Baden, 1993.

Pongratz M.: The Fractal Organisation of Factory and Office Work and its Consequences for the Company and the Individual. In: Human Factors in Organisational Design and Management IV. Elsevier Science B.V., Amsterdam, 1994, S. 17–22.

Pongratz M.: The Cost of Cost Savings. In: World Workplace Europe 99. IFMA, Göteborg, 1999.

Pongratz M.: Flexibel arbeiten mit nonterritorialen Bürokonzepten. In: Facility Management 1/99. Technopress/Bertelsmann-Verlag, Klosterneuburg, 1999, S. 30-32.

3.4. Facilitäre Planung

Büroplanung mit dem Nutzer im Focus
Karl Friedl, Martin Zelewitz

In aller Kürze

In Produktion und Logistik haben wir uns längst daran gewöhnt, daß Arbeitsabläufe und -prozesse genau strukturiert werden. Daß sich als direkte Folge daraus die notwendigen Gebäude nach den Vorgaben der „optimalen Organisation" richten müssen, ist eine Selbstverständlichkeit. Form follows function!

Wenn es jedoch darum geht, die Wertschöpfungsstätte der Dienstleistungsgesellschaft – das Büro – zu konzipieren, treffen wir zumeist auf eine ganz andere Realität: Die wesentlichsten Rahmenbedingungen wie Anzahl und Lage verschiedener Gebäudeteile, deren Dimensionen, usw. werden durch den Architekten häufig fixiert, ohne die „function", die Anforderungen und Bedürfnisse wirklich zu kennen. Diese fundamentalen Strukturentscheidungen sind dann nicht selten ein Zufallsprodukt aus der „allgemeinen Erfahrung" des Architekten und anderen „allgemeinen" Einflüssen wie der maximal möglichen Grundstücksverbauung oder auch den „allgemeingültigen" und somit verläßlichen Maßen von Parkplätzen. So entstehen Standard- bzw. Durchschnittsgebäude, die zwar von hoher architektonischer und technischer Qualität sein mögen, die Nutzungsqualität und somit die Basis für effiziente und produktive Büroarbeit ist jedoch in vielen Fällen mehr als dürftig.

Wie kann jedoch der Bauherr die mit einer Neudefinition des Raumes verbundenen Chancen für seine Organisation optimal wahrnehmen? Es gilt, ausgehend von den strategischen Zielen sowie auf der Basis einer sorgfältigen und zukunftsträchtigen Bedarfsplanung ein organisationsspezifisches Nutzungskonzept zu entwickeln. Die Verteilung des Gesamtbudgets auf einzelne Gewerke darf nur einem Grundsatz folgen: wie kann der höchste Bauherrennutzen erzielt werden. Im rasch wachsenden Konzert der Architekten, Fachplaner, Ausführenden, etc. muß eine gute und solide Projektorganisation sicherstellen, daß das angestrebte Konzept konsequent umgesetzt und nicht zusehends verwässert wird. Nebem dem baulichen Ablauf geht es nicht zuletzt darum, wie die Mitarbeiter eingebunden werden können und eine hohe Akzeptanz des Büroplanungsprojektes erzielt werden kann. Die Akzeptanz alleine ist zwar noch lange nicht alles, aber ohne Akzeptanz, Zufriedenheit und somit den Leistungswillen der Mitarbeiter ist alles andere – auch das beste Büro – nichts.

3.4.1. Büroplanung: eine Managementaufgabe

Modern strukturierte Unternehmen richten sich in allen Unternehmensbereichen konsequent nach den Grundsätzen von Produktivität, Effizienz und Effektivität aus. Längst ist erkannt, daß hierbei das Büro gleichsam als Ideenwerkstatt sowie als Kommunikations- und Koordinationszentrum eine zentrale Rolle spielt.

Die Aufgabe, vor der das Management steht, ist somit klar: In Zeiten des massiven und kontinuierlichen gesellschaftlichen so-

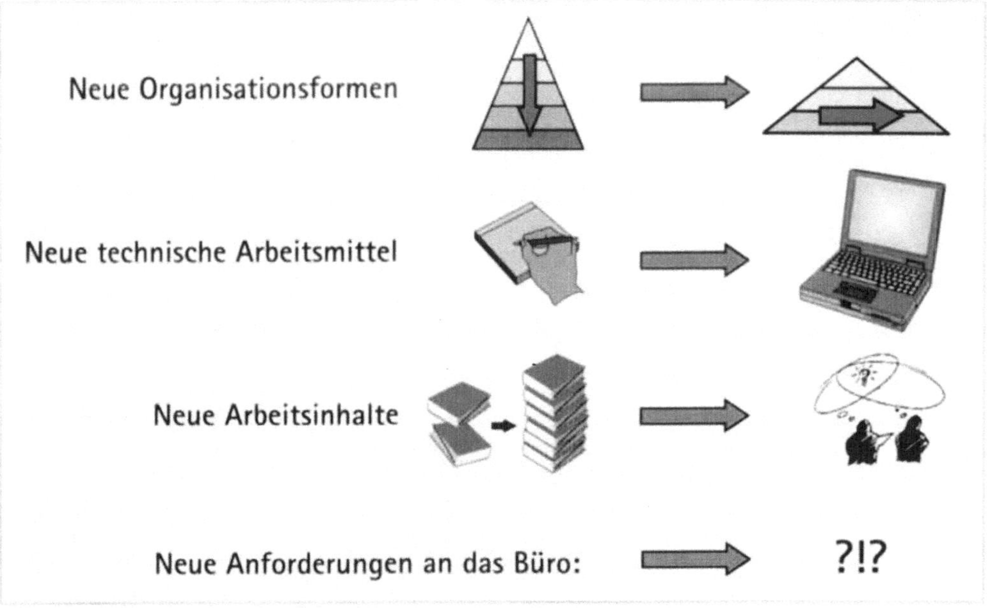

Abb. 3.4.1. Vom Verwaltungsgebäude zur Ideenwerkstatt

wie volks- und betriebswirtschaftlichen Wandels muß auch und gerade das Büro seinen Beitrag leisten, um im Sinne der wechselweisen Beeinflussung von Raum und Organisation optimale Mitarbeitermotivation und optimale Produktivität zu erreichen (siehe Abb. 3.4.1.)

Dieser eindeutig positive Zusammenhang zwischen einem an funktionalen Arbeitsanforderungen orientierten Büro einerseits und Produktivität andererseits konnte auch in Studien, wie z.B. derjenigen der West Band Mutual-Versicherung, eindrucksvoll nachgewiesen werden.[1]

Jedoch, Bauen kostet Geld. Im Blickpunkt des Interesses liegt beim potentiellen Bau-

herren anfänglich oft das zu budgetierende Investitionsvolumen. Dabei wird die Tatsache vernachlässigt, daß die Betriebskosten den weitaus größeren Kostenblock darstellen, egalisieren sie doch – je nach Projekt – die Investitionskosten in 7 bis 15 Jahren. Hinzu kommt, daß Fehleinschätzungen und Fehlentscheidungen bei Bauvorhaben in der Regel unmittelbare Verschlechterungen im Kosten-Nutzen-Verhältnis eines Gebäudes nach sich ziehen. Die Kostenstruktur eines Bürogebäudes wiederum entscheidet sich schwerpunktmäßig zu Beginn eines Büroplanungsprojektes.

Für das Kosten-Nutzen-Verhältnis ist das erste Planungsstadium maßgeblich, in dem weitreichende und tiefgreifende Kostenentscheidungen getroffen werden. Bauraster, Erschließungskonzept, Real- und Mietteilbarkeiten, Geschoßgröße, Platzierung von Sanitärkernen etc. – all dies sind strukturelle Entscheidungen, welche die Rahmenbe-

---

1 Kroner W., Stark-Martin J., Willemain, T.: Rensselaer's West Bend Mutual Study: Using Advanced Office Technology to Increase Productivity. The Center for Architectural Research (Hg.), Rensselaer, Troy, NY, 1992.

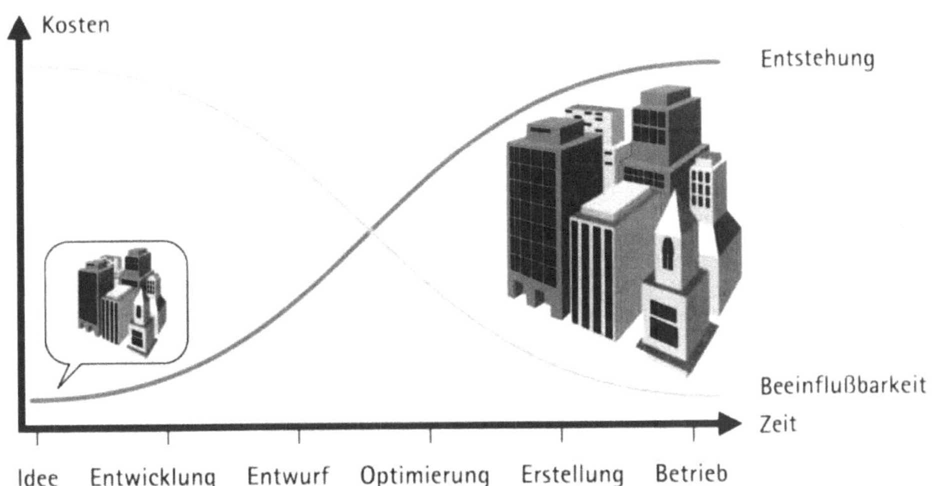

Abb. 3.4.2. Kostenentstehung und -beeinflußbarkeit

dingungen für die gesamte Nutzungsdauer eines Bürogebäudes von ca. 30 Jahren vorgeben. Zwar können einzelne ungünstige Strukturentscheidungen im Verlaufe der Umsetzung durch Improvisationen im Innenausbau und sogar im Betrieb kompensiert werden, die Grenzen des Manövrierspielraumes für das Betriebskostenmanagement werden allerdings ganz zu Beginn eines Bauprojektes gezogen.[2,3] Die Kosten solcher Korrekturen im nachhinein betragen stets ein Vielfaches dessen, was die strategische Planung viel günstiger erfüllen hätte können (siehe Abb. 3.4.2.).

Hinzu kommt, daß Bürobau und Büroplanungsaktivitäten für viele Unternehmen Projekte sind, bei denen nur ein Prototyp produziert wird und die weitab vom eigentlichen Kerngeschäft liegen. Budgetüberschreitungen und Verzögerungen sind häufig beobachtbare Auswirkungen davon, daß das Management eines Büroplanungsprojektes zunächst unterschätzt wurde.

3.4.2. Projektdefinition: Zieldefinition und Projektorganisation

Die Veränderungsdynamik von Organisationen bedingt Reversibilität der räumlichen Strukturen. Der Anspruch, ein funktionales Bürokonzept zu erzeugen, das die angestrebte Organisationsstruktur des Nutzers optimal unterstützt, muß sich in hohem Ausmaß an der einschätzbaren Zukunft der Organisation orientieren. Es gilt, den ständigen Wandel moderner Arbeitsprozesse so weit als möglich zu antizipieren und ein entsprechendes Problembewußtsein für die Managementaufgabe Büroplanung zu schaffen.

Wichtig ist daher, daß zu Beginn eines Projektes eine aktive Auseinandersetzung

---

2 Bullinger H.-J.: Integrationsmanagement. FBO-Verlag, Baden-Baden, 1989.

3 Pongratz M.: The Cost of Cost Savings. In: World Workplace Europe 99, IFMA, Brussels, 1999.

des Managements über die zu erreichenden Ziele stattfindet. Im Rahmen eines Zielekataloges ergeben sich strategische Orientierungen zu Zielfeldern wie Unternehmenskultur, Organisation, Mitarbeiter, Arbeitsqualität sowie Technik, insbesondere Informations- und Kommunikationstechnologie.

Neben der „qualitativen Projektausrichtung" durch die Projektziele müssen in der Projektdefinitionsphase sämtliche organisatorischen und baulichen Rahmenbedingungen ausgelotet werden. Parallel dazu werden Grobbudgets und -terminpläne festgelegt.

Eine gute Projektorganisation begleitet ein Bauprojekt von der ersten Idee bis zum Einzug. Analog zu den Entscheidungs- und Verantwortungsstrukturen in einem Unternehmen reflektiert die Projektorganisation die Unterscheidung in Projektmanagement- und Entscheidungsebene. Sie definiert die Kompetenzen der einzelnen Projektbeteilig-

ten und Teams sowie die notwendigen Nahtstellen.

Die Projektorganisation – bei Großprojekten in Form eines Organisationshandbuches dokumentiert – stellt sicher, daß das Projekt in allen Phasen sicher auf Kurs gehalten werden kann und nicht im Zusammenspiel von unternehmensinternen Interessensgruppen wie Management, Mitarbeitervertretung, etc. und der Vielzahl externer Beteiligter wie Bauherrenberater, Architekten, Fachplaner, etc. im Chaos versinkt (siehe Abb. 3.4.3.).

3.4.3. Bedarfsplanung

Bürogestaltung ist Organisationsgestaltung und umgekehrt. Nur wenn alle notwendigen Quantitäten und Qualitäten erfaßt und strukturiert werden, ist eine gute Basis für das organisationsspezifische Entwickeln

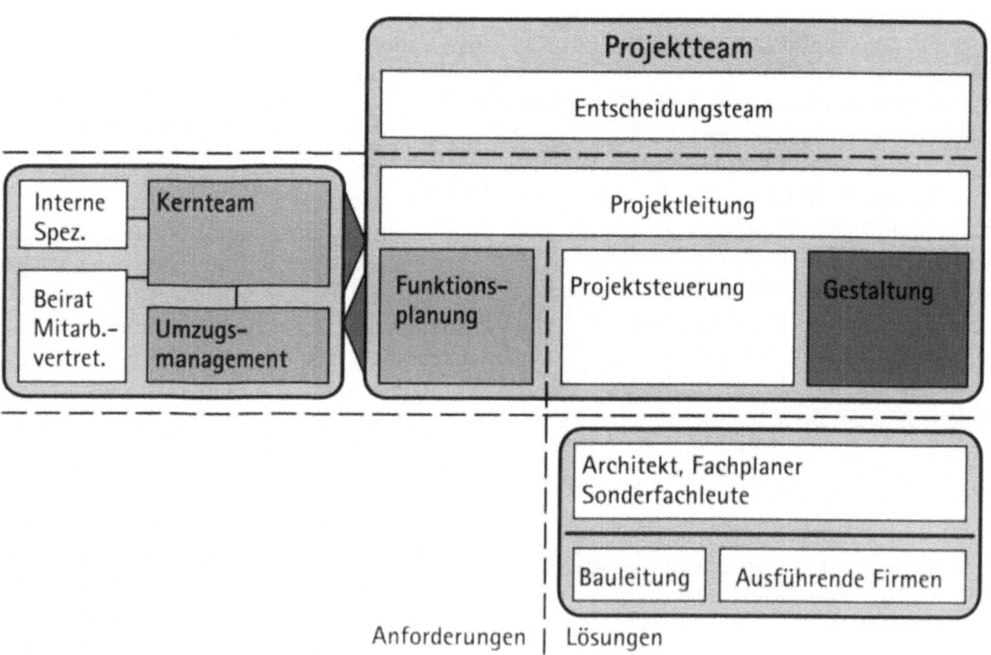

Abb. 3.4.3. Projektorganisation

eines Nutzungskonzeptes vorhanden. Je klarer zu Beginn die spezifischen Anforderungen einer Organisation herausgearbeitet werden und je zielgenauer diese in ein Nutzungskonzept übergeführt werden, desto optimaler ist letzten Endes die Gebäudelösung.

Aus den erarbeiteten Projektzielen folgt meist, daß es nicht Sinn und Zweck sein kann, die Ist-Situation in die Zukunft fortzuschreiben. Vielmehr geht es darum, alle wesentlichen Inputs, die eine Auseinandersetzung mit der Zukunft ermöglichen, systematisch zu sammeln und zu verarbeiten.

Sowohl um eine globale, umfassende Sichtweise erzeugen zu können, als auch um dem Anspruch des partizipativen Ansatzes gerecht zu werden,[4] werden in die Bedarfsplanung alle Organisationseinheiten des Unternehmens eingebunden. Ziel kann es jedoch nicht sein, mit einer „Flüstertütenmentalität" individuelle Wünsche der einzelnen Mitarbeiter aufzunehmen. Das Spannungsfeld von notwendiger individueller Gestaltung auf der einen Seite und standardisierter Administration auf der anderen Seite ist ökonomisch vertretbar nur dann in den Griff zu bekommen, wenn die Summe der Wünsche des Einzelnen gezielt strukturiert wird. Die Erfahrung zeigt, daß sich dabei als Erhebungsmethode standardisierte Interviews mit ausgewählten Führungskräften und Schlüsselpersonen bewährt haben. Themen sind dabei Aufgaben und Arbeitsprozesse, Kommunikationsströme, Mitarbeiteranzahl und -entwicklung, notwendige Arbeitsplätze sowie Aufgabengruppen und Funktionszuordnungen.

Alle im Rahmen dieses Bottom-up-Prozesses gewonnenen Informationen werden im Kernteam – bei Bedarf unter Einbindung

der unternehmensinternen Spezialisten (z. B. EDV) – kritisch hinterfragt und verdichtet, um schlußendlich als Planungsgrundlage für das Nutzungskonzept verabschiedet zu werden.

3.4.4. Das Nutzungskonzept, Gebäude- und Ausstattungsstandards

Das Nutzungskonzept ist die räumliche, funktionale Beschreibung des noch nicht existenten Büroobjektes. Auf Basis der Ergebnisse der Bedarfsanalyse lassen sich für die definierte Soll-Struktur der Organisation räumliche Entsprechungen ableiten. Ziel ist es, Rahmenbedingungen zu schaffen, die möglichst alle zu erwartenden Anforderungen der Nutzerzielgruppen im Laufe ihrer sich verändernden Organisation befriedigen können.

3.4.4.1. Definition einer Soll-Struktur

Möglichst wenige, aus konkreten Nutzungsszenarien abgeleitete Bausteine werden nach vereinbarten Planungsregeln so verbunden, daß die jeweils aktuellen betrieblichen Anforderungen befriedigt werden können (siehe Abb. 3.4.4.).

Der im Rahmen der Bedarfsplanung festgestellten organisatorischen Soll-Struktur werden dann räumliche Lösungen in Form von Standards auf Arbeitsplatz-, Raum-, Gebäudebereichs- sowie Gesamtgebäudeebene gegenübergestellt.[5]

Für die Bürotrakte des Gebäudes leitet sich aus diesen Überlegungen ein Planungsraster ab, der für alle weiteren Projektphasen eine verbindliche Zielvereinbarung darstellt (siehe Abb. 3.4.5.).

---

4 Siehe auch Abschnitt 3.4.6. dieses Beitrages: Akzeptanzsicherung.

5 Lorenz D., Schneider F., Struhk H.: Lean-Office – Die ganzheitliche Optimierung im Büro. Akzente Studiengemeinschaft, München, 1994.

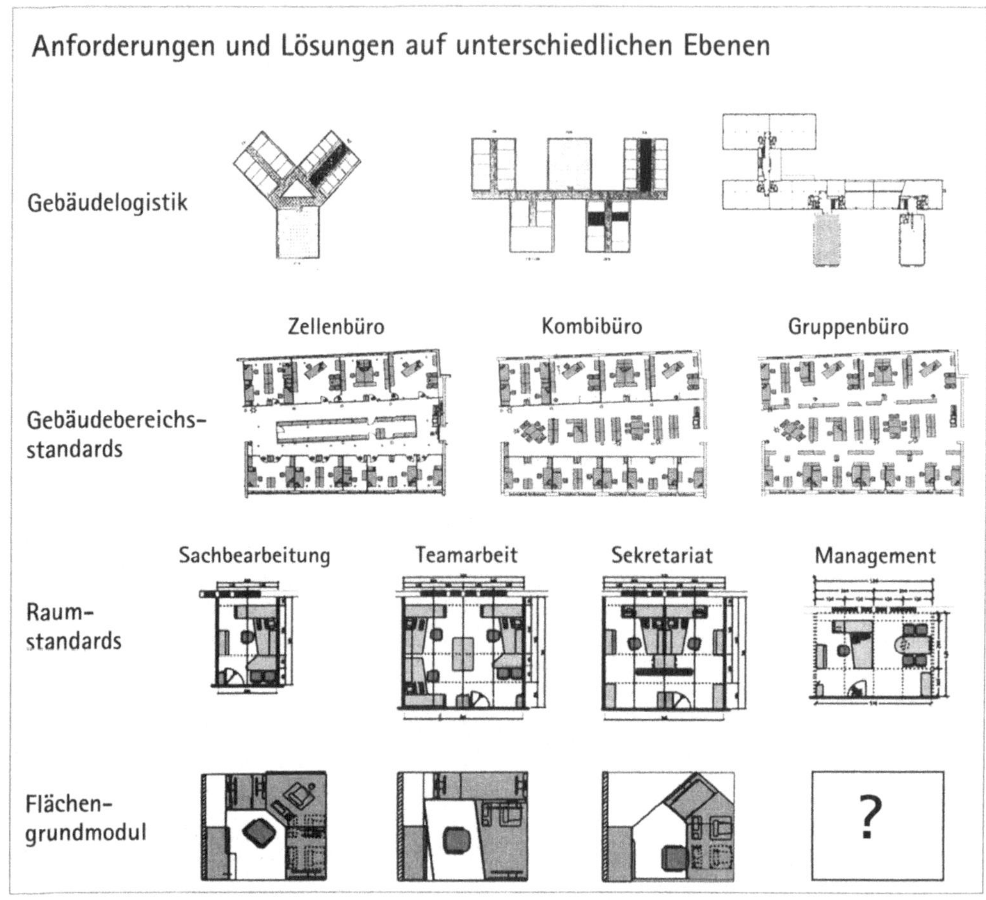

Abb. 3.4.4. Nutzungskonzept

3.4.4.2. Der Planungsraster

3.4.4.3. Exkurs: Büroformen

Die polare Dogmatik der Büroformendiskussion hat sich als nicht zielführend erwiesen. Nicht Zellenbüro, Gruppenbüro oder Kombibüro liefern für sich allein ausreichend Lösungskompetenz. Oft ist es notwendig, daß die verschiedenen Ansätze in Mischformen ständig neu kombiniert werden können. Dieser Reversibilität – dem vorgedachten Wechsel von einer Büroform in die andere – kommt somit entscheidende Bedeutung zu. Gleichzeitig ist jedoch unbestritten, daß der Trend weg von der abgeschotteten Form des Zellenbüros hin zu kommunikativeren Büroformen wie dem Kombibüro geht[6] (siehe Abb. 3.4.6.).

---

6 Daniels K., Schneider F., Sommer H., Struhk H.: Das Kombi-Büro – Büroraumkonzept mit Zukunft. Akzente Studiengemeinschaft, Oberammergau, 1996.

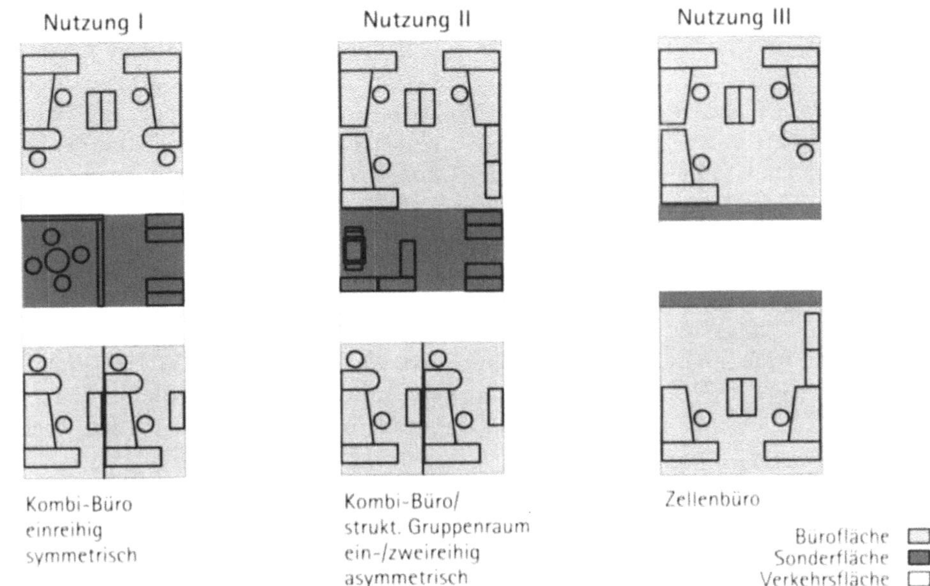

Abb. 3.4.5. Der Planungsraster

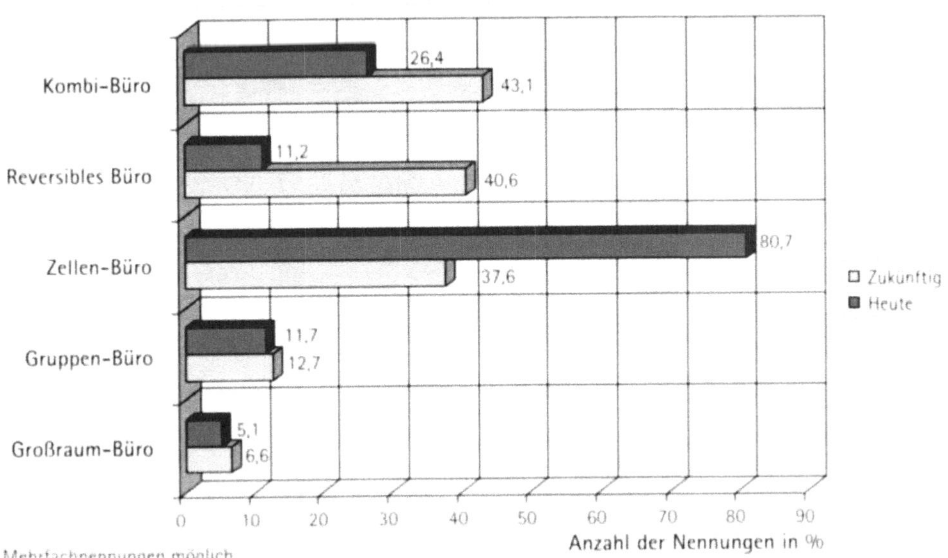

Abb. 3.4.6. Nachfrageverhalten nach Büroraumarten und Entwicklung von Büroformen (Quelle: Dresdner Bank Immobiliengruppe RESEARCH 1999)

Wichtig ist, daß sich der Bauherr darüber im klaren ist, welche Büroformen primär von ihm genutzt werden sollen: Gerade die fundamentalen Dimensionen eines Baukörpers wie Trakttiefe und Achsmaß stehen im engen Zusammenhang mit dem angestrebten Nutzungskonzept und somit auch mit den angestrebten Büroformen. Im Sinne von Überlegungen zur Flächenwirtschaftlichkeit werden Kosten-Nutzen-Optimierungen verstärkt für jene Büroformen erfolgen, welche einen höheren Anteil in der Nutzung haben werden.

3.4.4.4. Festlegung von Prioritäten

Im nächsten Schritt werden die angestrebten Qualitäten in allen Gewerken festgelegt (siehe Abb. 3.4.7.). Um innerhalb des Budgetrahmens zu bleiben, muß der Bauherr zu diesem Zeitpunkt wohlüberlegte Prioritäten setzen, denn die einzelnen Gewerke haben je

nach Ausprägung und Qualität ganz unterschiedliche Anteile am Gesamtbudget: Zum Beispiel kann die Fassade je nach Gestaltung zwischen 10 und 25 % oder der Haustechnikbereich zwischen 6 und 20 % der Investitionskosten in Anspruch nehmen.

Wesentlich ist, transparent zu machen, wie wichtig dem Bauherren eine repräsentative Fassade, ein optimaler Sonnenschutz, ein flexibler Bodenaufbau etc. ist und welche Budgetimplikationen sich daraus ergeben. Auf diese Art und Weise gelingt es, in einem iterativen Prozeß die für diesen Bauherren optimale Kosten-Nutzen-Kombination zu fixieren.

3.4.5. Architekturauswahl und Entwurfsoptimierung

Nun geht es darum, mit welchem Architekten das Bauvorhaben verwirklicht werden soll. Auf Basis des Nutzungskonzeptes kann ein

Gewerkübergreifende Betrachtung der Wertigkeiten

	Statisches Konzept Kerne	15–20 %	
Lochfassade	Fassade	10–25 %	Glasfassade
Markisoletten	Sonnenschutz/ Blendschutz	2–11 %	bewegliche Glaslamellen
Radiatoren, Sonderflächen be-/entlüftet	Heizung/Lüftung/ Kühlung	6–20 %	Kühlung/Lüftung voll konditioniert
Estrich, Unterflurkanäle	Bodenaufbau/ Verlegesystem	3–5 %	Doppelboden
Spiegelraster herkömmlich verdrahtet	Elektrobeleuchtung	6–12 %	Direkt/Indirekt BUS-Installation
Gipskarton	Wandsysteme	6–10 %	flexible Wände mit Glasanteil

Abb. 3.4.7. Qualität und Flexibilität

Entwurf: Allmann Sattler Wappner, München

Entwurf: Schneider+Schumacher, Frankfurt

Entwurf: Struhk und Partner, Frankfurt

Entwurf: Ingenhoven Overdiek
Kahlen und Partner, Düsseldorf

Abb. 3.4.8. Verschiedene Entwürfe für Wettbewerb Bürohaus Unterföhring Park, Bayerische Rückversicherung Aktiengesellschaft, München

klar definiertes Briefing formuliert werden, das die Kreativität des Entwurfes nicht einengt, sondern nur zielorientierter und damit qualitativ anspruchsvoller macht. Wie das nachfolgende Beispiel zeigt, führt ein und dasselbe funktionale Briefing zu gänzlich unterschiedlichen Architekturkonzepten.

Um eine gewisse Wahlmöglichkeit sicherzustellen und angesichts dessen, daß sich ein Büroneubau- oder -umbauprojekt in der Regel über mehrere Jahre erstreckt und intensive Zusammenarbeit mit dem Architekten erfordert, empfiehlt es sich in jedem Fall, mehrere Architekten zur Entwurfserstellung

einzuladen (siehe Abb. 3.4.8.). Je nach Projektgröße beziehungsweise nach Auftraggeber – öffentlich-rechtlich oder privat – wird es sich dabei um das Einholen von Planungsgutachten, Verhandlungsverfahren oder um einen Architektenwettbewerb handeln.

3.4.5.1. Architekturwettbewerb: Bürohaus Unterföhring Park

Nach erfolgreicher Auswahl eines Entwurfes (siehe Abb. 3.4.9.) müssen nun gemeinsam mit dem Architekten Dimensionen, Wege, Kerne und statische Elemente im Gebäude

Abb. 3.4.9. Der gewählte Entwurf: Bothe Richter Teherani, Hamburg

aus den funktionalen Überlegungen der Nutzung optimiert werden. Neben der Diskussion der Bürotrakte werden auch die allgemeinen Sonderflächen wie Eingangshalle, zentrale Besprechungsräume, Casino, etc. einem Optimierungsprozeß unterzogen. Ergebnis ist eine auf die Bedürfnisse des Bauherren angepaßte Genehmigungsplanung.

Parallel dazu werden Systementscheide von Infrastruktur- und Ausstattungsqualitäten herbeigeführt: hier geht es darum, die Anforderungen an das Gesamtkonzept zu detaillieren und daraus die Anforderungen an die einzelnen Teilgewerke abzuleiten. Konkret bedeutet das die Diskussion der Anforderungen an die Gebäudeinfrastruktur (Klimakonzept, Brandschutz und Sicherheitstechnik, EDV-Dienste/Verlegesystem, Sonnenschutz, Deckensystem) und Entwicklung der Ausstattungsstandards (Bürobe-

leuchtung, Klimasteuerung, Wandsysteme, Bodenbeläge, usw.).

3.4.6. Akzeptanzsicherung

Ein Bürokonzept betrifft alle Mitarbeiter und ein Bürokonzept funktioniert nur dann, wenn es von den Mitarbeitern angenommen und „gelebt" wird. In vielen Fällen bringen neue Bürokonzepte gravierende Veränderungen im Vergleich zur bis dato gewohnten Arbeitsumgebung. Unsicherheit und Ablehnung gegenüber neuen, unbekannten, innovativen Ideen können entstehen. Daher ist gerade die möglichst frühe Einbindung der Mitarbeiter in den Entstehungsprozeß eine wichtige Chance, subjektiven Ressentiments entgegenzuwirken.

Partizipation ist in diesem Zusammenhang der entscheidende Impuls, auf den das

Projekt von allem Anfang an ausgerichtet sein sollte: In der Projektorganisation kann berücksichtigt werden, daß Vertreter der einzelnen Organisationseinheiten in den Arbeits- und Entscheidungsteams mitwirken. Diese stellen quasi als Katalysatoren den permanenten Kontakt zu den Mitarbeitern her und können daher bereits in der Phase der Konzepterarbeitung sicherstellen, daß wesentliche Anliegen von vornherein berücksichtigt werden. Im Rahmen eines umfangreichen Kommunikationskonzeptes können die Mitarbeiter über den Projektprozeß, bereits erarbeitete Grundlagen sowie den aktuellen Projektstand informiert werden. Jeweils nach Meilensteinentscheidungen bietet sich die Chance, in Form von Mitarbeiterinformationsveranstaltungen (siehe Abb. 3.4.10.) entsprechend in die Breite zu gehen, Transparenz herzustellen und die erarbeiteten Grundlagen bei den Mitarbeitern vorzustellen. Zusätzlich hat es sich bewährt, das zukünftige Büroumfeld über Bemusterungen und Studienreisen „begreifbar" beziehungsweise „erlebbar" zu machen, noch lange bevor es Realität geworden ist.[7]

3.4.7. Organisatorische Umsetzung

Wer – welcher Bereich, welche Abteilung, welches Team und letzten Endes welcher Mitarbeiter – kommt wohin? Das ist die entscheidende Frage in der Phase der organisatorischen Umsetzung.

Im ersten Schritt – der Flächenzuordnung – geht es darum, die Anordnung der Abteilungen im Haus zu fixieren (siehe Abb. 3.4.11.). Um eine möglichst sinnvolle Posi-

7 Kern P., Lorenz D.: Von innen nach außen. Mitarbeiterorientierte Planung von wirtschaftlichen und zukunftssicheren Bürogebäuden. In: Office Management 10/1990, Düsseldorf, S. 55–63.

Abb. 3.4.10. Mitarbeiterinformationsveranstaltung zum neuen Bürokonzept bei EA Generali, Wien

tionierung der Abteilungen zueinander zu erreichen, werden als wichtige Entscheidungsparameter Arbeitsprozeßdiagramme sowie eine Analyse der Kommunikationsströme herangezogen. Da mitunter nicht allen wünschenswerten Anbindungen Rechnung getragen werden kann, werden bei Bedarf unterschiedliche Szenarien erarbeitet und im Team Prioritäten fixiert.

Auf Basis einer verabschiedeten Flächenzuordnung kann – wiederum unter Berück-

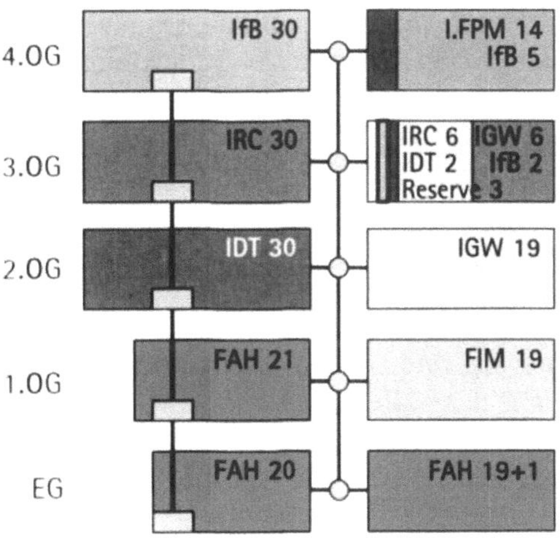

Abb. 3.4.11. Flächenzuordnung

sichtigung der Arbeitsprozesse – eine Anordnung der für eine Abteilung vorgesehenen Flächen und Räume jeweils innerhalb „ihrer Fläche" erfolgen. Aus diesem Masterplan werden neben Wandstellungen bereits Maße für Möbel- und Wandbestellungen abgeleitet. In der anschließenden Detailplanung können die vorgesehenen Raumstandards mit den Mitarbeitern besprochen und auf spezielle Bedürfnisse adaptiert werden. Als Ergebnis steht eine, sich über das gesamte Bürohaus erstreckende, bis ins letzte Detail gehende Planung für die Erstnutzung zur Verfügung.

3.4.8. Facility Management

Empfehlenswert ist es, projektbegleitend ein Betriebskonzept aufzubauen, welches neben den baulichen Voraussetzungen auch ein internes Regulativ umfaßt, das die Nutzenpotentiale voll ausschöpft. Es gilt Services rund um das Gebäude und dessen Infrastruktur zu bündeln, um interne Anlagen und Dienste wirtschaftlich und effizient betreiben zu können, klare Zuständigkeitsstrukturen beziehungsweise Ansprechpartner zu definieren sowie Kostentransparenz zu schaffen.

Am Beginn erfolgt eine Analyse der bestehenden Ablauforganisation und der Kosten, wobei im deutschen Sprachraum noch immer die Aufteilung der Aufgaben auf die verschiedensten Bereiche der Organisation dominieren. Der dabei entstehende Abstimmungs- und Koordinationsaufwand ist dementsprechend groß. Ein Überblick über die Gesamtkosten einzelner Projekte wird dadurch schwer möglich. Es bietet sich daher an, eine zentrale FM-Serviceorganisation[8] zu schaffen, die die wesentlichen internen Serviceaufgaben effizient und kostenoptimierend übernimmt. Grundlage für den Erfolg dieser Serviceorganisation ist ein an-

---

8 FM = Facility Management.

forderungsgerechtes Datenmaterial, was den Betrieb, die Ausstattung und die Servicierung des Büroobjektes betrifft. Gerade während der Planung bis hin zur späteren Besiedelung können solche Informationen prozeßbegleitend und somit kostengünstig zusammengestellt werden. Im Sinn eines kaufmännisch orientierten Mobilien- und Flächenmanagements unterstützen Computer Aided Facility Management Systeme die Erfassung, Steuerung und Dokumentation von Wartung und Instandhaltung, die Integration einer Dokumentenverwaltung sowie der zentralen Gebäudeleittechnik.

Während des laufenden Betriebes kommt es darauf an, den aktuellen Informationsstand beziehungsweise die Qualität der Daten gleichbleibend hoch zu halten, wobei das FM-Konzept die kontinuierliche Aktualität sichert und Schnittstellen zu kaufmännischen und technischen Vorsystemen den Pflegeaufwand gering halten.

3.4.9. Literatur und weitere Informationen

3.4.9.1. Literatur

Bullinger H.-J.: Integrationsmanagement. FBO-Verlag, Baden-Baden, 1989

Daniels K., Schneider F., Sommer H., Struhk H.: Das Kombi-Büro – Büroraumkonzept mit Zukunft. Akzente Studiengemeinschaft, Oberammergau, 1996.

Kern P., Lorenz D.: Von innen nach außen. Mitarbeiterorientierte Planung von wirtschaftlichen und zukunftssicheren Bürogebäuden. In: Office Management 10/1990, Düsseldorf, S. 55–63

Kroner W., Stark-Martin J., Willemain,T.: Rensselaer's West Bend Mutual Study: Using Advanced Office Technology to Increase Productivity. The Center for Architectural Research (Hg.), Rensselaer, Troy, NY, 1992.

Lorenz D., Schneider F., Struhk H.: Lean-Office – Die ganzheitliche Optimierung im Büro. Akzente Studiengemeinschaft, München, 1994.

Pongratz M.: The Cost of Cost Savings. In: World Workplace Europe 99. IFMA, Brussels, 1999.

3.5. New Work

Neue Arbeitswelten – Neue Bürowelten

Werner Hungenberg

In aller Kürze

Neue Anforderungen des Marktes und Wettbewerbes, Veränderungen von Arbeits- und Organisationskonzepten, Innovationsschübe im Bereich der Informations- und Kommunikationstechnologien, gestiegene Ansprüche an Flexibilität und Effektivität bewirken auch Veränderungen von Führungsaufgaben, Mitarbeiterkompetenzen und Teamarbeitsformen. Diese NEW WORK-Bedingungen haben auch unmittelbare Konsequenzen für die Art und Weise, wie eine dafür geeignete Arbeitsumwelt und die darin integrierten Arbeitsplätze gestaltet sein müssen. Dieser Beitrag begründet und erläutert die Anforderungen an ein zukunftsgerechtes „Multistruktur-Büro", welches eine Reihe von Merkmalen erfüllen muß. Dazu gehören die flexible Nutzbarkeit für Denk-, Kommunikations- und Teamprozesse, Rückzugs- und Regenerationsmöglichkeiten, die Integration von Desk-Sharing-Konzepten, die entsprechende Variabilität von Raumformen und Arbeitsplätzen, die ergonomische Qualität zur Gewährleistung von leistungsförderlichen Umfeldbedingungen und die Flächenökonomie. Ansatzpunkte zur Planung solcher NEW WORK-Bürokonzepte werden dargestellt.

3.5.1. Neue Arbeitswelten – Neue Bürowelten

Die Dynamik globaler Märkte verlangt neue, angepaßte Strategien. Entwicklungen, über die schon an anderer Stelle berichtet wurde.[1] Im Büro lösen sie nicht nur neue Arbeitsmethoden aus, das sogenannte „NEW WORK", sondern verändern damit auch Büro-Arbeitsplatz und Büro-Umwelt. Denn Vertrieb und Verwaltung müssen den oft hektischen Aktivitäten des internationalen Geschäfts mit Flexibilität und Effektivität begegnen. Daher stehen sowohl Organisation und Führung der Unternehmen, als auch die Mitarbeiter vor neuen Herausforderungen. Und die Arbeitsmittel müssen dieser veränderten Situation gerecht werden, soll das Büro auch in Zukunft „Werkzeug der Aufgabenerfül-lung" sein, das zu neuen, wettbewerbsorientierten Kostenstrukturen beiträgt.

3.5.1.1. Nichts kann Organisation ersetzen

Sie muß jedoch dynamisch sein. Für schnelle Entscheidungen auf aktueller Grundlage benötigen die Akteure einen flexiblen Handlungsrahmen, Überblick über das Geschäft insgesamt und entsprechende Entscheidungs-Kompetenzen. Neue Organisationsformen sind erkennbar (siehe Tabelle 3.5.1.).

3.5.1.2. Führung im „Laissez-faire"-Stil ist keine Alternative

Die Führungs-Konzeptionen jedoch müssen neue Organisationsformen und Arbeitsmethoden sowie das gewachsene Selbstbewußtsein beziehungsweise das Selbstver-

---

[1] Siehe Kapitel 3.1 und 3.2

ständnis eigenverantwortlich handelnder Mitarbeiter mit größeren Entscheidungsspielräumen berücksichtigen. Diese lassen sich nicht nach konventionellen Methoden leiten, allenfalls behutsam führen. So weisen für die Zukunft alle Zeichen auf kooperative Führungs-Konzeptionen (siehe Tabelle 3.5.2.).

3.5.1.3. Mitarbeiter sind Unternehmer

Was natürlich nicht für alle gelten kann. Mehr Selbstständigkeit für ein breiteres Aufgaben-Spektrum braucht mehr Kompetenz, bedingt jedoch auch mehr Verantwortung und mehr persönliches „unternehmerisches" Engagement. Viele Mitarbeiter müssen sich NEW WORK durch eine höhere persönliche Qualifizierung stellen – die in der

Regel jedoch auch mit mehr Zufriedenheit, einem höheren Selbstwertgefühl und größerer Selbstbestätigung verbunden ist (siehe Tabelle 3.5.3.).

3.5.1.4. Die Arbeitsmittel sind universell einsetzbar

Eine Entwicklung, die in der Praxis zunehmend an Bedeutung gewinnt. Werden doch herkömmliche Arbeitsmittel – sowohl Informations- und Kommunikationstechnik als auch Arbeitsplatz und Büroraum – den zukünftigen Ansprüchen in der Regel nicht mehr gerecht. Daher ist gerade auf diesem Gebiet eine rapide Veränderung der Arbeitswelt festzustellen (siehe Tabelle 3.5.4.).

Und weil mit neuen Arbeitsmitteln die qualitativen Anforderungen an den Men-

Integrierte Teamarbeit	statt isolierter Einzelleistung
Prozeß-Organisation	statt Verrichtungsgliederung
Dezentrale Organisation und Telearbeit	statt zentraler Strukturen
Ad-hoc-Arbeitsgruppen	statt fester Organisations-Einheiten
Virtuelle Organisationen	statt „klassischer" Arbeitsmodelle

Tabelle 3.5.1. Dynamische Märkte – flexible Organisationsstrukturen

Selbstständige Aufgabenkomplexe	statt einzelner Arbeitsaufträge
Zielvereinbarung und -kontrolle	statt Arbeitsanweisung und Kontrolle
Fach- und Team-Kompetenz	statt Hierarchie-Kompetenz
Ergebnis-Kontrolle	statt Anwesenheits-Kontrolle
Flexibles Zeitmanagement	statt fester Arbeitszeiten

Tabelle 3.5.2. Flexible Organisationsstrukturen – kooperative Führung

Fachlich qualifizierte Generalisten	statt Verrichtungs-Spezialisten
Erfüllung komplexer Aufgaben	statt kontrollierter Einzelarbeit
Selbstständigkeit und Eigenverantwortung	statt Arbeit nach Anweisung
Projektarbeit in wechselnden Teams	statt Abteilungs-Geborgenheit
Wechselnde Arbeitswelten (Nomaden)	statt Büro-Heimat (Residenten)

Tabelle 3.5.3. Kooperative Führung – qualifizierte Mitarbeiter

Mehr I- und K-Technik	statt aufgabenspezifischer Büromaschinen
Dokumenten-Management-Systeme (DMS)	statt konventioneller Registraturen
Multifunktionale Bürotechnik	statt monostrukturierter Bürotechnik
Prozeßbearbeitung per Internet	statt Beschränkung auf Intranet-Strukturen
Globale Vernetzung	statt ausschließlich unternehmensinterner Datennetze
Offener Daten-Zugang für Geschäftspartner	statt abgeschottete Systeme

Tabelle 3.5.4. Qualifizierte Mitarbeiter – universelle Arbeitsmittel

schen und damit auch seine physische und psychische Belastung steigen, gilt es, ihm – dem primären Leistungsträger im Büro – optimale Arbeitsbedingungen zu bieten, damit er seine volle Leistungsfähigkeit entfalten kann.

Dazu gehören aber nicht nur die richtigen Unterlagen, aussagefähige Registraturen, aufgabengerechte Geräte oder eine leistungsstarke Informations- und Kommunikationstechnik. Ist es doch längst kein Geheimnis mehr, daß motivierte Mitarbeiter eine höhere Arbeitsqualität erbringen. Also muß die Gestaltung der Bürowelt einem ganzheitlichen Ansatz folgen. Zusätzlich zu Geräten und Technik sind es Arbeitsplatz und Arbeitsumwelt, die zur Beschleunigung der Arbeitsvorgänge beitragen, bei der Erhaltung der menschlichen Gesundheit helfen – und dadurch erst Leistungsfähigkeit und Leistungsbereitschaft der Mitarbeiter fördern beziehungsweise sichern.

3.5.2. Konsequenzen für Arbeitsplatz und Arbeitsumwelt

In Anpassung an die beschriebenen Entwicklungen sind auch Arbeitsplatz und Raum erheblichen Veränderungen unterworfen.

3.5.2.1. Erweiterte Arbeitsplatz-Konzepte

- In erster Linie stellen sich verschärfte Anforderungen an die Arbeitsplätze. Sie benötigen eine hohe funktionale Qualität: jeder Arbeitsplatz muß sich flexibel den individuellen Anforderungen – und später auch den mit Sicherheit zu erwartenden Veränderungen von Arbeitsprozessen und technischen Arbeitsmitteln – anpassen lassen.

- Weiterhin ist seiner ergonomischen Qualität erhöhte Bedeutung zuzumessen: durch schnell bedienbare Ein- und Verstell-Technik ist jederzeit die Anpassung an die körperlichen Gegebenheiten der Benutzer beziehungsweise an ihre temporäre Befindlichkeit – und damit der Schutz ihrer Gesundheit sowie die Stärkung ihrer Leistungsfähigkeit und Leistungsbereitschaft zu gewährleisten.

- Darüber hinaus müssen die Arbeitsplätze eine flächenökonomische Raumnutzung erlauben und dadurch zu maximaler Kostenqualität der Verwaltung beitragen. Wobei – dies gilt bei steigenden Personal- und Technikkosten in Zukunft noch mehr, als in der Vergangenheit – den Verantwortlichen bewußt sein muß, daß nicht unbedingt der Arbeitsplatz mit der geringsten Flächenbelegung der beste ist, sondern derjenige, der aufgrund seiner funktionalen und ergonomischen Qualität seinem Nutzer die beste Leistung erlaubt.

- Zusätzlich sind für so genannte „Ad-hoc-Teams" mobile Arbeitsplätze erforderlich – was nicht unbedingt Fahrbarkeit auf Rollen voraussetzt. Ein und dieselben Arbeitsplätze werden von verschiedenen Mitarbeitern – den wechselnden Teammitgliedern – im „Desk Sharing"-Betrieb genutzt und müssen innerhalb des Raums nach Bedarf leicht und einfach zu sich ständig verändernden funktionalen Einheiten zusammengestellt werden können.

- Der bisher übliche Unterschrank wird abgelöst von einem mobilen Container, dem sogenannten „Caddy". Die Mitarbeiter fahren ihn während der Arbeit zu ihrem Arbeitsplatz, „parken" ihn jedoch während ihrer Abwesenheit an einer hierfür ausgewiesenen Stelle im Raum.

3.5.2.2. Neue Raum- und Gebäude-Strukturen

- Ähnliche Prämissen gelten für Raum und Gebäude. Wenn zum Beispiel feste Wände die Projektgruppen in ihrer internen Kommunikation behindern, sind größere Räume mit dynamischen Strukturen erforderlich. Im Bürohaus der „NEW WORK-Welt" werden Gruppenräume verschiedenster Art dominieren.

- Weil diese aber nicht in allen Fällen und für alle Arbeiten geeignet sind, muß das „NEW WORK-Gebäude" auch die Installation von Einzel- und Kleinraum-Büros in unterschiedlicher Größe zulassen.

- Alle Raumformen müssen, wenn entsprechender Bedarf besteht, in ein- und demselben Gebäude gleichzeitig zur Verfügung stehen – wodurch sich die bisher eher statisch ausgerichtete Verwaltung zum dynamischen „Multistruktur-Büro" weiterentwickelt (siehe Abb. 3.5.1.).

- Räume und Gebäude müssen auf Veränderungen antworten können. Hierzu ist eine extreme Substanz- und Nutzungs-Flexibilität erforderlich, die sowohl Flächen, Innenwände und Innenausbau, als auch die Beleuchtung sowie Energie- und Daten-Netze betrifft.

Büroarbeit wird in Zukunft im „Multistruktur-Büro" stattfinden, das eine Vielfalt von Raumformen mit hoher Flexibilität in Bausubstanz und Nutzung bietet. An Arbeitsplätzen, in Räumen, in Gebäuden, die sich jederzeit schnell – ohne große Vorbereitung, ohne Planung und ohne Zeit raubende Umzüge – an aktuelle Veränderungen anpassen lassen.

3.5.3. Telearbeit ist Trumpf – sind zentrale Verwaltungen passé?

Gewiß, Telearbeit in unterschiedlicher Form – Satellitenbüro, Office at Home, Mobile Office und dergleichen – ist eine der Organisationsformen der Zukunft. Sie kann jedoch keineswegs in allen Unternehmen beziehungsweise in allen Bereichen und für alle Aufgaben ein- und desselben Unternehmens praktiziert werden. Es werden wohl immer bestimmte, meist dem Tagesgeschäft übergeordnete Aufgaben bleiben, zu deren Erledigung sich die Akteure an zentralen Arbeitsstätten zusammenfinden müssen. Für diese sogenannten „Residenten" sind fest zugeordnete Arbeitsplätze beziehungsweise Büroräume bereitzustellen.

Das Fazit: Für die Büroarbeit werden zentrale Arbeitsstätten auch weiterhin eine wichtige Rolle spielen.

Aber auch die Telearbeit selbst braucht Zentralverwaltungen, wenn auch in anderer Form als bisher. Müssen doch auch „Tele-Mitarbeiter" die Möglichkeit haben, als sogenannte „Nomaden" in der Zentrale installierte Ressourcen, deren Bereitstellung an jedem Tele-Arbeitsplatz wirtschaftlich nicht vertretbar wäre, temporär zu nutzen. Dies können zum Beispiel spezielle technische Systeme sein, nicht im Netz verfügbare Dokumentationen – Bibliotheken und dergleichen – oder Spezial-Arbeitsplätze und andere Infrastruktur-Einrichtungen. Und in jedem Fall sind mehr und anders ausgestat-

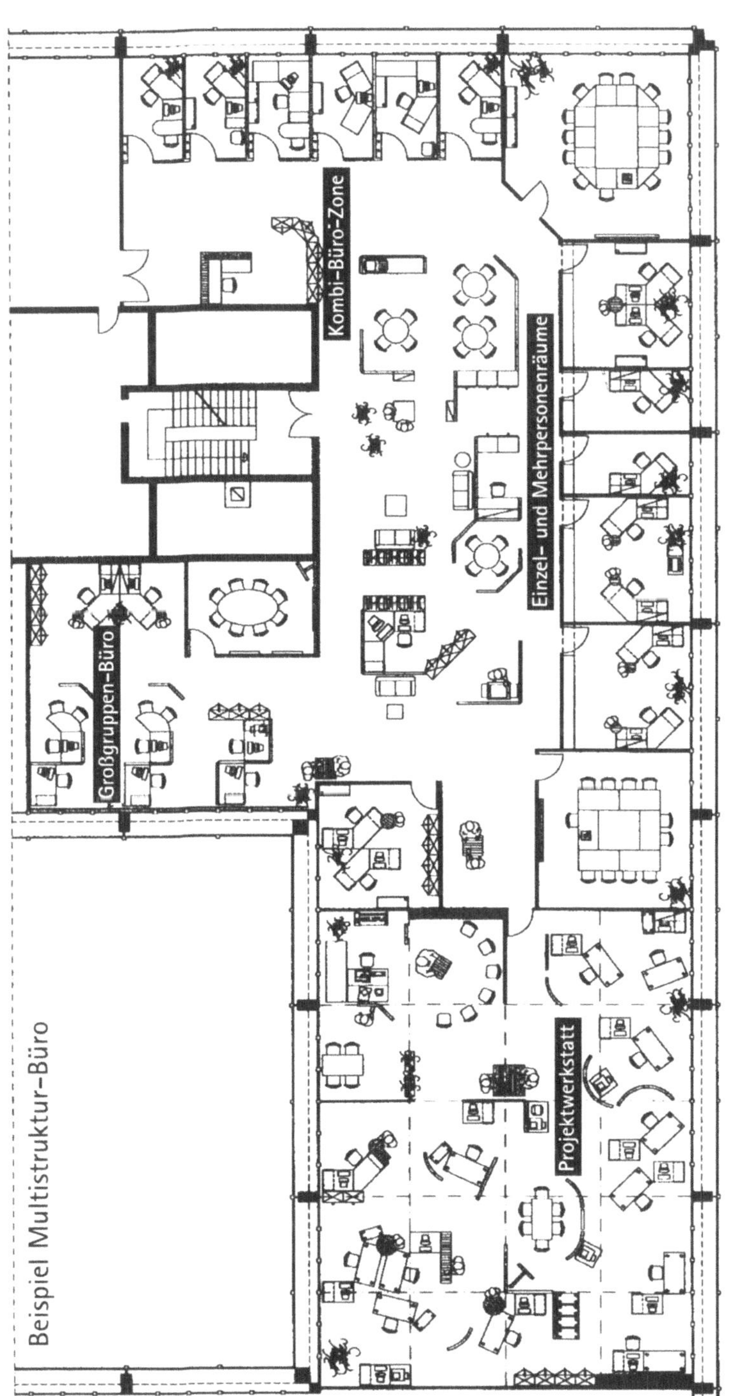

Abb. 3.5.1. Das Multistruktur-Büro erlaubt die Bildung aller unternehmensspezifisch erforderlichen Raumformen, wodurch sich bisher eher statisch ausgerichtete Konzepte in dynamische und sehr individuelle Strukturen wandeln.

tete Projekträume sowie Besprechungs-, Konferenz- und Schulungseinrichtungen anzubieten, als dies bisher notwendig und üblich war. Wie aber sieht ein „NEW WORK-Bürohaus" aus?

3.5.4. Neue Büro-Konzepte bestimmen das „NEW WORK-Bürohaus"

Auch in Zukunft werden also die bisher schon relevanten organisatorisch-funktionalen, bürotechnischen und ergonomisch-humanen Kriterien die Bürowelt bestimmen. Das „NEW WORK-Bürohaus" wird darüber hinaus auch von der Dynamik neuer Organisations-Strukturen geprägt.

Es wurde schon festgestellt: Auch das „NEW WORK-Bürohaus" wird Arbeitsplätze und –räume anbieten, die allen ständig anwesenden Mitarbeitern, den sogenannten

Büro-„Residenten" persönlicher, fest zugewiesener Arbeitsbereich sind. Auch auf die übliche komplexe Büro-Infrastruktur, wie Rechenzentrum, Poststelle, Archiv und Betriebsrestaurant, um nur einige Beispiele zu nennen, kann wohl nicht verzichtet werden – in welcher Form auch immer und von wem auch immer betrieben. Das „NEW WORK-Bürohaus" muß die konventionelle Bürowelt anbieten: mit Ein- und Mehrpersonenräumen, mit Klein- und Großgruppenbüros, mit Großraum- und Kombi-Büros (siehe Abb. 3.5.2.).

Darüber hinaus jedoch verlangen die mit veränderten Organisationsformen verbundenen neuen Arbeitsmethoden zusätzliche neue Ressourcen, die allen Mitarbeitern nach Bedarf zugänglich sind. Sie legen sich wie ein „Kranz" um die konventionelle Bürostruktur und stehen sowohl den „Resi-

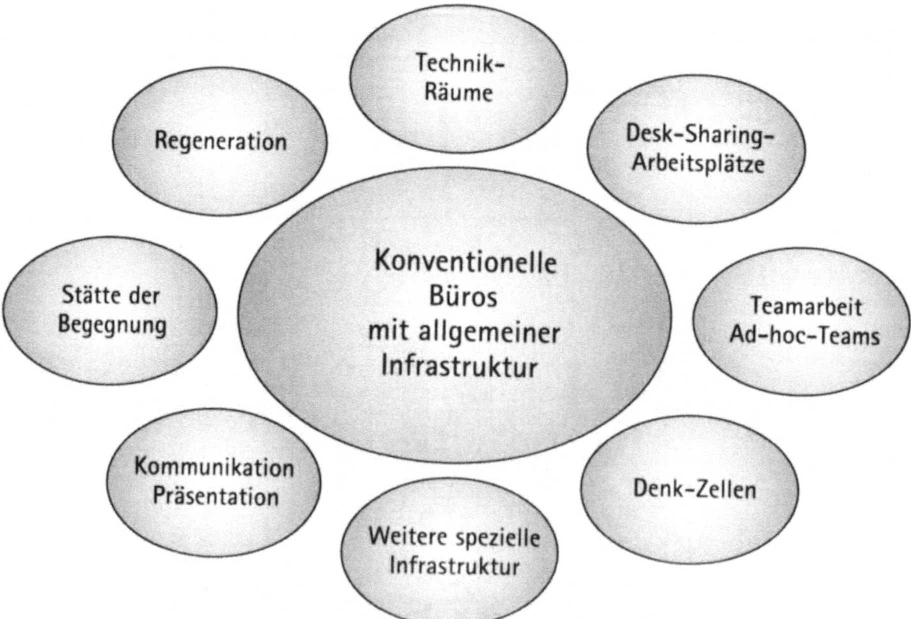

Abb. 3.5.2. Das „NEW WORK-Bürohaus" muß Residenten und Nomaden gute Arbeitsmöglichkeiten bieten. Zusätzlich zu konventionellen Büros mit üblicher Büro-Infrastruktur sind daher Ressourcen zu schaffen, die der veränderten Arbeitsorganisation gerecht werden.

denten" zur Verfügung als auch den „Nomaden", die ihren primären Arbeitsplatz in Satelliten-, Wohn-, Virtuellen oder Mobilen Büros haben. Das sind zum Beispiel:

Technik-Räume: Zur Nutzung bürotechnischer Systeme, die nicht an jedem Arbeitsplatz benötigt werden (etwa CAD- oder DTP-Anlagen o. ä.), sind sogenannte „Spe-

cial Offices" denkbar. Deren Arbeitsplätze und Technik dienen kurzzeitig allen Mitarbeitern zur Erfüllung temporär anfallender Aufgaben. Sie müssen den wechselnden ergonomischen Bedingungen der Benutzer komfortabel angepaßt werden können.

„Desk Sharing"-Arbeitsplätze: Wechsel- oder „Desk Sharing"-Arbeitsplätze (sie bie-

Beispiel Projektwerkstatt

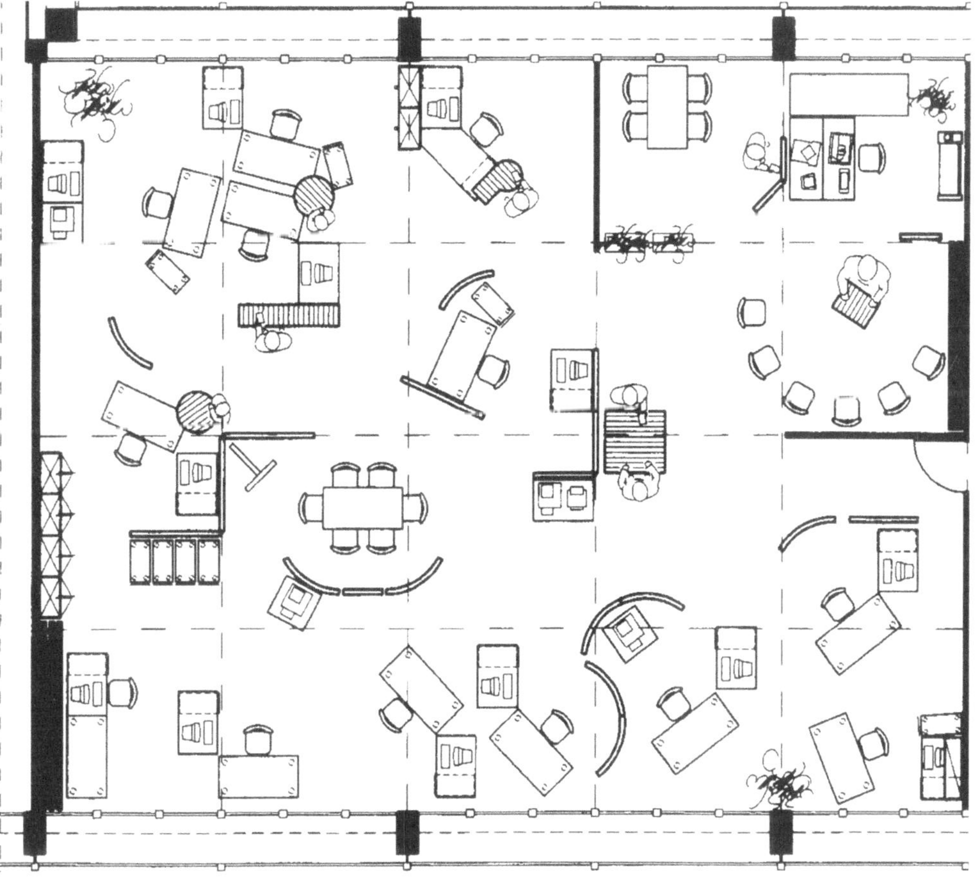

Abb. 3.5.3. Das „Atmende Büro", die Projektwerkstatt, erlaubt die permanente Anpassung an wechselnde Arbeitsbedingungen und Team-Strukturen. Ohne Kosten verursachende Umbauten, ohne großen Planungsaufwand. Die Raumbildung kann durch Schiebewände (hohe Abschirmung) oder mobile Stellwände erfolgen.

ten im zeitlichen Wechsel mehreren Mitarbeitern ihre Arbeitsmöglichkeit) werden primär aus organisatorischen Gründen geschaffen, aber auch zur Reduzierung von Einrichtungs- und Flächenkosten. „Residenten" benutzen sie zum Beispiel im Schichtbetrieb.

Zeitweilig in der Zentrale weilende „Nomaden" bedienen sich ihrer temporär im sogenannten „Non Territorial Office". Die Zuweisung eines Arbeitsplatzes obliegt dem Facility Management. Dabei entscheidet die Aufgabe über Art, Ausstattung und Standort. Alle Arbeitsdaten liefert die Informations- und Kommunikationstechnik.

Teamarbeit: Viele Arbeiten der Zukunft werden im Team erledigt. Dabei, so kristallisiert sich heraus, spielen Ad-hoc-Arbeitsteams eine besondere Rolle, deren fachliche Struktur und Stärke wechseln im Projektverlauf und verlangen ein im selben Rhythmus „atmendes Büro" (siehe Abb. 3.5.3.).

Hierzu sind mobile Arbeitsplätze erforderlich, die von den Mitarbeitern selbst ohne Planung und Montage immer wieder neu zu aktuellen Konfigurationen zusammengestellt werden können. Der Raum paßt sich immer wieder neu den wechselnden Mitarbeiter-Strukturen an. Er „atmet" im Rhythmus der Organisation und ist nicht mehr Büro im klassischen Sinne, sondern eine dynamische „Projektwerkstatt".

Mobile, hoch schallabsorbierende Raumgliederungs-Systeme schirmen Arbeitsplätze und -gruppen gegeneinander ab. Dadurch werden die in solchen Großgruppen-Büros unvermeidbaren akustischen und visuellen Störungen reduziert.

Denk-Zellen: Die vielfältigen Aktivitäten im NEW WORK-Büro bringen für den Einzelnen mehr Störfaktoren. Sogenannte Denk-Zellen – eingerichtet als minimierte Einpersonen-Büros – dienen temporär der ungestörten Bearbeitung schwieriger Aufgaben.

Kommunikation – Präsentation: Kommunikations-Räume gehören zur konventionellen Infrastruktur einer jeden Verwaltung. Unter den Prämissen der Telearbeit ist jedoch ihre Belegung starken Schwankungen unterworfen und meist nicht verläßlich planbar. Daher muß die Anzahl der Räume sowie deren Auslegung und Ausstattung neu überdacht und ggf. erweitert werden.

Stätte der Begegnung: Auch Telearbeit benötigt von Zeit zu Zeit die persönliche Kommunikation. Eine Tatsache, die Tele-Mitarbeiter zeitweilig in die Zentrale führt. Das NEW WORK-Bürohaus sollte ihnen die Chance zu zwanglosen Treffen bieten. Zum Beispiel zum informellen Erfahrungsaus-

Beispiel Office Lounge

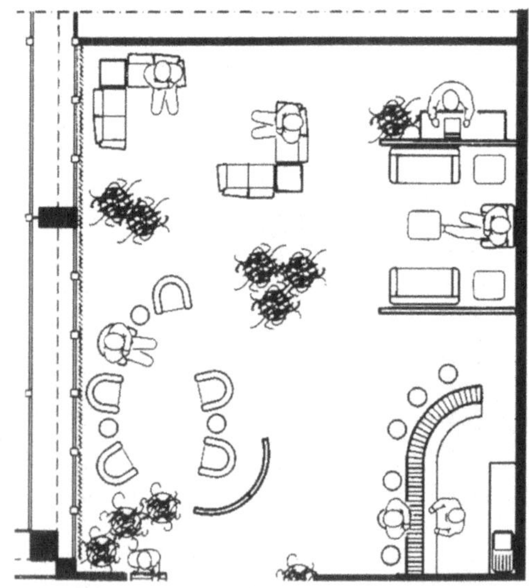

Abb. 3.5.4. Die Business Lounge dient dem zwanglosen Treffen sowie dem Erfahrungsaustausch zwischen Leitenden und Mitarbeitern (Residenten und Normaden), aber auch der Begegnung mit Geschäftspartnern. Sie verbessert die Information und trägt bei zur Steigerung der Motivation.

Beispiel Ruheraum

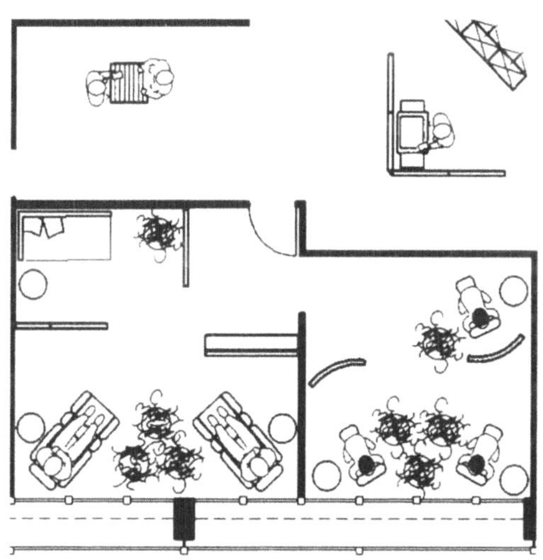

Abb. 3.5.5. Der Nutzen kurzfristiger „Aus-Zeiten" liegt auf der Hand. Der Mensch regeneriert seine Kräfte, Konzentrations- und Leistungsfähigkeit steigen und mit ihnen auch die Qualität der Arbeit.

tausch mit Kollegen am Standort und anderen Tele-Arbeitern. Büroplanung und Architektur bieten hierzu die sogenannte „Business-Lounge" an. Ihre Gestaltung regt zu Entspannung und Kommunikation an, ihre Nutzung fördert Motivation und Leistung – sowohl bei „Residenten", als besonders auch bei „Nomaden" (siehe Abb. 3.5.4.).

Regeneration: Noch ungewohnt in europäischen Bürohäusern und doch äußerst produktiv: Ruheräume erlauben dem Menschen, sich für kurze Zeit aus der Hektik des Tagesgeschäfts mit all ihren leistungshemmenden Belastungen zurückzuziehen. Zur nachhaltigen Regeneration seiner physischen und psychischen Kräfte und zur langfristigen Stützung seiner Leistungsfähigkeit und Leistungsbereitschaft (siehe Abb. 3.5.5.).

Mit Sicherheit werden die prognostizierten Entwicklungen nicht in allen Unternehmungen in derselben Form realisiert werden – und schon gar nicht gleichzeitig. Jede wird für sich prüfen müssen, ob und in welchem Umfang NEW WORK geeignet ist, die Ziele umzusetzen. Und jede wird für sich entscheiden müssen, wie sich dies in der Arbeitswelt des Büros niederschlägt.

In jedem Fall aber kann für die Zukunft festgestellt werden, daß komplexer werdende Aufgaben eine höhere Mitarbeiter-Qualifikation verlangen. Hoch qualifizierte Mitarbeiter aber stellen gehobene Anforderungen an die funktionale und ergonomische Qualität ihrer Arbeitswelt. Zur Erleichterung der Arbeit, zur Reduzierung der menschlichen Belastung und damit zur Verbesserung der Leistung – zur Steigerung der Produktivität im Büro.

So darf das Büro – trotz dominierender Informations- und Kommunikationstechnik in der „NEW WORK-Welt" – auf keinen Fall zum mechanisch-seelenlosen Hightech-Zentrum degenerieren. Es muß Arbeits- und Lebensraum für individuell denkende und sensibel empfindende Menschen bleiben.

3.5.5. Das NEW WORK-Gebäude – ein „Multistruktur-Büro"

Für die Unternehmen, das wurde schon festgestellt, wird die Entwicklung zu neuen Büro-Konzepten langsam und sehr unterschiedlich ablaufen. Zeitweilig – oder auch auf Dauer – werden diese neuen Konzepte neben bekannt-bewährten existieren. Daher muß schon jetzt jedes Bürogebäude zukunftsorientierte Strukturen anbieten, die eine optimale Aufgabenerfüllung auch für zu erwartende Entwicklungen gewährleisten.

In erster Linie muß es eine Vielzahl unterschiedlicher Arbeitsräume anbieten. Damit wird der über Jahrzehnte geführte Streit um die „richtige" Raumform weitgehend ent-

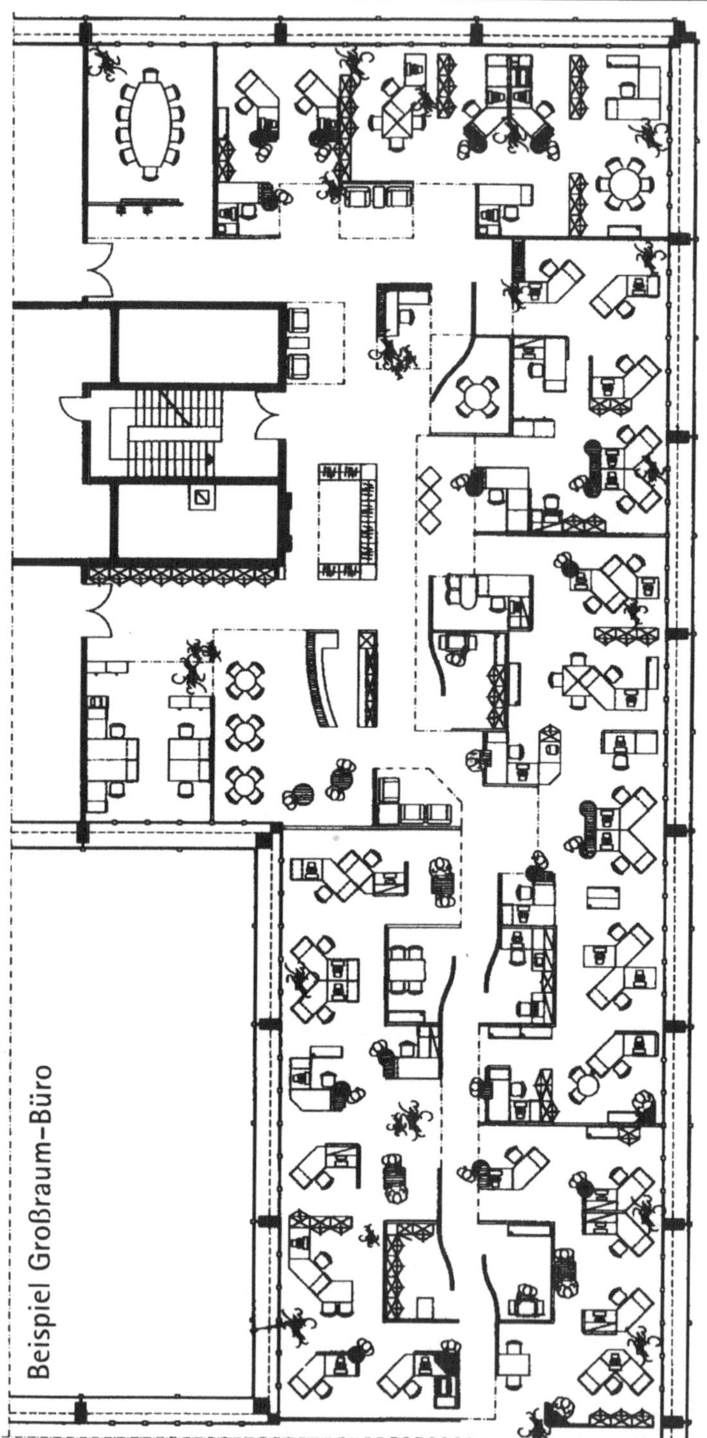

Abb. 3.5.6. Im Multistruktur-Büro ist auch der Großraum realisierbar. Gemeinsam mit anderen Raumformen. Oder aber als ausschließliche Lösung. Hier ein Beispiel für ein modernes Großraumbüro mit differenzierter Raumgliederung: raumhohe Wandscheiben gliedern die Großgruppen, mobile Stellwände sorgen für eine individuelle Raumbildung.

schärft sein: im „Multistruktur-Büro" stehen Ein- und Mehrpersonen-Räume, Kombi-Büros, Klein- und Großgruppen-Räume sowie Großraumbüros ebenso zur Verfügung, wie Non Territorial Offices und die Projektwerkstatt oder andere Konzepte (siehe Abb. 3.5.6.).

- Feste Wände sollten auf das architektonisch Notwendige beschränkt sein. Die raumbildenden Funktionen übernehmen – je nach individuellem Bedarf – umsetzbare raumhohe Schrank- und Trennwände oder mobile Raumgliederungs-Systeme mit hoher akustischer und funktionaler Qualität. Besonders letztere erlauben es, ihre Anordnung schnell und einfach zu verändern und die organisatorische Dynamik problemlos widerzuspiegeln – ohne hinderliche Projektierungs- und Umbaukosten.
- Das Gebäude der Zukunft muß zumindest zum Teil klimatisierbar sein, damit auch in den tiefen Raumbereichen ein zuträgliches Raumklima erreicht werden kann.
- Alle Räume müssen eine sehr gute akustische Ausstattung besitzen, um die – besonders in größeren Raumeinheiten unvermeidlichen – akustischen Störungen weitgehend auszuschließen.
- Eine bildschirmgerechte Beleuchtung ist für alle Räume ein absolutes Muß.
- Im Gebäude muß ein leistungsfähiges Energie- und Datennetz verlegt sein, das den direkten Anschluß eines jeden Arbeitsplatzes an jeder Stelle im Raum ermöglicht.
- Die im Gebäude getroffenen Brandschutz-Maßnahmen müssen den für den Betrieb von Großraumbüros geltenden Bestimmungen entsprechen. Dadurch ist sichergestellt, daß die Gebäudenutzung nicht durch zusätzliche restriktive Vorschriften (Fluchttunnel und dergleichen) beeinträchtigt wird.

Das NEW WORK-Bürohaus ist ein Multistruktur-Büro mit systemimmanenter Gebäude-Flexibilität. Die für das Tagesgeschäft erforderliche Nutzungs-Flexibilität wird einerseits durch eine maßvoll standardisierte, dynamische Möblierung, andererseits durch präventive Büroplanung und ein aufgabenorientiertes Facility-Management gewährleistet. Damit sind alle Voraussetzungen geschaffen, die anfangs mit viel Engagement und unter hohen Kosten geschaffene Arbeits-, Lebens- und Kostenqualität auch auf Dauer und unter wechselnden Bedingungen zu erhalten! Und den Mietkosten steht auf Dauer die adäquate Gebäude-Leistung gegenüber.

3.5.6. Literatur und weitere Informationen

3.5.6.1. Literatur

Beucker T.: Freiheit und Raum wagen. Wider das architektonische Alleskönner-Chamäleon. In: Mensch & Büro, Heft 5, Stuttgart, 1998.

Bullinger H.-J., Zinser S.: Lernende Organisationen und virtuelle Unternehmen. In: Hoß D., Schrick G. (Hg.): Wie rationell ist Rationalisierung heute? Stuttgart, 1996.

Ertel M., Maintz G., Ullsperger P.: Telearbeit – gesund gestaltet. Tips für gesundheitsverträgliche Telearbeit. Bundesanstalt für Arbeitsschutz und Arbeitsmedizin (Hg.), Dortmund, 2000.

Fuchs J.: Manager, Menschen und Monarchen. Denk-Anstößiges für Leitende und Leidende. Campus Verlag, Frankfurt – New York, 1995.

Hungenberg W.: Multistrukturbüro mit Projektwerkstatt. Gewappnet für neue Arbeitsformen. In: Mensch & Büro, Heft 2, Stuttgart, 1999.

Hungenberg W.: Bildschirmarbeit – Das „Gesundheitsgesetz" für die Bildschirmarbeit. Hinweise zur Gestaltung vorschriftsmäßiger Bildschirmarbeitsplätze. Informationsschrift des Deutschen Büromöbel Forums im Verband der Büro-, Sitz- und Objektmöbel e.V., Düsseldorf, 2000.

Hungenberg W.: Büroarbeitsplätze – ergonomisch, funktionell und motivierend gestalten.

Der Weg zu mehr Arbeitseffizienz und Produktivität im Büro. Informationsschrift des Deutschen Büromöbel Forums im Verband der Büro-, Sitz- und Objektmöbel e.V., Düsseldorf, 2000.

Hungenberg W.: Call-Center – Leistungen fördern, die Arbeitsqualität verbessern. Mit richtig gestalteten Arbeitsplätzen im Call-Center. Informationsschrift des Deutschen Büromöbel Forums im Verband der Büro-, Sitz- und Objektmöbel e.V., Düsseldorf, 2000.

Hungenberg W.: NEW WORK – Bürozukunft heute. Neue Arbeitsmethoden, Organisationsformen und Bürokonzepte. Informationsschrift des Deutschen Büromöbel Forums im Verband der Büro-, Sitz- und Objektmöbel e.V., Düsseldorf, 2001.

Jäckel M. (Hg.): Forschungsprojekt Telearbeit und Zeitökonomie. Die Auswirkungen von Telearbeit auf die Gestaltung von Arbeit und Freizeit. Universität Trier, Fachbereich IV – Soziologie, Trier, 1999.

Kern P.: Office Twenty-one. Auf dem Weg in eine andere Bürozukunft. In: Dokumentation eines Beitrags zum Kongreß „Bürodynamik 97" der MENSCH & BÜRO-Akademie (Hg.), Bad Nauheim, 1997.

Laubersheimer W., Mager B.: Server und Service. Büroarbeit macht Zukunft. In: Dokumentation eines Beitrags zum Kongreß „Bürodynamik 97" der MENSCH & BÜRO-Akademie(Hg.), Bad Nauheim, 1997.

Lorenz D.: New Work – New Buildings. Neue Arbeitsformen verändern unser Gebäude. In: Mensch & Büro, Heft 4, Stuttgart, 1998.

Lorenz D., Struhk H., Schneider F.: Lean Office. Die ganzheitliche Optimierung des Büros. AKZENTE Studiengemeinschaft GmbH (Hg.), Murnau, 1994.

Mensch & Büro (Hg.): NEW WORK-Special. In: Mensch & Büro, Heft 5, Stuttgart 1998, S. 130–150.

Mensch & Büro (Hg.): Thank God, it's Friday. Non-territoriale Büros und Nomaden. Erfahrungsbericht über zwei „NEW WORK-Verwaltungen" in den Niederlanden. In: Mensch & Büro, Heft 6, Stuttgart 1998.

Mensch & Büro (Hg.): On the Beach am heißen Ort. Das non-territoriale Büro der Zukunft ist Gegenwart: First come – first served. Bericht über ein Gespräch mit Dipl.-Ing. Dott. Arch. Dustin A. Tusnovics über die Neugestaltung der Verwaltung der Unternehmensberatung Deloitte, Niederlassung Wien. In: Mensch & Büro, Heft 4, Stuttgart, 2000.

Mensch & Büro (Hg.): Prädestiniert für New Work. Gebäudemanagement im Trendpark Neckarsulm. In: Mensch & Büro, Heft 4, Stuttgart, 2000.

Remmers B.: Gene gegen Teleworking. In der Arbeitsorganisation Sammler- und Jägerstatus einkalkulieren. In: Mensch & Büro, Heft 5, Stuttgart, 1998.

Schneider W.: Brauchen wir künftig noch neue Bürogebäude? Schlüsseltrends bis 2030 – Beurteilung der im Auftrag der Bayerischen Landesbank durchgeführten Studie „Immobilien im neuen Jahrtausend". In: Mensch & Büro, Heft 4, Stuttgart, 2000.

Schricker R.: Büro 2000: Morgen dominieren die Bürowerkstätten. Office-Innenarchitektur von morgen. In: Mensch & Büro, Heft 6, Stuttgart, 1999.

Schricker R.: Büro 2000 – Raumszenarios statt Landschaften. Office-Innenarchitektur von morgen. In: Mensch & Büro, Heft 1, Stuttgart, 2000.

Schricker R.: Das Büro 2000 verlangt ganzheitliches Denken. Office-Innenarchitektur von morgen. In: Mensch & Büro, Heft 2, Stuttgart 2000.

VBG – Verwaltungs-Berufsgenossenschaft (Hg.): Call Center, Hilfen für Planung und Einrichtung. Schriftenreihe Prävention, SP 2.10 (BGI 773), Hamburg, 2000.

Wedde P.: Fallstricke der Justitia. Gestaltungsparameter für Telearbeit. In: Mensch & Büro, Heft 5, Stuttgart, 1998.

Zinser S.: Digitale Handtaschen im Würfelformat. In: Blick durch die Wirtschaft, Frankfurt, 1998.

3.6. Mobile Telearbeit

Telearbeit zu Hause, unterwegs und im Telearbeitszentrum
Paul Kolm, Ingrid Reifinger

In aller Kürze

Heute gibt es auch in Österreich einen großen Anteil verschiedenster Formen von Telearbeit. Diese umfassen zum Beispiel das Heimbüro, die Arbeit in Telearbeitszentren und Außendiensttätigkeiten mit modernen Informations- und Kommunikationstechnologien. Dieser Beitrag beschäftigt sich mit den Voraussetzungen, unterschiedlichen Auftrittsformen, Potentialen und Gefahren der Telearbeit. Ergonomische und rechtliche Anforderungen gelten hier nahezu ebenso wie für andere Beschäftigte, deren Erfüllung wird durch die speziellen Bedingungen der Telearbeit aber oftmals erschwert. Ausgehend von den besonderen Merkmalen der Telearbeit werden auch Gestaltungsempfehlungen für die Arbeitsbedingungen und Hinweise auf bereits vorhandene Kollektivverträge und Betriebsvereinbarungen gegeben.

Wenn vor 15 Jahren von Telearbeit die Rede war, konnte man noch sagen: „Alle reden davon, keiner tut es". Heute wird in den Ländern mit entwickelter Telekommunikationsstruktur weltweit telegearbeitet, in manchen mehr, in anderen weniger. Oft ist es eine Frage der Definiton von Telearbeit, wieviele Erwerbstätige als TelearbeiterInnen angesehen werden.

In der EU wird Telearbeit in der Regel folgendermaßen definiert:

- Es handelt sich um Erwerbsarbeit als ArbeitnehmerIn für eine/n ArbeitgeberIn oder als arbeitnehmerähnliche Person beziehungsweise Selbständige/r für eine/n AuftraggeberIn. Teleshoppende KonsumentInnen werden also nicht mitgezählt.
- Der Arbeitsort ist zumindest teilweise dezentral.
- Der Arbeitsplatz besitzt eine informations- beziehungsweise kommunikationstechnische Ausrüstung.

So gesehen sind in Österreich tausende Versicherungsangestellte, die mit dem Laptop unterwegs sind und an den Tagesrandzeiten mit der Zentrale via Telefonmodem Daten austauschen, auch TelearbeiterInnen. Dasselbe gilt für AußendienstmitarbeiterInnen, ServicetechnikerInnen, usw. Sicher, Telezentren sind in Österreich noch dünn gesät, ebenso ist die Zahl von alternierend zwischen Arbeitsplatz im Unternehmen und zu Hause wechselnden TelearbeiterInnen noch gering und die reine Teleheimarbeit wenig verbreitet. Aber die Tendenz ist steigend, das Interesse bei den Unternehmen, ArbeitnehmerInnen und den sogenannten „neuen Selbständigen" vorhanden.

3.6.1. Formen der Telearbeit

Telearbeit zu Hause kann erstens in Form der *isolierten Teleheimarbeit* erbracht werden. Damit ist eine Arbeitsform angesprochen, bei der Personen ausschließlich zu Hause - zum Teil wenig qualifizierte - Arbeiten für einen Betrieb erledigen. Zweitens kann Telearbeit zu Hause einen *Teil von alternierender Telearbeit* darstellen, wobei ein Teil der Tätigkeit an der betrieblichen Arbeitsstätte, der andere Teil in der Wohnung erbracht wird. Auch bei *Telearbeit in Rufbereitschaft* wird von zu Hause aus gearbeitet, um Störungen an EDV-Systemen zu beheben oder die Fernwartung eines Netzwerkes durchzuführen. Bei mobiler Telearbeit kann ebenfalls zum Teil zu Hause gearbeitet werden.

Telezentren werden von einer lokalen Organisation oder einem kommerziellen Unternehmen zumeist im städtischen Randbereich betrieben, die u. a. an ArbeitnehmerInnen von Firmen oder an Selbständige Telearbeitsplätze tageweise vermieten, um zum Beispiel Fahrtzeiten zur betrieblichen Arbeitsstätte zu reduzieren.

Telearbeit unterwegs wird auch als mobile Telearbeit bezeichnet. Diese Form umfaßt Tätigkeiten, die – unterstützt durch entsprechende portable Informations- und Kommunikationstechnik – unabhängig von einem festen Arbeitsort durchgeführt werden. Sie ist in der Praxis im Außendienst mit Service-, Beratungs-, Reparatur- und Vertriebs- beziehungsweise Verkaufstätigkeiten anzutreffen. Mobile Telearbeit umfaßt daher auch traditionelle Außendiensttätigkeiten, die aufgrund der Anwendung der neuen Technologien eine neue Ausformung bekommen haben. Oft ist ein sogenanntes Home-Office, d. h. ein Büro in der Wohnung, eingerichtet.

Es ist zu vermuten, daß vom Gesamtausmaß an Telearbeit in Österreich ein nicht unbeträchtlicher Teil auf mobile Telearbeit entfällt. Hier sind die für diese Arbeitsweise notwendigen organisatorischen Voraussetzungen oft gegeben: Hohe Eigenverantwortung, Ergebnisorientierung durch Zielvereinbarung und in der Folge leistungs- oder erfolgsabhängige Bezahlung sowie dezentrale Arbeitsorte.

3.6.2. Hoffnung Telearbeit

Das Interesse von TelearbeiterInnen kann sehr unterschiedliche Wurzeln haben. Für die einen eröffnen sich tatsächlich neue Möglichkeiten der Lebensgestaltung und der besseren Organisation des Verhältnisses von Arbeit und Freizeit. Für andere handelt es sich um Notlösungen, die ein gesellschaftliches Versagen in spezifischen Bereichen anzeigen, zum Beispiel mangelndes regionales Arbeitsplatzangebot, schlechte Verkehrsverbindungen oder fehlende Kinderbetreuungseinrichtungen.

Die Hoffnungen in beiden Situationen können folgendermaßen zusammengefaßt werden:

- Größere Zeitsouveränität ermöglicht bessere Anpassung an den persönlichen Lebensrhythmus
- Bessere Vereinbarkeit von Familie und Beruf
- Effektivere Bewältigung mancher Aufgaben durch ungestörtes Arbeiten
- Verringerung der Fahrtzeiten und Fahrtkosten; dadurch Gewinn an Freizeit
- Größere Mobilität bei der Wahl des Wohnortes
- Chancen für den Einstieg in eine selbständige Tätigkeit
- Arbeitsmöglichkeit während der Zeit der Kinderbetreuung

3.6.3. Gefährdungspotential Telearbeit

Wo es Hoffnungen oder Chancen gibt, sind Risiken immer die zweite Seite der Medaille. Die folgende Punktation erhebt keinen Anspruch auf Vollständigkeit. Sie zeigt allerdings, daß es von den sozialen und rechtlichen Rahmenbedingungen abhängt, ob die TelearbeiterInnen ihre Ansprüche an die junge Arbeitsform realisieren können:

- Der Arbeitsplatz zu Hause entspricht nicht den ergonomischen Standards

- Ausufernde Arbeitszeiten
- Behinderte Weiterentwicklung (beruflicher Aufstieg) durch fehlende Integration in betriebliche Zusammenhänge
- Soziale Isolation bei reiner Teleheimarbeit
- Durch den Beruf okkupierte Privatsphäre
- Fixierung der Geschlechterrollen (Frauen arbeiten zu Hause)
- Übernahme von Kosten, die ansonsten der/die ArbeitgeberIn oder AuftraggeberIn zu tragen hätte
- Unterschiedliches Niveau der arbeits- und sozialrechtlichen Absicherung je nach der Form der Beschäftigungs- beziehungsweise Vertragsverhältnisse

3.6.4. Telearbeit zu Hause

3.6.4.1. Ergonomische Aspekte

Telearbeit zu Hause ist Bildschirmarbeit. Ob ein den ergonomischen Standards entsprechender Bildschirmarbeitsplatz eingerichtet werden kann, ist zunächst natürlich von den Wohnverhältnissen abhängig. Wenn kein eigener Arbeitsraum zur Verfügung steht, wird Telearbeit rasch zur Belastung, nicht nur für die TelearbeiterIn, sondern auch für LebenspartnerIn oder Familienangehörige. Minimalerfordernis ist ein abgegrenzter Arbeitsbereich, weil ansonsten die Ausstattung des Arbeitsplatzes mit ergonomisch einwandfreien Arbeitsmitteln praktisch unmöglich ist.

Es gelten die in § 67 Abs. 6, 7 ASchG[1] angeführten rechtlichen Regeln der ergonomischen Gestaltung in einer für den Privatbereich erzielbaren Näherung. Das Problem dabei sind üblicherweise nicht die technischen Betriebsmittel, sondern die Bildschirmmöbel und die Aufstellung beziehungsweise Anordnung des Arbeitsplatzes.

Ist die TelearbeiterIn eine ArbeitnehmerIn hat der/die ArbeitgeberIn dafür zu sorgen, daß eine Benützung von Privatgeräten nicht erforderlich ist oder die Kosten dafür abgegolten werden. Aus ergonomischer Sicht sollten aber auch freiberuflich tätige TelearbeiterInnen darauf achten, daß MitbewohnerInnen nicht zum Beispiel in der Telefonbenützung eingeschränkt werden, weil dadurch abgesehen von der Beziehung auch negative Auswirkungen auf die Arbeit programmiert sind.

Mehr noch als im betrieblichen Umfeld ist die spezifische Arbeitssituation zu Hause dazu angetan, die arbeitsmedizinisch begründeten Anforderungen an die Arbeitszeitgestaltung zu mißachten. Die Auflösung starrer Arbeitszeitformen tendiert zu kapazitätsorientierten Varianten, bei denen Lage und Dauer primär von den Wünschen der Arbeit- oder AuftraggeberInnen und weniger vom Bedürfnis nach mehr Freiheit und Selbstbestimmung abhängen. Die Einhaltung der Höchstgrenzen der Arbeitszeit sowie kurzer Pausen, die der Regeneration und Erholung dienen, sind für TelearbeiterInnen genau so wichtig wie bei Bildschirmarbeit in anderen Arbeitsformen.

Telearbeit zu Hause führt in vielen Fällen zu einer spezifischen Gewichtung der Stressoren, die psychische und physische Reaktionen auslösen können. Die mit Telearbeit verbundene Reorganisation des Arbeitssystems verändert Kooperations- und Kommunikationsformen, sowohl zwischen hierarchisch auf der gleichen Ebene tätigen Personen als auch im Verhältnis Vorgesetzte-Untergebene. Zeitdruck erhält eine zusätzliche Dimension, weil der Vergleich mit der Leistung und dem Arbeitstempo anderer TelearbeiterInnen schwieriger wird. Information und Mitsprache sind mit einem Zusatzaufwand verbunden, usw. Es ist daher angezeigt, bei der Einführung beziehungsweise der Aufnahme von Telearbeit diesen

---

1 Siehe Kapitel 1.1.

Aspekten einer ergonomischen Arbeitsgestaltung die entsprechende Aufmerksamkeit zu widmen.

3.6.4.2. Rechtliche Aspekte

TelearbeiterIn ist nicht gleich TelearbeiterIn. Für ArbeitnehmerInnen gelten andere arbeits- und sozialrechtliche Bestimmungen als für arbeitnehmerähnlich oder selbständig Erwerbstätige. Dabei ist darauf hinzuweisen, daß nicht die von den Vertragsparteien vielleicht sogar einvernehmlich gewünschte Rechtsfolge, sondern der tatsächliche Vertragsinhalt für die anzuwendende Rechtsform entscheidend ist. Jedenfalls ist Telearbeit in allen bekannten Beschäftigungsformen möglich.

Es scheint nicht sinnvoll, unter dem Aspekt „Bildschirmarbeit" allen Feinheiten der mit den unterschiedlichen Beschäftigungsformen verbundenen Regelungen nachzuspüren. Doch einige Hinweise sind auch in unserem Zusammenhang von Bedeutung, insbesondere zur Anwendbarkeit des ArbeitnehmerInnenschutzgesetzes und des Arbeitszeitgesetzes.

Wie schon der Name sagt, gilt das ArbeitnehmerInnenschutzgesetz für ArbeitnehmerInnen, also Personen, die ihre Tätigkeit im Rahmen eines auf Dauer gerichteten Vertragsverhältnisses in persönlicher und wirtschaftlicher Abhängigkeit leisten, die mit Betriebsmitteln der ArbeitgeberIn arbeiten und in das Organisationsgefüge des Unternehmens eingeordnet sind. Für TelearbeitnehmerInnen, die in einem Telecenter oder Telehaus – also dislozierten Büroräumen – arbeiten, ist das ArbeitnehmerInnenschutzgesetz voll anwendbar. Für ArbeitnehmerInnen, die zu Hause telearbeiten, gilt dies von vornherein nicht in vollem Umfang, weil weder ArbeitgeberIn noch Arbeitsinspektion der Zugang zu Privaträumen ohne weiteres offen steht. Wo keine Kontrollmöglichkeit,

da auch Grenzen des Direktionsrechts und der Verantwortlichkeit. Allerdings müssen zur Verfügung gestellte Arbeitsmittel dem Stand der Technik und den ergonomischen Anforderungen entsprechen.[2] Ebenso sind die Bestimmungen der Bildschirmarbeitsverordnung bezüglich Pausen beziehungsweise des Tätigkeitswechsels, die besonderen Aspekte der Evaluierung (Augenuntersuchungen, psychische Belastungen) sowie die allfällige Zurverfügungstellung einer Bildschirmarbeitsbrille anzuwenden.[3]

Das Arbeitszeitgesetz mit seinen Bestimmungen über die Normalarbeitszeit, Höchstgrenzen der Arbeitszeit, Überstunden, Ruhezeiten usw. gilt selbstverständlich auch für TelearbeitnehmerInnen. Der/die ArbeitgeberIn sind verpflichtet, entsprechende Aufzeichnungen zu führen und zu Hause arbeitende TelearbeitnehmerInnen auch dazu zu veranlassen. Vereinbarungen, die eine selbstbestimmte Verteilung der außerbetrieblichen Arbeitszeit vorsehen, sind zulässig.

Zu beachten wird auch sein, daß im Rahmenkollektivvertrag für Angestellte der Industrie, im Kollektivvertrag für Angestellte der Erdölindustrie, im Kollektivvertrag für Arbeiter und Angestellte der Elektrizitätsversorgungsunternehmen und im Kollektivvertrag für ArbeitnehmerInnen in Telekom-Unternehmen Bestimmungen zu Telearbeit enthalten sind, auf deren Basis ausdrückliche Vereinbarungen zwischen ArbeitgeberInnen und ArbeitnehmerInnen beziehungsweise Betriebsvereinbarungen getroffen werden müssen.

In einigen Betrieben gibt es Betriebsvereinbarungen, die Telearbeit an die Zustimmung des/der ArbeitnehmerIn knüpfen und unter bestimmten Voraussetzungen einer VertreterIn des/der ArbeitgeberIn den Zugang zur Wohnung ermöglichen. Im Ge-

---

2 Siehe Kapitel 1.1., 2.3. und 2.4.
3 Siehe Kapitel 1.1.

genzug wird die volle Anwendung des ArbeitnehmerInnenschutzgesetzes vereinbart.

Im Hinblick auf die angesprochenen streßauslösenden Faktoren in der Arbeitsorganisation sollten TelearbeiterInnen unabhängig von der Beschäftigungsform darauf achten, die Bedingungen ihrer Integration in den Gesamtzusammenhang ihrer Arbeitsaufgabe zu klären. Dem/der ArbeitgeberIn oder dem/der AuftraggeberIn muß klar sein, daß die Telearbeit in der Organisation mehr abverlangt als die simple Auslagerung. Ergonomische Arbeitsgestaltung und Effektivität gehen wie immer Hand in Hand.

3.6.5. Mobile Telearbeit

3.6.5.1. Technische Ausstattung

Zur technischen Ausrüstung eines mobilen Telearbeiters gehören Laptop beziehungsweise Notebook und/oder Personal Digital Assistant (auch PDA, Palmtop oder Handheld genannt), eventuell mit eingebautem Modem oder in Verbindung mit einem Mobiltelefon zur mobilen Daten- oder Faxkommunikation für unterwegs. Gegebenenfalls zählt auch ein kleiner portabler Drucker zum mobilen Equipment. Das mobile Büro wird sozusagen im Auto oder im Zug mittransportiert. Nicht unterschätzt werden sollte das erhebliche Zeit beanspruchende Handling der mobilen Technologien. Hier wäre das immer wiederkehrende Aufladen des Akkus von Personal Digital Assistants und Handys zu nennen. PDAs haben in der Regel keine Festplatte, sondern legen die Daten noch im Arbeitsspeicher ab. Dieser muß ständig mit Strom aus dem Akku versorgt sein, damit die Daten nicht verloren gehen. Weiters das regelmäßige Synchronisieren der Daten zwischen PDA und Desktop beziehungsweise Notebook zu Hause einerseits und mit der Datenbank im Unternehmen andererseits.

3.6.5.2. Arbeitsgestaltung

Vom Prinzip her bietet mobile Telearbeit sehr viel Spielraum für autonome Arbeitsgestaltung. Andererseits schafft die permanente Erreichbarkeit mittels Kommunikationstechnik auch die Möglichkeiten für eine verstärkte Außensteuerung. Dazu kommt die Möglichkeit der mobilen online-Übertragung von Standortdaten durch GPS-Systeme (Global Position Systems) in Fahrzeugen und die elektronische Übermittlung von Kunden- oder Auftragsdaten in die zentrale Datenbank des Unternehmens, was ein erhebliches Kontrollpotential von Beschäftigten bedeutet.

Eine große Belastung bei mobiler Tätigkeit bedeutet der Wegfall des betrieblichen Zusammenhangs. Ist es zum Beispiel in der Versicherungsbranche traditionell üblich, einen Stützpunkt im Unternehmen zu haben, geht die Tendenz in anderen Branchen eher in die Richtung, den AußendienstmitarbeiterInnen im Unternehmen einen mit anderen KollegInnen geteilten Arbeitsplatz (desk-sharing) zur Verfügung zu stellen oder ein Home-Office einzurichten.

Persönliche Kontakte bestehen bei mobilen Tätigkeiten in erster Linie zu Kunden. Es fehlt ein direkter Ansprechpartner mit gleichem Erfahrungshintergrund, mit dem eine Besprechung anstehender Probleme möglich wäre. Das stellt große Anforderungen an Selbstorganisation und Ich-Stärke der mobilen TelearbeiterInnen, denn ein Telefongespräch oder Kommunikation über E-Mail mit KollegInnen kann den spontanen zwischenmenschlichen Kontakt im Betrieb nicht ersetzen.

3.6.5.3. Ergonomische Aspekte

Das Notebook, also das Büro in der Aktentasche, ist der unverzichtbare Begleiter mobiler TelearbeiterInnen. In letzter Zeit finden auch PDAs verstärkt Verbreitung. Diese Geräte sind jederzeit zur Hand und überall leicht plaziert, sei es am Frühstückstisch zu Hause, im Auto oder am Schreibtisch im Büro. Bei all diesen Vorteilen darf nicht vergessen werden, daß auch größere PDAs mit Tastatur (auch Handheld-PC genannt) nicht für den Dauergebrauch konzipiert wurden und dafür auch nicht geeignet sind. Der Bildschirm und damit die Sehdistanz sind zu klein, die Bildqualität läßt oft noch zu wünschen übrig, und die Tasten sind hinsichtlich der Tastenabstände und -größe weit weniger günstig als PC- oder Notebook-Tastaturen. Bei intensiver Schreibtätigkeit würde dies zu Fehlbeanspruchungen führen.[4]

Die Entscheidung, welcher mobile Computer verwendet wird, hängt primär von den Arbeitsaufgaben ab, die unterwegs zu erledigen sind. Wer auch Berichte schreiben muß, wird ein Gerät mit Tastatur benötigen. Wer allerdings nur einen Blick auf Termine, Adressen und zu erledigende Aufgaben werfen will, wird mit einfachsten und vom Gewicht her leichten Geräten auskommen. Hier genügt vielleicht als Eingabegerät ein Plastikstift, mit dem die entsprechenden Buchstaben auf der virtuellen Tastatur am Display ausgewählt werden oder in Form von Kürzeln eingegeben werden. Die Stärke der portablen Kleinstcomputer liegt in der schnellen Informationsgewinnung unterwegs. Für die richtige Arbeit am Computer muß allerdings weiterhin ein Notebook oder ein Desktop-PC zur Verfügung stehen.

Auf die Gestaltung der Arbeitsplätze unterwegs haben mobile TelearbeiterInnen und deren ArbeitgeberInnen praktisch keinen Einfluß. Sie kann auch im Rahmen der Arbeitsplatzevaluierung gemäß §§ 4, 5 ASchG nicht überprüft werden, sehr wohl aber der Einsatz der Arbeitsmittel und die Arbeitsorganisation. Eine Wahl- und Dispositionsmöglichkeit der mobilen TelearbeiterInnen, wann und wo bestimmte Arbeitsaufgaben am Computer erledigt werden, reduziert die in der „mobilen Bildschirmarbeit" angelegten Belastungen.

Mobile Arbeitsplätze bei denen das Auto als „fahrende Arbeitsstätte" dient, werden von den gesetzlichen Bestimmungen in Österreich nicht erfaßt. In das ArbeitnehmerInnenschutzgesetz hat das Auto als Arbeitsplatz noch nicht Eingang gefunden. Auch auf das große Unfallrisiko durch lange Autofahrten und erhöhtes Verkehrsaufkommen muß bei mobilen Arbeitsplätzen hingewiesen werden. Es gibt in Österreich keine Obergrenze für zurückgelegte Kilometer pro Zeitraum, genausowenig wie Ruhensbestimmungen und Pausenregelungen bei Pkw-Benützung.

3.6.5.4. Rechtliche Aspekte

Die Arbeitsmittel des Arbeitgebers sind bei mobiler Telearbeit einem besonderen Diebstahls-, Verlust- und Beschädigungsrisiko ausgesetzt, weil sie unterwegs immer mitgenommen werden müssen und überall im Hotel, beim Kunden oder im Zug eingesetzt werden. Diesem erhöhten Risiko kann durch eine Geräteversicherung, die der Arbeitgeber abschließt, vorgebeugt werden.

3.6.6. Literatur und weitere Informationen

3.6.6.1. Literatur

Beham M., Doppel L., Eisenbeutel M., Rapf M., Reisecker G., Urich S.: Status-Bericht Telearbeit in Österreich. Zum Stand der Telearbeit in Österreich vor dem Hintergrund der Entwicklungen in der EU. Bundesministerium für Arbeit, Gesundheit und Soziales (Hg.), Wien, 1999.

---

4 Siehe auch Kapitel 2.8.

Edelmann F., Staubmann G., Tanner H.: Telearbeit. Leitfaden für Klein- und Mittelbetriebe. Donau-Universität Krems (Hg.), Krems, 1998.

Ertel M.: Teleworking. Chancen und Risiken aus der Sicht des Arbeits- und Gesundheitsschutzes. In: Sicher ist sicher, 4/98, 162–164.

Gewerkschaft der Privatangestellten (Hg.): Telearbeit. Vorschläge zur Gestaltung. Wien, 1995.

Juraszovich B., Kranvogel-Zellermayer E.: Schutz der Arbeitnehmerinnen und Arbeitnehmer bei Teilzeitarbeit und Teleheimarbeit. Forschungsbericht des Österreichischen Bundesinstituts für Gesundheitswesen im Auftrag des Bundesministeriums für Arbeit, Gesundheit und Soziales. Wien, 1999.

Kolm P., Kral-Bast C., Reifinger I., Tallafuss W.: Telearbeit von A-Z. Tips für die Praxis. Wien, 1996.

Schult, Thomas J., Klein, mein, fein. Personal Digital Assistants machen mobil. In: c't, Heft 25, 1999, S. 186–194.

3.6.6.2. Regelwerke

Kollektivvertrag über die Beschäftigung in einer außerbetrieblichen Arbeitsstätte in Verbindung mit neuen Kommunikationstechnologien für die Angestellten der Erdölindustrie Österreichs.

Kollektivvertrag für Arbeiter und Angestellte der Elektrizitätsversorgungsunternehmen (EVU), hinsichtlich Telearbeit (siehe § 6c).

Kollektivvertrag für ArbeitnehmerInnen in Telekom-Unternehmen (siehe § 13).

Rahmenkollektivvertrag für Angestellte der Industrie, hinsichtlich Telearbeit (siehe § 19a).

3.7. Call Center

Funktionsweise, Organisation, Technik und Ergonomie
Martin Leeb

In aller Kürze

Über das Telefon wird die Stimmungslage eines Mitarbeiters direkt auf den Anrufer übertragen und damit dessen Verhalten als Interessent, Stammkunde, Spender, etc. stark beeinflußt. Es ist daher alles daran zu setzen, daß sich die Mitarbeiter im Call Center wohl fühlen. Ein ergonomisches Gesamtkonzept berücksichtigt Standort, Flächenbedarf, Klimatisierung, Beleuchtung, Akustik, individuell anpaßbares Mobiliar, intuitiv bedienbare Informationstechnik und Faktoren der Arbeitszeitgestaltung, der Arbeitsorganisation und der Entlohnung. Diese Maßnahmen verursachen nur 2 % zusätzliche Betriebskosten pro Jahr, bewirken aber durch weniger Krankenstandstage und niedrigere Fluktuation einen Produktivitätsgewinn von 5 bis 10 %. Die Verantwortung für die Umsetzung liegt beim Management, Mitbestimmung durch die Mitarbeiter ist aber erforderlich und wünschenswert.

Testen Sie selbst: Rufen Sie eine Hotline an und achten Sie auf Ihre ersten Eindrücke. Schon kurz nach der Begrüßung entsteht in Ihrem Kopf ein Bild Ihres Gesprächspartners, dessen Stimmungslage, und den Verhältnissen in seiner Organisation. Dieses Bild überlagert zumindest während der Dauer des Telefonates jegliche Information über Werbesujets, Produktfeatures oder Preisvorteile. Es entscheidet, ob Sie am Telefon spontan einen Kauf tätigen werden, eine Spende geben wollen, eine Auskunft akzeptieren oder nicht. Es gibt keine kompensierenden Eindrücke wie Körperhaltung, Gesichtsausdruck oder eine ansprechende Raumatmosphäre.

Logischerweise müßten Organisationen also alles daran setzen, damit diese Mitarbeiter den Anrufern den bestmöglichen „Empfang" bereiten. Diese Personen müssen dazu erstens qualifiziert sein und sich zweitens in ihrer Arbeitsumgebung wohl fühlen. Aber wenn man einen schlechten Bürosessel hat und der Telefonhörer knackst, nützt das beste Telefonseminar nichts. Wenn man nun bedenkt, daß die Betriebskosten eines Call Centers zu 70 % aus Personalkosten bestehen und es ein Mehrfaches kostet, einen Neukunden zu gewinnen, als einen bestehenden zu halten, wird deutlich, um welche betriebswirtschaftlichen Größenordnungen es hier geht. Wie ergonomische Maßnahmen dazu beitragen können, daß die Rechnung für Kunden, Mitarbeiter und Organisation aufgeht, wird im folgenden behandelt.

3.7.1. Grundsätzliches

3.7.1.1. Funktionsweise eines Call Centers

Ein Call Center ist eine zentrale Abteilung von Personen (Agenten), die Kundenanrufe entgegennehmen (Inbound Calls) oder auch aktiv tätigen (Outbound). Die Agenten sind nach Ausbildung und Zuständigkeiten (Skills) in Gruppen zu 3 bis 15 Personen zusammengefaßt und werden von einem Agenten mit erweiterten Befugnissen (Supervisor) organisiert. Skills sind zum Beispiel Sprachkenntnisse, Kundengruppenausbildung, Produktkenntnisse oder Tätigkeiten in Bestellung, Faktura, Auslieferung. Gruppen mit verwandten Skills helfen sich gegenseitig bei Überlastung aus (Überlauf).

Inbound Calls werden je nach Skills oder anderen Vorgaben automatisch an die Agenten verteilt (ACD = Automatic Call Distribution) und gereiht (Warteschlange). Gleichzeitig werden die zum Anrufer gehörenden Kundenstammdaten aus den Unternehmensdatenbanken abgefragt. Schließlich wird der Anruf samt Anruferdaten an einen Agentenplatz zugewiesen (CTI = Computer Telephony Integration). Der Agent sieht nun am Bildschirm den Namen und die wichtigsten Daten des Anrufers, bevor er den Anruf entgegennimmt. Bei komplexeren Kundenanfragen stehen meistens Spezialisten zur Verfügung (Second Level), an die sofort weiterverbunden werden kann. Bei Outbound Calls funktioniert die Computerunterstützung ähnlich, zusätzlich werden automatische Wählhilfen eingesetzt (Dialer).

Die Supervisoren haben die Aufgabe, regelmäßig die Leistung (Performance) ihrer Gruppe mit den Vorgaben zu vergleichen und steuernd einzugreifen. Externe Agenten oder Agentengruppen können bei Überla

stung zugeschaltet werden, Skill-Profile werden auf den neuesten Stand gebracht, neue Agentenplätze eingerichtet, und bei speziellen Kundensituationen wird eingegriffen. Der Call Center Manager entscheidet aufgrund der vorliegenden Reports der einzelnen Gruppen dann über Gesamtmaßnahmen wie Schulungen, Personalaufstockung, Änderungen in der Technik oder EDV.

Grundsätzlich betreiben Organisationen Call Center, um die Kundenbeziehung in den Mittelpunkt zu stellen und das Kundenmanagement strukturiert abwickeln zu können. Dabei sollen Anfragen aller Art möglichst rasch (zum Beispiel 80/20: 80 % aller Anrufe in unter 20 Sekunden) und effizient (möglichst innerhalb desselben Gespräches) erledigt werden.

Call Center werden von Unternehmen aller Branchen mit intensivem Kunden- oder Einzelhändlerkontakt (Bestellung, Reklamation, Gewinnspiele, Auskunft, technischer Support), Non-Profit-Organisationen (zum Beispiel Spenden, Beratung), Behörden und öffentlichen Serviceeinrichtungen (Bürgerservice, Notfall, Registrierungen) betrieben. Je nach Aufgabe wickeln Agenten zwischen 30 (Fachberatung) und 300 (Gewinnspiel) Gespräche pro Tag ab.

Abb. 3.7.1. Problembereiche für Agenten bei der Arbeit im Call Center

3.7.1.2. Problembereiche und Wirkungen auf das Befinden

Es gibt Betriebsgrößen von drei bis mehreren hundert Agentenplätzen und individuelle örtliche Gegebenheiten. Das „einheitliche Call Center-Konzept" gibt es daher nicht, aber allgemein gültige Problemfelder (siehe Abb. 3.7.1.):

- hohe Arbeitsplatzdichte mit hoher Computerdichte, viel Abwärme und schlechte Luft;
- hoher Geräuschpegel durch das Telefonieren und die Bedienung der Tastaturen;
- stundenlanges Sitzen in fast bewegungslosem Zustand und hohe visuelle und akustische Anforderungen;
- tageszeitabhängige Lichtverhältnisse, die vor allem beim Mehrschichtbetrieb große Anforderungen an die Beleuchtungssteuerung stellen;
- Nacht-, Schicht- und Wochenendarbeit;
- Mehrschichtbetrieb führt dazu, daß mehrere Mitarbeiter unterschiedlicher Statur denselben Arbeitsplatz benützen;
- gleichzeitig gut zuhören, angenehm sprechen und konzentriert einen Computer bedienen müssen;
- Probleme durch Isolation und mangelnden Kontakt zu Kollegen;
- psychische Anspannung im Kundenkontakt (immer richtig, schnell, freundlich reagieren müssen).

Im Call Center befinden sich Bildschirmarbeitsplätze unter besonderen Bedingungen. Das bedeutet, daß dort grundsätzlich die gleichen Belastungsfaktoren und Beanspruchungsfolgen zu finden sind, wie auch an anderen Bildschirmarbeitsplätzen, wobei spezielle Aspekte verstärkt ausgebildet sind beziehungsweise besonders hier vorkommen. Häufig finden sich Beschwerden des Stütz- und Bewegungsapparates, Kopf-schmerzen, Sehstörungen und Augenbeschwerden, Stimmbandprobleme, Verkühlungen, Handgelenksschmerzen.

Die speziellen Arbeitsbedingungen im Call Center erfordern eine gute ergonomische Gesamtkonzeption, bestehend aus Raumgestaltung, Klimatisierung, Beleuchtung, Akustik, Büromöbeln und Informationstechnik. Aber eine gute ergonomische Gestaltung des Arbeitsumfeldes allein garantiert noch keinen zufriedenen Personalstab.

Der wichtigste Erfolgsfaktor im Call Center ist die positive Grundbefindlichkeit der Agenten. Sie ist außerdem das beste Mittel gegen eine hohe Fluktuations- und Krankenstandsrate, die das Hauptproblem der meisten Call Center ist. Die zentrale Frage, die das Management und die Arbeitnehmervertreter daher interessieren muß, lautet also: Wie können wir das Arbeitsumfeld so gestalten, daß sich unsere motivierten, gut geschulten und richtig eingesetzten Agenten anhaltend wohl fühlen und uns möglichst lange erhalten bleiben?

Die Frage geht davon aus, daß

- wir es mit selbstmotivierten Personen zu tun haben, die gerne Kontakt mit Menschen haben und nicht erst von außen dazu motiviert werden müssen. Dies wäre bei bis zu 300 Gesprächen pro Tag unmöglich.
- diese Personen technisch, psychologisch und inhaltlich gut geschult werden und zwar regelmäßig.
- die Agenten richtig ausgesucht und eingesetzt worden sind und dies mit ihnen immer wieder evaluiert wird.
- wir es mit kompetenten Managern zu tun haben, die die Menschenführung beherrschen.[1] Für die Zwecke dieses Kapitels

---

1 Für eine sofort anwendbare Methodik zum Aufbau persönlicher Werkzeuge siehe: Malik F.: Führen – Leisten – Leben. DVA Verlag, Stuttgart, 2000.

gehen wir davon aus, daß außerdem für leistungsgerechte Bezahlung, soziale Absicherung und funktionierende Technik gesorgt wurde.

3.7.1.3. Mitbestimmung

Obige Frage läßt sich zu einem hohen Grad von den Betroffenen – also den eigenen Mitarbeitern – beantworten, wenn man ihnen die Gelegenheit dazu gibt. Dazu eignen sich Mitbestimmungsrechte aus folgenden Gründen hervorragend:

- Sie sind ein Zeichen des Managements, die Anliegen nicht nur anzuhören, sondern ernst zu nehmen. Das wiederum fördert die Offenheit und die Bereitwilligkeit, über Probleme zu sprechen.
- Das Management erhält Informationen, um Fehlentscheidungen schon bei Planung und Beschaffung vemeiden zu können.
- Die Mitarbeiter erhalten eine bessere Gesamtsicht des Unternehmens und ihrer „Mission". Dadurch wiederum werden Akzeptanzprobleme unpopulärer Entscheidungen vermieden.
- Sie bewahren das Management vor der Versuchung, ergonomische Maßnahmen allzu leicht dem Rechenstift zu opfern, was aber unökonomisch wäre.[2]

Die Mitarbeitermitbestimmung sollte in einem geordneten Rahmen erfolgen, in dem auch Entscheidungen getroffen werden können. Hier bietet sich zum Beispiel auch der Arbeitsschutzausschuß an, sofern es einen gibt.[3]

3.7.2. Gestaltung des Arbeitsplatzes

3.7.2.1. Planung

Grundsätzlich empfiehlt sich die Einbeziehung eines Call Center-Spezialisten, da dieser nicht nur einen Überblick über die aktuelle Technik hat, sondern meistens auch über gute Einkaufskonditionen verfügt. Mit der Zahl der Berater, Planer und Hersteller hat auch deren Spezialisierungsgrad stark zugenommen. Eine äußerst hilfreiche Liste, welche Unternehmen welche ergonomischen Komponenten und Dienstleistungen anbieten, ist beim Verlag telepublic in Deutschland erhältlich.[4] Eine weitere Auflistung kann auf der Homepage des Call Center Netzwerkes Niedersachsen gefunden werden.[5] Weiters finden Sie solche Informationen in Österreich beim Call Center Forum.[6]

3.7.2.2. Raumgestaltung

Folgende Spezifika und Empfehlungen gelten für das Call Center als Gesamtheit:

a) Lage und Erreichbarkeit: Der Standort sollte mit öffentlichen Verkehrsmitteln gut erreichbar und gleichzeitig ruhig gelegen sein.

b) Flächenreserven: Sichern Sie sich Mietrechte für zusätzliche Flächen gemäß einer 3-Jahres-Planung. Zu wenig Platz, weil die Agenten bei einer Geschäftsexpansion enger zusammenrücken müssen, gilt als *der* Stör- und Streßfaktor. Halten Sie in der Flächenkalkulation pro Arbeitsplatz eine Reserve für eventuell neu hinzukommende

---

2 Siehe Punkt 3.7.5.3. dieses Beitrages.

3 Erfahrungen darüber gibt es zum Beispiel von der Firma PhoneCom Kommunikationsdienste GmbH, München.

4 TeleTalk 01/2000, S. 61ff, und TeleTalk Sonderausgabe „Call Center Marktführer" Nr. 4 1999/2000, S. 14ff., beide gegen geringe Gebühr beziehbar bei: telepublic Verlag, D-30161 Hannover (www.teletalk.de).

5 Siehe www.ccnn.de.

6 Siehe www.call-center-forum.at.

Aufgaben, die größere Tischflächen oder extra Ablagen erfordern. Rechnen Sie für Einzelbüros wie Schulungsraum, Pausenraum, Küche, Management, EDV, etc. ca. 40 % der Gesamtfläche.

c) Verhinderung von Störfaktoren: Der Call Center-Raum sollte keine Durchgangswege aufweisen, sondern ein „Dead end" sein. Es dürfen keine Besprechungstische oder andere Sitzgelegenheiten außer für einzelne Einzuschulende vorhanden sein. Für innerbetriebliche Konversationen muß ausreichend Platz in gesonderten Besprechungsräumen sein.

d) Arbeitsplatzformen: Es gibt viele Anordnungsmöglichkeiten der Arbeitsplätze. Für alle Formen gilt, daß die Agenten leicht versetzt sitzen sollten, keinesfalls frontal gegenüber, weil das zu gegenseitigen akustischen Störungen führt (siehe Abb. 3.7.2.).

e) Papierablagen: Sind Kundenkorrespondenz und Geschäftsunterlagen nicht am Bildschirm abrufbar, sondern in einem Ordnersystem archiviert, empfiehlt sich die Errichtung eines Ordnerkarussels mit voneinander unabhängig drehbaren Ebenen in der Mitte jeder Arbeitsgruppe.

f) Akustik: Für Boden (Textilboden), Decke, Trennelemente, große unverbaute Wandflächen und Kastentüren sollten weitgehend schallabsorbierende Elemente eingesetzt werden, vor allem um Hall zu vermeiden.[7]

g) Farben: Gedämpfte Farben sollten an den Wänden und direkt am Arbeitsplatz verwendet werden. Rein weiße Flächen sollten vermieden werden, ebenso glatte Oberflächen.

h) Beleuchtung: Bildschirmtaugliche Beleuchtungssysteme sind auch für Call Center-Arbeitsplätze geeignet (zum Beispiel

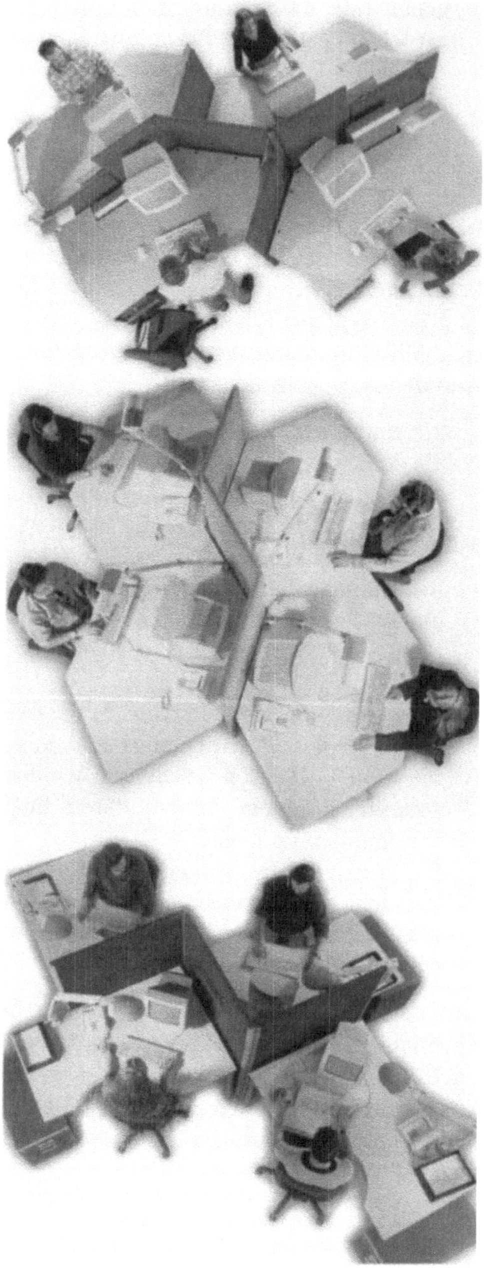

---

7 Siehe Kapitel 3.14.

Abb. 3.7.2. Beispiele für ergonomietaugliche Arbeitsplätze im Callcenter von Leuwico (Die Aufstellung von Bildschirmen ist auch mit fensterparalleler Blickrichtung möglich).

Indirekt-direkt-Systeme). Grundsätzlich sollte eine hohe Beleuchtungsgüte gefordert werden. Weil die Tätigkeit im Call Center stark auf den Einzelplatz bezogen ist, können auch Zwei-Komponenten-Systeme (Allgemeinbeleuchtung und Arbeitsplatzbeleuchtung) eingesetzt werden. Lichtmanagementsysteme mit Lichtsensorik zur Tageslichtanpassung und vorprogrammierten Lichtszenarien im Call Center sind möglich und sinnvoll, sollten aber jedenfalls individuell beeinflußbar sein.[8]

i) Klima: Um behagliche Raumluftbedingungen sicherzustellen, muß aufgrund der Größe und Belegung von Call Center-Arbeitsräumen Belüftung und Klimatisierung eingesetzt werden. Wirkungsprinzip und Bauweise dieser raumlufttechnischen Anlagen müssen darauf abzielen, die Klimafaktoren im Bchaglichkeitsbereich zu halten und vor allem möglichst zugluftfreie Bedingungen sicherzustellen. Neben herkömmlichen Klimasystemen mit Zu- und Abluftführung in der Decke kommen zusätzlich auch technisch anspruchsvollere Lüftungs- und Temperierungssysteme in Frage (Quelllüftung, Kühldecken). Im Call Center sollte darüber hinaus auf keinen Fall geraucht werden, sondern in einem separaten Raum.[9]

3.7.2.3. Einzelplatzgestaltung

Die Ergonomie kann einen Beitrag zum Wohlbefinden der Mitarbeiter leisten, indem sie auch den einzelnen Arbeitsplatz menschengerechter gestaltet. Zu den grundsätzlichen Empfehlungen zur richtigen Plazierung von Monitoren, Tischhöhen, etc. sei hier auf die Kapitel 2.3., 2.6. und 2.7. dieses Buches verwiesen. Folgende Spezifika sind zusätzlich zu berücksichtigen:

a) Akustische und optische Trennelemente: In jedem Fall sollten Lärm- und Sichtschutz-Trennelemente zwischen den Arbeitsplätzen bestehen und zwar in einer Höhe, die bei normalem Sitzen Intimität bietet, bei aufrechter Haltung aber den spontanen Sichtkontakt zu Gruppenkollegen ermöglicht. Achtung auf die Musterung der Trennelemente: Es sind Textilmuster bekannt, die bei Agenten Schwindelanfälle ausgelöst haben.

b) Höhenverstellbare Arbeitsplätze: Mit ein oder zwei Handgriffen höhenverstellbare Tische und Stühle sind vor allem im Mehrschichtbetrieb wichtig. Agenten, wie neuerdings von Herstellern propagiert, zum gelegentlichen Arbeiten im Stehen zu animieren, ist eine gute Idee. Dauerndes Stehen kann aber wie dauerndes Sitzen ebenfalls zu Müdigkeit, Krampfadern und Rücken- und Schulterverspannungen führen.

c) Arbeitstische: Die Tische sollten Stauraum bieten und eine körpergerechte Ausbuchtung aufweisen, keine glatten Oberflächen und gerundete Kanten haben. Der Wirkraum am Arbeitsplatz (der Sitzbereich des Benutzers mit 1 m Wirkraum hinter der Tischkante bis zum nächsten Arbeitsplatz, einem Raumteiler oder sonstigen Begrenzungen nach hinten) muß auch bei solchen Tischformen erhalten bleiben (siehe Abb. 3.7.3.).

d) Hygiene: „Shared Desk" (Schichtarbeit am selben Arbeitsplatz) setzt „Clean Desk" voraus, und dies ist vom Supervisor zu überwachen. Jeder Mitarbeiter sollte bei Arbeitsantritt einen sauberen, funktionsfähigen Arbeitsplatz vorfinden. Dies ist für das Wohlbefinden und die Motivation äußerst wichtig.

e) Telefon: Der Telefonapparat (falls es einen solchen noch geben sollte) sollte zwar standardmäßig links vom Bildschirm stehen, aber problemlos nach rechts umgestellt werden können.

---

8 Siehe Kapitel 3.10. und 3.11.
9 Siehe Kapitel 3.13.

Abb. 3.7.3. Beispiel für eine ergonomische Arbeitsplatzlösung im Callcenter WIENSTROM

f) Persönliches Headset: In den meisten Call Centern wird mit Headsets (Kopfhörern) gearbeitet. Es gibt die Überkopfform mit ein oder zwei Hörmuscheln, Haltebügel am Ohr, Knopfformen für die Ohrmuschel, und andere. Luxusversionen sind über Funk oder Infrarot verbunden, wodurch das lästige Kabel entfällt. Der Agent soll selbst seine Auswahl treffen dürfen. Das Headset wird nicht an die nächste Schicht weitergereicht, sondern soll beim Agenten verbleiben.

g) Maus: Eine robuste (= schmutztolerante) Maus und eine geräuscharme Tastatur vermindern ebenfalls die Streßbelastung.

h) Bildschirmaufstellung: Der Bildschirm muß frontal vor dem Agenten stehen und nicht schräg, wie es in vielen Einrichtungsbroschüren abgebildet wird. Die Personen sitzen sonst in der Wirbelsäule ver-

dreht, entsprechende Rückenleiden sind die Folge.

3.7.2.4. Behindertengerechtes Einrichten

Voll EDV-unterstützte Call Center sind gerade für körperlich behinderte Menschen ein idealer Arbeitsplatz. Durch die elektronische Verfügbarkeit der Kundenkorrespondenz und Arbeitsbehelfe entfallen die meisten Erledigungswege. Was für gesunde Menschen ein Nachteil ist (da Anlässe für körperliche Bewegung wegfallen), ist zum Beispiel für Rollstuhlfahrer ein großer Vorteil. Es ist daher bereits in der Planungsphase auf eine behindertengerechte Ausstattung des Gebäudes und eine entsprechende Anzahl solcher Arbeitsplätze Rücksicht zu nehmen. Dies wird leider oft übersehen (vor allem wenn das Agententeam angeblich schon feststeht, und keine behinderte Person dabei ist) und führt dann immer zu hohen Umbaukosten.

3.7.3. Gestaltung der Informationstechnologie

3.7.3.1. Benutzeroberflächen

Jeder Agent hat den ganzen Tag lang mit Eingabe- und Abfragemasken zu tun. Einerseits hält er während des Telefonates neue Daten fest (Bestelldaten, Reklamationsangaben, Adressen, etc.), andererseits muß er auch auf historische Daten zugreifen können (Auftragsdaten, Lieferangaben, Produktspezifikationen). Die Gesamtmenge der Datenfelder pro Kunde macht in der Regel mehrere Bildschirmseiten aus. In einer Hochleistungsumgebung wie dem Call Center bleiben nur wenige Sekunden Zeit, um Informationen wahrzunehmen, Aktionen auszulösen und den wartenden Anrufer zu bedienen. Es muß also alles daran gesetzt werden, daß der Agent die Übersicht behält und rasch zu den richtigen Informationen gelangt. Alles andere würde den Streß erhöhen und die ergonomischen Investitionen in den Arbeitsplatz zunichte machen.

Gute Benutzeroberflächen[10] setzen voraus, daß alle gesprächsrelevanten Informationen möglichst automatisiert aufbereitet werden, um den Agenten vor dem hektischen Suchen und vor Gesprächspausen zu bewahren. Unter „automatisiert" ist zu verstehen, daß

- die Eingaben, die der Anrufer eventuell in einen Sprachcomputer bereits vor dem Kontakt mit dem Agenten gemacht hat, angezeigt werden (Bestellnummer, Kundennummer, einen ausgewählten Menüpunkt);

- daraus folgend je nach Anrufer andere oder zusätzliche Informationen angezeigt werden (Rabatte, Sonderaktionen, Gesprächsleitfaden, Warnhinweise, interne Vermerke);
- eher die Ergebnisse als die Bestandteile von Kalkulationen angezeigt werden, zum Beispiel der Saldo verschiedener Konten oder Bestellungen über mehrere Abteilungen, Produkte und Zeiträume hinweg.

Weiters ist für eine strukturierte Darstellung der angezeigten Daten in den Masken zu sorgen, damit sich der Agent leicht zurechtfindet:

- Die Software muß so strukturiert sein, daß der Agent von der Hauptmaske durch einen einfachen Mausklick auf die jeweils darunterliegenden Detailmasken weiterverzweigt wird.
- Jede Maske sollte ähnlich aufgebaut sein, um Orientierungsverlust zu vermeiden.
- Ein Pfad am Bildschirmrand sollte anzeigen, wo er sich befindet, und er sollte mit einem Klick auf die Hauptmaske zurückgelangen können.
- Farben sind sparsam, aber durchgängig einzusetzen. Dann werden sie zum nützlichen Orientierungsmittel.

Beim Aufbau der Masken selbst lautet die Hauptforderung „intuitive Bedienbarkeit". Im Call Center arbeiten viele Leute im Schnitt nicht länger als ein Jahr, da bleibt keine Zeit, um sich an technische Spezialitäten zu gewöhnen:

- Buttons und Pull-down-Menüs: Die Funktionen sollten so benannt werden, wie es der Umgangssprache entspricht, also zum Beispiel „Kontostand" statt „Balance due".
- Gerade bei Standardsoftware ist auf maximale Anpassungsfähigkeit zu achten.

---

10 Siehe Kapitel 2.4.

Falsch plazierte Anzeigen und Buttons führen zu Unübersichtlichkeit, was den Streß erhöht.

- Wo immer sinnvoll, muß der Agent mit einem Mausklick eine Anmerkung in einem Textfeld hinzufügen können. Auch elektronische post-its machen Sinn, wenn man für gewisse temporäre Anmerkungen sonst keine Eingabemöglichkeit hat. Es sollte möglichst wenig auf Papier festgehalten werden, da diese Notizen beim nächsten Kundenkontakt anderen Gruppenmitgliedern nicht zur Verfügung stehen würden.

- Es muß grundsätzlich möglich sein, im ganzen Kundenakt mit einer Volltextsuche nach allem und jedem zu suchen, also Stichwörter, Zahlen und Bemerkungen.

- Die Kundenkorrespondenz sollte an einer kontextabhängigen Stelle per Button einsehbar sein. Zum Beispiel in der Maske „Bestellung" sollte ein Button „Bestellformular" vorkommen, das per Klick ein Image des Original-Faxes oder -Briefes mit der Unterschrift des Kunden zeigt. Dies erspart dem Agenten das manuelle Suchen von Unterlagen.

Am Markt sind diverse Standard-Softwarepakete erhältlich, die von Herstellern oder Systemintegratoren den Organisationsanforderungen angepaßt und mit der bestehenden EDV verbunden werden. Diese Pakete reichen von einfachen Benutzeroberflächen/-anwendungen bis zu tiefgehenden Customer Relationship Management-Programmen (CRM). Die meisten Pakete sind bereits nach obigen Kriterien gestaltet worden. Trotzdem sollten Sie sich in Demos und Referenzbesuchen unbedingt selbst davon überzeugen. Diese Softwarepakete können auch die Steuerungssoftware für das Call Center beinhalten (Verteilung der Telefonate, Gruppenmanagement, synchrone Datenabfrage).

Es ist natürlich klar, daß die volle Erfüllung dieser Anforderungen erhebliche EDV-Investitionen nach sich zieht. Sie zielt nämlich auf die Integration verschiedener Datenbanken und EDV-Plattformen ab, im Extremfall sogar über mehrere Organisationen hinweg. Diese Investitionen sind vor allem dann empfehlenswert, wenn ohnehin eine CRM-Installation vorgesehen ist, was eine neue, ganzheitliche Sicht der Kundenbeziehung ermöglicht. Ansonsten wird die Budgetrealität nur eine schrittweise Integration zulassen. Wichtig ist jedoch, bei jedem Schritt dieses Gesamtbild vor Augen zu haben und die ergonomischen Anforderungen von Anfang an miteinzuplanen.

3.7.3.2. Telefoniefunktionen

In modernen Call Centern werden statt Telefonapparaten Headsets eingesetzt. Sämtliche Telefoniefunktionen werden daher am Bildschirm dargestellt, meistens innerhalb eines Funktionsbalkens. Auch hier gilt: Intuitive Bedienung geht vor! Die Buttons müssen so benannt werden, wie sie in der Umgangssprache heißen: Anmelden, Abmelden, Abheben, Auflegen, Verbinden, Stumm, Pause, Nacharbeit. Eine Statusanzeige zeigt, wieviele Personen sich in der Warteschlange befinden und wie lange die durchschnittliche Wartezeit beträgt.

Auch der Telefon-Ziffernblock ist am Bildschirm abgebildet (screenphone). Neben den Grundfunktionen sollte der Agent aus erweiterten Nummernregistern per Mausklick wählen und Wahlwiederholungen veranlassen können.

3.7.3.3. ACD-Statistiken und Leistungskontrolle

Eine fundamentale Funktion des Call Centers ist die Verteilung eingehender Anrufe nach vorgegebenen Kriterien (siehe Abschnitt 3.7.1.1. „Funktionsweise") durch die Automatic Call Distribution (ACD). Ziel ist es, jeden Anrufer möglichst rasch wunschgemäß zu verbinden, und ihn im Besetztfall in einer Warteschleife zu halten. Zur ACD gehören Statistikfunktionen wie zum Beispiel die Anzahl angenommener Anrufe pro Stunde, die durchschnittliche Warteschlange, die durchschnittliche Wartedauer, Aufleger („abandoned calls"). Damit können die Supervisoren und Manager Schwächen herausarbeiten und Verbesserungen in der Anrufverteilung oder bei den Überläufen durchführen.

Die ACD ist durch diese Statistikfunktionen ins Schußfeld der Arbeitnehmervertreter geraten und kritischer Gegenstand standardisierter Betriebsvereinbarungen geworden. Die Arbeitnehmervertreter weisen darauf hin, daß es streßerzeugend und daher nicht ergonomisch sei, die Mitarbeitereffizienz in einem Call Center durch personengenaue Statistiken auszuwerten. Es wird gefordert, nur Gesamtstatistiken für Gruppen ab 5 Personen zuzulassen. Tatsächlich ist es aber notwendig, zumindest zwei Arten von Call Centern zu unterscheiden:

1. In Call Centern, in denen hochqualifizierter Kundendienst erbracht wird, wäre eine personengenaue ACD-Statistik unbrauchbar. Sie würde nur über die Effizienz (hohe Leistung in kurzer Zeit), aber nichts über die Effektivität (zum Beispiel Vertragsabschlüsse) aussagen. Im Gegenteil: Ein Agent, der um die Hälfte länger mit jedem Kunden telefoniert, kann trotzdem oder gerade deshalb am Ende des Tages die größte Anzahl an Vertragsabschlüssen aufweisen. Dasselbe gilt für Helpdesks (hier gilt die Anzahl positiv erledigter „Tickets" oder Reklamationen) oder für Produkthotlines, bei denen sich die Agenten ausreichend Zeit für jeden Anrufer nehmen sollten.

2. Anders verhält es sich in Auftrags-Call Centern, wo zum Beispiel für einen Fernseh-

sender tausende Anrufe zu einem Gewinnspiel entgegengenommen werden. Hier zählt rein nur die Kennziffer „Anzahl entgegengenomme Anrufe pro Stunde". Für die Mitarbeiter ist diese Kennzahl die Basis für ihre Provision, weswegen zum Beispiel Studenten gerade solche Jobs überhaupt annehmen. Die ACD-Statistik wirkt für sie als Motivator und als Grund, am Ende des Tages auf ihre Leistung stolz zu sein. Eine Messung nur nach Gruppenerfolg wäre hier ein Demotivator. Hier ist also eine personengenaue ACD-Statistik erforderlich.

3.7.3.4. Dialer

Dialer oder sogenannte Anwahlhilfen werden für ausgehende Telefonate („Outbound calls") eingesetzt. Sie sparen dem Agenten eine Menge Streß. Einerseits ermöglichen sie es, aus jeder Maske heraus per Mausklick eine Nummer anzuwählen. Das Eintippen der Telefonnummer entfällt. Andererseits sorgen Preview-Dialer dafür, daß Anruflisten abgearbeitet werden, wobei der Agent diesen Vorgang willentlich auslöst. Die Nummern werden angerufen, die Kundendaten synchron am Bildschirm dargestellt, und im Besetztfall der Anruf in eine Warteliste zur automatischen Wiedervorlage gestellt.

Abgeraten wird von automatischen oder sogenannten „Predictive Dialern" und allen anderen Varianten, die dem Agenten ohne sein Zutun Outbound Calls zuteilen. Dies kann zu erheblichem Streß führen.

3.7.3.5. Gesprächsaufzeichnung

Telefonate sollten (und dürfen) nur mit Einverständnis des Agenten mitgeschnitten werden. Sie sind für Schulungszwecke hilfreich, manchmal aufgrund der Geschäftsart zwingend notwendig (Telefonbanking) und manchmal zur Verbesserung der Arbeitsplatzbedingungen unbedingt erforderlich: nämlich im Falle der berüchtigten Belästigungs- und Beleidigungsanrufe. Umfragen unter weiblichen Agenten haben ergeben, daß solche Gespräche für sie der Hauptstreßfaktor im Call Center ist, und zwar nicht, weil sie so oft vorkommen, sondern weil die ständige Bedrohung besteht. Allein das Vorhandensein einer Aufzeichnungs- und Sanktionsmöglichkeit wirkt daher streßabbauend.

3.7.4. Gestaltung der Arbeitsorganisation

3.7.4.1. Arbeitszeiten

Bei anonymen Mitarbeiterbefragungen gibt es immer wieder Beschwerden über mangelnde Unterbrechungsmöglichkeiten und zu kurze Pausen. Ein Mensch kann nicht durchgehend 8 Stunden lang gleichzeitig einfühlsam sprechen, zuhören, ein Computerprogramm bedienen und auch noch eine individuelle Gesprächs- oder Verkaufsstrategie für 30 bis 300 Anrufer entwickeln. Hier sind nicht nur Pausen erforderlich, sondern auch kurze Arbeitszeiten im Call Center.

Ein 8-Stunden-Arbeitstag könnte zum Beispiel so aussehen, daß der Agent 4 Stunden zu den Spitzenzeiten im Call Center tätig ist und den Rest im Backoffice (also der Abwicklungsstelle). Am zweiten Tag wäre es genauso, am dritten Tag würde er die 4 Stunden außerhalb der Spitzenzeit im Call Center verbringen. Das würde nicht nur Abwechslung bringen, sondern auch erhöhte Sachkenntnis der internen Abläufe.

Im Outbound-Bereich sollten Agenten idealerweise nur 4 Stunden arbeiten und stündlich eine kurze Pause machen. Danach ist der Arbeitstag entweder beendet, oder es folgen leichte Nebentätigkeiten (jedenfalls keine komplexen Backoffice-Tätigkeiten).

Das Zeit- und Kapazitätsmanagement für das gesamte Call Center kann (zum Beispiel basierend auf Daten der ACD) relativ genau prognostiziert und mit einer Personaleinsatz-Software gesteuert werden. Dadurch kann viel besser auf die individuellen Bedürfnisse der einzelnen Agenten eingegangen werden (Studenten, Mütter/Väter, Vollzeitkräfte).

3.7.4.2. Gruppenbildung

Die Tätigkeiten einer Inbound-Gruppe (Annahme hereinkommender Anrufe) unterscheiden sich grundlegend von der einer Outbound-Gruppe (aktives Anrufen von Kunden). Inbound Calls entgegenzunehmen bedeutet zu reagieren, Outbound Calls, zu agieren. Im ersten Fall muß der Agent die psychologische Grundeinstellung eines Gastgebers besitzen, einen unangemeldeten Gast möglichst angenehm zu empfangen. Im anderen Fall muß er die Rolle eines (oft ungebetenen, aber jedenfalls unangemeldeten) Gastes spielen, der sich Eintritt verschaffen will. Genauso wie viele Menschen entweder ein guter Gast oder ein guter Gastgeber sind, liegt die Stärke eines Agenten entweder bei Inbound oder Outbound.

Diese Trennung sollte schon bei der Erstellung der Arbeitsplatzprofile und der Personalauswahl erfolgen. Sie muß aber dann auch in der täglichen Praxis im Call Center beibehalten werden. Agenten können natürlich auf ihren Wunsch „die Seite wechseln", wenn sie entsprechende Schulungen besucht haben. Eine spontane Doppelverwendung aus Sachzwängen heraus ist aber abzulehnen. Auch die gut gemeinte Empfehlung, Agenten zwecks Abwechslung innerhalb eines Arbeitstages 3 Stunden Inbound, und nach der Pause 3 Stunden Outbound telefonieren zu lassen, funktioniert nicht. Da Outbound Telefonieren wesentlich anstrengender ist und weit höheren persönlichen Einsatz erfordert, ist diese Tätigkeit auch wesentlich höher zu entlohnen; zumindest muß der Einkommensverlust aufgrund der kürzeren täglichen Arbeitszeit durch einen höheren Stundenlohn kompensiert werden.

Inbound- und Outbound-Gruppen sind weiter unterteilt in sogenannte ACD-Gruppen (wie in Kapitel 3.7.1.1. „Funktionsweise" und Kapitel 3.7.3.3. „ACD-Statistiken" beschrieben). Von jedem Agenten wird dabei ein Skill-Profil in der ACD hinterlegt, woduch diese einen Anrufer zielgenau verbinden kann. Dieses Skill-Profil ist eher eng anzulegen, um eine Überforderung des Mitarbeiters zu vermeiden, die Streß erzeugt und den Kunden verärgert. Auf keinen Fall darf das Skill-Profil einseitig verändert werden! Es liegt in der Verantwortung des Supervisors, daß Änderungen und Eintragungen der Realität entsprechen. Bei der Einrichtung der ACD-Gruppen ist auch darauf zu achten, daß die Arbeitsbereiche der Agenten untereinander, zum Second Level und zu den anderen Organisationsabteilungen deutlich definiert und abgegrenzt werden, um Zuständigkeitsprobleme zu vermeiden.

3.7.4.3. Supervisor

Der Supervisor ist der erste Ansprechpartner der Agenten und hat somit eine Vertrauensposition inne:

- Er sollte mitten in seiner Gruppe sitzen, nicht in einem separaten Büro, um die Anliegen und die Befindlichkeit seiner Kollegen vor Ort zu registrieren.
- Er sollte sich die Anliegen der Kollegen zu eigen machen und gegenüber dem Call Center-Manager vertreten.
- Er sollte die Leistungsmessungen mit den betroffenen Mitarbeitern diskret diskutieren. Die Messungen, die Vergleichswerte (Benchmarks) und die darauf basierenden Entscheidungen müssen nachvollziehbar und akzeptiert sein.

- Er hat dafür zu sorgen, daß das Datenschutzgesetz eingehalten wird und persönliche Daten und Meßwerte der Kollegen keinem Außenstehenden zugänglich gemacht werden.

3.7.4.4. Schulung

In der Praxis erfolgt vor allem die Schulung zur richtigen Verwendung ergonomischer Einrichtung so gut wie nie. Es wird davon ausgegangen, daß sich ein neuer Mitarbeiter das von den anderen abschaut. Dadurch werden diese nicht nur beim Arbeiten gestört, sondern es wird auch eine Weitergabe von chronischen Fehlern ermöglicht.

Zusätzlich zu den üblichen Call Center-Schulungen sollten folgende Schwerpunktbereiche geschult werden:

- Bedienung der Bildschirmmasken, Telefonfunktionen, Nutzung von Klimatisierung und Beleuchtung, Headsets, Stühlen und Tischen.
- Telefontraining, Streßmanagement, Selbstmotivation.

Die Schulung sollte in separaten Räumen stattfinden und nicht im Call Center während des normalen Betriebes.

3.7.4.5. Incentives

In der gängigen Literatur werden gerne Incentives (zum Beispiel Betriebsausflüge und Sonderprämien) vorgeschlagen, um die Motivation, das Klima und somit die Arbeitsverhältnisse zu verbessern. Dazu ist folgendes anzumerken:

- Es wurde schon darauf hingewiesen, daß eine ständige Motivation von außen bei 30 bis 300 Telefonaten pro Tag und dementsprechend vielen emotionalen Erlebnissen nicht möglich ist. Die Agenten müssen über eine hohe Frustrationstoleranz verfügen.

– Demzufolge kann man Agenten nicht wirklich motivieren, sondern nur demotivieren. Stimmt die Bezahlung nicht, lösen unergonomische Raum- und Arbeitsplatzverhältnisse gesundheitliche Beschwerden aus oder ist das Management nicht vertrauenswürdig, so wirken Incentives eher wie Zynismus.
– Werden die Basisprobleme behoben oder ist die Grundbefindlichkeit von Haus aus gut, sind Incentives sicherlich eine erfreuliche Geste. Aber eine wesentliche Rolle spielen sie nicht.

3.7.5. Weitere Aspekte

3.7.5.1. Telearbeit

Die Unabhängigkeit durch die Telefon- und Datenübertragungstechnik verleitet zur Idee, Call Center zu dezentralisieren. Es wird davon ausgegangen, Mütter/Väter, Studenten und Pendler würden sich die oft langwierige Anreise ersparen und sie könnten sich mehr um die Familie kümmern. Eine flexible Zeiteinteilung würde ein selbstgesteuertes Arbeiten ermöglichen.

Dem ist entgegenzuhalten, daß der Arbeitsplatz zu Hause dieselben ergonomischen Bedingungen erfüllen muß, wie in einem modern eingerichteten Call Center. Weiters haben nur die wenigsten Menschen die Selbstdisziplin, zu Hause genauso effektiv und effizient zu arbeiten wie im Call Center. Drittens kann die Abgeschiedenheit zur Isolation führen. Die Vorteile der Telearbeit im Call Center, besonders aus ergonomischer Sicht, überwiegen daher momentan höchstens im Einzelfall.

3.7.5.2. Gesetzliche Grundlagen

Sämtliche Regelungen des AschG und der BS-V[11] sind auch auf Call Center anzuwen-

---

11 Siehe Kapitel 1.1.

den. Dabei sind die tätigkeitsspezifischen Merkmale des Arbeitsraumes, der Arbeitsplätze und der Arbeitsinhalte zu berücksichtigen.

3.7.5.3. Wirtschaftlichkeit

Ergonomie im Call Center bringt Geld. Den größten Effekt hat sie über den Umweg der Mitarbeiterbefindlichkeit auf das Kaufverhalten der Kunden, aber dieser Effekt ist für sich gesehen schwer zu messen.

Einen unmittelbar meßbaren, weil intern auftretenden Effekt, hat sie auf die Krankenstands- und Fluktuationsraten. Die besten Call Center bringen es nach allgemeiner Erfahrung in der europäischen Call Center-Branche auf eine Krankenstandsrate von 4 % und eine Fluktuationsrate von 5 % pro Jahr, die schlechtesten auf 15 % beziehungsweise 70 %.

Andererseits machen die Einrichtungsinvestitionen ca. 15 % von den Gesamterrichtungskosten eines Call Centers aus (in einem bestehenden Betriebsgebäude). Der Rest ist EDV, Telekom und Personal. Durch ergonomische Zusatzinvestitionen steigt dieser Anteil auf maximal 25 %. Auf einen Abschreibungszeitraum von 10 Jahren gerechnet sind das also gerade 1 % zusätzliche Betriebskosten pro Jahr (inkl. vernachlässigbarer erhöhter Service- und Reinigungskosten).

Gelingt nun zum Beispiel eine Abnahme der Krankenstände von 5 % pro Jahr, so bedeutet dies 5 % höhere Personalressourcen bei gleichen Kosten. Da Personalkosten 70 % der laufenden Betriebskosten ausmachen, ergibt dies ein Produktivitätspotential von 3,5 % p. a., bezogen auf die gesamten Betriebskosten. Dieselbe Rechnung gilt für die Personalfluktuation und die dadurch ausgelösten Folgekosten wie Personalsuche, Ausbildung und Einarbeitung. Wenn man alles zusammenrechnet, ergeben sich im

Call Center kalkulierbare Produktivitäts-
potentiale von 5 bis 10 %, denen die oben
errechnete Kostenbelastung von nur 1 %
gegenübersteht.

3.7.6. Internes Marketing

„Tue Gutes und rede darüber": Dieser
Grundsatz trifft auch hier zu. Welche Maßnahmen Sie auch immer aus den hier emp-
fohlenen umsetzen, zeigen Sie Ihren Mitarbeitern deutlich, welche Anstrengungen
und Kosten zur ergonomischen Gestaltung
des Call Centers unternommen und welche
Kriterien dabei berücksichtigt wurden. Der
beabsichtigte Effekt wäre, daß sich die Mitarbeiter damit aktiv auseinandersetzen und
die ergonomischen Einrichtungen auch verwenden. Vor allem soll dadurch das kritische Denken gefördert werden, sich zum
Wohl der Organisation und ihrer Kunden zu
trauen, die Grundbefindlichkeit und eventuelle Störfaktoren zum Ausdruck zu bringen,
bevor sie bis zum Anrufer durchdringen.
Das Management tut gut daran, die Anregungen wohlwollend aufzunehmen.

3.7.7. Literatur und weitere Informationen

3.7.7.1. Literatur

Gewerkschaft der Privatangestellten, Automati-
sation und Arbeitsgestaltung (Hg.): Arbeit im
Call Center. Wien, 1999.
Hungenberg W.: Call-Center. Leistungen fördern,
die Arbeitsqualität verbessern. Mit richtig ge-
stalteten Arbeitsplätzen im Call-Center. Infor-
mationsschrift 3 des Deutschen Büromöbel
Forum im Verband Büro-, Sitz- und Objekt-
möbel e.V. (Hg.), Düsseldorf.
Kooperationsbüro Multimedia + Arbeitswelt DPG,
HBV, IG Medien: Arbeiten im Call Center.
Handlungshilfe für Betriebs- und Personalräte.
Frankfurt/M., 1999.
Malik F.: Führen – Leisten – Leben. DVA Verlag,
Stuttgart, 2000.
Menzler-Trott E.: Gesundheitliche Probleme von
Beschäftigten in Call Centern. In: Computer
Fachwissen für Betriebs- und Personalräte.
Köln, 1999.
Menzler-Trott E.: Call Center Management. Ein
Leitfaden für Unternehmen zum effizienten
Kundendialog. Verlag C.H. Beck, München,
1999.
Ottomann H. (Hg.): Erfolgsfaktor Einrichtung im
Call Center. DVA Verlag, Stuttgart, 1999.
Schneider F., Struhk H.: Das Kombi-Büro. Büro-
raumkonzept mit Zukunft. Akzente Studien-
gemeinschaft (Hg.), Murnau, 1991.
Schubert P., Eisfeller G.: Erfolgsfaktor Einrich-
tung im Call Center. Mensch & Büro 13, H.2,
1999.
Technologieberatungsstelle beim DGB Landesbezirk NRW e.V.: Call Center. Handlungshilfe zur
Gestaltung von Call Centern und Regelung
automatischer Anrufverteilsysteme. Oberhausen, 1999.
TeleTalk 01/2000, S. 61ff, und TeleTalk Sonderausgabe „Call Center Marktführer" Nr. 4 1999/
2000, S. 14 ff., beide gegen geringe Gebühr
beziehbar bei: telepublic Verlag, D-30161
Hannover (www.teletalk.de).

3.7.7.2. Internetadressen

www.ccnn.de (Die Homepage des Call Center
Netzwerkes Niedersachsen informiert über
Anbieter von Produkten und Dienstleistungen
für Call Center)
www.sozialnetz-hessen.de/ergo-online/Arbeits-
org/G_ErgoCallcenter.htm (Hier finden Sie
zum Stichwort „Call Center" auch noch weitere Texte und Literaturhinweise aus der Sicht
des Arbeitnehmerschutzes)
www.call-center-forum.at (Österreichische Plattform für Call Center zu den Themen Call Cen-
ter-Technik und Organisation)

3.8. Flachbildschirme

Technische und ergonomische Aspekte

Gerd Dziambor, Georg Effenberger, Stephan Scheuer

In aller Kürze

LCD-Flachbildschirme bieten eine Reihe von Vorteilen, weshalb sie schon seit längerem nicht nur im Büro eingesetzt werden. An Produktionsarbeitsplätzen in der industriellen Fertigung oder in der Medizintechnik halten sie wegen ihrer kompakten und leichten Bauweise und der Störfestigkeit gegenüber elektromagnetischen Feldern Einzug. Sie tragen bei Bildschirmarbeitsplätzen mit ihrer geringen Bautiefe dazu bei, auch bei kleineren Tischtiefen die Sehabstände zum Benutzer ohne aufwendige Tischvertiefungen oder Anschaffung neuen Mobiliars in einfacher Weise einzuhalten (insbesondere beim Einsatz von großen Bildschirmen). Sie ermöglichen so einen sparsameren Umgang mit den Ressourcen Raum- und Büroflächen. Im Vergleich zu anderen Technologien haben sie einen viel geringeren Energiebedarf und helfen damit bei der Verbesserung der Raumklimatisierung, indem sie gerade in Großraumbüros die Raumluft weniger erwärmen. Darüber hinaus zeichnen sie sich bauartbedingt durch sehr niedrige elektrische und magnetische Emissionen aus.

Flachbildschirme sind in der Bildqualität in bezug auf die Helligkeit, Auflösung, Zeichenschärfe und Reflexionseigenschaften anderen Technologien deutlich überlegen und damit das geeignete Anzeigemedium für viele Einsatzbereiche. Displays basierend auf der LC-Technologie haben aber auch Nachteile bezüglich der Blickrichtungsabhängigkeit, was sich speziell auf die Farbwiedergabe stark auswirken kann. Für Aufgaben, die eine farbgetreue Wiedergabe auf der Anzeige erfordern, sind sie nur eingeschränkt einsetzbar.

3.8.1. Bildschirmtechnologien

Die heutigen Bildschirmtechnologien können prinzipiell in die klassischen Monitore mit Kathodenstrahlröhre (CRTs) und in die Flachbildschirme gegliedert werden.

Die Hauptbestandteile eines Röhrenmonitors sind der Glaskolben (= die Bildröhre) und die Einrichtungen zum Erzeugen und Ablenken des Elektronenstrahls. Röhrenmonitore weisen abhängig von der Größe der Bildschirmdiagonalen Bautiefen von ca. 40 bis 60 cm auf, die häufig zu Platz- und Flächenproblemen auf Arbeitstischen führen. Neuerdings gibt es allerdings auch Röhrenmonitore (zum Beispiel Short Neck Technologie), deren Bautiefe um ungefähr 10 bis 15 % verringert ist.

Bei den Flachbildschirmen gibt es wiederum unterschiedliche Konzepte wie LCDs (Liquid Crystal Displays), Plasma Displays, LEDs (Light Emitting Diode) und einige mehr. Aus der heutigen Sicht haben sich die sogenannten TFT-LCDs bei der Flachbildschirm-Technologie durchgesetzt. Die TFTs (Thin Film Transistor) werden oft als Aktivmatrix-TFTs bezeichnet, weil die Transistoren aktiv die einzelnen Bildelemente ansteuern. Daneben gibt beziehungsweise gab es auch noch STN-Modelle oder DSTN (Passivmatrix-LCDs), die jedoch heute nur mehr in sehr billigen Notebooks eingesetzt werden.

Stark vereinfacht besteht ein LC-Display aus einer Hintergrundbeleuchtung, einer Reihe von Filtern und Folien, den Flüssigkristallen, den schaltbaren Bildelementen und den Glasscheiben. Die eingesetzten Flüssigkristalle lassen das von der Hintergrundbeleuchtung abgestrahlte Licht richtungsabhängig passieren.

Das Prinzip der LCDs wird also durch die richtungsabhängige Lichtabgabe der Flüssigkristalle ermöglicht. Jedoch wirkt sich diese Eigenschaft auch auf die wesentlichsten Anzeigeeigenschaften wie Helligkeits- und Kontrastverteilung sowie Farbdarstellung aus. Für den Benutzer variieren damit Kontrast und Farben in Abhängigkeit vom Betrachtungswinkel.

3.8.2. Welche Vor- und Nachteile bieten Flachbildschirme?

3.8.2.1. Geringerer Platzbedarf

Der wohl auffälligste Vorteil eines Flachbildschirmes ist der wesentlich geringere Platzbedarf gegenüber einem herkömmlichen Röhrenmonitor (siehe Abb. 3.8.1.).

Immer dann, wenn die vorhandene Arbeitsfläche eine geringe Tiefe aufweist, kann man mit Röhrenmonitoren meist nicht den optimalen Sehabstand einhalten. Durch die wesentlich geringere Bautiefe der Flachbildschirme ist das mit diesen Monitoren in der Regel leichter möglich. Auch bei normalen Büroanwendungen (wie Textverarbeitung und Tabellenkalkulation) sind heute Röhrenmonitore mit einer Bildschirmdiagonale von 17 Zoll meist schon Standard. Diese Monitore besitzen jedoch bereits eine solche Bautiefe, daß sie nicht im optimalen Sehabstand (50 bis 70 cm) auf einem normalen Bürotisch (80 cm tief) aufgestellt werden können. Oft wird in der Folge dann der

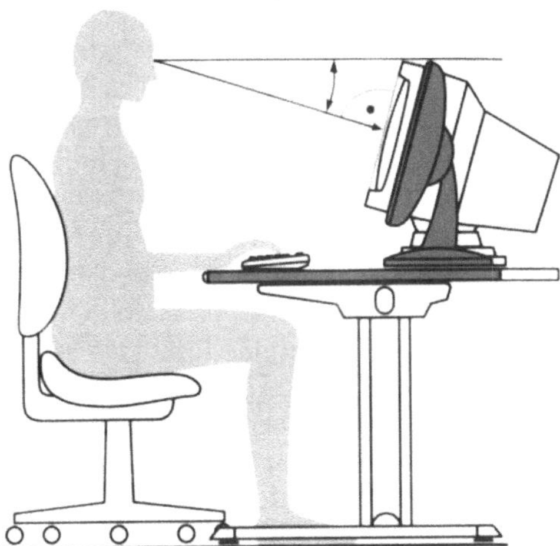

Abb. 3.8.1. Bautiefenvergleich

Monitor schief zum Betrachter positioniert. Dies hat häufig eine verdrehte Arbeitshaltung zur Folge, die sich in Verspannungen, Kopfschmerzen, etc. und damit einer geringeren Leistungsfähigkeit äußern kann. Auch hier können die Flachbildschirme eine gute Lösung des Problems bewirken.

Auch bei diversen Anwendungen in der Industrie, also bei Maschinen, Meßgeräten und ähnlichem, werden LC-Displays aufgrund der geringen Bautiefe immer öfter eingesetzt.

3.8.2.2. Geringeres Gewicht

Röhrenmonitore wiegen weit mehr als Flachbildschirme, weil LCDs keine schwere Bildröhre haben. CRTs für CAD-Anwendungen können 35 kg und mehr wiegen. Vergleicht man das mit den etwa 10 kg eines Flachbildschirmes gleicher Größe, so ergeben sich die Vorteile vor allem bei transportablen Computersystemen. Schließlich wurde der Siegeszug der Laptops und Notebooks erst durch die Vorteile geringer Platzbedarf und geringes Gewicht ermöglicht.

3.8.2.3. Größere Flexibilität

Durch die Kombination der Vorteile geringere Bautiefe und geringeres Gewicht ergibt sich auch der Vorteil der größeren Flexibilität der Flachbildschirme. Sie können in den verschiedensten Positionen aufgestellt, aufgehängt oder montiert werden. Bisher werden Flachbildschirme ja meist so wie herkömmliche Röhrenbildschirme mit senkrechter Bildschirmoberfläche aufgestellt, in Zukunft könnten sie aber wesentlich flacher positioniert beziehungsweise aufgelegt werden. Auch beim Lesen eines Buches stellt man das Buch nicht auf den Tisch, sondern man legt es auf den Tisch oder auf ein gering geneigtes Lesepult. Dies entspricht den physiologischen Haltungs- und Sehgewohnheiten. Einige Hersteller bieten die Möglichkeit, daß man den Flachbildschirm von Querformat auf Hochformat drehen kann. Speziell bei der Textverarbeitung kann dies sinnvoll sein, da man dann ein A4-Blatt in der richtigen Ausrichtung in vernünftiger Größe darstellen kann.

3.8.2.4. Kein Flimmern

Bei Röhrenbildschirmen wird das Bild durch einen Elektronenstrahl aufgebaut. Der Strahl trifft nacheinander auf die Phosphorschichten und erzeugt somit leuchtende Bildpunkte. Die Bildpunkte leuchten eine gewisse Zeit nach und werden dann wieder schwarz. Damit für den Betrachter ein stabiles Bild entsteht, müssen somit alle Bildpunkte ca. 75 bis 85 mal pro Sekunde angestrahlt werden (= Bildwiederholfrequenz). Wird das Bild nicht oft genug aufgebaut, so flimmert der Monitor. Bei den TFT-LCDs werden die Bildpunkte über die Transistoren der Bildelemente gleichzeitig eingeschaltet und ausgeschaltet. Das Bild kann somit bei korrekter Grafikansteuerung nicht flimmern.

3.8.2.5. Bildeigenschaften

In der Norm ISO 13406-2 („Ergonomische Anforderungen an Flachbildschirme")[1] werden die Maßstäbe und Qualitätsanforderungen an Flachbildschirme sowie die Meßverfahren zu deren Bewertung vorgegeben. Neben den Anforderungen an eine ausreichende Helligkeit und gute Kontrasteigenschaften über einen definierten Blickbereich des Displays finden sich in ISO 13406-2 auch Kriterien für die Reflexionseigenschaften und die Farbwiedergabe sowie funktionale Anforderungen an die Bildgeometrie, die Flimmerfreiheit und die Pixeldarstellung. Während der Bildgeometrie und der Flimmerfreiheit bei Flachbildschirmen aufgrund der direkten elektronischen Ansteuerung der Bildelemente – unter der Voraussetzung einer korrekten Einstellung und Justage – keine große Bedeutung beizumessen ist, kann die Anzahl der Pixelfehler als ein Qualitätskriterium herangezogen werden. Hierbei handelt es sich um defekte Bildelemente aufgrund von Fehlern beim komplizierten Herstellungsprozeß der Displays. Pixelfehler sind für den Benutzer durch nicht leuchtende oder in einer falschen Farbe leuchtende Bildpunkte erkennbar.

a) Kontrasteigenschaften und Betrachtungsbereich von Flachbildschirmen

Aufgrund der optischen Eigenschaften der Flüssigkristalle ist die Helligkeits- und damit auch die Kontrastverteilung (Helligkeitsunterschied zwischen angezeigter Information und Bildschirmhintergrund) von Flachbildschirmen gegenüber Kathodenstrahlgeräten stärker abhängig vom Betrachtungswinkel. Die hierdurch hervorgehobene winkelabhängige Kontrastverteilung schränkt den Betrachtungsbereich

---

1 Siehe Kapitel 1.4.

eines Flachbildschirmes bei seitlichem horizontalen oder vertikalen Blick ein. Dies muß derzeit bei einigen Flachbildschirmen gegenüber einem Kathodenstrahlmonitor als einer der wenigen Nachteile angesehen werden.

Der Kontrast muß bestimmten Mindestwerten für einen definierten Betrachtungsbereich genügen. Die Display-Hersteller entwickeln die Anzeige für einen vorgesehenen Betrachtungswinkel, der nicht immer wie bei Kathodenstrahlgeräten senkrecht zur Anzeige liegt,[2] sondern einige Grad (Winkel θD) davon abweicht (siehe Abb. 3.8.2.).

Um diesen Betrachtungswinkel existiert ein Winkelbereich in horizontaler und vertikaler Richtung in dem für die Erkennbarkeit der angezeigten Information ein ausreichendes Kontrastverhältnis erforderlich ist (Abb. 3.8.3.).

Für diesen Betrachtungsbereich muß das Kontrastverhältnis mindestens 3:1 unter Helligkeitsbedingungen betragen. Empfohlen werden Kontrastverhältnisse zwischen 5:1 bis ca. 100:1. Hier ist zwischen den Kontrastangaben der Hersteller, die zumeist den höheren Dunkelraumkontrast angeben, und dem Kontrast unter Beleuchtungsbedingungen zu unterscheiden. Da ein Display normalerweise unter Beleuchtungsbedingungen eingesetzt wird, ist die Kontrastangabe unter Helligkeitsbedingungen aussagekräftiger. Er liegt bedingt durch die Reflexion des Displays niedriger als der Dunkelraumkontrast, weil das Umgebungslicht die Leuchtdichte (Helligkeit) des Displays und damit den Kontrast herabsetzt. Das wird jedem verständlich, wenn er versucht, ein Display beispielsweise bei direkter Sonneneinstrahlung zu benutzen.

Die Qualität der Flüssigkristallanzeige ist hierbei direkt abhängig von der Höhe des

---

2 Siehe Kapitel 2.3.

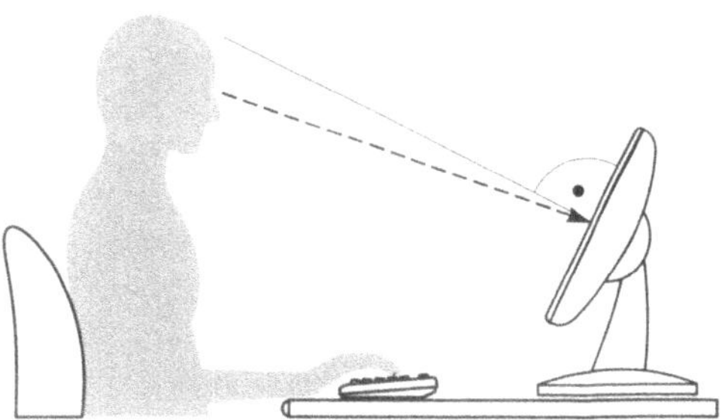

Abb. 3.8.2. Vorgesehener Betrachtungswinkel bei Flachbildschirmen

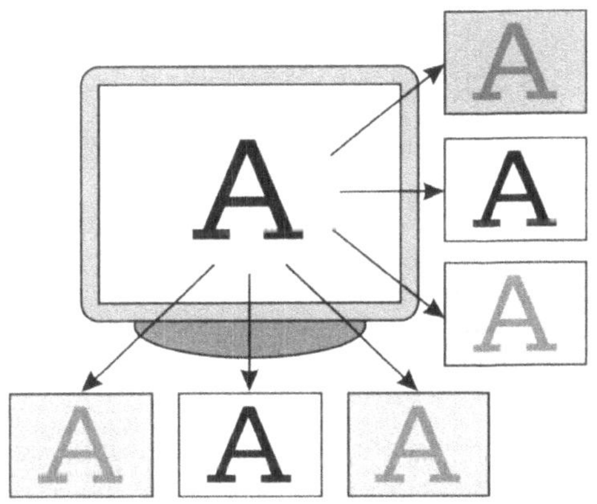

Abb. 3.8.3. Winkelabhängiger Zeichenkontrast bei Flachbildschirmen

Kontrastwertes über einen möglichst großen Blickbereich sowie einer guten Gleichmäßigkeit der Kontrastverteilung in horizontaler und vertikaler Richtung.

Abbildung 3.8.4. zeigt ein Beispiel für unterschiedliche richtungsabhängige Kontrasteigenschaften eines guten Flachbildschirms im Bereich von 0° bis 60°. Eine Kreislinie stellt jeweils einen konstanten Betrachtungswinkel aus unterschiedlichen Betrachtungsrichtungen dar. Sowohl in horizontaler als auch in vertikaler Richtung wird eine annähernd gleichmäßige und

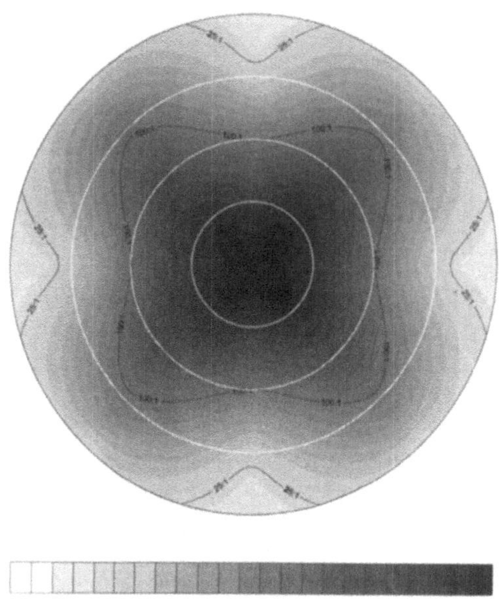

3:1   20:1   50:1   90:1   130:1   190:1

Abb. 3.8.4. Kontrastverteilung eines guten Flachbildschirmes in Abhängigkeit vom Betrachtungswinkel

ausreichend hohe Kontrastwiedergabe gewährleistet, was durch die Linien mit konstantem Kontrastverhältnis wiedergegeben wird.

b) Farbeigenschaften

Die Bildqualität verändert sich mit dem Blickwinkel, unter dem man auf den Bildschirm schaut. Diese Eigenschaft der LCDs wirkt sich auch auf die Gleichmäßigkeit der Farbdarstellung aus.

Farben unterstützen den Benutzer bei der Informationswahrnehmung und -verarbeitung. Deshalb müssen dargestellte Farben gut zu unterscheiden sein. Farben werden von der verwendeten Software nach Benutzereinstellung vorgegeben. Als Qualitätskriterium des Monitors ist der minimale Farbabstand (ISO 13406-2) aus allen möglichen

Farbpaarkombinationen eines Standardfarbensatzes (zum Beispiel 16 Farben, VGA) heranzuziehen. Bei einem zu geringen Farbabstand zwischen zwei Farben ist es für den Benutzer nicht mehr möglich, diese zu unterscheiden. Eine gute Farbdarstellung zeichnet sich visuell dadurch aus, daß der Bildschirm neben einer guten Farbunterscheidbarkeit (zum Beispiel zwischen den Farben blau und violett, grün und gelb) auch über eine gute Graustufenunterscheidung (weiß, grau und schwarz) verfügt.

Für eine an die Farbwahrnehmung des Benutzers anpaßbare Farbdarstellung sollte die Farbtemperatur für den Weißpunkt in einem Bereich von 4000 bis 9000 K (Kelvin) eingestellt werden.

3.8.2.6. Grafikkarte

Die Grafikkarte bereitet die vom Rechner stammenden Daten so auf, daß sie vom Monitor dargestellt werden können. Sie hat entscheidenden Einfluß darauf, welche Darstellungsqualität letztlich auf dem Bildschirm zu sehen ist.

Vor dem Kauf eines Flachbildschirmes ist deshalb auch der Kombination von PC beziehungsweise Grafikkarte und Monitor Aufmerksamkeit zu schenken. Es ist die Entscheidung zu treffen, ob ein Display mit analoger Ansteuerung über die herkömmliche Grafikkarte des PC oder eher ein Komplettsystem bestehend aus Flachbildschirm mit digitaler Grafikkarte in Betracht kommt. Die erste Version bietet den Vorteil, daß das Display praktisch an jeden PC angeschlossen werden kann. Nachteilig ist, daß eine zusätzliche analog-digital Wandlung erfolgt, was sich negativ auf die Bildqualität auswirken kann. Dies hängt damit zusammen, daß die Bildelemente von Flachbildschirmen im Gegensatz zu Kathodenstrahlgeräten digital angesteuert werden. Bei den dann zusätzlich erforderlichen Wandlungen von digitalen in analoge Signale an der PC-Grafikkarte und der Zurückwandlung des Grafiksignals am Flachbildschirm können Signalverluste auftreten. Bei der Verwendung einer digitalen Grafikkarte ergibt sich dieser Nachteil nicht, jedoch kann dann kein herkömmlicher CRT-Monitor mehr an diese Karte des PC angeschlossen werden. Die Hersteller bieten aber auch bereits kombinierte analoge und digitale Grafikkarten an, die genannten Nachteile lassen sich somit ausschalten.

3.8.2.7. Elektromagnetische Felder

Flachbildschirme sind wesentlich unempfindlicher gegenüber elektromagnetischen Störfeldern als Röhrenmonitore. Sie können auch dort verwendet werden, wo normale Bildschirmanzeigen längst zu zittern beginnen, das Bild verzerrt wird oder überhaupt ganz zusammenbricht.

Flachbildschirme erzeugen selbst auch nur sehr geringe elektromagnetische Felder, denn sie besitzen keine Spulen wie die Röhrenmonitore.

3.8.2.8. Geringerer Energieverbrauch, geringere Wärmeentwicklung

LCDs sind wesentlich energiesparender als Kathodenstrahlgeräte. Die Leistungsaufnahmen der Flachbildschirme liegen im Bereich von 20 bis 40 Watt, die der Röhrenbildschirme bei 60 bis 150 Watt, man verbraucht also weniger Strom. Durch die geringere Energieaufnahme und einen besseren Wirkungsgrad ergibt sich auch eine geringere Wärmeabgabe der Flachbildschirme an die Umgebung. Dies ist vor allem dann wichtig, wenn sehr viele Bildschirme in einem Raum stehen. Bei herkömmlichen Monitoren muß dann meist eine Kühlung beziehungsweise Klimatisierung vorgesehen werden, bei Flachbildschirmen läßt sich das oft vermeiden.

3.8.3. Wirtschaftlichkeitsbetrachtung

Flachbildschirme sind derzeit noch wesentlich teurer als Röhrenmonitore. Je größer die Bildschirmdiagonale ist, desto größer wird auch der Preisunterschied. Die hohen Preise ergeben sich einerseits aus dem komplizierten Herstellungsverfahren mit relativ großen Ausschußquoten und geringen Fertigungskapazitäten. Anderseits herrscht am Markt eine enorme Nachfrage.

Den derzeit noch höheren Kosten stehen Sparpotentiale beim Stromverbrauch, der Klimatisierung und dem Platzbedarf gegenüber. Der geringere Platzbedarf kann bei einem Neubau zu geringeren Baukosten führen, bei angemieteten Büroflächen kann man sich Mietkosten sparen. Dazu ein konkretes Rechenbeispiel:

Entsprechend der ÖNORM A 8010 ist der flächenbezogene Ausgangsbaustein eines Arbeitsplatzes (Arbeitstisch + 1 m im Sitzbereich) der sogenannte „Basismodul" (siehe Abb. 3.8.5.). Je nach Monitortiefe sind auch unterschiedliche Tischtiefen erforderlich, die sich auf die Maße des Basismoduls und damit auf die Raumflächenmaße auswirken.

Die erforderliche Fläche des Basismoduls errechnet sich wie in Tabelle 3.8.1. ersichtlich.

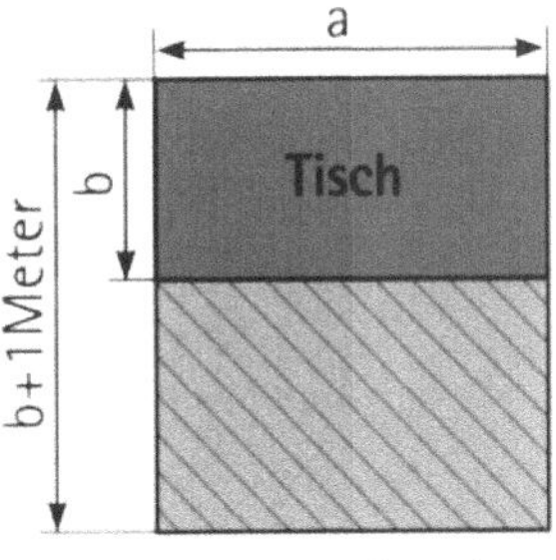

$$F_{BM} = a \cdot (b+1)$$

a........Länge des Arbeitstisches in m
b........Tiefe des Arbeitstisches in m
F_{BM}...Fläche des Basismoduls in m²

Abb. 3.8.5. Basismodul

Fall 1	Fall 2
Tischtiefe: 80 cm	Tischtiefe: 90 cm
$F_{BM,1} = 1{,}6\ (0{,}8 + 1)$	$F_{BM,2} = 1{,}6\ (0{,}9 + 1)$
$F_{BM,1} = 2{,}88\ m^2$	$F_{BM,2} = 3{,}04\ m^2$

Tabelle 3.8.1.

Im Fall 2 sind das bezogen auf den Basismodul ca. 6 % Flächensteigerung. Bei einem m^2-Preis von ATS 10.000,– bis 15.000,– für die Baukosten ergeben sich im Fall 2 Mehrkosten zwischen ATS 3.000,– und 4.500,– pro Arbeitsplatz.

Flachbildschirme sind an „normalen" Bildschirmarbeitsplätzen (solchen ohne Platzprobleme beziehungsweise ohne starke elektromagnetische Felder) aus betriebswirtschaftlicher Sicht noch nicht sonderlich attraktiv. Die Amortisationszeiten liegen bezogen auf die derzeitigen Strompreise bei weit über 3 Jahren. Hat man hingegen Bildschirmarbeitsplätze mit besonderen Anforderungen (zum Beispiel wenig Platz oder elektromagnetische Felder, etc.) oder kann man sich die Klimatisierung oder eine neue Möblierung wegen der erforderlichen Tischtiefen für Kathodenstrahlröhren-Monitore ersparen, so sind die Flachbildschirme oft bereits heute die wirtschaftlichere Variante.

Insgesamt ist festzuhalten, daß Flachbildschirme künftig sowohl ergonomische als ökonomische Chancen für die Gestaltung von Bildschirmarbeitsplätzen bieten können.

3.8.4. Literatur und weitere Informationen

3.8.4.1. Literatur

Lohmann G.: Grundlagen der TFT-Technik – Flat is beautiful. In: PC Direkt 8/1998, S. 144f.

Menozzi M., Näpflin U., Krueger H.: CRT versus LCD: A pilot study on visual performance and suitability of two display technologies for use in office work. In: Displays 20 (1999), S. 3–10.

Middelhauve O.: Alles über Monitore. Beilage zu PC Praxis 4/2000.

Scheuer S.: Flachbildschirme – Qualität und Ergonomie. In: human✓ware NEWS 4/98, S. 8–11.

Widmann B.: TFT-Monitore – Flach, praktisch, gut. In: CHIP online (www.chip.de).

Zumtobel Staff: New light for new work. In: Lichtfocus 12/98, S. 4–7.

Zumtobel Staff: Flachbildschirme – eine Herausforderung für die Lichttechnik. In: Lichtfocus 13/98, S. 34f.

3.8.4.2. Regelwerke

ÖNORM EN 29241-3: 1993 10 01: Ergonomische Anforderungen für Bürotätigkeiten mit Bildschirmgeräten – Teil 3: Anforderungen an visuelle Anzeigen.

ÖNORM EN ISO 9241-6: 2001 03 01 Ergonomische Anforderungen für Bürotätigkeiten mit Bildschirmgeräten – Teil 6: Leitsätze für die Arbeitsumgebung (ISO 9241-6:1999).

ÖNORM EN ISO 9241-7: 1998 08 01: Ergonomische Anforderungen für Bürotätigkeiten mit Bildschirmgeräten – Teil 7: Anforderungen an visuelle Anzeigen bezüglich Reflexionen.

ÖNORM EN ISO 9241-8: 1998 03 01: Ergonomische Anforderungen für Bürotätigkeiten mit Bildschirmgeräten – Teil 8: Anforderungen an Farbdarstellungen.

ÖNORM EN ISO 13406-1 :2000 01 01: Ergonomische Anforderungen an optische Anzeigeeinheiten in Flachbauweise – Teil 1: Einführung.

ISO/FDIS 13406-2: 2000: Ergonomic requirements for visual display units based on flat panels – Part 2: Requirements for flat panel displays.

3.8.4.3. Internetadressen

Gesellschaft Arbeit und Ergonomie – online e.V. – Fachinformationen rund um den Bildschirmarbeitsplatz, www.ergo-online.de

Silicon Graphics Computer Systems, Silicon Graphics 1600SW™ Flat Panel Monitor, White Paper, www.sgi.com/peripherals/flatpanel/whitepapers.html

Tom's Hardware Guide – Informationsseiten über Monitore und andere PC-Komponenten, www.tomshardware.de/display/

TU-Chemnitz Lehrstuhl für Rechnerarchitektur
und Mikroprogrammierung, Informationsseiten zu Aufbau und Wirkungsweise von PCs,
www.tu-chemnitz.de/informatik/RA/kompen-
dium

Informationen über Prüfsiegel

www.tco-info.com

www.tuev-rheinland.de/product-safety/pages/
pruefzeichen.htm

Monitor Testprogramme

Check Screen: Testprogramm für CRT's und
LCD's, www.csf.org.uk
Nokia Monitor Tester: Testprogramm für CRT's,
www.nokia.com/monitors/download/ntest.html

3.9. Der Sitzarbeitsplatz im Büro

Vom Sitzen zum Stehen und sich Bewegen zur Mobilität bei Bildschirmarbeit
Walter Hackl-Gruber

In aller Kürze

Noch vor nicht all zu langer Zeit war es erstrebenswert, Arbeit im Sitzen ausführen zu dürfen. Heute arbeitet die überwiegende Zahl der Menschen in den Industrieländern in dieser Arbeitshaltung. Ein weiteres Faktum ist, daß Beschwerden im Stütz- und Bewegungsapparat als die häufigsten Verursacher von Ausfallzeiten anzusehen sind und diese noch zunehmende Tendenz aufweisen. Sollte da etwa ein Zusammenhang bestehen? Die Rationalisierung des Büroarbeitsplatzes und die Entwicklung der Informationstechnologien hat das Sitzen zu einer verbreiteten Arbeitshaltung gemacht. Parallel dazu hat sich die Erkenntnis entwickelt, daß die reine Sitzhaltung der menschlichen Physiologie nicht zuträglich ist und spezifische Gesundheitsbeschwerden daraus resultieren können. Ergonomische Konzepte für Bürosessel sind in der Folge entstanden. Mittlerweile wird jedoch davon ausgegangen, daß Bewegung und Abwechslung in den Haltungen forciert werden muß. Dies geschieht durch Sitz-Stehkonzepte und entsprechende Produktangebote für die Ausstattung von Arbeitsplätzen. Dieser Beitrag stellt die historischen und aktuellen Entwicklungen zu den genannten Themen dar.

3.9.1. Das Sitzproblem

Schon 1962 berichten Grandjean und Burand, aus eigenen Untersuchungen, daß 57 % der Befragten über Rückenbeschwerden beim Sitzen klagen, 24 % Schmerzen im Nacken und in den Schultern und 15 % in den Armen und Händen Schmerzen verspüren.[1]

Unumstritten ist, daß das „Sitzproblem" nicht ganz leicht in den Griff zu bekommen ist. So wird etwa von bedeutenden Ergonomen festgestellt, daß Sitzen die ungesundeste Ruhehaltung überhaupt sei und außerdem der menschliche Körper entwicklungsgeschichtlich für das Gehen, für kraftvolle, dynamische Bewegung und gelegentliches Ausruhen in unterschiedlichen Körperhaltungen geschaffen ist. Von denselben Personen wird jedoch gleich weiter ausgeführt, daß Sitzen die einzige Möglichkeit darstellt, den menschlichen Körper für ortsfestes Arbeiten in geeigneter Weise zu unterstützen. Dieser Gegensatz stellt nun für die ergonomische Arbeitsplatzgestaltung und insbesondere die Entwicklung eines geeigneten Arbeitssessels beziehungsweise einer entsprechenden Stuhl-Tisch-Kombination eine erhebliche Herausforderung dar, bedeutet aber auch, daß der Arbeitende, im Bewußtsein dieses Umstandes, seine Verhaltensweisen daran orientieren und die angebotenen Möglichkeiten nutzen muß.

Aus arbeitsmedizinischer Sicht ist das zentrale Problem, daß es sich beim Sitzarbeitsplatz immer um eine mehr oder weniger weitgehende Einschränkung der Bewegungsmöglichkeit handelt, was um so gravierendere negative Auswirkungen beim

---

1 Grandjean, E., Burand, H. U., 1962.

Menschen hat, je stärker dies in Richtung statische Fixierung von bestimmten ungünstigen Körperhaltungen geht. Ursachen für die Einnahme derartiger „Zwangshaltungen" sind Arbeitsplatzmaße (etwa Arbeitshöhe – Sesselhöhe), welche nicht an die menschlichen Körpermaße angepaßt sind, unzureichend gestaltete und angeordnete Arbeitsmittel (Tastaturen, Sehdetails und Sehentfernung), zu gering dimensionierte Bewegungs- und Freiräume (zum Beispiel Beinraum) und insbesondere auch ein Arbeitssessel, der den menschlichen Körper unzureichend unterstützt und in seiner Beweglichkeit einschränkt.

Auch fehlende Einstellmöglichkeiten, die es erlauben sollen die unterschiedlichen Körpergrößen der Menschen zu berücksichtigen, um gemäß diesen die entsprechenden Abstimmungen vorzunehmen, spielen eine entscheidende Rolle. Weiters verleitet häufig die Arbeitsaufgabe dazu, längere Zeit in bestimmten, sehr oft eben ungünstigen Körperhaltungen auszuharren. Dies geschieht immer dann, wenn etwa eine Problemlösung hohe Konzentration erfordert, der Arbeitsinhalt fesselnd ist und man so auf den Körper und seine Bedürfnisse „vergißt".

3.9.2. Die Rationalisierung des Büroarbeitsplatzes

Das Sitzen hat insbesondere in den fortgeschrittenen Industrieländern eine mächtige Tradition. Schon in der Schule wird das „ruhige Sitzen" als wohlerzogen angesehen und die Kinder dazu angehalten. Bei der Arbeit galt in der frühen Industriegesellschaft Sitzen als Privileg. Ende der Fünfziger, Anfang der Sechziger Jahre sind erste Anzeichen festzustellen, die persönliche Ablage in den Büroarbeitsplatz zu integrieren (siehe Abb. 3.9.1.).

In den späten Sechziger und frühen Siebziger Jahren wurden, vorwiegend aus

Abb. 3.9.1. Persönliche Ablage am Arbeitsplatz (REFA 1961)

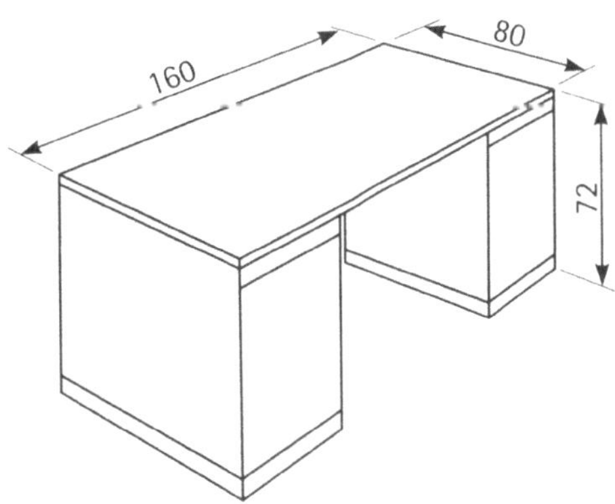

Beinraumbreite mindestens 58 cm laut ÖNORM A 1676, 1987

Abb. 3.9.2. Büroarbeitstisch

Rationalisierungsgründen, Bürotische mit möglichst viel Stauraum (Unterschränke mit Laden und Hängeregistratur) entwickelt (Abb. 3.9.2.). All dies zielte darauf ab, möglichst ungestört im Sitzen arbeiten zu können, ohne durch Aufstehen (um sich Unterlagen oder andere benötigte Utensilien zu besorgen) Zeit zu verlieren. Ein weiterer Schritt in diese Richtung stellt die

Einführung der Bildschirmterminals dar, wodurch beinahe alle arbeitsrelevante Information am Arbeitsplatz verfügbar wird. Die Folge davon ist, daß Aufstehen zur Unterlagenbeschaffung beinahe überflüssig und der Bewegungsraum (Beinfreiraum) am Arbeitsplatz weitgehend eingeschränkt wurde.

Der Büroalltag ist heute durchwegs durch lange andauerndes Sitzen gekennzeichnet, obwohl einige Anzeichen darauf hindeuten, daß man aus dieser von einigen schon erkannten „Problemlage" zunehmend einen Ausweg sucht.

3.9.3. Der Schalensitz und das dynamische Sitzprinzip

Ein erster Schritt war die Entwicklung des Schalensitzes (siehe Abb. 3.9.3.), der den Oberkörper in seiner ganzen Länge stützen sollte, um die Wirbelsäule in ihrer „natürlichen Krümmung" zu halten und die Rückenmuskulatur von jeder statischen Haltearbeit möglichst zu entlasten. Dies führte zu einer weitgehenden Einschränkung der Beweglichkeit im Becken, was wiederum negative Beanspruchungsfolgen nach sich zog.

Um dem wiederum abzuhelfen, wurde das „Dynamische Sitzen" (siehe Abb. 3.9.4.) propagiert und die entsprechenden Bürostühle

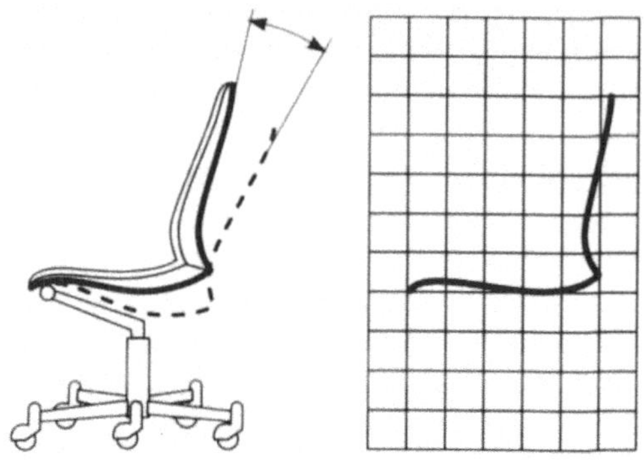

Abb. 3.9.3. Schalensitzprofil (nach Grandjean, 1979)

entwickelt, um dies auch zu ermöglichen. Dies bedeutet, daß der „Bewegung im Sitzen", also einem kontinuierlichen Wechsel zwischen vorderer, mittlerer und hinterer Sitzposition und allen Zwischenlagen sowie der Anregung diese auch einzunehmen und zu verändern, ein besonderer Stellenwert zuerkannt wird, insbesondere auch deshalb, weil Bewegung ein geeignetes Mittel ist, um Muskelverspannungen entgegenzuwirken beziehungsweise die Gefahr von Zwangshaltungen verringert.

In der letzten Ausgabe (1990) der ÖNORM A 1675 wird erstmals darauf hingewiesen, daß aus ergonomischer Sicht dieses dynamische Sitzen durch eine entsprechende

Abb. 3.9.4. Hintere, mittlere und vordere Sitzhaltung (vgl. Hackl-Gruber et al., 1998)

Sesselkonstruktion gefördert werden soll. Entscheidend für die Realisierung des dynamischen Sitzprinzips ist eine „Permanentkontaktlehne", d. h., eine Rückenlehne welche der Oberkörperbewegung über Federdruck nachgeführt wird und in jeder Oberkörperposition eine adäquate Abstützung im Lendenwirbelbereich garantiert. Dafür ist es notwendig, den Abstützpunkt der Rükkenlehne (Lendenbauschwölbung) in der Höhe zu verstellen, um diesen der jeweiligen Körpergröße anzupassen und die Neigungsmechanik auf die Oberkörperbewegung abzustimmen, sowie die Federkraft auf das Körpergewicht einzustellen.

3.9.4. Sitzen, Stehen, sich bewegen im Büro

Zunehmend greift die Erkenntnis um sich, daß dies jedoch nicht ausreicht, um die in großer Zahl manifesten Probleme mit Beschwerden und Schäden am Stütz- und Bewegungsapparat der im Büro tätigen Menschen hintanzuhalten. So werden immer häufiger etwa Zusatzeinrichtungen am Arbeitsplatz und Besprechungstische angeboten, die für die „Stehhöhe" ausgelegt sind, um die Arbeitshaltung variieren zu können und etwas Abwechslung zu schaffen (siehe Abb. 3.9.5.). Neben dem Vorteil für die Beanspruchung des Stütz- und Bewegungsapparates verspricht man sich davon auch eine Aktivierung des Mitarbeiters und damit eine Förderung von Kreativität und Leistungsbereitschaft. Entscheidend dabei ist, daß zwischen dem Arbeiten im Stehen und Sitzen häufig gewechselt wird. Stehen ist keine Alternative zum Sitzen. Jedes längere Ausharren in einer bestimmten Arbeitshaltung führt zu Zwangshaltun-

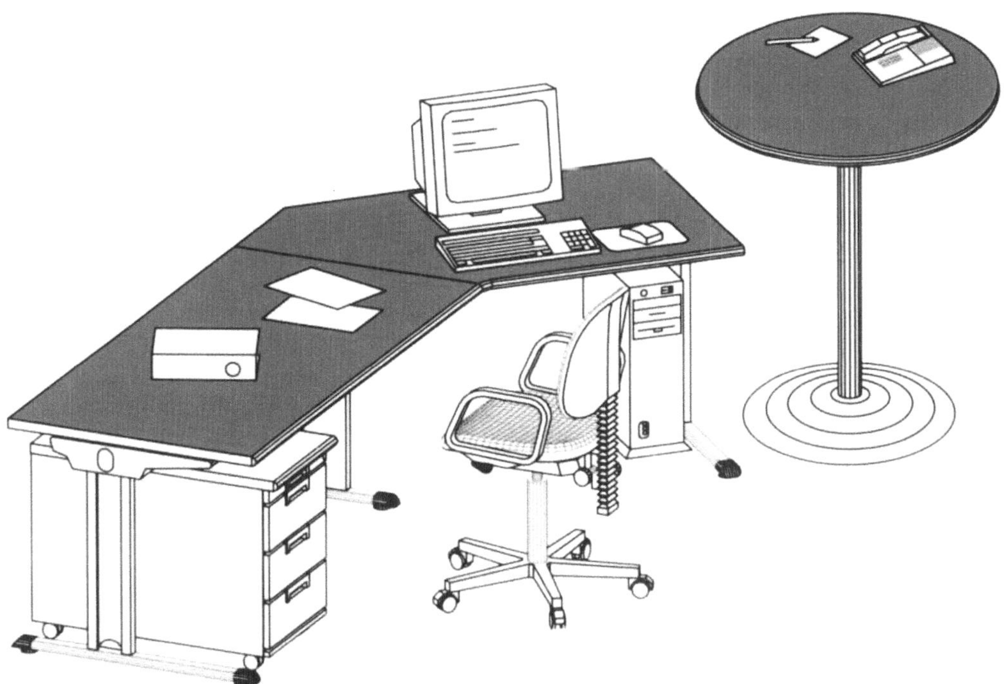

Abb. 3.9.5. Sitzen und Stehen am Arbeitsplatz

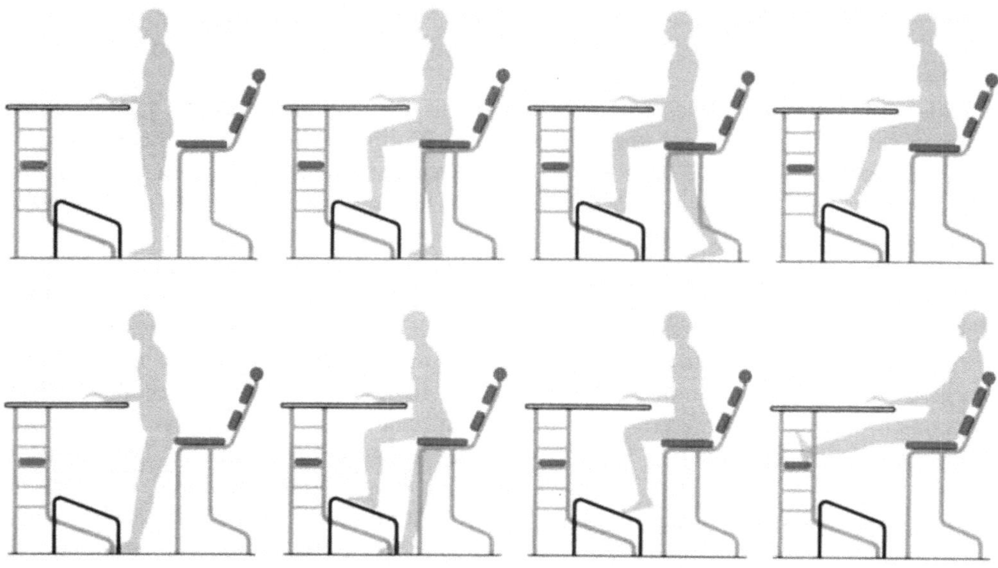

Abb. 3.9.6. Arbeitsplatz für die „Wechselhaltung" (Messner, 2000)

gen, bei welchen insbesondere die Bandscheiben über längere Zeit außermittig belastet werden, was zu degenerativen Veränderungen derselben führt. Außerdem fördert ein häufiger Druckwechsel auf die Bandscheiben deren Versorgung mit Gewebeflüssigkeit, welche für die Ernährung und damit den Erhalt der Elastizität unverzichtbar ist.

Grundsätzlich sollte ein Wechsel zwischen Stehen und Sitzen erfolgen, wobei sowohl zu lange Steh- als auch Sitzphasen möglichst vermieden werden sollen. Um dies zu erreichen sind mobile oder am Arbeitsplatz integrierte, in der Höhe verstellbare (95 bis 125 cm) Stehpulte geeignet. Eine ausreichend große (etwa DIN A3), neigbare (bis 15 Grad) Pultfläche, auf der ein Telefonschwenkarm montiert ist, fördert den Wechsel zwischen Sitzen und Stehen. Auch der Einsatz einiger Besprechungstische und Tische in Aufenthaltsräumen, welche in „Stehhöhe" ausgelegt sind, kön-

nen positive Auswirkungen auf das Wohlbefinden der MitarbeiterInnen haben.

3.9.5. Die Wechselhaltung

Als ein recht progressiver Schritt in diese Richtung muß das Propagieren der „Wechselhaltung" angesehen werden. Dabei handelt es sich um die Forderung, sich vom herkömmlichen „Sitzarbeitsplatz" zu verabschieden und Büroarbeit in sehr unterschiedlichen Körperhaltungen auszuführen, wobei der Wechsel zwischen den einzelnen Positionen recht häufig und spontan erfolgen soll. Dabei wird von einer Arbeitshöhe ausgegangen, die für das Stehen ausgelegt ist und ein Stuhl vorgesehen, der die unterschiedlichen Körperhaltungen mehr oder weniger unterstützt (siehe Abb. 3.9.6.).

Die unterschiedlichen Arbeitshaltungen, zwischen denen möglichst oft gewechselt werden soll, sind: Stehen, Stehsitz, Halbsitz, Hochsitz und Erholungssitz.

3.9.6. Mobile Büroarbeit[2]

Einen weiteren Meilenstein für die Veränderung der Bürolandschaft ganz allgemein stellt das zunehmend projektorientierte Arbeiten dar. So werden Büros schon derart geplant und eingerichtet, daß einer wechselnden Teambildung auch durch eine mögliche Variation der Möbelanordnung und Gruppierung Rechnung getragen werden kann. Größere Büroräume und leicht transportable Bürotische, Rollcontainer und mobile Pinwände sind das Kennzeichen dafür. Fix zu Personen zugeordnete Büroarbeitsplätze werden möglicherweise künftig die Ausnahme sein.

Auch die aktuellen Entwicklungen bei den Informations- und Kommunikationstechnologien verändern die Büroarbeit. Sowohl der Laptop, als auch WAP-Handys ermöglichen zusehends ein Arbeiten außerhalb der Büroräume. Vermehrt wird in Hotels, Warteräumen der Bahn und auf Flughäfen, ja sogar in den Verkehrsmitteln selbst Büroarbeit ausgeführt. Ob dies in vernünftiger Arbeitshaltung möglich und auf welche Art es zu realisieren ist, scheint noch eine offene Frage zu sein.

3.9.7. Literatur und weitere Informationen

3.9.7.1. Literatur

Grandjean E.: Physiologische Arbeitsgestaltung, Leitfaden der Ergonomie. 3. erweiterte Auflage, Ott Verlag, Thun, 1979.

Grandjean E., Burand H. U.: Das Sitzverhalten von Büroangestellten. Ind. Organisation 31, 1962, S. 243–250.

Hackl-Gruber W., Klaus E., Schwendenwein G., Wittmann A.: Sitting Settings. Ergonomische Kriterien und Anregungen für gesundes Sitzen im Büro. Schriftenreihe der ÖAE, Band 1, Hackl-Gruber W., Winker N., Wojda F. (Hg.), Verlag Bohmann Druck GmbH. & CoKG, Wien, 1998.

Messner D.: Sitzdogma und Wechselhaltung. Plädoyer für eine Liberalisierung der Arbeitshaltung. Derzeit unveröffentlichtes Manuskript, Ainet, 2000.

REFA (Hg.): Das REFA-Buch Band 1, Arbeitsgestaltung, Carl Hanser Verlag, München, 1961.

3.9.7.2. Regelwerke

ÖNORM A 1675: Büromöbel, Bürodrehsessel; Abmessungen, Anforderungen, Prüfung, Normenkennzeichnung, 1990.

ÖNORM A 1676: Büromöbel, Büroarbeitstisch und Fußstütze; Abmessungen, Anforderungen, Prüfung, Normenkennzeichnung 1987.

---

2 Siehe auch Kapitel 3.1. bis 3.6.

3.10. Trends in der Licht- und Beleuchtungsgestaltung am Bildschirm

Aktuelle Erkenntnisse und Schlußfolgerungen für die Licht- und Beleuchtungsarchitektur

Ahmet Çakir, Gisela Çakir

In aller Kürze

Vorschriften und Normen zur Beleuchtung haben heute die etwa 80 Jahre alten Vorstellungen in der Beleuchtungstechnik aufgegeben und befassen sich mit neueren Beleuchtungskonzepten und -arten. Dabei wird dem Tageslicht eine neue Bedeutung zugesprochen. Allerdings muß man bei der Einrichtung von Arbeitsplätzen heute viel schneller neue Erkenntnisse und Techniken berücksichtigen als es Normenausschüsse oder Gesetzgeber können.

Im Bürohausbau ist seit langem ein Trend zu mehr Tageslicht zu beobachten. Man geht systematisch von der unsinnigen Vorgehensweise ab, das Tageslicht als zweitrangig gegenüber der künstlichen Beleuchtung zu behandeln, wo doch die weitaus größere Zahl an Arbeitsstunden während der hellen Tageszeit geleistet werden.

Auf dem Markt werden heute Beleuchtungssysteme angeboten, die tageslicht- und präsenzgesteuert sind, eine flexible und adaptierbare Nutzung erlauben und damit den ständig wechselnden Anforderungen der Arbeitswelt entsprechen können. Zudem ist eine individuelle Einflußnahme möglich.

Neue lichterzeugende, lichtleitende und -lenkende Techniken sowie neue Regelungs- und Steuerungstechniken sind in fortgeschrittener Entwicklungsphase und werden eine neue Vielfalt an Beleuchtungssystemen bieten, die vor einigen Jahren noch undenkbar war. Diese werden zudem ein erhebliches Potential zur Energieeinsparung bieten.

Bei der Planung der Beleuchtung bestehen viele Möglichkeiten, eine gebrauchstaugliche Beleuchtung für die Bildschirmarbeit zu gestalten. Dies bedarf allerdings umfangreicherer Überlegungen als früher, da die Planung aufgaben- und nutzerspezifisch erfolgen muß. Entsprechende Bewertungskriterien und -methoden werden vorgestellt.

3.10.1. Sünden der Vergangenheit

Alle Jahre wieder belegen Studien die ungenügende Beleuchtungssituation bei der Bildschirmarbeit, die in den letzten drei Jahrzehnten entstanden ist, und die mit zu den Augenbeschwerden und sonstigen mittelbar hierdurch verursachten Problemen wie muskuloskeletalen Beschwerden bei der Bildschirmarbeit beiträgt. Dies betrifft sowohl die Beleuchtung mit Tageslicht als auch die künstliche Beleuchtung: Tageslicht wurde als Feind der Bildschirmarbeit betrachtet, was unter anderem Niederschlag in der Beleuchtungsnorm gefunden hatte, der Vorzug wurde einer Allgemeinbeleuchtung durch künstliche Beleuchtung gegeben, die im Allgemeinen als Direktbeleuchtung ausgeführt wurde. Diese aber erlaubte so gut wie keine Flexibilität hinsichtlich der Anordnung und Aufstellung der Arbeitsplätze und der Arbeitsmittel und schon gar keine Befriedigung individueller Bedürfnisse.

Ergebnis war, daß die Benutzer häufig die installierte Beleuchtung nicht oder nur teilweise einschalteten. Sie bevorzugten zudem das Tageslicht und ordneten ihre Bildschirmgeräte zum großen Teil in Fensternähe an, dies allerdings zum Teil auch aus dem Zwang der Flächensituation heraus. Dabei zeigte sich, daß die Nachteile, die das Tageslicht mit seinen hohen Beleuchtungsstärkewerten mit sich brachte, eher akzeptiert wurden als die der künstlichen Beleuchtung mit den vergleichsweise niedrigen Werten. Den genauen Grund hierfür kennt allerdings niemand.

Erst in den letzten Jahren haben neue Beleuchtungskonzepte Einzug in die Büros gehalten, wobei diese oft genug erkämpft werden mußten, da bestehende normative Regelwerke veraltet waren und die neuen gesetzlichen und normativen Regelwerke eines neuen Ansatzes bedurften, der aufgaben- und nutzerbezogen ist.

3.10.2. Veränderungen in Gesetzen und Normen

3.10.2.1 Charakteristische Merkmale früherer Regelwerke

Die heute noch in den meisten Ländern gültigen Normen zur Beleuchtung sowie die auf Beleuchtung bezogenen Teile der Arbeitsschutzvorschriften reflektieren die typischen Vorstellungen des frühen 20. Jahrhunderts. Man hat seinerzeit – erfolglos – versucht, den Einfluß einer guten Beleuchtung auf die menschliche Leistungsfähigkeit nachzuweisen. Das damalige Denkmodell war zwar schlicht, „gutes Licht ist gesund und wer gesund ist, leistet mehr", hat sich aber bis heute weitgehend gehalten.

Obwohl der Versuch gründlich mißlang, gelang es doch, die Arbeitgeber beziehungs-

weise Arbeitsorganisatoren davon zu überzeugen, daß man dem Menschen unter optimalen Bedingungen mehr Leistung entlocken kann. Hierzu mußte ihm die Verfügungsgewalt über die Umweltbedingungen entzogen werden, damit man die aus Expertensicht „optimalen" Bedingungen realisieren konnte. Das Mittel hierzu bildete die Allgemeinbeleuchtung, die nicht nur bis heute in den Normen überlebt hat, sondern zeitweilig sogar von den staatlichen Propagandaorganen mißbraucht wurde: „Gleiches Licht für alle Volksgenossen".

Da der Charakter der Normen wie Vorschriften von Technikern geprägt wurde, war ihnen alles Unberechenbare, so auch das Tageslicht, zumindest suspekt. So hat zum Beispiel die Arbeitsstättenverordnung der Bundesrepublik Deutschland beim Tageslicht nur den Kontakt zur Außenwelt berücksichtigt, während sie dem künstlichen Licht eine andere, die tragende Rolle für die Beleuchtung beimaß.

Da man versuchte, in Innenräumen das Tageslicht ganz zu ersetzen, dies aber insbesondere in quantitativer Hinsicht nicht gelingen konnte, wurden in allen Regelwerken, wenn überhaupt, nur Mindestwerte vorgegeben, insbesondere für die aus der Sicht der Lichttechnik als am wichtigsten erachtete Größe, die Beleuchtungsstärke in der Arbeitsebene. Manche Normen bestehen weitgehend aus einer langen Liste, in der jeweils eine Mindestbeleuchtungsstärke für einen Raumtyp angegeben wird, zum Beispiel DIN 5035-2.[1]

Es fiel leider sehr spät und nur wenigen auf, daß man nicht nur dem einzelnen Mitarbeiter die Verfügungsgewalt über seine Arbeitsumgebung entzogen hatte, sondern auch dem Arbeitgeber die Möglichkeit, seine

---

1 DIN 5035, Teil 2, Innenraumbeleuchtung mit künstlichem Licht, Richtwerte für Arbeitsstätten.

Arbeitsstätte nach eigenen Erkenntnissen auszustatten, seien sie noch so fundiert. Auch den Architekten, die Arbeitsstätten bauen sollen, nehmen die bisherigen Normen die Gestaltungsfreiheit so weit, daß sich die meisten von ihnen eine Auseinandersetzung mit Beleuchtung lieber ersparen. Die viel beklagte Ignoranz der Architekten gegenüber lichttechnischen Normen beruht wesentlich darauf, daß ihnen die Gestaltungsfreiheit entzogen wird, der angestrebte Gewinn an Qualität für die Nutzer aber ausbleibt.

3.10.2.2. Neue Trends in Vorschriften und Normen

Die von der EU initiierten Arbeitsschutzvorschriften, insbesondere die Rahmenrichtlinie, die Bildschirmrichtlinie und die Arbeitsstättenrichtlinie, sind einem völlig anderen Zeitgeist entsprungen als die bisherigen Vorschriften.

Bei der Beleuchtung hat die Arbeitsstättenrichtlinie der EU einen neuen Trend gewiesen, indem sie vorschreibt: *„Arbeitsstätten müssen möglichst ausreichend Tageslicht erhalten ...".* Die Vorschrift über die künstliche Beleuchtung folgt erst danach.

Zudem stehen die Bedürfnisse des einzelnen arbeitenden Menschen im Zusammenhang mit der zu erledigenden Arbeitsaufgabe im Vordergrund. Entsprechend der potentiellen spezifischen Gefahren für die Augen durch die Bildschirmarbeit verlangt die Bildschirmrichtlinie das Angebot einer Augenuntersuchung und im Anhang explizit die Berücksichtigung der *„sehkraftbedingten Bedürfnisse des Benutzers"* bei der Beleuchtung.

Als Folge der Politik der EU-Kommission hinsichtlich der Normung im Bereich des Arbeitsschutzes wirken sich die Arbeitsschutzvorschriften auch auf die Inhalte der Normung aus: Jedes Land der Union hat

das Recht, relevante Randbedingungen für den Arbeitsschutz selbst zu bestimmen, so auch beispielsweise die Begrenzung der Immissionswerte am Arbeitsplatz. Im Fall der Beleuchtung sind das die Grenzwerte für die Blendung oder für die Höhe der Beleuchtungsstärke. Zudem ist jeder Arbeitgeber verpflichtet, den neuesten Stand der Technik und neue wissenschaftliche Erkenntnisse zu berücksichtigen. Dies aber können Normen schon von ihrer Natur aus nicht, da sie im besten Fall bei der Verabschiedung den Regeln der Technik entsprechen und im Allgemeinen mehr als fünf Jahre gelten. Entsprechende Grenzwerte dürfen daher nicht in Normen angegeben werden.

Unabhängig davon wurden in den letzten Jahren neue Wege beschritten und vom herkömmlichen Konzept der Normung abgewichen: Bei der Erarbeitung internationaler ergonomischer Normen zur Bildschirmarbeit, so auch bei der neuen ergonomischen Norm für die Arbeitsumwelt bei Bildschirmarbeit, ISO 9241-6,[2] wurde berücksichtigt, daß die Empfehlungen und Anforderungen nationale Arbeitsschutzvorschriften, so auch die gesetzlichen Vorgaben für die EU-Länder, nicht behindern.

Aber auch auf rein europäischer Ebene fanden Veränderungen statt: So weicht der Entwurf der europäischen Norm für Beleuchtung von Arbeitsstätten, prEN 12464, vom Herkömmlichen ab, indem zum Beispiel nicht mehr Werte für die Allgemeinbeleuchtung vorgegeben werden, sondern ein Konzept, das den Arbeitsbereich anders bewertet als dessen Umgebung. Allerdings werden in der vorliegenden Entwurfsfassung (2000) normative Grenzwerte sowohl für die Blendung als auch für den Wartungswert der Beleuchtungsstärke angegeben, was dem EU-Arbeitsschutzgedanken

---

2 Siehe Kapitel 1.4.

widerspricht. Es ist daher fraglich, ob und ggf. wie die Norm verabschiedet wird.

Auch auf österreichischer Ebene werden neue Wege beschritten: So weicht die nicht mehr ganz neue ÖNORM O 1040 „Künstliche Beleuchtung von Innenräumen" von früheren Normen zur Beleuchtung dadurch ab, daß sie nicht eine Mindestbeleuchtungsstärke empfiehlt, sondern einen Bereich von 300 bis 500 lx. Und in Deutschland wird zur Zeit die DIN 5035-7 aus dem Jahr 1988 überarbeitet, die Anlaß zur Hoffnung gibt, daß die Bedürfnisse des Benutzers und der Arbeitsaufgabe ausreichend Berücksichtigung finden werden.

3.10.2.3. Eine neue Norm für die Arbeitsumwelt – EN ISO 9241-6[3]

Die Norm ISO 9241-6 wurde erarbeitet, um eine Anleitung für die Festlegung von Umgebungsbedingungen zu geben, die das Wohlbefinden und die Leistungsfähigkeit der Benutzer bei der Bildschirmarbeit verbessern. Die Verbesserung der Wechselwirkung zwischen Benutzern und Arbeitsumgebungen erfordert oft einen ausgewogenen Kompromiß, wobei zwar die Kompromißfindung vorgegeben werden kann, jedoch häufig nicht der Kompromiß selbst. Aus diesem Grunde enthält diese Norm

- allgemeine Grundsätze als generische (übergeordnete) Ziele,
- grundsätzliche Aspekte zu den einzelnen Umgebungsfaktoren so auch zur Beleuchtung und
- Anleitungen zur Entwicklung von Lösungen für bestimmte Randbedingungen.

---

3 DIN EN ISO 9241, Teil 6, Ergonomische Anforderungen für Bürotätigkeiten mit Bildschirmgeräten – Leitsätze für die Arbeitsumgebung (Österreich: ÖNORM EN ISO 9241-6).

Der grundlegende allgemeine Leitsatz der Norm lautet: *„Eine Verbesserung der ergonomischen Eigenschaften bei der Gestaltung der Arbeitsstation, der Ausstattung mit Arbeitsmitteln und der Arbeitsumgebung trägt dazu bei, die Leistungsfähigkeit der Benutzer zu steigern, Fehler und Beeinträchtigungen zu reduzieren und das allgemeine Wohlbefinden zu verbessern."*

Damit sind vier Zielsetzungen angegeben, die bei der Gestaltung der Arbeitsumgebung und somit auch der Beleuchtung zu berücksichtigen sind. Diesen Zielsetzungen kann nach Maßgabe der Arbeitsaufgabe unterschiedlich nachgegangen werden. So wird man zum Beispiel bei der Beleuchtung von Warten von Verkehrsunternehmen dem zweiten Punkt (Fehler reduzieren) größeres Gewicht beimessen als den anderen Aspekten, sich hingegen bei reinen Büroaufgaben eher an Leistungsfähigkeit und Wohlbefinden orientieren.

In dem nächsten Leitsatz unterscheidet sich EN ISO 9241-6 in besonderem Maße von sonstigen Normen. Dieser sieht vor: *„Die Gestaltung der Arbeitsumwelt sollte eine angemessene Einflußnahme von Einzelpersonen auf ihre Umgebungsbedingungen ermöglichen."*

Diesem Leitsatz liegt die Erkenntnis zugrunde, daß die Arbeitsbelastung des Menschen durch eine angemessene und aus seiner Sicht effektiven Kontrolle über die relevanten Randbedingungen am geringsten ausfällt. Was „angemessen" bedeutet, läßt sich allerdings nur an einem realen Betrachtungsgegenstand bestimmen. Diese individuelle Einflußnahme entspricht auch dem Grundgedanken der EU-Arbeitsschutzrichtlinien, insbesondere bei der Beleuchtung bei Bildschirmarbeit.

Die Norm bezieht sowohl das Tageslicht als auch die künstliche Beleuchtung ein und folgt auch darin dem europäischen Gedanken.

3.10.3. Neue Gütemerkmale für Beleuchtung

3.10.3.1. Gründe für neue Gütemerkmale

Die bisherigen Gütemerkmale setzten ideale Randbedingungen voraus, insbesondere einen normalsichtigen Benutzer, gleichartige Sehaufgaben, normgerechte Raum- und Arbeitsplatzgestaltung, keine Restriktionen durch die vorhandenen Flächen und konstante Arbeitsaufgaben mit fester Anordnung der Arbeitsmittel. Nichts davon trifft aber in der realen Arbeitswelt zu.

Die Bildschirmarbeit von heute ist geprägt durch neue Arbeitsformen (zum Beispiel Call Center, Desk-sharing, Teamwork), neue Arbeitstechniken (zum Beispiel Imaging, Work Flow, Intranet), neue Techniken (zum Beispiel Flachbildschirm, Übersichtsbildschirmanzeigen), neue Arbeitsplatzgestaltungen (Steh-/Sitz-Arbeitsplatz, mehr als ein Bildschirm am Arbeitsplatz) und durch neue Gebäudearchitekturen. Zudem kann davon ausgegangen werden, daß mehr als 50 % der Nutzer nicht normalsichtig sind und dies bei einer Arbeitsaufgabe mit extrem hohem Anspruch an das visuelle System. Um den sich daraus ergebenden neuen Anforderungen gerecht werden zu können, muß die Beleuchtung neben den bisherigen neue Gütemerkmale aufweisen. Hierzu gehören

- Flexibilität
- Adaptierbarkeit
- Tageslichtorientierung.

3.10.3.2. Flexibilität

Flexibilität ist das Anpassungsvermögen einer gegebenen Einrichtung an neue Anforderungen mit möglichst geringem Aufwand. Sie stellt eine Erweiterung des Qualitätsbegriffs dar, weil als Qualität die Erfüllung der Anforderungen definiert ist, die vom Auslegungszweck herrühren. Sinnvoll ist die Flexibilität immer dort, wo man bei der Planung davon ausgehen muß, daß sich die Anforderungen im Laufe der Nutzung vermutlich ändern werden.

3.10.3.3. Adaptierbarkeit

Unter Adaptierbarkeit ist die Fähigkeit einer gegebenen Einrichtung zu verstehen, vom jeweiligen Benutzer auf die spezifischen Belange für seine Anwendung angepaßt werden zu können.

Adaptierbarkeit ist kein Ersatz für eine sorgfältige Planung, die die gemeinsamen Bedürfnisse aller Benutzer angemessen berücksichtigen muß. Bei der Beleuchtung von Bildschirmarbeitsplätzen ist die Adaptierbarkeit von großer Bedeutung, weil nicht nur an den meisten Arbeitsplätzen und in den Raumzonen unterschiedliche Sehaufgaben ausgeführt werden müssen, sondern sich auch an einem einzelnen Bildschirmarbeitsplatz die Sehaufgabe am Bildschirm mit anderen Sehaufgaben abwechselt. Um für die verschiedenen Tätigkeiten und für die angenehme Gestaltung des gesamten Raumes gute Voraussetzungen zu schaffen, sollte es möglich sein, die Beleuchtung den Sehaufgaben entsprechend anzupassen.

Eine adaptierbare Beleuchtung dient der Berücksichtigung verschiedener Sehaufgaben, die innerhalb des Arbeitsbereichs Bildschirmarbeit unterschiedliche Sehanforderungen stellen. Diese sind im Einzelnen:

- Aufnehmen von Informationen, die auf dem Bildschirm dargeboten werden
- Aufnehmen von Informationen, die nicht auf dem Bildschirm dargeboten werden
- Aufnehmen von Informationen aus der Umgebung (zum Beispiel Tageszeit, Jahreszeit, Wetter, Außenraum mit Verkehr und Nachbarn, Gesichter und Ge-

stik der Arbeitskollegen, Anmutung des Raumes).

3.10.3.4. Tageslichtorientierung

Neue Forschungsergebnisse zeigen, daß zwischen Beleuchtung und Gesundheit sehr starke Beziehungen bestehen. Mitte der 80er Jahre wurde nachgewiesen, daß man mit Licht die circadiane Rhythmik des menschlichen Körpers entgegen ihrem natürlichen Verlauf verschieben kann und damit auch die Steuerung des Hormonhaushalts. Bei fehlender Lichteinwirkung während des Tages produziert der Körper Melatonin, ein stoffwechselsenkendes Hormon, das er als Vorbereitung der Schlafphase braucht. Eine biologisch wirksame Lichteinwirkung ist allerdings erst ab ca. 2500 lx gegeben. Obwohl viele Menschen die künstliche Beleuchtung ihrer Arbeitsräume eher als „zu hell" bezeichnen, herrscht in diesen biologisch gesehen Finsternis. Hell im biologischen Sinne sind nur die Fensterzonen von Arbeitsräumen beziehungsweise Räume mit hinreichend großen Oberlichtern. In solchen Umgebungen herrschen zeitweilig Beleuchtungsstärken von mehreren tausend Lux. Der heutige Mensch in Industriestaaten verbringt etwa 90 % seiner Zeit in geschlossenen Räumen, in denen die biologisch notwendige Lichteinwirkung weitgehend fehlt.

Bei der Bildschirmarbeit sind Umgebungen mit hohen Beleuchtungsstärken allerdings nicht unproblematisch, weil das Sehen auf dem Bildschirm negativ beeinflußt werden kann. Deswegen wird von vielen Ergonomen beziehungsweise Normen eine eher zu dunkle Umgebung empfohlen. Viele Berufsgruppen, zum Beispiel Grafiker, Retuscheure, CAD-Konstrukteure, verbringen den größten Teil ihrer Arbeitstage in einer Umgebung, die technisch gesehen zu dunkel, biologisch gesehen Nacht ist. Immer mehr Menschen verbringen einen immer größeren Teil ihres Tages unter Ausschluß von Tageslicht. Parallel dazu wächst die Zahl derer, die zumindest im Winter unter Depressionen leiden (SAD). In Mittel- und Nordeuropa sollen etwa 25 % der Arbeitsbevölkerung mehr oder minder stark darunter leiden.

In weiten Kreisen herrscht heute die Überzeugung, daß Tageslicht für eine gesunde Arbeitsumwelt unerläßlich ist und künstliches Licht als Ersatz geeignet ist, für Bereiche und Zeiträume, in denen das Tageslicht nicht hinreichend zur Verfügung steht. Erkannt und publiziert wurde das grundsätzliche Problem der künstlichen Beleuchtung allerdings bereits vor 50 Jahren: *„Befürworter des in Mode gekommenen Helligkeits-Engineering haben empfohlen, daß ideale visuelle Bedingungen dann herrschen, wenn eine gleichformige Helligkeit im Gesichtsfeld hergestellt wird. Es gibt nichts in der Physiologie, was diese Vorstellung unterstützt. (...) Es gibt eine inhärente Eigenschaft der modernen künstlichen Beleuchtung, die nicht anstrebenswert ist. Das ist ihre Konstanz – eine vielgelobte Eigenschaft, von der behauptet wird, sie begründe die Überlegenheit der künstlichen Beleuchtung gegenüber der wechselhaften natürlichen Beleuchtung. Jedoch, auch wenn Konstanthaltung von Bedingungen für einige kritische Sehaufgaben anstrebenswert ist, Konstanz ist eine nervtötende und abstumpfende Eigenschaft der künstlichen Beleuchtung."*[4] Die Dynamik des Tageslichts, für die diese Sätze aus einem der meistzitierten Artikel der gesamten Lichttechnik sprechen, wurde erst vor wenigen Jahren als Qualitätsmerkmal entdeckt. Zuvor wurde sie eher als Störfaktor angesehen.

---

4 Weston, H.C.: Visual Fatigue, Illuminating Engineering. Vol 49 (2), 1954.

3.10.4. Neue Wege der Planung

3.10.4.1. Gebrauchstauglichkeitskonzept

Jedes Beleuchtungskonzept weist spezifische Vor- und Nachteile auf, die es mehr oder weniger gebrauchstauglich für einen bestimmten Einsatzzweck erscheinen lassen. Entscheidend für die Eignung eines Konzepts ist die Erfüllung der Gebrauchstauglichkeitskriterien. Unter Gebrauchstauglichkeit ist dabei das Ausmaß zu verstehen, *„in dem ein Produkt durch bestimmte Benutzer in einem bestimmten Nutzungskontext genutzt werden kann, um bestimmte Ziele effektiv, effizient und mit Zufriedenheit zu erreichen."*[5]

Die Gebrauchstauglichkeit kann anhand der Maße Effektivität, Effizienz und Zufriedenstellung ermittelt werden:

- Die Effektivität beschreibt den Erreichungsgrad von Benutzerzielen. Wenn Leuchten beispielsweise als Zweckbeleuchtung vorgesehen werden sollen, kann die Effektivität daran gemessen werden, wie gut Arbeitsobjekte beleuchtet werden. Werden sie zur Erreichung einer bestimmten Anmutungsqualität des Raums eingesetzt, wird die Effektivität an dem Grad der Erreichung dieses Ziels gemessen.
- Die Effizienz beschreibt den Aufwand des Nutzers, der zum Erreichen einer bestimmten Effektivität eingesetzt werden muß. Das Maß läßt sich zum Beispiel aus dem Zeitaufwand für die Erledigung einer bestimmten Aufgabe, aber auch aus dem Grad der Ermüdung des Nutzers bei einer bestimmten Beleuchtung beziehungsweise der Augenbeschwerden, die

eine bestimmte Sehaufgabe verursacht, ermitteln.
- Die Zufriedenstellung von Bedürfnissen beschreibt einerseits die Freiheit von Beeinträchtigungen (zum Beispiel Blendfreiheit) und andererseits die Akzeptanz des Betrachtungsgegenstands, so zum Beispiel die Zufriedenheit mit der Lesbarkeit von Sehobjekten bei Zweckbeleuchtung oder die Zufriedenheit mit der Raumgestaltung bei Einsatz von Leuchten als Gestaltungselement.

3.10.4.2. Vorgehensweise

Um eine gebrauchstaugliche Beleuchtung zu erhalten, muß

- in einem ersten Schritt der Nutzungskontext ermittelt werden und
- darauf aufbauend die Wertigkeiten der Gütemerkmale festgelegt werden.

Auf der Basis dieser Merkmale kann dann

- ein geeignetes Beleuchtungskonzept (raumflächenbezogen, arbeitsbereichbezogen oder teilflächenbezogen)
- und geeignete Beleuchtungsarten (direkt, indirekt oder indirekt/direkt beziehungsweise direkt/indirekt) gewählt werden.

Darüber hinaus ist zu entscheiden,

- ob diese flexibel und
- adaptierbar sein sollen und
- inwieweit das Tageslicht genutzt werden kann und soll.

Nach diesen Überlegungen kann dann ein geeignetes Beleuchtungssystem ausgesucht werden. Erfreulicherweise zeigen sich neben den bereits vorhandenen mehr oder weniger bewährten Systemen auch viele neue Entwicklungen in diesem Bereich, so daß eine Vielfalt von Produkten vorhanden ist, so

---

5 DIN EN ISO 9241, Teil 11, Ergonomische Anforderungen für Bürotätigkeiten mit Bildschirmgeräten, Anforderungen an die Gebrauchstauglichkeit - Leitsätze.

zum Beispiel Tageslichtlenksysteme, Licht-segel, Mehrkomponentensysteme, Steh-leuchten und Pendelleuchten.

3.10.4.3. Auswahl eines Beleuchtungssystems nach dem Konzept der Gebrauchstauglichkeit

Kontext und Bewertungskriterien

Je nach Aufwand, den ein Anwender betrei-ben möchte, kann man mit einem sinnvoll eingeschränkten Katalog arbeiten oder sich entscheiden, einen umfangreichen Satz an Bewertungskriterien einzusetzen. Im folgen-den wird ein Vorgehen beschrieben, das mit neun Bewertungskriterien arbeitet. Diese wurden nach unseren Studien im Bürobe-reich ausgesucht.

Der Kontext ist Büroarbeit in modernen Organisationsformen und wird wie folgt be-schrieben:

- Die Arbeitsräume sind häufig als Grup-penräume beziehungsweise Großraum-büros ausgeführt, in denen es leichter zu Störempfindungen (zum Beispiel Direkt-blendung) durch die Beleuchtung kom-men kann als in anderen Büros.
- Die Möblierung erlaubt oftmals aus or-ganisatorischen oder architektonischen Gründen keine einheitliche Ausrichtung und Anordnung der Arbeitsmittel.
- Die Arbeitsplätze können in Gruppen mit relativ großen Gesamtabmessungen zu-sammengefaßt sein.
- Tastatur sowie Bildschirme unterschied-licher Technik und Papierunterlagen, manchmal in Klarsichthüllen, werden intensiv in unterschiedlich ausgerichte-ten Ebenen genutzt (vertikal bis hori-zontal).
- Die Arbeitsplätze können abhängig vom Betrieb zu bestimmten Zeiten gegebe-nenfalls auch nur in Teilbereichen oder aber im Rundum-Schichtbetrieb genutzt werden.

- Die Arbeitsplätze werden im allgemei-nen von verschiedenen Mitarbeitern mit unterschiedlichen Seherfordernissen ge-nutzt.

Als Bewertungssystem werden insgesamt neun Gütekriterien herangezogen, die sich aus den relevanten normativen und gesetz-lichen Regelwerken ableiten. Nach diesen Kriterien werden die Beleuchtungskonzepte mit Hilfe einer vierstufigen Skala einge-stuft, bewertet und in einem Netzdiagramm dargestellt, das einen schnellen Überblick über die Gütekriterien insgesamt ermög-licht (Abb. 3.10.1.):

1. Leuchtdichteverteilung (L): Ausgewo-genheit der Helligkeitsverteilung der Raum-begrenzungsflächen und Arbeitsmittel (Stu-fe 1: unausgewogen, Stufe 4: ausgewogen).

2. Lichtrichtung und Schattigkeit (LS): Lichteinfallsrichtung und Wiedergabe von körperlichen Formen (Stufe 1: ungünstig, Stufe 4: günstig).

3. Beleuchtungsniveau (B): Aufwand für die Erzielung einer ausreichenden Beleuch-tungsstärke auf relevanten Arbeitsobjekten wie Papier (Stufe 1: Aufwand groß, Stufe 4: Aufwand gering).

4. Flexibilität (F): Anpassungsvermögen an veränderte Anforderungen beziehungs-weise Arbeitsplatzaufstellungen mit gerin-gem Aufwand (Stufe 1: gering, Stufe 4: hoch).

5. Kontrastverlust auf der Bildschirman-zeige (K): Verringerung des maximal mög-lichen Kontrastes durch Fremdlichteinfall (Stufe 1: groß, Stufe 4: gering).

6. Spiegelungen (S): gerichtete Reflexio-nen auf dem Bildschirm (Stufe 1: Spiege-lungsgefahr hoch, Stufe 4: Spiegelungsge-fahr gering).

7. Reflexblendung (R): Blendung durch helle Reflexe auf Sehobjekten (zum Beispiel Tastatur), ungünstige Kontrastwiedergabe auf Informationsträgern (Stufe 1: leicht möglich, Stufe 4: unwahrscheinlich).

8. Störempfindung (St): störender Einfluß zu heller Flächen im Gesichtsfeld bei nicht vorbestimmbaren Blickrichtungen (Stufe 1: leicht möglich, Stufe 4: unwahrscheinlich).

9. Individualisierbarkeit (I): Anpaßbarkeit an persönliche Bedürfnisse beziehungsweise wechselnde Anforderungen am eigenen Arbeitsplatz (Stufe 1: gering, nur raumbeziehungsweise gruppenweise möglich, Stufe 4: hoch, auch arbeitsplatzbezogene Beeinflussung möglich).

Das Netzdiagramm verdeutlicht mit der Ausprägung auf einer Skala die Bewertung nach einem isolierten Kriterium. Es eignet sich insbesondere für vergleichende Bewertungen und somit auch für die Bewertung der Gebrauchstauglichkeit. Abbildung 3.10.2. zeigt das Ergebnis einer solchen Bewertung. Sie demonstriert auch den praktischen Nutzen eines solchen Vorgehens. Wenn ein Betrieb ein günstiges System für einen unbekannten Einsatz auswählen will,

kann er die Gesamtfläche als Entscheidungsgrundlage wählen. Die Entscheidung kann aber auch nach einem Einzelkriterium gefällt werden, zum Beispiel nach möglichst guter Vermeidung von Spiegelungen. Nach diesem Kriterium wären alle betrachteten Systeme gleichwertig, weil man bei guter Planung dieses Ziel mit allen erreichen kann. Wenn man aber nach Flexibilität oder Individualisierbarkeit entscheiden will, sind die Systeme sehr unterschiedlich.

Tabelle für allgemeine Entscheidungsfälle

Arbeitsplätze mit Bildschirmgeräten werden nicht nur in Büros, sondern praktisch in allen Arbeitsumgebungen eingerichtet, in den letzten Jahren zunehmend auch in Privatwohnungen („Home Office"). Die Beleuchtung muß daher unter Berücksichtigung weiterer Aspekte geplant werden, die sich aus der Gesamtheit der Sehaufgaben und der Raumgestaltung ergeben. Nicht

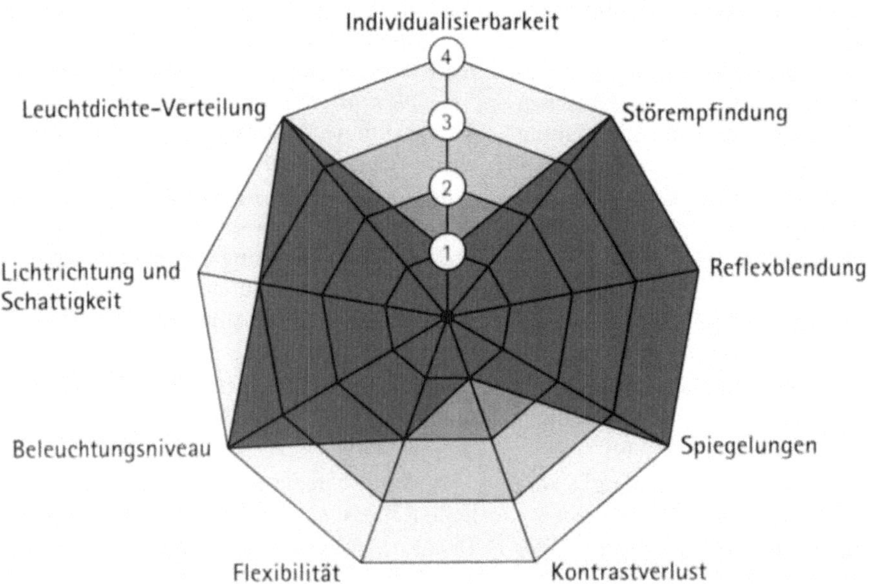

Abb. 3.10.1. Netzdiagramm für die Bewertung von Beleuchtungssystemen nach neun Kriterien

selten muß man bei der Planung konkurrierende Anforderungen berücksichtigen. Diese können zum Teil aus unterschiedlichen Aufgaben einer Person (zum Beispiel Werkstatt: Lesen auf dem Bildschirm, Betrachten eines Werkstücks und Ablesen von Beschriftungen auf Werkzeugen) herrühren, zum Teil aber auch durch unterschiedliche Sehaufgaben von mehreren Personen verursacht sein, die sich einen Arbeitsbereich teilen. Dies ist beispielsweise der Fall in Verkaufsräumen, in denen sich Verkäufer, Kunde und Reinigungspersonal gleichzeitig beziehungsweise zu unterschiedlichen Zeiten aufhalten können.

Ein noch diffizileres Beispiel ist die Beleuchtung von Räumen in Museen, in denen bei der Gestaltung der Beleuchtung nicht nur Gruppen von Menschen mit unterschiedlichen Sehaufgaben, die sich dort aufhalten können, berücksichtigt werden müssen, sondern auch die Lichtempfindlichkeit der Ausstellungsstücke. In solchen Fällen hilft ein größerer Katalog von Bewertungskriterien (Abb. 3.10.3.). Der Planer berücksichtigt die Kriterien in der Reihenfolge ihrer Bedeutung.

In diesem Beispiel sind der Übersichtlichkeit halber nicht alle Anwendungsfälle und alle Bewertungskriterien aufgeführt. Diese

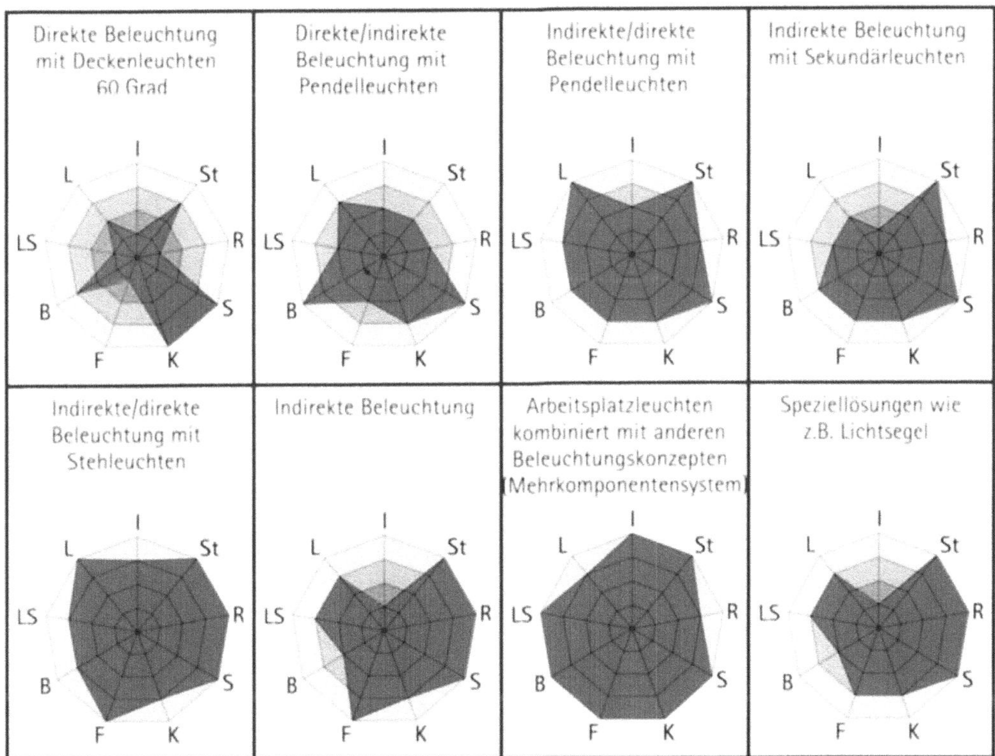

Abb. 3.10.2. Tabelle zur mehrdimensionalen Bewertung von Beleuchtungsarten für den beschriebenen Kontext (Bildschirmarbeit in Teams variabler Größe in Gruppen- beziehungsweise Großraumbüros)

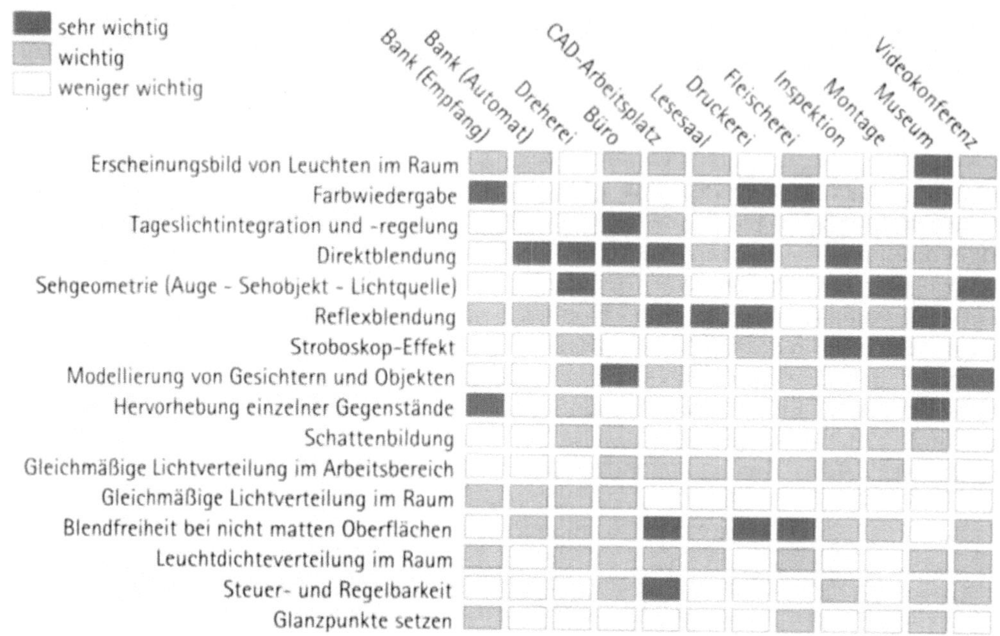

Abb. 3.10.3. Beispiel für eine Entscheidungsmatrix für Bewertungskriterien

werden im IESNA Lighting Handbook[6] ausführlich behandelt und aufgelistet.

3.10.5. Neue Anforderungen aus anderen Regelungen

Da die künstliche Beleuchtung sowohl direkt (Lichtleistung) als auch indirekt (Abführen der entstandenen Wärme bei klimatisierten Räumen) einen erheblichen Anteil an dem Energiebedarf eines Bürogebäudes hat, sind auch aufgrund der gesetzlichen Vorgaben zur Öko-Bilanz Überlegungen zur künstlichen Beleuchtung und zur besseren Nutzung des Tageslichts angebracht. Auf dem Markt angebotene intelligente Beleuch-

tungssysteme, die zum Beispiel tageslichtgesteuert sind, über Präsenzsensoren die Anwesenheit der Mitarbeiter erfassen oder aber die Einstellung individueller Beleuchtungsniveaus ermöglichen, bieten vielfältige Lösungen zur Energieeinsparung.

Die mit der Tageslichtsteuerung einhergehende stärkere Nutzung des Tageslichts wird begünstigt durch neue Entwicklungen von Fensterglas, das den Infrarot-Anteil des Lichts reflektiert und dadurch einen besseren Wärmeschutz ermöglicht, und neue Blendschutzsysteme, die ausreichend Blendschutz gewähren und trotzdem so weit wie möglich Sichtkontakt nach draußen ermöglichen und hinreichend Tageslichtnutzung erlauben.

Anforderungen für Leuchten ergeben sich auch aus den Vorschriften zur elektromagnetischen Verträglichkeit (EMV). So kann man sagen, daß elektronische Vorschaltge-

---

6 Rea M.S. (Hg.): The IESNA Lighting Handbook Reference & Application. Illuminating Engineering Society of North America, New York, 2000.

räte heute Stand der Technik sind, was auch dem Arbeitsschutz zugute kommt, da dadurch mögliche Flimmerwahrnehmungen von Leuchtstofflampen unterbleiben.

3.10.6. Literatur und weitere Informationen

3.10.6.1. Literatur

Bodmann H.W., Eberbach K., Leszczynska H.: Lichttechnische und ergonomische Gütekriterien der Einzelplatzbeleuchtung im Büro. Wirtschaftsverlag NW, Bremerhaven, 1995.

Bundesanstalt für Arbeitsschutz und Arbeitsmedizin (Hg.), Licht im Büro – Vorträge und Diskussionen der LiTG-Sondertagung am 24. September 1997 in Dortmund. Wirtschaftsverlag NW, Bremerhaven, 1998.

Çakir A., Çakir G.: Licht und Gesundheit – Eine Untersuchung zum Stand der Beleuchtungstechnik in deutschen Büros. 3. deutsche Auflage, Ergonomic, Berlin, 1998.

Çakir A., Çakir G.: Licht im Büro – Eine digitale Arbeitshilfe rund um die Bürobeleuchtung (CD-ROM). Ergonomic, Berlin, 1999.

Flagge I. (Hg.): Jahrbuch Licht und Architektur 2000. Rudolf Müller, Köln, 2000.

Kaase H., Serick, F. (Hg.): Licht und Gesundheit – Erstes Symposium. TU Berlin, Berlin, 2000.

LiTG Lichttechnische Gesellschaft e.V., Jubiläumstagung 1972 – Licht im Lebensraum. 1972.

OTTI e.V. (Hg.): Sechstes Symposium Innovative Lichttechnik in Gebäuden – 27. und 28. Januar 2000. OTTI, Regensburg, 2000.

Rea M.S. (Hg.): The IESNA Lighting Handbook Reference & Application. Illuminating Engineering Society of North America, New York, 2000.

Treberspurg M.: Neues Bauen mit der Sonne. Springer, Wien New York, 1999.

Weston H.C.: Visual Fatigue, Illuminating Engineering. Vol 49 (2), 1954.

3.10.6.2. Regelwerke

DIN 5035, Teil 2, Innenraumbeleuchtung mit künstlichem Licht, Richtwerte für Arbeitsstätten.

DIN 5035, Teil 7, Innenraumbeleuchtung mit künstlichem Licht, Beleuchtung von Räumen mit Bildschirmarbeitsplätzen und mit Arbeitsplätzen mit Bildschirmunterstützung.

DIN EN ISO 9241, Teil 6, Ergonomische Anforderungen für Bürotätigkeiten mit Bildschirmgeräten – Leitsätze für die Arbeitsumgebung.

DIN EN ISO 9241, Teil 11, Ergonomische Anforderungen für Bürotätigkeiten mit Bildschirmgeräten, Anforderungen an die Gebrauchstauglichkeit – Leitsätze.

pr. EN 12464: Angewandte Lichttechnik – Beleuchtung von Arbeitsstätten (Entwurf 2001-03).

3.11. Lichttechnik für Fortgeschrittene

Licht und Leistung am Bildschirmarbeitsplatz

Christian Bartenbach, Walter Witting, Alexander Otto

In aller Kürze

Über Licht und Beleuchtung wird in der Regel vorwiegend in Form von lichttechnischen Kenngrößen gesprochen, welche häufig einziger Ausgangpunkt für Planungsüberlegungen sind. Die physiologischen Wirkungen von Licht auf den Menschen finden dabei zu wenig Beachtung. In diesem Beitrag werden wahrnehmungspsychologische Forschungsergebnisse des LichtLabors Bartenbach dargestellt, die unter objektiven experimentellen Bedingungen gewonnen wurden. Testpersonen führen dabei verschiedene standardisierte Arbeitsaufgaben am Bildschirm durch. Variiert werden jeweils die Licht- und Beleuchtungsverhältnisse. Die auftretenden Leistungsunterschiede und meßbare physiologische Parameter zeigen, welche Wirkung die unterschiedlichen Licht- und Beleuchtungsbedingungen haben. Auf diese Weise lassen sich Aussagen über die Effekte von verschiedenen Lichtbedingungen (Tageslicht und Lichtschutz, Direktbeleuchtung, Indirektbeleuchtung, Direkt-Indirekt-Beleuchtung, Vorschaltgeräte, Lichtfarbe, Bildschirmpolaritäten) auf den Menschen, seine Beanspruchung und damit auf sein Leistungsvermögen treffen.

Ein Büro mit Bildschirm-Arbeitsplatz, Leuchtstoffröhren an der Decke, einer Arbeitsplatzleuchte am Schreibtisch, einem Vorhang oder einer Jalousie am Fenster; vielen Büromenschen genügt diese Vorstellung einer allgemeintauglichen Beleuchtungssituation. Daß hier wesentlich mehr dahintersteckt, zeigen unter anderem die Untersuchungen des weltbekannten Licht-Labors Bartenbach.

80 bis 90 Prozent der menschlichen Wahrnehmungen erfolgen über das visuelle System. Das menschliche Gehirn ist zwar in der Lage, Störungen der Wahrnehmung weitgehend zu kompensieren, allerdings wird hierfür Kapazität benötigt, welche dann für die eigentliche Erfüllung der Aufgaben fehlt. Das äußert sich in einem langsameren Arbeitstempo, geringerer Konzentrationsfähigkeit und Aufmerksamkeit, rascherer Ermüdung oder größerer Fehlerhäufigkeit.

Seit mehreren Jahren werden in der wahrnehmungspsychologischen Abteilung der Firma Bartenbach LichtLabor in Aldrans bei Innsbruck systematische experimentelle Untersuchungen durchgeführt, die den Einfluß von verschiedenen Beleuchtungsvarianten in Büros auf die psychophysische beziehungsweise mentale Beanspruchung von Personen an Bildschirmarbeitsplätzen zum Inhalt haben. Es zeigten sich zum Teil hochsignifikante Leistungsunterschiede zwischen den einzelnen Beleuchtungssystemen. Damit läßt sich zeigen, daß die visuelle Beanspruchung beziehungsweise die physische und psychische Ermüdung in ergonomischer Hinsicht wesentlich von den Lichtbedingungen am Arbeitsplatz abhängt.

Basis dieser Untersuchungen ist ein streng wissenschaftlich-experimentelles Vorgehen. Testpersonen erfüllen dabei über mehrere Stunden festgelegte Testaufgaben am Bildschirm, wobei die Leistungen (zum Beispiel Geschwindigkeit, Lösungsmenge, Fehlerhäufigkeit) und physiologischen Begleiterscheinungen systematisch mitdokumentiert und anschließend statistisch ausgewertet werden. Während die Testaufgaben stets gleich bleiben, werden jedoch die Bedingungen des Arbeitsplatzes – insbesondere die Licht- und Beleuchtungsverhältnisse – variiert. Werden nun die Leistungsdaten (Arbeitsgeschwindigkeit, Lösungsmenge, Fehlerhäufigkeit) der verschiedenen Testpersonengruppen miteinander verglichen, so können sich deutliche Unterschiede in den Ergebnissen zeigen. Wenn alle anderen Bedingungen, welche Einfluß auf das Entstehen dieser Ergebnisse haben können, in diesen Versuchen möglichst gleich sind beziehungsweise „kontrolliert" werden, können diese Unterschiede in den Ergebnissen mit dem Einfluß der unterschiedlichen Beleuchtungssysteme erklärt werden. Damit sind Schlußfolgerungen über den Einfluß der Beleuchtungssysteme auf die Leistungsfähigkeit des Menschen möglich.

Reale Büroräume werden als Testräume aufgebaut, in denen die Beleuchtungssysteme austauschbar sind und andere Einflußgrößen systematisch kontrolliert und variiert werden können, so etwa die Sitzposition innerhalb des Raumes (frontal zum Fenster, quer zum Fenster) und die Ablesebedingungen am Bildschirm (Farbdarstellung, monochromatische Darstellung; Positiv- oder Negativdarstellung), Tests mit oder ohne Beleg, stehende und liegende Belege, Belege mit und ohne Glanz. Schließlich sind auch die Möbel- oder Wandoberflächen in Farbe und Reflexionsverhalten veränderbar.

3.11.1. Grundsätzliche Erkenntnisse

Analog zu den Betrachtungen über den richtigen Sehabstand und die erforderliche Anpassung der Augen (Akkomodation) wirkt das Licht vor allem durch die Adaptation (Helligkeitsanpassung der Augen) ermüdend auf den Organismus und die visuelle Leistungsfähigkeit ein. Hierbei ist eine Abstimmung zwischen der eigentlichen Sehaufgabe (Belege, Bildschirmdarstellung, Lesen, Erkennen, etc.), bezeichnet als der „foveale Arbeitspunkt" oder „Infeld", und der unmittelbar benachbarten Umgebung, dem „Umfeld" (Tischplatte, Bildschirmgehäuse, Hintergrund, etc.) erforderlich. Zusätzlich erfolgt auch eine Abstimmung zwischen dem unmittelbaren Umfeld und dem gesamten Raum, dem sogenannten sekundären oder erweiterten Umfeld. Der Grund dafür ist, daß das Gesichtsfeld des Menschen mehr als 180 Grad beträgt, dazu kommen noch Kopf- und Körperbewegungen, sodaß prinzipiell das gesamte Erscheinungsbild des Raumes wahrgenommen wird. Somit müssen auch Lampen, Fenster, Wände, Einrichtungsgegenstände, etc. in die Betrachtungen miteinbezogen werden, welche je nach ihrer Positionierung mehr oder weniger häufig von Blicken getroffen werden und gegebenenfalls Adaptationsvorgänge der Augen auslösen. Allgemein bekannt ist schließlich die Wirkung von Gegenlicht, welches Gegenstände im Blickfeld nur mehr schemenhaft dunkel erscheinen läßt (Silhouettenblendung).

Ebenfalls allgemein einsichtig ist die Erkenntnis, daß die visuelle Erkennbarkeit besser ist, wenn die entsprechende Darstellung heller als ihr Umfeld beleuchtet wird. Aufgrund der Physiologie des Sehapparates darf jedoch das Leuchtdichteverhältnis zwischen Infeld und Umfeld bestimmte Grenzen nicht überschreiten. Der Blickwechsel vom Bildschirm auf den Beleg, wie auch das zufällige Umherblicken im Raum, soll keinen wesentlichen Adaptationsvorgang auslösen, es sollen also keine allzu großen und abrupten Helligkeitsunterschiede vorhanden sein.

Wenn solchermaßen stimmige Helligkeitsproportionen auftreten, wird das Auge auch bei einem fluktuierenden Blickwechsel mühelos einen weitgehend stabilen „Arbeits"-Zustand der Adaptation beibehalten können.

Abbildung 3.11.1. zeigt die dafür günstigsten Proportionen zwischen Infeld- und Umfeldleuchtdichten, um ausgewogen stabile Wahrnehmungsbedingungen im gesamten Tätigkeitsfeld des Raumes sicherzustellen. Dies ist der Fall, wenn das Verhältnis zwischen den mittleren Leuchtdichten des Infeldes und des Umfeldes zwischen 1:1 und 10:1 liegt.

Starke Abweichungen von diesen Proportionen bewirken eine belastende Instabilität des Adaptationsniveaus, so daß der Sehkomfort am Arbeitsplatz und die Sehleistung des Auges massiv beeinträchtigt sein können.

Abbildung 3.11.2. zeigt die Fehlerzunahme durch zu geringe und zu große Helligkeit des Arbeitstisches, sowie durch zu helle Gegenstände und Reflexionen innerhalb des Gesichtsfeldes.

Da nur das reflektierte und damit modulierte Licht vom visuellen System wahrgenommen wird und uns den materialspezifischen Helligkeitseindruck in Form der meßbaren Leuchtdichte (in Candela/m^2) vermittelt, können über die Wahl und Komposition der Materialien (Möblierung, Wände, Decken) bei gegebener Beleuchtungsstärke harmonische Helligkeitsproportionen im Raum erzielt werden, weil das optische „Antlitz" der Umgebung durch die Verschiedenartigkeit der im Raum angeordneten Materialien gebildet wird. Die Summe aller singulären Erscheinungsbilder im Gesichtsfeld integriert sich dann zu einem ganzheitlichen Raumeindruck: einem Raummilieu.

3.11.2. Direkte Allgemeinbeleuchtung

Bei dieser Beleuchtungsart wird das gesamte von der Lichtquelle abgegebene Licht direkt über geeignete Reflektoren umweglos und

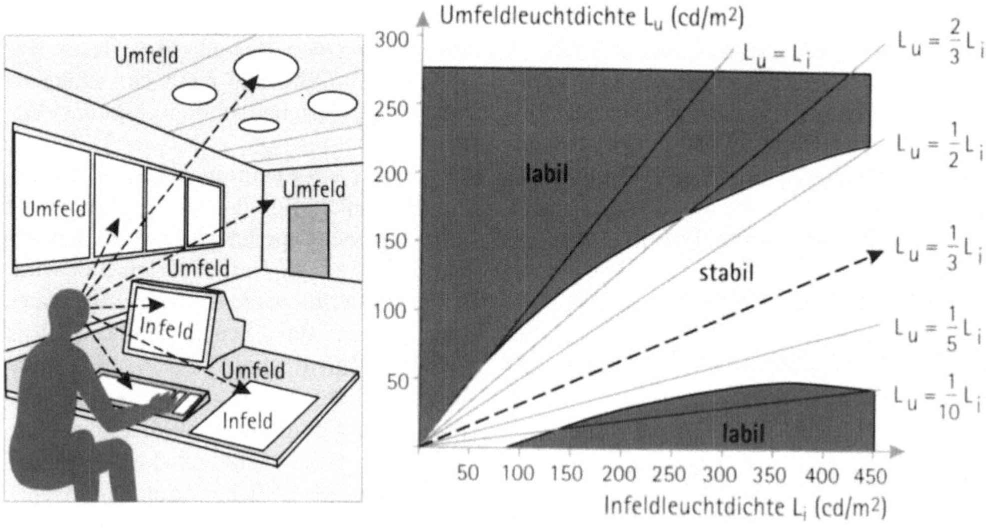

Abb. 3.11.1. Stabile Wahrnehmungsbedingungen erfordern ausgewogene, d. h. blendfreie Leuchtdichte-Verhältnisse zwischen Arbeitsaufgabe (Infeld) und Arbeitsraum (Umfeld)

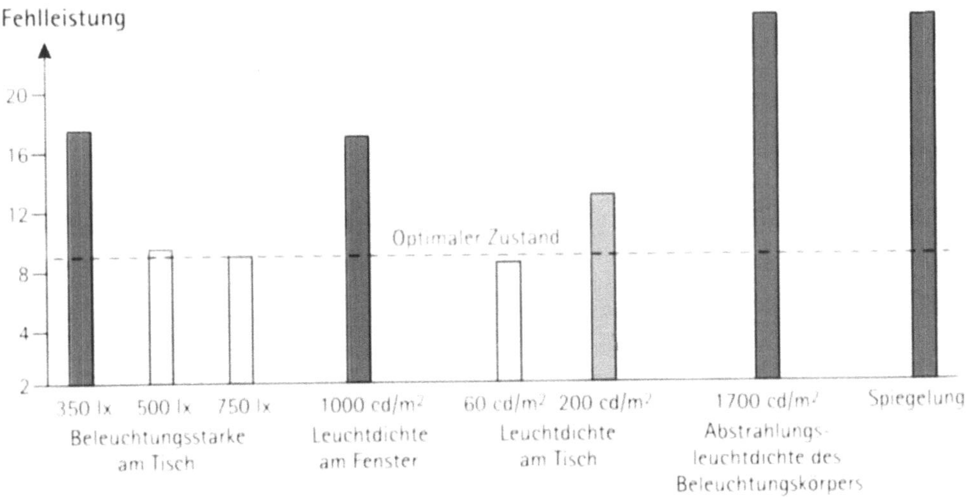

Abb. 3.11.2. Fehlleistungsmenge unter verschiedenen lichttechnischen Bestimmungsgrößen in einem Büroraum (IBM-Studie; Bartenbach LichtLabor)

geradlinig in den Raum gestrahlt (Abb. 3.11.3.). Durch die so erreichte Gleichförmigkeit der horizontalen Beleuchtungsstärken (vor allem im Arbeitsbereich) werden Helligkeitsunterschiede nur uber die Verschiedenheit der Materialoberflächen (Reflexionsgrad, Textur, Farbe, Form) herbeigeführt.

Da die absoluten Werte dieser räumlichen Leuchtdichteverteilungen den Vorgaben eines optimalen Wahrnehmungsablaufes zu entsprechen haben, müssen die Infeldleuchtdichten mindestens 100 bis 150 cd/m² und die Umgebungsleuchtdichten ca. 20 bis 80 cd/m² betragen. Weil es eben für die direkte Beleuchtung typisch ist, daß die Infeldleuchtdichte, d. h. die Helligkeit an der unmittelbaren Sehaufgabe vorwiegend durch die Direktstrahlung verursacht wird, kann man diese auch „direkt" an komplizierte Problemstellungen anpassen. Direkte Beleuchtungsstärken sind auch aus wirtschaftlicher Sicht mit geringstem Aufwand aufzubringen.

Typisch an der Direktbeleuchtung ist ferner, daß die Umgebungsleuchtdichten des Raumes geringere Werte als die Infeldhelligkeit aufweisen. Dies soll ja auch sein, damit die Sehaufgabe als das zu Beleuchtende heller als die Umgebung ist und somit dem Modell stabiler Wahrnehmungsbedingungen entspricht.

Bei der Planung muß jedoch sorgfältig darauf geachtet werden, daß ausreichende vertikale Leuchtdichtewerte (Helligkeit vertikaler Flächen) vorhanden sind, die sich mit der vertikalen Beleuchtungsstärke und den Reflexionswerten der Raumbegrenzungsflächen erreichen lassen.

Um die Deckenleuchtdichten ausreichend hoch zu halten, müssen vor allem bei der geforderten Normbeleuchtungsstärke von 500 bis 600 lx die Reflexionswerte der Fußböden über 30 % aufweisen und die der Decken über 60 %.

Wie Untersuchungen (Gemeinschaftsarbeit Siemens/Bartenbach Licht Labor)

Abb. 3.11.3. Charakteristisches Licht-Raum-milieu durch Direktbeleuchtung. Die Helligkeit richtet sich zum Arbeitsplatz aus, die Umgebung ist weniger, aber ausreichend hell, um optische Wahrnehmungsabläufe zu unterstützen

zeigen, sollen die Deckenleuchtdichten in Büroräumen zwischen 20 und 120 cd/m^2 liegen. Dieser Bereich wird als optimal empfunden.

Beim Einsatz von Direktbeleuchtungssystemen muß vor allem auf die Gefahr von Direkt- und Reflexionsblendung hingewiesen werden. Vorrangig ist es, die mittlere Eigenleuchtdichte der Leuchten (unmittelbar angestrahlte Bauteile, selbstleuchtende Lampenschalen beziehungsweise Oberflächen, Teile der Reflektoren oder gar der Lampen selbst) an die Deckenleuchtdichte anzupassen. Diese darf 200 cd/m^2 nicht überschreiten und ist beispielsweise durch Spiegelrasterleuchten (Darklight) unproblematisch einzuhalten.

Eine weitere Gefahr stellt das Bearbeiten von glänzenden Belegpapieren dar, hier muß der Anbringungsort der Direkt-Leuchten genau überlegt werden, um Reflexblendung zu vermeiden. Insbesonders ist bei

Tischleuchten auf die notwendige Bewegungsfreiheit und Einstellbarkeit zu achten.

Die Art der Ausblendung wird häufig zu wenig beachtet. Da wir nicht permanent und unbeweglich auf das Arbeitsgut starren, sondern mit gegenüberstehenden Personen sprechen, Pläne an der Wand betrachten und uns permanent im Raum orientieren, müssen die Ausblendwinkel der Leuchten sowie ihre geometrische Zuordnung zueinander dieser aktiven visuellen Wahrnehmung angepaßt sein. Dasselbe gilt für die Vermeidung von Reflexblendung. Geschieht das nicht, so können örtliche Blendungsprobleme entstehen, die zu Adaptationsstörungen und Ermüdungen führen. Versuche haben einen Leistungsabfall bis zu 10 Prozent durch Direktblendung ergeben, wenn sich eine Lichtquelle mit einer Eigenhelligkeit von mehr als 1000 cd/m^2 im erweiterten Umfeld befindet.

Interessant ist, daß sogar die Anbringungsrichtung einer Spiegelrasterleuchte experimentell nachgewiesene Unterschiede in der Leistungsqualität verursacht. Die Störung ist größer, wenn die Leuchte quer zur Blickrichtung montiert ist.

Bei planvoller Anordnung und Wahl beziehungsweise Anpassung des Lichtsystems ist die „direkte Beleuchtung" eine der geeignetsten ergonomischen und wirtschaftlichen Beleuchtungssysteme.

3.11.3. Indirekte Allgemeinbeleuchtung

Wenn das gesamte abgestrahlte Licht einer Leuchte auf eine große diffus reflektierende helle Fläche gelenkt wird, und diese „leuchtende Fläche" als Lichtquelle den Raum beleuchtet, dann handelt es sich um die allgemeine Form der indirekten Beleuchtung. Das indirekte System zählt zu den ältesten und bewährtesten Methoden der Lichttechnik, einen Raum (scheinbar) relativ blendfrei zu beleuchten.

Die hohe Eigenleuchtdichte einer Lichtquelle wird durch einen nach unten undurchlässigen Reflektor aus dem Gesichtsfeld genommen. Der gesamte Lichtstrom wird zuerst nach oben – in den meisten Fällen an die Decke – gelenkt, wird dort diffus reflektiert und diese Sekundärstrahlung beleuchtet den Raum (siehe Abb. 3.11.4.). Die durch die Größe der strahlenden Fläche (Decke) entstehende Blendungsfreiheit von Indirektsystemen wird allerdings um nicht zu unterschätzende Nachteile erkauft. Deshalb lohnt es sich, dieses System bezüglich Forderungen aus der optischen Wahrnehmung, seiner Strahlungscharakteristik (Erscheinungsbild) und seiner Wirtschaftlichkeit (Wirkungsgrad) genauer zu betrachten.

Stabile Wahrnehmungszustände trotz fluktuierendem Blickverhalten werden dann errcicht, wenn die mittlere Umgebungsleuchtdichte nicht größer als die Infeldleuchtdichte ist. Das entscheidende Kriterium der Umgebungsleuchtdichte ist in diesem Fall die Helligkeit der Decke. Sie ist bestimmend für die erreichte Beleuchtungs-

Abb. 3.11.4. Raum-Lichtmilieu einer Indirektbeleuchtung mit Stehleuchten (Musterraum Bartenbach Licht Labor)

stärke auf der Tischfläche, also der Infeldhelligkeit. Physikalisch gesehen ist es mit diesem System der Beleuchtung nicht möglich, ein helleres Infeld als Umfeld zu erzielen, weil hier die Infeldleuchtdichte die Folge der Umfeldleuchtdichte ist.

Zum Erreichen einer Tischbeleuchtungsstärke von 600 lx muß eine weiße Decke mit ca. 700 lx angestrahlt werden. Mit 600 lx erhält man auf dem Tisch (ρ = 0,6) eine Infeldleuchtdichte von etwa 120 cd/m^2. Eine weiße Decke (ρ = 0,8) hat aber mit 700 lx eine Leuchtdichte von 280 cd/m^2, also mehr als die doppelte Helligkeit des Infeldes. Für belastungsfreie Wahrnehmungsbedingungen soll das Umfeld jedoch keinesfalls heller als das Infeld sein. Die typische Strahlungscharakteristik der indirekten Beleuchtung besteht darin, daß die gesamten Raumflächen – notwendigerweise vorrangig die Decke – durch Mehrfachreflexion zur Lichtquelle werden. Es entsteht ein Licht-Raummilieu, das keine spezifische Ausrichtung zur Arbeitszone aufweist. Diese verflachende konturlose Wirkung des Lichts erzeugt Monotonie und kann zu Ermüdungseffekten führen. Die Überstrahlung des Raumes verstärkt sich um so mehr, je heller die Wand und Deckenflächen sind.

Da der Wirkungsgrad der indirekten Beleuchtung erheblich unter dem der direkten Beleuchtung liegt und vor allem von den Reflexionswerten des Raumes abhängt, müssen diese – um die Wirtschaftlichkeit vertretbar zu machen – eben hell gehalten werden. Der entstehende typische Raumeindruck einer indirekten Beleuchtung ist daher primär vom Deckenbild und nicht von der Funktion des Raumes geprägt.

Wichtig ist hierbei auch, daß die Decke gleichmäßig hell ausgeleuchtet wird. Örtliche Lichtintensitätsflecken, insbesonders über zu nahe montierten Deckenflutern oder wegen unpassender Lichtabstrahlcharakteristik der Lampen, konnten nachweislich die

Leistung um bis zu 8 % beeinträchtigen. Hier kommt der gleiche Effekt einer zu hellen Lichtquelle im Gesichtsfeld zum Tragen wie vorhin bei der Direktbeleuchtung.

Vergleicht man direkte und rein indirekte Beleuchtungssysteme miteinander hinsichtlich der Gesamtleistungsfähigkeit, so ergeben sich klare Vorteile für das Direktsystem in der Größenordnung von 11 %.

3.11.4. Direkt-Indirekte Beleuchtung

Mit einem Direkt-Indirektsystem können die Vorteile beider Teilsysteme komponentenweise integriert werden. Aus diesem Grund ist die Bezeichnung „2-Komponenten-Beleuchtung" (2-K-Beleuchtung) gebräuchlich. Das lichttechnische Konzept solcher Systeme besteht darin, daß der Gesamtlichtstrom aufgeteilt wird in einen direkten Anteil, der hauptsächlich in die Arbeitszone gelenkt wird, und einen indirekten Teillichtstrom, der an der Decke oder an den Wänden die sonst fehlende vertikale Beleuchtungsstärke anhebt. Die Systemalternativen einer direkt-indirekten Beleuchtung sind sehr komplex. Das Beispiel in Abb. 3.11.5. zeigt eine ungewöhnliche Lösung mit Spiegel-Werfer-Technik. Ein Teil der von Strahlern nach oben geworfenen Lichtmenge wird über Spiegel ausgekoppelt und zur direkten Arbeitsplatzbeleuchtung verwendet.

Die absolut besten Leistungswerte und die geringste Ermüdung zeigen die direkten Systeme, aber auch direkt-indirekte Systeme mit vorwiegend direktem Strahlungscharakter. Sie sind auch hinsichtlich Investition und Betriebskosten als die wirtschaftlichsten einzustufen.

Bei reiner Bildschirmarbeit besteht das Infeld aus dem Monitor selbst. Dieser weist üblicherweise je nach System und Darstellungsweise eine Eigenhelligkeit von ca. 80 bis 200 cd/m² auf. In diesem Fall muß die Raumbeleuchtung hauptsächlich die Um-

Abb. 3.11.5. Spiegel-Werfer-System (Deutsche Bank Berlin; Büroraum EG, Arch. Novotny & Mähner). Ein Großteil des Lichtraumes wird über ein blendungsfreies Spiegel-Werfer System in die Arbeitszone gelenkt. Zusätzlich wird die historische Decke mit einem Indirektsystem angestrahlt, welches die Deckenleuchtdichte ca. auf 90 cd/m² anhebt.

feld-Helligkeit erzeugen, weshalb der Indirekt-Anteil hier stark überwiegen kann.

Die Frage, welches System nun wirklich gewählt werden soll, hängt neben den räumlichen Bedingungen und der Art der zu leistenden Aufgaben nicht zuletzt auch von den Tageslichtverhältnissen ab. Die Tagesbelichtung prägt den Raum entscheidend in seinem visuellen Erscheinungsbild. Das Kunstlicht übernimmt dabei die Ergänzung des Tageslichts in seinem zeitlichen Ablauf beim Übergang in die Nacht und umgekehrt. Das zentrale Ziel ist es, für alle Zeitabschnitte mit der richtigen Wahl des Kunstlicht-Systems das ökologisch geeignete Licht-Raummilieu zu schaffen. Dazu wird man angesichts dieser komplexen Aufgabe verschiedene Systemkomponenten benötigen.

3.11.5. Einfluß von Vorschaltgeräten auf die visuelle Arbeitsleistung

Kunstlicht aus Gasentladungslampen (Leuchtstoffröhren) flackert bei Verwendung von konventionellen Standard-Vorschaltgeräten (Drosseln) mit der doppelten Wechselstromfrequenz von 100 Hertz (Hz). Dieses Flimmern kann bei vielen Menschen, insbesonders aus den Augenwinkeln heraus, noch wahrgenommen werden. Im Vergleich dazu arbeiten elektronische Vorschaltgeräte mit hochfrequentem Strom im Bereich von 20.000 Hz flackerfrei. Es kann daher mit einem positiven Einfluß auf die Leistungsfähigkeit gerechnet werden.

Je nach der Bildschirmdarstellungsweise (monochrom oder farbig, Positiv- oder Negativdarstellung) wurden Unterschiede in der Arbeitsleistung nachgewiesen.

Generell kann gesagt werden, daß die elektronischen Vorschaltgeräte nirgends schlechter abgeschnitten haben als die Standard-Vorschaltgeräte. Signifikante Vorteile haben sich jedoch beim figuralen Erfassen farbiger Bildschirminhalte ergeben, aber auch bei monochromer Textdarstellung mit hellen Buchstaben vor schwarzem Hintergrund. Dies mag darin seinen Grund haben, daß ein dunkler Bildschirmhintergrund für störende Reflexblendungen wesentlich anfälliger ist, und hierdurch das Flimmern der Leuchten mit einem Standard-Vorschaltgerät durch Spiegeln im Bildschirm in das Auge „weitergeleitet" wird.

Die nachgewiesenen Leistungsdifferenzen zwischen elektronischen und Standard-Vorschaltgeräten sind auch so erklärbar, daß das latente Flimmern von niederfrequenten Röhren dem Organismus – biologisch gesehen – eine Art Gefährdung signalisiert, dem er mit übergebührlicher physiologischer

Anspannung (Sympaticus-Erregung, Streß) unbewußt zu „entfliehen" versucht, so daß eine unökonomische Entfaltung der Leistungsreserven abläuft. Eine hochfrequente, quasi flackerfreie und in dieser Hinsicht dem Tageslicht nahekommende Lichtquelle stellt hingegen den Organismus des Menschen (und wohl auch der Tiere) nicht auf Sprintleistungen ein, die nur kurzzeitig ein Leistungsmaximum abverlangen, sondern „schaltet" das vegetative System auf Ausdauer (parasympatische Erregung), so daß eine gute Konzentrationsfähigkeit und Aufmerksamkeitsbelastbarkeit über längere Zeiträume erhalten bleibt. Manche Lichttherapien machen sich diese Tatsache zunutze.

Unter Kunstlicht mit elektronischen Vorschaltgeräten ist also mit einer geringeren psychophysischen Belastung der arbeitenden Personen zu rechnen, womit mehr Arbeitszufriedenheit, weniger Fehlhandlungen und eine höhere Produktivität gewährleistet wird.

3.11.6. Einfluß der Lichtfarbe auf die visuelle Arbeitsleistung

Unter der Farbtemperatur einer Strahlung, die der Mensch als Licht respektive Beleuchtung wahrnehmen kann, wird vereinfachend die Farbe des von einer Lichtquelle ausgestrahlten Lichts verstanden. Sie wird in Kelvingraden (Kelvin = Grad Celsius +273) angegeben und versteht sich grob als jene Lichtfarbe, die ein erhitzter schwarzer Körper (Planckscher Strahler) bei einer bestimmten Temperatur hat. In diesem Sinne hat warmes rötliches Licht („glühendes oder geschmolzenes Eisen 1000 bis 2000 Kelvin, Glühlampe 2800 bis 3200 Kelvin") eine niedrige Farbtemperatur und kalt wirkendes, bläuliches Licht („elektrischer Lichtbogen 5000 Kelvin") eine hohe Farbtemperatur. Das Lichtmilieu an einem Arbeitsplatz beziehungsweise in einem Arbeitsraum wird indessen entscheidend von der warmen bis kalten Farbe des

Lichts – besonders aus Kunstlichtquellen – bestimmt und hat nach den durchgeführten Untersuchungen auch Einfluß auf das Leistungsergebnis, wenn es darum geht, am Bildschirm verschiedene Sehaufgaben schnell und fehlerfrei auszuführen.

Generell zeigen die Ergebnisse, daß die hellweiße Lichtfarbe vor allem im Vergleich mit der warmweißen Lichtfarbe hochsignifikant bessere Leistungen bewirkt. Am stärksten ausgeprägt sind diese Unterschiede dann, wenn bei den Tests eine allgemein gebräuchliche Farbdarstellung verwendet wird, während bei monochromatischer Darstellung die Farbtemperatur des Kunstlichts weniger Einfluß zu haben scheint.

Dies mag darin begründet sein, daß sich mit der Farbtemperatur des Lichts auch dessen Farbwiedergabeeigenschaft ändert, die mit der spektralen Zusammensetzung des Lichts zusammenhängt. Bildschirme stellen aber durch ihre Beschaffenheit selbst eine Lichtquelle dar und strahlen je nach dem aktuellen Bildschirminhalt unterschiedliche Wellenlängen ab. Das abgestrahlte Licht des Bildschirmes interagiert aber mit dem auftreffenden Licht aus der Raumbeleuchtung, so daß das letztlich vom Bildschirm ins Auge kommende „Informations-Licht" durch die Vielfalt und den Wechsel der Bildschirmfarben eine wesentlich breitere ständige Modulation erfährt als bei einem monochromatischen Bildschirm. Wenn nun die farbliche Struktur des Raumlichts wegen zu niedriger oder zu hoher Farbtemperatur (rötlich oder bläulich) zu unausgewogen beziehungsweise zu einseitig ist, wird dieser Umstand für den Sehapparat zu höherer Belastung und Anstrengung führen, so daß die Ermüdung übergebührlich ansteigt und in der Folge die Fähigkeit zu einer konstanten Dauerleistung abnimmt.

Bei farbigen Bildschirminhalten sollte zur Optimierung der Sehleistung die Farbtemperatur des Kunstlichts nicht weniger als 3500 Kelvin und nicht mehr als 4500 Kelvin betragen.

3.11.7. Visualität am Bildschirm

Der Sehkomfort am Bildschirm hängt nicht zuletzt von technischen Gütemerkmalen des Gerätes ab, die allerdings in mehrfacher Weise in Wechselwirkung mit der Arbeitsplatzbeleuchtung treten. Diese Wechselwirkung gilt es durch eine geeignete Beleuchtung zu optimieren, denn systematische Untersuchungen zeigten, daß sich die Art des Raumlichts mit dem Eigenlicht des Bildschirms je nach den Gütemerkmalen der Beleuchtung unterschiedlich gut verträgt. Die Ablesequalität ist auch abhängig von den Kontrasten am Bildschirm, wobei insbesondere bei monochromatischen Schwarz-Weiß-Kontrasten zwischen Positivdarstellung (heller Hintergrund, dunkle Zeichen) und Negativdarstellung (dunkler Hintergrund, helle Zeichen) unterschieden wird. Beide Darstellungsarten unterscheiden sich hauptsächlich durch die Hintergrundleuchtdichte des Bildschirmes. Je niedriger diese ist, desto anfälliger ist sie gegenüber Spiegelungen von (zu hellen) Raumkomponenten wie Wände, Decken, Fenster, Leuchten, etc.

Es konnte ein Zusammenhang zwischen Reflexionshelligkeiten am (ausgeschalteten) Bildschirm und zu erwartenden Leistungsbeeinträchtigungen sowohl bei nachfolgender Positiv- als auch Negativdarstellung am Bildschirm quantifiziert werden. Mißt man am Aufstellungsort des Bildschirmes aus der dazugehörigen Sitzposition die hellste Stelle am ausgeschalteten Bildschirm, so kann unabhängig vom Entspiegelungsgrad des Schirmes bewertet werden, wie hoch die Leistungsminderung entweder bei nachfolgender Positivdarstellung (heller Hintergrund ca. 80–100 cd/m^2) oder bei Negativdarstellung (dunkler Hintergrund ca. 5 bis 10 cd/m^2) anzusetzen ist. Beträgt zum Beispiel die hellste Stelle (gemessen aus der Sitzposition) am Bildschirm 16 cd/m², so ist bei anschließender Positivdarstellung noch keine Beträchtigung der Leistung anzunehmen, während die gleiche Leuchtdichte bei Negativdarstellung bereits einen merkbaren Leistungsverlust zur Folge hat (siehe Abb. 3.11.6.).

Wird am Bildschirm hauptsächlich mit Negativdarstellung (häufig bei CAD) gearbeitet, so darf die hellste Stelle am ausgeschalteten Bildschirm maximal etwa 7 bis 8 cd/m² betragen, um noch keine Beeinträchtigung der Leistung zu verursachen, während diese kritische Reflexionsleuchtdichte bis zu 20 cd/m² betragen kann, wenn nach dem Einschalten vorwiegend mit Positivdarstellung gearbeitet wird.

Positivdarstellung verträgt höhere maximale Reflexionsleuchtdichten als Negativdarstellung, ohne daß Beeinträchtigungen

der Leistung auftreten. Der helle Bildschirmhintergrund „schluckt" Reflexionen bis zu einem gewissen Grad.

Bei Farbdarstellungen, die heute alle gängigen Anwenderprogramme zulassen, gelten im Prinzip dieselben Forderungen, nämlich ein ausreichendes Leuchtdichteverhältnis zwischen Zeichen- und Hintergrundleuchtdichte herzustellen, das die Kontraste verstärkt und dadurch die Erkennbarkeit und Differenzierbarkeit von Sehinhalten verbessert. Die entscheidende lichttechnische Größe zur Herstellung optimaler Kontraste stellt dabei die vertikale Beleuchtungsstärke dar, d.h. die auf den Bildschirm senkrecht einfallende Lichtmenge, die möglichst gering, im Idealfall Null sein sollte, um keine Kontrastminderung zu erhalten. Auch eine hohe technische Qualität des Bildschirmes (Auflösungsvermögen)

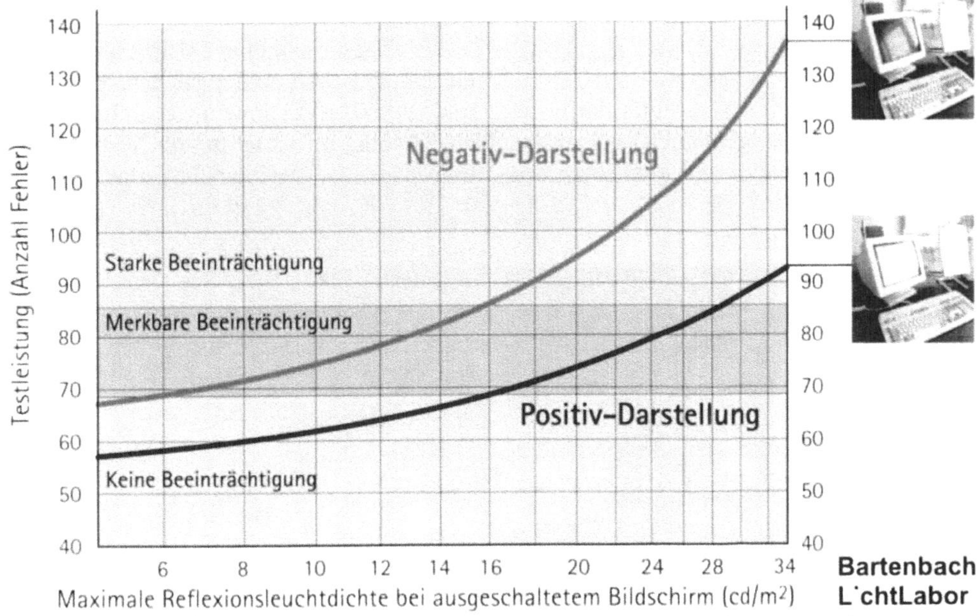

Abb. 3.11.6. Vergleich von Positiv- und Negativdarstellung auf dem Bildschirm hinsichtlich der Leistungsbeeinträchtigung in Abhängigkeit von der maximalen Reflexionsleuchtdichte am ausgeschalteten Bildschirm

kann zu hohe vertikale Beleuchtungsstärken am Bildschirm nicht kompensieren.

Ein weiteres Merkmal von Bildschirmen ist ihre sogenannte Bildwiederholfrequenz, die für das mehr oder weniger stark wahrnehmbare Flimmern des Bildes verantwortlich ist. Neben dieser gerätespezifischen Eigenschaft hängt Flimmern aber zusätzlich ab von der mittleren beziehungsweise Hintergrundleuchtdichte des Bildschirmes, von der Lage des Bildschirmes im Gesichtsfeld, von der Größe des Bildschirmes, vom Ermüdungszustand und Alter des Beobachters. Zum Beispiel wird bei Bildschirmen, die am Gesichtsfeldrand positioniert sind, ein Flimmern stärker wahrgenommen, als bei solchen, die zentral fixiert werden.

Um das besagte Flimmern möglichst zu vermeiden, sollen die Geräte eine Bildwiederholfrequenz von mindestens 75 bis 80 Hz aufweisen und im Zentrum des Gesichtsfeldes betrachtet werden.

3.11.8. Tagesbelichtung von Arbeitsräumen

Die eingangs geforderte Stabilität der visuellen Arbeitsbedingungen durch eine ausgewogene Abstimmung der Leuchtdichten des Infeldes zum Umfeld sämtlicher Flächen und Gegenstände ist bei tagesbelichteten Büroräumen sehr schwierig und nur äußerst selten in vollem Umfang verwirklicht. Die Fensterfläche ist in der Regel viel zu hell (Abb. 3.11.7.). Die Verwendung einer konventionellen Jalousie oder eines Vorhanges führt aber dazu, daß es in der Raumtiefe in der Regel zu dunkel wird, auch die Sicht nach außen ist dann nicht mehr gegeben. Spezielle Lichtschutzvorhänge erhalten bei ausreichender Abschirmung und niedriger Eigenhelligkeit die Durchsicht, führen aber ebenfalls zu geringer Helligkeit in der Raumtiefe.

Das Zumauern der Fenster und Arbeiten ausschließlich bei Kunstlicht ist keine vernünftige und wirtschaftliche Lösung. Wesentlich intelligenter ist die Entwicklung und Installierung von Systemen, welche das „Zuviel" an Licht in Fensternähe in die Raumtiefe transportieren, wo meist zuwenig Licht vorhanden ist.

Der Tageslichtquotient (TQ) gibt das Verhältnis zwischen Außenbeleuchtungsstärke und punktueller Innenbeleuchtungsstärke an. Er sollte im Mittel um die 3 % betragen und möglichst gleichmäßig verlaufen.

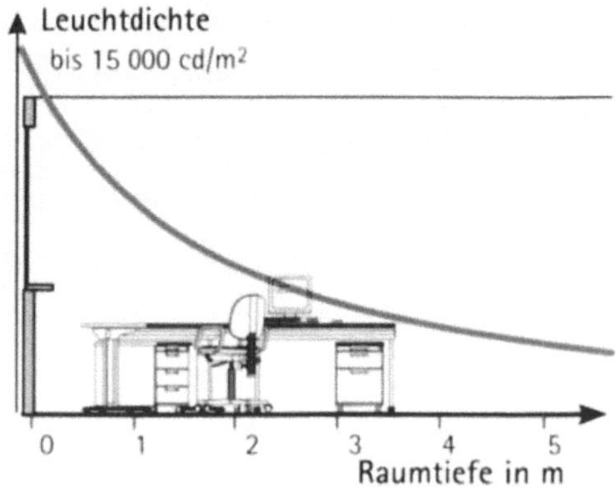

Abb. 3.11.7. Seitenfenster ohne Blend- und Sonnenschutz mit den auftretenden Leuchtdichteverteilungen

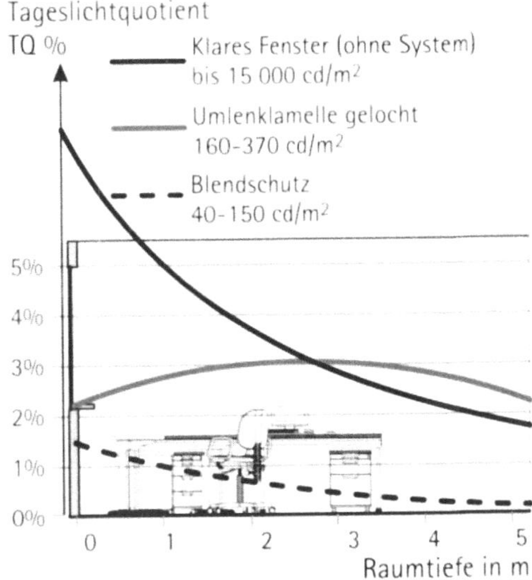

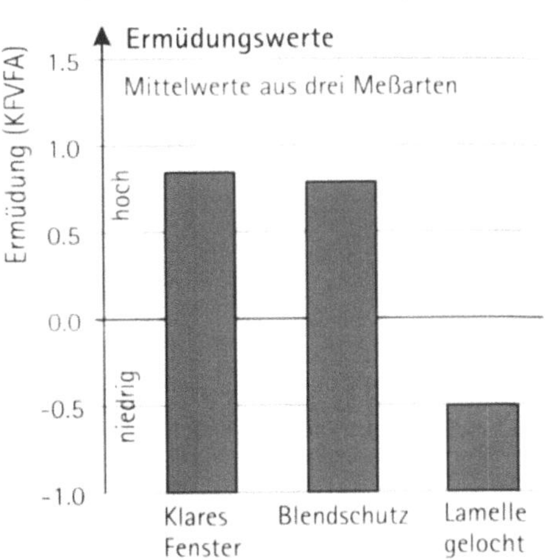

Abb. 3.11.8. Vergleich von Lichtmenge und Lichtverteilung im Raum zwischen klarem Fenster, konventionellem Blendschutz und einem Tageslichtumlenksystem (Umlenklamelle)

Abb. 3.11.9. Vergleich der visuell-mentalen Ermüdung bei klarem Fenster, Blendschutz (Stoffrollo) und gelochter Umlenklamelle bei jeweils drei Messungen (Ermüdungsbewertung: kybernetische Flimmer-Verschmelzungs-Frequenz-Analyse, Bartenbach LichtLabor)

Abbildung 3.11.8. zeigt die Lichtverteilung im Raum in Abhängigkeit von Blendschutzsystemen, Abb. 3.11.9. zeigt die gemessenen physiologischen Ermüdungswerte zu diesen drei Systemen.

Wie in Abb. 3.11.8. dargestellt, sinkt die Helligkeit mit zunehmender Raumtiefe bei klarem Fenster ab. Die Lichtmenge in Fensternähe ist zu hoch und fällt mit zunehmender Raumtiefe zu stark ab. Ein konventioneller Blendschutz dunkelt bei akzeptabler Eigenhelligkeit den Raum insgesamt zu stark ab. Es ist deswegen kaum möglich, tiefere Räume trotz hoher Lichtquantität ohne künstliche Ergänzungsbeleuchtung in der Raumtiefe zu nutzen. Bedingt durch den ungünstigen Tageslichtverlauf ergibt sich auch die typische Einrichtungszuordnung zur Fensternähe, wobei die fensterferne Zone als Verkehrszone verwendet wird, also eine typische Ausrichtung der Raumnutzung am Tageslichtverlauf und

damit verbunden eine Beschränkung der Raumnutzung.

Die Menge des einfallenden Tageslichts reicht im Jahresmittel aus, um bei einer vorgegebenen mittleren Beleuchtungsstärke von 400 bis 500 lx eine Raumtiefe von 8 bis 10 m auszuleuchten, wenn das vorhandene Licht besser verteilt wird.

Die physikalischen Komponenten der Lichtlenkung (Abb. 3.11.10.) werden geprägt durch das optische Medium eines Prismas oder die Reflexionsgesetze eines Spiegelreflektors. Die Realisierbarkeit hängt ab von der Art der Fensteröffnung, der Fassade, von ästhetischen Vorstellungen und von der Komplexität der lichttechnischen Vorgaben.

Raumtiefen von 3,5 bis 4 m können beispielsweise mit Umlenklamellen ohne Maßnahmen an der Decke (weißer Anstrich genügt) blendungsfrei und geeignet für Bildschirmarbeit ausgeleuchtet werden. Für verbesserte Durchsicht ins Freie sind die

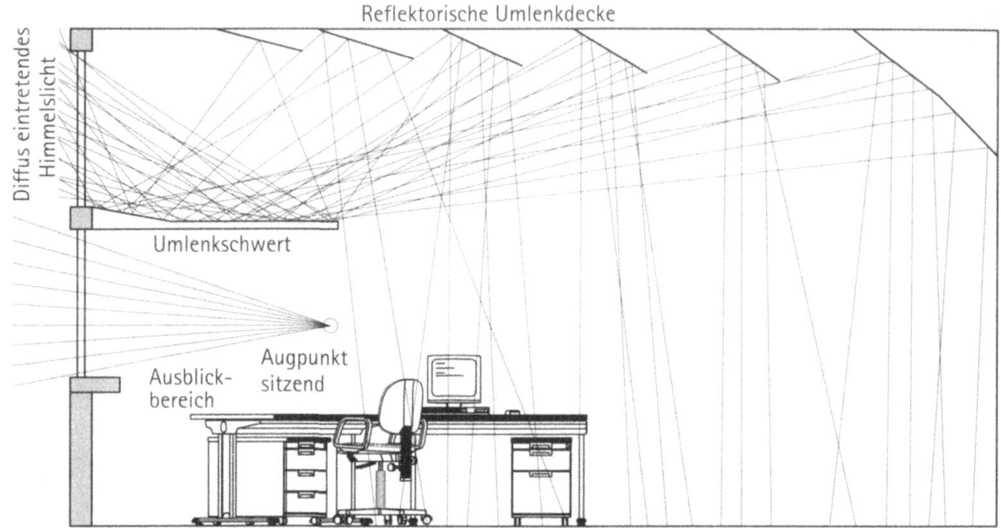

Abb. 3.11.10. Prinzipdarstellung eines Lichtumlenksystems. Das eintretende Licht wird zum größeren Teil gegen die Decke in die Raumtiefe gelenkt, von wo es durch Sekundärreflektoren in den Raum zurückgeworfen wird.

Lamellen mit einer Lochung versehen (Abb. 3.11.11.).

Fenster sind das wesentliche Bezugssystem zur Außenwelt und stellen damit die psychologisch bedeutsamste Raumöffnung dar. Es ist sicher nicht möglich, auf die Bezugssituation nach außen zu verzichten. Eine ausführliche Forschungsarbeit über Öffnungsgrößen von Fenstern zeigt, daß für Behaglichkeitsempfindung mindestens 30 % der Raumgrundfläche als Fensteröffnung notwendig ist, wobei diese Tatsache neben dem visuellen Sichtkontakt nach außen auch das sogenannte Fluchtbedürfnis, das dem Menschen archaisch anhaftet, befriedigt.

3.11.9. Sonnenschutz[1]

Mit dem einfallenden Tageslicht kommt Wärme in den Raum, die an Sonnentagen auf Höchstwerte ansteigt. Neben den damit

auftretenden Blendungserscheinungen muß die unzulässige Aufheizung des Raumes durch die Sonnenwärme vermieden werden. Dies erfolgt durch Sonnenschutzsysteme. Die Wirksamkeit eines Sonnenschutzes besteht in der Verminderung der Sonnenstrahlung, also je wirksamer der Sonnenschutz, desto geringer die Wärmeeinstrahlung der Sonne. Dadurch wird allerdings auch die Lichteinstrahlung entsprechend reduziert. Es entsteht das Paradoxon, daß an strahlenden Sonnentagen bei Wirksamkeit des Sonnenschutzes Kunstlicht zugeschaltet wird.

Es ist also auf konventioneller Basis nicht möglich, die Sonnenschutzwirkung ohne Verzicht auf Tageslichteinstrahlung zu erreichen. Wird jedoch das Prinzip der Retro-Reflexion angewendet, ist es möglich, die wärme-intensive Parallelstrahlung der Sonne wieder nach außen zurückzulenken, während das diffuse Tageslicht ungehindert in den Raum gelangt.

Solche Systeme müssen der Sonne nach-

---

1 Details dazu in Kapitel 3.12.

Abb. 3.11.11. Lichtumlenksystem Lamelle gelocht. Das Spiegelreflektorprinzip für Lichtumlenkung und gleichzeitigen Blendschutz reduziert die Außenleuchtdichte am Fenster auf 200–300 cd/m². Durch Lochung ist die Sicht nach außen ausreichend möglich und liefert eine gleichmäßig verteilte Lichtmenge von TQ = 3 % als Mittelwert. Leicht erkennbar die Spiegeldecke.

geführt werden. Sie lassen sich auch in ein Umlenksystem integrieren, und es ist möglich, sie hinter eine Verbundscheibe zu setzen, ohne im wesentlichen die wärmeabhaltende Wirkung zu verlieren (siehe Abb. 3.11.12.).

3.11.10. Kunstlicht als Ergänzungsbeleuchtung

In hauptsächlich tagesbelichteten Räumen ist die Aufgabe der künstlichen Beleuchtung, das Tageslicht zu ergänzen beziehungsweise in der Zeit des Tageslichtmangels zu ersetzen.

Die Tageslichtergänzungsbeleuchtung soll so konzipiert sein, daß sie ähnliche Leuchtdichteverhältnisse und Beleuchtungsstärkeverläufe aufweist wie der mit Tageslicht beleuchtete Raum. Sollten die Tageslichtverhältnisse Mängel hinsichtlich der Wahrnehmungsstabilität aufweisen, so sind diese durch eine permanente künstliche Ergänzungsbeleuchtung zu korrigieren. Bei Räu-

Abb. 3.11.12. Doppelsystem mit Lichtlenkung und Ausblendung. Retroreflektierende Sonnenschutzprismen eignen sich für Räume mit Bildschirmarbeitsplätzen. Zusätzlich wird die Lüftungs- beziehungsweise Klimaanlage entlastet (geringere Betriebs- und Wartungskosten).

men, in denen eine Nutzungszone von mehr als 3,5 m gefordert wird (also bei Raumtiefen über 6 m) können wirkungsvoll reflektierende Umlenkelemente an der Decke eingesetzt werden, die das einfallende Tageslicht in die Raumtiefe lenken.

In solchen Räumen ist es empfehlenswert, diese Reflexionselemente zusätzlich als Sekundärreflektoren zu verwenden, um auf diese Weise das Kunstlicht in die Nutzungsbereiche zu bringen. Ergänzend zu dieser direkten Sekundärbeleuchtung empfiehlt sich eine Indirektkomponente im hinteren Raumbereich, die jedoch die Deckenleucht-

dichte nicht über 200 cd/m^2 ansteigen läßt. In Einzelräumen mit Raumtiefen unter 5 m ist es möglich, ausschließlich eine Indirektbeleuchtung zu verwenden, wobei die Deckenleuchtdichte 200 cd/m^2 nicht überschreiten soll.

Werden Indirekt-Systeme mit Leuchtstofflampen verwendet, so sind zusätzlich direkte Systemkomponenten zu empfehlen. Metallhalogenlampen können in Verbindung mit Glanzlackanstrichen des gesamten Deckenbereiches verwendet werden.

Um bei dieser Deckenleuchtdichte von L_{max} = 200 cd/m^2 eine ausreichende Beleuchtungsstärke zu erhalten, muß die Decke in ihrer Gesamtheit gleichmäßig ausgeleuchtet sein. Eine Möglichkeit, dies zu realisieren, ist die direkte Sekundärbeleuchtung auf der Grundlage der Spiegel-Werfer-Technik. Diese kann vor allem in Räumen mit über 5 m Raumtiefe angewendet werden, auch wenn sich die Nutzungsflächen über den gesamten Büroraum erstrecken. Die Kombination der Spiegel-Werfer-Technik mit Tageslicht-Umlenkflächen erbringt eine integrative Optimierung von Kunstlicht und Tageslicht.

Durch die Optimierung der Sonnen- und Blendschutzmaßnahmen mittels Prismen- und Lamellensystemen kann auch die Energiekostenbilanz hinsichtlich einer permanenten oder zeitweiligen Kunstlichtzuschaltung merkbar verbessert werden.

Die Verwendung von Sonnenschutzprismen und Umlenk-Blendschutz-Lamellen kann gegenüber konventionellen Maßnahmen eine Reduzierung auf ein Drittel an Energiekosten für Kunstlichtzuschaltung bringen.

Adaptationsblendung	Störung des aktuellen Adaptationszustandes durch plötzliche Steigerungen oder Senkungen der Leuchtdichte des Gesichtsfeldes.
Akzentbeleuchtung	Hervorhebung von Objekten aus ihrer Umgebung durch gebündeltes Licht, so daß deren Brillanz (z.B. in Schaufenstern) und Plastizität (z. B. in Museen) besonders gut in Erscheinung tritt und zur bevorzugten Übermittlung von Information.
Allgemeinbeleuchtung	Beleuchtungssystem, das einen Raum ohne Berücksichtigung besonderer Erfordernisse einzelner Raumteile beleuchtet. Zusätzliches gerichtetes Licht wirkt der Monotonie entgegen und unterstützt die jeweiligen Sehaufgaben.
Arbeitsplatzbeleuchtung	Beleuchtungssystem, das die Hauptarbeitsfläche eines Arbeitsplatzes zusätzlich zur Allgemeinbeleuchtung entsprechend den Anforderungen aus der Sehaufgabe beleuchtet. Sie ist im Allgemeinen Bestandteil der kombinierten Beleuchtung.
Ausstrahlungswinkel	Winkel, der die Lichtausstrahlung (Lichtstärke) in eine bestimmte Richtung angibt. In einer Anlage wird der A. einer Leuchte von der Senkrechten aus gerechnet.
Beleuchtung, diffuse	Beleuchtungsart, bei der die Beleuchtung auf der Nutzebene oder auf einem Objekt aus keiner bevorzugten Richtung erfolgt.
Beleuchtung, direkte	Beleuchtungsart mittels Leuchten, die über 80 % ihres Lichtstroms direkt auf die Nutzfläche(n) strahlen.
Beleuchtung, gerichtete	Beleuchtungsart, bei der Beleuchtung auf der Nutzebene oder auf einem Objekt aus einer Vorzugsrichtung erfolgt.
Beleuchtung, gleichförmige	Beleuchtungsart mittels Leuchten, die 40 % bis 60 % ihres Lichtstromes direkt auf die Nutzebene strahlen.
Beleuchtung, indirekte	Beleuchtungsart, die hauptsächlich über die Reflexion an Materialoberflächen (Decken, Wände) als sekundäres Licht zustande kommt.
Beleuchtung, kombinierte	Beleuchtungssystem, das sich aus der Arbeitsplatzbeleuchtung und einem Allgemeinbeleuchtungsanteil zusammensetzt.
Beleuchtung, sekundäre	Beleuchtungsart, bei der in den Leuchten die Lichtquelle nicht direkt einsehbar ist, sondern der Lichtstrom über das Reflektorensystem geleitet wird.
Beleuchtungsniveau	Gütemerkmal der Beleuchtung, das sich aus den Faktoren Beleuchtungsstärkeverteilung und Leuchtdichteverteilung zusammensetzt.
Beleuchtungsstärke	Lichttechnische Größe, die die Dichte des auf eine Fläche auftreffenden Lichtes beschreibt. Einheit lx (Lux). Die B. ist der pro beleuchtete Fläche auftreffende Lichtstrom F (E = F/A). Die B.-Verteilung auf einer Fläche kann entweder als Beleuchtungsstärkegebirge oder in Form von Isoluxen dargestellt werden.
Bildschirmleuchtdichte	Mittlere Leuchtdichte, die bei Betrieb von Datensichtgeräten in Abhängigkeit von der Darstellungsart (Positiv-, Negativ-, Farbdarstellung) auftritt. Beim Betrieb von Bildschirmen ist die B. der Umgebungsleuchtdichte anzupassen und umgekehrt, und Bildreflexe durch Lampen, Leuchten und helle Wände zu vermeiden.

Blendung	Herabsetzung des Sehvermögens bzw. Störempfindung durch sehr unterschiedliche Leuchtdichten im Gesichtsfeld, oder eine für den Adaptationszustand zu hohe Leuchtdichte im Gesamtgesichtsfeld.
Blendung, direkte	Blendung durch echte Lichtquellen innerhalb des Blendungswinkels. Die Blendgefahr ist um so größer, je geringer die mittlere Leuchtdichte des Gesichtsfeldes, je größer der Unterschied zwischen der Leuchtdichte, der Blendquelle und Gesichtsfeld, je größer die Flächenausdehnung der Blendquelle, je näher die Blendquelle der Blicklinie liegt.
Blendung, indirekte	Blendung durch Reflexionsbilder von Lichtquellen oder lichtstreuenden Flächen im Gesichtsfeld. Sie entsteht als Reflexblendung durch Spiegelungen in Fenstern und auf Glasflächen (Bildschirme), Wasserflächen, nassen Straßenoberflächen, Kunstdruckpapier, glänzenden Maschinenteilen, usw.
Blendung, physiologische	Wirkung einer Lichtquelle mit meßbarer Verringerung der Sehleistung als Kriterium (z. B. Scharfsehen, Kontrastsehen, Farbsehen, etc.).
Blendung, psychologische	Wirkung einer Lichtquelle, die im Gesichtsfeld Unbehagen auslöst und zur Unbequemlichkeit beim Sehen führt (discomfort glare), Unbehaglichkeitsblendung.
Blendwinkel	Winkel, dessen Scheitel im Auge liegt und dessen Schenkel durch die Verbindungslinien vom Auge zum Sehobjekt und vom Auge zur Blendquelle gebildet werden.
Farbtemperatur	Angabe zur Kennzeichnung der Lichtfarbe einer Lampe. Erhitzt man einen Schwarzen Strahler, so nimmt er je nach Temperatur eine bestimmte Farbe an. Stimmt die Farbe bei einer bestimmten Temperatur mit der Farbe eines zu kennzeichnenden Strahlers überein, so ordnet man der Lichtfarbe diese Farbtemperatur zu.
Farbwiedergabe durch Lampen	Auswirkung einer Lichtart auf den Farbeindruck von Objekten, die mit dieser beleuchtet werden, im Vergleich (bewußt oder unbewußt) zu dem Farbeindruck der gleichen Objekte, die mit einer Bezugslichtart beleuchtet werden.
Indirektbeleuchtungsstärke	Beleuchtungsstärke, die durch den Lichtstromanteil hervorgerufen wird, der nach Einfach- oder Mehrfachreflexion auf die Meßebene bzw. Nutzebene gelangt.
Infeld	Fläche des Sehobjektes als Position innerhalb des gesamten Gesichtsfeldes. Das I. befindet sich für ein Sehobjekt stets in der Hauptblickrichtung und wird in seiner Größe durch die Größe des Sehobjektes bei geringen Blickbewegungen bestimmt. Es ist i.a. nicht größer als 20° und wird vom Umfeld umgeben.
Leuchtdichte	Lichttechnische Größe, die die Helligkeit von Primär- oder Sekundärlichtquellen charakterisiert. Der vom Sehapparat wahrgenommene Helligkeitseindruck eines Sehobjektes wird nur über dessen Leuchtdichte bestimmt. Die Einheit der Leuchtdichte ist 1 Candelar pro Quadratmater (1 cd/m²).

Lichtausbeute	Maß für den Lichtstrom, der entsprechend der aufgenommenen Leistung von der Lampe abgegeben wird. Einheit ist Lumen pro Watt (lm/W).
Lichtstärke	Lichttechnische Größe, die die Richtungsabhängigkeit des Lichtstromes charakterisiert.
Lichtstrom	Lichttechnische Größe zur Charakterisierung der von einem Körper insgesamt ausgesendeten oder reflektierten Lichtleistung. Einheit 1 Lumen (1 lm).
Mehrfachreflexion	Mehrfaches Reflektieren von Lichtstrahlen in einem Raum, bis alle Energie der Strahlung absorbiert worden ist. M. ist die Ursache für das Entstehen der Indirektbeleuchtungsstärke. Als weitere Folge von M. wird die spektrale Lichtzusammensetzung verändert. Dieses beeinflußt sowohl das Farbklima als auch die Farbwiedergabe.
Nutzlichtstromanteil	Verhältnis des Lichtstromes, der in einem Standardraum direkt auf die Nutzebene trifft, zu dem Lichtstrom, der von den Leuchten in den gesamten unteren Halbraum abgegeben wird.
Reflexionsgrad	Stärke der Reflexionsfähigkeit eines Stoffes. Man unterscheidet lichttechnische, strahlungstechnische und spektrale R. Der R. wird entweder dimensionslos oder als Prozentwert angegeben.
Relativblendung	Örtliche Adaptationsblendung durch starke Leuchtdichteunterschiede im Gesichtsfeld, die durch Adaptation des beleuchteten Netzhautanteiles (Lokaladaptation) nicht ausgeglichen wird.
Sekundärlichtquelle	Beleuchteter Körper, der Licht von einer Primärlichtquelle bekommt und wieder abgibt. Nichtleuchtende Gegenstände werden dadurch zu einer S., daß auffallendes Licht an der Oberfläche oder im Volumen reflektiert, transmittiert oder gestreut wird. Das Licht der S. enthält nur Spektralanteile, die in der Primärlichtquelle vorhanden sind. Dieses sekundäre Licht ist das für das Auge, die Adaptation und die Wahrnehmung maßgebliche Licht.
Tageslichtergänzungsbeleuchtung	Künstliche Beleuchtung, die während der Tageszeit in einem Raum bei ungünstiger Beleuchtung mit Tageslicht die gewünschte Ausgeglichenheit der Leuchtdichteverteilung schafft.
Tageslichtquotient	Kennwert für die Beziehung zwischen Innen- und Außenbeleuchtungsstärke bei bedecktem Himmel. Der T. ist das Verhältnis der Beleuchtungsstärke, die in einem Punkt der horizontalen Meßebene innerhalb eines Raumes bestimmt wird, zu der gleichzeitig vorhandenen Horizontalbeleuchtungsstärke unter freiem Himmel ohne Einfluß der Bebauung. Die Verteilung der T. in einem Raum wird durch Berechnung oder Messung für eine vorgegebene Anzahl Punkte ermittelt.
Umfeld	Umfeld im herkömmlichen Sinn. Peripheres Umfeld. In einem Arbeitsraum ist das sekundäre Umfeld der maximal sichtbare Ausschnitt aus der gesamten optischen Situation und damit durch die Größe des Gesichtsfeldes begrenzt, das sich bei Ruhe-

lage des Kopfes ergibt (etwa 190° Öffnungswinkel) und sowohl aus den binokularen als auch aus dem monokularen Sehbereichen beider Augen resultiert. Beim Hinzukommen von Kopfbewegungen oder sogar Körperbewegungen subsumieren sich im sekundären Umfeld alle raumbegrenzenden Elemente (Decke, Fußboden, Wände, funktionelle und dekorative Einrichtungsgegenstände), die mit unterschiedlicher Dominanz ihren jeweiligen Beitrag zur Visualität des Raumes leisten (Erscheinungsbild, Raummilieu). Das sekundäre Umfeld hinterlegt den unmittelbaren Arbeitsbereich mit einer weitgehend statischen Struktur, die im Gegensatz zu partiellen Feldkomponenten nicht aus dem Blickfeld transportierbar ist und demnach als relativ invariante und permanente Bedingung auf die Person im Raum einwirkt. Das sekundäre Umfeld ist also ein sehr wichtiger Faktor der menschengerechten Gestaltung von Arbeitsplätzen jeder Art, weshalb das sekundäre Umfeld auch als *erweitertes ergonomisches Umfeld* kategorisierbar ist. Es präsentiert sich in erster Linie durch die Materialien, deren Eigenschaften und Komposition lichtmodulierende Wirkung auf die ganzheitliche Erscheinung des Raumes haben.

Umfeldblendung   Blendung durch zu helle Lichtquellen im Umfeld. Sie führt zu Störungen der Adaptation, die das Erkennen eines Sehobjektes im Infeld beeinträchtigt.

Tabelle 3.11.1. Fachbegriffe aus Lichttechnik und Wahrnehmungsphysiologie

3.11.11. Literatur und weitere Informationen

3.11.11.1. Literatur

Bartenbach Ch.: Das Fenster und das Licht. In: Jahrbuch Licht und Architektur 2000, Flagge I. (Hg.), R. Müller, Köln, 2000.

Bartenbach Ch.: Lichtvorhänge oder Fensterbehänge. In: Jahrbuch Licht und Architektur 2000, Flagge I. (Hg.), R. Müller, Köln, 2000.

Bartenbach Ch., Witting W.: Licht und Raummilieu. In: Jahrbuch für Licht und Architektur 1995, Flagge I. (Hg.), Ernst & Sohn, 1995.

Bartenbach Ch., Witting W.: Bildschirmarbeit in unterschiedlichem Licht. In: Jahrbuch für Licht und Architektur 1995, Flagge I. (Hg.), Ernst & Sohn, 1995.

Bartenbach Ch., Witting W.: Feldkomponenten des Sehens und ihre Bedeutung als Informationsquellen am Arbeitsplatz. In: Jahrbuch für Licht und Architektur 1998, Flagge I. (Hg.), Verlag Das Beispiel, Darmstadt, 1998.

Bartenbach Ch., Witting W.: Der visuelle Raum aus der Sicht der ökologischen Optik. In: Jahrbuch für Licht und Architektur 1998, Flagge I. (Hg.), Verlag Das Beispiel, Darmstadt, 1998.

Gibson J.J.: Wahrnehmung und Umwelt. Der ökologische Ansatz in der visuellen Wahrnehmung. U&S, München, 1982.

Gibson J.J.: Die Sinne und der Prozeß der Wahrnehmung. Huber, Bern, 1982.

Krivohlary J., Kheck J.: Der Einfluß des eintretenden Informationsflusses auf die Leistung. In: Die tschechische Psychologie Jg. X, Nr. 2, 1966.

3.12. Sonnen- und Blendschutz

Lichtschutzmaßnahmen am Bildschirmarbeitsplatz
Michael Wichtl

In aller Kürze

Tageslichteinflüsse können zu erheblichen visuellen Beeinträchtigungen führen, die aus ergonomischer Sicht zu vermeiden sind. Entsprechende gesetzliche Regelungen im Rahmen des ASchG und der BS-V nehmen deshalb auch auf das Thema Lichtschutz Bezug. Verstellbare Lichtschutzvorrichtungen für Lichteintrittsöffnungen, die zu störenden Reflexionen oder zu hohen Kontrasten führen, müssen zur Reflexions- und Kontrastminderung geeignet sein. Wenn hohe Kontraste und störende Reflexionen vorliegen, sind dünne Vorhänge jedenfalls ungeeignet. Es sollen wirksame verstellbare Lichtschutzvorrichtungen, wie zum Beispiel Senkrechtlamellen, halbdurchlässige Lichtschutzfolien, Screengewebe und Lochgittermaterialien oder halbdurchlässige textile Verbund-Lichtschutzmaterialien in Rollo- oder Lamellenform eingesetzt werden. Gezielt eingesetzte Lichtlenkmaßnahmen, zum Beispiel in Form von Prismen oder Spiegelelementen im Fenstersystem, sind aufwendigere Varianten mit interessanten speziellen Eigenschaften.

3.12.1. Visuelle und klimatische Einflüsse durch Tageslicht

Unter Sonnen- und Blendschutz versteht man alle Maßnahmen, die angewendet werden können oder müssen, um störende und beeinträchtigende Wirkungen der Sonne zu verhindern oder zu verringern. Einflüsse durch Sonnenlicht kommen vor allem durch direktes oder indirektes Sonnenlicht, zum Beispiel durch tiefstehende Sonne im Winter, morgens oder abends zustande. Solche Verhältnisse führen häufig zu Blendungserscheinungen und können sich besonders störend auswirken, da ja bekanntlich an Bildschirmarbeitsplätzen Blendungserscheinungen zu den ungünstigsten visuellen Effekten gehören.[1]

Veränderungen des Klimas in einem Raum ergeben sich primär aus dem Wärmestrahlungseinfluß der Sonne, der weitgehend durch Lichteintrittsöffnungen (Fenster, Lichtkuppeln) in Räume eingebracht wird. Störende thermische Einflüsse am Bildschirmarbeitsplatz sind wegen der zusätzlichen Belastung, die sich daraus ergibt, ebenfalls unerwünscht.

Gemäß Arbeitsstättenverordnung[2] muß für ausreichende Belichtung – also Tageslichtversorgung – von Arbeitsplätzen gesorgt werden. Dies gilt natürlich auch für Bildschirmarbeitsplätze. Gemäß Bildschirmarbeits-Verordnung[3] müssen Spiegelungen, Blendungen und Reflexionen jedenfalls vermieden werden. Dieser Grundsatz ist auch für den Tageslichteinfluß anzuwenden.

Im Hinblick auf den thermischen Einfluß an Bildschirmarbeitsplätzen sind im allgemeinen jene Anforderungen einzuhalten,

---

1 Siehe Kapitel 3.11.

2 Siehe Kapitel 1.3.
3 Siehe Kapitel 1.1.

die für Arbeitsplätze mit geringer körperlicher Belastung gemäß Arbeitsstättenverordnung gelten (Temperaturbereich 19 bis 25 °, 0,1 m/s Luftgeschwindigkeit und 40 bis 70 % Luftfeuchtigkeit, wenn eine Klima- oder Lüftungsanlage eingesetzt wird).

3.12.2. Mischlicht am Bildschirmarbeitsplatz

Es gibt viele Hinweise darauf, daß die Spektralverteilung des Lichtes im sichtbaren Bereich zwischen 380 und 780 nm, aber auch darüber hinaus im ultravioletten und infra-

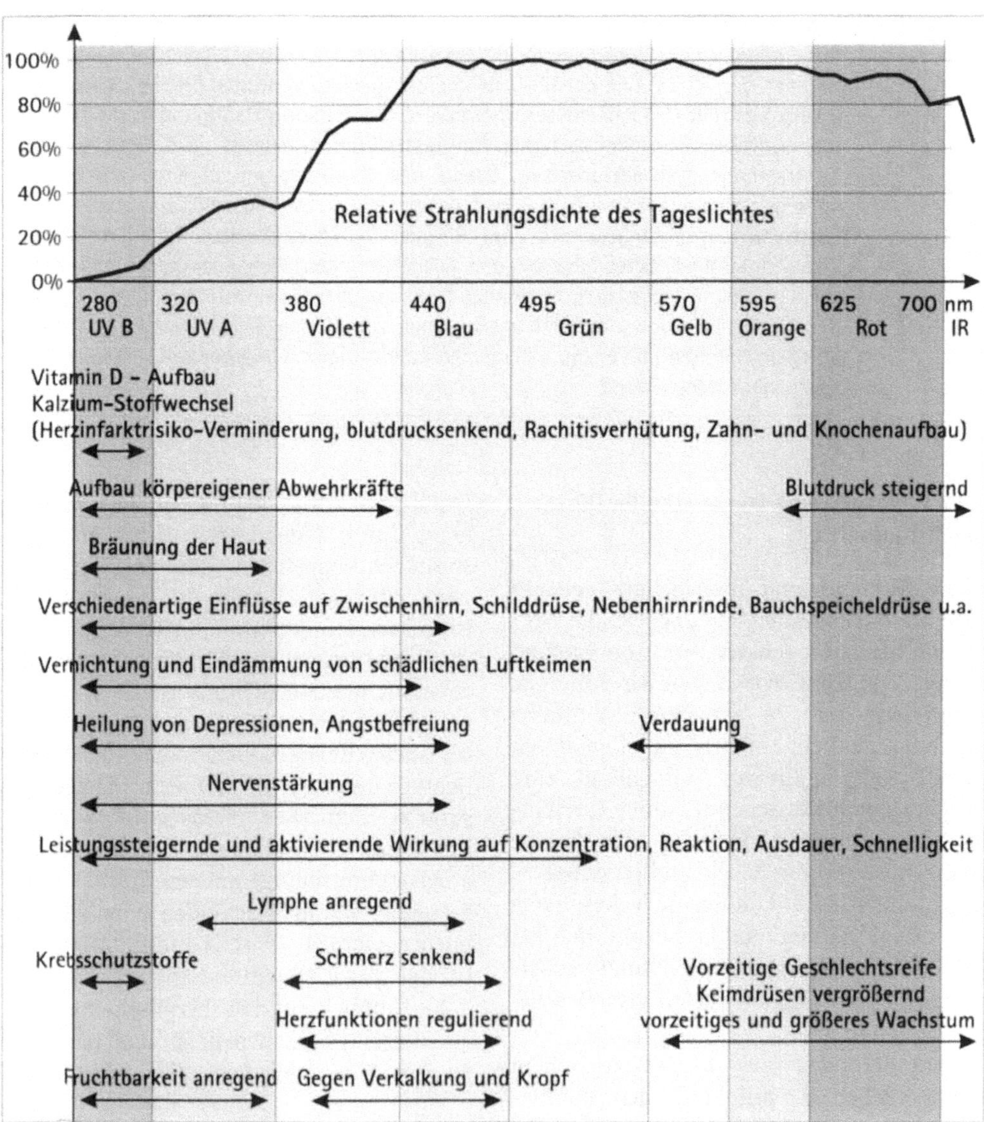

Abb. 3.12.1. Biologische Auswirkungen des Lichtes auf den Menschen

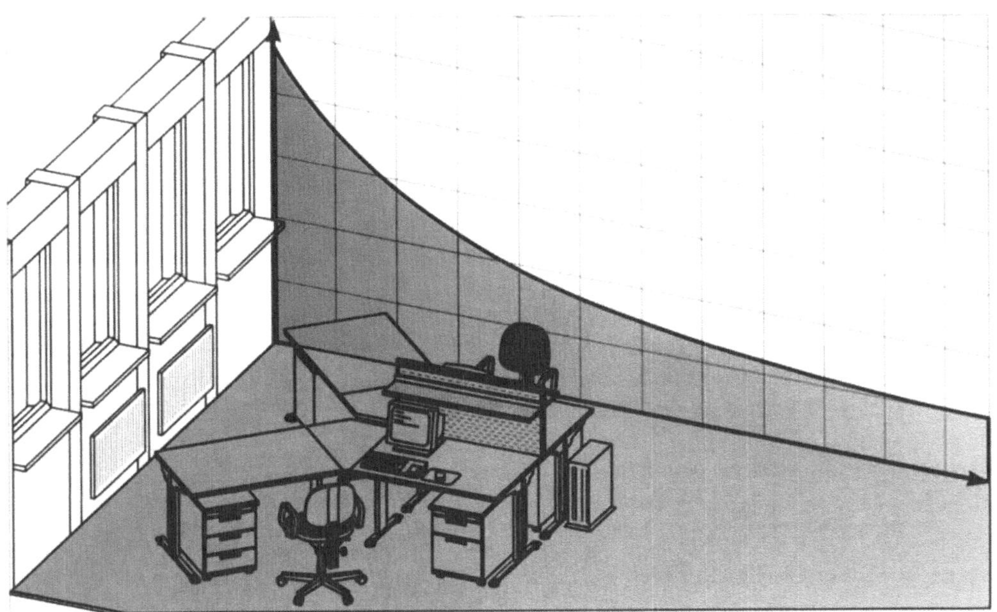

Abb. 3.12.2. Tageslichtverlauf über dem Raumquerschnitt

roten Spektralbereich in ihrer spezifischen Charakteristik als Spektralverteilung des Tageslichtes vielfältige und spezielle Auswirkungen auf den Menschen hat (siehe Abb. 3.12.1.), die weit über die Helligkeitsempfindung des Auges hinausgehen (zum Beispiel hormonelle Steuerung des Aktivierungsniveaus).

Deshalb müssen auch Bildschirmarbeitsplätze so oft und so weit wie möglich mit Tageslicht versorgt werden, weil die positiven Wirkungen von Tageslicht in diesem Zusammenhang ausgenützt werden sollten.[4]

Wenn nun Tageslicht in einen Arbeitsraum dringt, kann man davon ausgehen, daß die Beleuchtungsstärken im Fensterbereich häufig verhältnismäßig hoch liegen (Tageslichtverlauf beziehungsweise Gradient der Lichtverteilung zur Raumtiefe hin

gemäß Abb. 3.12.2.). Wenn der Raum zusätzlich künstlich beleuchtet ist, dann kommt es natürlich zu Mischlichteffekten. Mischlicht ist eine Bezeichnung für Mischzustände aus Tageslicht und künstlichem Licht in einer Raumzone beziehungsweise in Arbeitsplatzbereichen. Wenn hierbei die Lichtfarbe des Kunstlichtes wesentlich von der Lichtfarbe des einfallenden Tageslichtes abweicht, können auch dadurch ungünstige visuelle Zustände (Zwielichtempfindung) auftreten.

Natürlich spielt auch das Beleuchtungsstärkeniveau und die Helligkeit des Tageslichtes für die visuelle Empfindung bei Mischlichtsituationen eine große Rolle.

Vielfach ist gar nicht bekannt, wie hoch Außenbeleuchtungsstärken liegen können. 60.000 bis 100.000 Lux sind an einem sonnigen Sommertag möglich. Auch ein trüber Wintertag, der subjektiv sozusagen überhaupt nichts an Außenhelligkeit bietet, lie-

---

4 Siehe Kapitel 3.11.

Sonniger Sommertag	60.000 bis 100.000 lx
Trüber Wintertag	2.500 bis 3.000 lx
Vollmondnacht	0,25 lx
Neumondnacht	0,01 lx
Übliche Bürobeleuchtung	300 bis 1.000 lx

Tabelle 3.12.1. Charakteristische Horizontalbeleuchtungsstärken

fert meßtechnisch immerhin noch durchschnittlich 2.500 bis 3.000 Lux Außenbeleuchtungsstärke (siehe Tabelle 3.12.1.). Auch aus diesem Grund sind zur richtigen Dosierung des Tageslichtes in Büro- und Verwaltungsräumen geeignete Sonnen- und Blendschutzmaßnahmen erforderlich.

3.12.3. Architektonische Einflüsse

Aufgrund aktueller Trends in der Architektur sind heutzutage oft Bauten mit großen Glasflächen üblich. Unterstützt wird diese Tendenz durch eine Verbesserung der Isolierglastechnik in bezug auf die winterlichen Wärmeverluste, welche es ermöglicht, solche Gebäudestrukturen auch wirtschaftlich vertretbar zu betreiben. Viele Beispiele für diesen Architekturtrend existieren in jedem Stadtbild und prägen moderne Büro- und Verwaltungsbauten, in denen sich bekanntlich unzählige Bildschirmarbeitsplätze befinden (siehe Abb. 3.12.3.). In der Praxis sind diese Fensterflächen eine der Hauptquellen von optischen Störungen, Spiegelungen und Reflexionen an Bildschirmarbeitsplätzen.

Wenn Fensterflächen immer großflächiger und immer vielfältiger geformt sind (Erker, Vorsprünge, etc.), ist die Chance für eine möglichst fensterparallele Aufstellung von Bildschirmarbeitsplätzen[5] tendenziell redu-

Abb. 3.12.3. Typischer Verwaltungsbau mit großen Glasflächen (Münster, Deutschland)

ziert und in manchen Fällen aufgrund der räumlichen Gegebenheiten unmöglich. Außerdem kommen durch lange Fensterfronten und Fenster auf mehreren Seiten des Raumes auch bei blickrichtungsparalleler und damit vorschriftenkonformer Ausrichtung der Bildschirmarbeitsplätze in Abhängigkeit von der Fassadenlage und der Sonnenlichteinfallsrichtungen ebenfalls häufig Blendungs- und Reflexionserscheinungen zustande (siehe Abb. 3.12.4.).

In diesem Zusammenhang ist zu bedenken, daß nicht nur direkt einflutendes Sonnenlicht blendet, sondern auch die im Schattenbereich eines Gebäudes liegende Himmelszone und der bedeckte Himmel zu störenden Leuchtdichten führen kann, die

---

5 Anforderung der BS-V (siehe Kapitel 1.1.) zur weitgehenden Reduktion von visuellen Störeinflüssen.

an großen Fensterflächen zu Blendungserscheinungen führen. Schließlich können in dicht verbauten Zonen auch Spiegelungen und Reflexionen von umliegenden Gebäuden auftreten.

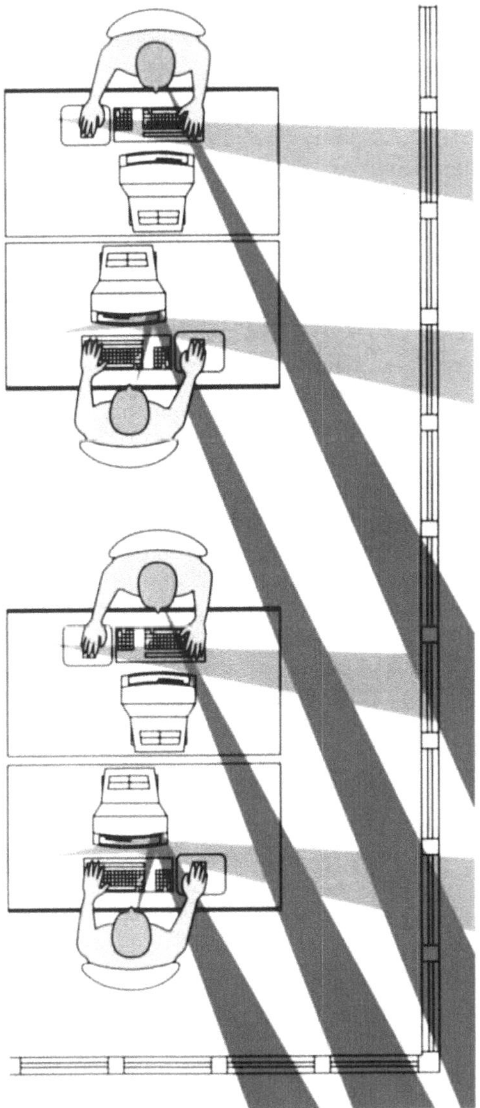

Abb. 3.12.4. Bildschirmarbeitsplätze an großen Fensterfronten

3.12.4. Thermische Einflüsse

Aus thermischer Sicht ist festzustellen, daß auch bei Einsatz moderner Glastechnik große Glasflächen in großen Räumen oftmals zur Erfordernis der Klimatisierung dieser Räume führen. Wenngleich die Raumlufttechnik große Fortschritte gemacht hat und moderne Systeme (zum Beispiel Quell-Lüftung oder hinterlüftete Doppelschalenfassaden zur Verfügung stehen (siehe Abb. 3.12.5.), können damit dennoch für die Beschäftigten thermische Komfortprobleme wie etwa unangenehme Temperaturempfindungen, Zuglufterscheinungen, etc. entstehen.

Aus energetischen Gründen fordern die nationalen Wärmeschutzverordnungen – welche sich ebenso wie die einschlägige Arbeitnehmerschutzgesetzgebung von EU-Richtlinien ableiten – den Nachweis eines entsprechend geringen Sonnenenergiedurchganges für transparente Bauteile. Der Sonnenenergiedurchgang wird durch den sogenannten z-Wert eines Fenstersystems mit Sonnenschutz charakterisiert. Mit dieser Sonnenenergie-Durchgangszahl kann die Tauglichkeit des Systems, bestehend aus Isolierglasscheiben und entsprechendem Sonnenschutz, über das ganze Energiespektrum des Sonnenlichtes, sowohl für optische als auch thermische Einflüsse, bewertet werden.

3.12.5. Merkmale ungünstiger Lichteintrittsbedingungen

Die Ausgangsbedingungen sind vielfältig: Es existieren optische und thermische Wirkungen des Sonnenlichtes, Blendungen und Reflexionen sollen verhindert werden, Außensicht soll gewährleistet sein, Art und Aufbau der Gebäudes, der Fassade und der Lichteintrittsöffnungen spielen eine Rolle. Aus der Sicht der Ergonomie ungünstige

Bedingungen für Lichteintrittsöffnungen sind:

- zu kleine Lichteintrittsflächen mit schlechtem Arbeitsplatzbezug;
- zu große Lichteintrittsflächen ohne wirksamen Sonnen- und Blendschutz;
- unwirksamer, untauglicher Sonnenschutz:
  - einfache innenliegende Horizontallamellen-Jalousien;
  - dünne Dekorvorhänge;
  - ausschließlich innenliegender Sonnenschutz ohne Bedacht auf Funktionalität (zum Beispiel innenliegende Vertikallamellen-Jalousien aus Textilmaterial, welche das Sonnenlicht

lediglich gleichmäßig verteilen anstatt zu reflektieren oder zu lenken);
- schlechter Bezug nach außen (zum Beispiel dichter Vorhang, komplett geschlossene Jalousien oder Läden);
- schlechte Handhabbarkeit und Bedienbarkeit des Sonnenschutzes (zum Beispiel an Oberlichten oder in Lichtkuppeln).

3.12.6. Anforderungen an Sonnen- und Blendschutzvorrichtungen

Von optischen und thermischen Rahmenbedingungen ausgehend, lassen sich für Sonnen- und Blendschutz folgende Anforderungen formulieren:

1. Schutz gegen unerwünschte Erwärmung der Innenräume.
2. Schutz gegen Blendung durch direkte Sonneneinstrahlung forciert bei niedrigem Sonnenstand unter 30°.
3. Schutz gegen zu hohe Kontraste (Leuchtdichteunterschiede) zur Aufrechterhaltung der Gleichmäßigkeit der Beleuchtungsstärke im Innenraum und vor allem auch am Bildschirmarbeitsplatz.

Diese Anforderungen an Sonnen- und Blendschutzvorrichtungen sind auch von der Jahreszeit und der Tageszeit abhängig (siehe Abb. 3.12.6.). Im Sommer soll aus energetischer Sicht am Tag die Wärme- und Blendschutzwirkung ausgeprägt sein, in der Nacht soll die im Raum gespeicherte Wärme entweichen können.

Im Winter soll aus energetischer Sicht am Tag die Blendschutzwirkung – vor allem wegen tiefstehender Sonne – ausgeprägt sein, die Wärme soll aber im Sinne einer Sonnenenergienutzung möglichst in den Raum eindringen können. Hierfür ist es günstig, wenn Sonnen- und Blendschutzwirkung funktional oder baulich getrennt sind. In der Nacht soll im Winter die Wärme

Abb. 3.12.5. Ausführung einer Fassade mit Doppelschale (thermisch und akustisch wirksame Gebäudehülle), Münster, Deutschland

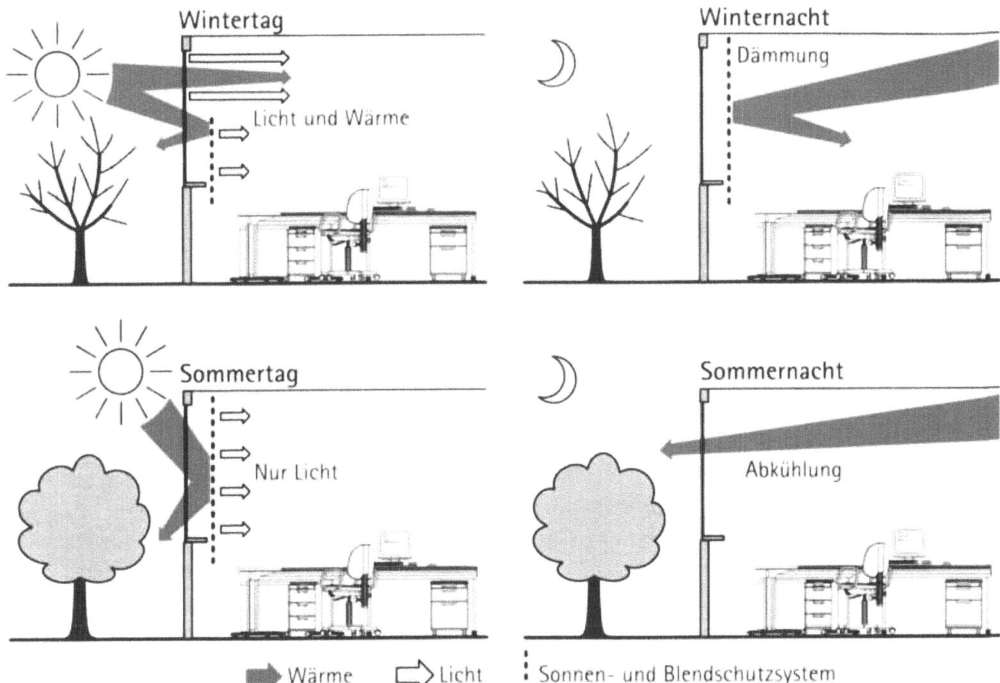

Abb. 3.12.6. Jahreszeitliche Abhängigkeit der Anforderungen an Sonnen- und Blendschutz (in Anlehnung an Unterlagen der Firma AGERO AG, Schlattingen, Schweiz)

möglichst im Raum bleiben, d. h., der Sonnenschutz soll möglichst auch die Funktion einer Wärmedurchgangsminderung von innen nach außen haben (nächtlicher Wärmeschutz im Winter).

3.12.6.1. Sonnenschutz- und Wärmeschutzgläser

Die Isolierglastechnik liefert mit den in Form von Isolierglassystemen zur Verfügung stehenden Wärme- und Sonnenschutzgläsern bereits einen wesentlichen Anteil zur Erfüllung des erforderlichen Sonnen- und Blendschutzes. Moderne Verglasung besteht üblicherweise aus Zwei- oder Mehrscheibenisolierglas mit speziellen Eigenschaften: die Außenseite ist häufig beidseitig mit einer sonnenreflektierenden Schicht versehen. Durch verstärkte Reflexion werden sowohl die sichtbaren als auch die unsichtbaren Strahlungsanteile der Sonnenenergie im UV- und Infrarotbereich verringert. Wärmeschutzgläser operieren zusätzlich häufig mit Absorption, um in dieser Art den Gesamtwärmedurchgang zu verringern (siehe Abb. 3.12.7.).

Zu beachten ist, daß alle Arten von Sonnenschutzgläsern entsprechend ihrer Lichtdurchlässigkeit die Beleuchtungsstärke im Raum bereits durch das Glassystem herabsetzen. Üblicherweise kommen Sonnenschutzgläser mit einer Lichtdurchlässigkeit von 40 bis 60 % zur Anwendung. Merkmale tauglicher Sonnen- und Wärmeschutzgläser sind daher:

1. ein möglichst hoher Durchlaßgrad im sichtbaren Bereich;
2. ein möglichst geringer Durchlaßgrad im Infrarotbereich (Wärmeabstrahlung);
3. möglichst geringe Energieabsorption;
4. verzerrungsfreie und sonst nicht beeinträchtigte Durchsicht (keine Schlieren, Flecken und Ungleichmäßigkeiten);
5. gute Farbwiedergabe (keine Farbstiche);
6. Widerstandsfähigkeit bei der Reinigung und bei sonstigen mechanischen Einwirkungen und Witterungseinflüssen.

3.12.6.2. Bauliche Ausführung von Sonnen- und Blendschutz

Aus baulicher Sicht unterscheidet man primäre, sekundäre und tertiäre Sonnenschutzmaßnahmen (siehe Tabelle 3.12.2.).

a) Primäre Sonneschutzmaßnahmen

Primäre Sonnenschutzmaßnahmen ergeben sich durch das Gebäude, seine Bauweise, Geometrie und Lage und die Umgebung.

b) Sekundäre Sonnenschutzmaßnahmen

Sekundäre Sonnenschutzmaßnahmen sind vor allem Sonnenschutzgläser und außen am Gebäude installierte Sonnen- und Blendschutzvorrichtungen. Außenjalousien und Markisen sind gut wirksam gegen Wärmestrahlung, ihre optische Wirkung ist aber in vielen Fällen nicht optimal.

c) Tertiäre Sonnenschutzmaßnahmen

Zu den tertiären Sonnenschutzmaßnahmen gehören innen angebrachte Sonnen- und

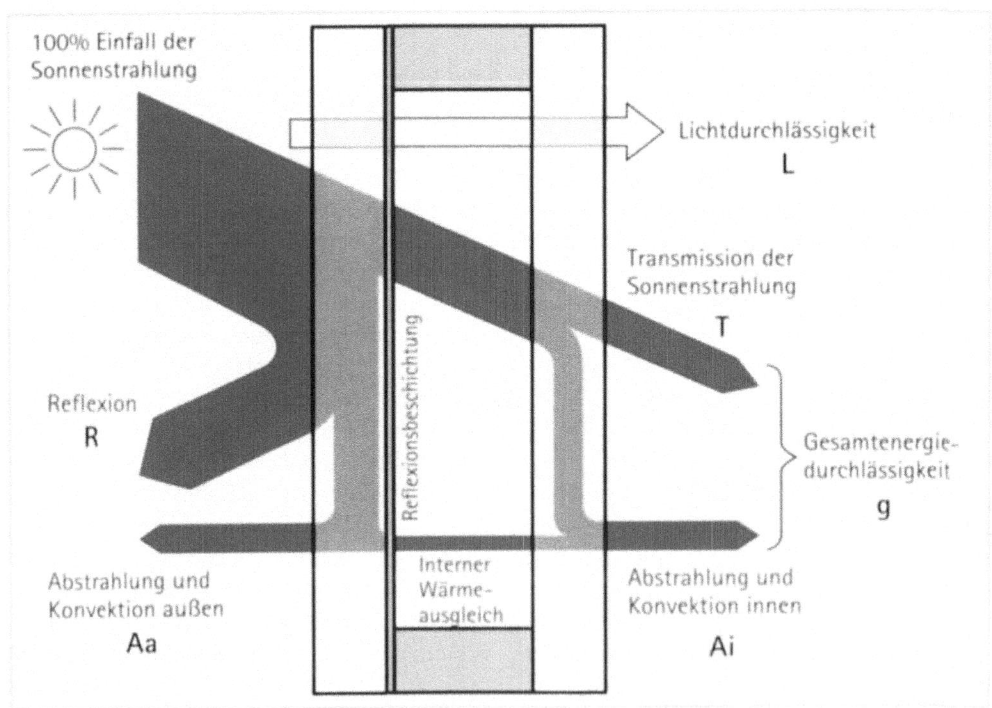

Abb. 3.12.7. Energiebilanz einer Sonnen- und Wärmeschutzverglasung

Primär	Gebäudeorientierung
	waagrechte und senkrechte Blenden an den Fassaden
	Art und Bauweise der Fensterlaibungen
	Verschattung durch andere Gebäude
	Verschattung durch Bäume oder andere Außenobjekte
	etc.
Sekundär	Außenjalousien und Markisen
	Tageslichtlenkung
	Sonnenschutzglas
	etc.
Tertiär	Lichtschutzfolien (Rollos und Jalousien)
	Horizontale Jalousien
	Rollos
	Vertikale Lamellen
	Vorhänge
	Innenliegende Tageslichtlenkelemente
	etc.

Tabelle 3.12.2. Systematik der Sonnenschutzmaßnahmen (in Anlehnung an: Hahne H.: Tageslicht und Sonnenschutz im Büro. Bundesanstalt für Arbeitsschutz und Arbeitsmedizin, Dortmund, Februar 2000)

Blendschutzvorrichtungen. Sie reichen oft als alleiniger Sonnenschutz nicht aus, sind aber in vielen Fällen für Bildschirmarbeitsplätze eine notwendige und sinnvolle Ergänzung zu primären und sekundären Sonnen- und Blendschutzmaßnahmen.

Sie müssen die Anforderungen des § 6 der BS-V erfüllen,[6] demzufolge bei störenden tageslichtbedingten Reflexionen und Spiegelungen ein tauglicher verstellbarer Lichtschutz (Blendschutz) vorhanden sein muß. Die baulichen Ausführungen können sehr unterschiedlich sein. Sie hängen vom Gebäude, der Bauweise und Mechanik des Sonnenschutzes und vom gewählten Sonnenschutzmaterial ab. Übliche Sonnenschutzmaterialien sind aus Kunststoffen, Textilien, Metall beziehungsweise Verbundmaterialien (Abb. 3.12.8.).

Jalousien, Vorhänge: Herkömmliche tertiäre Maßnahmen in Form von Jalousien,

Vorhängen und ähnlichen Vorrichtungen erreichen die geforderte Blendschutzwirkung kaum. Die zulässigen Leuchtdichten, die für Fensterflächen gemäß Untersuchungen des Licht Labors Bartenbach bei 150 bis 300 cd/m² liegen, werden in der Praxis sehr oft stark überschritten. Herkömmliche Textilien müssen, um die Blendschutzwirkung zu erzielen, so dicht gewebt sein, daß die Durchsicht nach außen unmöglich ist.

Messungen in der Praxis belegen dies auch für konventionelle Aluminium-Lamellen-Jalousien. Der Anstellwinkel muß vielfach sehr klein gewählt werden, sodaß der Nachteil der fehlenden Durchsicht auch hier auftritt. Zusätzlich können Restlichtstreifen entstehen.

Transluzide Lichtschutzfolien: Das sind metallbedampfte, in der Regel geprägte und lichtdurchlässige Folien. Sie reflektieren einen großen Anteil des Tageslichtes. Der Rest des Lichtes wird gleichmäßig verteilt in den Innenraum gebracht. Damit

---

6 Siehe Kapitel 1.1.

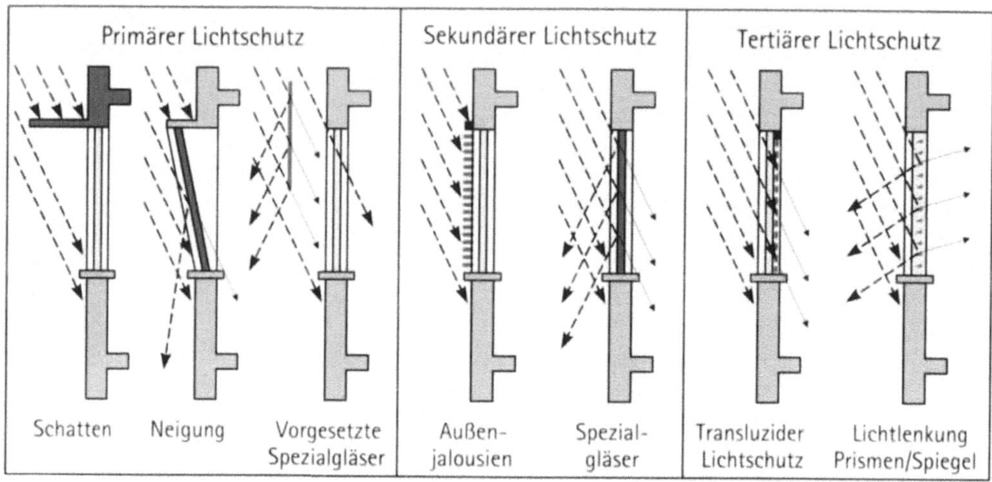

Abb. 3.12.8. Bauliche Ausführung unterschiedlicher Sonnenschutzmaßnahmen

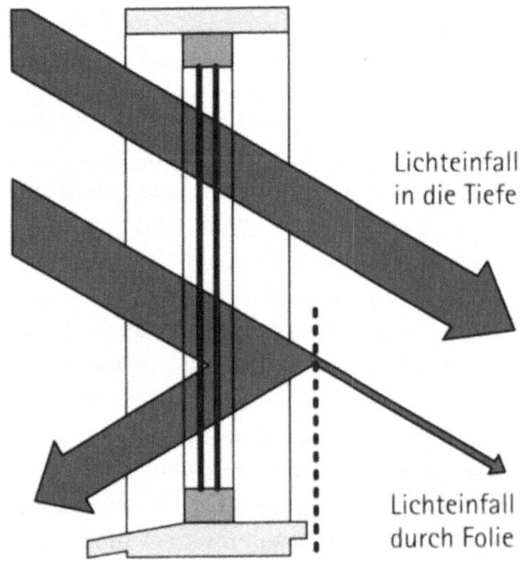

Abb. 3.12.9. Wirkungsweise von Lichtschutzfolien in einer Ausführung als Rollo von unten nach oben

lassen sich Spiegelungen und Reflexionen sehr gut vermeiden. Ähnlich wirken Screens und Textilverbundmaterialien unterschiedlicher Dichte.

Bei tertiärem Lichtschutz spielt die Art der Applikationen und die technische Ausführung eine große Rolle. Die Praxis zeigt, daß insbesondere transluzide Lichtschutzfolien für gute Funktion hohe Anforderungen an die technische Ausführung und Verarbeitungsqualität stellen. Grundsätzlich unterscheidet man Bauformen als Rollos oder Vertikallamellen. Vorteil von Rollos ist in der Regel, daß das Sonnenschutzmaterial näher am Fenster ist und die Sonnenenergie gleichmäßiger verteilt (reflektiert, transmittiert) wird.

Rollos von unten: Eine gute Möglichkeit besteht auch darin, tertiären Sonnenschutz in Rolloform von unten nach oben zu führen, da die Sonnenschutzwirkung im unteren Fensterbereich – dort wo sich die Bildschirmarbeitsplätze befinden – benötigt wird. Über den wahlweise unbedeckten oberen Fensterabschnitt kann das Tageslicht eindringen und den Raum ausleuchten und aufhellen. Transluzide Lichtschutzfolienrollos eignen sich besonders gut für diese Variante. Eine solche Ausführungsform ist ein erster Schritt in Richtung Tageslichtlenkung (siehe Abb. 3.12.9.).

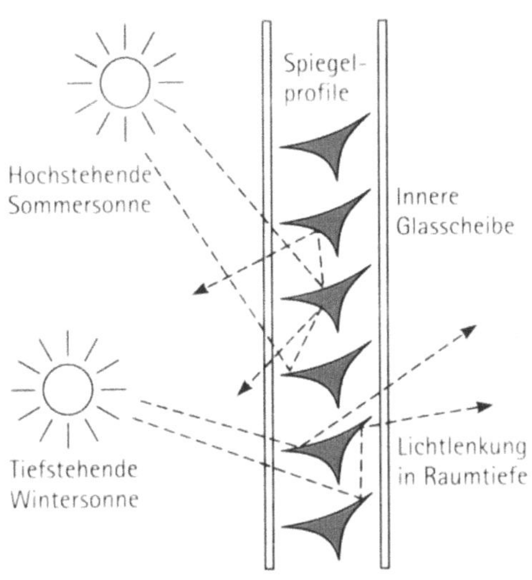

Abb. 3.12.10. Lichtlenkelemente in Form von Spiegelprofilen, feststehend ausgeführt im Verbundglassystem (System nach DI Arch. Helmut Köster, Licht- und Tageslichtplanung, Frankfurt/Main, Deutschland)

Tageslichtlenkung:[7] Die Tageslichtlenkung beruht darauf, daß durch geeignete optische Elemente im Fenstersystem und in der Gebäudestruktur die Licht- und Sonnenenergielenkung in den Raum und seine Tiefe bewerkstelligt wird. Es handelt sich in der Regel um eine Kombination von sekundären und tertiären Sonnenschutzmaßnahmen.

Die optisch aktiven Elemente sind hierbei Spiegel und Prismen, die gegebenenfalls auch beweglich eingesetzt werden können. Oft sind die Sonnen- und Blendschutzfunktion materiell und baulich voneinander getrennt.

Grundidee bei der Tageslichtlenkung ist, daß störende blendungsgefährdende direkte Sonnenstrahlen total reflektiert werden. Teile des diffusen Himmelslichtes sollen hingegen durch das System in die Raumtiefe gelenkt werden. Die Systeme berücksichti-

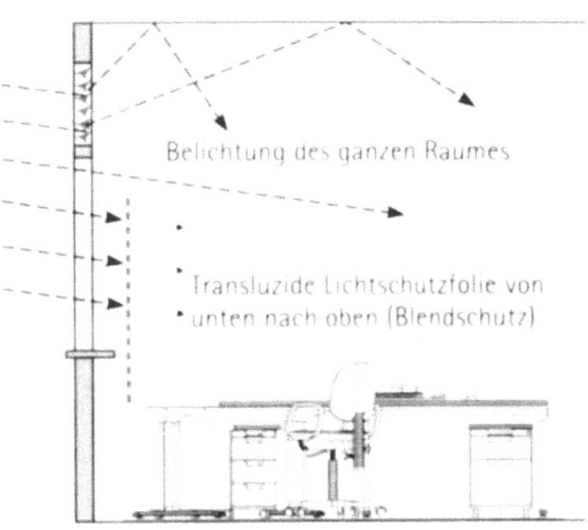

Abb. 3.12.11. Kombination von Lichtlenkelementen im Oberlichtbereich mit einem tertiären Sonnenschutz (Lichtschutzfolie im Fensterbereich)

gen durch geeignete Auslegung auch die auftretenden jahreszeitlich bedingten Unterschiede der Lichteinfallsrichtungen (siehe Abb. 3.12.10.).

In Kombination mit Sonnenenergienutzung und Solararchitektur bieten Lichtlenksysteme Ansätze für richtungsweisende Büro- und Verwaltungsbauten (siehe Abb. 3.12.11.). Nachteil solcher Systeme ist im allgemeinen der hohe Kosten- und Planungsaufwand.

3.12.7. Prüfzertifikate für Sonnen- und Blendschutz

Zur Überprüfung der bau- und wärmetechnischen Eignung von Sonnenschutz besteht die Möglichkeit, energietechnische Bewertungen durchzuführen. Hierbei wird der Wärmedurchgang (k-Wert) und vor allem auch der Gesamtsonnenenergiedurchgang (g-Wert) bestimmt. Naturgemäß ist dieser Wert in erster Linie für das System bestehend aus Fensterglas und Sonnen- beziehungsweise Blendschutz von Bedeutung.

---

7 Siehe Kapitel 3.11.

Diesem Umstand wird mit dem sogenannten z-Wert Rechnung getragen. Er gibt als Prozentwert an, um wie viel geringer der Gesamtenergiedurchgang in Relation zur Verwendung von nicht beschattetem Fensterglas beim Einsatz eines bestimmten Sonnenschutzes ist. Produktprüfungen zur Bestimmung dieser Werte werden in der Regel von physikalischen beziehungsweise bautechnischen Prüfinstituten durchgeführt.

Neu ist ein Ergonomie-Prüfprogramm für Sonnenschutzvorrichtungen (siehe Abb. 3.12.12.). Dieses Prüfprogramm wird als TÜV-Ergonomieprüfung vom TÜV Rheinland (Köln) angeboten. Es umfaßt neben primären Anforderungen (Festigkeit und Belastbarkeit, Funktionalität und Leichtgängigkeit) vor allem ergonomische Anforderungen, die sich unmittelbar aus der Bildschirmrichtlinie 90/270/EWG ableiten lassen.

Mit Glanzgrad und Reflexionsgrad wird die Minimierung der Indirekt-Blendung (Reflexblendung) und mit Kontrast und Lichtdurchgang wird das Hauptfunktionsmerkmal von Sonneschutzvorrichtungen im Sinne der Vermeidung von Direktblendung bewertet. Schließlich wird auch die Farbwiedergabe und die Regulierbarkeit des Tageslichteinfalles überprüft.

3.12.8. Gestaltungshinweise

Geeignete Sonnen- und Blendschutzmaßnahmen haben also aus der Sicht der Ergonomie folgende Charakteristik:

-   Sinnvolle Konzepte für Sonnen- und Blendschutzmaßnahmen stimmen primären, sekundären und tertiären Sonnenschutz aufeinander ab. Dieser Aspekt soll bereits bei der Gebäude- und Raumplanung berücksichtigt werden.

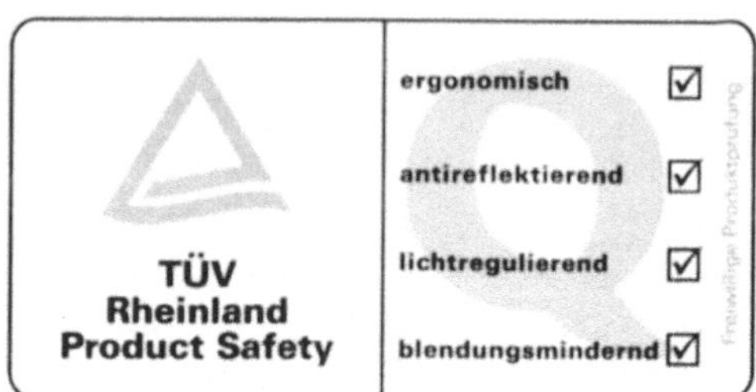

Abb. 3.12.12. Prüfzeichen des TÜV Rheinland für Sonnen- und Blendschutzvorrichtungen

-   Die Trennung von Sonnenschutz und Blendschutzfunktion ist empfehlenswert (außenliegender Sonnenschutz, welcher vornehmlich die Wärmeschutzfunktion übernimmt, zum Beispiel feststehende Blenden an der Fassade; innenliegende transluzide Blendschutzmaterialien oder Lichtlenkelemente, zum Beispiel Lichtschutzfolien oder Prismenjalousien).
-   Guter Bezug nach außen muß gegeben sein (Materialien mit transluzider, halbdurchlässiger Charakteristik gewähren Durchblick).
-   Eine möglichst gute Tageslichtverteilung in den Räumen soll sichergestellt sein. Hierfür sind je nach technischer und finanzieller Machbarkeit Lichtlenkmaßnahmen am besten geeignet.
-   Die Steuerung von Lichtschutzvorrichtungen kann auch mit Systemen der Gebäudeleittechnik kombiniert werden. Die Sensoren hierfür sind in der Regel Windwächter und Sonnenlichtdetektoren (siehe Abb. 3.12.13.). Zusätzlich sind tageszeitabhängige Schaltungen möglich. Bei all diesen Maßnahmen soll immer Bedacht auf individuelle Regelbarkeit für Arbeitsräume und Benutzer gelegt werden.

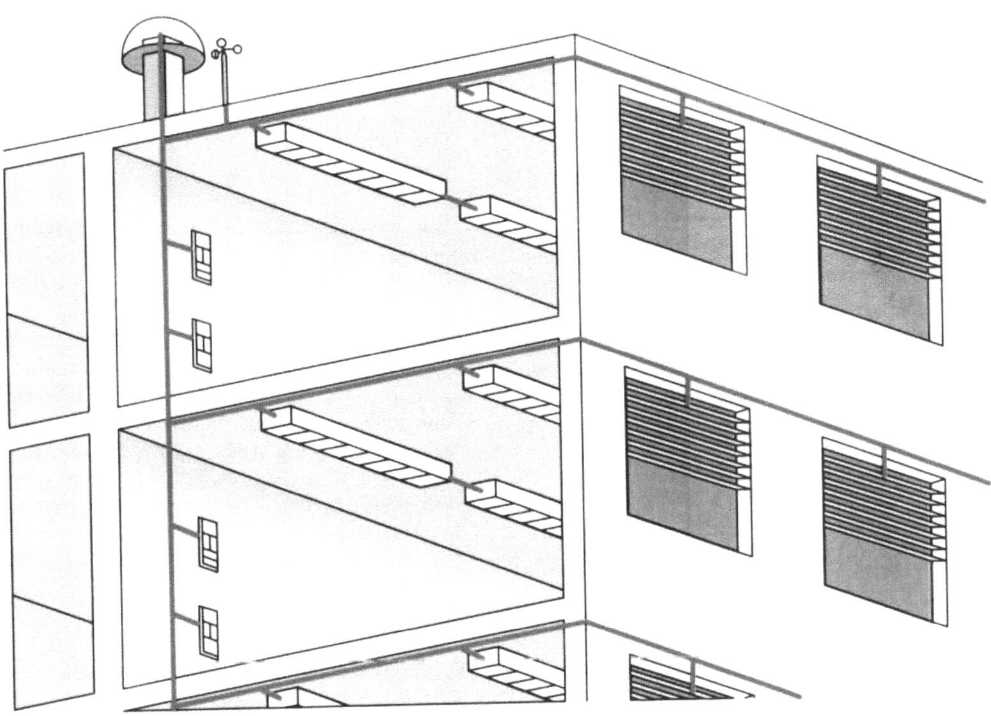

Abb. 3.12.13. Einbindung eines außen liegenden Sonnenschutzes mit Wind- und Helligkeitssensoren in ein Lichtmanagementsystem (Beispiel: Lichtmanagementsystem der Firma Zumtobel Staff, Dornbirn)

3.12.9. Literatur und weitere Informationen

3.12.9.1. Literatur

Arbeitsgemeinschaft Industriebau e.V. – AGI (Hg.): Sonnen- und Blendschutzsysteme. Leitfaden zur Auswahl. Arbeitsblatt F 20. Vincentz Verlag, Hannover, 1995.

Bäckmann R.: Sonnenschutz. Systeme, Technik und Anwendung, Automation. Kleffmann-Verlag, Bochum, 1998.

Bundesanstalt für Arbeitsschutz und Arbeitsmedizin (Hg.): Tageslicht und künstliche Beleuchtung – Bewertung von Lichtschutzeinrichtungen – Forschungsbericht Fb 882, Dortmund, 2000.

Fleischer S., Krueger H., Schierz Ch.: Einfluß von Helligkeitsverteilungen und Lichtfarben auf den Menschen im Büro. Laborversuche des Projekts „Harmonisches Licht". In: Sechstes Symposium Innovative Lichttechnik in Gebäuden. Otti Energie Kolleg (Hg.), Regensburg, 2000, S. 216–220.

Hahne H.: Tageslicht und Sonnenschutz im Büro. Bundesanstalt für Arbeitsschutz und Arbeitsmedizin (Hg.), Dortmund, Februar 2000.

Klingler M.: Tageslichtlenkung und Sonnenschutz. In: Licht, Zeitschrift 7–8/1994, Pflaum-Verlag, München, S. 618–623.

Köster H.: Solartechnik. In: Forschung und Praxis, Zeitschrift 7/1989, S. 205–208.

Köster H.: „Intelligent Building" durch verbesserte Tageslichtnutzung. In: Licht, Zeitschrift 7–8/1996, Pflaum-Verlag, München, S. 588–596.

Köster H.: Kunst- und Tageslichtplanung. In: Licht, Zeitschrift 1–2/2000, Pflaum-Verlag, München, S. 102–107.

Rosemann A., Sit A., Aydinli S., Kaase H.: Messungen zur lichttechnischen Bewertung von Tageslichtsystemen. In: Sechstes Symposium Innovative Lichttechnik in Gebäuden. Otti Energie Kolleg (Hg.), Regensburg, 2000, S. 175–181.

Schierz Ch.: Beeinflussung der Arbeitsbedingungen durch Sonnen- und Wetterschutzsysteme. Inst. f. Hygiene und Arbeitsphysiologie der ETH Zürich, Projektleiter Prof. Dr. H. Krueger (Hg.), Zürich, 1991.

Vielseitige Fenstersysteme für hohe Ansprüche. In: Der Rolladen-Jalousiebauer, Zeitschrift 1, Kleffmann-Verlag, Bochum, 1998.

Zimmermann St.: Beschattung von Bildschirmarbeitsplätzen – praktische Hinweise zur Umsetzung der EU-Bildschirmrichtlinie. Verband innenliegender Sicht- und Sonnenschutz (Hg.), Krefeld, 1998.

3.12.9.2. Regelwerke

450. Bundesgesetz über Sicherheit und Gesundheitsschutz bei der Arbeit (Arbeitnehmer-Innenschutzgesetz – ASchG), ausgegeben am 17. Juni 1994.

124. Verordnung der Bundesministerin für Arbeit, Gesundheit und Soziales über den Schutz der Arbeitnehmer/innen bei Bildschirmarbeit (Bildschirmarbeitsverordnung – BS-V), ausgegeben am 21.4.1998.

Verordnung der Bundesministerin für Arbeit, Gesundheit und Soziales, mit der Anforderungen an Arbeitsstätten und an Gebäude auf Baustellen festgelegt und die Bauarbeiterschutzverordnung geändert werden. BGBl II 368/1998, ausgegeben am 13. Okt. 1998, Inkrafttreten 1. Jan. 1999.

3.13. Schadstoffe

Raumklima und Luftqualität im Büro

Peter Tappler

> **In aller Kürze**
>
> Raumklima und Luftqualität haben große Bedeutung für das Befinden, die Gesundheit und das Leistungsvermögen am Arbeitsplatz. Die Einwirkung von Schadstoffen an Büroarbeitsplätzen wird in der Regel unterschätzt. Sie werden durch Tabakrauch, durch Schadstoffe von Baustoffen, Einrichtungsgegenständen und Bürogeräten verursacht und durch raumklimatische Aspekte (Frischluftmenge und -qualität, Klimatisierung) beeinflußt. Dieser Beitrag informiert über Schadstoffarten und ihre Wirkungen im Bürobereich, gibt konkrete Hinweise für Gestaltungsmaßnahmen und weist auf rechtliche Regelungen aus dem ASchG und der Arbeitsstätten-Verordnung sowie auf VDI-Richtlinien hin.

3.13.1. Schadstoffbelastungen im Büro

3.13.1.1. Luftqualität im Büro

Zahlreiche wissenschaftliche Untersuchungen zeigen, daß Luftqualität und Raumklima neben den bekannten ergonomischen und psychologischen Faktoren eine herausragende Bedeutung für das Wohlbefinden am Büroarbeitsplatz haben. Dieser Faktor wirkt sich auch erheblich auf die Qualität der Arbeit aus. Schon bei geringfügigen Störungen nimmt die Produktivität ab – meist unbemerkt vom Raumnutzer. Es ist daher sinnvoll, Atemluft als essentielles Lebensmittel zu betrachten, dem besondere Beachtung zusteht. Leider ist das nicht immer der Fall. Der Büroarbeitsplatz unterliegt in der Regel keiner besonderen arbeitsmedizinischen Kontrolle, wie es bei Arbeitsplätzen in Industrie und Gewerbe, an denen mit gesundheitsschädlichen Substanzen gearbeitet wird, der Fall ist.

Die Praxis zeigt, daß die Raumluftqualität an Büroarbeitsplätzen häufig als nicht einwandfrei empfunden wird. Weiters zeigen wissenschaftliche Untersuchungen, daß die Büroluft wesentlich stärker mit Schadstoffen belastet sein kann als die Außenluft. Durch die oft recht langen Aufenthaltszeiten im Büro ist damit auch die Menge an gesundheitsschädlichen Substanzen hoch, die während dieser Zeit vom menschlichen Körper aufgenommen werden (siehe Abb. 3.13.1.).

3.13.1.2. Von unbehaglich bis krank

Schlechte Luft in Büroräumen ist häufig die Ursache von Befindlichkeitsstörungen. Als Folge tagtäglicher Belastungen treten jedoch manchmal auch ernsthafte Erkrankungen auf. Vor allem in klimatisierten Bereichen wurden Beschwerden beobachtet, die unter dem Begriff des sogenannten „Sick Building Syndroms" zusammengefaßt werden: Leistungsabfall, erhöhte Infektanfälligkeit, Kopfschmerzen, Müdigkeit oder Schleimhautreizungen – Beschwerden, die nur in einem bestimmten Gebäude auftreten und die sich beim Verlassen der Räume bessern. Die Ursachen solcher Symptome sind oft nicht leicht aufzufinden, da es sich meist um eine Kombination vieler kleiner Unzulänglichkeiten handelt. Von „Building Related Illness" – also der sogenannten gebäudebezogenen Krankheit – spricht man dagegen dann, wenn Beschwerden eindeutigen Ursachen (wie einer erhöhten Belastung durch Lösungsmittel, Formaldehyd oder etwa biologischen Faktoren wie erhöhten Keimzahlen) zugeordnet werden können.

Luftverschmutzungen belasten primär den Atemtrakt, also die Schleimhäute der Nase, des Rachens und des Kehlkopfes sowie die Augenbindehaut. Zu trockene Luft begünstigt die Entstehung all dieser Beschwerden. Durch längerfristig wirkende, toxische Stoffe können auch das Nerven- und Immunsystem geschädigt werden. Am meisten betroffen sind in der Regel sensible Personengruppen: Allergiker, chemikalienüberempfindliche oder psychisch belastete Menschen, deren Zahl nicht unterschätzt werden darf. Bei ansteigenden Belastungen weitet sich dann der Kreis der Betroffenen aus.

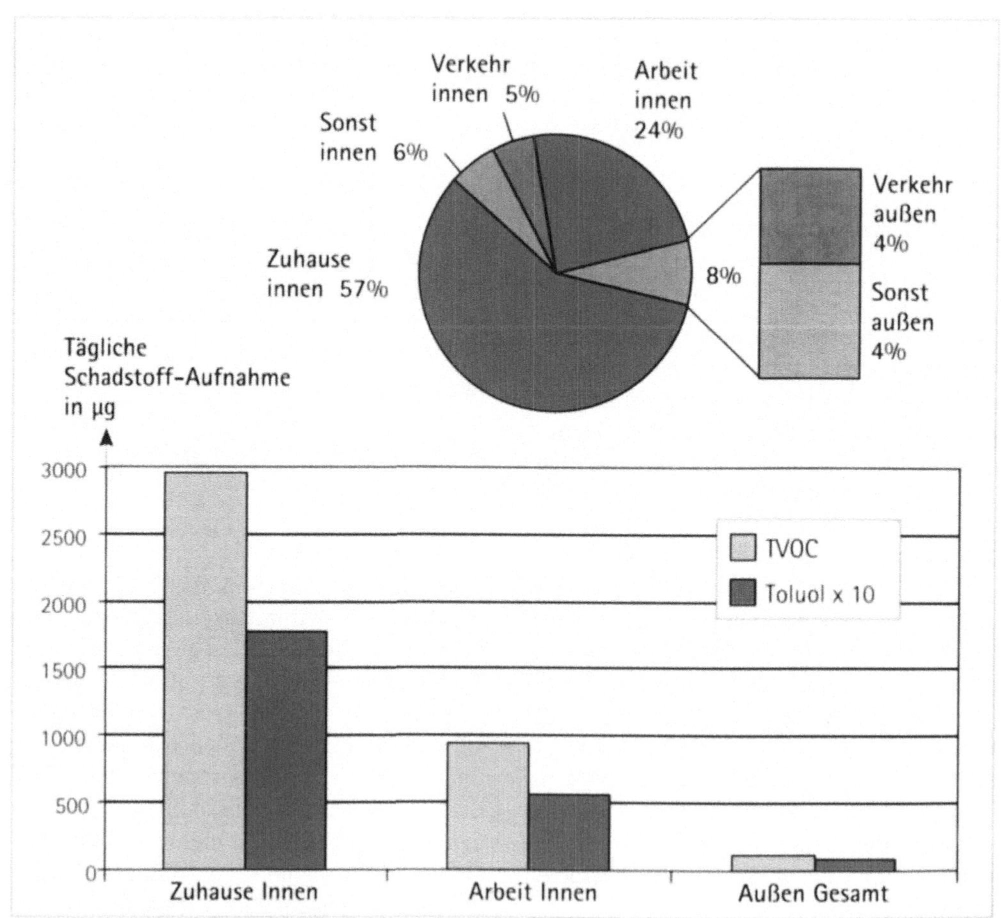

Abb. 3.13.1. Aufenthaltszeiten des durchschnittlichen mitteleuropäischen Städters, tägliche Schadstoffaufnahme von Lösungsmitteln (TVOC = Summe flüchtiger Kohlenwasserstoffe)

Die häufigste Ursache für erhöhte Schadstoffbelastungen in Büros ist das Tabakrauchen, Abgasungen von Chemikalien aus Möbeln oder Bürogeräten sollten jedoch ebenfalls nicht unterschätzt werden. Qualitativ hochwertige Raumluft ist nur dann gegeben, wenn ausreichend Frischluft in den Raum gelangt – und wenn diese Luft nicht schon woanders vorbelastet wird! Temperatur, Luftfeuchte und -geschwindigkeit sind weitere Faktoren, die sich stark auf das Wohlbefinden am Büroarbeitsplatz auswirken.

3.13.1.3. Wie effizient wollen Sie arbeiten?

„Wie geht's?" „Man lebt ..."

Arbeiten unter schlechten Raumluftbedingungen ist etwa so, als ob man versucht, mit einem Ferrari auf einem Feldweg einen riesigen Wohnwagenanhänger zu ziehen – es wird sicherlich gelingen, aber wollen Sie wirklich diesen Ballast mitschleppen? Der Büroangestellte stellt in diesem Bild den Sportwagen dar, der Feldweg die zu geringe Frischluftmenge und der Wohnanhänger die Schadstoffe, die zusätzlich das Wohlbefinden einschränken. Körper und Geist können unter solchen Umständen gar nicht ihre volle Leistungsfähigkeit erreichen. Wer solche Situationen vermeiden möchte, sollte bei der Gestaltung des Umfeldes seines Büroarbeitsplatzes folgende Einflüsse berücksichtigen:

- Schadstoffentwicklung im Raum durch Möbel, Baustoffe, Bürogeräte und -materialien und durch den Menschen selbst
- Frischluftmenge und -qualität
- Raumklimatische Faktoren

3.13.1.4. Die häufigsten Schadstoffe und ihre Wirkung auf den Menschen

Siehe Tabelle 3.13.1. auf Seite 344.

3.13.2. Mensch, Materialien und Bürogeräte

3.13.2.1. Das Thema Nr. 1 – Mitrauchen am Arbeitsplatz

Der Mensch mit seinen Tätigkeiten ist manchmal die bedeutendste Schadstoffquelle im Innenraum – wobei das Rauchen an erster Stelle steht. Wie bei allen unvollständigen Verbrennungsvorgängen entstehen beim Rauchen zahlreiche gesundheitsschädigende Substanzen. Es hat sich jedoch gezeigt, daß es nicht leicht ist, das Rauchen einfach zu verbieten – tragen doch die im Tabak enthaltenen Inhaltsstoffe oft zur zumindest kurzfristigen Entspannung starker Raucher bei. In jedem Fall ist es zunächst sinnvoll, Raucher- und Nichtraucherbereiche strikt zu trennen – dies auch in Hinblick auf auch bei uns zu erwartende, durchaus verständliche Schadenersatzforderungen geschädigter Passivraucher.

Das ArbeitnehmerInnenschutzgesetz spricht eine eindeutige Sprache: Wenn Raucher und Nichtraucher gemeinsam in einem Büroraum sitzen, ist das Rauchen am Arbeitsplatz verboten, sofern der Nichtraucher nicht durch Be- oder Entlüftung ausreichend vor dem Tabakrauch geschützt ist. Ebenso gibt es einen Nichtraucherschutz im Tabakgesetz. Dort wird verordnet, daß ein Rauchverbot für Räume gilt, welche Unterrichts- und Fortbildungszwecken, Verhandlungszwecken und der schulischen Betätigung dienen. Außerdem gilt ein Rauchverbot in allgemein zugänglichen Räumen von Amtsgebäuden, schulischen Einrichtungen, Hochschulen, Theatern, etc.

Was ist zu tun?

- Jeder Büroangestellte hat die Luftraumhoheit über seinen Arbeitsplatz – ein Rauchverbot sollte daher die Regel sein. Ausnahmen können in Sonderfällen

toleriert werden – jedoch niemals ohne Zustimmung aller Betroffenen!
– Nichtraucherbereiche schaffen.

3.13.2.2. Bürogeräte

Auch Bürogeräte können eine Quelle von Schadstoffen sein. Bekannt ist die Abgasung von Ozon aus alten oder schlecht gewarteten Kopierern – bei der neueren Generation sollte dieses Problem nicht mehr auftreten. Weniger bekannt ist, daß Bürogeräte wie Drucker oder Kopierer sowohl flüchtige, schleimhautreizende Substanzen als auch Feinstaub in beträchtlicher Menge abgeben können. Neue Computerbildschirme, aber auch andere Bürogeräte können eine Reihe von flüchtigen Substanzen an die Raumluft abgeben, unter anderem Flammschutzmittel aus der Gruppe der Triphenylphosphate.

Was ist zu tun?

– Häufig benutzte Bürogeräte wie Netzwerkdrucker oder Kopiergeräte sollten in einem getrennten, gut entlüfteten Raum aufgestellt werden.
– Bei Neukauf von Bildschirmen Raum gut und oft lüften. In den ersten Tagen Bildschirm über Nacht nicht abschalten.

3.13.2.3. Baustoffe, Inneneinrichtung – Das Beste ist gerade gut genug

Bei der Neuausstattung eines Büroraumes sollte konsequent auf die Vermeidung von Schadstoffen geachtet werden. Besonderes Augenmerk ist dabei auf große Flächen wie Fußbodenbeläge, Möbel oder Verkleidungen zu legen. Die beste Planung verliert jedoch ihren Sinn, wenn – wie so oft – bei der Ausführung schlampig gearbeitet wird. Oft werden auch billigere und qualitativ minderwertigere Materialien, als eigentlich geplant war, eingesetzt.

In der Werbung für Möbel, Bodenbeläge und Baumaterialien liest man oft von „gesunden Baustoffen". Dies ist irreführend, denn es gibt keine gesunden Materialien! Gesundheitsfördernd ist im Idealfall erst die richtige Kombination des Baumaterials mit einem erfahrenen Planer, der fachgerechte Einbau, die Verwendung an einer sinnvollen Stelle und, last but not least – natürlich die richtige Nutzung. Dadurch kann – als Summe all dieser und weiterer wichtiger Faktoren – sehr wohl die Gesundheit der Benutzer eines Gebäudes gefördert werden. Die Praxis zeigt jedoch, daß gerade bei der Verarbeitung und vor allem bei der Bauüberwachung am falschen Platz gespart wird. Dies hat dann häufig Bauschäden zur Folge, die zu gesundheitlichen Problemen der Nutzer führen. Der Teufel steckt im Detail: Das gleiche Material kann unter unterschiedlichen Rahmenbedingungen sinnvoll und bei nur geringfügig anderer Anwendung völlig ungeeignet sein!

Die Erfahrung zeigt, daß dies leider manchmal auch ökologische Baustoffe trifft, die seltener eingesetzt werden und wo das Wissen über die richtige Auswahl und Verarbeitung nur wenig verbreitet ist. Die nötige Sorgfalt, mit der gerade Naturstoffe eingebaut werden müssen, wird in der Regel kraß unterschätzt.

In jedem Fall gilt: hochwertige Materialien wie zum Beispiel fachgerecht offenporig behandeltes Vollholz steigern in jedem Fall die Arbeitszufriedenheit.

– Bei der Neuausstattung von Büroräumen hilft professionelle Beratung, grobe Fehler zu vermeiden. Achten Sie auf unbedenkliche Materialien beziehungsweise geprüfte Produkte.
– Am wichtigsten ist die genaue Kontrolle der Ausführung. Die beste Planung kann eine unsachgemäße Ausführung und die darauffolgenden Schäden nicht verhindern.

- Lassen Sie Naturmaterialien nur von Profis verarbeiten.

3.13.2.4. Altlasten in Innenräumen

Noch ein Wort zu dem immer wieder auftretenden Fall, daß schon eingerichtete Büroräume übernommen werden. Hier ist Vorsicht angebracht. Wenig bekannt ist, daß zum Beispiel Formaldehyd aus gebrauchten Möbeln (Herstellungsjahr vor 1985) noch jahrzehntelang in erheblichen Mengen ausgasen kann. Auch in der Bausubstanz älterer Gebäude steckt manchmal der Wurm – zum Beispiel in Form von Dichtungsmassen, die polychlorierte Biphenyle enthalten oder etwa den krebserzeugenden Faserstoff Asbest.

Was ist zu tun?

- Um die tatsächliche Belastung der Raumluft durch chemische Substanzen wie Formaldehyd oder Lösungsmittel sowie Asbest oder Schimmelpilzsporen festzustellen, kann eine Schadstoffmessung durchgeführt werden (siehe Beratungs- und Informatiosstellen am Ende des Beitrages). Bei Bezug älterer Gebäude im kritischen Zeitraum 1960–1980 empfiehlt es sich, eine Ankaufsüberprüfung durchzuführen, um jedes Risiko auszuschalten.

3.13.3. Frischluftmengen und -qualität

3.13.3.1. Wieviel Luft benötigt der Mensch?

Die Menge an Frischluft, die der Mensch zur optimalen Leistung benötigt, ist erstaunlich hoch. Die Arbeitsstättenverordnung spricht von 35 m³ Frischluft pro Person und Stunde bei leichteren Tätigkeiten (50 m³/h bei mittelschweren Arbeiten). Diese an sich recht hohe Menge in einen Raum einzubringen,

ist nicht einfach, besonders dann, wenn die Fenster aufgrund ungünstiger außenklimatischer Verhältnisse wie im Winter, bei trübem Regenwetter, etc. nicht oder nur sehr kurz geöffnet werden.

Es hat sich gezeigt, daß das vom Menschen produzierte Kohlendioxid (CO_2) eine gute Maßzahl für die Qualität der Raumluft ist. Schon Mitte des vorigen Jahrhunderts fiel dem bekannten deutschen Hygieniker Max von Pettenkofer auf, daß bei Überschreitungen des Wertes von 0,1 Vol % eine merkbare Verschlechterung der Luftqualität eintritt. Tatsächlich empfinden bei diesem Wert etwa 20 % der Raumnutzer die Luft als unbefriedigend – diese Konzentration ist jedoch schnell erreicht! Die Ursache dafür ist nicht etwa die Giftigkeit der Substanz CO_2, sondern die Tatsache, daß die Geruchsintensität (bewirkt durch menschliche Ausdünstungen) und damit der Grad des Unbehagens sehr gut mit der Konzentration an CO_2 übereinstimmt (siehe Abb. 3.13.2.).

Neueste wissenschaftliche Studien zeigen auch, was zu wenig Frischluft am Arbeitsplatz bewirken kann: es steigt nicht nur die Zahl der Unzufriedenen, sondern auch die Wahrscheinlichkeit, Beschwerden des „Sick Building Syndroms" oder Erkrankungen der oberen Atemwege zu entwickeln, sprunghaft an.

Ein häufig unterschätztes Problem stellen unerwünschte Luftströmungen in Gebäuden dar. Über Risse, Steigschächte oder Fugen strömen in diesen Fällen Schadstoffe mehr oder weniger unbemerkt von einem Raum in den anderen. Wenn Garagengerüche oder schwarze Staubablagerungen in Büros auftreten oder wenn jeder im Gebäude schon am Vormittag weiß, was in der Betriebsküche gekocht wird, ist die Wahrscheinlichkeit groß, daß das Gebäude „undicht" ist. Achtung: Im Brandfall kann ein derartiges Gebäude zu einer tödlichen Falle werden!

Was ist zu tun?

- Wissen Sie, wie viel Frischluft an Ihrem Arbeitsplatz ankommt? Im Zweifelsfall eine Messung durchführen lassen – zu wenig Frischluft knabbert gewaltig an Ihrer Produktivität!
- Wenn Sie Stoffe oder Gerüche wahrnehmen, die ihre Ursache nicht in Ihrem Büro haben, könnte das ein Hinweis auf ein undichtes Gebäude sein. Bei Verdacht Überprüfung durchführen lassen (siehe Beratungs- und Informationsstellen am Ende des Beitrags).

3.13.3.2. Klimatisierte Gebäude

Einem Arbeitsplatz in klimatisierten Gebäuden die notwendige Luftmenge zuzuführen, ist technisch kein Problem – die Frage stellt sich in solchen Fällen nach der Qualität der Zuluft. Die den Räumen zugeführte Luft ist nämlich nicht immer wirklich frisch, belebend und sauber – sondern manchmal leider verbraucht und verunreinigt!

Der Grund dafür liegt häufig darin, daß nach Fertigstellung einer Klimaanlage wenig für die Wartung getan wird – vor allem dann, wenn der Gebäudenutzer nicht mit dem Betreiber identisch ist. Wartung bedeutet immer Kosten – eine falsche Sparpolitik des Anlagenbetreibers kann für den Raumnutzer Krankenstandskosten, die um ein Vielfaches über der ursprünglichen Einsparung liegen, bewirken. Verschmutzte Anlagenteile und Luftfilter, lose Rohrverbindungen oder Verkeimungen im Befeuchterteil führen zu Beschwerden und Leistungseinbußen, die der Nutzer nur sehr schwer oder gar nicht lokalisieren kann. Es ist daher notwendig, daß Klimaanlagen nach den gängigen Richtlinien gewartet werden und daß auch das Personal für Wartung, Instandhaltung und Kontrolle hinreichend geschult wird.

Was ist zu tun?

- Raumlufttechnische Anlagen sind nach dem neuesten Stand des Wissens zu er-

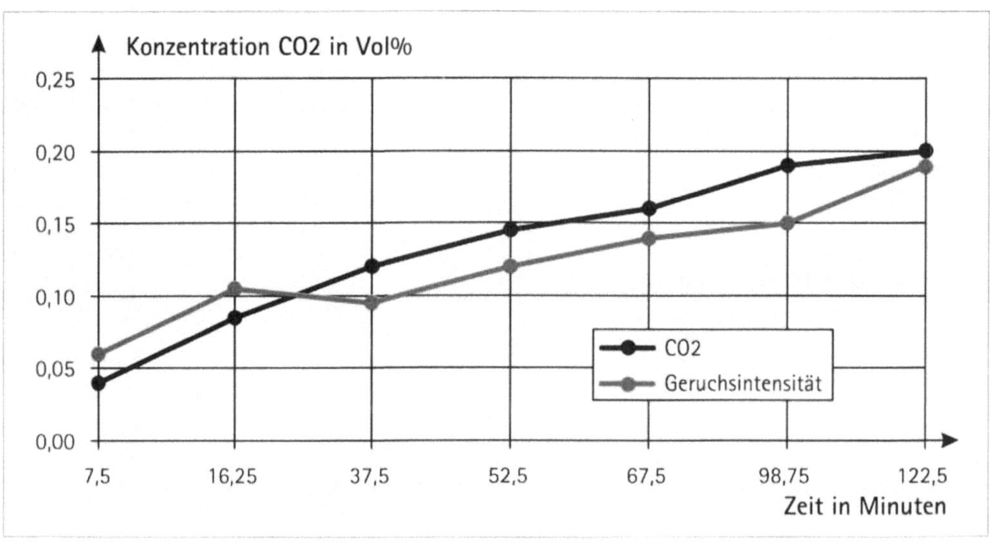

Abb. 3.13.2. Korrelation CO_2-Konzentration – Geruchsstoffe

richten, zu warten und zu kontrollieren
(VDI Richtlinie 6022 Teil 1).
– Das Personal für Wartung, Instandhal-
tung und Kontrolle muß geschult sein
(VDI Richtlinie 6022 Teil 2).

3.13.3.3. Natürlich belüftete Räume

Hat ein dicht belegtes Büro keine raumlufttechnische Anlage, kann es bei dichten
Fenstern beziehungsweise Türen zu starken
Anreicherungen von raumluftverunreini-
genden Stoffen kommen, was in jedem Fall
Leistungseinbußen der Betroffenen zur Folge hat. Um den hygienischen Richtwert
von 0,1 Vol % CO_2 in nicht klimatisierten
Büros einzuhalten, müßte in nicht zu-
mutbar kurzen Abständen gelüftet werden
(siehe Abb. 3.13.3.). Hier sollte überlegt
werden, mechanisch zu belüften. Die langfristigen Vorteile qualitativ hochwertiger
Raumluft überwiegen gegenüber den Kosten einer derartigen Anlage eindeutig.

Was ist zu tun?

– Lüften Sie häufig und regelmäßig mehrmals am Tag (am besten Querlüftung).
– Der Richtwert von 0,1 Vol % CO_2 sollte
am Arbeitsplatz nicht maßgeblich überschritten werden, bei starker Belegung
eines Raumes und dichten Fenstern muß
eine kontrollierte Belüftungsanlage eingebaut werden.
– Lassen Sie im Zweifelsfall die zugeführte
Luftmenge und -qualität durch eine
Messung überprüfen (siehe Beratungs-
und Informationsstellen am Ende des
Beitrags).

3.13.4. Raumklima

Relative Luftfeuchtigkeit und Temperatur
sind wesentliche Kriterien für ein behag-
liches Raumklima. Im Idealfall liegt die
Raumlufttemperatur zwischen 19 und 23 °C
(siehe Abb. 3.13.4.). Wenn der optimale
Temperaturbereich nur um wenige Grade
nach oben verlassen wird, führt dies zu

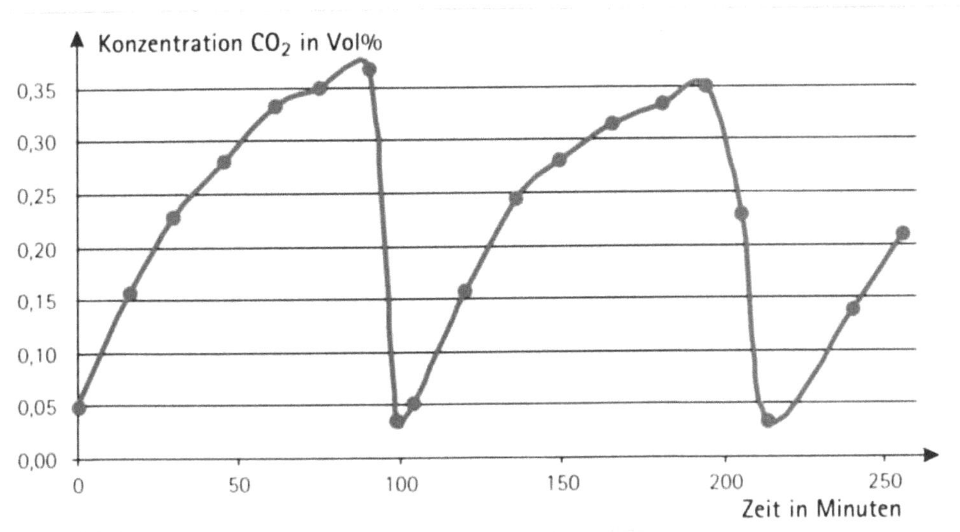

Abb. 3.13.3. CO_2-Konzentration in einem Büro, alle 2 Stunden gelüftet

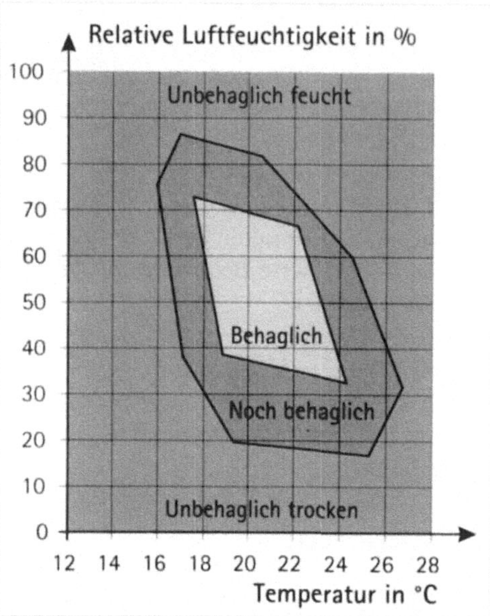

Abb. 3.13.4. Behaglichkeitsbereich Temperatur – Luftfeuchte

merkbaren Leistungseinbußen. Die Luft wird vor allem dann als stickig empfunden, wenn sie „steht" – das heißt, wenn die Luftgeschwindigkeit gering und die Luftfeuchtigkeit in einem hohen Bereich liegt. Tropenklima empfiehlt sich für den Urlaub, jedoch nicht für den Büroarbeitsplatz. Auch zu kalte Luft ist bekanntlich der Arbeitszufriedenheit nicht zuträglich. Problematisch wird dies vor allem dann, wenn es „zieht", das heißt die Luftgeschwindigkeit zu hoch ist.

Im Bereich von 40 bis 60 % relativer Luftfeuchtigkeit fühlt sich der Mensch in der Regel am wohlsten (siehe Abb. 3.13.4.). Zu trockene Luft erhöht die Infektionsanfälligkeit, man wird heiser, Mund und Nase trocknen aus – Schadstoffe können außerdem leichter die Schleimhäute angreifen. Zu feuchte Luft kann hingegen im Winter das Wachstum von Schimmel an Wärmebrükken (oft auch als „Kältebrücken" bezeichnet) und unbelüfteten Wandstellen fördern.

Fenster in klimatisierten Räumen dürfen häufig nicht geöffnet werden. Ist die Klimaanlage richtig eingestellt, fällt das nicht auf. Wenn jedoch Temperatur und Luftfeuchte nicht passen, wird der Raum als stickiges Gefängnis erlebt. Wie dann die Arbeitszufriedenheit aussieht, kann sich jeder ausrechnen.

Was ist zu tun?

– Überprüfen Sie die Luftfeuchtigkeit mit einfachen Klimameßgeräten. Ist sie im Winter dauerhaft zu niedrig, kann die Luft befeuchtet werden – der dazu verwendete Dampfbefeuchter muß regelmäßig gereinigt werden.
– Die Arbeitsstättenverordnung schreibt vor, daß in klimatisierten Gebäuden in jedem Raum ein Meßgerät für Luftfeuchte und Temperatur vorhanden sein muß. Sind die angezeigten Meßwerte außerhalb der Norm, sollte die Anlage umgehend überprüft werden.

3.13.5. Büroarbeitsplatz und Rechte

An Arbeitsplätzen in der Industrie und im Gewerbe beschränken Grenzwerte für Schadstoffe, sogenannte Maximale Arbeitsplatz Konzentrationen (MAK-Werte), die Konzentration gesundheitsschädlicher Arbeitsstoffe. Diese in der Regel sehr hohen Werte dürfen jedoch an Büroarbeitsplätzen nicht angewendet werden – der Formaldehyd zum Beispiel, der aus Spanplatten ausgasen kann, stellt ja keinen Arbeitsstoff dar. Auch erfolgt im Büro keine spezielle arbeitsmedizinische Kontrolle der Arbeitnehmer.

Gesetzliche Grenzwerte für Schadstoffe existieren für Büroarbeitsplätze nicht. Leider spricht auch der § 26 der Arbeitsstättenverordnung (AStV) nur davon, daß *„Räume verwendet werden, denen ausreichend frische, von Verunreinigungen möglichst freie*

Luft zugeführt und aus denen verbrauchte Luft abgeführt wird." Was „ausreichend" bedeutet, bleibt im Dunkeln. Eine maßgebliche Überschreitung von 0,1 Vol % CO_2 muß in jedem Fall als nicht ausreichende Lüftung interpretiert werden.

Wenn Schadstoffe in erhöhten Konzentrationen vorhanden sind, wären bis zur Publikation österreichischer Richtwerte das Richtwertkonzept für die Innenraumluft der BRD anzuwenden. Hier sind für einige Substanzen Richtwerte veröffentlicht worden. Eine Überschreitung des Geruchsschwellenwerts einer Substanz (wenn es im Arbeitsbereich stinkt) ist in jedem Fall mit einer hygienisch unerwünschten Belastung verbunden.

Die Lufttemperatur ist in § 28 AStV auf 19 bis 25 °C bei geringer körperlicher Belastung beziehungsweise 18 bis 24 °C bei mittlerer Belastung beschränkt. § 26 AStV schreibt auch vor, *„daß Arbeitnehmer/innen keiner schädlichen Zugluft ausgesetzt sind".* Welche Luftgeschwindigkeiten als schädlich anzusehen sind, wird in § 28 abhängig vom Tätigkeitsniveau geregelt.

§ 27 AStV fordert, daß Klima- und Lüftungsanlagen *„regelmäßig zu kontrollieren und bei Bedarf zu reinigen"* sind. Anlagen sind daher nach den Anforderungen der VDI 6022 regelmäßig zu überprüfen und zu warten. Das Personal für Inspektion, Wartung und Instandsetzung muß entsprechend geschult werden. Wird eine Klimaanlage verwendet, muß laut § 28 AStV die Luftfeuchtigkeit zwischen 40 und 70 % liegen und ein Raumthermometer und Hygrometer vorhanden sein.

Im § 30 ArbeitnehmerInnenschutzgesetz ist der Nichtraucherschutz geregelt: Wenn Raucher und Nichtraucher gemeinsam in einem Büroraum sitzen, ist das Rauchen am Arbeitsplatz verboten, sofern der Nichtraucher nicht durch Be- oder Entlüftung ausreichend vor dem Tabakrauch geschützt

ist. Ebenso gibt es einen Nichtraucherschutz im § 12 Tabakgesetz: Ein Rauchverbot gilt für Räume, welche Unterrichts- und Fortbildungszwecken, Verhandlungszwecken und der schulischen Betätigung dienen. Außerdem gilt ein Rauchverbot in allgemein zugänglichen Räumen von Amtsgebäuden, schulischen Einrichtungen, Hochschulen, Theatern, etc.

3.13.6. Beratungs- und Informationsstellen

Bücher und weiterführende Literatur erhalten Sie über die Fachbuchhandlung des IBO
Alserbachstraße 5/8, A-1090 Wien
Tel: 01/319 20 05-22; Fax: 01/319 20 05-50
Email: zyx@ibo.at

Österreichisches Institut für Baubiologie und -ökologie (IBO)
Alserbachstraße 5/8, A-1090 Wien
Tel: 01/319 20 05-0; Fax: 01/319 20 05-50
Schadstoff-Hotline 0664/300 80 93
Infos zu Schadstoffen und deren Messung unter www.innenraumanalytik.at
Email: office@innenraumanalytik.at
www.ibo.at, www.green-academy.at

„die umweltberatung"
Speisingerstraße 19, A-1130 Wien
Tel: 01/804 84 67; Fax: 01/803 32 32-32
Email: ub.hietzing@blackbox.at

Verein für Konsumenteninformation (VKI)
Münchnerhof
Mariahilfer Straße 81, A-1060 Wien
Tel: 01/588 77-0
Email: konsument@vki.or.at,
www.konsument.at

Zentrum für Bauen und Umwelt
Donau-Universität Krems
Dr. Karl Dorrek Straße 30, A-3500 Krems
Tel: 02732/893-2651; Fax: 02732/893-4650
Email: zbu@donau-uni.ac.at,
www.donau-uni.ac.at/zbu

Schadstoff	Wirkung auf den Menschen	Quellen
Allergene	Kontaktekzem, Neurodermitis, allergisches Asthma, Heuschnupfen, Bindehautentzündung	Hausstaub, Schimmelpilzsporen, Tierepithelien, Baumaterialien, Einrichtungsgegenstände, Pflanzen, Latex
Asbest	Asbestose, Lungen-, Rippenfell- und Bauchfellkrebs	Brandschutz- und Dichtungsmaterial, Rückenbeschichtungen von PVC-Böden, Nachtspeicheröfen
Autoabgasgemisch	Reizung der Schleimhäute (v. a. Augen), Kopfschmerzen, Müdigkeit, Atemwegserkrankungen	(Tief)Garagen, Klimaanlagen
Biozide	Kopfschmerzen, Übelkeit, Schädigung des Nervensystems, bei PCP auch Leberkrebs	Holzschutzmittel, Lacke, Teppiche, Schädlingsbekämpfung, Elektroverdampfer
Formaldehyd	Reizung der Schleimhäute (v. a. Augen, Nase), Hustenreiz, Unwohlsein, Atembeschwerden, Kopfschmerzen, Krebsverdacht	Tabakrauch, Spanplatten und Holzwerkstoffe, Dispersionskleber, Lacke, offene Gasflammen, Desinfektionsmittel
Geruchsstoffe	Geruchsbelästigung, Befindlichkeitsstörungen, Streßfaktor	Möbel- und Fußbodenlacke, Naturstoffe, Abflußrohre, undichte Gebäude, Duftöle
Flüchtige Kohlenwasserstoffe	Geruchsbelästigung, Reizung des Atmungstraktes, Beeinträchtigung des Nervensystems, Befindlichkeitsstörungen	Lösungsmittel, Farben, Lacke, Kleber, Ausgleichsmassen, Gewerbebetriebe
Kohlenmonoxid, Stickoxide	Sehstörungen, Schwindel, Konzentrationsstörungen, zentralnervöse Funktionsstörungen, Kopfschmerzen, Tod durch innere Erstickung	Undichte Öfen, Durchlauferhitzer ohne Abzug, Gasherde
Ozon	Schleimhautreizungen, Beeinträchtigung der Atemfunktion, Effekte auf das Immunsystem	Bürogeräte, Luftreinigungsgeräte
Perchlorethylen (PER)	Schädigung des Nervensystems, Reizung der Schleimhäute (v. a. Augen), Kopfschmerzen, Müdigkeit, Atemwegserkrankungen, Krebsverdacht	Chemische Reinigung, chemisch gereinigte Kleidung
Polychlorierte Biphenyle (PCB)	Fruchtschädigend, Beeinträchtigung des Immunsystems, Krebsverdacht	Fugen- und Dichtungsmassen, Kondensatoren von Leuchtstofflampen, Brandschutzanstriche
Polyzyklische aromatische Kohlenwasserstoffe (PAK)	Krebs, Geruchsbelästigung	Parkettkleber, Feuchteabdichtungen, Karbolineum

Schadstoff	Wirkung auf den Menschen	Quellen
Radon	Lungenkrebs	Erdreich (vor allem bei Urgesteinsböden), Baustoffe
Schimmelpilzsporen und -toxine, Bakterien	Allergien, Reizungen, Infektionen, Giftwirkung durch Mykotoxine, Geruchsbelästigung	Schimmelbildung an Bauteilen, in Klimaanlagen und Luftbefeuchtern
Tabakrauch	Herz, Kreislauf- und Atemwegserkrankungen, Lungenkrebs, Asthma	Zigaretten, Zigarren, Pfeifen

Tabelle 3.13.1. Häufig auftretende Schadstoffe in Innenräumen, deren Wirkungen und Quellen in alphabetischer Reihenfolge

3.13.7. Literatur und weitere Informationen

3.13.7.1. Literatur

Bundesministerium für Umwelt, Jugend und Familie gemeinsam mit IBO Wien (Hg.): Wegweiser für eine gesunde Raumluft. Gratisbroschüre für KonsumentInnen. Wien, 2000.

IBO, ZBU DU Krems (Hg.): Ökologische Bewertung von Hochbaukonstruktionen und Materialien, auch auf das Raumklima bezogen. Ökologischer Bauteilkatalog. Bewertete gängige Konstruktionen. Springer Verlag, Wien New York, 1999.

Katalyse e. V., Kiepenheuer & Witsch (Hg.): Zimmerluft – Dicke Luft. Schadstoffe in Innenräumen und was man dagegen tun kann. Ratgeber aus der Praxis für KonsumentInnen, 1992.

König H.: Wege zum gesunden Bauen. Baubiologie in Theorie und Praxis. Ökobuch-Verlag, Staufen, 1998.

Österr. Bundesinstitut für Gesundheitswesen (Hg.): Luftverunreinigungen in Innenräumen. Detaillierter Ratgeber für ExpertInnen aller Disziplinen unter besonderer Berücksichtigung der österreichischen Situation. 1995.

Pluschke P.: Luftschadstoffe in Innenräumen – Ein Leitfaden. Detaillierter Ratgeber für ExpertInnen aller Disziplinen. Springer Verlag, Wien – New York, 1996.

Verein für Konsumenteninformation VKI (Hg.): Wohnen ohne Gift. Übersichtlicher Ratgeber für KonsumentInnen. Wien, 1995.

VDI Gesellschaft Technische Gebäudeausrüstung (Hg.): Hygienische Anforderungen an Raumlufttechnische Anlagen – Büro- und Versammlungsräume. VDI Verlag GmbH, Düsseldorf, 1998-07, 6022 Blatt 1.

VDI-Gesellschaft Technische Gebäudeausrüstung (Hg.): Hygienische Anforderungen an Raumlufttechnische Anlagen – Anforderungen an die Hygieneschulung. VDI Verlag GmbH, Düsseldorf, 1999-12, 6022 Blatt 2.

3.14. Akustische Gestaltung von Büroräumen

Neue Verbesserungsmaßnahmen gegen Lärmstörungen[1]

Helmut V. Fuchs, Xueqin Zha
Fraunhofer-Institut für Bauphysik (IBP), Stuttgart
(Direktor: Prof. Dr.-Ing. habil. Dr. h.c. mult. Dr. E.h. Mult. K. Gertis)

In aller Kürze

Akustische Belastungen stellen einen wenig beachteten Risikofaktor aus dem Themenspektrum der Ergonomie dar. Es handelt sich dabei um eine Belastung, welche insbesondere auch bei geistiger und kommunikativer Arbeit zu erheblichen Beeinträchtigungen führen kann. Schalltechnische Maßnahmen werden sehr oft nicht ausreichend in der Planungsphase von Gebäuden berücksichtigt, sondern häufig erst erwogen, wenn zu einem späteren Zeitpunkt massive akustische Störungen auftreten. Die hier behandelten akustischen Belastungen beziehungsweise Verbesserungsmaßnahmen beziehen sich aber nicht auf Außengeräusche, sondern auf die von den Benutzern von Arbeitsräumen und ihren Werkzeugen hervorgerufenen akustischen Effekte. Ansatzpunkt geeigneter Verbesserungsmaßnahmen ist daher auch nicht die Schalldämmung, sondern Schalldämpfung der Bauteile und Einbauten. Es werden in diesem Beitrag Rahmenbedingungen, Einflußfaktoren und Wirkungen der akustischen Qualität unterschiedlicher Raumarten vorgestellt und neue bautechnische Lösungen zur Verbesserung des akustischen Umfeldes präsentiert.

3.14.1. Einleitung

Information und Kommunikation (IuK) bilden nicht nur einen Markt für boomende High-Tech-Branchen wie die Mikroelektronik, sie sind auch wesentliche ergonomische Voraussetzung für effizientes geistiges Arbeiten in Büros, Schulen, Krankenhäusern und anderen Gebäuden, wo Menschen sich versammeln, verständigen und austauschen. 38 Prozent der an modernen IuK-Arbeitsplätzen Beschäftigten fühlen sich durch den Lärmpegel im Raum gestört,[2] 40 Prozent durch die Gespräche am benachbarten Arbeitsplatz. Aber nicht nur Call Center, Musikzimmer und Operationssäle erfordern eine zweckdienliche „Akustik", damit die anstrengende Arbeit in ihnen nicht unnötig erschwert wird. Auch in Büros, Konferenzräumen, Hörsälen, Schalterhallen, Foyers, Fluren und Kantinen sollten raumakustische Gestaltung und Lärmschutz ein selbstverständliches Thema bei Neu- und Umbauten sein. Leider stehen Aufmerksamkeit und Aufwand für diesen Teil des Innenausbaues in keinem richtigen Verhältnis zu seiner volkswirtschaftlichen Bedeutung hinsichtlich Arbeitsbelastung und Krankenstand. Allzu häufig werden schalltechnische Maßnahmen erst dann erwogen, wenn die Nutzer akustische Mängel monieren. Architekten und Bauherren werden nur deshalb selten auf Nachbesserung oder Wertminderung

---

1 Dieser Beitrag erschien in wesentlichen Teilen zuvor unter dem Titel „Bessere Kommunikation durch ‚transparente' Raum-Akustik" im Gesundheits-Ingenieur 120, H. 4, 1999, S. 159–168.

2 Schubert P., Eisfeller G.: Erfolgsfaktor Einrichtung im Call Center. Mensch & Büro 13, H.2, 1999, S. 76–78.

verklagt, weil auch Käufer und Mieter oft nicht erkennen, wie stark sie durch ein schlechtes akustisches Ambiente in ihrer Arbeitsleistung und ihrem Wohlbefinden eingeschränkt sind.

Es geht wohlgemerkt hier nicht um Geräusche, die von außen beziehungsweise aus einem fremden Bereich in die Räume eindringen und die Gegenstand der baurechtlich eingeführten DIN 4109 oder der VDI 4100[3] sind, sondern um die von den Nutzern und ihren diversen Werkzeugen selbst erzeugten Schallereignisse. Diese werden weniger von der Schalldämmung, sondern von der Schalldämpfung der Bauteile und Einbauten beeinflußt. Leider ist allen Beteiligten aber noch zu wenig bewußt, daß die Raum-Dämpfung nicht nur den Lärmpegel aufgrund vorgegebener Quellen bestimmt, sondern auch die Lautstärke der Nutzer beim Sprechen, zum Beispiel am Telefon oder in einer Unterhaltung, wesentlich beeinflußt. Während der richtig bedämpfte Raum eher zum leisen Artikulieren animiert, verleitet der wenig oder falsch bedämpfte Raum unwillkürlich zum lauten Sprechen. Wenn aber auf diese Weise der Raum-Pegel für alle hoch liegt, tendieren die Sprecher wiederum zu höherer Lautstärke, bis man in einem schlecht konditionierten Raum kaum noch das eigene, geschweige denn das Wort des Nachbarn versteht. Zusätzlicher Streß und rasche Ermüdung sind die Folge schlechter akustischer Arbeitsbedingungen. Sie beeinträchtigen das Wohlbefinden und die Produktivität ebenso wie ein schlechtes Arbeits- und Raumklima. Auf diese weit verbreiteten Mißstände gerade in den neu errichteten „Hochburgen" unserer viel gepriesenen IuK-Dienstleistungsgesellschaft möchte dieser Artikel aufmerksam machen und dafür neue bau- und marktgerechte

Problemlösungen aufzeigen. Verantwortungsvolle Akustik-Berater sollten danach verstehen, daß es mit der Anbringung von sogenannten Akustikdecken und -tapeten, Teppichen und Vorhängen an IuK-Arbeitsplätzen nicht getan ist, wenn man hier in Zukunft für bessere Sprech- und Hörbedingungen sorgen will.

3.14.2. Akustik kleiner Räume

Beim Bau großer Säle für Konzert, Oper und Sprache wird der Akustiker von Architekten und Bauherren regelmäßig damit beschäftigt, zwischen Quelle und Empfänger nützliche Reflexionen zu schaffen und durch gezieltes Umlenken und Schlucken der Schallwellen schädliche Reflexionen zu vermeiden. Für Volumina über 1000 m^3 und Abmessungen über 10 m liegen die niedrigsten Eigenresonanzen des Raumes unterhalb des interessierenden Hörbereichs.[4] Oberhalb 100 Hz bildet sich neben dem „Direktfeld" im Nahbereich der Quellen nur ein mehr oder weniger gleichmäßig über den Raum verteiltes „Diffusfeld" aus. In der Ausgewogenheit beider Felder liegt ein Kriterium für „gute Akustik". Bei starken Fremdgeräuschen oder ungeübten Sprechern läßt sich in großen Räumen die Sprachverständlichkeit durch elektroakustische Verstärkung verbessern.

Für Volumina < 125 m^3 und Abmessungen < 5 m in mindestens einer Dimension dominieren zwischen ca. 50 und 200 Hz die Eigenresonanzen des Raumes im sogenannten „Modalfeld" (Abb. 3.14.1.). Sie machen sich durch ein unangenehmes „Dröhnen" bemerkbar, wenn der Raum sie nicht be-

---

3 DIN 4109 (1989): Schallschutz im Hochbau; VDI 4100 (1994): Schallschutz in Wohnungen.

4 Fuchs H.V., Leistner P., Brandstätt P., Zha X.: Gestaltung tieffrequenter Schallfelder in kleinen Räumen. In: Bauphysik – Berichte aus Forschung und Praxis. G. Hauser (Hrsg.). IRB-Verlag, Stuttgart, 1998, S. 481–502.

dämpft. Herkömmliche Schallabsorber können diese Aufgabe bei vertretbarer Bautiefe und verfügbarer Fläche im Raum nicht erfüllen. Der Trend zu schallharten, oftmals auch noch konkav gekrümmten Begrenzungsflächen und karger Ausstattung und Möblierung verschärft das Problem bei tiefen Frequenzen zusätzlich. Das Modalfeld verstärkt Stör- und Nutzsignale selektiv auf unnatürliche Weise. Plüsch, Vorhänge und Teppiche sind out und haben auch grundsätzlich nicht das Potential, um das Problem bei den tiefen Frequenzen zu beheben. In der Praxis bleibt meistens nur die abgehängte Unterdecke als geeigneter Schallabsorber. Aber konventionelle Akustikdecken (zum Beispiel aus gepreßter Mineralwolle oder durchgelochten Platten mit Vlies) haben ihre Stärken bei mittleren und hohen Frequenzen. Auch soll die Betondecke manchmal unverkleidet bleiben, um diese als Wärmespeicher oder Kühl- beziehungsweise Heizdecke nutzen zu können (Stichwort: Betonkern-Kühlung).

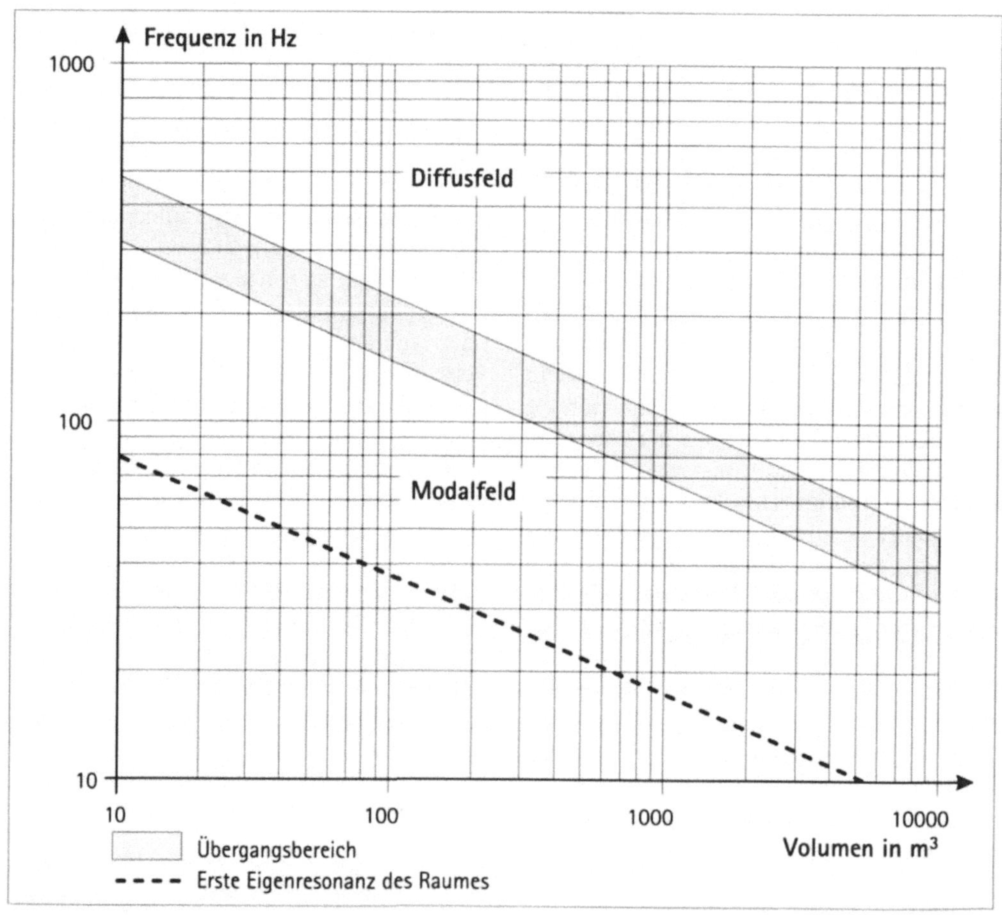

Abb. 3.14.1. Frequenzbereiche für ein vorwiegend modales beziehungsweise diffuses Schallfeld in einem würfelförmigen Raum in Abhängigkeit von seinem Volumen

Es besteht also dringender Bedarf für einen kompakten, hochwirksamen Tiefen-Schlucker, den man zum Beispiel in den Ecken oder Kanten eines kleinen Raumes, vielleicht sogar in den Möbeln und Einrichtungsgegenständen selbst sowie in den Wandelementen raumsparend unterbringen kann. Bausteine aus der „Alternative Faserfreie Absorber" (ALFA)-Serie des Fraunhofer-Instituts für Bauphysik bieten dazu aussichtsreiche neue Ansätze,[5] da sie ihre Wirkung etwa zwischen 50 und 500 Hz voll entfalten. Die zeitgenössische Architektur und die Vorliebe für glatte, möglichst transparente Bauteile hat ein Problem speziell in kleinen Räumen offengelegt, das bisher vernachlässigt wurde. Die Vorstellung ist leider weit verbreitet, daß mit kleineren Raum-Abmessungen sich der interessierende Frequenzbereich nach oben, zu kleineren Wellenlängen, verschiebt und deshalb die Akustik sich allein mit einem etwas dickeren Teppichboden, Vorhang oder Akustikputz beherrschen ließe. Diese Meinung hat leider auch in den einschlägigen Normen und Richtlinien ihren Niederschlag gefunden, so daß problemlösende Produkt-Innovationen scheinbar gegen geltende Normen verstoßen oder nicht qualifizierbar sind.

3.14.3. Problem Sprachverständlichkeit

Der für die Verständlichkeit wichtigste Frequenzbereich wird durch hellere Vokale und stimmhafte Konsonanten männlicher wie weiblicher Sprache auf etwa 500 bis 4000 Hz festgelegt. Darunter schließt sich der für die Deutlichkeit weniger wichtige, durch das Schnarren der Stimmbänder angeregte Grundtonbereich an. Die Sprachverständlichkeit wird natürlich beeinträchtigt, wenn Störgeräusche in den „wertvollen"

Spektralbereich eindringen. Als entsprechende Kenngröße wurde deshalb der Speech Interference Level (SIL) als arithmetischer Mittelwert der in den Oktavbändern 500, 1000, 2000 und 4000 Hz auftretenden Störgeräuschpegel eingeführt. Bei einem SIL von 60 dB, wie er in Büro- und Konferenzsituationen keine Seltenheit ist, reagieren manche Menschen mit sehr lauter Stimme, auch wenn sie damit niemanden im Raum, sondern nur ihren Gesprächspartner am Telefon erreichen wollen. Die Zusammenhänge von Hintergrundgeräusch und notwendiger beziehungsweise unwillkürlicher Stimmentfaltung (und damit Anhebung des allgemeinen Geräuschniveaus) sind in Abb. 3.14.2. dargestellt.

3.14.4. Verdeckung durch tiefe Frequenzen

Eine gleichmäßige Bewertung der Störgeräusche nur zwischen 500 und 4000 Hz vernachlässigt den bekannten Effekt der Verdeckung: hohe Frequenzen werden bei gleichzeitigem Ertönen tiefer Frequenzanteile grundsätzlich schwächer wahrgenommen, sozusagen verdeckt oder maskiert. Wenn also Störungen noch weit unterhalb von 500 Hz vorhanden sind, so weiß man, daß diese die Sprachverständigung zusätzlich stark beeinträchtigen können. Umgekehrt können hohe Frequenzen die tiefen aber kaum unterdrücken. Untersuchungen im Fraunhofer-Institut für Bauphysik haben gezeigt, daß bei tiefen Frequenzen insbesondere kleine und kleinste Räume resonanzartig angeregt werden, gerade dadurch die Sprachverständlichkeit leidet und eine Unterhaltung unter mehreren Personen sehr anstrengend wird.

3.14.5. Eskalation des Problems

Bei näherungsweise würfelförmigen Räumen, wie beispielsweise einer Glas-Kabine

---

5 Koch B.: Schlanke Schall-Schlucker. Fraunhofer-Magazin 9, H. 4, 1998, S. 46–47.

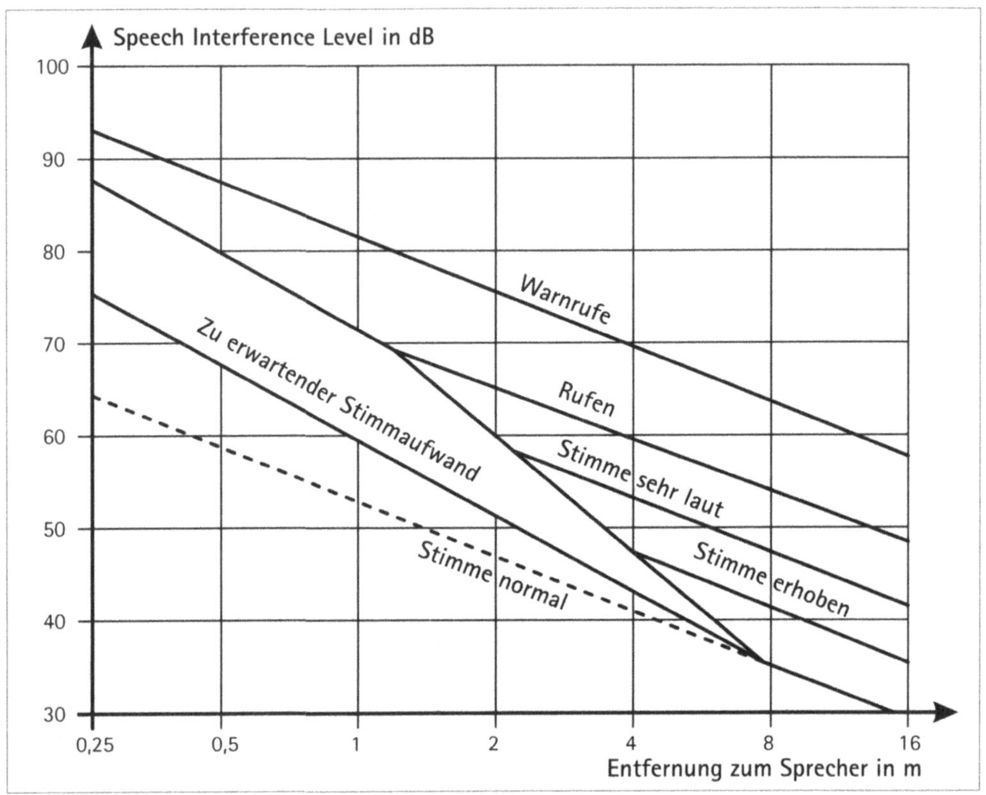

Abb. 3.14.2. Zusammenhang zwischen Speech Interference Level (SIL) und Sprachverständlichkeit sowie zu erwartendem Stimmaufwand

als Beratungszelle für Geldinstitute[6], eskaliert das raumakustische Problem bei den tiefen Frequenzen. Wenn keine Gegenmaßnahmen ergriffen werden, sind auch Räume mit zylinder- oder kugelförmigen Wänden oder Decken für eine anspruchsvollere Nutzung praktisch nicht zu gebrauchen.

Das hier aufgeworfene Problem wird am stärksten von Hörgeschädigten wahrgenommen. Das menschliche Gehör hat im für die Verständigung so wichtigen Frequenz-

bereich zwischen 500 und 4000 Hz seine größte Empfindlichkeit. Bei altersbedingter sowie bei lärmverursachter Schwerhörigkeit verschiebt sich die Hörschwelle aber gerade bei hohen Frequenzen ganz erheblich, wie Abb. 3.14.3. deutlich macht. Die mit weniger Informationsgehalt ausgestatteten tiefen Frequenzen werden dagegen auch von Schwerhörigen unverändert wahrgenommen und deshalb von diesen noch störender empfunden. Schließlich leiden Schwerhörige auch noch deshalb oft stärker unter einer schlechten Raumakustik im hier diskutierten Sinne, weil sich ihre Schmerz- und Unbehaglichkeitgrenze nicht in gleicher Weise zu

6 Fuchs H.V., Zha X., Zhou X.: Raumakustisches Design für eine Glaskabine. Glasverarbeitung 3, H. 6, 1996, S. 40–43.

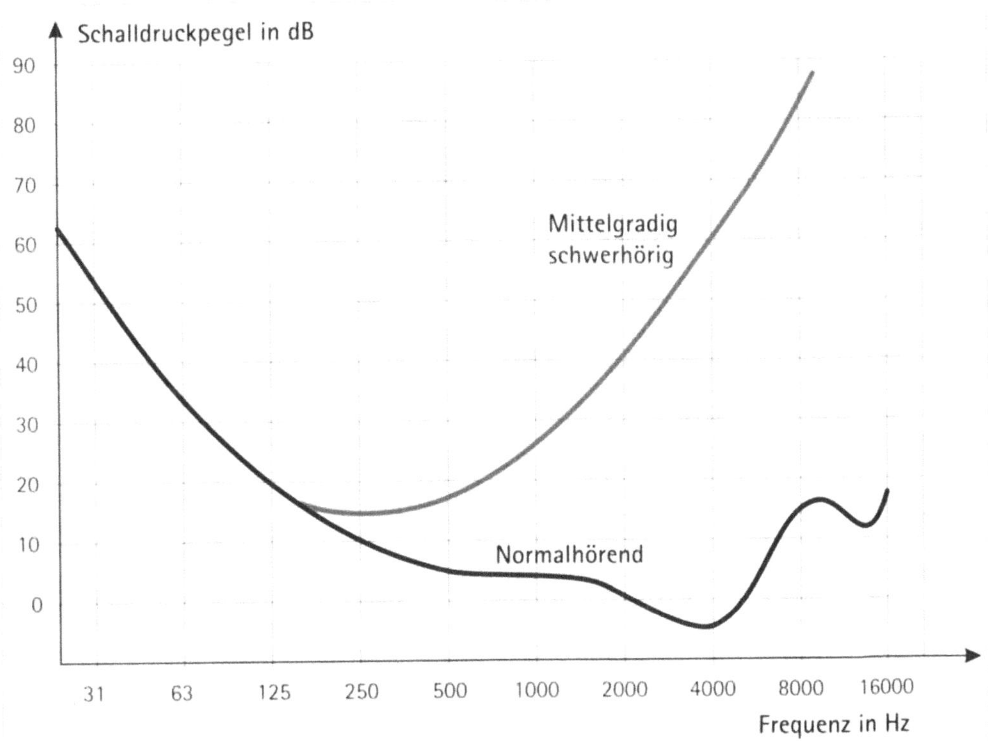

Abb. 3.14.3. Hörschwellenkurven Normalhörender und mittelgradig Schwerhöriger (Ruhe C.: Günstige Raumakustik hilft Hörgeschädigten. Beratende Ingenieure 28, H. 11/12, 1998, S. 132–137)

höheren Pegeln hin verschiebt, sondern häufig sogar abgesenkt wird! Der nutzbare Dynamikbereich, der bei Normalhörenden über 100 dB beträgt, reduziert sich dadurch oftmals auf weniger als 30 dB. Bei Benutzung eines Hörgerätes können so einzelne Zisch- und Explosivlaute Schmerzen verursachen.

3.14.6. Hintergrund-Geräusche

Fremdgeräusche bei mittleren und hohen Frequenzen, die zum Beispiel von Geräten und Anlagen bei der Benutzung von Räumen hervorgerufen werden, stören ganz offensichtlich die Unterhaltung ebenso wie das konzentrierte Arbeiten. Es ist auch bekannt, daß von außen eindringende oder im Raum (zum Beispiel durch eine raumlufttechnische Anlage) erzeugte tieffrequente Geräusche sehr störend wirken können. Wenn man konsequent dafür sorgt, daß der Nachhall im Raum zu tiefen Frequenzen nicht – wie in kleinen massiv gebauten Räumen allgemein üblich – stark ansteigt, kann man erreichen, daß

1. das unangenehme „Dröhnen" bei nur einigen, stark hervortretenden Eigenresonanzen vermieden wird,
2. der oben diskutierte Verdeckungs-Effekt der nützlichen hohen durch nutzlose tiefe Frequenzanteile im sogenannten Nutzgeräusch verschwindet und statt dessen

3. ein positiver Cocktail-Party-Effekt zum Tragen kommt, wonach (mit Hilfe konzentrierten zweiohrigen Hörens) aus einem Signalgeräusch (Stimmengewirr) ein Einzelsignal (Stimme eines bestimmten Sprechers) herausgehört werden kann.

Hinsichtlich der tiefen Frequenzen besonders konditionierte Räume tragen so in dreifacher Hinsicht zur Verbesserung der akustischen Verhältnisse bei:

1. Gerade die so schwer zu dämpfenden und dämmenden tieffrequenten Fremdgeräusche werden nachhaltig unterdrückt.
2. Nutzer des Raumes werden nicht zum besonders lauten Sprechen, sondern eher zum Flüstern animiert.
3. Sie schaffen eine wesentliche Voraussetzung für eine entspannte Atmosphäre und eine ungestörte Kommunikation.

3.14.7. Mikroperforierte Unterdecken

Inzwischen liegen im Fraunhofer-Institut einschlägige Erfahrungen mit einer neuartigen Akustikdecke vor, die im Gegensatz zu herkömmlichen, mit Mineralwolle, Vlies und Putz gestalteten Decken bei tieferen Frequenzen sehr gute Ergebnisse erzielt.[7] In einem 10 x 7 x 3 m großen Klassenzimmer mit schallharten Wänden, ebensolchem Boden und karger Möblierung wurde die mikroperforierte Metallkassetten-Decke 40 cm unter der Decke abgehängt. Die schall-, material- und montagetechnischen Vorteile dieser weiß lackierten Deckenelemente sind:

- gute Absorption oberhalb 125 Hz,
- nützliche Teilreflexion oberhalb 500 Hz für eine gute Sprachübertragung im Raum,

- hohe Lichtreflexion (> 99 % geschlossene Fläche),
- leichte Montage (ohne hinderliches Dämpfungsmaterial),
- beste Reinigungsfähigkeit (trocken oder naß)

Dies macht das ALFA-Bauteil auch besonders attraktiv für IuK-Arbeitsplätze (Abb. 3.14.4.) und Empfangshallen.

3.14.8. Akustik-Module als Tiefen-Schlucker

In Räumen, deren Decken nicht vollflächig abgedeckt werden können und in denen auch die tiefsten Eigenfrequenzen nachhaltig bedämpft werden müssen, hat sich der zusätzliche, auch nachträgliche Einbau von speziellen Akustik-Modulen in den bevorzugten Abmessungen 1,0 x 1,5 m bereits vielfach bewährt. Sie werden mit stabilen Lochblechrahmen geliefert und bevorzugt in den Kanten eines Raumes montiert, weil sich hier die Schallenergie bei den tiefen Frequenzen konzentriert.

Schallharte Glaswände sind dem Akustiker regelmäßig ein Greuel.[8] Wenn in einer Besprechungskabine außer den Wänden auch noch das Dach aus Glas besteht, dann erwartet er ein akustisches „Horror-Kabinett". Wie man daraus, ohne wesentlichen Verlust an optischer Transparenz, ein angenehmes akustisches Ambiente erzeugt, zeigt Abb. 3.14.5. Die Kombination aus 23 Verbund-Platten-Resonatoren und 5 transparenten Folien-Modulen schafft eine vortreffliche akustische Transparenz, die entspannte Gesprächs- und konzentrierte Arbeitssituationen erst ermöglicht.

Bei ungünstigen Raumquerschnitten mit Tonnen-Gewölben und Kuppel-Decken kul-

---

7 Fuchs H.V., Zha X., Häusler C.: Kleine Löcher, große Wirkung. Trockenbau Akustik 14, H. 8, 1997, S. 34–37.

8 Fuchs H.V., Zha X., Zhou X.: Raumakustisches Design für eine Glaskabine. Glasverarbeitung 3, H. 6, 1996, S. 40–43.

Abb. 3.14.4. Großraumbüro mit mikroperforierter Akustikdecke (Foto: OWA, Amorbach)

miniert das Problem schlechter akustischer Transparenz aufgrund zusätzlicher Schallkonzentrationen, insbesondere wenn ihr Brennpunkt in oder unter der Nutzerebene liegt.[9] Im Hinblick auf moderne Büroarbeitsplätze ist unerwartet wichtig, daß auch bei den tiefsten Frequenzen (63 und 50 Hz) in der Nachhallzeit kein zu starker Anstieg mehr vorhanden ist.

In Büro- und Konferenzräumen läßt sich die Verständlichkeit von Sprache nachhaltig verbessern und damit indirekt das verbreitete Lärmproblem im IuK-Bereich erheblich reduzieren. Der in Abb. 3.14.6. abgebildete Raum erwies sich für das neu installierte Video-Konferenz-System des Fraunhofer-Institus als akustisch ungeeignet. Erst nach dem Einbau von Tiefen-Schluckern, die gleichzeitig auch als Projektionsfläche, Pinnwand und Schreibtafel nutzbar sind, wurde die Sprachverständlichkeit so verbessert, daß Konferenzschaltungen auch akustisch befriedigen. Dadurch wurde die Nachhallzeit um 0,4 s (Abb. 3.14.7.) eingestellt und gleichzeitig das Schallfeld in dem mit 5,4 × 5,2 × 2,9 m fast quadratischen Raum wohltuend vergleichmäßigt.

3.14.9. Umsetzung der Ergebnisse

Selbst wenn man beim Innenausbau die Akustik neben allem anderen nicht gänzlich vergessen hat, kommt es in kleinen, besonders intensiv genutzten IuK-Räumen bei der zeitgenössischen Bauweise fast regelmäßig

---

9 Fuchs H.V., Rambausek N., Teltschnik R.: Raumakustische Verbesserung kleiner Räume bei tiefen Frequenzen. Deutsches Architektenblatt 23, H. 8, 1991, S. 1201–1207.

Abb. 3.14.5. Foto der Besprechungskabine aus 8 mm dicken Glaswänden mit Abmessungen von ca. 3 × 3 × 2,5 m im sogen. „Modellraum" des Instituts für Bauphysik (Foto: Burkhardt Leitner)

zu unüberhörbaren raumakustischen Problemen, die man am besten mit schlechter Sprachverständlichkeit und fehlender akustischer Transparenz sowie daraus unvermeidlich resultierender Lärmentwicklung und mangelhafter Sprachverständlichkeit umschreiben kann. Wie die Beispiele dokumentieren, liegt der Schlüssel zur Lösung dieses akustischen Problems aber nicht im für die Kommunikation so wichtigen Frequenzbereich oberhalb 500 oder 250 Hz, sondern eindeutig unter 250 oder gar 100 Hz. Mit der konventionellen Meß- und Prüftechnik, die allenfalls bis 125 Hz reicht, würde der Unterschied in den Nachhallzeiten bei tiefen Frequenzen nicht erkannt. Der subjektiv fundamentale Unterschied vor und nach solchen Maßnahmen ist nur dann

Abb. 3.14.6. Konferenzzimmer im IBP mit nachträglich eingebauten Akustik-Modulen

objektiv eindeutig nachweisbar, wenn man den Meß- und Beurteilungsbereich mindestens bis 63 Hz nach unten ausdehnt.

Wenn in Zukunft die Kommunikation mit den an Arbeitsplätzen installierten Computer-Systemen zunimmt, werden die hier aufgegriffenen Probleme schlechter Sprachverständlichkeit durch tieffrequentes Dröhnen noch weiter eskalieren.

3.14.10. Projekte des Fraunhofer IBP

Um diese theoretisch natürlich bekannten Phänomene in ihrer praktischen Auswirkung in kleinen Räumen einer hinreichend sensibilisierten Öffentlichkeit hörbar und

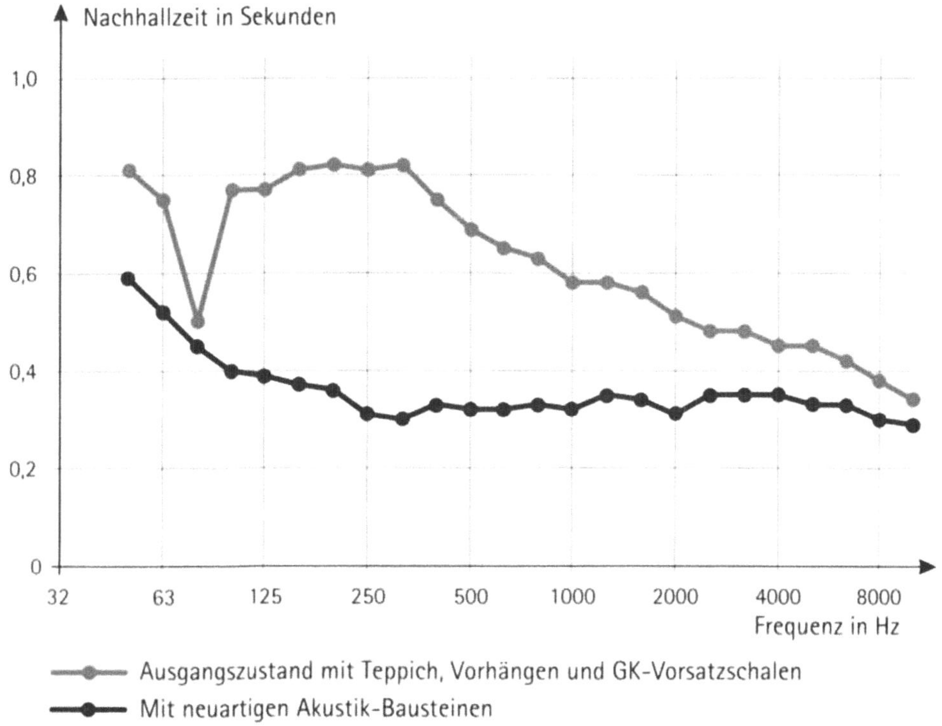

Abb. 3.14.7. Nachhallzeiten des Raumes von Abb. 3.14.6.

die entwickelten Handwerkzeuge und Bausteine (an)faßbar zu machen, wurden im Fraunhofer-Institut folgende Umsetzungsschritte unternommen:

- In einem mit Sondermitteln der Fraunhofer Gesellschaft geförderten Projekt wird das Problem der tiefen Frequenzen in kleinen Räumen zu einem FuE-Schwerpunkt mit großer Eigendynamik.
- Der bereits mit längerem Vorlauf betriebene ALFA-Verbund mit mehr als 10 vorwiegend mittelständisch strukturierten Industriepartnern hat inzwischen zu einer Reihe marktfähiger Produkte für die Raumakustik und Lärmbekämpfung geführt mit besonderen Dämpfungseigenschaften bei mittleren und tiefen Frequenzen.
- Im Institut kann eine ganze Reihe von Meß- und Demonstrationsräumen präsentiert und vor allem angehört werden.
- Im neu geschaffenen Office Innovation Center (OIC) im Media Forum in Stuttgart werden die bauphysikalischen, also auch die bau- und raumakustischen Probleme und ihre Lösungen in einer „gelebten" Bürolandschaft praxisgerecht demonstriert. Der Multi-Media-Raum wurde bereits mit seiner frappierenden Akustik zu einer besonderen Attraktion des OIC. Dort wird auch die Kabine in Abb. 3.14.5. ausgestellt und genutzt.
- In einer Reihe von anspruchvollen Sanierungs- und Neubau-Projekten für IuK-Arbeitsplätze wurden grundsätzlich neuartige raumakustische Konzepte entwickelt und mit Innovationen gegenüber aufgeschlossenen Architekten, Bauherren und Nutzern beispielgebend umgesetzt.[10]

- In einer CD-ROM werden unter anderem die hier geschilderten Phänomene mit einer Rechner-Simulation der Schallfelder in kleinen Räumen anschaulich gemacht.

3.14.11. Literatur und weitere Informationen

Weitere Informationen unter http://www. ibp.fhg.de/rata/rata.htm oder bei Frau Habermann unter der Tel.-Nr. 0711/970-3316, Email: habermann@ibp.fhg.de.

3.14.11.1. Literatur

Drotleff H., Zha X., Scherer W.: Innovative Raumakustik für denkmalgeschützte Räume. IBP-Mitteilungen 27 (2000), Nr. 358.

Fasold W., Sonntag E., Winkler H.: Bau- und Raumakustik. Verlag für Bauwesen, Berlin, 1987.

Fuchs H.V., Rambausek N., Teltschik R.: Raumakustische Verbesserung kleiner Räume bei tiefen Frequenzen. Deutsches Architektenblatt 23 (1991), H. 8, S. 1201–1207.

Fuchs H.V., Zha X.: Raum-Klang: Akustisches Design für Schul- und Kommunikationsräume. AIT 5 (1996), H. 5, S. 100–104.

Fuchs H.V., Zha X., Schneider W: Akustische Gestaltung von Büro- und Besprechungsräumen. Deutsche Bauzeitschrift 44 (1996), Sonderheft Büro, S. 76–80.

Fuchs H.V., Zha X., Zhou X.: Raumakustisches Design für eine Glaskabine. Glasverarbeitung 3 (1996), H. 6, S. 40–43.

Fuchs H.V., Zha X., Häusler C.: Kleine Löcher, große Wirkung. Trockenbau Akustik 14 (1997), H. 8, S. 34–37.

Fuchs H.V., Zha X., Schneider W: Zur Akustik in Büro- und Konferenzräumen. Bauphysik 19 (1997), H. 4, S. 105–122.

Fuchs H.V.: Raumakustik im Büro: Balsam fürs Ohr. Mensch & Büro 12 (1998), H. 4, S. 92–94.

Fuchs H.V., Leistner P., Brandstätt P., Zha X.: Gestaltung tieffrequenter Schallfelder in kleinen Räumen. In: Bauphysik – Berichte aus Forschung und Praxis (Hrsg. G. Hauser). IRB-Verlag, Stuttgart, 1998, S. 481–502.

---

10 Fuchs H.V., Zha X., Schneider W.: Zur Akustik in Büro- und Konferenzräumen. Bauphysik 19, H. 4, 1997, S. 105–122.

Fuchs H.V., Späh M., Pommerer M., Schneider W., Roller M.: Akustische Gestaltung kleiner Räume bei tiefen Frequenzen. Bauphysik 20 (1998), H. 6, S. 181–190.

Fuchs H.V., Zha X., Drotleff H.: Für eine bessere Raumakustik. Deutsche Bauzeitschrift 47 (1999), Sonderheft Büro, S. 56–58.

Fuchs H.V., Zha X., Nocke C.: Erprobt und ausgezeichnet: mikroperforierte Folien-Absorber. Bauphysik 21 (1999), H. 1, S. 34–38.

Fuchs H.V., Drotleff H., Zapletan H.: Mikroperforierte Folien als Schallabsorber. AIT 108 (2000), H. 5, S. 114–117.

Koch B.: Schlanke Schall-Schlucker. Fraunhofer-Magazin 9 (1998), H. 4, S. 46–47.

Levitt H., Webster J.C.: Effects of noise and reverberation on speech. In: Harris C.M. (Hg.): Handbook of acoustical measurements and noise control. McGraw-Hill, New York, 1991, S. 16.1–16.20

Ruhe C.: Günstige Raumakustik hilft Hörgeschädigten. Beratende Ingenieure 28 (1998), H. 11/12, S. 132–137.

Schubert P., Eisfeller G.: Erfolgsfaktor Einrichtung im Call Center. Mensch & Büro 13, H.2, 1999, S. 76–78.

Zha X., Fuchs H.V., Hunecke J.: Verbesserung der akustischen Arbeitsbedingungen im Orchestergraben der Staatstheater Stuttgart. gi 188 (1997), H. 4, S. 196–204.

3.14.11.2. Regelwerke

DIN 18 041 (1968): Hörsamkeit in kleinen und mittelgroßen Räumen.

DIN 33 410 (1981): Sprachverständigung in Arbeitsstätten unter Einwirkung von Störgeräuschen.

DIN 4109 (1989): Schallschutz im Hochbau.

DIN EN ISO 717 (1997): Bewertung der Schalldämmung in Gebäuden und von Bauteilen. Teil 1: Luftschalldämmung. Teil 2: Trittschalldämmung.

DIN EN ISO 140 (1997): Messung der Schalldämmung in Gebäuden und von Bauteilen. Teil 1: Anforderung an Prüfstände mit unterdrückter Flankenübertragung. Teil 3: Messung der Luftschalldämmung von Bauteilen in Prüfständen.

DIN EN ISO 11 654 (1997): Schallabsorber für die Anwendung in Gebäuden.

VDI 4100 (1994): Schallschutz in Wohnungen.

VDI 3755 (E 1998): Schalldämmung und Schallabsorption abgehängter Decken.

3.15. Feng-Shui im Büro

Prinzipien und Grundsätze[1]

In aller Kürze

Dieser Text faßt die Grundüberlegungen aus der Sicht von Feng Shui zusammen. Woher sich die Grundlagen ableiten und auf welchen Vorstellungen sie beruhen, wird in diesem Beitrag dargestellt. Zwischen Gestaltungsüberlegungen von Ergonomie und Feng Shui gibt es einige Gemeinsamkeiten hinsichtlich des Zieles der umfassenden Verbesserung von Arbeitsbedingungen des Menschen. In der Praxis zeigen sich jedoch deutliche Unterschiede der Ansatzpunkte. Überlegungen dazu werden auch im Kapitel 3.16. diskutiert. Dieses Buch hat das Anliegen, aktuelle Trends im Bereich Büro- und Bildschirmarbeit auf breiter Basis darzustellen. Aus diesem Grund wird mit diesem Beitrag ein Überblick über Feng Shui-Prinzipien im Büro gegeben.

3.15.1. Grundelemente des Feng Shui

Feng Shui ist aus langwährender, genauer Beobachtung der Naturkräfte und deren Wirkung auf den Menschen entstanden. Chinesische Weise haben dieses Wissen in Regeln gefaßt. Die Ansätze des Feng Shui und der Ergonomie stehen dabei teilweise im Widerspruch, teilweise gibt es Ähnlichkeiten. Der nachfolgende Text faßt zusammen, welche Überlegungen zur Bürogestaltung Feng Shui anbietet. Wann immer Sie sich mit dem Thema Feng Shui beschäftigen, achten Sie dabei dennoch auf die ergonomischen Grundsätze und Richtlinien.

Feng Shui wird seit Jahrtausenden in China praktiziert. Diese Lehre bildet nach wie vor einen integrativen Bestandteil des Geschäftslebens in Asien. In Geschäftsmetropolen wie Hongkong und Singapur werden hochdotierte Feng Shui-Meister tagtäglich konsultiert. Sei es um den idealen Standort für ein Unternehmen zu finden, sei es um das Büro optimal zu gestalten oder um den richtigen Zeitpunkt für einen wichtigen Geschäftsabschluß festzustellen. Seit geraumer Zeit erfreut sich Feng Shui auch in Nordamerika und Europa immer größerer Beliebtheit.

3.15.1.1. Die Polarität Yin & Yang

Die Polarität wird im Yin und Yang-Symbol ausgedrückt (siehe Abb. 3.15.1.). Das Helle bedarf des Dunklen, das Dunkle bedarf des Hellen, um zur Gestalt zu werden. Das eine entsteht durch das andere, jedes bedarf zur Eigenexistenz des Entgegengesetzten. Die Übergänge sind, wie die Form des Symbols ausdrückt, fließend. Und das eine ist immer schon samenhaft im anderen enthalten, das ist die Botschaft des weißen und des schwarzen Punktes.

Wir leben in jedem Augenblick im Wechsel und im Spannungsfeld von Yin und Yang. Diese Spannung ist Energie, sie wird auch Lebenskraft – Ch'i genannt.

Akzeptanz und bewußte Gestaltung der Polarität führen zu harmonischen und le-

---

1 Zusammenfassung aus der Broschüre „Bringen Sie frischen Wind in ihr Büro. Feng Shui aus ergonomischer Sicht" (siehe Literaturliste).

Abb. 3.15.1. Polarität Yin und Yang

Die immerwährenden Bewegungsmuster, durch die das Ch'i – sichtbar und unsichtbar – die Lebensräume prägt, werden von uns auf unterschiedlichste Weise erfahren. Dabei fügen unsere „sieben Sinne" die Energieflüsse zu einer Sinnesempfindung zusammen, die auf den Körper, den Geist und die Seele sowohl im Wachzustand als auch beim Schlafen wirkt.

bendigen Räumen. Die Gegensatzpaare der Polarität drücken dabei keine Wertigkeit aus (siehe Tabelle 3.15.1.).

Auch im menschlichen, tierischen und pflanzlichen Körper ist das Ch'i die Quelle aller Bewegungen und begleitet gleichzeitig jede Bewegung. Normales körperliches Funktionieren bedeutet, daß das Ch'i in alle Richtungen harmonisch fließt (siehe Tabelle 3.15.2.).

3.15.1.2. Alles Lebendige bildet eine Atmosphäre um sich her (Goethe)

Feng Shui betrachtet das Universum und die Erde mit allen ihren Bewohnern als lebendige Energieform. Unser Lebensraum ist Ausdruck der universellen Lebensenergie. Der Mensch ist ein Teil dieses Raumes und mit ihm untrennbar verbunden.

Die kosmische Energie, die uns umgibt, hat verschiedenste Erscheinungsformen. Diese energetischen Grundschwingungsmuster, auch Wandlungszustände der Natur genannt, werden entsprechend ihren Schwingungsstrukturen einem „Element" zugeteilt. Die chinesische Naturphilosophie kennt 5 „Elemente", die untereinander in Wechselwirkung stehen. Man spricht vom harmonischen (Schöpfungs-)Zyklus bzw.

Yin-Qualitäten im Büro	Yang-Qualitäten im Büro
Wenig Licht, insbesondere Tageslicht	Helles, gleißendes Licht
Muffige, schlechte Luft	Trockene, staubige Luft
Dunkle, schwere Einrichtung	Kantige, metallische Einrichtung
Niedrige, drückende Zimmerdecke	Helle, hohe Zimmerdecke
Stille	Laute Geräusche
Sehr viele Pflanzen	Kräftige bis helle Farben
Dunkle bis düstere Farben	Viele Ecken und Kanten
Weicher Bodenbelag	Harter Bodenbelag
Tapete	Gipskartonwand, gestrichen
Fehlende Aussicht aus dem Fenster	
Ausgleich durch: gelbe Sitzbezüge, warmes Licht, Bild mit roten/gelben Blüten und viel Grün, helle Büroaccessoires	Ausgleich durch: große Pflanze in der Ecke, Zimmerbrunnen, großer, üppiger Blumenstrauß

Tabelle 3.15.1. Yin- und Yang-Qualitäten im Büro

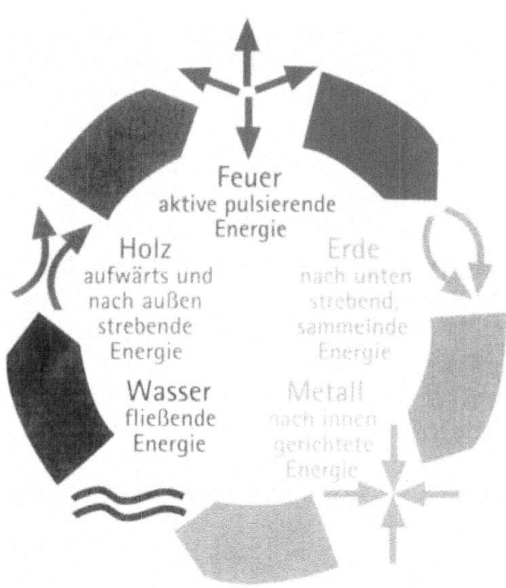

Abb. 3.15.2. Schöpfungszyklus, die fünf Elemente

vom Spannungs- oder Kontrollzyklus (siehe Abb. 3.15.2.).

Die Elemente sind Überbegriffe für die unzähligen Zustände, Veränderungen, Daseinsformen, die wir jeden Tag in unserer Umwelt sehen und in uns selbst erfahren können.

Element *Holz* steht für: Frühling, Fortschritt, Selbstbeherrschung, Ausatmen.
Geschmack: sauer.
Farben: Grüntöne.
Formen: zylindrisch, lang und hoch.

Element *Feuer* steht für: Sommer, Aktivität, Kraft, Wärme, Licht.

Geschmack: bitter.
Farben: Rottöne.
Formen: spitz und nach oben gerichtet (Pyramide, Kegel).

Element *Erde* steht für: zwischen den Jahreszeiten, Geben und Nehmen, Sturheit.
Geschmack: süß.
Farben: Gelb- und Brauntöne.
Formen: flach (Schalen).

Element *Metall* steht für: Herbst, Sammeln, Disziplin, Stärke, Distanziertheit, Einatmen.
Geschmack: scharf.
Farben: weiß, Silber, Gold.
Formen: runde und halbrunde Formen.

Element *Wasser* steht für: Winter, Ruhe, Schlaf, Tiefe, eindringlich, vermittelnd.
Geschmack: salzig.
Farben: Blautöne bis schwarz.
Formen: gewellte, stufige Formen.

Tageszeiten, Jahreszeiten und das Jahr selbst haben bestimmte Elementqualitäten. Bei Anwendung von Feng Shui spielt daher der Zeitpunkt eine wichtige Rolle. Zum Beispiel bestimmt der Zeitpunkt der Geburt (Geburtselement), welcher Termin für eine Geschäftseröffnung günstig ist.

3.15.1.3. Das Bagua

Das Bagua (siehe Abb. 3.15.3.) steht für acht archetypische Energiemuster und das Zentrum. Diese symbolisieren alle Aspekte des Lebens, und alle materiellen und immateriellen Erscheinungen lassen sich darin einordnen.

Auf physikalischer Ebene:	Abwehrfähigkeit des Körpers, Vitalität und Elastizität der Zellen
Auf psychologischer Ebene:	Konzentrationsfähigkeit, Abwehrfähigkeit gegen Außenfaktoren, Gemütszustand
Auf materieller Ebene:	Fließen der Energieform „Geld", Sammeln von Wohlstand in jeder Form

Tabelle 3.15.2. Beispiele von Ch'i-Wirkungen

Abb. 3.15.3. Das Bagua. Jeder Grundriß wird in neun gleich große Teile unterteilt. Die Grundlinie Wissen/Karriere/Unterstützung liegt immer am Eingang.

Zur Beurteilung des eigenen Lebenbereichs legt man ein Raster, wie oben dargestellt, über den Grundriß seines Schreibtisches, seines Raumes, seines Hauses oder Grundstücks.

1. Karriere: Außer für die berufliche Laufbahn steht der Bereich für die Freiheit zu tun, was man tun möchte, sowie für das Auftreten von seelischen Herausforderungen, die der Mensch durch Wahrhaftigkeit meistern kann, um auch im Äußeren Erfolg zu haben. Das Wasser ist hier die Hauptenergie.

2. Partnerschaft: Die Beziehungen zu anderen Menschen sollen von Offenheit und Toleranz geprägt sein, die Kunst, Partner und Kollegen so anzunehmen wie sie sind. Durch gegenseitiges Verständnis wird die Entwicklung gefördert. Hier regiert die Erde.

3. Vorgesetzte: Achtung vor dem Ursprung ist hier das Thema, sei es in der Familie oder gegenüber Lehrern oder Vorgesetzten. Ihre Mängel sollen als Herausforderung für die eigene Karriere betrachtet werden. Das Hauptelement ist das Holz.

4. Reichtum: Durch beständiges Wirken wird nicht nur der äußere Besitz vermehrt, man soll auch bewußt erleben, wie gut es einem geht und wieviel Glück man hat. Dieser Bereich ist von Holz bestimmt.

5. Zentrum: Der Mittelpunkt steht auch für die eigene Stabilität und die Einheit mit sich selbst. Das Zentrum enthält alle Aspekte der anderen Bereiche und besitzt Erdqualität.

6. Unterstützung: Durch die bisherige Lebenserfahrung kann man für andere Menschen selbstlos tätig sein und erhält auch durch Kollegen und Nachbarn Unterstützung und Leitung. Der Bereich wird von Metall regiert.

7. Kreativität: Alles, was man selbst hervorbringt, ist hier enthalten. Das sind Projekte, Kunstwerke, aber auch die eigenen Kinder, alles, was durch Freude zur Freude erschaffen wurde. Der Bereich steht mit Metall in Verbindung.

8. Wissen: Im tieferen Sinn ist hier das „innere Wissen" gemeint, Persönlichkeitsentwicklung durch Innenschau, damit sich das Wissen in Weisheit verwandelt. Diese ist mit Erde verbunden.

9. Ruhm: Außer der öffentlichen Bekanntheit ist die Fähigkeit gemeint, den Blick für das Wesentliche im Leben zu haben und andere selbstlos aufklären zu können. Mit Feuer verbunden.

3.15.2. Feng Shui am Arbeitsplatz

Menschen verbringen einen Großteil ihrer Zeit am Arbeitsplatz. Demzufolge ist nicht nur der ergonomische Aspekt im engeren Sinn von großer Bedeutung, sondern auch das Wohlbefinden und die Freude an der Arbeit. Nur jene Mitarbeiter, die sich an ihrem Arbeitsplatz wohl fühlen, sind motiviert und erbringen die Leistung, welche für jedes Unternehmen über Erfolg oder Mißerfolg entscheidet.

3.15.2.1. Wichtige Bedingungen für gutes Feng Shui im Büro

Tageslicht ist auch nach Feng Shui die beste Lichtquelle für den Arbeitsplatz. Wichtig ist die gleichmäßige Ausleuchtung ohne Blendeffekte und Aufheizung durch direkte Sonneneinstrahlung.

Bei Einsatz von *Kunstlicht* gelten die Regeln der Ergonomie. Mit Leuchten (Helligkeit, Form, Farbe) lassen sich Bagua-Bereiche aktivieren und der 5-Elemente-Zyklus steuern.

Farben sind Aspekte des Lichtes. Farben haben eine sehr starke Wirkung auf den Menschen und sind mit Bedacht einzusetzen.

Schall: Das Ohr ist als einziges Sinnesorgan immer wach und arbeitet bereits bei geringsten Schallenergien. Die Verarbeitung von Lärm kostet enorme Konzentrationsreserven. Sorgen Sie in Ihrem Büro für gute akustische Verhältnisse, geringen Lärmpegel (Drucker, Kopierer, schrilles Telefonläuten), und vermeiden Sie unnötige Dauergeräusche (Radio im Hintergrund).

Wasser: Ein Zimmerbrunnen kann die Büroluft deutlich verbessern und den Raum aktivieren.

Pflanzen bringen bei guter, persönlicher Pflege Leben ins Büro. Durch unterschiedliche Formen ist Yin und Yang-Ausgleich möglich. Viele Pflanzen helfen bei Umweltgiften im Büro. Einige Pflanzen sind fürs Büro nicht

Tischposition förderlich	Tischposition nicht förderlich
1. Blick zur Tür	1. Rücken zur Tür
2. Rücken geschützt	2. Bildschirm steht vor dem Fenster
3. Bildschirmblickrichtung parallel zum Fenster	3. Ch'i strömt direkt und zu schnell aus dem Raum
4. Zu schnelles Abfließen des Ch'i wird durch eine Pflanze verhindert.	

Tabelle 3.15.3. Förderliche und nicht förderliche Aspekte der Schreibtischposition

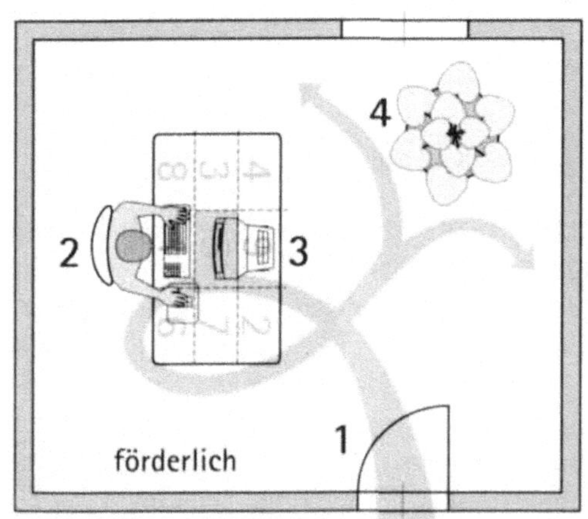

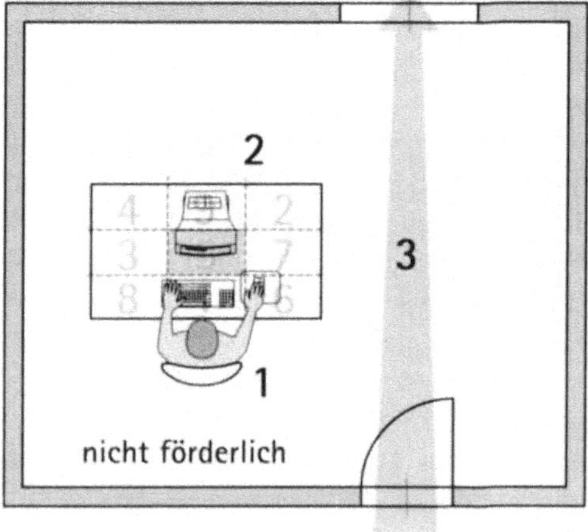

Abb 3.15.4. Förderliche und nicht förderliche Position des Schreibtisches im Raum

geeignet. Ein frischer Blumenstrauß im Eingangsbereich ist für jeden, auch Mitarbeiter, ein herzlicher Willkommensgruß.

Luft: Sorgen Sie für regelmäßiges Lüften (ohne Zug). Rauchen im Büro verursacht ungünstiges Feng Shui. Duftöle können zusätzlich Ihren Arbeitsplatz beleben. Beachten Sie, wenn Sie Ihr Büro mit Kollegen teilen: Ihr Lieblingsduft kann dem anderen nicht gefallen.

Die Position des Schreibtisches im Raum ist für Ihr Wohlbefinden und Ihre innere Stärke wesentlich (siehe Abb. 3.15.4. und Tabelle 3.15.3.). Die im Menschen wirkenden Urinstinkte verlangen nach Überblick, vor allem die Eingangstür soll im Blickfeld sein. Zweitens muß der Rücken geschützt sein. Ist ein direkter Blick zur Tür nicht möglich, kann eine spiegelnde Fläche helfen, die Ihnen den Türbereich zeigt. Allerdings ist dabei aus ergonomischer Sicht auch auf die Vermeidung von Bildschirmreflexionen und Blendungen zu achten.

3.15.2.2. Schreibtisch-Bagua

Die kleinste Einheit in Ihrem Büro, in der Sie wirkungsvoll Feng Shui anwenden können, ist Ihr Schreibtisch (siehe Abb. 3.15.5.). Die

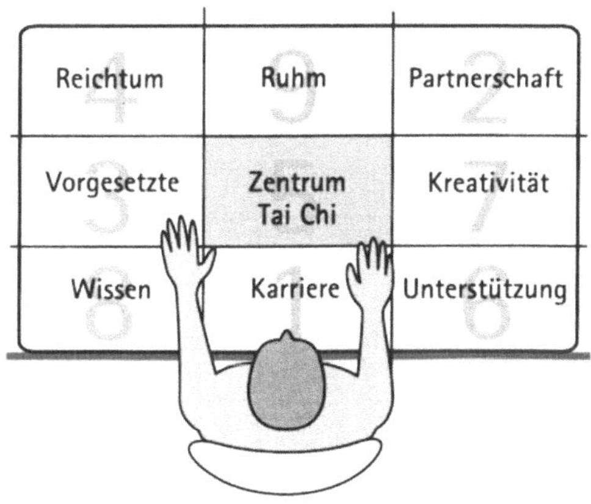

Abb. 3.15.5. Schreibtisch-Bagua

Seite, an der Sie sitzen, ist die Grundlinie des Schreibtisch-Bagua.

Betrachten Sie Ihren Schreibtisch in Ruhe. Was fällt Ihnen auf? Stapeln sich die Akten in wildem Durcheinander? Haben persönliche Dinge ihren Platz? Wann haben Sie zum letzten Mal Ihren Bildschirm gereinigt?

Ordnen Sie nun all dies den neun Zonen zu, wie im Bild dargestellt. Sie stellen vielleicht fest, daß der randvolle Aschenbecher und der Kaffee von vorgestern im Bereich der Kreativität stehen. Auf einmal ist Ihnen klar, warum Ihnen alles freudlos und alle Ideen schal scheinen.

Die Basis guter Feng Shui-Arbeit ist und bleibt Ordnung. Räumen Sie zuallererst Ihren Schreibtisch auf, viele Unterlagen können Sie möglicherweise mittlerweile wegwerfen. Einige Akten sollten Sie vielleicht weitergeben. Wahrscheinlich gibt es Kollegen, die den Akt besser bearbeiten können, Sie werden dabei nicht weniger wichtig.

Unterteilen Sie Ihren Arbeitsplatz in Aktiv- und Passivzonen. Jener Teil des Tisches, an dem Sie gerade arbeiten, ist dabei die Aktivzone. Je nachdem, an welchem Teil des Tisches Sie arbeiten, verändert sich Ihr hauptaktives Bagua. Die Aktivzone soll von störenden Elementen wie Telefon- und Stromkabeln frei sein. Hilfsmittel, die Sie ständig verwenden – hier begegnen wir auch wieder einer Forderung der Ergonomie – sollten in Griffnähe sein. Ungünstige Arbeitsabläufe behindern den freien Fluß Ihrer Lebensenergie.

Beachten Sie bitte zuerst die ergonomischen Regeln, bevor Sie Ihren Schreibtisch nach dem Bagua einrichten.

Gönnen Sie sich regelmäßig kurze Pausen. Einige Körperübungen, kurz die Augen schließen, ganz bewußt etwas anderes tun – und Sie werden den Arbeitstag leichter bewältigen.

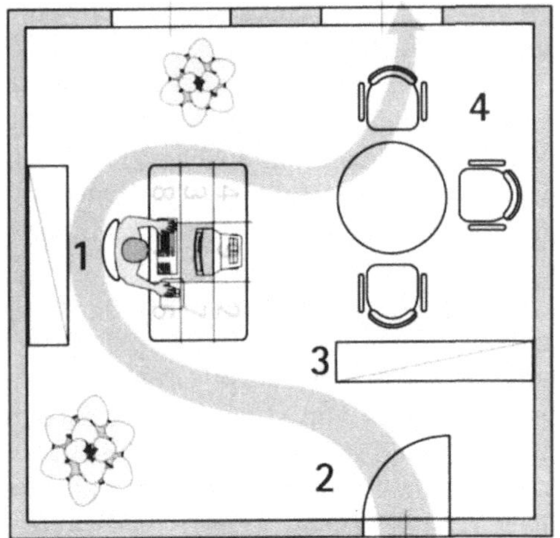

Abb. 3.15.6. Der Ch'i-Fluß in einem Arbeitsraum

3.15.2.3. Das Ch'i im Büro

Die Lebensenergie Ch'i ist für die Qualität Ihres Arbeitsplatzes ganz wesentlich. Der Ch'i-Fluß soll als sanfter Strom alle Bereiche Ihres Gebäudes und natürlich Ihres Büros durchströmen (siehe Abb. 3.15.6.).

Empfehlungen

Hinter Ihrem Rücken soll sich eine volle Wand (1) befinden (Schrank davor maximal halbhoch).
Sie sollen die Türe im Blickfeld haben (2).
Regale (3) können den Ch'i-Fluß lenken und einen geschützten Bereich (4) schaffen.

Eigenschaften des Ch'i

- Ch'i strömt in den Raum durch benutzte Türen, durch Fenster;
- Ch'i wird aufgefrischt durch Wasser, Pflanzen, Licht, Bewegung;
- Ch'i folgt den „elektromagnetischen Spuren" des Menschen;
- Ch'i wird angezogen von der freien Natur, von Wasser;
- Ch'i wird reflektiert durch Spiegel und spiegelnde Farben;
- Ch'i wird gehalten durch Pflanzen und Blumen, durch transluzides Glas, durch Kristalle, durch Windspiele;

Störungen des Ch'i-Flusses

- Blockaden führen zur Stagnation von Ch'i;
- Leckagen (Öffnungen) führen zum Entweichen von Ch'i;
- Zu starke Beschleunigung führt zu Ch'i-„Pfeilen" („Sha-Ch'i");
- Kontamination führt zu Verschmutzung von Ch'i (zum Beispiel Toiletten: Türen und WC-Deckel schließen);
- Verbrauch ohne Nachschub führt zu Mangel an Ch'i;

Je nach Erfordernis kann durch geschicktes Plazieren von Pflanzen, Paravents, Zimmerbrunnen, Regalen, Leuchten, u.a.m. der Ch'i-Fluß gelenkt werden, um die ungünstigen Folgen eines gestörten Ch'i-Flusses zu vermeiden (siehe Abb. 3.15.7.).

3.15.2.4. Das Mehr-Personenbüro

Um in Mehrpersonenbüros allen darin Arbeitenden gute Bedingungen zu ermöglichen, sind die Feng Shui-Regeln besonders sorgfältig zu beachten (siehe Abb. 3.15.8.):

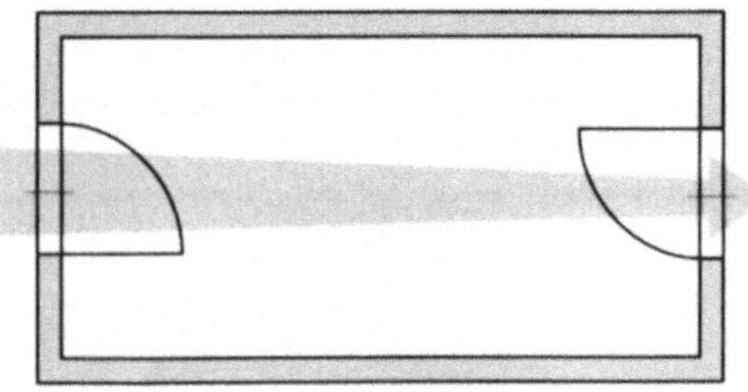

Abb. 3.15.7. Zu schneller Ch'i-Fluß

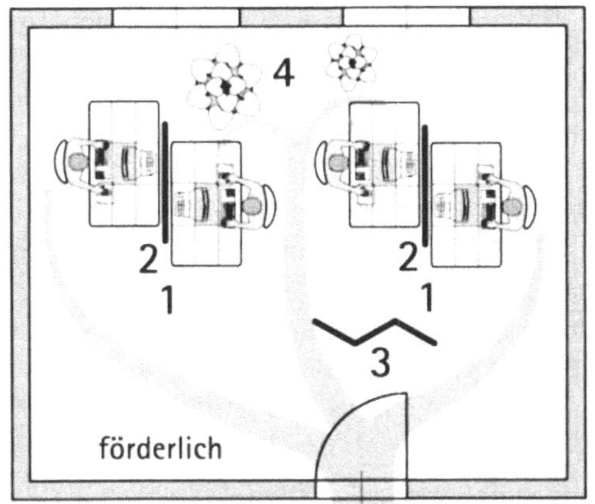

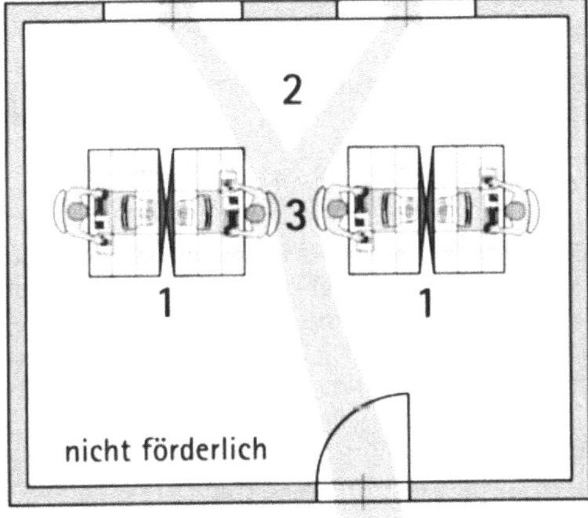

Abb. 3.15.8. Förderliche und nicht förderliche Gestaltung von Mehr-Personenbüros

- jedem Mitarbeiter Rückenschutz und persönlichen Freiraum geben;
- freie Sicht zum Eingangsbereich;
- sorgfältige Führung des Ch'i-Flusses;
- Maßnahmen zur Verringerung der Lärmbelastung;
- Achten Sie auf Störungen durch scharfe Kanten;
- Kabelführungen dürfen weder den Arbeitsfluß stören, noch eine Unfallgefahr darstellen;

- Ordnung und Sauberkeit sind für klaren Geist, Arbeitsfreude und guten Ch'i-Fluß ganz wesentlich;

Grundsätzlich sind die ergonomische Regeln und organisatorische Bedingungen bei der Gestaltung von Mehrpersonenbüros zu berücksichtigen. (Wer arbeitet mit wem zusammen? Wer sitzt den ganzen Tag? Wer verläßt häufig den Arbeitsplatz?)

Förderlich

Tisch versetzt und Sichtschutz zwischen den Tischen (1, 2).
Ch'i-Fluß wird durch Paravant gleichmäßig, im sanften Fluß im Raum verteilt (3).
Pflanzen halten das Ch'i im Raum (4).

Nicht förderlich

Direktes Gegenübersitzen stört (1).
Ch'i fließt ungehindert und zu schnell ab (2).
Zwei Personen sitzen direkt im Energiefluß. Sie werden sich nicht wohlfühlen (3).

3.15.2.5. Tischformen und Tischmaterialien

Ihr Schreibtisch wirkt in Größe, Form und Material auf Sie ein. Dieser Einfluß kann günstig oder weniger fördernd für Sie sein.

Wichtig ist, daß der Schreibtisch in gutem Zustand ist. Der Tisch soll nicht wackeln, die Auflageplatte nicht verworfen sein, klemmende Schreibtischladen sind zu vermeiden.

Ganz allgemein gilt: Runde, halbrunde, ovale und geschwungene Formen regen die Kreativität an. Runde und geschwungene Formen haben weiters den Vorteil, daß weniger scharfe Ecken und Kanten auftreten. Kanten schießen nach Feng Shui „scharfe" Pfeile ab.

Bei der Wahl der Materialien und Farben beachten Sie die Wirkungsweise von Yin und Yang und die 5 Elemente. Glas sollte nicht als Hauptarbeitsfläche verwendet werden.

3.15.2.6. Farben im Feng Shui

Farben sind im Feng Shui zum einen in ihrer Wirksamkeit in der Zuordnung zu den 5 „Elementen" zu betrachten (siehe Tabelle 3.15.4.). Andererseits treten Farben über ihre Schwingungsfrequenz in unterschiedlicher Form mit dem Körper in Resonanz.

Für den arbeitenden Menschen sind folgende Wirkungen von Interesse:

Türkis ist eine entspannte Farbe. Türkis fördert die sprachliche Ausdrucksfähigkeit und ist somit als Wandfarbe in Räumen, in denen viel geschrieben und formuliert wird, gut geeignet.

Gelb stärkt das Denkvermögen und die Konzentration und beeinflußt die mathematisch-strukturierenden Fähigkeiten.

Rot unterstützt Personen, die vornehmlich organisatorisch tätig sind. Aber bitte nur in kleiner Dosis, Rot ist eine sehr starke Farbe.

Grau fördert scharfes Urteilvermögen und Kritikfähigkeit. Eine graue Tischfarbe kann hier helfen.

Braun ist die Farbe der Geborgenheit. Sie ist daher günstig, um nach hektischer Betriebsamkeit zur Ruhe zu kommen. Überwiegt Braun im Raum, müssen Sie damit rechnen, daß Ihre Kreativität gehemmt wird.

Element	
Holz	Grüntöne
Feuer	Rottöne
Erde	Gelb- und Brauntöne
Metall	Weiß-, Grau-, Silber- und Goldtöne
Wasser	Blautöne bis hin zu Schwarz

Tabelle 3.15.4. Farben und Elemente

Grün entspannt. Arbeiten Sie viel am Bildschirm, können Sie Ihr Sehpurpur mit einem intensiven Blick auf eine grüne Fläche auffrischen.

Schwarz absorbiert alle Farben und bedeutet Stillstand und Lebensverneinung.

Blau in heller Ausführung kühlt und beruhigt, tiefes Blau hilft, sich mit der immateriellen Seite des Lebens auseinanderzusetzen.

Apricot mit Blau und Türkis ist für ein Mehrpersonenbüro und Besprechungsräume gut geeignet. Diese Farbkombination fördert produktives und friedvolles Miteinander-Arbeiten, das durch klare Gedanken und Aussagen geprägt ist.

3.15.3. Literatur und weitere Informationen

3.15.3.1. Literatur

Blaha F. (Hg.): Der Mensch am Bildschirmarbeitsplatz. Ein Handbuch über Recht, Gesundheit und Ergonomie. Springer-Verlag, Wien, 1995.

Blaha Büromöbel (Hg.): Für mehr Körper und Bürokultur. Die Fibel zum ergonomischen Arbeitsplatz. Blaha Büromöbel, Korneuburg.

Blaha Büromöbel (Hg.): Bringen Sie frischen Wind in ihr Büro. Feng Shui aus ergonomischer Sicht. Blaha Büromöbel, Korneuburg.

Sator G.: Feng Shui. Die verborgene Kraft des Arbeitsplatzes. Signum-Verlag, Wien, 1998.

Lim J.: Feng Shui & Gesundheit. Vital leben in Haus und Wohnung. Joy-Verlag, Sulzberg, 1997.

Chuen L.K.: Das Feng Shui Handbuch. Wie Sie Ihre Wohn- und Arbeitssituation verbessern, Joy-Verlag, Sulzberg, 1996.

Spear W.: Die Kunst des Feng Shui. Optimale Energie durch Gestaltung des Lebensraumes, Knaur-Alternativ heilen, 11/1996.

Jordan H.: Räume der Kraft schaffen. Der westliche Weg ganzheitlichen Wohnens und Bauens. Verlag Hermann Bauer, Freiburg, 1997.

3.16. Feng Shui versus Ergonomie

Von esoterischen und naturwissenschaftlichen Ansätzen zur Gestaltung der menschlichen Arbeitsumgebung

Walter Hackl-Gruber

In aller Kürze

Stellt man die beiden Disziplinen Ergonomie und Feng Shui gegenüber, könnte man einen Vergleich zu Schul- und Alternativmedizin anstellen. Erstere basiert und baut auf naturwissenschaftlichen Erkenntnissen und Methoden auf und letztere beruft sich auf Erkenntnisse, Erfahrungen und Überlieferungen vor allem auf alte chinesische Weisheiten und Traditionen. Die Betrachtung von Feng Shui und Ergonomie ist im Grunde auch eine Gegenüberstellung von Naturwissenschaft und Esoterik. Dieser Beitrag betrachtet und vergleicht die jeweiligen Ansätze zur Gestaltung der Arbeitsbedingungen.

3.16.1. Begriff und Inhalt von Feng Shui[1]

„Feng Shui bedeutet wörtlich übersetzt ‚Wind und Wasser‘. ... Vor allem drückten die Namensgeber damit aus, daß hinter allem, was uns in der sichtbaren und unsichtbaren Welt umgibt, eine Energiequelle steckt. Schließlich repräsentieren sowohl Wind, als auch Wasser sehr machtvolle Naturerscheinungen, die manchmal schwer zu bändigen sind – deshalb mußte man sich mit ihnen gutstellen. Feng Shui sollte dies ermöglichen.“[2]

Der Grundgedanke des Feng Shui besagt: *„Alles ist mit allem verbunden – nichts existiert isoliert, jedes Ding, jedes Lebewesen, jeder Gedanke, jedes Gefühl steht in Beziehung mit allem anderen.*

Feng Shui ist eine über 3500 Jahre alte Wissenschaft. Die Feng-Shui-Praxis hat ihre Wurzeln in der chinesischen Sicht des Universums, wonach alle Dinge dieser Welt fünf Grundelementen zugeordnet werden

können (Feuer, Metall, Erde, Holz und Wasser) und mit positiver oder negativer Energie aufgeladen sind. Diese Energie nennt man Chi. Etwas blumiger wird sie auch als der kosmische Atem des Drachen bezeichnet, der den Menschen, die von ihm umgeben sind, Glück bringt. Die Fünf Elemente bilden eine der tragenden Säulen der Feng-Shui-Analyse und -Praxis. Dabei kann jedes dieser Fünf Elemente entweder Yin- oder Yang-Attribute in sich tragen.

Feng Shui ist ein Verfahren zur Lebensgestaltung. Am besten läßt es sich beschreiben als die Wissenschaft der Auswahl und der Gestaltung des Umfelds, die nach einem völlig harmonischen Gleichgewicht der Fünf Elemente sowie der Yin- und Yang-Energie strebt. Wer in einer derartigen Umwelt wohnt, wird ein angenehmes Leben führen.

Feng Shui versteht sich auch als eine Kunstform, die auf Erfahrung und gesundem Menschenverstand basiert. Auf kunstvolle Weise beseitigt sie die Disharmonie in der Umwelt und verbessert die unmittelbare Wohn- und Arbeitsumgebung, um das le-

---

1 Siehe auch Kapitel 3.15.
2 Siehe G. Sator in der Literaturliste.

bensnotwendige Gleichgewicht und die Harmonie weiter zu stärken."[3]

3.16.2. Begriff und Inhalt der Ergonomie

Der Begriff Ergonomie scheint das erste Mal im Jahre 1857 in einer polnischen Zeitschrift auf. Was der Autor darunter verstand, soll durch das nachfolgende Zitat verdeutlicht werden:

„Ergonomie: ... von den griechischen Worten „ergon" – Arbeit und „nomos" – Recht, Regel ... abgeleitet ... um reichlich Früchte zu erhalten mit geringster Mühe und größter Zufriedenheit für das eigene und allgemeine Wohl ..."[4]

Frei übersetzt bedeutet dies soviel wie die „Lehre (Wissenschaft) um den arbeitenden Menschen".

Systematisch wird dieses Wissensgebiet unter dieser Bezeichnung seit 1949 (Gründung der Ergonomics Research Society in London) bearbeitet. Die Ergonomie ist also eine noch recht junge Wissenschaftsdisziplin, ergonomische Aufgaben und Problemstellungen werden unter anderen Bezeichnungen jedoch schon sehr lange behandelt.

Abbildung 3.16.1. soll den interdisziplinären Charakter dieser Wissenschaftsdisziplin veranschaulichen.

Von vielen Wissenschaften partizipierend, versucht die Ergonomie dieses Wissen zu koordinieren und zusammen mit Ergebnissen aus der eigenen Forschung zu neuen übergreifenden Erkenntnissen über den arbeitenden Menschen zu kommen.

Die Ergonomie beruht auf der Erforschung der Eigenart und Fähigkeiten des menschlichen Organismus und schafft dadurch die Voraussetzungen für eine Anpas-

Abb. 3.16.1. Der interdisziplinärer Charakter der Ergonomie

sung der Arbeit an den Menschen sowie des Menschen an die Arbeit.[5]

Um das Verständnis bezüglich Ergonomie abzurunden soll noch K.F.H. Murrell, ein wichtiger Wegbereiter dieser Disziplin, zitiert werden: *„Man hat Ergonomie als das wissenschaftliche Studium der Beziehungen zwischen dem arbeitenden Menschen und seiner Umgebung definiert. In diesem Zusammenhang soll der Ausdruck ‚Umgebung' nicht nur die nächste Umgebung umfassen, innerhalb der der Mensch arbeitet, sondern auch die Werkzeuge, Materialien und Arbeitsmethoden sowie die Organisation seiner Arbeit. All dies steht in enger Beziehung zu den Charaktereigenschaften des betreffenden Menschen, zu seinen Fähigkeiten, Möglichkeiten und Leistungsgrenzen.*"[6]

3.16.2.1. Ergonomische Arbeitsgestaltung

Ergonomische Gestaltungsaufgaben kann man im wesentlichen vier Gestaltungsbereichen zuordnen:

1. Anthropometrische Gestaltung des Arbeitsplatzes
2. Arbeitsmittelgestaltung
3. Gestaltung der Arbeitsumgebung
4. Gestaltung der Arbeitsorganisation

---

3 Lilian Too, Köln, 1999.

4 Aus dem Polnischen nach Jastrzebowski, 1857.

5 Nach REFA, 1971.

6 K.F.H. Murrell, 1971.

In Abb. 3.16.2. werden exemplarische Beispiele zu den Gestaltungsmerkmalen angeführt.

Neben diesen traditionellen Gestaltungsfeldern der Ergonomie, hat in den letzten Jahren gerade im Bürobereich die hard- und software-ergonomische Gestaltung von Bildschirmarbeit enorme Bedeutung erlangt. Darüber hinaus ist der Sitzarbeitsplatz ein unerschöpfliches Thema der „Büro-Ergonomie". Die immer noch zunehmende Verbreitung und die steigende Intensität der Nutzung EDV-gestützter Arbeitssysteme im Büro wird auch in nächster Zeit ein umfassendes Betätigungsfeld für Ergonomen darstellen.

3.16.3. Gegenüberstellung von Feng Shui und Ergonomie

Feng Shui, in seiner Interpretation durch westliche Vertreter und insbesondere Berater, stellt den Versuch dar, das Unerklärbare zu erklären, ohne es wirklich erklären beziehungsweise beweisen zu müssen!

Es behandelt das Unbegreifliche, nicht Faßbare, Allgegenwärtige, das Fühlen, Irrationale, das Mittelbare. Alles ist universell und doch individuell beziehungsweise spezifisch wirksam. Was für den Einen positiv ist, kann für den Anderen negativ sein.

Es dominieren Feststellungen wie „so ist es", „die Erfahrung lehrt uns", etc. Die Belege dafür, was ist beziehungsweise wie etwas ist, werden aus der Erfahrung der Geschichte, der Menschen im Fernen Osten abgeleitet oder es wird auf die eigenen Erfahrungen der Feng Shui betreibenden Akteure verwiesen beziehungsweise aufgefordert mit Feng Shui eigene Erfahrungen zu machen. Es werden keine rationalen Erklärungen oder Beweise angeboten, sondern an die Evidenz der Wahrheit appelliert.

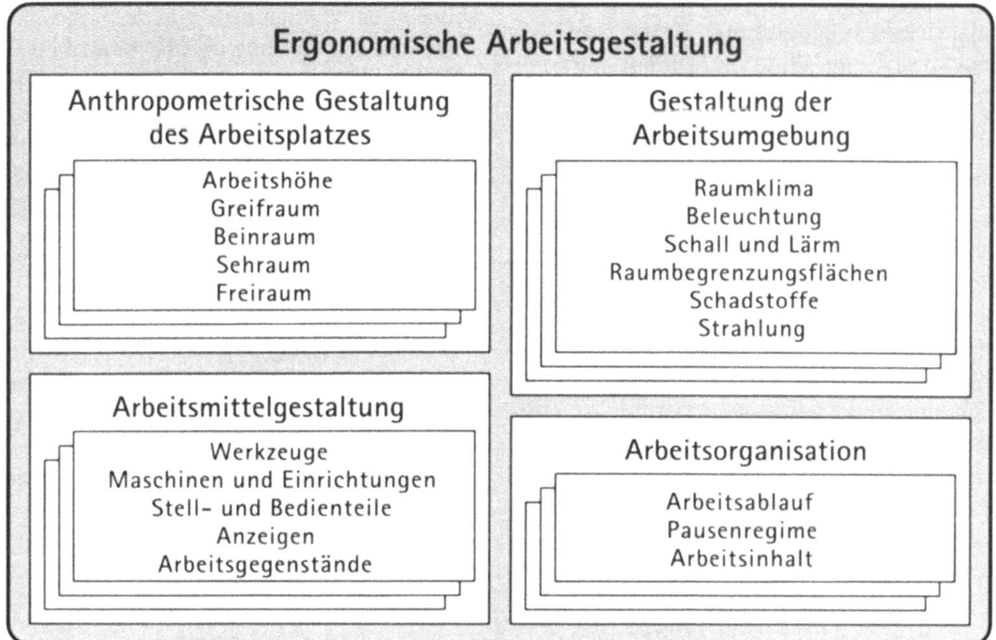

Abb. 3.16.2. Gestaltungsbereiche der Ergonomie

Von westlichen Vertretern des Feng Shui werden oft Parallelen zu den Natur- und Geisteswissenschaften gezogen. Sollte dies etwa dazu dienen, den Menschen mit westlichem kulturellen Hintergrund Beweise zu liefern, daß die Erkenntnisse des Feng Shui doch rational erklärbar sind? Es ist nicht klar, was damit bewiesen werden soll. Und es stellt sich auch die Frage, ob es der Abstützung einer Weltsicht dient, andere Weltsichten dafür heranzuziehen.

Westliche Anhänger des Feng Shui vertreten und verkaufen eine Menge von edlen Grundsätzen und positiven Leitsätzen, die auch ohne Feng Shui-Hintergrund erstrebenswert und sehr oft selbsterklärend sind. Es könnte der Eindruck entstehen, daß Feng Shui lediglich das „Verkaufsvehikel" ist und der Erfolg von Feng Shui in der Richtigkeit dieser Grund- oder Leitsätze zu finden ist. Einiges deutet darauf hin, daß im übertragenen Sinne verschiedene erzielte Wirkungen auf dem aus der Medizin bekannten Placebo-Effekt beruhen könnten. Auch dabei ist eine bestimmte Wirkung evident, obwohl die naturwissenschaftliche Erklärung dafür fehlt. Die Wirksamkeit von Placebos beruht – und das ist nicht verwerflich – auf den Erwartungshaltungen, Wünschen, Hoffnungen und Überzeugungen von Menschen. Weiters wird bezüglich Feng Shui festgestellt: *„Es ist eine uralte chinesische Wissenschaft, letztlich so alt wie die Menschheit selbst, denn sie beruht auf dem gesammelten Wissen der Ahnen"* (G. Sator). Hier drängt sich die Frage auf, ob dies ein zulässiges Kriterium darstellt, um von Wissenschaft im naturwissenschaftlichen Sinne zu sprechen. Ein weiterer möglicher Grund für den Zulauf, den Feng Shui-Seminare und -Berater haben, könnten die attraktiven Versprechungen sein, die häufig gemacht werden. So findet man auf einer einschlägigen Homepage:[7]

„Eine Feng Shui Beratung kann
- *die Gewinne erhöhen,*
- *die Kreativität fördern,*
- *das Arbeitsklima und die Produktivität verbessern,*
- *Hilfestellung bei negativer Geschäftsentwicklung geben,*
- *der Geschäftsführung den Rücken stärken und*
- *eine lohnende Investition sein."*

Ein derartiges Angebot kann man wohl nicht so leicht ausschlagen. In einer profilierten Tageszeitung wie „Die Presse" wird unter dem Titel „Feng Shui erobert Österreichs Büros" folgendes berichtet: *„Wie profitabel der Einsatz harmonischer Schwingungen sein kann, beweist die Finanzmetropole Hongkong. Die Bank of China und die Hong Kong Bank – beide strengstens nach Feng Shui-Kriterien erbaut – sind die bekanntesten Beispiele für die umsatzfördernde Wirkung der jahrtausendalten Wohnphilosophie."*[8] So ist man von der Seriosität und Wirksamkeit vollends überzeugt.

Wenn weiters in diesem Artikel noch folgende Gestaltungsempfehlungen gegeben werden, die aus der Sicht der Ergonomie teilweise im krassen Widerspruch zu arbeitswissenschaftlichen Erkenntnissen und daraus abgeleiteten Regeln zur Arbeitsplatzgestaltung stehen, so kann dies für die Menschen im Büro beinahe gefährlich werden:

„Ordnen Sie Raumteiler und Schreibtische so an, daß Menschen und wichtige Aktenschränke keinen scharfen Ecken ausgesetzt sind.

,Scharfe' Ecken und Kanten können mit Hilfsmitteln wie Spiegeln oder Pflanzen ausgeglichen werden.

Als erfolgbringendes Maß für den Schreibtisch eines Angestellten im mittleren

---

7 www.innenraum.de/gjs_pg13.htm.

8 Tanja Wernsdorf, Die Presse, 23. September 2000.

Management gelten 84 cm Höhe, 122 cm Länge und 81 cm Breite.

Die Fachböden offener Bücherregale wirken wie Messerklingen und sollten vermieden, oder mit Türen versehen werden.

Computer erzeugen viel helle Yang-Energie, die durch Yin-Energie – beispielsweise gedämpftes Licht, blaue Farbe, Pflanzen – ausgeglichen wird.

Wasser, in der südöstlichen Ecken des Büros plaziert, ist ein Symbol für Wachstum und Reichtum. Typische Wassersymbole (blaue, schwarze Farben, Bilder) versprechen jenen Betrieben Erfolg, die viel mit Geld zu tun haben (Banken, Versicherungen)."[9]

Ergonomie beschäftigt sich hingegen mit dem Begreifbaren, dem Gegenständlichen, Rationalen, Unmittelbaren. Die Erkenntnisse basieren auf naturwissenschaftlichen Grundlagen. Nicht jedes Phänomen ist jedoch naturwissenschaftlich erforscht und nicht alles mit naturwissenschaftlichen Ansätzen erklärbar. Die Ergonomie bietet dafür auch keine Erklärungen an.

Einen besonderen Stellenwert hat die Ergonomie im Arbeitsbereich, bei der Gestaltung des Arbeitsplatzes, der Arbeitsräume, der Arbeitsgegenstände und von Arbeitsabläufen sowie Arbeitsinhalten, ja überall dort, wo menschliche Beanspruchung zustande kommt. Dies hat auch der Gesetzgeber erkannt und im § 3 Abs. 2 des ArbeitnehmerInnenschutzgesetzes (wo von der Verpflichtung des Arbeitgebers, für die Sicherheit und Gesundheit der Arbeitnehmer zu sorgen, gesprochen wird) die Berücksichtigung des neuesten Standes der Technik und der Erkenntnisse auf dem Gebiet der Arbeitsgestaltung erwähnt: *„Stand der Technik im Sinne dieses Bundesgesetzes ist der auf einschlägigen wissenschaftlichen Erkenntnissen beruhende Entwicklungsstand fortschrittlicher technologischer Verfahren, Einrichtungen und Betriebsweisen, deren Funktionstüchtigkeit erprobt oder erwiesen ist".*[10] Kommt auch im Gesetzestext der Begriff Ergonomie nicht explizit vor, so steht doch außer Zweifel, daß diese Wissenschaft den angesprochenen Anforderungen voll gerecht wird.

3.16.4. Resümee

Feng Shui und Ergonomie sind zwei Zugänge zur Gestaltung der Umgebung des Menschen mit vergleichbarer Zielsetzung, jedoch völlig unterschiedlicher Herangehensweise.

Nicht alle Problemfelder sind auf rein naturwissenschaftlicher Grundlage erklärbar und lösbar. Wenn jedoch rationale Erklärungen angeboten werden können, sollten diese Priorität genießen und danach gehandelt werden. Gerade die Ergonomie kann eine ganze Reihe derartiger Erklärungen und Lösungsansätze insbesondere für den Arbeitsbereich anbieten, wofür es kaum Alternativen gibt. Die Erkenntnisse, Gestaltungsansätze und Leitsätze der Ergonomie sind jedoch keineswegs als „Kochrezepte" zu verstehen, die unreflektiert umgesetzt werden können. Ein umfassendes Problemverständnis und der gesunde Menschenverstand sind nötig, um zu optimalen Lösungen zu gelangen.

Feng Shui stellt keine Alternative zur Ergonomie dar, obwohl auch bei eingehender Beschäftigung mit diesen Prinzipien erstaunliche Erfolge zu erzielen sind. Ganz so einfach, wie dies recht oft behauptet wird, sind zufriedenstellende Gestaltungslösungen jedoch nicht zu erreichen. Ein gründliches Studium der einschlägigen Prinzipien und Regeln, sowie umfangreiche praktische Erfahrung ist dafür nötig. Auch dabei ist ein unreflektiertes Anwenden der angebotenen

---

9 TW, Die Presse, 23. September 2000.

10 § 2 Abs. 8 ASchG.

Instrumente und Hilfsmittel zur Analyse und Gestaltung der Umgebung des Menschen, wie es jedoch erstaunlich oft propagiert wird, nicht zielführend.

3.16.5. Literatur und weitere Informationen

3.16.5.1. Literatur

Jastrzebowski W.: Rys ergonomji czyli nauki o pracy. In: Przyroda i Przemysl, No. 29, 1857.

Murrell K.F.H.: Ergonomie, Grundlagen und Praxis der Gestaltung optimaler Arbeitsverhältnisse. Deutsche Bearbeitung: Dr.-Ing. H. Schnauber, Econ Verlag GmbH, Düsseldorf und Wien, 1971.

REFA: Methodenlehre des Arbeitsstudiums, Teil 1, Grundlagen, Carl Hanser Verlag, München, 1971.

Sator G.: Feng Shui. Leben und Wohnen in Harmonie. Gräfe und Unzer Verlag, München.

Too L.: Das Große Buch Feng Shui. Könemann Verlagsgesellschaft mbH, Köln, 1999.

3.16.5.2. Regelwerke

450. Bundesgesetz über Sicherheit und Gesundheitsschutz bei der Arbeit (ArbeitnehmerInnenschutzgesetz – ASchG), ausgegeben am 17. Juni 1994.

3.16.5.3. Internetadressen

www.innenraum.de/gjs_pg13.htm

4
Hilfen für die Praxis

Das Wichtigste im Überblick

In den nachfolgenden Kapiteln werden die hier kurz zusammengefaßten Themen ausführlich dargestellt:

Evaluierung

Über den Prozeß der Ermittlung und Beurteilung von Gefahren und Belastungen ist seit Inkrafttreten des ASchG sehr viel diskutiert, geschrieben und auch gestritten worden. Zu Beginn konzentrierte sich das Interesse hauptsächlich auf die Suche nach geeigneten Verfahren und Methoden zur Erhebung, Beurteilung und Dokumentation. Zahlreiche Konzepte dazu wurden entwickelt und vorgestellt, einige davon speziell für den Bereich der Bildschirmarbeit. In der Zwischenzeit liegen Erfahrungen mit der Evaluierungspraxis vor. Organisatorische Fragen zur Durchführung der Evaluierung und zur Umsetzung von Verbesserungsmaßnahmen sowie zu den betrieblichen Effekten des Evaluierungsprozesses haben an Bedeutung gewonnen. Dieser Artikel behandelt die gesetzlichen Anforderungen für die Ermittlung und Beurteilung von Gefahren und Belastungen an Bildschirmarbeitsplätzen, organisatorische Aspekte bei der Umsetzung und Maßnahmenplanung und zeigt anhand von Unternehmensbefragungen die betriebliche Einschätzung der Effekte von Evaluierungen.

Psychische Belastungen evaluieren

Über die Begriffe „psychische Belastung" und „Stress" herrschen eine ganze Menge Mißverständnisse und Fehlinterpretationen. Weit verbreitet ist die Meinung, daß darunter nur Zeitdruck, Arbeitsdruck und Mobbing zu verstehen sind. Weiters wird häufig angenommen, daß psychische Belastungen nur besonders sensible Menschen betreffen. Ferner wird vermutet, daß die Problemlösung ausschließlich eine individuelle Therapie für die betroffenen Menschen wäre und solche Probleme einen Arbeitgeber sicher nicht betreffen. Alle diese Meinungen beruhen auf Irrtümern.

Bevor also etwas über die Ermittlung und Beurteilung von psychischen Belastungen gesagt werden kann, muß erläutert werden, was überhaupt darunter zu verstehen ist. Arbeitsbedingte psychische Belastungen können sehr vielfältig sein, sie können an jedem Arbeitsplatz – mit oder ohne Bildschirmtätigkeit – vorkommen. Im ersten Teil dieses Textes wird grundsätzlich geklärt, was unter psychischer Belastung beziehungsweise Stress zu verstehen ist, welche arbeitsbedingten Stressoren es geben kann, wie sich diese auf die Gesundheit auswirken können, welche Präventionsmaßnahmen ergriffen werden können und wo es gesetzliche oder normative Bezüge zu diesem Thema gibt.

Im Anschluß an diesen Erläuterungsteil folgt ein Verfahren, welches als Checkliste oder als Fragebogen zur Ermittlung von psychischen Belastungen im Unternehnmen eingesetzt werden kann. Es wird in diesem Zusammenhang auch darauf hingewiesen, daß für die Evaluierung psychischer Belastungen besondere Voraussetzungen im Unternehmen nötig sind, ohne die eine solche Aktivität nicht empfohlen wird.

4.1. Evaluierung

Methoden und Herangehensweisen zur Evaluierung von Büro- und Bildschirmarbeit
Walter Hutterer, Martina Molnar, Michael Wichtl, Klaus Wittig

In aller Kürze

Über den Prozeß der Ermittlung und Beurteilung von Gefahren und Belastungen ist seit Inkrafttreten des ASchG sehr viel diskutiert, geschrieben und auch gestritten worden. Zu Beginn konzentrierte sich das Interesse hauptsächlich auf die Suche nach geeigneten Verfahren und Methoden zur Erhebung, Beurteilung und Dokumentation. Zahlreiche Konzepte dazu wurden entwickelt und vorgestellt, einige davon speziell für den Bereich der Bildschirmarbeit. In der Zwischenzeit liegen Erfahrungen mit der Evaluierungspraxis vor. Organisatorische Fragen zur Durchführung der Evaluierung und zur Umsetzung von Verbesserungsmaßnahmen sowie zu den betrieblichen Effekten des Evaluierungsprozesses haben an Bedeutung gewonnen. Dieser Artikel behandelt die gesetzlichen Anforderungen für die Ermittlung und Beurteilung von Gefahren und Belastungen an Bildschirmarbeitsplätzen, organisatorische Aspekte bei der Umsetzung und Maßnahmenplanung und zeigt anhand von Unternehmensbefragungen die betriebliche Einschätzung der Effekte von Evaluierungen.

4.1.1. Evaluierung – was ist das?

Eine „Evaluierung" ist die systematische Begleitung, Beurteilung und Kontrolle eines Prozesses. Schulnoten sind beispielsweise ebenfalls eine Evaluierung des Erfolges und der Leistungen von Schülern. Auch andere Verfahren in Betrieben können als Evaluierungsvorgänge beschrieben werden. So sind bei Budgetierungen, Projektkostenkontrollen, Qualitätskontrollen, Karriereplanungsprozessen, Produktplanungen, etc. ebenfalls Evaluierungsverfahren üblich.

Genau dieses Prinzip wird nun auf den Prozeß zwischen Ist und Soll des Arbeitnehmerschutzes angewendet (siehe Abb. 4.1.1.). Das Ziel ist es, laufend Mängel zu erkennen und zu beseitigen, und damit die Sicherheit und den Gesundheitsschutz im Betrieb kontinuierlich zu optimieren. Dieser Status ist in den Sicherheits- und Gesundheitsschutzdokumenten gemäß § 5 ASchG festzuhalten.

Die Inhalte dieser Dokumentation müssen der Verordnung über die Sicherheits- und Gesundheitsschutzdokumente (DOK-VO) entsprechen. Die Form der Dokumentation kann jedoch individuell gewählt werden.

4.1.2. Rechtliche Aspekte für Bildschirmarbeit

Die grundsätzlichen Anforderungen zur Evaluierung von allen Arbeitsplätzen und deren Dokumentation sind in den §§ 4 und 5 ASchG festgehalten. An Bildschirmarbeitsplätzen gibt es jedoch besondere Belastungen, auf die in den entsprechenden Paragraphen des ASchG und der BS-V hingewiesen wird. § 68 Abs. 1 ASchG verlangt: *Im Rahmen der Ermittlung und Beurteilung der Gefahren ist auch auf die mögliche Beeinträchtigung des Sehvermögens sowie auf physische und psychische Belastungen besonders Bedacht zu nehmen. Auf Grundlage*

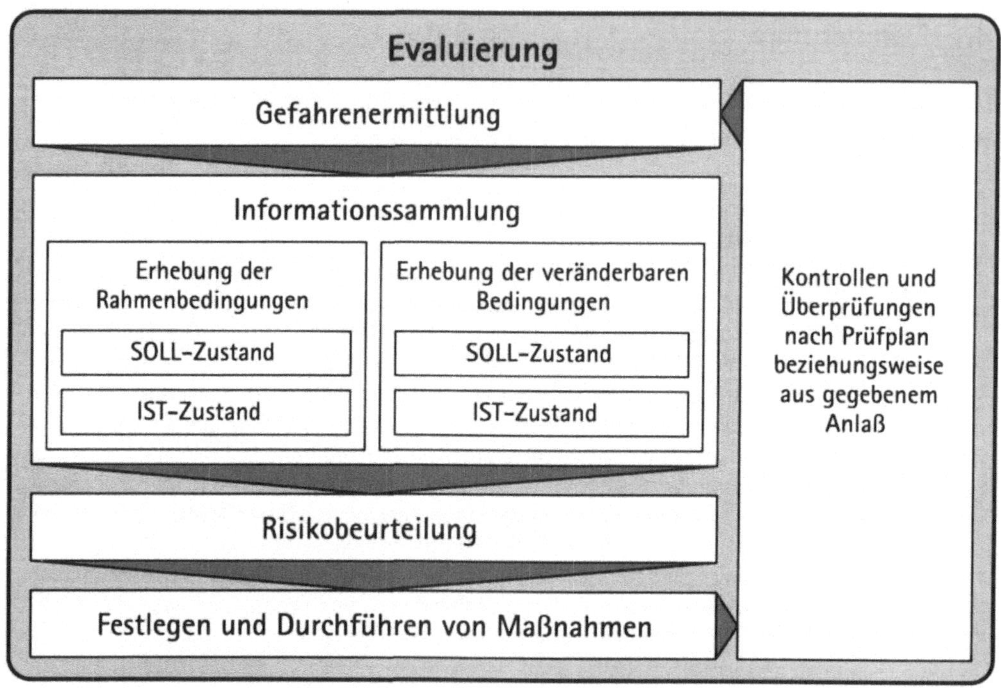

Abb. 4.1.1. Prozeß der Evaluierung (nach AUVA-Merkblatt M 040)

dieser Ermittlung und Beurteilung sind zweckdienliche Maßnahmen zur Ausschaltung der festgestellten Gefahren zu treffen, wobei das allfällige Zusammenwirken der festgestellten Gefahren zu berücksichtigen ist.

§ 8 BS-V ergänzt diese Anforderungen mit der Notwendigkeit der Ermittlung und Beurteilung der Arbeitszeit, die mit Bildschirmarbeit verbracht wird: *Im Rahmen der Ermittlung und Beurteilung von Gefahren im Sinne des § 68 Abs. 1 ASchG ist insbesondere festzustellen, ob Bildschirmarbeit im Sinne des § 1 Abs. 4 vorliegt.* Dieser Paragraph präzisiert, was unter dem *nicht unwesentlichen Teil der normalen Arbeit im Sinne des § 68 Abs. 3 ASchG* zu verstehen ist. Dies ist dann der Fall, *wenn Arbeitnehmer/innen*

1. durchschnittlich ununterbrochen mehr als zwei Stunden oder

2. durchschnittlich mehr als drei Stunden ihrer Tagesarbeitszeit mit Bildschirmarbeit beschäftigt werden.

Werden diese Grenzen überschritten, dann haben die betroffenen ArbeitnehmerInnen Anrecht auf Pausenregelungen, Untersuchung der Augen und des Sehvermögens, sowie gegebenenfalls auf augenärztliche Untersuchungen und „Bildschirmbrillen".

Belastungen können sich bei Bildschirmarbeit aufgrund von Fehlhaltungen, einseitigen Muskelbeanspruchungen und ungünstigen Umgebungsbedingungen (Reflexionen, Blendungen, hohen Leuchtdichtekontrasten und ungünstigen Sehobjekten) mit Wirkung vor allem auf den Stütz- und Bewegungsapparat sowie auf das visuelle System ergeben. Weiters resultieren psychische Belastungen sowohl aus den genannten körperlichen Belastungen als auch aus Unzulänglichkeiten von Hard- und Software und arbeits- und tätigkeitsorganisatorischen Aspekten.

Es müssen aber nicht nur die unmittelbar auf die Bildschirmarbeit bezogenen Aspekte berücksichtigt werden, sondern auch typische andere Gefährdungsaspekte (Sturz und Fall, Brand, mechanische Gefahren, elektrische Gefahren, unter Umständen chemische Gefahren).

4.1.2.1. Fristen und Termine

Gemäß ASchG gab es eine Staffelung der Fertigstellungstermine für die Evaluierung beziehungsweise deren Dokumentation in Abhängigkeit von der Unternehmensgröße beziehungsweise Beschäftigtenzahl, die jedoch in der Zwischenzeit alle in Kraft getreten sind. Das bedeutet, für alle österreichischen Arbeitsplätze – auch für jene im öffentlichen Dienst – sollte es diese Sicherheits- und Gesundheitsschutzdokumente bereits geben.[1]

4.1.3. Praktische Vorgangsweise

Aus den praktischen Erfahrungen bei der Organisation und Durchführung der Evaluierung lassen sich einige Grundüberlegungen und Handlungsschritte ableiten. Diese sind zu berücksichtigen, wenn die Evaluierung effizient, effektiv und zufriedenstellend sein soll.

1. Ansprechpartner finden und zuständige Personen einbinden (Arbeitgeberseite, Arbeitnehmervertretung, Sicherheitsfachkräfte, Arbeitsmediziner, andere Beauftragte für gesundheits- und sicherheitsrelevante Themen);

2. Ziele, Zeitpläne, Zuständige festlegen;

3. Bildung eines Evaluierungsteams;

4. Betrieblich relevante Unterlagen zusammenstellen (Hauspläne, Organigramme, Dokumente der Haustechnik, Brandschutzunterlagen, Betriebs- und Anlagengenehmigungen, Zuständige, etc.);

5. Erste Begehung, um sich einen Überblick zu verschaffen;

6. Allgemeine Informationen über die zu evaluierenden Gefahren und Belastungsarten sammeln (zum Beispiel bei Bildschirmarbeit Informationen über ergonomische Grundlagen und Gestaltungsanforderungen);

7. Erstellen eines Konzeptes zur Durchführung (bei größeren Evaluierungsbereichen organisatorische Gliederungsstruktur);

8. Entscheidung über anzuwendende Instrumente, Verfahren, Methoden;

9. Durchführung unter Einbindung der Mitarbeiter;

10. Erstellen einer Mängelliste;

11. Vorschlage für Maßnahmen;

12. Erstellen der gesetzlichen Sicherheits- und Gesundheitsschutzdokumente nach der DOK-VO (nicht vergessen auf Sicherheitsdatenblätter für gefährliche Arbeitsstoffe, Anlegen einer Liste prüfpflichtiger Arbeitsmittel, Evaluierung nach dem Mutterschutzgesetz);

13. Verantwortliche und Termine für Entscheidungen, Planung und Umsetzung klären;

14. Gegebenenfalls Anbindung an andere betriebliche Prozesse (QS-Systeme, KVP, Umweltschutzmanagement, Sicherheits- und Gesundheitsschutzmanagementsysteme, etc.);

15. Betroffene Personen über Ergebnisse informieren;

16. Erfolgskontrolle von Maßnahmen.

---

1 Weitere Ausführungen zu Regelungen im öffentlichen Dienst siehe Kapitel 1.2.

4.1.3.1. Methoden und Werkzeuge

Bei der Durchführung der Evaluierung können – je nach Betriebssituation, Problemlage und individuellen Zielen – verschiedene Methoden und Werkzeuge angewendet werden:

a) Evaluierungslogistik

Im ersten Schritt muß zur Effizienz des Ablaufes eine Abstimmung auf organisatorische Rahmenbedingungen erfolgen. Dies bedeutet, daß organisatorische Gliederungen nach Arbeitsbereichen, Arbeitsmitteln und Belastungsarten notwendig sind. Konkret heißt das, daß beispielsweise Abteilungen (Einkauf, Entwicklung, Labor, Produktion, Versand, etc.) als eine Einheit zu evaluieren sind. Es gibt hier bereichsbezogene, raumbezogene, arbeitsplatz- und arbeitsmittelbezogene Aspekte. Im Büro werden in der Regel raumbezogene und arbeitsplatzbezogene Herangehensweisen sinnvoll sein. Beispielsweise sind Licht- und Beleuchtungsaspekte und klimatische Faktoren raumbezogen, während die Gestaltung hinsichtlich der Möblierung und der Positionierung von Arbeitsmitteln, etc. den einzelnen Arbeitsplatz betrifft. Arbeitsmittel, die häufig auftreten, können weitgehend auf einer generellen Stufe erfaßt werden (beispielsweise Bürodrehstühle, Bildschirmgeräte). Natürlich sind individuelle Aspekte (zum Beispiel die Abstimmung von Monitor und Grafikkarte, die sichere Funktion des einzelnen Gerätes) dennoch zu berücksichtigen und beziehen sich zumeist auf den einzelnen Arbeitsplatz.[2]

---

2 Solche Logistikaspekte sind enthalten in: Allgemeine Unfallversicherungsanstalt (Hg.): Gefahren ermitteln und beseitigen. Evaluierungsleitfaden für den Bürobereich. Die ersten Schritte. E 017, Wien.

b) Auswertung betrieblich relevanter Dokumente und Kennzahlen

Hinweise darauf, ob spezifische Gefahren oder Belastungen in bestimmten Bereichen des Betriebes vorliegen könnten, liefern auch betriebliche Kennzahlen wie zum Beispiel die Unfallrate, Krankenstandsraten, Fluktuationsdaten, Qualitätskennziffern, etc. Das heißt natürlich auch umgekehrt, daß Maßnahmen zur Reduktion von Gefahren und Belastungen und zur Verbesserung von Sicherheit und Gesundheit positive Wirkung auf diese Kennzahlen haben.

c) Begehungen und Expertenbeurteilungen

Die Besichtigung beziehungsweise Begehung der Arbeitsbereiche, des Arbeitsumfeldes, der Arbeitsplätze und Arbeitsabläufe ist für jede Evaluierung ein wichtiger erster Schritt, um Übersicht zu gewinnen. Eine Erhebung und Beurteilung von Gefahren und Belastungen im Rahmen einer Begehung erfordert jedenfalls Zeit und zusätzlich den Einsatz geeigneter Checklisten oder anderer Erfassungswerkzeuge.

Es kann auch sinnvoll sein, die Aufmerksamkeit immer nur auf bestimmte Themenbereiche zu richten, also beispielsweise in einem Durchgang nur auf mechanische Gefährdungen zu achten oder nur auf Belastungen aus unergonomischen Haltungen und Bewegungen. Dies hat den Vorteil, daß man sich nicht mit zahlreichen gleichzeitig wahrzunehmenden Kriterien überfordert und „vor lauter Bäumen den Wald nicht mehr sieht".

Eine fundierte Evaluierung sollte sich jedoch nicht darin erschöpfen, nur augenscheinliche Mängel zu erfassen, die im Vorübergehen gesichtet werden können. Welche Gefahren und Belastungen an den Arbeitsplätzen und bei den Tätigkeiten immer wieder und regelmäßig auftreten, wissen am besten die Personen, die ihre Tätigkeiten an diesen Arbeitsplätzen ständig durchführen.

d) Checklisten und Fragebögen
(auch EDV-gestützte Erhebungs- und Dokumentationsverfahren)

Checklisten werden von Experten, Fachkräften und Beauftragten eingesetzt, um damit bestimmte Arbeitsplatzsituationen anhand einer Kriterienliste von außen „objektiv" zu beurteilen. Fragebögen werden von den Beschäftigten selbst ausgefüllt und enthalten deren „subjektive" Bewertung von Arbeitsplatzsituationen.

Solche Instrumente stellen Prüfkriterien zusammen, welche den Anwendern dieses Instrumentes dabei helfen sollen, das Zutreffen oder Nichtzutreffen bestimmter Eigenschaften zu überprüfen. Damit soll gewährleistet werden, daß ein definiertes Qualitätsniveau und Standards bei der Evaluierung eingehalten werden und daß der Prüfvorgang in effizienter Weise zu bewerkstelligen und nachvollziehbar ist.

Für den Bereich der Bildschirmarbeitsplätze sind in Österreich mehrere Prüflistenverfahren zu erhalten. Bereits 1994 wurde der „Ergonomie-Prüfer" von der Technologieberatungsstelle Nordrhein-Westfalen in Deutschland publiziert, der jeweils Prüflisten in Kurzfassung für Arbeitnehmer und in Langfassung für Fachexperten enthält. Die Kurzprüflisten des TBS-Instrumentes sind inzwischen in einer modifizierten Form auch als EDV-Prüfverfahren vorhanden[3] und unterstützen ein Grobscreening einzelner Arbeitsplätze. Anfang 1995 wurde das Verfahren „ArbeitnehmerInnenschutz im Büro" vom Institut für Umwelthygiene der Universität Wien, dem Institut für Betriebswissenschaften, Arbeitswissenschaft und BWL der TU Wien

und der Gewerkschaft der Privatangestellten herausgegeben. Dieses Verfahren beinhaltet Checklisten für Grobanalyse und Feinanalyse.[4]

Es wurden in der Folge von mehreren österreichischen Institutionen (Allgemeine Unfallversicherungsanstalt, Arbeiterkammer Österreich und Wirtschaftskammer Österreich) Ermittlungs- und Bewertungsinstrumente für Gefahren und Risiken in unterschiedlichen Arbeitsbereichen und an unterschiedlichen Arbeitsplätzen erarbeitet.[5] Informationen zur Evaluierung anhand von vielen Muster- und Branchenbeispielen finden sich auch in einer gemeinsam eingerichteten Homepage.[6] Darüber hinaus wurden auch innerhalb von Unternehmen und Einrichtungen des öffentlichen Dienstes, sowie von einschlägigen Experten und Beratern verschiedene Konzepte entwickelt und eingesetzt.

Es kamen auch eine Reihe von EDV-gestützten Evaluierungs- und Dokumentationsverfahren auf den Markt. Grundsätzlich ersetzt keine Software die Planung, Organisation und Ausführung. Wie gut der Vorgang der Erhebung und Dokumentation unterstützt wird, hängt vom betrieblichen Bedarf und dem Softwarekonzept ab.

Von Seiten der Kontrollbehörde werden keine expliziten Vorgaben bezüglich der Auswahl und Anwendung von Prüfverfahren formuliert. Wesentlich ist jedoch, daß die Evaluierungstätigkeit nur auf Basis von ganzheitlichen Konzepten und Strategien sinnvoll zu bewerkstelligen ist. Prüflisten sind kein Ersatz für Planung, sondern kön-

---

3 Siehe GS-Manager in der Literaturliste.

4 Hackl-Gruber et al. (siehe Literaturliste).

5 Z. B.: „Kompaktverfahren" der WKÖ, Modul „Büroarbeitsplätze"; „Gefahren erkennen – Gefahren vermeiden" der AK; Evaluierungsreihe der AUVA: Broschüren E1 bis E19 (siehe Literaturliste)

6 www.eval.at

nen lediglich die praktische Durchführung erleichtern.

e) Mitarbeitergespräche

Mitarbeitergespräche sind zur vollständigen Erfassung der vorhandenen Gefahren und Belastungen unbedingt notwendig, selbst wenn der Schwerpunkt der Erhebung bei Begehungen und Expertenbeurteilungen mittels Checklisten liegt. Ein von außen kommender Beurteiler hat immer nur Momentaufnahmen zur Verfügung. Aus diesem Grund sind Gespräche mit einzelnen Beschäftigten sehr wichtig, weil sonst wesentliche Informationen nicht vorhanden sind.

f) Workshop-Gruppen

Eine gute und systematische Gefahren- und Belastungsanalyse unter Einbeziehung von Beschäftigten sind Gruppengespräche oder kleine Workshops. In einem bestimmten Arbeitsbereich genügt häufig eine Stunde der systematischen Befragung von Mitarbeitern, in der anhand einer Liste nach auftretenden Gefahren und Belastungen gefragt wird. Auf diese Weise hat jeder Evaluierungsdurchführende rasch einen kompletten Überblick und kann sich danach sehr gezielt die betreffenden Arbeitsplätze und Arbeitsvorgänge ansehen. Darüber hinaus verbessert jede Form der Beteiligung von Beschäftigten am Evaluierungsprozeß die Kooperation und Geschwindigkeit bei der Durchführung, die Qualität und die Akzeptanz der Ergebnisse.

g) Hilfsmittel (Fotoapparat, Videokamera, einfache Meßgeräte, Maßband ...)

Zur Evaluierung können gegebenenfalls auch weitere Hilfsmittel sinnvoll und notwendig sein. Visualisierungen in Form von Fotos oder Videoaufnahmen helfen, beschriebene Probleme anschaulicher zu machen und sich zu einem späteren Zeitpunkt an Details zu erinnern. Meßbare Probleme zu messen und die Ergebnisse entsprechend festzuhalten, erleichtert manchmal die Argumentation, wenn die Sachlage strittig ist. Einfache Meßgeräte zur Einschätzung von Lichtverhältnissen, akustischen Bedingungen oder auch raumklimatischen Aspekten können dafür eingesetzt werden. In vielen Fällen sind Gefahren und Belastungen augenscheinlich evident, sodaß deren Vermessung keinen wesentlichen Informationsgewinn bringt („wer zu viel mißt, mißt Mist"). Dies ist im Einzelfall zu entscheiden.

h) Fachwissen (Normen, Prüfzeichen, Literatur, Fortbildung)

Die Einhaltung einer Norm ist gesetzlich nicht zwingend, außer es wird in Gesetzesregelungen ausdrücklich die Einhaltung und Anwendung von Normen oder Normenteilen verlangt. Jedoch dokumentieren Normen den anerkannten Stand der Technik. Sie sind deshalb eine wichtige Hilfe und Handlungsanleitung zur Planung und Durchführung von Maßnahmen. Dies gilt auch für den Bereich der ergonomischen Gestaltung von Bildschirmarbeitsplätzen.[7]

Produktbezogene Prüfzeichen geben grundsätzlich über die Einhaltung verschiedener technischer Spezifikationen Auskunft. Im ursprünglichen Sinne garantieren Prüfzeichen genau definierte technische Parameter und geben dem Konsumenten die Gewißheit, ein konformes Produkt (Maschinen, Anlagen, Geräte) zu erwerben beziehungsweise in Betrieb zu nehmen. Es ist daher sehr sinnvoll, auch bei der Durchführung der Evaluierung das Vorhandensein und die Art

---

7 Für Bildschirmarbeitsplätze besonders relevante Normen werden in Kapitel 1.4. und im Anhang in einer Normenübersicht dargestellt.

von Prüfzeichen zu dokumentieren. Beispiele hierfür sind:

Der Prüfumfang der GS-Prüfung für Bildschirmgeräte umfaßt Sicherheit, Ergonomie und die deutsche Röntgenverordnung. Ergonomische Anforderungen umfassen Grundsätzliches zur Zeichendarstellung. Das GS-Prüfzeichen ist bereits auf vielen Geräten vorhanden.

Verschiedene Ergonomieprüfzeichen des TÜV Rheinland Köln bieten Konformitätsbescheinigungen und Zertifikate nach EN ISO 9241.[8] Für Bildschirmgeräte wird damit beispielsweise die Konformität mit bestimmten Kriterien der EN ISO 9241-3 (vor allem im Hinblick auf Zeichendarstellung) und EN ISO 9241-7 (vor allem in Hinblick auf Reflexionsklassen) attestiert. Darüber hinaus bescheinigt diese TÜV-Ergonomieprüfung die Einhaltung von Meßwerten für elektromagnetische Strahlung und elektrostatische Felderscheinungen in Anlehnung an die Erfordernisse der schwedischen MPR II-Richtlinie für Bildschirmstrahlung. Die schwedische SWEDAC (Schwedisches Amt für Akkreditierung) und die TCO (Schwedische Zentralorganisation der Angestellten und Beamten) führen ganz ähnliche Prüfungen durch.

Darüber hinaus sei noch auf Prüfzeichen hingewiesen, die umweltrelevante und ökologische Anforderungen attestieren. Zu erwähnen sind vor allem Energiesparfunktionen und Fragen der Wiederverwertbarkeit der eingesetzten Materialien und Rohstoffe (zum Beispiel Prüfplakette Blauer Engel).

Für die Erhebung, Beurteilung und Maßnahmenplanung ist Basiswissen des jeweiligen Gefahren- und Belastungsbereiches notwendig. Wissen kann dabei auf allen üblichen Informationswegen erworben werden, durch Literaturstudium, Fortbildungsveranstaltungen und durch Expertenberatung.

i) Internes oder externes Evaluierungsteam

Die Frage, ob die Durchführung einer Evaluierung durch im Unternehmen tätige Personen oder durch externe Spezialisten erfolgen soll, hat mehrere Aspekte. In manchen Fällen kann es sinnvoll und notwendig sein, externes Wissen hinzuzuziehen. Dies ist dann der Fall, wenn die notwendigen Fachkenntnisse über vorliegende Gefahren und Belastungen im eigenen Hause nicht ausreichend vorhanden sind, beziehungsweise wenn es zu aufwendig wäre, die nötige Expertise zu erlangen. Das Beiziehen externer Personen bietet auch die Chance, Phänomene der „Betriebsblindheit" weitgehend zu vermeiden.

Andererseits ist zu bedenken, daß die Erfahrung über innerbetriebliche Arbeitsbedingungen, Arbeitsabläufe und die damit verbundenen Gefahren und Belastungen im eigenen Unternehmen vorhanden ist, und externe Personen nur in eingeschränktem Maße diesen Einblick gewinnen können. Der Vorteil von externen Personen ist also ihr Spezialistenstatus. Dennoch steht die Frage im Raum, inwieweit externe Spezialisten das konkrete Erfahrungswissen der jeweiligen Arbeitssituationen erfassen können. Die Leistungsqualität von externen Spezialisten hängt also sehr stark davon ab, inwieweit es ihnen gelingt, über ihr Spezialwissen und das konkrete Erfahrungswissen der Mitarbeiter kommunzieren beziehungsweise einen Austausch herstellen zu können.

Außerdem ist immer zu bedenken, daß Evaluierungsbeauftragte als Auftragnehmer tätig sind und in ihrer Tätigkeit daher häufig nicht unabhängig von den Anforderungen und Wünschen des Auftraggebers sind.

---

8 Ergonomie-Prüfzeichen für Monitore, Arbeitstische, Arbeitsstühle, Software, Sonnenschutzvorrichtungen, etc. Beispiele dafür finden Sie in Kapitel 2.7.und 3.12.

Unabhängig davon, ob interne oder externe Personen die Evaluierung durchführen, geht es in erster Linie darum, Gefahren und Belastungen zu sehen und benennen zu können. Mitarbeiter und Personen, die die Betriebsstruktur genau kennen, kennen die Arbeitsabläufe und -bedingungen sehr genau, haben aber ohne entsprechende Sensibilisierung in der Regel keinen Blick dafür, welche Umstände als Gefahren oder Belastungen zu klassifizieren sind.

Daraus folgt, daß unter Beiziehung von externen Spezialisten eine Mischform der Durchführung anzustreben ist, bei der interne und externe Personen beteiligt sind. Eine Evaluierung, die nur durch externe Personen durchgeführt wird und unreflektiert keine Berührungspunkte mit internen Personen hat, muß in hohem Maße hinsichtlich ihrer Seriosität angezweifelt werden.

4.1.4. Was bringt die Evaluierung?

Noch zu keinem Thema im Bereich des Arbeitnehmerschutzes gab es in Österreich eine so breite öffentliche Diskussion wie über die Verpflichtung, die für die Sicherheit und Gesundheit der Beschäftigten bestehenden Gefahren zu ermitteln und zu beurteilen. Oftmals wurde die Evaluierung als überflüssiger bürokratischer Aufwand bezeichnet. Kennzeichnend für die Diskussion war der Umstand, daß im ArbeitnehmerInnenschutzgesetz (ASchG) keine detaillierten Handlungsanweisungen zu finden sind, sondern lediglich Schutzziele angegeben werden. Daraus resultierten viele Fragen, wie zum Beispiel: Was ist konkret zu beachten? Was heißt es, eine Verbesserung der Arbeitsbedingungen anzustreben? Wie wird die kontrollierende Behörde reagieren?

Diese Fragen lassen sich einfach beantworten: Im Sinne der Richtlinien der EU geben die öffentlich-rechtlichen Arbeitnehmerschutzvorschriften die Rahmenbedin-gungen und Mindestanforderungen vor, die konkrete Umsetzung soll aber unter Eigenverantwortung der ArbeitgeberInnen auf betrieblicher Ebene erfolgen.

Zur Unterstützung, vor allem für Klein- und Mittelbetriebe, wurden von den Interessenvertretungen sowie von der AUVA sehr rasch Konzepte für die Durchführung der Evaluierung ausgearbeitet. Darüber hinaus erkannten einige Unternehmen hier eine Marktnische und bieten Software für EDV-unterstützte Evaluierungen an. Auch über das Internet sind Checklisten abrufbar.[9]

Die Arbeitsinspektion hat diese Entwicklungen interessiert beobachtet, denn auch für sie stellte sich die Frage: Wie kann eine einheitliche Vorgangsweise sichergestellt werden?

Im Arbeitsinspektorat für den 5. Aufsichtsbezirk (AI 5) wurde daher ein Projektteam gegründet, welches sich mit den verschiedenen Methoden und Modellen auseinandersetzte, ein Informationsblatt gestaltete und eine Schwerpunktaktion plante. Diese Aktion hatte einerseits das Ziel, zu überprüfen, wie mit den gesetzlichen Bestimmungen des ASchG umgegangen wurde, andererseits die Betriebe bei aufgetauchten Problemen zu beraten. Für die Besuche und Erhebungen in den Betrieben wurden Termine mit allen Personen vereinbart, die an der Evaluierung beteiligt waren.

Insgesamt wurden in den Monaten Jänner bis März 1998 134 Arbeitsstätten mit mehr als 100 ArbeitnehmerInnen besucht; dies entspricht 60 % der im AI 5 vorgemerkten Arbeitsstätten dieser Größe. Es wurde ein Fragebogen eingesetzt, um die gesammelten Informationen statistisch auswerten zu können. Dieser Fragebogen beinhaltete auch eine Art Checkliste mit den Mindestinhalten der Sicherheits- und Gesundheitsschutzdokumente.

---

9 Siehe 4.1.6. Literatur und weitere Informationen.

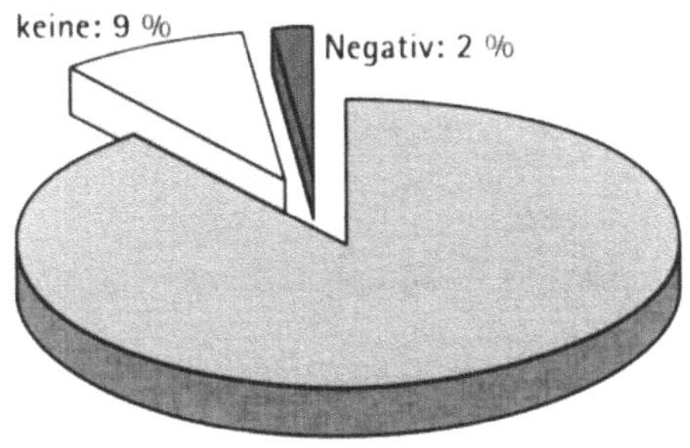

Abb. 4.1.2. Auswirkung der Evaluierung aus der Sicht der Betriebe (Arbeitsinspektorat für den 5. Aufsichtsbezirk, Erhebung in 134 Arbeitsstätten mit jeweils mehr als 100 Beschäftigten, 1998)

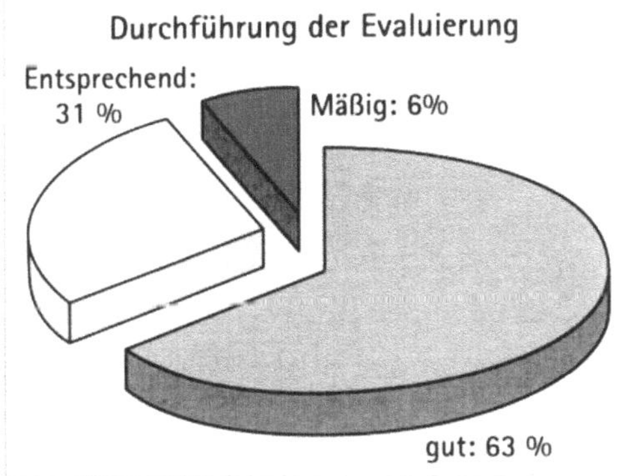

Abb. 4.1.3. Qualität der Evaluierungsdurchführung (Arbeitsinspektorat für den 5. Aufsichtsbezirk, Erhebung in 134 Arbeitsstätten mit jeweils mehr als 100 Beschäftigten, 1998)

89 % der Befragten (Gesprächspartner waren Arbeitgebervertreter, Präventivdienste, BetriebsrätInnen, Sicherheitsvertrauenspersonen) gaben an, daß die Evaluierung sich positiv ausgewirkt hat (siehe Abb. 4.1.2.). Obwohl dies keine exakte Aussage im Sinne einer validierten Umfrage darstellt, da die Gründe für diese Bewertung nicht genau aufgeschlüsselt wurden, ist dieses Ergebnis doch als ein Beweis dafür anzusehen, daß eine ordentlich durchgeführte Evaluierung für alle Beteiligten von Vorteil ist.

Interessant ist auch das Schaubild über die Durchführung der Evaluierung (Abb. 4.1.3.). Hierbei wurde nicht beurteilt, ob Arbeitnehmerschutzbestimmungen eingehalten werden oder nicht, sondern versucht zu bewerten, wie gut beziehungsweise in welcher Qualität mit der Evaluierungsverpflichtung umgegangen wurde.

Bei 63 % der Arbeitsstätten wurde der Eindruck gewonnen, daß diese sich sehr intensiv mit der Frage „Wo können Gefahren auftreten" auseinandergesetzt haben. Lediglich 2 % der Betriebe mußten aufgefordert werden, die Evaluierung überhaupt erst zu beginnen (diese Anzahl der Arbeitsstätten ist auch bei den 6 % der Arbeitsstätten enthalten, die vom AI 5 als mäßig eingestuft wurden).

Ganz allgemein wurde bei den Erhebungen hinterfragt, welches System für die Gefahrenermittlung herangezogen wurde. Danach wurden einzelne Arbeitsplätze überprüft und mit den Aufzeichnungen in den Sicherheits- und Gesundheitsschutzdokumenten verglichen. Aufgefallen ist auch, daß die spezielle Evaluierung nach dem Mutterschutzgesetz sehr oft vernachlässigt wurde.

Gefährdungen und Belastungen sind durchaus auch ohne wissenschaftliche Expertise erkennbar, wenn Arbeitsstätten und Arbeitsvorgänge bewußt durchleuchtet werden. Sehr oft wurde die Aussage formuliert: „Durch die Systematik des Evaluierungsvorganges haben wir viele Schwachstellen entdeckt, die bisher nicht erkannt wurden."

Aufgrund dieser Aktion ist das Arbeitsinspektorat für den 5. Aufsichtsbezirk zu dem Schluß gekommen, daß die Evaluierung sowohl für Arbeitgeber als auch Arbeitnehmer von Nutzen sein kann. Voraussetzung hierfür ist allerdings, daß die erworbenen Erkenntnisse nicht als „Datenfriedhof" enden, sondern in die tägliche Praxis einfließen und entsprechend weiter entwickelt werden.

4.1.5. Schlußbetrachtungen

Die Evaluierung kann (und muß auch) mehr sein als die Ablieferung eines gesetzlich vorgeschriebenen Sicherheits- und Gesundheitsschutzinstrumentes. Die Intention des Gesetzes ist es, für eine kontinuierliche Verbesserung der Gesundheits- und Sicherheitsbedingungen an den Arbeitsplätzen zu sorgen. Es ist nicht gemeint, einen Statusbericht abzuliefern und diesen ordentlich dokumentiert in einem Aktenordner abzulegen, ohne sich um die Optimierung der realen Situation zu bemühen. Die Evaluierung ist deshalb auch ein umfassendes Analyseinstrument als notwendige und sinnvolle Vorstufe für Gestaltungsaufgaben. Mittelfristig wird es darum gehen, den jetzt investierten Zeitaufwand in Evaluierungsaktivitäten zu Planung und Gestaltung von Arbeitsstätten und Arbeitsplätzen zu verlagern. Damit wird sich der künftige Evaluierungsaufwand entsprechend reduzieren beziehungsweise dort angesiedelt sein, wo Veränderungen die geringsten Kosten und den geringsten Aufwand nach sich ziehen.[10]

Eine gute und gewinnbringende Evaluierung braucht auch internes Marketing. Dazu gehören die Information der Beschäftigten, wozu die Evaluierung dient. Mißverständnisse, Ängste und Gerüchte entstehen, wenn plötzlich Menschen mit Checklisten durch den Betrieb gehen, die Beschäftigten beobachten und geheimnisvolle Eintragungen vornehmen. Aufklärungsarbeit schafft Kooperation und führt bei den Beschäftigten auch zu einer positiven Grundhaltung, weil es ja um ihre Arbeitsbedingungen geht.

In diesem Zusammenhang ist es auch wichtig, keine falschen und unangemessenen Erwartungshaltungen bei Beschäftigten zu erzeugen (zum Beispiel alle Probleme werden sofort gelöst). Es sollte von Beginn an ein realistisches Bild gezeichnet werden, indem die Umsetzung von Verbesserungsmaßnahmen schrittweise von den Mitteln und Möglichkeiten abhängig gemacht wird. Damit lassen sich Enttäuschungen verhindern.

Eine Evaluierung soll tatsächlich von den realen Problemlagen im Betrieb ausgehen und nicht nur danach suchen, welche Paragraphen abzudecken sind.

Es genügt auch nicht, sämtliche Bildschirmarbeitsplätze auf einen ergonomischen Topstand zu bringen und gleichzeitig massive soziale Spannungen im Betrieb zu ignorieren. Sind das Betriebsklima und die Arbeitzufriedenheit schlecht, werden die Beschäftigten auch in ergonomischen Luxusbüros nicht glücklich sein, sich nicht wohl fühlen, in ihrem Leistungsvermögen eingeschränkt sein.

4.1.6. Literatur und weitere Informationen

4.1.6.1. Literatur

Allgemeine Unfallversicherungsanstalt (Hg.): Gefahrenermittlung; Beurteilung – Maßnahmen. (Arbeitsplatzevaluierung), Merkblatt M 040, Wien.

Allgemeine Unfallversicherungsanstalt (Hg.): Verordnung über die Sicherheits- und Gesundheitsschutzdokumente (DOK-VO). Kommentierte Fassung. Merkblatt M 041, Wien.

Allgemeine Unfallversicherungsanstalt (Hg.): Bildschirmarbeitsplätze. Merkblatt M 026, Wien.

Hartung, P: Arbeitssicherheit und Gesundheitsschutz im Büro – Vorschriftentexte mit Umsetzungshilfen, Checklisten. Schulungsunterlagen mit Folien. WEKA-Verlag, Augsburg, 1997.

---

10 Siehe auch Kapitel 2.1.

Hutterer W.: Praxishandbuch Evaluierung. Leitfaden zur Ermittlung, Beurteilung und Dokumentation betrieblicher Gefahren nach dem ArbeitnehmerInnenschutzgesetz. WEKA-Verlag, Wien, 1999, laufende Aktualisierungen.

Verfahren und Methoden zur Evaluierung

Allgemeine Unfallversicherungsanstalt (Hg.): Gefahren ermitteln und beseitigen. Evaluierungsleitfaden für den Bürobereich. Die ersten Schritte. E 017, Wien.

Allgemeine Unfallversicherungsanstalt (Hg.): Gefahren ermitteln und beseitigen. Evaluierungsleitfaden für Software-Ergonomie. Wien.

Allgemeine Unfallversicherungsanstalt, Bundesarbeitskammer, Wirtschaftsförderungsinstitut der WKÖ (Hg.): Sicherheit und Gesundheit bei der Arbeit. Die CD-Rom zur Gefahrenevaluierung. Version 1.0., Wien, 2000.

Allgemeine Unfallversicherungsanstalt, Bundesarbeitskammer, Wirtschaftskammer Österreich (Hg): Grundevaluierungen im Internet: www.eval.at

Allgemeine Unfallversicherungsanstalt, AK, WKÖ (Hg).: Dokumentation gemäß § 5 ArbeitnehmerInnenschutzgesetz (ASchG). Kopiervorlagen zur Erfüllung der Dokumentationspflicht gemäß der Verordnung über die Sicherheits- und Gesundheitsschutzdokumente (DOK-VO), Wien.

Hackl-Gruber et al.: ArbeitnehmerInnenschutz im Büro. Handbuch für ArbeitsmedizinerInnen, Sicherheitsfachkräfte, Betriebsräte, Sicherheitsvertrauenspersonen sowie ArbeitsinspektorInnen. Inst. f. Umwelthygiene der Univ. Wien, Inst. f. Betriebswissenschaften, Arbeitswissenschaft und Betriebswirtschaftslehre der TU Wien, Gewerkschaft der Privatangestellten (Hg.), Verlag des ÖGB, Wien.

human-ware (Hg.): GS-Manager. Das Organisationssystem für Gesundheits- und Sicherheitsmanagement. Software, Wien (enhält ein Modul zur Selbstevaluierung des eigenen Arbeitsplatzes).

Kammer für Arbeiter und Angestellte für Wien (Hg.): Gefahren erkennen – Gefahren vermeiden. AK Wien.

Wirtschaftskammer Österreich (Hg.): Universell anwendbares WKÖ-Gefahren- und Belastungs- Evaluierungs- und Dokumentationsverfahren gemäß §§ 4,5 ASchG, Wien.

4.1.6.2. Regelwerke

Bundesgesetzblatt für die Republik Österreich: 450. Bundesgesetz über Sicherheit und Gesundheitsschutz bei der Arbeit (ArbeitnehmerInnenschutzgesetz – ASchG), ausgegeben am 17. Juni 1994.

Bundesgesetzblatt für die Republik Österreich: 124. Verordnung der Bundesministerin für Arbeit, Gesundheit und Soziales über den Schutz der Arbeitnehmer/innen bei Bildschirmarbeit (Bildschirmarbeitsverordnung – BS-V), ausgegeben am 21.4.1998.

Verordnung des Bundesministers für Arbeit und Soziales über die Sicherheits- und Gesundheitsschutzdokumente (DOK VO), 10.9.1996, BGBl.II 478/96 i.d.g.F.

4.1.6.3. Internetadressen

www.eval.at (Musterevaluierungen verschiedener Branchen in Österreich)

http://www.sozialnetz-hessen.de/ergo-online/ergo_frame1.htm (Übersicht über viele Verfahren und Methoden zur Gefahren- und Belastungsermittlung in Deutschland)

4.2. Psychische Belastungen evaluieren

Was bedeutet das im allgemeinen und für Bildschirmarbeit?
Martina Molnar

In aller Kürze

Über die Begriffe „psychische Belastung" und „Streß" herrschen eine ganze Menge Mißverständnisse und Fehlinterpretationen. Weit verbreitet ist die Meinung, daß darunter nur Zeitdruck, Arbeitsdruck und Mobbing zu verstehen sind. Weiters wird häufig angenommen, daß psychische Belastungen nur besonders sensible Menschen betreffen. Ferner wird vermutet, daß die Problemlösung ausschließlich eine individuelle Therapie für die betroffenen Menschen wäre und solche Probleme einen Arbeitgeber sicher nicht betreffen. Alle diese Meinungen beruhen auf Irrtümern.

Bevor also etwas über die Ermittlung und Beurteilung von psychischen Belastungen gesagt werden kann, muß erläutert werden, was überhaupt darunter zu verstehen ist. Arbeitsbedingte psychische Belastungen können sehr vielfältig sein, sie können an jedem Arbeitsplatz – mit oder ohne Bildschirmtätigkeit – vorkommen. Im ersten Teil dieses Textes wird grundsätzlich geklärt, was unter psychischer Belastung beziehungsweise Streß zu verstehen ist, welche arbeitsbedingten Stressoren es geben kann, wie sich diese auf die Gesundheit auswirken können, welche Präventionsmaßnahmen ergriffen werden können und wo es gesetzliche oder normative Bezüge zu diesem Thema gibt.

Im Anschluß an diesen Erläuterungsteil folgt ein Verfahren, welches als Checkliste oder als Fragebogen zur Ermittlung von psychischen Belastungen im Unternehmen eingesetzt werden kann. Es wird in diesem Zusammenhang auch darauf hingewiesen, daß für die Evaluierung psychischer Belastungen besondere Voraussetzungen im Unternehmen nötig sind, ohne die eine solche Aktivität nicht empfohlen wird.

4.2.1 Aspekte des Streßbegriffs

Stressoren: Herr Max H. ist Programmierer und zugleich für die Betreuung und Unterstützung der Computeranwender in der Firma zuständig, wenn diese Probleme mit ihrem Computer haben. Bei seiner Programmiertätigkeit braucht er viel Ruhe und Konzentration. Trotzdem läutet ständig das Telefon oder ratsuchende Mitarbeiter kommen an seinen Arbeitsplatz und bitten um seine Hilfe. Die dauernden Störungen und Unterbrechungen der konzentrationsintensiven Programmiertätigkeit von Herrn H. sind Stressoren. Es liegen widersprüchliche und unvereinbare Arbeitsanforderungen vor.

Streßreaktionen: Herr H. entwickelt Streß-Symptome auf verschiedenen Ebenen. Körperlich leidet er unter Schlaf- und Kreislaufstörungen. Seine Stimmungslage ist aggressiv bis resignativ. Die Programmieraufgabe erledigt er schleppend und fehlerhaft, die Hotlinedienste versieht er unfreundlich. Er bringt für seine Arbeit nicht mehr die frühere Motivation auf und macht nur noch das Notwendigste.

Streßprävention: Die Tätigkeitsanforderungen der beiden Aufgaben von Herrn H.

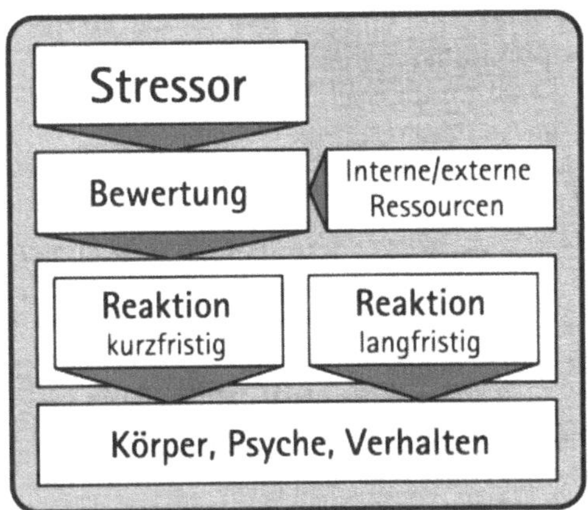

Abb. 4.2.1. Transaktionales Streßmodell

Abb. 4.2.2. Streßbewältigung ist Energieaufwand

sind miteinander schlecht vereinbar. Herr H. kann seine Arbeit weder für die eine noch für die andere Aufgabe gut machen. Eine andere Aufgabendefinition für Herrn H. hatte das Problem gar nicht erst entstehen lassen. Zum Beispiel könnte er nur für Programmierung oder für die Hotline zuständig sein. Oder die Hotline ist nur vormittags oder nachmittags erreichbar. Oder seine Kollegen und er teilen diese Aufgaben untereinander sinnvoll ein.

Bei den Begriffen „psychische Belastung" oder auch „Streß" ist zwischen mehreren Aspekten zu unterscheiden. Es geht um *Stressoren (Belastungen)*, also Einwirkungen auf den Menschen, die den Organismus zu Reaktionen veranlassen. Welche individuellen *Auswirkungen (Beanspruchungen)* diese auf einen Menschen haben und welche körperlichen, erlebens- oder verhaltensbezogenen *kurz- oder langfristigen Reaktionen* sie auslösen können, hängt auch von der *Bewertung* der betroffenen Person und von ihren individuellen *Bewältigungsmöglichkeiten* (Ressourcen) ab. Ein Stressor löst daher nicht automatisch bei allen Menschen eine ganz bestimmte Reaktion aus (Abb. 4.2.1.).

Jeder Organismus muß während des gesamten Lebens Energie aufwenden, um sich an die Einwirkung verschiedener *physischer Belastungen/Stressoren* (Anstrengung, Hitze, Kälte, Hunger, Verletzungen, ...) und *psychischer Belastungen/Stressoren* (Angst, Ärger, Erschöpfung, Freude, ...) *anzupassen* und im *Gleichgewicht* zu bleiben. Der Organismus hat immer das Bestreben, alle Störungen des Gleichgewichts auszugleichen und wieder Balance herzustellen. Diese Regulationsprozesse sind mit Energieaufwand verbunden. Das kann man sich etwa so vorstellen, als ob man bei einem Herbststurm im Freien unterwegs ist. Es muß Kraft aufgewendet werden, um wegen der hohen Windgeschwindigkeiten nicht aus dem Gleichgewicht zu geraten (Abb. 4.2.2.).

Belastungen beziehungsweise Stressoren müssen keineswegs als prinzipiell unangenehm empfunden und bewertet werden (zum Beispiel Vorbereitung auf die Hochzeit, Urlaubsreise, Übersiedlung in eine neue Wohnung, ...) und erfordern trotzdem Energieaufwand und Anpassungsleistungen des Organismus.

Der Organismus ist gut in der Lage, solchen Herausforderungen zu begegnen und

Abb. 4.2.3. Streß zerrt am Organismus

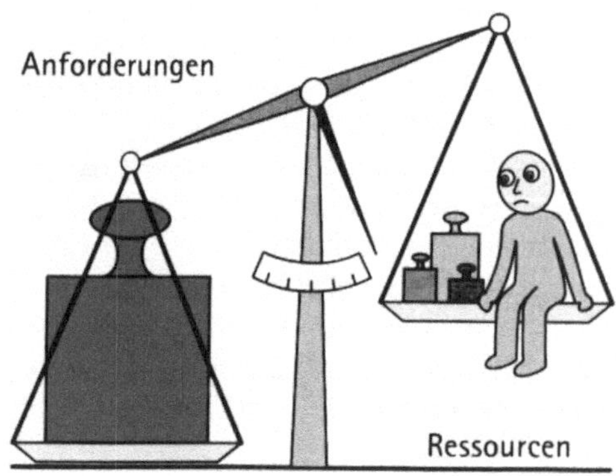

Abb. 4.2.4. Ungleichgewichtszustand zwischen Anforderungen der Umwelt und Ressourcen zur Bewältigung

solche *Anpassungsleistungen* zu erbringen. Streßreaktionen treten in der Regel dann auf, wenn als negativ empfundene Belastungen/Stressoren über längere Zeit einwirken und *wenig Möglichkeiten (Ressourcen)* zur Verfügung stehen, diese Situation zu verändern oder eine Entlastung herbeizuführen (Abb. 4.2.3.).

Die Energie zur Anpassungsleistung ist irgendwann erschöpft – sofern keine Erho-

lungsphasen für den Organismus und ein Wiederaufbau von Energiereserven möglich sind –, und verschiedene Streßreaktionen sind die Folge.

Streß ist also ein *Ungleichgewichtszustand* zwischen den *Anforderungen der Umwelt* und den *Ressourcen*, diese bewältigen zu können. Veränderungen sind nur auf diesen beiden Ebenen möglich, also auf der Ebene der Anforderungen und/oder auf der Ebene der Bewältigungsmöglichkeiten. Entweder können die Anforderungen verändert werden oder die Ressourcen zur Bewältigung der Anforderungen müssen erweitert werden (Abb. 4.2.4.).

4.2.2. Wirkung und Folgen von Stressoren

Auf jede körperlich oder seelisch bedrohliche oder belastende Situation reagiert der Organismus mit einer *Streß-Antwort*. Diese geht vom Gehirn aus, welches über biochemische Signale per Nervensystem und Blutkreislauf mit dem Immunsystem verbunden ist. Jede Belastungseinwirkung führt zu einem Verlust des inneren Gleichgewichtes. Der Organismus ist bestrebt, wieder in einen balancierten Zustand zu kommen und setzt deshalb eine Streß-Antwort über psychoneurologische und biochemische Prozesse in Gang, mit der eine *Bekämpfung der Belastung oder eine Anpassung an die Belastung* ermöglicht werden soll.

Cortisol ist das klassische und wichtigste Streßhormon. Im Gegensatz zum Adrenalin (typisch für Kurzzeitstreß) ist dieses Hormon hauptsächlich bei längerfristigem Streßgeschehen zu beobachten. Es löst beispielsweise einen rascheren und kräftigeren Herzschlag aus, wirkt auf die Stoffwechselfunktionen und das Nervensystem und ist ein Entzündungshemmer. Es versetzt den Organismus in einen Erregungszustand, damit Herausforderungen begegnet werden kann. Cortisol spielt eine bedeutende Rolle für das

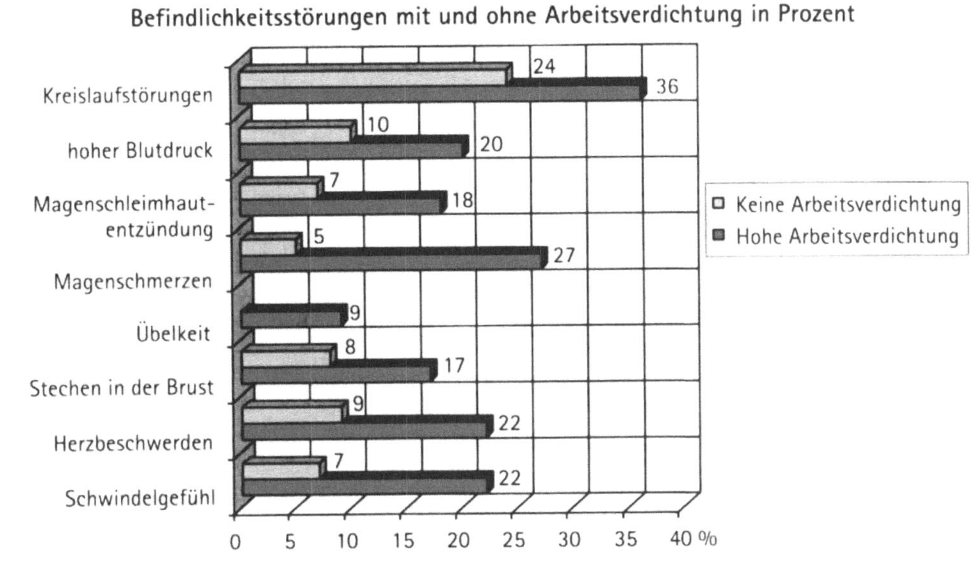

Abb. 4.2.5. Eine Untersuchung bei 154 Bildschirmbenutzern in kommunalen Verwaltungseinrichtungen zeigt, daß bei jenen Beschäftigten, von denen die Arbeit in den letzten zwei Jahren als zunehmend anstrengender beurteilt wird, signifikant häufiger Magenbeschwerden, Schwindelgefühl, Herzbeschwerden, Bluthochdruck, Schlafstörungen, Kopfschmerzen und Müdigkeit auftreten (Studie „Gesundheit am Bildschirmarbeitsplatz" von Ertel, Junghanns und Ullsperger, Bundesanstalt für Arbeitsmedizin", 1994)

Immunsystem. Das bedeutet, es beeinflußt auch die Widerstandskraft gegen Krankheiten und den Verlauf von Erkrankungen.

Wenn von Streßreaktionen beziehungsweise arbeitsbedingtem Streß die Rede ist, sind deshalb damit in erster Linie länger wirksame und wenig veränderliche Stressoren aus der Arbeitssituation gemeint.

Streßfolgen können auf der *körperlichen Ebene* (Abb. 4.2.5.) ebenso sichtbar werden (Störungen des Herz-Kreislauf-Systems, des Verdauungssystems, hormonelle Veränderungen, Schlafstörungen etc.) wie auf der Ebene des *Erlebens* (Angst, Depression, Aggression) oder des *Verhaltens* (Konzentrationsstörungen, Leistungseinbuße, Suchtverhalten etc.).

Streß beeinträchtigt die Gesundheit und die Leistungsfähigkeit von Menschen nach-

drücklich. Aus der Streßforschung ist bekannt, daß lang andauernde Streßeinwirkung zur Beeinträchtigung des Immunsystems führt, und somit Auslöser oder Mitverursacher von Erkrankungen sein kann. Auch bei der detaillierten Analyse von Unfallursachen läßt sich in vielen Fällen zeigen, daß situative oder dauernde Streßbelastung ein Auslösefaktor sein kann.

– Fast die Hälfte (48 %) aller Arbeitnehmer in Europa sind der Meinung, daß Streß am Arbeitsplatz ihre Gesundheit gefährdet.[1]

1 Europäische Stiftung zur Verbesserung der Lebens- und Arbeitsbedingungen (Hg): Stress am Arbeitsplatz. Amt für amtliche Veröffentlichungen der Europäischen Gemeinschaften, Luxembourg, 1995.

– Personen mit besonders belastenden Arbeitsbedingungen leiden wesentlich häufiger unter Rückenschmerzen.[2]
– Die Ausprägung von Muskel- und Skelett-Beschwerden ist dort am stärksten, wo die Arbeit als monoton empfunden wird. Fehlt die Unterstützung durch Vorgesetzte, wird diese Ausprägung weiter verstärkt. Günstig wirken sich als ausreichend eingeschätzte Pausen und die Anerkennung der Arbeitsleistung aus.[3]
– Streßbedingte Handlungsfehler sind besonders in komplexen Arbeitssituationen häufig. In einer Studie zu Fehlbeanspruchungen bei Schichtarbeit konnte nachgewiesen werden, daß Handlungsfehler mit der Erhöhung der Herzschlagfrequenz (physiologischer Streßindikator) ebenfalls zunehmen.[4]

4.2.3. Arten von arbeitsbedingten Stressoren

Stressoren und Streß können in allen Lebensbereichen vorkommen (privat und beruflich) und demnach auch in allen Branchen, bei allen Berufen und bei allen Tätigkeiten. Was als Stressor empfunden wird, hängt von den *Bewertungen* der betroffenen Personen ab. Dem Organismus ist es egal, ob ein Stressor aus dem privaten oder aus dem beruflichen Lebensbereich stammt, beziehungsweise um welchen Stressor es sich handelt. Der Organismus reagiert darauf stets mit einer Streßantwort, deren Muster immer gleich ist.

Verschiedenste Aspekte des Arbeitsumfeldes, der Tätigkeit, der Organisation, der Arbeitszeit, der Zusammenarbeit können zu *negativen psychischen Belastungen/Stressoren* werden. Wenninger[5] hat arbeitsbedingte psychische Belastungen beziehungsweise Stressoren am Arbeitsplatz beispielsweise in folgende Gruppen zusammengefaßt:

– Stressoren bei der Erfüllung der Arbeitsaufgaben (zum Beispiel Über- oder Unterforderung, Störungen oder Behinderungen des Arbeitsablaufs, Nacht- und Schichtarbeit, ständige Umstellungen der Arbeit, fehlende oder unklare Informationen, fehlende oder nicht funktionierende Arbeitsmittel, etc.)
– Stressoren der physikalischen Arbeitsumgebung (zum Beispiel Lärm, Vibration, Hitze, Kälte, Nässe und andere als unangenehm empfundene Faktoren)
– Stressoren der sozialen Arbeitsumgebung (zum Beispiel Rollenkonflikte und Spannungen zwischen Kollegen und mit Vorgesetzten, Angst vor Verlust des Arbeitsplatzes, etc.)

In einem Forschungsprojekt der Europäischen Agentur für Sicherheit und Gesundheitsschutz zum Thema „Streß am Arbeitsplatz"[6] werden streßverursachende Merkmale am Arbeitsplatz wie in Tabelle 4.2.1. klassifiziert.

4.2.4. Verbreitung von psychischen Belastungen in der Arbeitswelt

Arbeitsbedingte psychische Belastungen oder Stressoren haben sich inzwischen zu einem der Haupteinflußfaktoren auf die Gesundheit und Sicherheit am Arbeitsplatz ausgewachsen. Im gesamten EU-Raum wird

---

2 „Psychologie Heute", 11/1996: Studie des deutschen Sozialwissenschafters Thomas Elkeles mit Daten von 3000 Erwerbstätigen.
3 Amtliche Mitteilungen der Bundesanstalt für Arbeitsschutz und Arbeitsmedizin 4/96.
4 Studie von Richter, Richter, Schmidt und Straube zit. in: Wieland-Eckelmann R.: Streß. In: Arbeits-, Gesundheits- und Umweltschutz. Wenninger G. u. Hoyos Graf Carl (Hg.). Asanger-Verlag, Heidelberg, 1996.

5 Stressoren am Arbeitsplatz nach Wenninger, 1991, S. 77.
6 Siehe Literaturliste.

Kategorie	Belastungsfaktoren
Arbeitskontext	
Organisationsmethoden und Funktionen	Schlechte Kommunikation, wenig Unterstützung bei der Lösung von Problemen und bei der persönlichen Entwicklung, keine Festlegung der Organisationsziele
Rolle in der Organisation	Uneindeutigkeit der eigenen Rolle, Verantwortlichkeit für Personen
Laufbahnentwicklung	Stagnieren und Unsicherheit der beruflichen Laufbahn, zu niedrige oder zu hohe Stellung, schlechte Bezahlung, unsicherer Arbeitsplatz, niedriger sozialer Wert der Arbeit
Entscheidungsspielraum/Kontrolle	Geringe Mitwirkung am Entscheidungsfindungsprozeß, mangelnde Kontrolle über die Arbeit
Zwischenmenschliche Beziehungen am Arbeitsplatz	Soziale und physische Isolation, schlechte Beziehungen zu Vorgesetzten, zwischenmenschliche Konflikte, mangelnde soziale Unterstützung
Schnittstellen zwischen Privatleben und Arbeit	Konflikte zwischen Anforderungen von Arbeit und Privatleben, geringe Unterstützung von zu Hause, Probleme bei doppelter Berufstätigkeit
Arbeitsinhalt	
Arbeitsumgebung und -ausrüstung	Probleme hinsichtlich der Zuverlässigkeit, Verfügbarkeit, Eignung und Wartung oder Reparatur von Ausrüstungen und Einrichtungen
Aufgabengestaltung	Mangelnde Abwechslung oder kurze Arbeitszyklen, zerstückelte oder sinnlose Arbeit, Unterforderung, große Unsicherheit
Arbeitsaufkommen/ Arbeitsgeschwindigkeit	Zu hohe oder zu geringe Arbeitsbelastung, mangelnde Kontrolle über die Arbeitsgeschwindigkeit, großer Zeitdruck
Arbeitszeitplan	Schichtbetrieb, unflexible Arbeitszeitpläne, unvorhersehbare Arbeitszeiten, lange oder unsoziale Arbeitszeiten

Tabelle 4.2.1. Stressoren am Arbeitsplatz im EU-Raum

dieses Problem als zunehmend bedeutsam lokalisiert. In der EU arbeiten etwa 147 Millionen Menschen, von denen 83 % angestellt und 17 % selbstständig sind. 1996 befragte die Europäische Stiftung eine repräsentative Auswahl von 1000 Arbeitnehmern in jedem Mitgliedstaat und fand folgendes heraus:[7]

7 Bulletin der Europäischen Stiftung zur Verbesserung der Lebens- und Arbeitsbedingungen, Nr. 53, 1997.

- Rückenschmerzen (30 %) und Streß (28 %) sind die häufigsten arbeitsbedingten Gesundheitsprobleme.
- Gesundheitsprobleme hängen meist mit unzulänglichen Arbeitsbedingungen zusammen.
- Fehlzeiten aufgrund arbeitsbedingter Gesundheitsprobleme betreffen jährlich 23 % der Arbeitnehmer.
- Die Arbeitsgeschwindigkeit nimmt stetig zu.

- 37 % der Arbeitnehmer führen kurze, sich wiederholende Tätigkeiten und 45 % monotone Tätigkeiten aus.
- Den Arbeitnehmern wird allmählich mehr Selbstbestimmung im Hinblick auf ihre Arbeit eingeräumt.
- Die Arbeit wird weitgehend von externen Zwängen beherrscht (der Kunde hat im Hinblick auf die Bestimmung des Arbeitstempos die Maschine abgelöst).
- Computer sind mittlerweile zu einem wichtigen Arbeitsmittel geworden, das von 38 % der Arbeitskräfte eingesetzt wird.
- Gewalt am Arbeitsplatz ist keine Randerscheinung.
- Gelegenheitsarbeit und befristete Arbeitsverhältnisse nehmen zu und zeichnen sich durch unzureichende Arbeitsbedingungen aus.

Eine österreichische Mikrozensuserhebung[8] zu den Arbeitsbelastungen der Erwerbstätigen im Jahr 1994 ergab, daß sowohl bei Männern als auch bei Frauen der Stressor „Arbeit unter Zeitdruck" an erster Stelle der arbeitsbedingten Belastungen steht. Fast 50 % aller Männer und nahezu 40 % aller Frauen sind davon betroffen. Gleich an zweiter Stelle steht bei Frauen die Belastung „dauernder Parteienverkehr" (35 %), gefolgt von „unregelmäßigem Arbeitsanfall" (40,4 %). Bei den Männern steht an der zweiten Stelle die „Unfallgefährdung" (39,7 %) und an der dritten Stelle der „unregelmäßige Arbeitsanfall" (33,6 %) als Belastungsfaktor. Auffallend an dieser Erhebung über Arbeitsbelastungen ist generell, daß eher psychische Belastungen und weniger physikalische Belastungen aus der Sicht der Beschäftigten im Vordergrund stehen.

Streßbelastungen dominieren heute in fast allen Branchen. Zeit- und Termindruck, Arbeitsverdichtung, Arbeitsplatzunsicherheit und andere Faktoren haben in den letzten 10 bis 15 Jahren stetig zugenommen. Die Ursachen liegen in Rationalisierung, zunehmender Technologisierung, Arbeitsauslagerung, zunehmendem Wettbewerbsdruck, etc. Ein Arbeitnehmerschutz, dessen Ziel die Sicherheit und Gesundheit von Arbeitnehmern ist, kann diesen Belastungsbereich nicht außer acht lassen.

4.2.5. Bewertung und Bewältigung von Stressoren

Die Wirkungen von Stressoren hängen nicht nur vom jeweiligen Stressor ab, sondern von den *gedanklichen und emotionalen Bewertungen* der betroffenen Person (ist die Situation störend oder nicht störend, gibt es Lösungsmöglichkeiten oder keine Lösungsmöglichkeiten, besteht Handlungsspielraum oder nicht). Diese Bewertungen resultieren aus den wahrgenommenen *internen Ressourcen* (Persönlichkeit, Qualifikation, Training, Erfahrung, etc.) und *externen Ressourcen* (Unterstützung, Handlungsspielraum), die zur Streßbewältigung zur Verfügung stehen.

Wie aus zahlreichen Studien bekannt ist, gibt es insbesondere zwei Faktoren, welche die Reduktion beziehungsweise Bewältigung von negativen Stressoren entscheidend beeinflussen können. Es handelt sich dabei einerseits um die *„soziale Unterstützung"* (durch Kollegenschaft, Familie, Freundeskreis). Im Sinne des Sprichwortes „geteiltes Leid ist halbes Leid" werden Stressoren leichter bewältigt, wenn ein unterstützendes soziales Umfeld existiert. Andererseits gibt es zur Streßbewältigung auch den entscheidenden Faktor *„Handlungsspiel-*

---

8 Österr. Mikrozensus-Sonderprogramm Arbeitsbedingungen, Juni 1994 (häufigste arbeitsbedingte Belastungsfaktoren für Männer und Frauen).

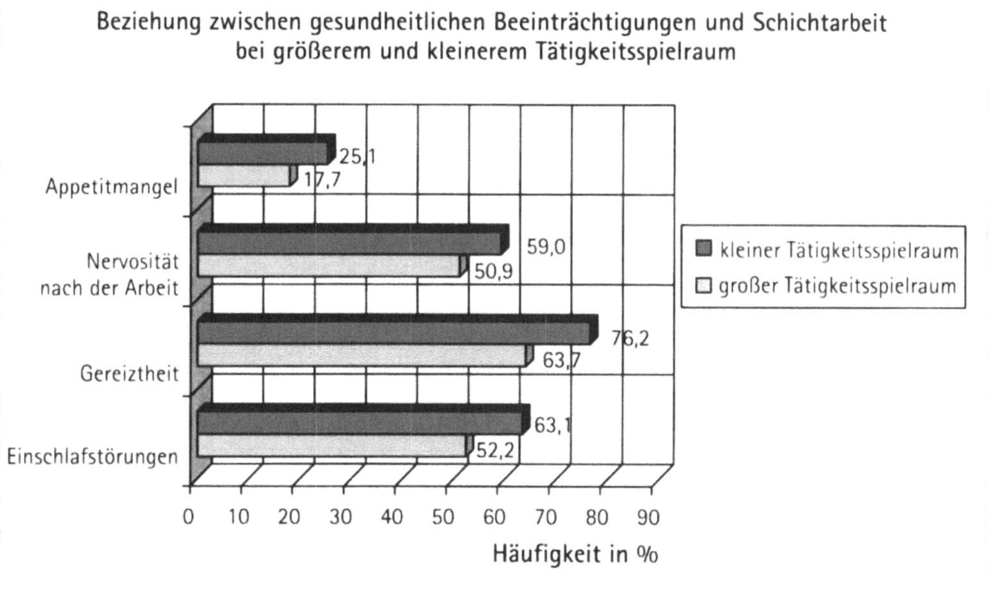

Beziehung zwischen gesundheitlichen Beeinträchtigungen und Schichtarbeit
bei größerem und kleinerem Tätigkeitsspielraum

Abb. 4.2.6. Handlungsspielraum hat Einfluß auf das Ausmaß der Beeinträchtigung

raum". Die Bedeutung des fehlenden Handlungsspielraums kann man sich etwa so vorstellen, als ob jemand an einem Marterpfahl festgebunden ware und keine Bewegungsmöglichkeiten hat.

Eine schwedische Untersuchung an 1600 Männern zeigt beispielsweise, daß Herzkrankheitssymptome bei den Männern am häufigsten waren (20 %), die sich bei ihrer Arbeit psychisch hoch belastet fühlten und zugleich geringe Entscheidungsbefugnisse (Handlungsspielraum) hatten. Keine Herzkrankheitssymptome hatten die Männer, die sich psychisch nicht hoch belastet fühlten und über ein höheres Ausmaß an Entscheidungsbefugnissen verfügten.[9]

Abbildung 4.2.6.[10] zeigt, daß Schichtarbeiter mit geringem Handlungsspielraum wesentlich mehr gesundheitliche Beschwerden haben, als Schichtarbeiter mit größerem Handlungsspielraum. Je geringer der Tätigkeitsspielraum ist, desto ausgeprägter sind die Gesundheitsbeschwerden.

4.2.6. Streßprävention und Gesundheitsförderung

Die Arbeitspsychologie ist in erster Linie daran interessiert, die Arbeitsbedingungen, also die *Ursachen für Stressoren* zu verändern. Ansatzpunkt eines arbeitspsychologischen Präventionskonzeptes ist die daher die *Problembekämpfung an der Quelle* (auslösende Faktoren für Stressoren, Gestaltung von Arbeitsbedingungen, Verhältnispräven-

---

9 Europäische Stiftung zur Verbesserung der Lebens- und Arbeitsbedingungen (Hg): Streß am Arbeitsplatz. Amt für amtliche Veröffentlichungen der Europäischen Gemeinschaften, Luxembourg, 1995.

10 Ulich E.: Arbeitspsychologie. Schäffer-Poeschl-Verlag, Stuttgart, 1994.

tion).[11] Am Beginn dieses Beitrages wurde Streß als ein Ereignis definiert, welches auftritt, wenn die Anforderungen sehr hoch sind und die individuellen Ressourcen zu deren Bewältigung nicht ausreichen. Das bedeutet aus arbeitspsychologischer Sicht, daß entweder die Anforderungen zu prüfen und neu zu gestalten sind oder die Ressourcen zur Anforderungsbewältigung erweitert werden müssen.

Grundlage für die arbeitspsychologische Streßprävention sind Erkenntnisse darüber, welche arbeitsbedingten Belastungen schädigende Wirkungen haben können, beziehungsweise welche Bedingungen für das Wohlbefinden und die Gesundheit förderlich sind. Positive Anforderungen und Bedingungen am Arbeitsplatz haben gesundheitsförderliche Wirkung und leisten einen wesentlichen Beitrag dazu, daß unvermeidliche Stressoren gut bewältigt werden können. Anders gesagt, wird nicht nur danach gefragt, welche Bedingungen belastend und krankmachend sind, sondern auch danach, welche Bedingungen gesund machen und gesund erhalten. Hierfür wird in jüngerer Zeit auch der Begriff *„Salutogenese"* (= Entwicklung von Gesundheit) verwendet.[12]

Antworten auf die Frage nach der Qualität von Arbeit und Arbeitsplätzen erhalten wir, wenn wir zuerst fragen, was den Menschen an ihrer Arbeit Freude macht, worauf sie

stolz sind, worauf sie Wert legen, was sie nicht missen möchten, was ihrer Arbeit Sinn verleiht. Dazu gehören zum Beispiel Entscheidungsbefugnis und Handlungsspielraum, Unterstützung, Lernen und Weiterentwicklung, Vielfalt und Abwechslung, Ganzheitlichkeit und Vollständigkeit, Anerkennung, Durchschaubarkeit und Sinnhaftigkeit der Arbeit. Alle diese Faktoren sind das Gegenteil von negativen Stressoren und zugleich wirken sie auch als Streßreduktionsfaktoren. Man könnte auch sagen, daß alle Menschen grundsätzlich Freude an der Arbeit haben wollen und motiviert sind, es aber häufig vorkommt, daß zahlreiche Stressoren sowohl die Freude als auch die Motivation hemmen.

Gesundheitsförderung bedeutet in diesem Sinne auch, daß es nicht nur darum geht, gesundheitserhaltende Maßnahmen dem einzelnen Menschen anzubieten, sondern in einem Unternehmen problemspezifische und gezielte Maßnahmen für alle Beschäftigten oder bestimmte Beschäftigtengruppen zu entwickeln und umzusetzen. Dies umfaßt *strategische Konzeptionen* wie dies zum Beispiel im Rahmen von Gesundheitsberichten, Gesundheitszirkeln, gesundheitsbezogenem Vorschlagswesen, gezielten Gesundheits- und Sicherheitsprojekten sowie entsprechenden Controllingmaßnahmen der Fall ist.

Alle modernen Managementkonzepte und -strategien, die im Bereich „human resources" wirken, sind in diesem Sinne zugleich auch immer arbeitspsychologisch wirksam. Teamarbeit, Projektgruppen, Mitarbeiterbeteiligungssysteme, Gehalts- und Prämiensysteme, Vorschlagswesen, etc. haben alle Einfluß auf die psychische Befindlichkeit beziehungsweise die Zufriedenheit der Beschäftigten. Organisatorische Rahmenbedingungen können Stressoren auslösen oder gesundheitsförderlich sein, und zwar beabsichtigt oder unbeabsichtigt.

---

11 Dieselbe Ansicht wird auch von der EU-Agentur für Sicherheit und Gesundheitsschutz am Arbeitsplatz vertreten: Research on Work-related Stress. Europäische Agentur für Sicherheit und Gesundheitsschutz am Arbeitsplatz. Amt für amtliche Veröffentlichungen der Europäischen Agentur, Luxemburg, 2000.

12 Faltermaier, T.: Die Salutogenese als neue Perspektive in der Gesundheitspsychologie. In: Störfaktor 37 (Zeitschrift kritischer Psychologinnen und Psychologen), Heft 1, Jahrgang 10, 1997, S. 37–58.

Bezogen auf die verschiedenen Belastungsaspekte sind eine Vielzahl von Maßnahmen denkbar, für die nachfolgend einige Beispiele genannt werden.

(Anregungen entnommen aus: Berufsgenossenschaft Chemie: Gefährdungsbeurteilung. Merkblatt A 017, 5/97, Heidelberg, S. 55–59.)

Belastungsfaktoren (Stressoren)	Beispiele für streßreduzierende Maßnahmen
Über- und Unterforderung • Schwierigkeitsgrad und Komplexität der Tätigkeit • Monotonie • Wechsel von über- und unterfordernden Phasen • Zeitdruck, Akkord, Leistungsdruck • Entscheidungsdruck • Störungen im Arbeitsprozeß • Reizmangel, Reizüberflutung • Einzelarbeit	• Fehlertoleranz technischer Systeme • Ergonomische Gesichtspunkte berücksichtigen • Betriebsstörungen simulieren und trainieren • Beschäftigte entsprechend ihrer Qualifikation einsetzen • Qualifizierungsmaßnahmen durchführen • Aufgaben eindeutig formulieren • Ständig wiederkehrende, kurz dauernde Arbeitsvorgänge vermeiden • Aufgabenwechsel zwischen verschiedenen Personen • Erweiterung des Aufgabenspektrums, Abwechslung • Gruppenarbeit • Angemessene Pausensysteme • Individuelle Festlegung von Kurzpausen durch Beschäftigte • Entlastungsmöglichkeiten bei Zeitdruck (z. B. Springersystem) • Störungen des normalen Arbeitsablaufs möglichst ausschließen (z. B. fixe Besprechungszeiten) • Vermeidung von Einzelarbeitsplätzen
Handlungsspielraum, Verantwortung • Fehlender Entscheidungsspielraum • Mangelnde Aufgabenvollständigkeit • Schlechtes Zeitmanagement • Abhängigkeit von Zulieferern, Verkettung von Arbeitsprozessen • Angebundenheit am Arbeitsplatz	• Mitarbeiter an organisatorischen Entscheidungsprozessen beteiligen (z. B. Planung von Arbeitsabläufen, Reihenfolge der Bearbeitung, Auswahl von Werkzeugen, Pauseneinteilung, etc.) • Möglichst umfangreiche und ganzheitliche Aufgabenverantwortung (Vorbereitung, Organisation, Durchführung, Kontrolle) • Gruppenarbeit und Kooperation fördern • Betriebliches Vorschlagswesen • Abbau von Bürokratie und Verwaltung • Eigenverantwortliche Arbeitszeitgestaltung innerhalb von festgesetzten Grenzen

Belastungsfaktoren (Stressoren)	Beispiele für streßreduzierende Maßnahmen
Sozialbedingungen • Konflikte mit Vorgesetzten • Mangelnde Bestätigungen durch Vorgesetzte • Konkurrenz • Diskriminierung, sexuelle Belästigung • Gruppenzugehörigkeit • Kommunikation	• Vorgesetzte hinsichtlich sozialer Kompetenz auswählen und hinsichtlich sozialer Kompetenz trainieren • Klare und direkte Informationsstandards definieren • Klare Festlegung von Zielen und Erwartungen durch Vorgesetzte • Vorbildliches Auftreten von Vorgesetzten hinsichtlich der Anforderungen, die auch für Mitarbeiter gelten • Mitarbeitern regelmäßig Rückmeldungen über die Qualität der geleisteten Arbeit geben (z. B. in Beurteilungsgesprächen) • Auch positive Anerkennung als Rückmeldungen geben • Regelmäßige Gesprächskreise/Problemlösegruppen organisieren • Arbeitsplätze kommunikationsfreundlich anordnen • Beratungs- und Beschwerdestellen einrichten
Arbeitszeitregelungen • Nachtschicht • Wechselschicht • Überstunden	• Schichtsystem optimieren • Mitarbeiter bei der Erstellung/Änderung des Schichtsystems beteiligen (Pilotversuche durchführen, Anzahl der hintereinander liegenden Schichten max. 3, freie Wochenenden einräumen, Rotationsrichtung möglichst vorwärts: Früh-Spät-Nacht, Schichtdauer in Abhängigkeit von Arbeitsschwere planen, etc.) • Schwierige Aufgaben tagsüber erledigen lassen • An- und Abfahrt organisieren • Mitarbeiterinformation zur Belastungsminderung bei Schichtarbeit (z. B. Schlafverbesserung, Ernährungsoptimierung, Bewegung, Freizeitgestaltung, ...) • Personalressourcen und -einsatz gut planen, Arbeit so organisieren, daß die reguläre Arbeitszeit eingehalten werden kann • Pausensysteme optimieren

	Bestes Viertel	Schlechtestes Viertel
Wieviel verfügbare Arbeitsfläche?	7 m²	4,1 m²
Ist es annehmbar ruhig?	57 %	29 %
Ist Ihre Privatsphäre gewahrt?	62 %	19 %
Können Sie das Telefon abstellen?	52 %	10 %
Können Sie das Telefon umleiten?	76 %	19 %
Werden Sie oft von anderen gestört?	38 %	76 %
Programmierer mit 0 Fehlern	66 % Geräuschpegel erträglich	
Programmierer mit 1 oder mehr Fehlern	8 % Geräuschpegel erträglich	

Tabelle 4.2.2. Arbeitsplatzeinflüsse auf die Produktivität

Diese Liste ließe sich noch lange mit weiteren Belastungsfaktoren und möglichen Gegenmaßnahmen fortsetzen. In der Praxis kommt es darauf an, Verbesserungsmaßnahmen auf die konkreten betrieblichen Bedingungen abzustellen und nach den betrieblichen Möglichkeiten zu gestalten. Grundsätzlich ist es dabei immer empfehlenswert, die Mitarbeiter bei der Analyse der Belastungsfaktoren und bei der Planung von Gegenmaßnahmen zu beteiligen (Handlungsspielraum).

4.2.7. Streßprävention ist wirtschaftlich

Seit 1977 betreiben die Produktivitätsberater Tom DeMarco und Timothy Lister in den USA öffentliche Produktivitätsstudien in Form von Programmiererwettbewerben, an denen sich Programmierer aus unterschiedlichsten Firmen beteiligen können. Es geht dabei darum, daß eine festgelegte Programmieraufgabe möglichst rasch und fehlerfrei durchzuführen ist. Dabei treten alle Teilnehmer und Firmen gegeneinander an. Die Prüfung der Ergebnisqualität (Zeitverbrauch, Fehleranzahl, Lösungsqualität) erfolgt durch standardisierten Abnahmetest. Bisher waren ca. 300 Firmen daran beteiligt. Die Tabelle (Tabelle 4.2.2.) zeigt Ergebnisse zum Zusammenhang zwischen Arbeitsplatzqualität und Produktivität aus Daten, die zwischen 1984 und 1986 gewonnen wurden und von 600 Programmierern aus 92 US-amerikanischen Firmen stammen:[13]

Die Daten zeigen, daß die 25 % der Programmierer mit den besten Ergebnissen im Vergleich zu jenem Viertel der Programmierer mit den schlechtesten Ergebnissen deutlich bessere Arbeitsbedingungen (Platz, Ruhe, Privatsphäre, geringe Störungen und Unterbrechungen) haben und diese Tatsache sich deutlich in der Leistungsqualität auswirkt.

Schon 1993 bezeichnete die Internationale Arbeitsorganisation (ILO) in ihrem World Labour Report Streß als eine Epidemie des 20. Jahrhunderts und stellte fest, daß Streßfolgen die industrialisierten Länder etwa 10 % des Bruttosozialproduktes kosten.

Ein Unternehmen besteht nicht nur aus einem Gebäude, Maschinen und Produkten. Was eine Arbeitsorganisation ausmacht, sind die Menschen, die diese Organisation bilden. Ohne denkende und handelnde Menschen, die im Sinne der Unternehmensziele

---

13 DeMarco Tom, Lister Timothy: Wien wartet auf Dich! Der Faktor Mensch im DV-Management. Hanser-Verlag, München, 1991.

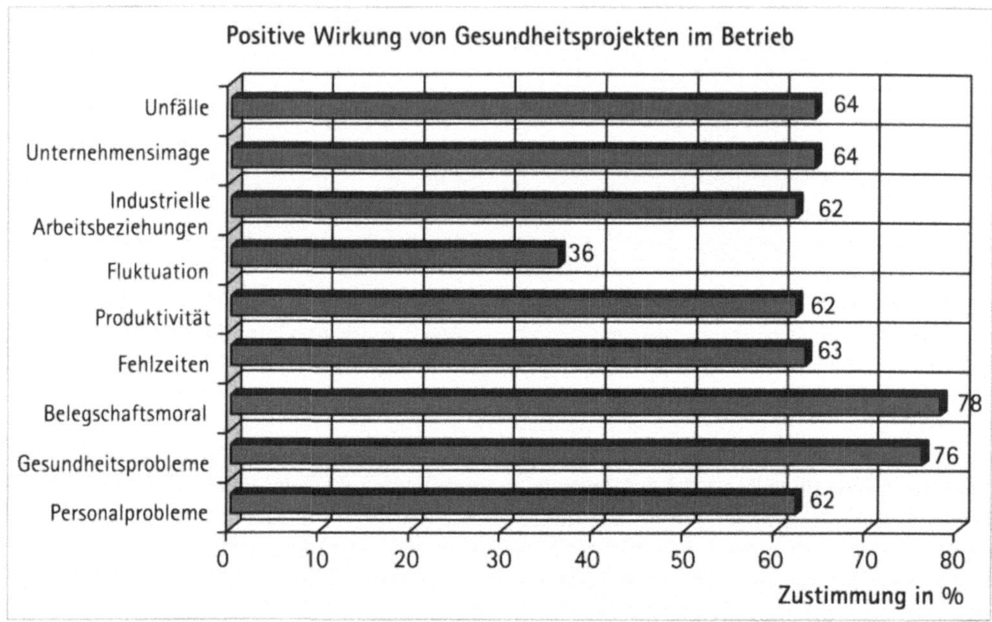

Abb. 4.2.7. Positive Effekte von betrieblichen Gesundheitsprojekten nach Aussagen von 1451 EU-Unternehmen (Wynne/Clarkin 1993)

ihre Arbeit leisten, gäbe es kein Unternehmen. Jedes Unternehmen muß daher daran interessiert sein, daß Arbeitsprozesse möglichst ungestört und ohne Unterbrechungen ablaufen. Jeder Maschinenausfall, jede Personalfluktuation, jeder Ausfallstag ist Sand im Getriebe. Körperliche und psychische Belastungen von Mitarbeitern und ihre Folgen stören genauso den reibungslosen betrieblichen Ablauf. Zufriedene Arbeitnehmer sind weniger krank und leisten mehr. Die Qualität der Leistung steigt, die Fehlerquote sinkt. Die Unfallraten nehmen ab und die Beschäftigten identifizieren sich mit dem Betrieb, die Fluktuation sinkt.

Der Erfolg von betrieblichen Maßnahmen zur Gesundheitsförderung läßt sich auch durch die Aussagen von Betrieben bestätigen, die solche Projekte umgesetzt haben. Eine diesbezügliche Umfrage (Abb. 4.2.7.) bei 1451 Unternehmen in 7 Mitgliedsstaaten

der Europäischen Gemeinschaft zeigte, daß die Effekte oftmals viel besser waren, als sie von den Unternehmensleitungen erwartet wurden.[14]

4.2.8. Streßprävention gehört zu einem professionellen Standard

Bei arbeitsbedingten Gefahren denkt man oft vor allem an Blut, Knochenbrüche, Vergiftungen, Verbrennungen, Hitze, Kälte und dergleichen. Es handelt sich dabei meist um Gefahren für den Körper. Die meisten Bemühungen im Arbeitnehmerschutz kreisen um diese Themen. Abbildung 4.2.8. zeigt jedoch, daß in der Gegenwart der Arbeitswelt

---

14 Assessing Working Conditions – The European Practice. European Foundation for the Improvement of Living and Working Conditions, Dublin, 1996.

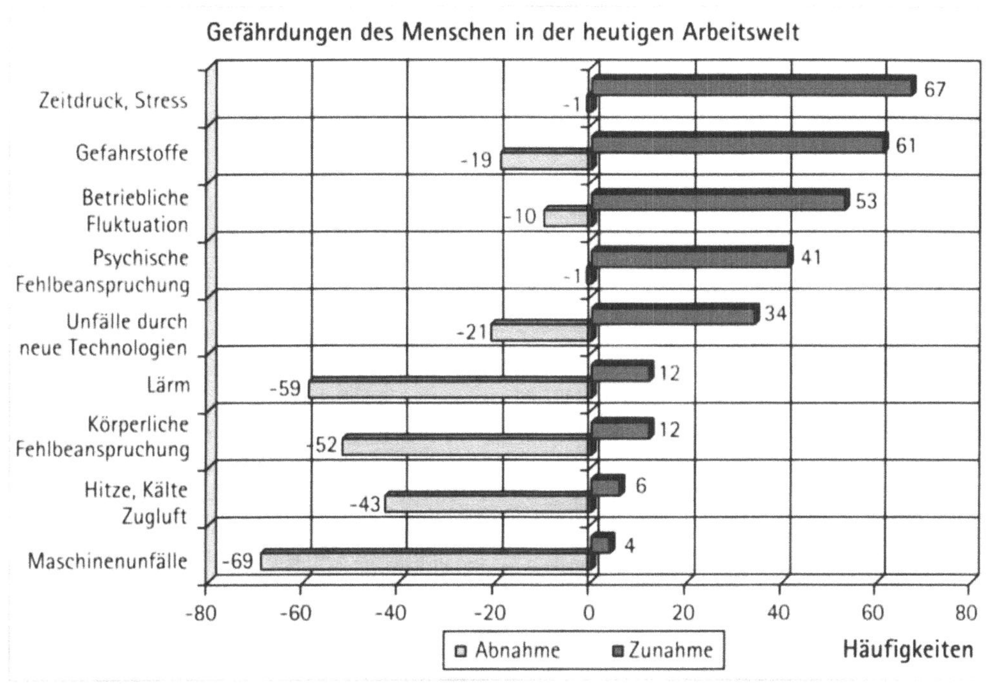

Abb. 4.2.8. Belastungsentwicklung in der Arbeitwelt

körperliche Belastungen stark abnehmen und psychische Belastungen ansteigen (NIOSH-Umfrage über Zu- oder Abnahme von arbeitsbedingten Problemen):[15]

Die Auseinandersetzung mit psychischen Belastungen am Arbeitsplatz muß Anliegen aller Berufsgruppen sein, die im Arbeitnehmerschutz tätig sind. Wer die Streßdimension ausklammert, arbeitet an einem Hauptproblem vorbei und verliert einen immer größer werdenden Teil der Arbeitnehmer aus dem Blickfeld. Mit der ausschließlich technisch-naturwissenschaftlichen Herangehensweise haben Arbeitnehmerschutzexperten für die Mehrzahl der Beschäftigten in Zukunft nicht mehr viel anzubieten.

15 Schmahl F.W. et al.: Gefährdungen des Menschen in der heutigen Arbeitswelt. Erich Schmidt-Verlag, 1997.

4.2.9. Gibt es spezifische Stressoren bei Bildschirmarbeit?

Für die Arbeit am Bildschirm gelten genau dieselben Stressoren und Streßreaktionen, wie sie auch an anderen Arbeitsplätzen vorkommen können. Es können jedoch spezifische Belastungen dazukommen, die mit der Bildschirmarbeit verbunden sind. Das könnten beispielsweise folgende Stressoren sein:

- Kognitive Anforderungen durch die (konzentrationsintensiven) Informationsverarbeitungsprozesse
- Qualifikationsvoraussetzungen zum adäquaten Umgang mit den technischen Systemen und zur Bewältigung von Arbeitsaufgaben
- Abhängigkeit von der Funktionsfähigkeit von Hard- und Softwaresystemen

– Einfluß der technischen Systeme auf Arbeitsabläufe, Arbeitsorganisation und Arbeitsinhalte
– Belastungen des Stütz- und Bewegungsapparates und des visuellen Systems

§ 68 ASchG besagt, daß bei Bildschirmarbeit insbesondere Belastungen des Stütz- und Bewegungsapparates, der Augen und psychische Belastungen zu ermitteln, zu beurteilen und zu verbessern sind. Darüber hinaus ist auch zu ermitteln, wie lange die Dauer der täglichen Arbeit am Bildschirm ist, damit entsprechende Regelungen für Tätigkeitwechsel beziehungsweise Pausen zur Belastungsminderung getroffen werden können.

4.2.10. Gesetzliche Regelungen

Arbeitspsychologische Faktoren werden beispielsweise durch § 7 Z 7 ArbeitnehmerInnenschutzgesetz (Grundsätze der Gefahrenverhütung) angesprochen, wo eine *„Planung der Gefahrenverhütung mit dem Ziel einer kohärenten Verknüpfung von Technik, Arbeitsorganisation, Arbeitsbedingungen, sozialen Beziehungen und Einfluß der Umwelt auf den Arbeitsplatz"* verlangt wird.[16]

Auch die §§ 76, 81 Abs. 3 ASchG verlangen vom Arbeitgeber die Beiziehung der Präventivkräfte oder von anderen Fachleuten in arbeitspsychologischen Fragen.

In § 60 Abs. 2 ASchG wird darauf hingewiesen, daß Arbeitsvorgänge so zu gestalten sind, *„daß Belastungen durch Monotonie, einseitige Belastung sowie taktgebundene Arbeiten und Zeitdruck mög-*

lichst gering gehalten und ihre gesundheitsschädigenden Auswirkungen abgeschwächt werden."

Explizit genannt werden psychische Belastungsfaktoren auch im Zusammenhang mit Bildschirmarbeit, wie es auch die EU-Bildschirmrichtlinie 90/270/EWG vorsieht: In § 68 Abs. 1 ASchG heißt es: *„Im Rahmen der Ermittlung und Beurteilung der Gefahren ist auch auf die mögliche Beeinträchtigung des Sehvermögens sowie auf physische und psychische Belastungen besonders Bedacht zu nehmen. Auf Grundlage dieser Ermittlung und Beurteilung sind zweckdienliche Maßnahmen zur Ausschaltung der festgestellten Gefahren zu treffen, wobei das allfällige Zusammenwirken der festgestellten Gefahren zu berücksichtigen ist."*

In vielen Ländern ist einerseits aufgrund der EU-Regelungen und andererseits aus wirtschaftlichen Gründen das integrierte Management von Sicherheit, Gesundheit, Umweltschutz und Qualitätssicherung zu einem Wettbewerbsfaktor geworden. Der Faktor Mensch ist dabei die zentrale produktionswirksame Ressource. In Schweden, den Niederlanden[17] und Großbritannien gibt es sogar spezielle gesetzliche Richtlinien zur Streßprävention.[18]

Abgesehen von gesetzlichen Regelungen auf dem Gebiet des Arbeitnehmerschutzes, gibt es auch Querverbindungen in andere Bereiche. So verlangt beispielsweise die EG-Maschinenrichtlinie 89/392/EWG (Artikel 100a des EWG-Vertrages)[19] in den Grund-

---

16 In den Grundsätzen der Gefahrenverhütung (§ 7 Z 4 ASchG) wird gleichfalls die *„Berücksichtigung des Faktors Mensch bei der Arbeit, (...) vor allem im Hinblick auf eine Erleichterung bei eintöniger Arbeit und bei maschinenbestimmtem Arbeitsrhythmus (...)"* verlangt.

17 Kompier M., Levi L.: Streß am Arbeitsplatz. Ursachen, Wirkungen und Verhütung. Europäische Stiftung zur Verbesserung der Lebens- und Arbeitsbedingungen (Hg.), Dublin, Irland, 1994.

18 Wieland-Eckelmann R.: Streß. In: Arbeits-, Gesundheits- und Umweltschutz. Wenninger G., Hoyos Graf Carl (Hg.), Asanger-Verlag, Heidelberg, 1996.

19 In Österreich Maschinen-Sicherheits-Verordnung (MSV), Verordnung über das Inver-

sätzen für die Integration der Sicherheit: *„Bei bestimmungsgemäßer Verwendung müssen Belästigung, Ermüdung, und psychische Belastung des Bedienungspersonals unter Berücksichtigung der ergonomischen Prinzipien auf das mögliche Mindestmaß reduziert werden."*

Gleichfalls existieren Normen auf diesem Gebiet, wie beispielsweise die DIN 33405 „Psychische Belastung und Beanspruchung. Allgemeines. Begriffe" oder die ISO 10075 „Ergonomic principles related to mental workload".

Insbesondere für das Gebiet der Bildschirmarbeit beziehungsweise jede Form der Mensch-Maschine-Schnittstelle ist die ISO 9241, Teil 10-17 beziehungsweise in Europa als EN ISO 9241,[20] Teil 10–17 die relevante Grundlage, wenn es um Gestaltungskriterien zur Minimierung der mentalen Belastung geht (Stichworte: Software-Ergonomie, Usability). Seit 1993 liegt die EN ISO 9241, Teil 2 vor. Sie enthält auch Hinweise für gut gestaltete Arbeitsaufgaben. Merkmale einer gut gestalteten Arbeitsaufgabe am Bildschirmarbeitsplatz sind beispielsweise:

- Sie ermöglicht vielfältige Fertigkeiten und Fähigkeiten anzuwenden.
- Sie berücksichtigt die Erfahrungen und Fähigkeiten des Mitarbeiters.
- Sie bietet Handlungsspielraum hinsichtlich Reihenfolge, Arbeitstempo und Vorgehensweise.
- Sie sieht die Weiterentwicklung bestehender und die Aneignung neuer Fertigkeiten vor.
- Es gibt ausreichend Rückmeldung über die Aufgabenerfüllung.

---

kehrbringen und Ausstellen von Maschinen und über die grundlegenden Sicherheitsanforderungen an Maschinen, BGBl.Nr. 306/1994, § 16, Abs. 1.

20 Österreich: ÖNORM EN ISO 9241.

4.2.11. Evaluierung von arbeitsbedingten psychischen Belastungen/Stressoren

Die Evaluierung psychischer Belastungen umfaßt sämtliche Bedingungen des Arbeitsplatzes, des Arbeitsumfelds, der Tätigkeitsanforderungen und der organisatorischen Rahmenbedingungen aus arbeitspsychologischer Sicht. Einen spezifischen Teilbereich daraus stellen die Anforderungen aus dem Bereich der Software-Ergonomie dar.[21]

4.2.11.1. Rahmenbedingungen

Die Ermittlung und Beurteilung psychischer Belastungen hat sicherlich andere Voraussetzungen und Rahmenbedingungen als dies bei den „klassischen" Gefahren der Fall ist. Einige wichtige Kriterien werden nachfolgend dargestellt:

Weiche und harte Daten: Gefahren und Gefährdungen, wie sie beispielsweise durch die physikalische oder chemische Beschaffenheit von Maschinen, Stäuben, Gasen, Dämpfen, Arbeitsstoffen, etc. gegeben sind, lassen sich mit naturwissenschaftlichen Methoden objektiv ermitteln und beurteilen. Das ist auch die Grundlage der meisten Prüflisten und Checklisten, mit deren Hilfe ein (qualifizierter) Beurteiler das Zutreffen oder Nichtzutreffen bestimmter Eigenschaften durch die Anwendung von objektivierbaren Kriterien durchführen kann. Lärm und Staub können beispielsweise mit Meßinstrumenten gemessen werden. Psychische Belastungen zeigen sich zwar auch an einigen meßbaren physiologischen Indikatoren (Herzfrequenz, Atemfrequenz, Blutdruck, Puls, elektrischer Hautwiderstand, Hormonausschüttung ...), es ist aber für die Evaluierung nicht zielführend, solche Methoden anzuwenden, um subjektives Streßempfin-

---

21 Siehe Kapitel 2.4. und ein Evaluierungsverfahren in Kapitel 4.3.

den bei Menschen objektiv nachzuweisen. Andere Methoden sind hierfür viel nützlicher, weil es ja auch darum geht festzustellen, worin die Stressoren liegen.

Sozialwissenschaftliche Methoden: Ob und wie Arbeitsbedingungen für den Menschen zu psychischen Fehlbeanspruchungen werden, läßt sich großteils nur mit Hilfe geeigneter sozialwissenschaftlicher Methoden und Verfahren aus der Sicht der Beschäftigten bestimmen. Beobachtungen, systematische Einzel- oder Gruppengespräche und Fragebögen sind mögliche Methoden, psychische Belastungen zu ermitteln (siehe Tabelle 4.2.3.).

Tabuthema und Widerstand: Wenn es um die Ermittlung und Beurteilung von psychischen Belastungen geht, werden natürlich ganz wesentlich die organisatorischen Arbeitsbedingungen und damit auch Managementstrategien des Unternehmens angesprochen. Daraus erklärt sich auch, daß es häufig Ängste sowohl des Managements als auch der Beschäftigten gibt, darüber offen zu sprechen. Das Management befürchtet häufig, daß sich daraus Vorwürfe für falsche Managemententscheidungen beziehungsweise unerwünschte Veränderungen ableiten lassen. Die Beschäftigten haben Sorge, daß ihre Beurteilungen gegen sie verwendet werden könnten. Deshalb sind ein geeignetes soziales Klima und die Schaffung von guten Rahmenbedingungen Voraussetzung, um ein solches Projekt überhaupt durchführen zu können.

Positive Elemente: Gerade bei der Evaluierung der psychischen Belastungsfaktoren (aber auch bei allen anderen Evaluierungen) ist es wichtig, nicht nur eine Sammlung und Darstellung von Problembereichen zu betreiben, sondern auch die „guten" und „positiven" Elemente zu betrachten. In jeder Organisation gibt es Gefahren und Belastungen. Aber es gibt in jeder Organisation auch positive Sicherheits- und Gesundheitsaspekte und Bereiche, die von den Beschäftigten als angenehm und befriedigend erlebt werden. Für alle beteiligten Personengruppen (Arbeitgeber, Führungskräfte, Mitarbeiter, Präventivfachkräfte) ist es vorteilhaft, nicht ausschließlich über Mängel zu kommunizieren.

Unternehmenskultur: Die besten Voraussetzungen für eine Erhebung des Mitarbeiterbefindens findet man in Unternehmen vor, in denen mit den Mitarbeitern und ihrer Arbeitssituation vertrauens- und respektvoll umgegangen wird. Bei stark angespanntem Betriebsklima und mangelnder Unterstützung durch die Unternehmensleitung ist eine Erhebung des Mitarbeiterbefindens nicht empfehlenswert.

Fingerspitzengefühl und Vertrauen: Psychische Belastungsfaktoren sind Vertrauenssache. Direktes Abfragen solcher Faktoren von Mitarbeitern im persönlichen

Objektive Daten	Subjektive Daten
Krankenstand- und Unfalldaten	Fragebögen
Überstundendaten	Checklisten
Fluktuationsdaten	Interviews
Produktivitätszahlen	Gruppendiskussion
QS-Daten (Fehler, Ausschüsse)	Anonyme Aushänge
Ergebnisse arbeitsmedizinischer Untersuchungen	„Tratsch"

Tabelle 4.2.3. Objektive und subjektive Daten

Gespräch ist daher aus verständlichen Gründen kaum erfolgreich. Auch wenn Sie persönlich meinen, daß man Ihnen doch sicherlich vertrauen wird, vergessen Sie nicht, daß sich das Vertrauen anderer nicht erzwingen läßt. Bei der Evaluierung psychischer Belastungen ist es daher notwendig, vertrauensbildende Maßnahmen zu setzen.

Datenschutz: Die Ermittlung und Beurteilung psychischer Belastungen auf betrieblicher Ebene setzt einen personenbezogenen Datenschutz voraus. Die Anonymität und die Freiwilligkeit an der Untersuchungsteilnahme müssen gewährleistet sein. Weiters ist für die Auswertung der Daten eine Mindestgruppengröße nötig, um Daten nicht auf der Ebene von Einzelpersonen auswerten zu müssen.

Von der Geschäftsführung bis zur Personalvertretung: Psychische Belastungen berühren häufig Tabuthemen im Betrieb. Weil es sich sicherlich um sensible Daten handelt, ist die Einbeziehung sowohl der Geschäftsführung als auch der Personalvertretung und deren Mitwirkung an der Organisation und Durchführung unbedingt empfehlenswert. Es muß signalisiert werden, daß alle beteiligten Gruppen dieses Projekt unterstützen.

Datengewinnung: Hierfür werden zum Beispiel Methoden wie Mitarbeiterfragebögen, Mitarbeiterinterviews, Gruppeninterviews, Beobachtung, systematische Auswertung relevanter betrieblicher Kenndaten (Fehlzeiten, Fluktuation, QS-Daten ...) eingesetzt.

Interpretation der Ergebnisse: Die Daten aus Fragebögen zeigen häufig nur auf, wo und in welchen Bereichen spezifische Probleme bestehen. Es ist daher notwendig, im Anschluß an eine Fragebogenerhebung genauer zu prüfen, worin die Probleme konkret bestehen.

Ableitung von Maßnahmen: Maßnahmen zur Reduktion psychischer Belastungen umfassen zumeist nicht nur Veränderungen technischer Bedingungen oder individueller Verhaltensweisen, sondern auch organisatorische Veränderungen im Betrieb.

Erfolgskontrolle: Mit einer systematischen Erfolgskontrolle haben sie die Möglichkeit zu prüfen, ob ihre Maßnahmen erfolgreich waren. Generell wird im ArbeitnehmerInnenschutzgesetz im Rahmen der Gefahrenermittlung die „Kontrolle der Wirksamkeit der getroffenen Maßnahmen" verlangt.

Um eine Erfolgskontrolle durchführen zu können, brauchen Sie Anfangsdaten (zum Beispiel Unfallhäufigkeiten, Fehlzeiten, Fluktuation, Befindenseinschätzung der Mitarbeiter, ...), die mit den Zieldaten verglichen werden können. Die Erfolgskontrolle ist für jede Projektarbeit im Betrieb und für alle Beteiligten wichtig. Sie wissen sonst nie, ob ihre Ziele erreicht wurden oder nicht.

Transparenz und Rückmeldungen: Beginnen Sie ein solches Projekt, bei dem die Beschäftigten eingebunden sind, niemals ohne fixe Absicht, über die Ergebnisse und geplanten Maßnahmen zu informieren. Es ist für die Beschäftigten äußerst frustrierend, Zeit und Engagement in ein Projekt zu investieren und irgendwelche Hoffnungen für die Zukunft zu entwickeln, wenn nach dieser Erhebungswelle keine Information über Ergebnisse oder Unternehmenspläne mehr erfolgt. Es geht den Beschäftigten in der Regel nicht darum, ganz bestimmte Wünsche erfüllt zu bekommen. Also versprechen Sie bitte im Vorhinein nichts, was Sie nachher nicht halten können. Aber geben Sie irgendeine Form von Rückmeldung, was aus den Daten geworden ist und was damit geschehen wird. Geschieht das nicht, fühlen sich die Beschäftigten mißbraucht, verlieren das Vertrauen in das Management und werden jahrelang kein Interesse mehr haben, ähnliche Aktivitäten zu unterstützen.

4.2.11.2. Fragebogen und Checkliste

Ein Verfahren zur Ermittlung und Beurteilung von arbeitsbedingten psychischen Belastungen ist in Form eines Merkblattes[22] bei der Allgemeinen Unfallversicherungsanstalt erhältlich. Es handelt sich dabei um ein Instrument, welches sowohl als Fragebogen als auch als Checkliste anzuwenden ist. Dieses Merkblatt gibt auch nähere Hilfestellung für die Durchführung der Evaluierung und Ansatzpunkte für Verbesserungsmöglichkeiten. Nachfolgend finden sie daraus ein Muster des Fragebogens für Beschäftigte.

Sie können diesen Fragebogen auch durch demographische Daten (Alter, Geschlecht, Abteilung, Tätigkeit, ...) ergänzen, wenn sie detailliertere Statistiken machen wollen (beispielsweise, inwiefern sich die Belastungsprofile zwischen Abteilungen oder Berufsgruppen unterscheiden).

22 Martina Molnar, Herbert Friesenbichler: Psychische Belastungsfaktoren. Einzelmerkblatt zur Arbeitsplatzevaluierung E 14. Allgemeine Unfallversicherungsanstalt (Hg.), 1999.

Arbeitssituationsbewertung durch Beschäftigte

Dieser Fragebogen dient zur Beschreibung Ihrer Arbeitssituation. Es sind Situationen beschrieben, die in jedem Arbeitsbereich zutreffen können. Für Ihre Arbeit werden manche eher zutreffen als andere. Kreuzen Sie bitte bei jeder Aussage die Antwort an, die auf Ihre Arbeitssituation eher zutrifft. Es ist wichtig, keine Zeile auszulassen, bitte füllen Sie jede Zeile aus.

Was trifft für Ihre Arbeit und Ihren Arbeitsplatz zu?

1 Arbeitsumfeld

Zutreffendes ankreuzen

1a	Das Arbeitsumfeld (Klimaverhältnisse, Geräuschpegel, Lichtverhältnisse) ist unangenehm.	☐	☐	Das Arbeitsumfeld (Klimaverhältnisse, Geräuschpegel, Lichtverhältnisse) ist angenehm.	1b
2a	Es wird mit gefährlichen oder belastenden Werkzeugen, Maschinen oder anderen Arbeitsmitteln gearbeitet.	☐	☐	Es gibt wenig Gefahren oder Belastungen durch Werkzeuge, Maschinen oder andere Arbeitsmittel.	2b
3a	Es gibt belastende Stäube, Dämpfe, Gase, Chemikalien oder Strahlungen.	☐	☐	Es gibt wenig Gefahren oder Belastungen durch Stäube, Dämpfe, Gase, Chemikalien oder Strahlungen.	3b
4a	Es gibt ein Verletzungs- oder Unfallrisiko.	☐	☐	Es gibt kaum ein Verletzungs- oder Unfallrisiko.	4b

2 Arbeitsanforderungen

Zutreffendes ankreuzen

5a	Es muß meist körperlich schwer gearbeitet werden.	☐	☐	Die Arbeit ist körperlich nicht anstrengend.	5b
6a	Die Körperhaltungen und Bewegungsabläufe sind häufig belastend.	☐	☐	Die Körperhaltungen und Bewegungsabläufe sind nicht belastend.	6b
7a	Die Arbeitstätigkeiten bestehen aus wenige Minuten dauernden und immer gleichartigen Verrichtungen.	☐	☐	Die Arbeitstätigkeiten bestehen nicht aus wenige Minuten dauernden und immer gleichartigen Verrichtungen.	7b
8a	Die Arbeit erfordert überwiegend hohe Konzentration.	☐	☐	Die Arbeit verlangt nicht permanente Konzentration.	8b
9a	Die Arbeit ist gefühlsmäßig (z. B. durch Kundenumgang) oft belastend.	☐	☐	Die Arbeit ist gefühlsmäßig (z. B. durch Kundenumgang) nicht belastend.	9b
10a	Die Arbeit ist monoton (eintönig).	☐	☐	Die Arbeit ist nicht monoton (eintönig).	10b
11a	Die Arbeit ist anspruchslos und stellt keine hohen Anforderungen.	☐	☐	Die Arbeit ist anspruchvoll und herausfordernd.	11b

3 | Organisation

Zutreffendes ankreuzen

12a	Es gibt öfter Probleme mit nicht vorhandenen oder nicht funktionierenden Arbeitsmitteln.	☐	☐	Die notwendigen Arbeitsmittel sind vorhanden und funktionieren einwandfrei.	12b
13a	Es gibt öfter Probleme mit nicht vorhandenen Informationen oder Unterlagen.	☐	☐	Die notwendigen Informationen und Unterlagen sind in der Regel verfügbar.	13b
14a	Arbeitsaufgaben sind widersprüchlich bzw. überschneiden sich.	☐	☐	Arbeitsaufgaben sind klar definiert und ohne Überschneidungen.	14b
15a	Es gibt häufige Unterbrechungen und Störungen der Arbeit.	☐	☐	Die Arbeit verläuft in der Regel störungsfrei und ohne Unterbrechungen.	15b
16a	Die Arbeitsaufgaben sind oft nicht vorhersehbar oder planbar.	☐	☐	Die Arbeitsaufgaben sind vorhersehbar und planbar.	16b
17a	Die Einschulung in neue Aufgaben erfolgt oft nicht rechtzeitig und ausreichend.	☐	☐	Die Einschulung in neue Aufgaben erfolgt rechtzeitig und ausreichend.	17b
18a	Die Arbeitszeiten sind belastend (z.B. Überstunden, Wochenendarbeit, Schichtarbeit, etc.)	☐	☐	Die Arbeitszeiten sind nicht belastend (z.B. Überstunden, Wochenendarbeit, Schichtarbeit, etc.)	18b
19a	Es herrscht häufig belastender Zeit- und Termindruck.	☐	☐	Es herrscht in der Regel kein belastender Zeit- und Termindruck.	19b

4 | Sicherheit

Zutreffendes ankreuzen

20a	Der Arbeitsplatz ist längerfristig ungesichert.	☐	☐	Der Arbeitsplatz ist längerfristig gesichert.	20b
21a	Es fehlen Aufstiegs- und Entwicklungsmöglichkeiten.	☐	☐	Es gibt Aufstiegs- und Entwicklungsmöglichkeiten.	21b
22a	Die Anerkennung von guten Arbeitsleistungen erfolgt nicht.	☐	☐	Gute Arbeitsleistungen werden anerkannt.	22b
23a	Es fehlen Rückmeldungen über die Qualität der Arbeit.	☐	☐	Es gibt regelmäßig Rückmeldungen über die Qualität der Arbeit.	23b
24a	Es fehlt ausreichende Information über betriebliche Angelegenheiten.	☐	☐	Es gibt ausreichende Information über betriebliche Angelegenheiten.	24b
25a	Zuständigkeiten und Rollen sind unklar.	☐	☐	Zuständigkeiten und Rollen sind klar.	25b

5 Handlungsspielraum

Zutreffendes ankreuzen

26a	Es gibt unangenehme Überwachungs- und Kontrollmechanismen.	☐	☐	Es gibt keine unangenehmen Überwachungs- und Kontrollmechanismen.	26b
27a	Es gibt keine Möglichkeiten, Vorschläge und Ideen einzubringen.	☐	☐	Es gibt Möglichkeiten, Vorschläge und Ideen einzubringen.	27b
28a	Probleme können nicht besprochen werden.	☐	☐	Probleme können besprochen werden.	28b
29a	Die Arbeit ist abwechslungsarm und einseitig.	☐	☐	Die Arbeit ist abwechslungsreich und vielseitig.	29b
30a	Die Tätigkeit läßt wenig Spielräume und Selbstbestimmung zu (z. B. Zeiteinteilung, Einteilung der Arbeitsschritte, Wahl der Arbeitsmittel).	☐	☐	Die Tätigkeit läßt genügend Spielräume und Selbstbestimmung zu (z. B. Zeiteinteilung, Einteilung der Arbeitsschritte, Wahl der Arbeitsmittel).	30b
31a	Das Arbeitstempo bzw. der Arbeitstakt sind streng vorgegeben.	☐	☐	Das Arbeitstempo bzw. der Arbeitstakt sind nicht streng vorgegeben.	31b

6 Sozialklima

Zutreffendes ankreuzen

32a	Es sind Diskriminierungen und Benachteiligungen beobachtbar (z. B. wegen Alter, Geschlecht, Nationalität, Behinderung; sexuelle Belästigung).	☐	☐	Es gibt keine Diskriminierungen und Benachteiligungen (z. B. wegen Alter, Geschlecht, Nationalität, Behinderung; sexuelle Belästigung).	32b
33a	Das Verhältnis zwischen Vorgesetzten und Beschäftigten ist gespannt.	☐	☐	Das Verhältnis zwischen Vorgesetzten und Beschäftigten ist angenehm.	33b
34a	Die Stimmung zwischen den Beschäftigten ist gereizt.	☐	☐	Die Stimmung zwischen den Beschäftigten ist gut.	34b
35a	In der Kollegenschaft gibt es wenig gegenseitige Unterstützung.	☐	☐	In der Kollegenschaft gibt es gegenseitige Unterstützung.	35b
36a	Im allgemeinen fehlt die Möglichkeit, mit der Kollegenschaft und Vorgesetzten Problemlösungen zu erarbeiten.	☐	☐	Im allgemeinen besteht die Möglichkeit, mit der Kollegenschaft und Vorgesetzten Problemlösungen zu erarbeiten.	36b

4.2.12. Literatur und weitere Informationen

4.2.12.1. Literatur

Abstractband zum 7. Workshop „Psychologie der Arbeitssicherheit", Bad Bevensen, 1993.

von Benda H., Bratge D. (Hg.): Psychologie der Arbeitssicherheit. 9. Workshop 1997. Asanger-Verlag, 1998.

Bieneck H.-J., Rückert A.: Neue Herausforderungen für die Arbeitswissenschaft – Konsequenzen aus den EG-Richtlinien. In: Zeitschrift für Arbeitswissenschaft 1/94, S. 1–4.

Blaha F. (Hg.): Der Mensch am Bildschirmarbeitsplatz. Ein Handbuch über Recht, Gesundheit und Ergonomie. Springer-Verlag, Wien – New York, 1995.

Bundesanstalt für Arbeitsmedizin (Hg.): Arbeitsmedizinische Aspekte der modernen Büroarbeit. Tagungsbericht 5, Schriftenreihe der Bundesanstalt für Arbeitsmedizin, Wirtschaftsverlag, Bremerhaven, 1994.

Costa G. et al.: Night and Shiftwork, Biological and Social Aspects. Pergamon Press, Oxford, 1981.

v. Eckardstein D., Lueger G., Niedl K., Schuster B.: Psychische Befindensbeeinträchtigung im Betrieb. Rainer Hampp Verlag, Hamburg und Mering, 1995.

Elkeles T.: Studie des deutschen Sozialwissenschafters mit Daten von 3000 Erwerbstätigen, Psychologie Heute, 11/1996.

Europäische Agentur für Sicherheit und Gesundheitsschutz am Arbeitsplatz: Research on Work-related Stress. Amt für amtliche Veröffentlichungen der Europäischen Agentur, Luxemburg, 2000. (Der Bericht kann in englischer Sprache auch kostenlos von der Website der Agentur heruntergeladen werden: http:/agency.osha.eu.int/publications/reports/stress/).

European Foundation for the Improvement of Living and Working Conditions (Hg.): Assessing Working Conditions – The European Practice. Dublin, 1996.

Ertel M., Junghans G., Pech E., Ullsperger P.: Auswirkungen der Bildschirmarbeit auf Gesundheit und Wohlbefinden (Fb 762). Wirtschaftsverlag NW, Bremerhaven, 1997.

Faltermaier T.: Die Salutogenese als neue Perspektive in der Gesundheitspsychologie. In:

Störfaktor 37 (Zeitschrift kritischer Psychologinnen und Psychologen), Heft 1, Jahrgang 10, 1997, S. 37–58.

Frese M. (Hg.): Streß im Büro. Verlag Hans Huber, Bern – Stuttgart – Toronto, 1981.

Frieling E., Sonntag K.: Lehrbuch Arbeitspsychologie. Verlag Hans Huber, Bern – Stuttgart – Toronto, 1997.

Greif S., Bamberg E., Semmer N.: Psychischer Streß am Arbeitsplatz. Hogrefe Verlag, 1991.

Hoyos Graf C., Wenninger G. (Hg.): Arbeitssicherheit und Gesundheitsschutz in Organisationen. Verlag für Angewandte Psychologie, Stuttgart, 1994.

Hoyos Graf C., Wenninger G. (Hg.): Arbeits-, Gesundheits- und Umweltschutz, Handwörterbuch verhaltenswissenschaftlicher Grundbegriffe. Roland Asanger Verlag, Heidelberg, 1996.

Junghans G., Ertel M., Ullsperger P.: Anforderungsbewältigung und Gesundheit computerunterstützter Büroarbeit (Fb 787). Wirtschaftsverlag NW, Bremerhaven, 1998.

Kommission der Europäischen Gemeinschaften (Hg.): Soziales Europa 2/90. Gesundheitsschutz und Sicherheit am Arbeitsplatz in der Europäischen Gemeinschaft. Generaldirektion Beschäftigung, Arbeitsbeziehungen und Soziale Angelegenheiten. Amt f. amtliche Veröffentlichungen der Europäischen Gemeinschaften, Luxemburg, 1990.

Kommission der Europäischen Gemeinschaften (Hg.): Soziales Europa 3/93. Europa für Sicherheit und Gesundheitsschutz am Arbeitsplatz. Generaldirektion Beschäftigung, Arbeitsbeziehungen und Soziale Angelegenheiten. Amt f. amtliche Veröffentlichungen der Europäischen Gemeinschaften, Luxemburg, 1994.

Kompier M., Levi L.: Streß am Arbeitsplatz. Ursachen, Wirkungen und Verhütung. Europäische Stiftung zur Verbesserung der Lebens- und Arbeitsbedingungen (Hg.), Dublin, 1994.

Ludborzs B., Nold H.: Überblick über die deutsche Sicherheitspsychologie. In: Abstractband zum Kongreß „Beherrschung der Risiken am Arbeitsplatz: Forschung und Entwicklung neuer Präventionsstrategien", Strasbourg, 1993.

Ludborzs B., Nold H., Rüttinger B. (Hg.): Psychologie der Arbeitssicherheit. 8. Workshop 1995. Asanger-Verlag, Heidelberg, 1996.

Molnar M., Friesenbichler H.: Informationssammlung: Psychische Belastungen am Arbeitsplatz. Report. Allgemeine Unfallversicherungsanstalt (Hg.), 1999.

Molnar M., Friesenbichler H.: Psychische Belastungsfaktoren. Einzelmerkblatt zur Arbeitsplatzevaluierung E 14. Allgemeine Unfallversicherungsanstalt (Hg.), 1999.

Molnar M.: Psychische Belastungen in der Arbeitswelt. In: Sichere Arbeit – internationales Fachmagazin für Prävention in der Arbeitswelt. Allgemeine Unfallversicherungsanstalt, Wien, 2000, S. 44–47.

Mayer P.: Deutscher Kongreß für Arbeitsschutz und Arbeitsmedizin 1993 in Düsseldorf. In: Zentralblatt für Arbeitsmedizin, Arbeitsschutz und Ergonomie 1/1994, S. 32–37.

Neuberger O. (Hg.): Arbeit. Begriff – Gestaltung – Motivation – Zufriedenheit. Ferdinand Enke Verlag, Stuttgart, 1985.

Nold H.: Psychologie der Arbeitssicherheit. Lywis Verlag, Riedstadt, 1993.

Pohlandt A. et al.: Aufbereitung vorhandener arbeitspsychologischer Grundlagen, Leitlinien und Verfahren: Analyseverfahren zur Beurteilung von psychischen Beanspruchungs- und Belastungsfaktoren. Unveröffentl. Projektunterlage im Rahmen des SANUS-Projektes. Institut für Psychologie. Technische Universität Dresden, 1995.

Richter G.: Psychische Belastung und Beanspruchung: Streß, psychische Ermüdung, Monotonie, psychische Sättung. Bundesanstalt für Arbeitsschutz und Arbeitsmedizin (Hg.), Forschungsanwendung Fa 36, Wirtschaftsverlag NW, Bremerhaven, 1997.

Richter P., Hacker W.: Belastung und Beanspruchung. Streß, Ermüdung und Burnout im Arbeitsleben. Asanger-Verlag, Heidelberg, 1998.

Sternberg E. M., Gold Ph.W.: Psyche, Streß und Krankheitsabwehr. In: Spektrum der Wissenschaft, November 1997, S. 64–71.

Ulich E.: Arbeitspsychologie. Schäffer-Poeschl-Verlag, Stuttgart, 1994.

Wenninger G. (Hg.): Arbeitssicherheit und Gesundheit. Psychologisches Grundwissen für betriebliche Sicherheitsexperten und Führungskräfte. Asanger-Verlag, Heidelberg, 1991.

4.2.12.2. Regelwerke

Bundesgesetz über Sicherheit und Gesundheitsschutz bei der Arbeit (ArbeitnehmerInnenschutzgesetz – ASchG), 1994.

Maschinen-Sicherheits-Verordnung (MS-V): Verordnung über das Inverkehrbringen und Ausstellen von Maschinen und über grundlegende Sicherheitsanforderungen an Maschinen. BGBl. 306/1994.

Richtlinie des Rates vom 12. 6. 1989 über die Durchführung von Maßnahmen zur Verbesserung der Sicherheit und des Gesundheitsschutzes der Arbeitnehmer bei der Arbeit (89/391/EWG).

Richtlinie des Rates vom 29. 5. 1990 über die Mindestvorschriften bezüglich der Sicherheit und des Gesundheitsschutzes bei der Arbeit an Bildschirmgeräten (90/270/EWG).

4.3. Evaluierung von Software

Der Fragebogen ISONORM 9241/10[1]
Martina Molnar

4.3.1. Vorbemerkungen zum Fragebogen ISONORM 9241/10

Im Bereich des Arbeitnehmerschutzes in Deutschland ist der Fragebogen ISONORM 9241/10 ein weit verbreitetes Evaluierungsinstrument für Software. Er ist integraler Bestandteil der bekannten deutschen Arbeitsplatzanalyseverfahren SANUS und ABETO und wird auch bei Ergonomieprüfungen für Software vom TÜV Rheinland eingesetzt.

Der Fragebogen zur Beurteilung von Software auf der Grundlage der internationalen Ergonomie-Norm ISO 9241 Teil 10 dient in erster Linie dazu, die systematische Beurteilung einer Software (bei komplexen Softwaresystemen auch von einzelnen Teilmodulen) hinsichtlich software-ergonomischer Anforderungen zu erleichtern.

Er ist direkt von den BenutzerInnen der zu beurteilenden Software auszufüllen, braucht keine spezifischen Fachkenntnisse, ist leicht verständlich, übersichtlich und kurz. Die 7 Teilbereiche des Teils 10 der ISO 9241 werden jeweils durch 5 Fragen abgedeckt, insgesamt enthält das Verfahren also 35 Fragen. Für die Antworten ist ein siebenstufiges Bewertungsschema vorgesehen, welches von „sehr negativ" (- - -) bis „sehr positiv" (+ + +) reicht. Der Zeitbedarf für das Ausfüllen liegt bei etwa 20 Minuten.

Der ISONORM-Fragebogen liegt auch als Online-Version vor und kann so beispielsweise im Internet oder im firmeneigenen Intranet verwendet werden.[2]

Ein Vergleich der Papierversion des Fragebogens mit der Online-Version brachte keine nennenswerten Abweichungen bei den erzielten Ergebnissen.[3]

Der Fragebogen kann beispielweise Aussagen dazu erlauben,

- wie gut oder schlecht das zu beurteilende Programm insgesamt zu bedienen ist,
- wie gut oder schlecht einzelne Kriterien der Software-Ergonomie durch ein Software-Produkt erfüllt werden,
- welche Bedienungsunterschiede sich im Vergleich verschiedener Programme zeigen,
- wie ein oder mehrere Software-Produkte von unterschiedlichen Benutzergruppen beurteilt werden.

Mit Hilfe dieses Verfahrens ist es aber nicht möglich, die konkreten Schwachstellen oder Verbesserungspunkte einer speziellen Software herauszuarbeiten, wie auch die Autoren betonen.[4]

Um systematisch herauszufinden, welche Bedienungsprobleme wo, wann, wie oft und warum bei einer konkreten Software auftreten, müssen Benutzer bei der Anwendung

---

1 © Jochen Prümper, Michael Anft, 1993.

2 www.sozialnetz-hessen.de/ergo-online/ Software/SW-Evaluation.htm.

---

3 Richter M.: Online-Befragung als neues Instrument zur Beurteilung der Benutzerfreundlichkeit interaktiver Software. Universität Zürich, 1998.

4 Jochen Prümper, Michael Anft: Die Evaluation von Software auf Grundlage des Entwurfs zur internationalen Ergonomie-Norm ISO 9241 Teil 10 als Beitrag zur partizipativen Systemgestaltung – ein Fallbeispiel. In: Karl-Heinz Rödiger (Hg).: Software-Ergonomie. B.G. Teubner-Verlag, Stuttgart, 1993.

der zu beurteilenden Software beobachtet und systematisch befragt werden. Die Einbeziehung von Benutzern in die Auswahl, Konzipierung und Entwicklung von Software ist die zielführendste Maßnahme zur Erzielung von hohem Benutzerkomfort. Normen, Richtlinien, Regelwerke und Expertenwissen können die Bedeutung der Benutzersicht nicht ersetzen.

Die Fragebögen sind im Idealfall von einer repräsentativen Personenanzahl aus der künftigen Anwendergruppe auszufüllen. Für die Auswertung wird für jede Frage der Mittelwert aller Antworten berechnet. Die Ergebnisse der Beurteilungen erlauben Aussagen über potentielle Problembereiche.

Abbildung 4.3.1. zeigt ein Beispiel für eine Auswertung, in der die Antworten aus den sieben Teilbereichen zusammengefaßt dargestellt sind. Beschäftigte aus zwei verschiedenen Abteilungen eines Unternehmens wurden befragt, deren Bewertungen ebenfalls getrennt dargestellt sind. Es ist daraus zu ersehen, welche Teilbereiche eher negativ und welche eher positiv bewertet wurden. Außerdem werden Unterschiede in den Bewertungen zwischen den beiden Abteilungen deutlich.

Die letzte Seite des Fragebogens, in der in anonymisierter Form nach personenbezogenen Daten gefragt wird (Software-Erfahrungen, Beruf, Alter, Geschlecht), ist nur dann sinnvoll einzusetzen, wenn weitere statistische Auswertungen gewünscht sind (zum Beispiel: Unterscheiden sich die Berufsgruppen in ihren Bewertungen, gibt es Unterschiede zwischen langjährigen und kurzzeitigen Benutzern, unterscheiden sich die Bewertungen zwischen einem ersten und einem zweiten Erhebungszeitpunkt, etc.).

Der Fragebogen kann in zwei Fällen gut angewendet werden:

1. Für die Auswahl von Standardsoftware
2. Für die Beurteilung von Individualsoftware im Entwicklungsprozeß

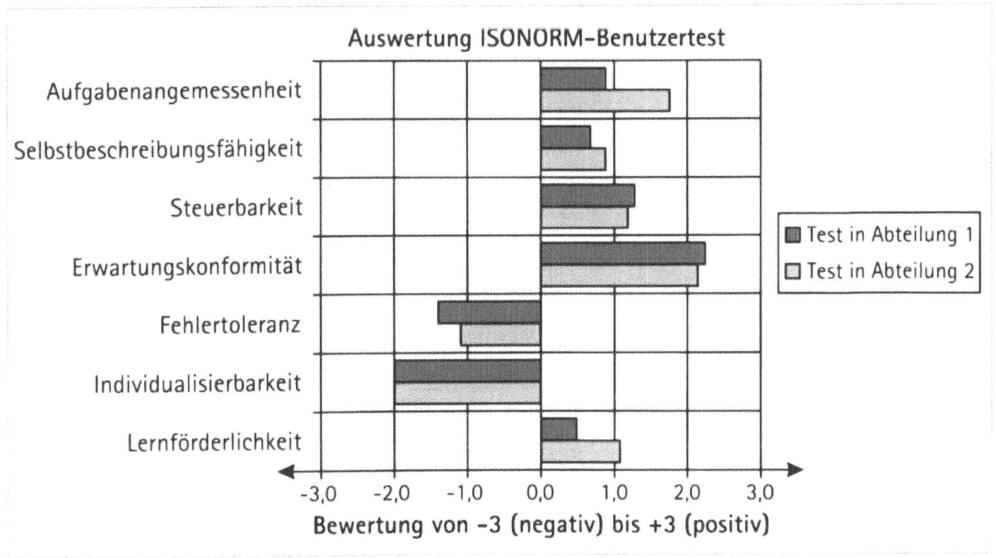

Abb. 4.3.1. Beurteilungen einer Software durch zwei Abteilungen: Ergebnisse in den sieben Teilbereichen von ISONORM 9241/10 und Unterschiede zwischen den Abteilungen

Natürlich kann damit auch Software beurteilt werden, die sich im Einsatz befindet. Aus den Ergebnissen lassen sich Anforderungen für künftige Kauf- und Entwicklungsentscheidungen ableiten, auch wenn aktuelle Änderungen nicht oder nur eingeschränkt möglich sind.

Nähere Ausführungen zum Thema Software-Ergonomie und praktische Beispiele zur Evaluierung von Software mit Hilfe von ISONORM 9241/10 finden Sie in Kapitel 2.4.

4.3.2. Literatur und weitere Informationen

4.3.2.1. Literatur

Döbele-Martin C., Martin P., Richenhagen G., Prümper J.: Ergonomie-Prüfer. TBS beim DGB Landesbezirk NRW (Hg.), Oberhausen, 1998.
Molnar M.: Software-Ergonomie. Ergonomische Gestaltung der Mensch-Maschine-Schnittstelle. Im Rahmen der Serie „Gefahren ermitteln

und beseitigen". Allgemeine Unfallversicherungsanstalt (Hg.), Wien, 2001.
Prümper J., Anft M.: Die Evaluation von Software auf Grundlage des Entwurfs zur internationalen Ergonomie-Norm 9241 Teil 10 als Beitrag zur partizipativen Systemgestaltung – ein Fallbeispiel. In: K.H. Rödiger (Hg.): Software-Ergonomie '93. Stuttgart, 1993.
Prümper J.: Der Benutzungsfragebogen ISO-NORM 9241/10: Ergebnisse zur Reliabilität und Validität. In: R. Liskowsky u.a. (Hg.): Software-Ergonomie '97. Stuttgart, 1997.
Richter M.: Online-Befragung als neues Instrument zur Beurteilung der Benutzerfreundlichkeit interaktiver Software. Universität Zürich, 1998.

4.3.2.2. Internetadressen

Der Fragebogen ISONORM 9241/10 steht als Online-Version (im HTML-Format) und zum Download (im Wordformat) zur Verfügung. Sie finden beides auf folgender Internetseite: www.sozialnetz-hessen.de/ergo-online/Software/SW-Evaluation.htm

ISONORM 9241/10

**Beurteilung von Software auf Grundlage der
Internationalen Ergonomie-Norm ISO 9241/10**

Jochen Prümper & Michael Anft[5]
© 1993

Anweisung
(Bitte unbedingt lesen!)

Im folgenden geht es um die Beurteilung von Softwaresystemen auf Grundlage der internationalen Norm ISO 9241/10.

Das Ziel dieser Beurteilung ist es, Schwachstellen bei Softwaresystemen aufzudecken und konkrete Verbesserungsvorschläge zu entwickeln.

Um dies zu bewerkstelligen, ist Ihr Urteil als Kenner des Softwaresystems von entscheidender Bedeutung! Grundlage Ihrer Bewertung sind Ihre individuellen Erfahrungen mit dem Software-Programm, das Sie beurteilen möchten.

Dabei geht es nicht um eine Beurteilung Ihrer Person, sondern um *Ihre persönliche Bewertung* der Software, mit der Sie arbeiten.

Am besten bearbeiten Sie den Beurteilungsbogen, während Sie das zu bewertende Softwaresystem vor sich am Bildschirm haben. Dadurch haben Sie die Möglichkeit, bei der Beantwortung der einzelnen Fragen die eine oder andere Sache noch einmal zu überprüfen.

Bitte machen Sie im folgenden Kasten zunächst einige Angaben zu der Software, auf die sich Ihre Beurteilung beziehen wird.

Auf welches Software-Programm bezieht sich Ihre Beurteilung?
(Beurteilen Sie bitte lediglich *ein* Software-Programm!)

Name der Software: . . . .

Versionsnummer: . . . .

Hersteller: . . . .

Teilanwendung / Modul: . . . .

---

5 Mit freundlicher Genehmigung der Urheber wurde der Autorin die Integration des Verfahrens im Rahmen dieser Publikation gestattet. Es ist auch im Merkblatt „Software-Ergonomie" im Rahmen der Evaluierungsserie der Allgemeinen Unfallversicherungsanstalt enthalten.

Aufgabenangemessenheit

Unterstützt die Software die Erledigung Ihrer Arbeitsaufgaben, ohne Sie als Benutzer unnötig zu belasten?

Die Software ...	- - -	- -	-	-/+	+	+ +	+ + +	*Die Software ....*
ist kompliziert zu bedienen.	☐	☐	☐	☐	☐	☐	☐	ist unkompliziert zu bedienen.
bietet nicht alle Funktionen, um die anfallenden Aufgaben effizient zu bewältigen.	☐	☐	☐	☐	☐	☐	☐	bietet alle Funktionen, um die anfallenden Aufgaben effizient zu bewältigen.
bietet schlechte Möglichkeiten, sich häufig wiederholende Bearbeitungsvorgänge zu automatisieren.	☐	☐	☐	☐	☐	☐	☐	bietet gute Möglichkeiten, sich häufig wiederholende Bearbeitungsvorgänge zu automatisieren.
erfordert überflüssige Eingaben.	☐	☐	☐	☐	☐	☐	☐	erfordert keine überflüssigen Eingaben.
ist schlecht auf die Anforderungen der Arbeit zugeschnitten.	☐	☐	☐	☐	☐	☐	☐	ist gut auf die Anforderungen der Arbeit zugeschnitten.

Selbstbeschreibungsfähigkeit

Gibt Ihnen die Software genügend Erläuterungen und ist sie in ausreichendem Maße verständlich?

Die Software ...	- - -	- -	-	-/+	+	+ +	+ + +	Die Software ....
bietet einen schlechten Überblick über ihr Funktionsangebot.	☐	☐	☐	☐	☐	☐	☐	bietet einen guten Überblick über ihr Funktionsangebot.
verwendet schlecht verständliche Begriffe, Bezeichnungen, Abkürzungen oder Symbole in Masken und Menüs.	☐	☐	☐	☐	☐	☐	☐	verwendet gut verständliche Begriffe, Bezeichnungen, Abkürzungen oder Symbole in Masken und Menüs.
liefert in unzureichendem Maße Informationen darüber, welche Eingaben zulässig oder nötig sind.	☐	☐	☐	☐	☐	☐	☐	liefert in zureichendem Maße Informationen darüber, welche Eingaben zulässig oder nötig sind.
bietet auf Verlangen keine situationsspezifischen Erklärungen, die konkret weiterhelfen.	☐	☐	☐	☐	☐	☐	☐	bietet auf Verlangen situationsspezifische Erklärungen, die konkret weiterhelfen.
bietet von sich aus keine situationsspezifischen Erklärungen, die konkret weiterhelfen.	☐	☐	☐	☐	☐	☐	☐	bietet von sich aus situationsspezifische Erklärungen, die konkret weiterhelfen.

Steuerbarkeit

Können Sie als Benutzer die Art und Weise, wie Sie mit der Software arbeiten,
beeinflussen?

Die Software ...	- - -	- -	-	-/+	+	+ +	+ + +	*Die Software* ....
bietet keine Möglichkeit, die Arbeit an jedem Punkt zu unterbrechen und später problemlos wiedereinzusteigen.	☐	☐	☐	☐	☐	☐	☐	bietet die Möglichkeit, die Arbeit an jedem Punkt zu unterbrechen und später problemlos wiedereinzusteigen.
erzwingt eine unnötig starre Einhaltung von Bearbeitungsschritten.	☐	☐	☐	☐	☐	☐	☐	erzwingt keine unnötig starre Einhaltung von Bearbeitungsschritten.
ermöglicht keinen leichten Wechsel zwischen einzelnen Menüs oder Masken.	☐	☐	☐	☐	☐	☐	☐	ermöglicht einen leichten Wechsel zwischen einzelnen Menüs oder Masken.
der Benutzer kann nicht beeinflussen, welche Informationen wie am Bildschirm dargeboten werden.	☐	☐	☐	☐	☐	☐	☐	der Benutzer kann beeinflussen, welche Informationen wie am Bildschirm dargeboten werden.
erzwingt unnötige Unterbrechungen der Arbeit.	☐	☐	☐	☐	☐	☐	☐	erzwingt keine unnötigen Unterbrechungen der Arbeit.

Erwartungskonformität

Kommt die Software durch eine einheitliche und verständliche Gestaltung Ihren Erwartungen und Gewohnheiten entgegen?

Die Software ...	- - -	- -	-	-/+	+	+ +	+ + +	*Die Software ....*
erschwert die Orientierung durch eine uneinheitliche Gestaltung.	☐	☐	☐	☐	☐	☐	☐	erleichtert die Orientierung durch eine einheitliche Gestaltung.
läßt einen im Unklaren darüber, ob eine Eingabe erfolgreich war oder nicht.	☐	☐	☐	☐	☐	☐	☐	läßt einen nicht im Unklaren darüber, ob eine Eingabe erfolgreich war oder nicht.
informiert in unzureichendem Maße über das, was sie gerade macht.	☐	☐	☐	☐	☐	☐	☐	informiert in ausreichendem Maße über das, was sie gerade macht.
reagiert mit schwer vorhersehbaren Bearbeitungszeiten.	☐	☐	☐	☐	☐	☐	☐	reagiert mit gut vorhersehbaren Bearbeitungszeiten.
läßt sich nicht durchgehend nach einem einheitlichen Prinzip bedienen.	☐	☐	☐	☐	☐	☐	☐	läßt sich durchgehend nach einem einheitlichen Prinzip bedienen.

Fehlertoleranz

Bietet Ihnen die Software die Möglichkeit, trotz fehlerhafter Eingaben das beabsichtigte Arbeitsergebnis ohne oder mit geringem Korrekturaufwand zu erreichen?

Die Software ...	- - -	- -	-	-/+	+	+ +	+ + +	*Die Software* ....
ist so gestaltet, daß kleine Fehler schwerwiegende Folgen haben können.	☐	☐	☐	☐	☐	☐	☐	ist so gestaltet, daß kleine Fehler keine schwerwiegenden Folgen haben können.
informiert zu spät über fehlerhafte Eingaben.	☐	☐	☐	☐	☐	☐	☐	informiert sofort über fehlerhafte Eingaben.
liefert schlecht verständliche Fehlermeldungen.	☐	☐	☐	☐	☐	☐	☐	liefert gut verständliche Fehlermeldungen.
erfordert bei Fehlern im großen und ganzen einen hohen Korrekturaufwand.	☐	☐	☐	☐	☐	☐	☐	erfordert bei Fehlern im großen und ganzen einen geringen Korrekturaufwand.
gibt keine konkreten Hinweise zur Fehlerbehebung.	☐	☐	☐	☐	☐	☐	☐	gibt konkrete Hinweise zur Fehlerbehebung.

Individualisierbarkeit

Können Sie als Benutzer die Software ohne großen Aufwand auf Ihre individuellen
Bedürfnisse und Anforderungen anpassen?

Die Software ...	- - -	- -	-	-/+	+	+ +	+ + +	*Die Software ....*
läßt sich von dem Benutzer schwer erweitern, wenn für ihn neue Aufgaben entstehen.	☐	☐	☐	☐	☐	☐	☐	läßt sich von dem Benutzer leicht erweitern, wenn für ihn neue Aufgaben entstehen.
läßt sich von dem Benutzer schlecht an seine persönliche, individuelle Art der Arbeitserledigung anpassen.	☐	☐	☐	☐	☐	☐	☐	läßt sich von dem Benutzer gut an seine persönliche, individuelle Art der Arbeitserledigung anpassen.
eignet sich für Anfänger und Experten nicht gleichermaßen.	☐	☐	☐	☐	☐	☐	☐	eignet sich für Anfänger und Experten gleichermaßen.
läßt sich schlecht für unterschiedliche Aufgaben passend einrichten.	☐	☐	☐	☐	☐	☐	☐	läßt sich gut für unterschiedliche Aufgaben passend einrichten.
ist so gestaltet, daß die Bildschirmdarstellung schlecht an individuelle Bedürfnisse angepaßt werden kann.	☐	☐	☐	☐	☐	☐	☐	ist so gestaltet, daß die Bildschirmdarstellung gut an individuelle Bedürfnisse angepaßt werden kann.

Lernförderlichkeit

Ist die Software so gestaltet, daß Sie sich ohne großen Aufwand in sie einarbeiten konnten,
und bietet sie auch dann Unterstützung, wenn Sie neue Funktionen lernen möchten?

Die Software ...	- - -	- -	-	-/+	+	+ +	+ + +	*Die Software ....*
erfordert viel Zeit zum Erlernen.	□	□	□	□	□	□	□	erfordert wenig Zeit zum Erlernen.
ermutigt nicht dazu, auch neue Funktionen auszuprobieren.	□	□	□	□	□	□	□	ermutigt dazu, auch neue Funktionen auszuprobieren.
erfordert, daß man sich viele Details merken muß.	□	□	□	□	□	□	□	erfordert nicht, daß man sich viele Details merken muß.
ist so gestaltet, daß sich einmal Gelerntes schlecht einprägt.	□	□	□	□	□	□	□	ist so gestaltet, daß sich einmal Gelerntes gut einprägt.
ist schlecht ohne fremde Hilfe oder Handbuch erlernbar.	□	□	□	□	□	□	□	ist gut ohne fremde Hilfe oder Handbuch erlernbar.

Zum Schluß

Zum Schluß bitten wir Sie, noch folgende Fragen zu beantworten:

Seit wievielen Monaten arbeiten Sie schon mit der von Ihnen beurteilten Software?	....	Monate
Seit wievielen Monaten arbeiten Sie überhaupt schon mit Computern?	....	Monate
Wieviele Stunden arbeiten Sie pro Woche durchschnittlich mit der von Ihnen beurteilten Software?	....	Stunden
Wieviele Stunden arbeiten Sie pro Woche durchschnittlich mit Computern?	....	Stunden
Wie gut beherrschen Sie die beurteilte Software?	sehr schlecht ○ ○ ○ ○ ○ ○	sehr gut
Mit wievielen Programmen arbeiten Sie derzeit?	....	Programme
Davon:	....	PC-Programme
	....	Großrechner-programme

Was ist Ihr Beruf?	....	
Wie alt sind Sie?	....	Jahre
Ihr Geschlecht?	....	m/w
Bitte bilden Sie sich Ihr individuelles Kennwort:	....	Anfangsbuchstabe Ihres Geburtsortes
Aus Datenschutzgründen, statt Name!	....	Endbuchstabe des Vornamens Ihrer Mutter
	....	Anfangsbuchstabe des Vornamens Ihrer Mutter
	....	Endbuchstabe Ihres eigenen ersten Vornamens

4.4. Checkliste für den Einkauf von Büroeinrichtung und Hardware

Walter Ambros, Gerd Dziambor, Gustav Kneisz, Martina Molnar, Stephan Scheuer, Michael Wichtl

4.4.1. Checkliste für den Einkauf von Büroeinrichtung

Walter Ambros, Gustav Kneisz, Martina Molnar, Michael Wichtl

Mindestanforderungen: Abgeleitet aus Gesetzen, Verordnungen, Normen und ergonomischen Basiskriterien
Empfehlungen: Beziehen sich auf die gute ergonomische Praxis der Nutzung
Einkaufstest und Umsetzung: Merkpunkte wichtiger ergonomischer und anwendungsbezogener Aspekte beim Einkauf

Teilaspekt	Mindestanforderungen	Empfehlungen	Einkaufstest und Umsetzung
Arbeitstische			
Arbeitsflächenhöhe	Fixe Höhe: 72 cm	Getrennte Höheneinstellung der Arbeitsflächen für Bildschirmarbeit und Schreibfläche.	In aufrechter Sitzposition (siehe Referenzsitzposition) muß gewährleistet sein, daß der Winkel zwischen Ober- und Unterschenkel und zwischen Ober- und Unterarm 90° oder ein wenig mehr beträgt.
	Verstellbereich: 68 bis 76 cm	Eventuell Verstellbarkeit bis in den Stehbereich.	
	Die Höhenverstellung (-einstellung) muß einfach zu bedienen sein.	Die Bedienung der Höhenverstellung sollte auch unter Belastung möglich sein und möglichst geringen Kraftaufwand erfordern.	
Arbeitsflächenbreite	Für einen einzelnen und frei stehenden Tisch gilt eine Breite von 160 cm.	Die Tischbreite muß bei größerem Arbeitsflächenbedarf mehr als 160 cm zur Erfüllung der Arbeitsaufgabe betragen.	

Teilaspekt	Mindestanforderungen	Empfehlungen	Einkaufstest und Umsetzung
Arbeitsflächenbreite		Eine flexible Anordnung von Arbeitsmitteln muß möglich sein.	
	Bei mehreren verketteten Einzeltischen ist ausreichend Platz für Bildschirm, Tastatur, Maus, eventuell Beleghalter und Schreibfläche erforderlich: Mind. 120 cm bei Container im Beinraum, Mind. 100 cm bei Tower im Beinraum, Mind. 80 cm bei unverstelltem Beinraum.	Es ist empfehlenswert, größere Arbeitsflächen aus mehreren Tischen und Verbindungselementen zu kombinieren (Mehrflächenarbeitsplätze). Die Flexibilität ist damit erhöht.	
Arbeitsflächentiefe	Basisanforderung ist eine Tiefe von 80 cm. Bei Einsatz von Röhrenbildschirmen ab 17 Zoll soll die Tischtiefe mindestens 90 cm betragen. Bei 17 Zoll-Bildschirmen empfiehlt sich bei 80 cm Tischtiefe der Einsatz eines CRT-Monitors in verkürzter Bauweise. Bei Flachbildschirmen sind 80 cm ausreichend.	Die Tischtiefe hängt vom Sehabstand, der Bildschirm- und der Tastaturtiefe sowie der Art und Anzahl der notwendigen Arbeitsmittel ab. Die Tischform und -tiefe muß eine parallele Anordnung von Tastatur und Monitor zur vorderen Tischkante (oder zur gedachten Tangente an diese Tischkante) zulassen.	
		Bei Eckanordnungen mit 80 cm tiefen verketteten Tischen ist die Tiefe im Eckbereich in der Regel ausreichend.	Bei der Planung ist darauf zu achten, daß bei Eckanordnungen keine Blickrichtung zu hellen Fensterflächen erfolgt.
Tischplatten	Oberflächen müssen reflexionsarm und sollen weder zu dunkel noch zu hell sein (halbmatt bis seidenmatt, 20 bis 75 % Reflexionsgrad).	Oberflächen sollen ein „ruhiges" Oberflächenmuster aufweisen. Keine Glas- und Metallplatten verwenden.	Spiegelnde Flächen sind ungeeignet. Die Farben Schwarz, Dunkelbraun, Dunkelgrau und Weiß sind nicht geeignet.

Teilaspekt	Mindestanforderungen	Empfehlungen	Einkaufstest und Umsetzung
Tischplatten	Oberflächen müssen ein gutes thermisches Verhalten aufweisen.		
	Abgerundete Ecken und Kanten (Kantenradius im Auflagebereich von Hand und Unterarm jedenfalls mehr als 2 mm).	Kantenradius zwischen 8 und 10 mm.	Scharfe Kanten sind verboten (Grifftest).
Verkabelung	Zugentlastung bei Steckverbindungen und Kabelführungen. Keine über die Tischfläche überstehenden Steckverbindungen. Metallkanäle müssen geerdet sein.	Kabelkanäle in Tischen sollen leicht zugängig sein. Getrennte Stromführung für Daten- und Stromleitungen. Ausreichend Platz für Verteiler. Verkabelung bei belastetem und in Verwendung befindlichem Tisch möglich. Einige Steckplätze auf dem Tisch angeordnet (z.B. für Ladegeräte und Laptops). Bei mobilen Einrichtungen sollen die Tische nicht verkabelt sein. Die Verkabelung erfolgt in diesem Fall bei dafür vorgesehenen Dockingstations.	Ungeeignet sind Tische, bei denen zum Einziehen der Kabel das Kippen oder entfernen der Tischplatte erforderlich ist. Prüfung, ob es zum geplanten Tischsystem passende Elemente für die Unterbringung von Tower, Steckdosen auf der Tischoberfläche und entsprechende Kabelschutzblenden gibt. Keine freiliegenden Kabel in Verkehrswegen.
Verkettung und Kombination	Die Art der Verkettung wird stark durch die Notwendigkeiten der Arbeitsaufgaben beeinflußt. Verkettung soll durch bedarfsgerechte Formgebung der Tischplatten möglich sein. Bei Verkettungen und Kombination von Tischelementen ist auf durchgängige Beinfreiheit zu achten.	Wirkflächen von Containerladen beachten. Abstimmung von Raumzuschnitt und Raumfläche auf den Gesamtflächenbedarf des verketteten Tischsystems.	Bei der Anordnung von Bildschirmen auf verketteten Arbeitsplätzen ist auf möglichst fensterparallele Blickrichtung zu achten.

Teilaspekt	Mindestanforderungen	Empfehlungen	Einkaufstest und Umsetzung
Verkettung und Kombination	Im Verkettungsbereich liegende Tischbeine müssen von der Vorderkante mindestens 45 cm zurückversetzt sein.		
Beinfreiraum	Mind. 58 cm breit, Mind. 60 cm tief Mind. 65 cm hoch Das Bedienen der Arbeitsmittel darf nicht eingeschränkt sein. Bei Drehung des Arbeitsstuhls zum Erreichen anderer Arbeitsflächen oder Arbeitsmittel darf keine Verletzungsgefahr entstehen.	Die Positionierung von Tower, Rollcontainer und anderen Arbeitsmitteln bzw. Konstruktionselementen des Tisches (Beine, Verstrebungen) ist zu berücksichtigen.	Die Beinraum-Innenmaße der geplanten Elemente überprüfen. Von den Innenmaßen (Innenlichten) die Maße der vorgesehenen Arbeitsmittel (Tower, Container, usw.) subtrahieren. Sicherheitsreserven vorsehen.
	Der Mindestbeinraum darf nicht durch Einbauten eingeengt werden. Zwangshaltungen durch Behinderungen im Beinraum sind zu vermeiden.	Bei Mehrflächenarbeitsplätzen muß der Wechsel von einer Arbeitsfläche zur anderen ungehindert gewährleistet sein.	Bei Tischkombinationen die Position der zurückgesetzten Beine überprüfen.
Standsicherheit	Standsicherheit muß gewährleistet sein. Insbesondere muß bei Einzeltischen auf Stabilität geachtet werden. Die Tische müssen schwingungsfrei sein. Fußrohre bzw. -ausleger sollten einen Niveauausgleich (Bodenausgleichsschraube) besitzen.	Bei Arbeitstischen, die Stehhöhe haben oder bis in den Stehbereich verstellbar sind (CAD-Tische, Schalter, etc.) und Einsatz größerer und schwerer Monitore (Warten) ist besonders auf Standsicherheit zu achten.	Beschichtete oder furnierte Spanplatten sind aus Festigkeitsgründen als Trägermaterial ungeeignet. Das Tischgestell muß eine formbündige Einheit darstellen. Bei Benutzung von Tischen dürfen keine Schwingungen entstehen.

Teilaspekt	Mindestanforderungen	Empfehlungen	Einkaufstest und Umsetzung
Zubehör			
Stehpulte	Die Stehhöhe sollte bei fester Höhe 115 bis 120 cm betragen. Beim Steharbeitsplatz ist Höhenverstellbarkeit (Höheneinstellbarkeit) besonders wichtig. Der Verstellbereich soll zwischen 90 und 135 cm liegen.	Stehpulte müssen für die notwendigen Arbeitsaufgaben ausreichend groß dimensioniert sein. Die Bedienung der Höhenverstellung sollte auch unter Belastung möglich sein. Die Bedienung sollte leicht und mit geringem Kraftaufwand möglich sein.	Wie im Sitzen sollte auch bei der Arbeit im Stehen der Winkel zwischen Ober- und Unterarm 90 ° oder etwas mehr betragen. Zu stark nach oben abgewinkelte Unterarme führen zu Ermüdung.
Besuchertische	Als Erweiterung des Arbeitstisches und als frei stehender Tisch möglich. Wirkflächen der Benutzer und ausreichend Platz für Zugangs- und Durchgangswege beachten.	Tischgröße in Abhängigkeit von den Arbeitsaufgaben mit Besuchern vorsehen.	Pro Person sollten ca. 70 cm Breite zum Sitzen kalkuliert werden.
Tisch- und Wandaufbauelemente (3. Ebene)	Auf die Erreichbarkeit (Greifräume) achten.	Auf Umfang des Organisationszubehörs (Ablageschalen, etc.) Funktionalität, Flexibilität und eventuell Lärmdämmeigenschaften ist zu achten. Multifunktionalität als Stehpult kann angestrebt werden.	
Beleghalter und kleine Pulte	Müssen ausreichend groß, stabil und leicht einstellbar sein.	Art und Umfang der Belege soll bei der Auswahl berücksichtigt werden. Notwendiger Platzbedarf auf der Tischfläche muß beachtet werden.	Test mit üblichen Belegen durchführen.
Drucker-Scanner-Tische	Müssen zur bequemen Bedienung der Sitz- oder Stehhöhe angepaßt werden.	Die Bedienelemente der Geräte sollten im optimalen Greifbereich zwischen 70 bis 110 cm Höhe liegen. Die Bedienung sollte von vorne möglich sein.	Bei der Beschaffung Maße und Gewicht des Gerätes berücksichtigen.

Teilaspekt	Mindestanforderungen	Empfehlungen	Einkaufstest und Umsetzung
Theken	Wenn Kunde und Mitarbeiter stehen: Höhe: ca. 90 bis 115 cm Kunde steht – Mitarbeiter sitzt: Nur sinnvoll, wenn der Mitarbeiter auf einer erhöhten Ebene sitzt (z.B. Hochsessel, Podest oder Schwebearmstuhl). Fußausleger dürfen nicht in Verkehrswege ragen. Aufgrund der in der Regel hohen Belastung ist auf Stabilität und Schwingungsfreiheit zu achten (Versteifungen). Die Konstruktion des Pultes soll ergonomische Sitz- bzw. Stehhaltungen ermöglichen. Es ist auf Bein- und Fußfreiraum zu achten.	Theken (Tresen, Pulte) werden häufig als Steharbeitsplätze verwendet, weshalb die Höhen und Tiefen besonders zu berücksichtigen sind. Bei der Theken-Tiefe ist nicht nur die Tiefe des Thekenaufbaus zu beachten (Greifraum), sondern auch die Tiefe des Unterbaus der Theke. Die Befestigung von Theken an Einrichtungsgegenständen (Tische, Schränke) schränkt die Mobilität stark ein. Bei Höhenverstellungsmöglichkeit ist darauf zu achten, daß diese auch noch genützt und bedient werden kann.	

Büroarbeitsstühle

Teilaspekt	Mindestanforderungen	Empfehlungen	Einkaufstest und Umsetzung
Sitzfläche	Die Sitzhöhe muß stufenlos von 42 bis 51 cm verstellbar sein.		Vor Einkauf eines Arbeitssessels sollten längere Sitztests und der Vergleich mehrerer Produkte durch verschiedene Benutzer möglich sein. Beim Sitztest auf eine gute Unterstützungswirkung des Sitzprofils achten.
	Bei Belastung der Sitzfläche muß diese federnd nachgeben.	Auch in unterster Sitzposition soll der Federungseffekt erhalten bleiben.	
	Die Sitztiefe bei vorderer Lehnenstellung beträgt 42 cm oder mehr.	Die passende Sitztiefe ist benutzerabhängig. Eine Sitztiefenverstellung ist daher oft empfehlenswert.	

Teilaspekt	Mindestanforderungen	Empfehlungen	Einkaufstest und Umsetzung
Sitzfläche	Die Sitzbreite soll mindestens 40 cm betragen. Wenn Sitzflächenneigung vorhanden ist, soll der Winkelbereich von 2° bis 7° nach hinten möglich sein.	Für die vorderste Sitzhaltung kann eine leichte Sitzflächenneigung nach vorne gewählt werden.	
Rückenlehne	Höhe: mind. 36 cm über der Sitzfläche Breite: mind. 36 cm Die Neigung sollte mind. einen Winkelverstellbereich von 15° aufweisen.	Die passende Rückenlehnenhöhe ist auch aufgabenabhängig (z.B. Programmierungs- und Wartentätigkeiten benötigen eher hohe Rückenlehnen).	Beim Sitztest sollte der Benutzer fest im Sessel sitzen und das Becken gegen den Lendenwirbelbausch gedrückt sein.
	Eine höhenverstellbare Rückenlehne (höhenverstellbarer Lendenwirbelbausch) ist erforderlich (mind. 17 cm und max. 22 cm über der Sitzfläche, Verstellbereich mind. 5 cm).	Hohe Rückenlehen sollen so geformt sein, daß der Rücken auch in den oberen Partien bis zu den Schulterblättern gut unterstützt wird. Eine breite Rückenlehne soll den Bewegungsfreiraum nicht einschränken.	Der Abstützpunkt des Lendenbausches sollte ca. 2 Finger breit über dem Beckenrand (ca. auf Gürtellinie) liegen.
	Die Rückenlehne muß nach hinten stufenlos neigbar und in jeder Position arretierbar sein (Permanentkontakt-Rückenlehne bzw. Synchronmechanik). Die Federkraft der Rückenlehne (Widerstand) muß auf die Größe und das Körpergewicht des Benutzers einstellbar sein. Sie darf nicht so weit nach hinten neigbar sein, daß Kippgefahr und Instabilität eintritt.	Der Einsatz einer Permanentkontakt-Rückenlehne ohne Synchronmechanik führt oft zum sogenannten „Hemdauszieheffekt". Daher eher Synchronmechanik auswählen.	Bei der Benutzung soll kein „Hemdauszieheffekt" eintreten. Das Sitzgefühl beim Nach-hinten-Neigen soll angenehm sein, wenn der individuell passende Federwiderstand eingestellt ist.
	Die Polsterung und der Bezug müssen wasserdampf- und luftdurchlässig (nicht verklebt) und rutschfest sein.	Für die Langlebigkeit ist die Dichte und Qualität des Polsterschaums und anderer Materialien (z.B. Naturstoffe) entscheidend.	

Teilaspekt	Mindestanforderungen	Empfehlungen	Einkaufstest und Umsetzung
Rückenlehne	Die entsprechenden Brand-, Qualm- und Tropfklassen sind zu erfüllen.	Baumwollstoff entspricht den Sicherheitsbestimmungen B1, Q1 und T1. Bei Kunstfaser ist ein entsprechendes Zertifikat erforderlich.	
Dynamisches Sitzen	Die Synchronmechanik muß auf das Körpergewicht einstellbar sein.	Dynamisches Sitzen sollte über synchrone Bewegung der Rückenlehne und Sitzfläche oder gleichartig wirkende Mechanik möglich sein. (Bei Synchronmechanik neigt sich die Sitzfläche mit der Rückenlehne ca. im Verhältnis 1:3 mit).	Sitztest durchführen.
Armlehnen	Die Lehnen müssen zur Anpassung an die Benutzer und die Arbeitstischhöhe in der Höhe verstellbar sein (Höhe mindestens 20 cm, höchstens 25 cm bei fester Armlehnenhöhe). Ebenso muß die lichte Weite zwischen den Armlehnen ausreichend sein (46 bis 51 cm). Seitliche Verstellmöglichkeiten sind in diesem Sinne empfehlenswert. Die Position der Vorderkante und die Form der Armlehne müssen so beschaffen sein, daß ein Heranrücken an den Arbeitstisch nicht behindert wird. Die Materialoberfläche soll sich angenehm anfühlen.	Die Armlehne sollte in der Höhe so eingestellt werden, daß bei der Arbeit eine wirksame Abstützung möglich ist und der Schultergürtel entlastet wird.	Darauf achten, daß die Armlehnen unter den Tisch passen bzw. das Heranrücken an den Tisch ohne Behinderung ausreichend weit nach vorne möglich ist. (Der Benutzer ist sonst gezwungen, auf der Sesselkante zu sitzen – schlechte Sitzhaltung).

Teilaspekt	Mindestanforderungen	Empfehlungen	Einkaufstest und Umsetzung
Bedienelemente (Stellteile)	Diese sollen leicht (aus der Sitzposition) verstellbar und entsprechend der üblichen und gewohnten Einstellstandards positioniert und bedienbar sein.	Hebel für die Höhe rechts und nach oben, Hebel für die Synchronmechanik links und nach oben.	Für Höhenverstellung und Synchronmechanik bzw. Permanentkontakt sind Hebel besser geeignet als andere Bedienteile.
	Ergonomische Griffgestaltung, auch beim Bedienteil für die Federkrafteinstellung.	Die Federkraftverstellung erfolgt meistens mit einem Drehknopf, der sich häufig unter der Sitzfläche befindet (am besten möglichst weit vorne oder auch seitlich).	Testen, daß nicht zu viele Umdrehungen am Drehknopf für die Federkraftverstellung nötig sind.
Untergestell	Das Fußkreuz muß mindestens fünfarmig sein. Beweglichkeit, Kippsicherheit, Wegrollsicherheit und Stolpersicherheit müssen gewährleistet sein. Die eingesetzten Energiespeicher zur Sitzhöhenverstellung (Gasfeder) müssen bruchsicher sein.		
Rollen/Gleiter	Drehstühle sind mit 5 Rollen oder Gleitern auszustatten. Rollen müssen beim unbelasteten Stuhl schwergängig sein.	Je nach Boden sind unterschiedliche Rollen einzusetzen (harter Boden – weiche Rollen, weicher Teppichboden – harte Rollen).	
Allgemeines	Leicht verständliche Gebrauchs- und Bedienungsanleitungen sollen vorhanden sein.	Bedienungsanleitungen sollen auch Informationen über Ergonomieaspekte enthalten.	Prüfen der Verständlichkeit und Anwendbarkeit von Bedienungsanleitungen.
Fußstütze	Eine Fußstütze ermöglicht für kleinere Personen bei fixer Normtischhöhe eine ergonomische Sitzposition.	Um Bewegungen auf der Fußstütze zu ermöglichen, sollte diese ausreichend groß sein.	

Teilaspekt	Mindestanforderungen	Empfehlungen	Einkaufstest und Umsetzung
Fußstütze	Die Fußstütze soll neigbar und höhenverstellbar sein. Breite: mind. 45 cm Tiefe: mind. 35 cm		

Schränke

Teilaspekt	Mindestanforderungen	Empfehlungen	Einkaufstest und Umsetzung
Schranktiefe	Die handelsüblichen Außenmaße der Schranktiefe betragen 42 bis 47 cm. Diese Tiefen sind bei stehender Position im Greifbereich gut zugänglich. Beispiele: Zeitschriftenbox: 24–26 cm Ordner A4: 29 cm A4 liegend: 30 cm Boxen f. Evidenz-Mappen: 32 cm Ablagekörbe: 35 cm Boxen f. Hängemappen: 37 cm	Die lichte Breite und Tiefe sollte nicht nur für Ordner und Formulare, sondern auch für Organisationshilfsmittel ausreichend Platz bieten (z.B. Ordner, Steh- und Hängekartei, Breitschubladen, Formulareinsätze und Kleingefächer).	
Schrankhöhe	Die Schrankhöhe wird in der Regel über Ordnerhöhen (OH) definiert. 1 OH = die lichte Ordnerhöhe 35 cm + 2 cm Fachbrett. Zu beachten ist, daß die Gesamthöhe des Schrankes auch von der Sockel- bzw. Fußhöhe abhängig ist. Aus Gründen des Fußfreiraumes sollten Sockel- bzw. Standfüße vorhanden sein (mind. 4 bis 5 cm). Ab der 4. OH ist die Bedienung und Lesbarkeit (z.B. Reiter einer Kartei) nur mehr mit Tritthilfe möglich.	Üblich sind Schränke mit 2 bis 4 OH. Die Schränke sollten im Sockelbereich eine gut bedienbare Nivelliermöglichkeit haben, um die Schränke auch bei unebenen Böden stabil aufstellen zu können. Wenn Schränke als Arbeitsflächen in stehender Arbeitshaltung verwendet werden, sind 3 OH zu empfehlen.	

Teilaspekt	Mindestanforderungen	Empfehlungen	Einkaufstest und Umsetzung
Schrankhöhe	Die Fachbodenhöhen sollen leicht verstellbar und die Fachbretter gegen Herausschieben bzw. Kippen gesichert sein.		
Schrankbreite	Breiten von 40 bis 160 cm sind üblich.	Empfehlenswert ist eine Innenlichte von 76 cm für Organisationsmittel (z.B.: Hängeregistraturen 2 x A4 quer bzw. 3 x A4 tief nebeneinander für Sortierboxen).	Für die Unterbringung von Karteien sind Ladenschränke empfehlenswert. Der Zugriff ist damit wesentlich vereinfacht, und eine Beschriftung ist leichter möglich.
	Bei der Aufstellung von Schränken ist auf deren Wirkflächen (Auszüge und Fronten) und deren Auswirkungen auf notwendige Verkehrs- und Fluchtwege zu achten. Die Durchbiegung von Fächern darf 10 % (1 cm auf 100 cm) nicht überschreiten. Schränke mit Auszügen sind gegen Kippen zu sichern. Möglichkeiten dafür sind Auszugssperren, Gegengewichte und gegebenenfalls eine Wandbefestigung.	Die Schrankbreite ist bei Schränken mit schließbarer Front gegenüber den offenen Regalen zumeist sehr unterschiedlich genutzt (z.B. für Hängeregisterauszüge, Schubladen, Garderoben, etc.). Die Innenmaße müssen den Einbau problemlos ermöglichen.	
Fronten	Bei Frontflächen ist auf die Vermeidung von unerwünschte Reflexionen (keine hellen, glatten Oberflächen) zu achten.	Auf die Leichtgängigkeit der Schließmechanismen und deren Geräuschentwicklung soll geachtet werden.	Auf die Schließmechanismen achten. Wenn versperrbare Fronten vorhanden sind, ist auf die Qualität von Schlüssel und Schloß zu achten.

Teilaspekt	Mindestanforderungen	Empfehlungen	Einkaufstest und Umsetzung
Fronten	Schiebetüren: Diese haben den Vorteil, daß sie weniger Wirkraum für die Bedienung beanspruchen als andere Türen. Sie sollen leichtgängig und geräuscharm sein. Griffe und Griffleisten sollen auch bei völliger Überdeckung der beiden Schiebetüren noch „greifbar" sein. Rolladen: Können vertikal und horizontal sein und bieten ungehinderten Zugriff auf ganzer Breite. Je nach Material auf Lärmentwicklung und Stabilität achten.		
	Drehtüren: Die Bedienung von zusätzlich eingebauten Organisationsmitteln wie Hängerahmen und Breitschubladen ist einfacher. Der Zugriff auf die gesamte Schrankbreite ist möglich. Die Bauweise erzeugt eine gewisse Ordnung, da Drehtüren nicht offen bleiben können. Zusätzlicher Wirkraum ist erforderlich.	Bei Drehtüren ist es oft sinnvoll, wenn die Türscharniere einen größeren Öffnungwinkel als 90 ° erlauben. In Einzelfällen können Drehtüren als Sonderkonstruktionen (z.B. Falttüren in Eckbereichen) ausgeführt sein.	
Oberschränke	Oberschränke müssen gegebenenfalls gegen Kippen gesichert sein.	Die Höhe der Oberschränke und deren Montagehöhe hat Einfluß auf den Greifraum und damit auf die Benutzbarkeit. Bei der Auswahl und Montage ist daher auf dieses Kriterium Rücksicht zu nehmen.	Erforderliche Tritthilfen und Leitern sind zur Verfügung zu stellen.

Teilaspekt	Mindestanforderungen	Empfehlungen	Einkaufstest und Umsetzung
Stellung im Raum (Positionierung)	Schränke können wandseitig oder freistehend im Raum positioniert sein. Es ist auf die Wirkfläche der Türen zu achten. Mit Verkehrswegen dürfen keine Überlagerungen auftreten. Überlagerungen von Bedienflächen untereinander sind im Einzelfall möglich.	Frei im Raum stehende Schränke können zur visuellen und akustischen Abschirmung, zu organisatorischen Abgrenzungen und zur Schaffung von Intimsphäre dienen. Es ist – je nach Bedarf und Funktion – mehr oder weniger Höhe erforderlich. Für eine Abschirmung im Sitzen ist eine Mindestschrankhöhe von 135 cm vorzusehen.	Bei der Gestaltung der sichtbaren Rückwände können akustische, organisatorische und optische Aspekte ein wesentlicher Bestandteil sein (z.B. Stoffbezug zur Verbesserung der Akustik, Pinwandfunktion, Haltesystem für das Anbringen von Fächern, etc.).
	Bei mobilen und im Raum freistehenden Schränken ist speziell auf die Kippsicherheit zu achten.	Wenn Mobilität erforderlich ist, können Schränke mit Rollen versehen sein, sodaß flexible Positionierungen leicht möglich sind.	
Allgemeines	In bestimmten Arbeitsbereichen (Abtrennung zu Fluchtwegen) und in gesicherten Fluchtbereichen ist bei der Materialwahl auf die Einhaltung spezifischer Brandklassen Rücksicht zu nehmen.		Bei der Auswahl an alle eigenen organisatorischen Anforderungen denken.

Ladencontainer

Teilaspekt	Mindestanforderungen	Empfehlungen	Einkaufstest und Umsetzung
Allgemeine Anforderungen	Kleine, vielseitig einsetzbare „Behältermöbel", stationär, mit Rollen oder Gleitern, die häufig unter Arbeitsflächen eingesetzt werden. In der Regel mit Laden oder Auszügen und vielseitigen Organisationsmöglichkeiten.	Vorhandene Hängeregister müssen bei sämtlichen Funktions- und Nutzungszuständen der Auszüge gut bedienbar sein.	Üblicherweise werden Metalladen oder rezyklierbare Kunststoffladen eingesetzt. Es sollte entsprechende Einsätze für Querunterteilungen und Papierdrucksorten geben.

Teilaspekt	Mindestanforderungen	Empfehlungen	Einkaufstest und Umsetzung
Allgemeine Anforderungen	Die Auszüge sollten mit einer Auszugssperre und – wenn aufgrund der Abmessungen erforderlich – mit einem Gegengewicht ausgestattet sein (Kippgefahr nach vorne). Bei Anordnung im Beinraum ist auf abgerundete Kanten zu achten		Bei Containern mit Hängekarteien sollten die Reiter von der Sitzposition aus zu lesen sein.
	Tiefe: Zumeist zwischen 60 und 80 cm tief. Die Auszüge können als Teilauszüge (z.B. 80 % der Auszugstiefe) oder als Vollauszüge ausgeführt sein.	In der Tiefe ist zu beachten, daß Frontblenden die Bautiefe beeinflussen und der Container benutzerseitig überstehen kann.	
	Höhe: In der Regel zwischen 52 und 60 cm hoch, um die Anordnung unter Tisch zu ermöglichen.	Bei einer Anordnung neben Arbeitsflächen ist darauf zu achten, daß der Container unabhängig von der Höhenverstellung des Tisches ist. Ist dies nicht der Fall, entstehen Niveauunterschiede und gegebenenfalls auch Verletzungsgefahr. In der untersten Tischposition sollte der Container nicht mit dem Tisch kollidieren (Kabelkanal).	
	Breite: In der Regel zwischen 42 bis 47 cm.	Für die Breite sind in erster Linie die Breite von Organisationsmitteln (z.B. Hängerahmen) entscheidend.	
Standcontainer	Gilt nur als Erweiterung der Tischfläche im Basismodul, wenn er exakt die gleiche Arbeitshöhe wie der Tisch hat. Fixer Standort bzw. Montage, Ausführung mit Standfläche oder Standbeinen bzw. fix montiert.	Der Einsatz von Standcontainern als Erweiterung der Tischfläche ist oft mit Schwierigkeiten verbunden, da in diesem Fall der Beinfreiraum nicht gewährleistet ist, und daher oft das Bedienen der Arbeitsmittel beeinträchtigt wird.	Die vorgeschriebene Auszugssperre bewirkt, daß jeweils nur eine Lade geöffnet werden kann. Wenn bei geöffneter Lade das Ladevorderstück nach unten gedrückt wird, soll der Container nicht leicht kippen.

Teilaspekt	Mindestanforderungen	Empfehlungen	Einkaufstest und Umsetzung
Standcontainer	Der Container muß gegen Kippen gesichert sein. Laden brauchen Auszugssperren und/oder Gegengewichte.	In der Folge werden oft Bildschirm und Tastatur oft ungünstig schräg zum Fenster aufgestellt. Der Standcontainer soll daher nur dann als Erweiterung der Tischfläche verwendet werden, wenn eine korrekte Bildschirmposition auf dem Tisch gewährleistet ist.	
Unterstellcontainer	Mit zwei bis vier Rollen bzw. Stellgleitern ausgestattet. Rollen müssen leichtgängig sein und mit ihren Laufeigenschaften auf das Fußbodenmaterial abgestimmt sein.	Auf harten Böden (Fliesen usw.) sind Stellgleiter empfehlenswert, da fahrbare Container bei der Bedienung wegrollen.	Verfügt der Container über eine Sperre, kann er als persönliche Ablagemöglichkeit des Mitarbeiters definiert werden (schränkt die Notwendigkeit von Garderobeschränken ein).
Caddies	Mit zwei bis vier Rollen bzw. Stellgleitern ausgestattet. Der Container muß gegen Kippen gesichert sein. Laden brauchen Auszugssperren und/oder Gegengewichte. Rollen müssen leichtgängig und feststellbar sein. Bei der Planung ist auf die erforderliche Stellfläche am Arbeitsplatz zu achten. Der Caddy darf keine Verkehrswege behindern und die Wirkfläche des Basismoduls nicht beeinträchtigen.	Zum Transport ist ein gut handhabbarer Griff erforderlich. Ein Caddy kann auch Stehhöhe haben (Stehpultfunktion). Große Rollen erleichtern das Fahren und die Überwindung von Hindernissen (z.B. Türstaffel).	Caddies sind in der Regel einem Beschäftigten zugeordnete mobile Container, die an unterschiedlichen Arbeitsplätzen eingesetzt werden können (Desksharing). Ein gut lesbares Namensschild, Sperrbarkeit, sowie die Möglichkeit für einen Briefkastenschlitz und einen Kleiderbügel sind vorzusehen. Bei der Planung ist auf die erforderliche Fläche für Caddyparkplätze zu achten.

Teilaspekt	Mindestanforderungen	Empfehlungen	Einkaufstest und Umsetzung
Funktionscontainer (zur Aufnahme von CPU, Drucker, etc.)	Bei der Planung ist auf die erforderliche Stellfläche am Arbeitsplatz zu achten. Der Container muß gegen Kippen gesichert sein. Laden brauchen Auszugssperren und/oder Gegengewichte.	Die Maße müssen für die Technikkomponenten geeignet sein und den Greifraumbedingungen entsprechen. Die Bedienelemente sollten leicht erreichbar angeordnet sein. Eine einfache Kabelführung ist zu gewährleisten.	Auf ausreichende Belüftung ist zu achten, damit die eingebauten Geräte keine Schaden nehmen. Für Drucker mit Endlospapier ist die Papierzufuhr und die Papierablage zu berücksichtigen.

Raumgliederungselemente

Teilaspekt	Mindestanforderungen	Empfehlungen	Einkaufstest und Umsetzung
Funktionen	Raumgliederungs- und Abschirmungssysteme werden in den unterschiedlichsten Ausführungen angeboten (z.B. zum Gliedern, Abschirmen, Verkehrswege trennen, etc.). Auf ausreichende Stabilität und Kippsicherheit ist zu achten.	Gliedern von Arbeitsplätzen: Höhe: 100 bis 120 cm Arbeitsplatz-Abschirmung im Sitzen: Höhe: 120 bis 135 cm Verkehrswege und Arbeitsgruppen trennen: Höhe: 140 bis 160 cm Bereichsabschirmung: Höhe: 160 cm bis Raumhöhe	Die akustischen und organisatorischen Eigenschaften sind auf den Verwendungszweck abzustimmen.
Paravants	Flexibel verkettete Einzelelemente in eher leichter Bauweise für Lärm-, Sicht- und Lichtschutz.	Höhe: 120 bis 180 cm Breite: 40 bis 120 cm	
Stellwandelemente	Massivere Ausführungen mit Zusatzfunktionen als Orga- oder Akustikwand mit definierten Eck-Winkeln (90°, 135°, 120°) oder freier Winkelwahl. Fußausleger dürfen nicht in Verkehrswege ragen und zu Stolpergefahr führen.	Höhe: 115 bis mehr als 200 cm bzw. raumhoch Breite: 40 bis 120 cm Die Befestigung an dahinter befindlichen Einrichtungsgegenständen (Tische, Schränke) schränkt die Mobilität stark ein. Bei höhenverstellbaren Tischen ist auch in diesem Fall darauf zu achten, daß die Höhenverstellung genützt und bedient werden kann.	Wenn erforderlich, sollte eine Ausstattung mit Verkabelung und mit Türelementen gewählt werden. Die Kombinationsmöglichkeit von Stellwandelementen mit Raumgliederungsschränken kann vorteilhaft sein.

4.4.2. Checkliste für den Einkauf von Hardware

Gerd Dziambor, Stephan Scheuer, Michael Wichtl

Nachfolgend werden Kriterien der Funktionalität aus der Sicht der Ergonomie bewertet und hierfür relevante Rechtsbezüge, Normen und Standards angegeben.

CRT (Cathode Rage tube) Kathodenstrahl-Monitor; **FPD (Flat Panel Display)** Flachbildschirm; **LCD (Liquid Cristal Display)** Flüssigkristall-basierende Anzeige; **DTP** Desktop-Publishing; **VESA** Video Electronics Standard Association; **Silicacoating** Siliziumverbindungbasierende Entspiegelungsbeschichtung; **ITO** Metalloxydbasierende Entspiegelungsbeschichtung; **Antireflexmaßnahmen Klasse I, II** Klassifizierung der Qualität der Entspiegelung nach ISO 9241-7 in Büroumgebung für gerichtete und ungerichtete Reflexionen, Leuchtdichte/Kontraste; **Betrachtungsrichtungsklasse III, IV** Klassifizierung der Winkelabhängigkeit der Leuchtdichte (Helligkeit) nach der Norm ISO 13406-2. Klasse III erlaubt einzelnem Benutzer den gesamten Displaybereich ausreichend einzusehen, für die vorgesehene Sehentfernung des Displays aus einer fixen Position vor dem Bildschirm. Klasse IV erlaubt einzelnem Benutzer den Ort der Bildschirmmitte ausreichend einzusehen, für die vorgesehene Sehentfernung des Displays aus einer fixen Position vor dem Bildschirm; **OSD (On Screen Display)** Bildschirmmenüanzeige; **Auto Adjustment** automatisches Einstellverfahren zur Bildoptimierung eines Bildschirmes; **Suspend Mode** automatisches Abschalten eines elektrischen Gerätes in einen energiesparenden Ruhezustand; **1999/205/EG** Entscheidung der EU-Kommission zur Festlegung der Umweltkriterien für die Vergabe des Umweltzeichens der Gemeinschaft an Computer, 1999; **RAL ZU 85** Grundlage für die Umweltzeichenvergabe: Drucker, 1999

Bildschirm und Grafikkarte

Teilaspekt	Funktionalität – Ergonomie	Aufgabenbezogene Anforderungen	Rechtsbezüge, Normen, Standards
Bildschirmgröße und -format	Bildschirmgröße und Bildschirmformat sind an die Arbeitsaufgabe anzupassen.	*Einfache Text- und Grafikbearbeitung:* Anzeigefläche mind. 15 Zoll (ca. 36 cm in der Diagonale des sichtbaren Bildschirmbereiches) *Text-, Grafik-, Internet-, Workflow-, Archivierung, Programmierung:* Anzeigefläche mind. 17 Zoll (ca. 40 cm) *Image-processing, Webdesign, DTP:* Anzeigefläche mind. 19 Zoll (ca. 40 cm), besser 20/21-Zoll (48–50 cm)	ÖNORM EN ISO 9241-3 § 3 BS-V

Teilaspekt	Funktionalität – Ergonomie	Aufgabenbezogene Anforderungen	Rechtsbezüge, Normen, Standards
Bildwiederhol-frequenz	Die Bildwiederholfrequenz der Grafikkarte muß auf den Bildschirm und die Software abgestimmt sein. Bei LCD-Bildschirmen werden analoge LCD-Grafik-Module wie CRT's angesteuert und sind in der Regel auf 60 Hz optimiert, jedoch nicht in jedem Fall, weshalb unbedingt im Handbuch/ Datenblatt nachgeschaut werden sollte.	*Einfache Text- und Grafikbearbeitung:* Bildwiederholfrequenz bei Bildschirmen mit CRT: VESA 85 Hz mit LCD: VESA 60 Hz, bzw. Herstellerangaben berücksichtigen *Text-, Grafik-, Internet-, Workflow-, Archivierung, Programmierung:* Bildwiederholfrequenz bei Bildschirmen mit CRT: VESA 85 Hz mit LCD: VESA 60 Hz, bzw. Herstellerangaben berücksichtigen *Image-processing, Webdesign, DTP:* Bildwiederholfrequenz bei Bildschirmen mit CRT: VESA 85 Hz mit LCD: VESA 60 Hz, bzw. Herstellerangaben berücksichtigen	ÖNORM EN ISO 9241-3 ÖNORM EN ISO 13406-2 § 3 BS-V
Antireflex-maßnahmen	Entspiegelungsmaßnahmen wie Silicacoating, ITO u.a. müssen vorhanden sein.	*Einfache Text- und Grafikbearbeitung:* ISO 9241-7, Klasse I oder II ISO 13406-2, Klasse I oder II *Text-, Grafik-, Internet-, Workflow-, Archivierung, Programmierung:* ISO 9241-7, Klasse I oder II ISO 13406-2, Klasse I oder II *Image-processing, Webdesign, DTP:* ISO 9241-7, Klasse I oder II ISO 13406-2, Klasse I oder II	CRT: ÖNORM EN ISO 9241-7 FPD: ÖNORM EN ISO 13406-2 bzw. ERGONOMIE GEPRÜFT oder ECO-Kreis-Prüfzeichen
Leuchtdichte und Kontrast	Möglichst hohe Eigenleucht-dichte (mindestens 35 cd/m^2) und ausreichender Kontrast unter allen Beleuchtungsbedingungen.	*Einfache Text- und Grafikbearbeitung:* CRT: ISO 9241-3 FPD: ISO 13406-2, mind. Betrachtungsrichtungsklasse IV	CRT: ÖNORM EN ISO 9241-3 FPD: ÖNORM EN ISO 13406-2

Teilaspekt	Funktionalität – Ergonomie	Aufgabenbezogene Anforderungen	Rechtsbezüge, Normen, Standards
Leuchtdichte und Kontrast		*Text-, Grafik-, Internet-, Workflow-, Archivierung, Programmierung:* CRT: ISO 9241-3 FPD: ISO 13406-2, mind. Betrachtungsrichtungsklasse IV *Image-processing, Webdesign, DTP:* CRT: ISO 9241-3 FPD: ISO 13406-2, mind. Betrachtungsrichtungsklasse III	bzw. ERGONOMIE GEPRÜFT, ECO-Kreis-Prüfzeichen
Auflösung	Die Auflösung ist mindestens so zu wählen, daß die Zeichengrößen in der vorgesehenen Sehentfernung ausreichend groß erscheinen.	*Einfache Text- und Grafikbearbeitung:* CRT: 800 x 600 – 1024 x 768 FPD: 1024 x 768 *Text-, Grafik-, Internet-, Workflow-, Archivierung, Programmierung:* CRT: 800 x 600 – 1024 x 768 FPD: 1024 x 768 *Image-processing, Webdesign, DTP:* CRT: 1280 x 1024 – 1600 x 1280 FPD: 1280 x 1024 – 1600 x 1280	CRT: VESA Grafik-Standard FPD: VESA Grafik-Standard
Verstellung des Bildschirms	Bildschirm soll leicht drehbar und neigbar sein.		§ 3 BS-V
Einstellung von Helligkeit, Kontrast, Geometrien	Die Einstellfunktionen für Helligkeit und Kontrast müssen leicht bedienbar sein.	*Einfache Text- und Grafikbearbeitung:* CRT: Komfortables OSD FPD: Komfortables OSD mit AUTO ADJUSTMENT *Text-, Grafik-, Internet-, Workflow-, Archivierung, Programmierung:* CRT: Komfortables OSD FPD: Komfortables OSD mit AUTO ADJUSTMENT *Image-processing, Webdesign, DTP:* CRT: Komfortables OSD FPD: Komfortables OSD mit AUTO ADJUSTMENT	§ 3 BS-V § 68, Abs. 2 ASchG CRT: ON SCREEN MENU FPD: ON SCREEN MENU bzw. ERGONOMIE GEPRÜFT, ECO-Kreis-Prüfzeichen

Teilaspekt	Funktionalität – Ergonomie	Aufgabenbezogene Anforderungen	Rechtsbezüge, Normen, Standards
Energiesparfunktion	Der Bildschirm sollte über die Möglichkeit verfügen, einen energiesparenden Betriebszustand einzunehmen.	*Einfache Text- und Grafikbearbeitung:* Stand-by: 10 W Suspend: 3 W *Text-, Grafik-, Internet-, Workflow-, Archivierung, Programmierung:* Stand-by: 10 W Suspend: 3 W *Image-processing, Webdesign, DTP:* Stand-by: 10 W Suspend: 3 W	CRT: 1999/205/EG FPD: 1999/205/EG
Strahlungsarmut	Die elektromagnetische Strahlung soll möglichst geringe Werte aufweisen.		§ 7 BS-V EN 50279 MPR II ECO Kreis TCO
Sicherheit und EMV (elektromagnetische Verträglichkeit)	Das Gerät muß den sicherheitstechnischen Anforderungen hinsichtlich mechanischer und elektrischer Sicherheit genügen und eine Störfestigkeit gegenüber elektromagnetischen Störungen aufweisen.		CE-Kennzeichnung

Tastatur und Maus

Teilaspekt	Funktionalität – Ergonomie	Rechtsbezüge, Normen, Standards
Glanzgrad	Der Glanzgrad der Tastatur und des Tastaturgehäuses muß halbmatt bis seidenmatt (< 20 Glanzeinheiten) sein.	ÖNORM EN ISO 9241-4
Tastenabrieb	Die Tastenbeschriftung muß unempfindlich gegen Abrieb sein.	ÖNORM EN ISO 9241-4
Polarität der Beschriftung	Tastenbeschriftung sollte dunkle Zeichen auf hellem Hintergrund beinhalten.	ÖNORM EN ISO 9241-4
Sicherheit und EMV	Das Gerät muß den sicherheitstechnischen Anforderungen hinsichtlich mechanischer und elektrischer Sicherheit genügen und eine Störfestigkeit gegenüber elektromagnetischen Störungen aufweisen.	CE-Kennzeichnung GS-Zeichen
Maus Bauhöhe	Handballen oder die Handkante müssen ohne Verkrampfung der Hand oder Finger auf dem Tisch bzw. der Mausunterlage auflegbar sein.	ISO 9241-9
Mauskabel	Das Mauskabel muß ein freies ungestörtes Bewegen der Maus zulassen.	ISO 9241-9
	Die Treibersoftware muß Einstellungen für Geschwindigkeit und Tastenfunktionsbelegung zulassen.	ISO 9241-9
Sicherheit und EMV	Das Gerät muß den sicherheitstechnischen Anforderungen hinsichtlich mechanischer und elektrischer Sicherheit genügen und eine Störfestigkeit gegenüber elektromagnetischen Störungen aufweisen.	CE-Kennzeichnung

Drucker

Teilaspekt	Funktionalität – Ergonomie	Rechtsbezüge, Normen, Standards
Druckertreiber	Es müssen die aktuellen Druckertreiber für das Betriebssystem und die Softwareanwendungen verfügbar und aufgabengerecht sein.	
Ozon	Laserdrucker müssen mit Ozonfiltern ausgestattet sein.	
Gerätelüftung	Luftaustrittsöffnung muß vom Benutzer abgewandt sein.	
Bedienung	Der Drucker sollte von vorn bedient werden können (Ein-Aus-Schaltung, Papiereinzug, usw.).	
Toner	Toner-Kartouchen sollten bei Laserdruckern ohne Berührung des Toners austauschbar sein.	
Lärm	Der Schalleistungspegel soll angegeben sein	EN 27779 TÜV ECO KREIS
Schadstoffe	Schadstoffgrenzwerte sollen eingehalten werden.	RAL ZU 85 TÜV ECO KREIS
Energiesparfunktion	Drucker sollten möglichst energiesparend sein.	Energy Star TÜV ECO Kreis
Sicherheit und EMV	Das Gerät muß den sicherheitstechnischen Anforderungen hinsichtlich mechanischer und elektrischer Sicherheit genügen und eine Störfestigkeit gegenüber elektromagnetischen Störungen aufweisen.	CE-Kennzeichnung

Bildschirmrichtlinie 90/270/EWG

Richtlinie des Rates

vom 29. Mai 1990
über die Mindestvorschriften bezüglich der Sicherheit und des Gesundheitsschutzes bei der Arbeit an Bildschirmgeräten (fünfte Einzelrichtlinie im Sinne von Artikel 16 Absatz 1 der Richtlinie 89/391/EWG) (90/270/EWG)

DER RAT DER EUROPÄISCHEN GEMEIN-SCHAFTEN -
gestützt auf den Vertrag zur Gründung der Europäischen Wirtschaftsgemeinschaft, insbesondere auf Artikel 118a,
auf Vorschlag der Kommission[1], erstellt nach Anhörung des Beratenden Ausschusses für Sicherheit, Arbeitshygiene und Gesundheitsschutz am Arbeitsplatz,
in Zusammenarbeit mit dem Europäischen Parlament[2],
nach Stellungnahme des Wirtschafts- und Sozialauschusses[3],

in Erwägung nachstehender Gründe:

In Artikel 118a des EWG Vertrages ist vorgesehen, daß der Rat durch Richtlinien Mindestvorschriften festlegt, die die Verbesserung insbesondere der Arbeitsumwelt fördern, um die Sicherheit und die Gesundheit der Arbeitnehmer verstärkt zu schützen.

Nach demselben Artikel sollen diese Richtlinien keine verwaltungsmäßigen, finanziellen und rechtlichen Auflagen vorschreiben, die der Gründung und Entwicklung von Klein- und Mittelbetrieben entgegenstehen.

Die Mitteilung der Kommission über ihr Aktionsprogramm für Sicherheit, Arbeitshygiene und Gesundheitsschutz am Arbeitsplatz[4] sieht die Verabschiedung von Maßnahmen im Hinblick auf die neuen Technologien vor. Der Rat hat dies in seiner Entschließung vom 21. Dezember 1987 über Sicherheit, Arbeitshygiene und Gesundheitsschutz am Arbeitsplatz[5] zur Kenntnis genommen.

Die Einhaltung der Mindestvorschriften zur Sicherstellung eines höheren Maßes an Sicherheit an Bildschirmarbeitsplätzen ist eine unabdingbare Voraussetzung für die Gewährleistung der Sicherheit und des Gesundheitsschutzes der Arbeitnehmer.

Diese Richtlinie ist eine Einzelrichtlinie im Sinne von Artikel 16 Absatz 1 der Richtlinie 89/391/EWG vom 12. Juni 1989 über die Durchführung von Maßnahmen zur Verbesserung der Sicherheit und des Gesundheitsschutzes der Arbeitnehmer bei der Arbeit[6]. Die Bestimmungen der letztgenannten Richtlinie finden daher unbeschadet strengerer und/oder spezifischer Bestimmungen der vorliegenden Richtlinie in vollem Umfang auf die Benutzung von Bildschirmgeräten durch Arbeitnehmer Anwendung.

Die Arbeitgeber sind verpflichtet, sich über den neuesten Stand der Technik und der wissenschaftlichen Erkenntnisse auf dem Gebiet der Gestaltung der Arbeitsplätze zu informieren, um etwa erforderliche Änderungen vorzunehmen und damit eine bessere Sicherheit und einen besseren Gesundheitsschutz der Arbeitnehmer gewährleisten zu können.

---

1 ABl. Nr. C 113 vom 29. 4. 1988, S. 7, und ABl. Nr. C 130 vom 26. 5. 1989, S. 5.
2 ABl. Nr. C 12 vom 16. 1. 1989, S. 92, und ABl. Nr. C 113 vom 7. 5. 1990.
3 ABl. Nr. C 318 vom 12. 12. 1988, S. 32.

4 ABl. Nr. C 28 vom 3. 2. 1988, S. 3.
5 ABl. Nr. C 28 vom 3. 2. 1988, S. 1.
6 ABl. Nr. L 183 vom 29. 6. 1989, S. 1.

An Bildschirmarbeitsplätzen sind die ergonomischen Aspekte besonders wichtig.

Diese Richtlinie leistet einen konkreten Beitrag zur Verwirklichung der sozialen Dimensionen des Binnenmarktes.

Gemäß dem Beschluß 74/325/EWG[7] wird der Beratende Ausschuß für Sicherheit, Arbeitshygiene und Gesundheitsschutz am Arbeitsplatz im Hinblick auf die Ausarbeitung von Vorschlägen auf diesem Gebiet von der Kommission gehört –

HAT FOLGENDE RICHTLINIE ERLASSEN:

ABSCHNITT I
ALLGEMEINE BESTIMMUNGEN

Artikel 1
Zielsetzung

(1) Diese Richtlinie ist die fünfte Einzelrichtlinie im Sinne von Artikel 16, Absatz 1, der Richtlinie 89/391/EWG. Sie legt Mindestvorschriften in bezug auf die Sicherheit und den Gesundheitsschutz bei der Arbeit an Bildschirmgeräten im Sinne von Artikel 2 fest.

(2) Die Richtlinie 89/391/EWG findet unbeschadet strengerer und/oder spezifischer Bestimmungen der vorliegenden Richtlinien in vollem Umfang auf den gesamten in Absatz 1 genannten Bereich Anwendung.

(3) Diese Richtlinie gilt nicht für

a) Fahrer- bzw. Bedienerplätze von Fahrzeugen und Maschinen;

b) Datenverarbeitungsanlagen an Bord eines Verkehrsmittels;

c) Datenverarbeitungsanlagen, die hauptsächlich zur Benutzung durch die Öffentlichkeit bestimmt sind;

d) sogenannte „tragbare" Datenverarbeitungsanlagen, sofern sie nicht regelmäßig an einem Arbeitsplatz eingesetzt werden;

---

7 ABl. Nr. L 185 vom 9. 7. 1974, S. 15.

e) Rechenmaschinen, Registrierkassen und Geräte mit einer kleinen Daten- oder Meßwertanzeigevorrichtung, die zur direkten Benutzung des Gerätes erforderlich ist;

f) Schreibmaschinen klassischer Bauart, sogenannte „Display-Schreibmaschinen".

Artikel 2
Begriffsbestimmungen

Im Sinne dieser Richtlinie gilt als

a) Bildschirm: Schirm zur Darstellung alphanumerischer Zeichen oder zur Grafikdarstellung, ungeachtet des Darstellungsverfahrens;

b) Arbeitsplatz: Bildschirmgerät, das gegebenenfalls mit einer Tastatur oder einer Datenerfassungsvorrichtung und/oder einer die Mensch-Maschine-Schnittstelle bestimmenden Software, optionalen Zusatzgeräten, Anlagenelementen einschließlich Diskettenlaufwerk, Telefon, Modem, Drucker, Manuskripthalter, Sitz und Arbeitstisch oder Arbeitsfläche ausgerüstet ist, sowie die unmittelbare Arbeitsumgebung;

c) Arbeitnehmer: jeder Arbeitnehmer im Sinne von Artikel 3 Buchstabe a) der Richtlinie 89/391/EWG, der gewöhnlich bei einem nicht unwesentlichen Teil seiner normalen Arbeit ein Bildschirmgerät benutzt.

ABSCHNITT II
PFLICHTEN DES ARBEITGEBERS

Artikel 3
Arbeitsplatzanalyse

(1) Der Arbeitgeber ist verpflichtet, eine Analyse der Arbeitsplätze durchzuführen, um die Sicherheits- und Gesundheitsbedingungen zu beurteilen, die dort für die beschäftigten Arbeitnehmer vorliegen; dies gilt insbesondere für die mögliche Gefährdung des Sehvermögens sowie für körperliche Probleme und psychische Belastungen.

(2) Der Arbeitgeber muß auf der Grundlage der Analyse gemäß Absatz 1 zweckdienliche Maßnahmen zur Ausschaltung der festgestellten Gefahren treffen, wobei er die Addition und/oder die Kombination der Wirkungen der festgestellten Gefahren zu berücksichtigen hat.

Artikel 4
Erstmals in Betrieb genommene Arbeitsplätze

Der Arbeitgeber muß die zweckdienlichen Maßnahmen treffen, damit Arbeitsplätze, die nach dem 31. Dezember 1992 erstmals in Betrieb genommen werden, die im Anhang genannten Mindestvorschriften erfüllen.

Artikel 5
Bereits in Betrieb befindliche Arbeitsplätze

Der Arbeitgeber muß die zweckdienlichen Maßnahmen treffen, damit die Arbeitsplätze, die bereits vor dem 31. Dezember 1992 in Betrieb genommen wurden, so gestaltet werden, daß sie spätestens vier Jahre nach diesem Zeitpunkt die im Anhang genannten Mindestvorschriften erfüllen.

Artikel 6
Unterrichtung und Unterweisung der Arbeitnehmer

(1) Unbeschadet des Artikels 10 der Richtlinie 89/391/EWG sind die Arbeitnehmer umfassend über alle gesundheits- und sicherheitsrelevanten Fragen im Zusammenhang mit ihrem Arbeitsplatz und insbesondere über die für die Arbeitsplätze geltenden Maßnahmen, die gemäß Artikel 3 sowie gemäß den Artikeln 7 und 9 durchgeführt werden, zu unterrichten.

In jedem Fall sind die Arbeitnehmer oder die Arbeitnehmervertreter über alle gesundheits- und sicherheitsrelevanten Maßnah-

men, die gemäß der vorliegenden Richtlinie getroffen werden, zu unterrichten.

(2) Unbeschadet des Artikels 12 der Richtlinie 89/391/EWG ist jeder Arbeitnehmer außerdem vor Aufnahme seiner Tätigkeit am Bildschirm und bei jeder wesentlichen Veränderung der Organisation des Arbeitsplatzes im Umgang mit dem Gerät zu unterweisen.

Artikel 7
Täglicher Arbeitsablauf

Der Arbeitgeber ist verpflichtet, die Tätigkeit des Arbeitnehmers so zu organisieren, daß die tägliche Arbeit an Bildschirmgeräten regelmäßig durch Pausen oder andere Tätigkeiten unterbrochen wird, die die Belastung durch die Arbeit an Bildschirmgeräten verringern.

Artikel 8
Anhörung und Beteiligung der Arbeitnehmer

Die Arbeitnehmer und/oder die Arbeitnehmervertreter werden gemäß Artikel 11 der Richtlinie 89/391/EWG zu den unter die vorliegende Richtlinie sowie deren Anhang fallenden Fragen gehört und an ihrer Behandlung beteiligt.

Artikel 9
Schutz der Augen und des Sehvermögens der Arbeitnehmer

(1) Die Arbeitnehmer haben das Recht auf eine angemessene Untersuchung der Augen und des Sehvermögens durch eine Person mit entsprechender Qualifikation, und zwar
- vor Aufnahme der Bildschirmarbeit,
- anschließend regelmäßig und
- bei Auftreten von Sehbeschwerden, die auf die Bildschirmarbeit zurückgeführt werden können.

(2) Die Arbeitnehmer haben das Recht auf eine augenärztliche Untersuchung, wenn sich dies aufgrund der Ergebnisse der Untersuchung gemäß Absatz 1 als erforderlich erweist.

(3) Den Arbeitnehmern sind spezielle Sehhilfen für die betreffende Arbeit zur Verfügung zu stellen, wenn die Ergebnisse der Untersuchung gemäß Absatz 1 oder der Untersuchung gemäß Absatz 2 ergeben, daß sie notwendig sind und normale Sehhilfen nicht verwendet werden können.

(4) Die gemäß diesem Artikel getroffenen Maßnahmen dürfen in keinem Fall zu einer finanziellen Mehrbelastung der Arbeitnehmer führen.

(5) Der Schutz der Augen und des Sehvermögens der Arbeitnehmer kann Bestandteil eines nationalen Gesundheitsfürsorgesystems sein.

ABSCHNITT III
SONSTIGE BESTIMMUNGEN

Artikel 10
Anpassung des Anhangs

Rein technische Anpassungen des Anhangs unter Berücksichtigung des technischen Fortschritts, der Entwicklung der internationalen Vorschriften oder Spezifikationen oder des Wissensstandes auf dem Gebiet der Bildschirmgeräte werden nach dem Verfahren des Artikels 17 der Richtlinie 89/391/EWG vorgenommen.

Artikel 11
Schlußbestimmungen

(1) Die Mitgliedstaaten erlassen die erforderlichen Rechts- und Verwaltungsvorschriften, um dieser Richtlinie spätestens am 31. Dezember 1992 nachzukommen.

Sie setzen die Kommission davon unverzüglich in Kenntnis.

(2) Die Mitgliedstaaten teilen der Kommission den Wortlaut der innerstaatlichen Rechtsvorschriften mit, die sie in dem unter diese Richtlinie fallenden Bereich erlassen haben bzw. erlassen.

(3) Die Mitgliedstaaten erstatten der Kommission alle vier Jahre Bericht über die praktische Anwendung der Bestimmungen dieser Richtlinie und geben dabei die Standpunkte der Sozialpartner an.

Die Kommission unterrichtet das Europäische Parlament, den Rat, den Wirtschafts- und Sozialausschuß sowie den Beratenden Ausschuß für Sicherheit, Arbeitshygiene und Gesundheitsschutz am Arbeitsplatz davon.

(4) Die Kommission legt dem Europäischen Parlament, dem Rat und dem Wirtschafts- und Sozialausschuß regelmäßig einen Bericht über die Anwendung dieser Richtlinie unter Berücksichtigung der Absätze 1, 2 und 3 vor.

Artikel 12

Diese Richtlinie ist an die Mitgliedstaaten gerichtet.

Geschehen zu Brüssel am 29. Mai 1990.

ANHANG
Mindestvorschriften
(Artikel 4 und 5)

Einleitende Bemerkung

Die Auflagen dieses Anhangs gelten im Hinblick auf die Verwirklichung der Ziele dieser Richtlinie und insoweit, als zum einen die entsprechenden Gegebenheiten am Arbeitsplatz bestehen und zum anderen die spezifischen Erfordernisse oder Merkmale der Tätigkeit dem nicht entgegenstehen.

1. Gerät

a) Allgemeine Bemerkung

Die Benutzung des Gerätes als solche darf keine Gefährdung der Arbeitnehmer mit sich bringen.

b) Bildschirm

Die auf dem Bildschirm angezeigten Zeichen müssen scharf und deutlich, ausreichend groß und mit angemessenem Zeichen- und Zeilenabstand dargestellt werden.

Das Bild muß stabil und frei von Flimmern sein und darf keine Instabilität anderer Art aufweisen.

Die Helligkeit und/oder der Kontrast zwischen Zeichen und Bildschirmhintergrund müssen leicht vom Benutzer eingestellt und den Umgebungsbedingungen angepaßt werden können.

Der Bildschirm muß zur Anpassung an die individuellen Bedürfnisse des Benutzers frei und leicht drehbar und neigbar sein.

Ein separater Ständer für den Bildschirm oder ein verstellbarer Tisch kann ebenfalls verwendet werden.

Der Bildschirm muß frei von Reflexen und Spiegelungen sein, die den Benutzer stören können.

c) Tastatur

Die Tastatur muß neigbar und eine vom Bildschirm getrennte Einheit sein, damit der Benutzer eine bequeme Haltung einnehmen kann, die Arme und Hände nicht ermüdet.

Die Fläche vor der Tastatur muß ausreichend sein, um dem Benutzer ein Auflegen von Händen und Armen zu ermöglichen.

Zur Vermeidung von Reflexen muß die Tastatur eine matte Oberfläche haben.

Die Anordnung der Tastatur und die Beschaffenheit der Tasten müssen die Bedienung der Tastatur erleichtern.

Die Tastenbeschriftung muß sich vom Untergrund deutlich genug abheben und bei normaler Arbeitshaltung lesbar sein.

d) Arbeitstisch oder Arbeitsfläche

Der Arbeitstisch bzw. die Arbeitsfläche muß eine ausreichend große und reflexionsarme Oberfläche besitzen und eine flexible Anordnung von Bildschirm, Tastatur, Schriftgut und sonstigen Arbeitsmitteln ermöglichen.

Der Manuskripthalter muß stabil und verstellbar sein und ist so einzurichten, daß unbequeme Kopf- und Augenbewegungen soweit wie möglich eingeschränkt werden.

Ausreichender Raum für eine bequeme Arbeitshaltung muß vorhanden sein.

e) Arbeitsstuhl

Der Arbeitsstuhl muß kippsicher sein, darf die Bewegungsfreiheit des Benutzers nicht einschränken und muß ihm eine bequeme Haltung ermöglichen.

Die Sitzhöhe muß verstellbar sein.

Die Rückenlehne muß in Höhe und Neigung verstellbar sein.

Auf Wunsch ist eine Fußstütze zur Verfügung zu stellen.

2. Umgebung

a) Platzbedarf

Der Arbeitsplatz ist so zu bemessen und einzurichten, daß ausreichend Platz vorhanden ist, um wechselnde Arbeitshaltungen und -bewegungen zu ermöglichen.

b) Beleuchtung

Die allgemeine Beleuchtung und/oder die spezielle Beleuchtung (Arbeitslampen) sind so zu dimensionieren und anzuordnen, daß zufriedenstellende Lichtverhältnisse und ein ausreichender Kontrast zwischen Bildschirm und Umgebung im Hinblick auf die Art der Tätigkeit und die sehkraftbedingten Bedürfnisse des Benutzers gewährleistet sind.

Störende Blendung und Reflexe oder Spiegelungen auf dem Bildschirm und anderen Ausrüstungsgegenständen sind durch Abstimmung der Einrichtung von Arbeitsraum und Arbeitsplatz auf die Anordnung und die technischen Eigenschaften künstlicher Lichtquellen zu vermeiden.

c) Reflexe und Blendung

Bildschirmarbeitsplätze sind so einzurichten, daß Lichtquellen wie Fenster und sonstige Öffnungen, durchsichtige oder durchscheinende Trennwände sowie helle Einrichtungsgegenstände und Wände keine Direktblendung und möglichst keine Reflexion auf dem Bildschirm verursachen.

Die Fenster müssen mit einer geeigneten verstellbaren Lichschutzvorrichtung ausgestattet sein, durch die sich die Stärke des Tageslichteinfalls auf den Arbeitsplatz vermindern läßt.

d) Lärm

Dem Lärm, der durch die zum Arbeitsplatz (zu den Arbeitsplätzen) gehörenden Geräte verursacht wird, ist bei der Einrichtung des Arbeitsplatzes Rechnung zu tragen, insbesondere um eine Beeinträchtigung der Konzentration und Sprachverständlichkeit zu vermeiden.

e) Wärme

Die zum Arbeitsplatz (zu den Arbeitsplätzen) gehörenden Geräte dürfen nicht zu einer Wärmezunahme führen, die auf die Arbeitnehmer störend wirken könnte.

f) Strahlungen

Alle Strahlungen mit Ausnahme des sichtbaren Teils des elektromagnetischen Spektrums müssen auf Werte verringert werden, die vom Standpunkt der Sicherheit und des Gesundheitsschutzes der Arbeitnehmer unerheblich sind.

g) Feuchtigkeit

Es ist für ausreichend Luftfeuchtigkeit zu sorgen.

3. Mensch-Maschine-Schnittstelle

Bei Konzipierung, Auswahl, Erwerb und Änderung von Software sowie bei der Gestaltung von Tätigkeiten, bei denen Bildschirmgeräte zum Einsatz kommen, hat der Arbeitgeber folgenden Faktoren Rechnung zu tragen:

a) Die Software muß der auszuführenden Tätigkeit angepaßt sein.

b) Die Software muß benutzerfreundlich sein und gegebenenfalls dem Kenntnis- und Erfahrungsstand des Benutzers angepaßt werden können; ohne Wissen des Arbeitnehmers darf keinerlei Vorrichtung zur quantitativen oder qualitativen Kontrolle verwendet werden.

c) Die Systeme müssen den Arbeitnehmern Angaben über die jeweiligen Abläufe bieten.

d) Die Systeme müssen die Information in einem Format und in einem Tempo anzeigen, das den Benutzern angepaßt ist.

e) Die Grundsätze der Ergonomie sind insbesondere auf die Verarbeitung von Informationen durch den Menschen anzuwenden.

Die §§ 67 und 68 aus dem 450. Bundesgesetz über Sicherheit und Gesundheitsschutz bei der Arbeit (ArbeitnehmerInnenschutzgesetz – ASchG) zum Thema Bildschirmarbeit (BGBl Nr. 450/1994).

Bildschirmarbeitsplätze

§ 67. (1) Bildschirmgerät im Sinne dieser Bestimmung ist eine Baueinheit mit einem Bildschirm zur Darstellung alphanumerischer Zeichen oder zur Grafikdarstellung, ungeachtet des Darstellungsverfahrens. Bildschirmarbeitsplätze im Sinne dieser Bestimmung sind Arbeitsplätze, bei denen das Bildschirmgerät und die Dateneingabetastatur oder sonstige Steuerungseinheit sowie gegebenenfalls ein Informationsträger eine funktionale Einheit bilden.

(2) Arbeitgeber sind verpflichtet, Bildschirmarbeitsplätze ergonomisch zu gestalten. Es dürfen nur Bildschirmgeräte, Eingabe- oder Datenerfassungsvorrichtungen sowie Zusatzgeräte verwendet werden, die dem Stand der Technik und den ergonomischen Anforderungen entsprechen; es sind geeignete Arbeitstische bzw. Arbeitsflächen und Sitzgelegenheiten zur Verfügung zu stellen.

(3) Bildschirmarbeitsplätze sind so zu bemessen und einzurichten, daß ausreichend Platz vorhanden ist, um wechselnde Arbeitshaltungen und -bewegungen zu ermöglichen. Es ist für eine geeignete Beleuchtung und dafür zu sorgen, daß eine Reflexion und eine Blendung vermieden werden.

(4) Auf tragbare Datenverarbeitungsgeräte ist Abs. 2 und 3 anzuwenden, wenn sie regelmäßig am Arbeitsplatz eingesetzt werden.

(5) Bei den nachstehend angeführten Einrichtungen bzw. Geräten sind die nach der Art oder Zweckbestimmung der Einrichtung oder der Art der Arbeitsvorgänge erforderlichen Abweichungen von Abs. 2 und 3 zulässig:

1. Fahrer- und Bedienungsstände von Fahrzeugen und Maschinen,
2. Datenverarbeitungsanlagen an Bord eines Verkehrsmittels,
3. Datenverarbeitungsanlagen, die hauptsächlich zur Benutzung durch die Öffentlichkeit bestimmt sind,
4. Rechenmaschinen, Registrierkassen und Geräte mit einer kleinen Daten- oder Meßwertanzeigevorrichtung, die zur direkten Benutzung des Gerätes erforderlich sind, und
5. Display-Schreibmaschinen.

(6) Abs. 1, 2 mit Ausnahme des letzten Satzes und 4 gelten auch für die vom Arbeitgeber den Arbeitnehmern zur Erbringung von Arbeitsleistungen außerhalb der Arbeitsstätte zur Verfügung gestellten Bildschirmgeräte, Eingabe- und Datenerfassungsvorrichtungen sowie Zusatzgeräte, Arbeitstische bzw. Arbeitsflächen und Sitzgelegenheiten.

Besondere Maßnahmen bei Bildschirmarbeit

§ 68. (1) Im Rahmen der Ermittlung und Beurteilung der Gefahren ist auch auf die mögliche Beeinträchtigung des Sehvermögens sowie auf physische und psychische Belastungen besonders Bedacht zu nehmen. Auf Grundlage dieser Ermittlung und Beurteilung sind zweckdienliche Maßnahmen zur Ausschaltung der festgestellten Gefahren zu treffen, wobei das allfällige Zusammenwirken der festgestellten Gefahren zu berücksichtigen ist.

(2) Bei der Konzipierung, Auswahl, Einführung und Änderung der Software sowie

bei der Gestaltung von Tätigkeiten, bei denen Bildschirmgeräte zum Einsatz kommen, haben die Arbeitgeber folgende Faktoren zu berücksichtigen:

1. Die Software muß der auszuführenden Tätigkeit angepaßt sein.
2. Die Software muß benutzerfreundlich sein und gegebenenfalls dem Kenntnis- und Erfahrungsstand der Benutzer angepaßt werden können.
3. Die Systeme müssen den Arbeitnehmern Angaben über die jeweiligen Abläufe bieten.
4. Die Systeme müssen die Information in einem Format und in einem Tempo anzeigen, das den Benutzern angepaßt ist.
5. Die Grundsätze der Ergonomie sind insbesondere auf die Verarbeitung von Informationen durch den Menschen anzuwenden.

(3) Bei Beschäftigung von Arbeitnehmern, die bei einem nicht unwesentlichen Teil ihrer normalen Arbeit ein Bildschirmgerät benutzen, gilt folgendes:

1. Die Arbeitgeber haben die Tätigkeit so zu organisieren, daß die tägliche Arbeit an Bildschirmgeräten regelmäßig durch Pausen oder durch andere Tätigkeiten unterbrochen wird, die die Belastung durch Bildschirmarbeit verringern.

2. Die Arbeitnehmer haben das Recht auf eine Untersuchung der Augen und des Sehvermögens, und zwar vor Aufnahme der Tätigkeit, sowie anschließend in regelmäßigen Abständen und weiters bei Auftreten von Sehbeschwerden, die auf die Bildschirmarbeit zurückgeführt werden können.
3. Die Arbeitnehmer haben das Recht auf eine augenärztliche Untersuchung, wenn sich dies auf Grund der Ergebnisse der Untersuchung nach Z 2 als erforderlich erweist.
4. Den Arbeitnehmern sind spezielle Sehhilfen zur Verfügung zu stellen, wenn die Ergebnisse der Untersuchungen nach Z 2 und 3 ergeben, daß diese notwendig sind.

(4) Maßnahmen nach Abs. 3 Z 2 bis 4 dürfen in keinem Fall zu einer finanziellen Mehrbelastung der Arbeitnehmer führen.

(5) Auf tragbare Datenverarbeitungsgeräte, die nicht regelmäßig am Arbeitsplatz eingesetzt werden, ist Abs. 2 nicht anzuwenden.

(6) Auf die in § 67 Abs. 5 angeführten Einrichtungen bzw. Geräte ist Abs. 2 nur anzuwenden, soweit die Art oder Zweckbestimmung der Einrichtung oder die Art der Arbeitsvorgänge dem nicht entgegenstehen.

(7) Abs. 2 gilt auch für Bildschirmarbeit außerhalb der Arbeitsstätte.

Verordnung der Bundesministerin für Arbeit, Gesundheit und Soziales über den Schutz der Arbeitnehmer/innen bei Bildschirmarbeit (Bildschirmarbeitsverordnung – BS-V)

Aufgrund der §§ 67 und 68 des Bundesgesetzes über Sicherheit und Gesundheitsschutz bei der Arbeit (ArbeitnehmerInnenschutzgesetz – ASchG), BGBl. Nr. 450/1994, in der Fassung BGBl. I Nr. 9/1997, wird verordnet:

1. Abschnitt
Allgemeine Bestimmungen

Geltungsbereich

§ 1. (1) Der 2. Abschnitt gilt für Bildschirmarbeitsplätze im Sinne des § 67 Abs. 1 zweiter Satz ASchG, ausgenommen die in § 67 Abs. 5 ASchG genannten Einrichtungen und Geräte.

(2) Der 3. Abschnitt gilt für Bildschirmarbeit, das ist die Ausführung von Tätigkeiten wie Datenerfassung, Datentransfer, Dialogverkehr, Textverarbeitung, Bildbearbeitung oder CAD/CAM - Arbeiten an Bildschirmarbeitsplätzen im Sinne des § 67 Abs. 1 zweiter Satz ASchG unter Verwendung von Bildschirmgeräten im Sinne des § 67 Abs. 1 ASchG.

(3) Der 4. Abschnitt gilt für die Beschäftigung von Arbeitnehmern/Arbeitnehmerinnen an Bildschirmarbeitsplätzen im Sinne des Abs. 1.

(4) Ein nicht unwesentlicher Teil der normalen Arbeit im Sinne des § 68 Abs. 3 ASchG liegt vor, wenn Arbeitnehmer/innen

1. durchschnittlich ununterbrochen mehr als zwei Stunden oder
2. durchschnittlich mehr als drei Stunden

ihrer Tagesarbeitszeit mit Bildschirmarbeit beschäftigt werden.

Arbeitsmittel

§ 2. Als Arbeitsmittel im Sinne dieser Verordnung gelten Bildschirmgeräte, Eingabe- und Datenerfassungsvorrichtungen sowie unbedingt erforderliche Zusatzgeräte.

2. Abschnitt
Bildschirmarbeitsplätze

Bildschirm und Tastatur

§ 3. (1) Den Arbeitnehmern/Arbeitnehmerinnen dürfen nur Bildschirme zur Verfügung gestellt werden, die folgenden Anforderungen entsprechen:

1. Die Benutzung des Geräts als solches darf keine Gefährdung der Arbeitnehmer/innen mit sich bringen.
2. Die auf dem Bildschirm angezeigten Zeichen müssen scharf und deutlich, ausreichend groß und mit angemessenem Zeichen- und Zeilenabstand dargestellt werden.
3. Die Wiedergabe der Zeichen in Positivdarstellung muß möglich sein.
4. Das Bild muß stabil und frei von Flimmern sein. Das Bild darf auch keine Instabilitäten anderer Art aufweisen, wie störende Veränderungen von Zeichengestalt und Zeichenort.
5. Die Helligkeit und der Kontrast zwischen Zeichen und Bildschirmhintergrund müssen leicht von dem/der Arbeitnehmer/Arbeitnehmerin eingestellt und den Umgebungsbedingungen angepaßt werden können.
6. Der Bildschirm muß zur Anpassung an die individuellen Bedürfnisse des/der Arbeitnehmers/Arbeitnehmerin leicht dreh-

sowie neigbar sein. Es kann auch stattdessen ein separater Ständer für den Bildschirm oder ein verstellbarer Tisch verwendet werden.

7. Der Bildschirm muß eine reflexionsarme Oberfläche besitzen.

8. Die Größe des Bildschirms muß der Arbeitsaufgabe entsprechen.

(2) Den Arbeitnehmern/Arbeitnehmerinnen darf nur eine Tastatur zur Verfügung gestellt werden, die folgenden Anforderungen entspricht:

1. Die Tastatur muß neigbar und eine vom Bildschirm getrennte Einheit sein.

2. Zur Vermeidung von Reflexionen muß die Tastatur eine matte Oberfläche haben.

3. Die Tastenbeschriftung muß sich vom Untergrund deutlich abheben und auch bei leicht wechselnden Arbeitshaltungen ohne Schwierigkeit lesbar sein.

4. Die Anordnung der Tastatur und die Beschaffenheit der Tasten müssen die Bedienung der Tastatur erleichtern.

Arbeitstisch und Arbeitsfläche

§ 4. (1) Den Arbeitnehmern/Arbeitnehmerinnen sind geeignete Arbeitstische oder Arbeitsflächen zur Verfügung zu stellen, für die folgendes gilt:

1. Sie müssen eine ausreichend große und reflexionsarme Oberfläche besitzen.

2. Die Größe muß den Maßen der verwendeten Arbeitsmittel entsprechen.

3. Eine flexible Anordnung von Arbeitsmitteln und Arbeitsvorlagen muß möglich sein.

4. Sie müssen abgerundete Ecken und Kanten aufweisen.

(2) Bei häufiger Arbeit mit Arbeitsvorlagen sind auf Wunsch Vorlagehalter zur Verfügung zu stellen, für die folgendes gilt:

1. Sie müssen ausreichend groß, stabil und verstellbar sein.

2. Sie müssen möglichst im gleichen Sehabstand zum Bildschirm anzuordnen sein.

3. Sie müssen so eingerichtet werden, daß unbequeme Kopf- und Augenbewegungen soweit wie möglich eingeschränkt werden.

(3) Die Fläche vor der Tastatur oder vor dem Tastenfeld der Tastatur muß eine ausreichende Tiefe aufweisen, um den Arbeitnehmern/Arbeitnehmerinnen das Auflegen der Hände zu ermöglichen.

(4) Der Beinfreiraum unter dem Arbeitstisch und der Arbeitsfläche ist so zu bemessen, daß ein unbehindertes und gefahrloses Erreichen und Bedienen der darauf angeordneten und häufig verwendeten Arbeitsmittel durch Verschieben oder Verdrehen des Arbeitsstuhls, unter Beibehaltung der Sitzposition, gewährleistet ist.

Arbeitsstuhl

§ 5. (1) Den Arbeitnehmern/Arbeitnehmerinnen sind Arbeitsstühle zur Verfügung zu stellen, die folgenden Anforderungen entsprechen müssen:

1. Arbeitsstühle dürfen die Bewegungsfreiheit nicht einschränken und müssen den Arbeitnehmern/Arbeitnehmerinnen die Einnahme ergonomisch günstiger Körperhaltungen ermöglichen.

2. Arbeitsstühle müssen als Drehstühle mit Rollen oder Gleitern ausgeführt und kippsicher sein, wobei Rollen beim unbelasteten Stuhl schwergängig sein müssen. Das Untergestell muß mindestens fünf Auflagepunkte aufweisen.

3. Die Sitzhöhe muß verstellbar sein.

4. Die Rückenlehne muß den Arbeitnehmer/innen eine gute Abstützung in verschiedenen Sitzhaltungen ermöglichen und in Höhe und Neigung verstellbar sein.

(2) Den Arbeitnehmern/Arbeitnehmerinnen sind Fußstützen zur Verfügung zu stellen, wenn dies aufgrund der Körpermaße oder fehlenden Tischhöhenverstellung erforderlich ist.

Belichtung und Beleuchtung

§ 6. (1) Bildschirmarbeitsplätze sind so einzurichten, daß Blendungen und störende Reflexionen auf dem Bildschirm und anderen Arbeitsmitteln durch Lichtquellen auch bei leicht wechselnden Arbeitshaltungen vermieden werden. Bei der Aufstellung des Bildschirms ist darauf zu achten, daß die Blickrichtung annähernd parallel zu Fensterflächen gerichtet ist, wenn dies aufgrund der Raumanordnung möglich ist.

(2) Lichteintrittsöffnungen, die störende Reflexionen oder zu hohe Kontraste hervorrufen, müssen mit verstellbaren Lichtschutzvorrichtungen ausgestattet sein.

(3) Die Beleuchtung ist so zu dimensionieren und anzuordnen, daß ausreichende Lichtverhältnisse und ein ausgewogener Kontrast zwischen Bildschirm und Umgebung gewährleistet sind. Dabei sind die Art der Tätigkeit sowie die sehkraftbedingten Bedürfnisse des/der Arbeitnehmers/Arbeitnehmerin zu berücksichtigen.

Strahlung

§ 7. Alle Strahlungen mit Ausnahme des sichtbaren Teils des elektromagnetischen Spektrums müssen auf Werte verringert werden, die für die Sicherheit und Gesundheit der Arbeitnehmer/innen unerheblich sind.

3. Abschnitt
Bildschirmarbeit

Ermittlung und Beurteilung

§ 8. Im Rahmen der Ermittlung und Beurteilung von Gefahren im Sinne des § 68 Abs. 1 ASchG ist insbesondere festzustellen, ob Bildschirmarbeit im Sinne des § 1 Abs. 4 vorliegt.

Unterlagen

§ 9. Alle zur Programmbedienung notwendigen Informationen, wie Handbücher und Tastaturschablonen müssen, soweit sie für die Erfüllung der Arbeitsaufgabe notwendig sind, für die Arbeitnehmer/innen leicht erreichbar zur Verfügung stehen.

Pausen und Tätigkeitswechsel

§ 10. (1) Nach jeweils 50 Minuten ununterbrochener Bildschirmarbeit muß eine Pause oder ein Tätigkeitswechsel im Ausmaß von jeweils mindestens 10 Minuten erfolgen.

(2) Abs. 1 gilt nicht, wenn täglich nicht mehr als zwei Stunden ununterbrochen Bildschirmarbeit geleistet wird.

(3) Eine nach 50 Minuten zustehende Pause oder der Tätigkeitswechsel kann jeweils in die anschließende zweite Stunde verlegt werden, sofern der Arbeitsablauf dies erfordert.

(4) Ein Tätigkeitswechsel im Sinne der Abs. 1 und 2 muß in Tätigkeiten bestehen, die geeignet sind, die durch die Arbeit am Bildschirmgerät auftretenden Belastungen zu verringern.

(5) Pausen gemäß Abs. 1 sind in die Arbeitszeit einzurechnen.

(6) Ist aus zwingenden technischen Gründen (z.B. beim Bedienen und Überwachen von Verkehrsleitsystemen) eine Pausenregelung oder ein Tätigkeitswechsel im Sinne der Abs. 1 und 3 nicht möglich, so ist eine gleichwertige andere Pausenregelung zu treffen oder ein gleichwertiger anderer Tätigkeitswechsel vorzusehen.

Untersuchungen

§ 11. (1) Der/die Arbeitgeber/in hat Arbeitnehmern/Arbeitnehmerinnen bei Vorliegen von Bildschirmarbeit im Sinne des § 1 Abs. 4 eine angemessene Untersuchung der Augen und des Sehvermögens (Überprüfungen der Sehschärfe und Untersuchung des sonstigen Sehvermögens) anzubieten, und zwar vor Aufnahme der Tätigkeit, sowie anschließend in Abständen von drei Jahren und weiters bei Auftreten von Sehbeschwerden, die auf Bildschirmarbeit zurückgeführt werden können.

(2) Arbeitnehmer/innen können für Untersuchungen gemäß Abs. 1 in Anspruch nehmen:

1. Fachärzte/Fachärztinnen für Augenheilkunde und Optometrie,
2. Fachärzte/Fachärztinnen für Arbeits- und Betriebsmedizin oder
3. Personen, die zur selbständigen Ausübung des ärztlichen Berufes im Sinne des Ärztegesetzes 1984, BGBl. Nr. 373, berechtigt sind und eine vom Bundesminister für Arbeit, Gesundheit und Soziales anerkannte arbeitsmedizinische Ausbildung absolviert haben.
4. Personen, die die Meisterprüfung im Augenoptikerhandwerk (§ 120 GewO 1994) erfolgreich abgelegt haben, zwecks Durchführung der Überprüfungen der Sehschärfe.

(3) Die Kosten für Untersuchungen gemäß Abs. 1 sind von den Arbeitgebern/Arbeitgeberinnen zu tragen.

(4) Der/die Arbeitgeber/in hat Arbeitnehmern/Arbeitnehmerinnen weiters eine augenfachärztliche Untersuchung zu ermöglichen, wenn sich diese aufgrund von Untersuchungen gemäß Abs. 1 als erforderlich erweist.

Sehhilfen

§ 12. (1) Arbeitnehmern/Arbeitnehmerinnen sind spezielle Sehhilfen zur Verfügung zu stellen, wenn die Ergebnisse der Untersu-

chungen nach § 11 Abs. 1 und 4 ergeben, daß diese notwendig sind, weil normale Sehhilfen nicht verwendet werden können. Spezielle Sehhilfen müssen folgenden Anforderungen entsprechen:

1. Abstimmung auf eine Arbeitsdistanz zum Bildschirm und zu den Belegen,
2. Abstimmung auf die physiologischen Gegebenheiten und pathologischen Befunde des/der Arbeitnehmers/Arbeitnehmerin,
3. die Gläser müssen entspiegelt, dürfen aber nicht getönt sein.

(2) Hinsichtlich der Brillenglasqualität sind unter Berücksichtigung des Abs. 1 Z 2 zu verwenden:

1. Einstärkengläser für die Arbeitsdistanz zum Bildschirm,
2. Mehrstärkengläser, entweder hohe Bifokalgläser für die Arbeitsdistanz zum Bildschirm und Beleg oder Trifokal- oder Multifokalgläser mit besonders breitem Korridor für die Arbeitsdistanz zum Bildschirm.

(3) Die Kosten für Sehhilfen, die ausschließlich durch den notwendigen Schutz bei Bildschirmarbeit unter Beachtung der Abs. 1 und 2 entstehen, sind von den Arbeitgebern/Arbeitgeberinnen zu tragen, sofern nicht die Träger der Sozialversicherung diese übernehmen.

4. Abschnitt
Sonstige Pflichten der Arbeitgeber/innen

Unterweisung

§ 13. (1) Jeder/jede Arbeitnehmer/in ist vor Aufnahme seiner/ihrer Tätigkeit am Bildschirmgerät und bei jeder wesentlichen Veränderung der Organisation seines/ihres Arbeitsplatzes im Umgang mit dem Gerät sowie hinsichtlich der ergonomisch richtigen Einstellung und Anordnung der Arbeitsmittel zu unterweisen.

Information

§ 14. (1) Die an Bildschirmarbeitsplätzen beschäftigten Arbeitnehmer/innen sind über folgendes zu informieren:

1. ob an Arbeitsplätzen Bildschirmarbeit im Sinne des § 1 Abs. 4 vorliegt,
2. das Recht auf Untersuchungen gemäß § 11,
3. das Recht auf Zurverfügungstellung einer speziellen Sehhilfe bei Zutreffen der Voraussetzungen des § 68 Abs. 3 Z 4 ASchG und
4. den Anspruch auf Pausen und Tätigkeitswechsel gemäß § 10.

(2) Die Information der einzelnen Arbeitnehmer/innen kann entfallen, wenn Sicherheitsvertrauenspersonen bestellt oder Belegschaftsorgane errichtet sind und diese im Sinne des Abs. 1 informiert werden.

Anhörung/Beteiligung

§ 15. (1) Die an Bildschirmarbeitsplätzen beschäftigten Arbeitnehmer/innen sind zu den in dieser Verordnung geregelten Fragen anzuhören und an deren Behandlung zu beteiligen.

(2) Die Anhörung und Beteiligung der einzelnen Arbeitnehmer/innen kann entfallen, wenn Sicherheitsvertrauenspersonen bestellt oder Belegschaftsorgane errichtet sind und diese im Sinne des Abs. 1 befaßt werden.

5. Abschnitt
Schlußbestimmungen

Ausnahmen und Abweichungen

§ 16. (1) Auf Arbeitsvorgänge, die fallweise kurzdauernde Eingaben und Abfragen von Informationen am Bildschirm mit nachfolgendem Tätigkeitswechsel (z.B. Kundenbetreuung in Kaufhäusern, Buchhandlungen, im Bankschalterdienst oder bei der Lagerhaltung) erfordern, sind die §§ 4 und 5 nicht anzuwenden.

(2) Mit Ausnahme des Abs. 1 wird gemäß § 95 Abs. 1 ASchG festgelegt, daß die zuständige Behörde keine Ausnahmen von den §§ 3, 4 Abs. 1 und 3 sowie von den Bestimmungen des 3. und 4. Abschnitts dieser Verordnung zulassen darf.

Inkrafttreten

§ 17. (1) Die Verordnung tritt mit 1. Mai 1998 in Kraft.

(2) Die §§ 3 und 4 treten mit 1. Jänner 2000 in Kraft.

(3) Die §§ 3 und 4 sind jedoch zu beachten

1. wenn Arbeitsplätze wesentlich geändert werden,
2. wenn die Ermittlung und Beurteilung der Gefahren gemäß § 68 Abs. 1 ASchG ergibt, daß durch die Arbeit an diesen Arbeitsplätzen Leben oder Gesundheit der Arbeitnehmer/innen gefährdet ist.

(4) Die Abs. 2 und 3 gelten nicht für § 4 Abs. 4.

Normen mit Bezug zur Bildschirmarbeit (Stand 8/2001)

Peter Köck, Michael Wichtl

Relevanz für Bildschirmarbeit: gering = teilweise und für spezielle Themen von Bedeutung; mittel = häufig und für spezielle Themen von Bedeutung; hoch = häufig und für viele Themen von Bedeutung;

Norm/Vorschrift	Status	Titel	Relevanz
ÖNORM A 1600-1	Norm 04/82	Möbel; Arten und Einteilung	mittel
ÖNORM A 1605-1	Norm 03/80	Möbel-Prüfbestimmungen; Allgemeines	mittel
ÖNORM A 1605-3	Norm 05/79	Möbel-Prüfbestimmungen; Behältermöbel	gering
ÖNORM A 1605-4	Norm 06/79	Möbel-Prüfbestimmungen; Tische	mittel
ÖNORM A 1605-5	Norm 10/84	Möbel-Prüfbestimmungen; ungepolsterte und leicht gepolsterte Sitzmöbel	gering
ÖNORM A 1605-9	Norm 03/80	Möbel-Prüfbestimmungen; Schubladen und Auszugsplatten	gering
ÖNORM A 1605-10	Norm 10/94	Möbel-Prüfbestimmungen; Türen, Klappen und Rolladen	gering
ÖNORM A 1610-3	Norm 12/87	Möbel-Anforderungen; Behältermöbel	hoch
ÖNORM A 1610-4	Norm 03/85	Möbel-Anforderungen; Tische	hoch
ÖNORM A 1610-5	Norm 04/84	Möbel-Anforderungen; ungepolsterte und leicht gepolsterte Sitzmöbel	mittel
ÖNORM A 1610-9	Norm 03/85	Möbel-Anforderungen; Schubladen und Auszugsplatten	hoch
ÖNORM A 1610-10	Norm 10/94	Möbel-Anforderungen; Türen, Klappen und Rolladen	hoch
ÖNORM A 1650	Norm 07/87	Sessel und Tische für den allgemeinen Unterricht in Schulen; allgemeine Anforderungen, Maße, Normkennzeichnung, technische Anforderungen	mittel
ÖNORM A 1675[1]	Norm-Schlußentwurf 03/90	Büromöbel; Bürodrehsessel; Abmessungen, Anforderungen, Prüfung, Normkennzeichnung	hoch
ÖNORM A 1676[2]	Norm 12/87	Büromöbel; Büroarbeitstische und Fußstützen; Abmessungen, Anforderungen, Prüfung, Normkennzeichnung	hoch
ÖNORM A 1680	Norm 10/94	Garderobenschränke für Arbeitnehmer in Betriebsstätten	mittel
ÖNORM A 2602	Norm 01/98	Alphanumerische Tastaturen – Tastenordnung für die Daten- und Texteingabe	hoch

1 Die ÖNORM A 1675 war zum Zeitpunkt der Bearbeitung eine gültige Norm, ihre Zurückziehung ist aber in allernächster Zeit zu erwarten.

2 Die ÖNORM A 1676 war zum Zeitpunkt der Bearbeitung eine gültige Norm, ihre Zurückziehung ist aber in absehbarer Zeit zu erwarten.

Norm/Vorschrift	Status	Titel	Relevanz
ÖNORM A 2611-2	Norm 07/87	Informationsverarbeitungssysteme; Datenübertragung, Datenübermittlung; Benennung mit Definitionen	gering
ÖNORM A 8010	Norm 01/93	Ergonomische Gestaltung von Büroarbeitsplätzen	hoch
ÖNORM A 8010 Bbl	Norm 01/93	Ergonomische Gestaltung von Büroarbeitsplätzen – Verfahren zur Flächenermittlung	hoch
ÖNORM A 8020	Norm 05/84	Grundlagen für die anthropometrische Arbeitsplatzgestaltung	mittel
ÖNORM A 8021	Norm 05/92	Ergonomische Gestaltung von Warten – Begriffsbestimmungen, Abmessungen und Konstruktionsmerkmale für Sitzarbeitsplätze	hoch
ÖNORM A 8061	Norm 02/82	Arbeits-, Sitzflächen-, Fußstützenhöhe im Produktionsbereich	gering
ÖNORM A 8062	Norm 02/83	Körpermaße des Menschen; Anwendung der Körpermaße in der Praxis; Grundsätze für die Arbeit mit Perzentilen	mittel
ÖNORM A 8063	Norm 02/83	Körpermaße des Menschen; Bewegungsfreiraum des Menschen bei verschiedenen Körperhaltungen	mittel
ÖNORM A 8080	Norm 08/79	Stellteile: Begriffsbestimmungen, Eignung, Gestaltungshinweise	mittel
ÖNORM H 6000-3	Norm 01/89	Lüftungstechnische Anlagen, Grundregeln, hygienische und physiologische Anforderungen für den Aufenthaltsbereich von Personen	mittel
ÖNORM 0 1040	Norm 04/84	Künstliche Beleuchtung von Innenräumen, Begriffsbestimmungen und allgemeine Anforderungen	hoch
ÖNORM Z 1000-1	Norm 10/97	Sicherheitskennfarben und -kennzeichen – Begriffsbestimmungen, Anforderungen, Ausführungen	mittel
ÖNORM DIN 33402-1	Norm 05/98	Körpermaße des Menschen – Begriffe, Meßverfahren	hoch
ÖNORM DIN 33402-2	Norm 05/98	Körpermaße des Menschen – Werte	hoch
ÖNORM EN 292-1	Norm 03/92	Sicherheit von Maschinen: Grundbegriffe, allgemeine Gestaltungsleitsätze – Grundsätzliche Terminologie, Methodik	gering
ÖNORM EN 292-2	Norm 07/95	Sicherheit von Maschinen: Grundbegriffe, allgemeine Gestaltungsleitsätze – Teil 2: Technische Leitsätze und Spezifikationen	gering
ÖNORM EN 527-1	Norm 04/00	Büromöbel – Büro-Arbeitstische – Teil 1: Maße	hoch
ÖNORM EN 527-2	Normentwurf 03/98	Büromöbel – Büro-Arbeitstische – Teil 2: Mechanische Sicherheitsanforderungen	hoch
ÖNORM EN 527-3	Normentwurf 11/96	Büromöbel – Büro-Arbeitstische – Teil 3: Physikalische und mechanische Eigenschaften der Konstruktion – Prüfverfahren	hoch

Norm/Vorschrift	Status	Titel	Relevanz
ÖNORM EN 547-1	Norm 06/97	Sicherheit von Maschinen – Körpermaße des Menschen – Teil 1: Grundlagen zur Bestimmung von Abmessungen für Ganzkörper-Zugänge an Maschinenarbeitsplätzen	gering
ÖNORM EN 547-3	Norm 06/97	Sicherheit von Maschinen – Körpermaße des Menschen – Teil 3: Körpermaßdaten	gering
ÖNORM EN 614-1	Norm 07/95	Sicherheit von Maschinen – Ergonomische Gestaltungsgrundsätze – Teil 1: Begriffe und allgemeine Leitsätze	mittel
ÖNORM EN 614-2	Normentwurf 02/98	Sicherheit von Maschinen – Ergonomische Gestaltungsgrundsätze – Teil 2: Wechselwirkungen zwischen der Gestaltung von Maschinen und den Arbeitsaufgaben	mittel
ÖNORM EN 842	Norm 09/96	Sicherheit von Maschinen – Optische Gefahrensignale – Allgemeine Anforderungen, Gestaltung und Prüfung	gering
ÖNORM EN 894-1	Norm 07/97	Sicherheit von Maschinen – Ergonomische Anforderungen an die Gestaltung von Anzeigen und Stellteilen – Teil 1: Allgemeine Leitsätze für Benutzer-Interaktion mit Anzeigen und Stellteilen	mittel
ÖNORM EN 894-2	Norm 07/97	Sicherheit von Maschinen – Ergonomische Anforderungen an die Gestaltung von Anzeigen und Stellteilen – Teil 2: Anzeigen	mittel
ÖNORM EN 894-3	Norm 06/00	Sicherheit von Maschinen – Ergonomische Anforderungen an die Gestaltung von Anzeigen und Stellteilen – Teil 3: Stellteile	mittel
ÖNORM EN 1005-1	Normentwurf 03/99	Sicherheit von Maschinen – Menschliche köperliche Leistung – Teil 1: Begriffe	gering
ÖNORM EN 1005-2	Normentwurf 03/99	Sicherheit von Maschinen – Menschliche körperliche Leistung – Teil 2: Manuelle Handhabung von Gegenständen in Verbindung mit Maschinen und Maschinenteilen	gering
ÖNORM EN 1005-3	Normentwurf 03/99	Sicherheit von Maschinen – Menschliche körperliche Leistung – Teil 3: Empfohlene Kraftgrenzen für Maschinenbetätigung	gering
ÖNORM EN 1005-4	Normentwurf 01/99	Sicherheit von Maschinen – Menschliche körperliche Leistung – Teil 4: Bewertung von Körperhaltungen bei der Arbeit an Maschinen	gering
ÖNORM EN 1023-1	Norm 06/96	Büromöbel – Raumgliederungselemente – Teil 1: Maße	hoch
ÖNORM EN 1023-2	Norm 08/00	Büromöbel – Raumgliederungselemente – Teil 2: Mechanische Sicherheitsanforderungen	hoch
ÖNORM EN 1023-3	Norm 08/00	Büromöbel – Raumgliederungselemente – Teil 3: Prüfung	mittel

Norm/Vorschrift	Status	Titel	Relevanz
ÖNORM EN 1050	Norm 01/97	Sicherheit von Maschinen – Leitsätze zur Risikobeurteilung	gering
ÖNORM EN 1335-1	Norm 08/00	Büromöbel – Büro – Arbeitsstuhl – Teil 1: Maße – Bestimmung der Maße	hoch
ÖNORM EN 1335-2	Norm 04/00	Büromöbel – Büro – Arbeitsstuhl – Teil 2: Sicherheitsanforderungen	hoch
ÖNORM EN 1335-3	Norm 04/00	Büromöbel – Büro – Arbeitsstuhl – Teil 3: Sicherheitsprüfungen	hoch
ÖNORM EN 1729	Normentwurf 02/95	Stühle und Tische für Bildungseinrichtungen – Funktionsmaße, sicherheitstechnische Anforderungen und Prüfung	gering
ÖNORM EN 12464	Normentwurf 01/96	Angewandte Lichttechnik, Arbeitsstättenbeleuchtung	hoch
ÖNORM EN 12515	Norm 03/98	Warmes Umgebungsklima – Analytische Bestimmung und Beurteilung der Wärmebelastung durch Berechnung der erforderlichen Schweißrate (ISO 7933:1989 modifiziert)	mittel
ÖNORM EN 13721	Normentwurf 12/99	Möbel – Bewertung des Oberflächenreflexionsgrades	hoch
ÖNORM EN 13722	Normentwurf 12/99	Möbel – Bewertung des Oberflächenglanzes	hoch
ÖNORM EN 13761	Normentwurf 01/00	Büromöbel – Besucherstuhl	hoch
ÖNORM EN 27243	Norm 02/94	Warmes Umgebungsklima – Ermittlung der Wärmebelastung des arbeitenden Menschen mit dem WBGT-Index (wet bulb globe temperature) (ISO 7243:1989)	gering
ÖNORM EN 27726	Norm 02/94	Umgebungsklima – Instrumente und Verfahren zur Messung physikalischer Größen (ISO 7726:1985)	mittel
ÖNORM EN 27779	Norm 07/92	Akustik – Geräuschmessung an Maschinen- Luftschallemission, Hüllflächen- und Hallraumverfahren, Geräte der Büro- und Informationstechnik	gering
ÖNORM EN 29241-2	Norm 09/93	Ergonomische Anforderungen für Bürotätigkeiten mit Bildschirmgeräten – Teil 2: Anforderungen an die Arbeitsaufgaben – Leitsätze (ISO 9241-2:1992)	hoch
ÖNORM EN 29241-3	Norm 10/93	Ergonomische Anforderungen für Bürotätigkeiten mit Bildschirmgeräten – Teil 3: Anforderungen an visuelle Anzeigen (ISO 9241-3:1992)	hoch
ÖNORM EN 29592-1	Norm 01/95	Graphische Systeme der Informationsverarbeitung – Hierarchisches Interaktives Graphisches System für Programmierer – Teil 1: Funktionsbeschreibung (ISO/IEC 9592-1:1989)	gering

Norm/Vorschrift	Status	Titel	Relevanz
ÖNORM EN 29592-2	Norm 03/94	Graphische Systeme der Informations-verarbeitung – Hierarchisches Interaktives Graphisches System für Programmierer – Teil 2: Format für die Archiv-Datei (ISO/IEC 9592-2:1989, Ausgabe 1)	gering
ÖNORM ENV 26385	Vornorm 01/91	Arbeitswissenschaftliche Grundsätze für die Gestaltung von Arbeitssystemen	hoch
ÖNORM EN ISO 717	Norm 07/97	Akustik – Bewertung der Schalldämmung in Gebäuden und von Bauteilen – Teil 1: Luftschalldämmung	mittel
ÖNORM EN ISO 717	Norm 07/97	Akustik – Bewertung der Schalldämmung in Gebäuden und von Bauteilen – Teil 2: Trittschalldämmung	mittel
ÖNORM EN ISO 7250	Norm 12/97	Wesentliche Maße des menschlichen Körpers für die technische Gestaltung (ISO 7250:1996)	mittel
ÖNORM EN ISO 7730	Norm 01/96	Gemäßigtes Umgebungsklima – Ermittlung des PMV und des PPD – Beschreibung der Bedingungen für thermische Behaglichkeit (ISO 7730:1994)	mittel
ÖNORM EN ISO 9241-1	Norm 01/98	Ergonomische Anforderungen für Bürotätigkeiten mit Bildschirmgeräten – Teil 1: Allgemeine Einführung (ISO 9241-1:1997)	hoch
ÖNORM EN ISO 9241-1/A1	Normentwurf 10/99	Ergonomische Anforderungen für Bürotätigkeiten mit Bildschirmgeräten – Teil 1: Allgemeine Einführung (ISO/DIS 9241-1:1997/ Änderung:1999)	hoch
ÖNORM EN ISO 9241-4	Norm 01/99	Ergonomische Anforderungen für Bürotätigkeiten mit Bildschirmgeräten – Teil 4: Anforderungen an die Tastatur (ISO 9241-4:1998)	hoch
ÖNORM EN ISO 9241-5	Norm 07/99	Ergonomische Anforderungen für Bürotätigkeiten mit Bildschirmgeräten – Teil 5: Anforderungen an Arbeitsplatzgestaltung und Körperhaltung (ISO 9241-5:1998)	hoch
ÖNORM EN ISO 9241-6	Norm 03/01	Ergonomische Anforderungen für Bürotätigkeiten mit Bildschirmgeräten – Teil 6: Leitsätze für die Arbeitsumgebung	hoch
ÖNORM EN ISO 9241-7	Norm 08/98	Ergonomische Anforderungen für Bürotätigkeiten mit Bildschirmgeräten – Teil 7: Anforderungen an visuelle Anzeigen bezüglich Reflexionen (ISO 9241-7:1998)	hoch
ÖNORM EN ISO 9241-8	Norm 03/98	Ergonomische Anforderungen für Bürotätigkeiten mit Bildschirmgeräten – Teil 8: Anforderungen an Farbdarstellungen (ISO 9241-8:1997)	hoch

Norm/Vorschrift	Status	Titel	Relevanz
ÖNORM EN ISO 9241-9	Normentwurf 09/98	Ergonomische Anforderungen für Bürotätigkeiten mit Bildschirmgeräten – Teil 9: Anforderungen an Eingabegeräte – ausgenommen Tastatur (ISO/DIS 9241-9:1998)	hoch
ÖNORM EN ISO 9241-10	Norm 07/96	Ergonomische Anforderungen für Bürotätigkeiten mit Bildschirmgeräten – Teil 10: Grundsätze der Dialoggestaltung (ISO 9241-10:1996)	hoch
ÖNORM EN ISO 9241-11	Norm 02/99	Ergonomische Anforderungen für Bürotätigkeiten mit Bildschirmgeräten – Teil 11: Anforderungen an die Gebrauchstauglichkeit – Leitsätze (ISO 9241-11:1998)	hoch
ÖNORM EN ISO 9241-12	Norm 02/00	Ergonomische Anforderungen für Bürotätigkeiten mit Bildschirmgeräten – Teil 12: Informationsdarstellung (ISO 9241-12:1998)	hoch
ÖNORM EN ISO 9241-13	Norm 02/00	Ergonomische Anforderungen für Bürotätigkeiten mit Bildschirmgeräten – Teil 13: Benutzerführung (ISO 9241-13:1998)	hoch
ÖNORM EN ISO 9241-14	Norm 07/00	Ergonomische Anforderungen für Bürotätigkeiten mit Bildschirmgeräten – Teil 14: Dialogführung mittels Menü (ISO 9241-14:1997)	hoch
ÖNORM EN ISO 9241-15	Norm 07/99	Ergonomische Anforderungen für Bürotätigkeiten mit Bildschirmgeräten – Teil 15: Dialogführung mittels Kommandosprachen (ISO 9241-15:1997)	hoch
ÖNORM EN ISO 9241-16	Norm 02/00	Ergonomische Anforderungen für Bürotätigkeiten mit Bildschirmgeräten – Teil 16: Dialogführung mittels direkter Manipulation (ISO 9241-16:1999)	hoch
ÖNORM EN ISO 9241-17	Norm 08/99	Ergonomische Anforderungen für Bürotätigkeiten mit Bildschirmgeräten – Teil 17: Dialogführung mittels Bildschirmformularen (ISO 9241-17:1998)	hoch
ÖNORM EN ISO 10075-1	Normentwurf 08/96	Ergonomische Grundlagen bezüglich psychischer Arbeitsbelastung – Teil 1: Allgemeines und Begriffe (ISO 10075:1991)	mittel
ÖNORM EN ISO 10075-2	Norm 06/00	Ergonomische Grundlagen bezüglich psychischer Arbeitsbelastung – Teil 2: Gestaltungsgrundlagen (ISO 10075-2:1996)	mittel
ÖNORM EN ISO 10551	Normentwurf 08/97	Ergonomie des Umgebungsklimas – Beurteilung des Einflusses des Umgebungsklimas durch subjektive Bewertungsskalen (ISO 10551)	mittel
ÖNORM EN ISO 11064-1	Norm 06/01	Ergonomische Gestaltung von Leitzentralen – Teil 1: Grundsätze für die Gestaltung von Leitzentralen (ISO 11064-1:2000)	mittel
ÖNORM EN ISO 11064-2	Norm 06/01	Ergonomische Gestaltung von Leitzentralen – Teil 2: Grundsätze für die Anordnung von Warten mit Nebenräumen (ISO 11064-2:2000)	mittel

Norm/Vorschrift	Status	Titel	Relevanz
ÖNORM EN ISO 11064-3	Norm 09/00	Ergonomische Gestaltung von Leitzentralen – Teil 3: Auslegung von Warteräumen (ISO 11064-3:1999)	mittel
ÖNORM EN ISO 11654	Norm 09/97	Akustik – Schallabsorber für die Anwendung in Gebäuden – Bewertung der Schallabsorption	mittel
ÖNORM EN ISO 13406-1	Norm 01/00	Ergonomische Anforderungen an optische Anzeigeeinheiten in Flachbauweise – Teil 1: Einführung (ISO 13406-1:1999)	hoch
ÖNORM EN ISO 13406-2	Normentwurf 11/97	Ergonomic requirements of visual display units based on flat panels – Part 2: Requirement for flat panel displays	hoch
ÖNORM EN ISO 13407	Normentwurf 12/97	Human-centred design processes for interactive systems (ISO/DIS 13407:1997)	hoch
ÖNORM EN ISO 14915-1	Normentwurf 05/00	Software ergonomics for multimedia user interfaces – Part 1: Design principles and framework (ISO/DIS 14915-1:2000)	mittel
ÖNORM EN ISO 14915-3	Normentwurf 05/00	Software ergonomics for multimedia user interfaces – Part 3: Media selection and combinations (ISO/DIS 14915-3:2000)	mittel
ÖNORM EN ISO/ IEC 11159	Norm 03/98	Information technology – Office equipment – Minimum information to be included in specification sheets – Copying machines (ISO/IEC 11159:1996)	mittel
ISO/IEC 73	Norm 91	Codierung von Anzeigegeräten und Bedienteilen durch Farben und ergänzende Mittel	mittel
ISO/IEC 447	Norm 04/93	Mensch-Maschine-Schnittstelle (MMI): Bedienungsgrundsätze	mittel
ISO/IEC 9126	Norm 91	Informationstechnik – Bewerten von Softwareprodukten – Qualitätsmerkmale und Leitfaden zu ihrer Verwendung	mittel
ISO/IEC 9995-1	Norm 08/94	Informationsverarbeitung – Tastaturen für die Büro- und Datentechnik – Teil 1: Allgemeine Festlegung für Tastaturen	mittel
ISO/IEC 9995-2	Norm 08/94	Informationsverarbeitung – Tastaturen für die Büro- und Datentechnik – Teil 2: Alphanumerischer Bereich	mittel
DIN 2137-1	Norm 07/95	Büro- und Datentechnik – Tastaturen – Teil 1: Deutsche Tastatur für Schreibmaschinen, Tastenordnungen und Belegung mit Schriftzeichen	hoch
DIN 2137-2	Norm 05/97	Büro- und Datentechnik – Tastaturen – Teil 2: Deutsche Tastatur für die Daten- und Textverarbeitung, Tastenanordnung und Belegung mit Schriftzeichen	hoch

Norm/Vorschrift	Status	Titel	Relevanz
DIN 2137-2 Bbl. 1	Norm 07/95	Büro- und Datentechnik – Tastaturen – Teil 2: Deutsche Tastatur für die Daten- und Textverarbeitung sowie Schreibmaschinen; Übersicht über die Zeichentasten und ihre Belegung mit Schriftzeichen	hoch
DIN 4543-1	Norm 09/94	Büroarbeitsplätze – Teil 1: Flächen für die Aufstellung und Benutzung von Büromöbel; Sicherheitstechnische Anforderungen, Prüfung	hoch
DIN 4549	Norm 11/89	Büromöbel; Schreibtische, Bildschirm, Arbeitstische und Büromaschinentische; Maße	hoch
DIN 4551	Norm 06/88	Büromöbel, Bürodrehstühle und Bürodrehsessel; Sicherheitstechnische Anforderungen, Prüfung/ Relevanz	hoch
DIN 5034-1		Tageslicht in Innenräumen	mittel
DIN 5035-1	Norm 06/90	Beleuchtung mit künstlichem Licht; Begriffe und allgemeine Anforderungen	mittel
DIN 5035-2	Norm 09/90	Beleuchtung mit künstlichem Licht; Richtwerte für Arbeitsstätten in Innenräumen und im Freien	mittel
DIN 5035-5	Norm 12/87	Innenraumbeleuchtung mit künstlichem Licht; Notbeleuchtung	mittel
DIN 5035-6	Norm 12/90	Innenraumbeleuchtung mit künstlichem Licht; Messung und Bewertung	mittel
DIN 5035-7	Norm 09/88	Beleuchtung mit künstlichem Licht; Beleuchtung von Räumen mit Bildschirmarbeitsplätzen und mit Arbeitsplätzen mit Bildschirmunterstützung	hoch
DIN 66234-6		Bildschirmarbeitsplätze, Gestaltung des Arbeitsplatzes	mittel
DIN 66234-7		Bildschirmarbeitsplätze, ergonomische Gestaltung des Arbeitsraumes, Beleuchtung und Anordnung	mittel
DIN EN ISO 140	Norm 05/99	Messung der Schalldämmung in Gebäuden und von Bauteilen – Teil 1: Anforderung an Prüfstände mit unterdrückter Flankenübertragung	gering

Querbezüge zwischen Gesetzen, Normen und anderen Regelwerken

Michael Wichtl, Martina Molnar

Gestaltungsbereiche am Bildschirmarbeitsplatz			Bezüge zu Regelwerken			
Komponente	Schutzziel	Umsetzung	RL 90/270/EWG[1]	BS-V[2]	Normen[3]	Sonstige
Gerät						
Bildschirm	Sichere, visuell anwenderfreundliche Benutzbarkeit sowie flexible, ergonomisch günstige Aufstellung	gefahrlose Benutzung, scharfe, ausreichend große Zeichen- und Zeilenabstände, Möglichkeit der Positivdarstellung, stabiles, flimmerfreies Bild, Kontrast und Helligkeit einstellbar, Reflexions- und spiegelungsfreies Bild, Bildschirmgröße gemäß Arbeitsaufgabe leicht drehbar und neigbar (Bildschirmständer möglich)	1. Gerät: b) Bildschirm 2. Umgebung: b) Beleuchtung c) Reflexe und Blendung	§ 3 (1)	ÖNORM A 2630-1 ÖNORM EN 29241-3 ÖNORM EN ISO 9241-7, 8 ÖNORM EN ISO 13406-1,2*	GS-Prüfung TÜV-Ergonomie Prüfung TCO-Zertifikat Blauer Engel Energy Star
Tastatur	Leichte Bedienbarkeit, ergonomische Arbeitshaltung, visuelle Benutzungsfreundlichkeit	Flexible Anordnung, ausreichend Platz für bequeme Bedienung, Vermeidung von Reflexen durch matte Oberfläche, leichte Benutzung durch Art der Anordnung, Beschaffenheit und Beschriftung der Tasten, Neigbarkeit der Tastatur	1. Gerät: c) Tastatur	§ 3 (2)	ÖNORM A 2602 ÖNORM EN ISO 9241-4, 9* DIN 2137-1,2	

1 Bildschirmrichtlinie 90/270/EWG.
2 Bildschirmarbeitsverordnung.
3 Siehe Normenliste im Anhang.

Gestaltungsbereiche am Bildschirmarbeitsplatz			Bezüge zu Regelwerken			
Komponente	Schutzziel	Umsetzung	RL 90/270/EWG	BS-V	Normen	Sonstige
Arbeitstisch/ Arbeitsfläche	Anpaßbarkeit an Platz- und Bewegungsbedarf Berücksichtigung der Körpermaße	Ausreichend große Arbeitsfläche zur flexiblen Anordnung der Arbeitsmittel; Manuskripthalter stabil, verstellbar und individuell positionierbar; ausreichend Beinfreiraum; ausreichender Raum für ergonomische Arbeitshaltung, abgerundete Ecken und Kanten, auf Wunsch ein stabiler, verstellbarer Beleghalter	1. Gerät: d) Arbeitstisch und Arbeitsfläche	§ 4	ÖNORM A 1676 ÖNORM EN 527 – 1,2* ÖNORM EN ISO 9241-5	TÜV-Ergonomie Prüfung
Arbeitsstuhl	Bewegungsfreiheit des Benutzers darf nicht eingeschränkt werden; ergonomische Sitz- und Arbeitshaltung muß gewährleistet sein; Kippsicherheit	Drehstuhl mit fünf Rollen oder Gleitern, kippsichere Ausführung. Höhenverstellbarkeit der Sitzfläche, Rückenlehne muß in Höhe und Neigung verstellbar sein; auf Wunsch ist eine Fußstütze zur Verfügung zu stellen	1. Gerät: e) Arbeitsstuhl	§ 5	ÖNORM A 1675 ÖNORM EN 1335-1,2,3	TÜV-Ergonomie Prüfung
Umgebung						
Platzbedarf	Wechselnde Arbeitshaltung und Bewegung	Geeignete Raumfläche und geeignetes Raumlayout, ausreichend Stell- und Wirkflächen, Verkehrsflächen; Beinraum, Greifraum	2. Umgebung: a) Platzbedarf		ÖNORM A 8010 ÖNORM EN ISO 9241-5	§ 67 (3) ASchG § 24 AStV
Beleuchtung	Zufriedenstellende Licht- und günstige Kontrastverhältnisse im Hinblick auf die sehkraftbedingten Bedürfnisse der Benutzer	Ausreichende Beleuchtungsstärken, günstige Leuchtdichteverteilungen, angepaßte Lichtfarbe, Farbwiedergabe, Spektralverteilung, Schattigkeit; Farbgestaltung des Raumes	2. Umgebung: b) Beleuchtung	§ 6 (1,3)	ÖNORM A 2630-1 ÖNORM O 1040 ÖNORM EN 12464* ÖNORM EN ISO 9241-6	Prüfzeichen für elektrische Sicherheit § 29 AStV

Gestaltungsbereiche am Bildschirmarbeitsplatz			Bezüge zu Regelwerken			
Komponente	Schutzziel	Umsetzung	RL 90/270/EWG	BS-V	Normen	Sonstige
Reflexe und Blendung	Keine Direktblendung, keine Reflexblendung, kein Glanz und keine Störleuchtdichten	Geeignete Anordnung des Bildschimarbeitsplatzes (annähernd fensterparallel), keine glänzenden Oberflächen, Auswahl bildschirmtauglicher Beleuchtungssysteme, verstellbare Lichtschutz-vorrichtungen	2. Umgebung: c) Reflexe und Blendung	§ 6 (1,4)	ÖNORM A 2630-1 ÖNORM O 1040 ÖNORM EN 12464* ÖNORM EN ISO 9241-6	§ 29 AStV
Belichtung (Tageslicht-einfluß)	Keine Direkt- und Reflexblendung durch Tageslicht	Geeigneter, verstellbarer Lichtschutz zur Vermeidung von Reflexionen und zu hohen Kontrasten	2. Umgebung: c) Reflexe und Blendung	§ 6 (1,2)	ÖNORM EN 12464* DIN 5034	TÜV-Ergonomie Prüfung § 25 AStV
Lärm	Keine Beeinträchtigung der Konzentration und Sprachverständlichkeit	Lärmarme Geräte, Kapselungen der Geräte, Lärmschutzmaßnahmen in den Arbeitsräumen, externe Unterbringung	2. Umgebung: d) Lärm		ÖNORM EN ISO 9241-6 ÖNORM EN ISO 717-1,2 ÖNORM EN 27779	§ 17 AAV § 51 AAV Richtlinien des Österr. Arbeits-ringes für Lärmbe-kämpfung
Wärme	Physiologisch behagliches Raumklima	Möglichst geringe Wärme-abgabe der Geräte im Raum; keine spürbaren Zugluft-erscheinungen; Temperaturen im Behaglichkeitsbereich; gleichmäßige Temperatur-verläufe	2. Umgebung: e) Wärme		ÖNORM EN 9241-6 ÖNORM N 6000-3 ÖNORM EN 27243 ÖNORM EN ISO 7730	§ 26, 27, 28 AStV

Gestaltungsbereiche am Bildschirmarbeitsplatz			Bezüge zu Regelwerken			
Komponente	Schutzziel	Umsetzung	RL 90/270/EWG	BS-V	Normen	Sonstige
Strahlungen	Geringstmögliche elektromagnetische Strahlungen außerhalb des sichtbaren Bereichs	Auswahlkriterien für Strahlungswerte beachten (elektromagnetische und elektrische Felder unterschiedlicher Frequenz)	2. Umgebung: f) Strahlung	§ 7		MPR-II-Richtlinie TÜV Rheinland Ergonomieprüfung TCO-Zertifikat
Feuchtigkeit	Behagliche Luftfeuchtigkeit	Zu geringe Luftfeuchtigkeiten vermeiden (Luftbefeuchtung durch technische Geräte und Pflanzen)	2. Umgebung: g) Feuchtigkeit		ÖNORM EN 6000-3 ÖNORM EN ISO 7730	§ 28 AStV
Mensch–Maschine-Schnittstelle						
Aufgabenangemessenheit	Die Software unterstützt die effiziente und effektive Ausführung der Arbeit	Anpassung an Arbeitsaufgabe und Benutzergruppen	3. Mensch-Maschine-Schnittstelle: a) – e)		ÖNORM EN ISO 9241, 10–17 ÖNORM EN ISO 10075-2	§ 68 ASchG
Selbstbeschreibungsfähigkeit	Die Art und Weise, wie sich das Programm präsentiert und vermittelt, bietet ausreichend Orientierung zu Inhalt und Nutzungsmöglichkeit	Übersichtlichkeit und Konsistenz in der optischen Präsentation und in der Dialogsteuerung, Arbeitsbereich und Informationsbereiche getrennt und gleichbleibend, kontextsensitive Hilfe, anwenderbezogene Sprache	3. Mensch-Maschine-Schnittstelle: a) – e)		ÖNORM EN ISO 9241, 10–17 ÖNORM EN ISO 10075-2	§ 68 ASchG
Steuerbarkeit	Der Anwender steuert das Programm individuell und nicht umgekehrt	Ablaufgeschwindigkeit, Reihenfolge, Auswahl der Arbeitsmittel, Belegung von Funktionstasten, Layout, Makros durch Benutzer steuerbar	3. Mensch-Maschine-Schnittstelle: a) – e)		ÖNORM EN ISO 9241, 10–17 ÖNORM EN ISO 10075-2	§ 68 ASchG

Gestaltungsbereiche am Bildschirmarbeitsplatz			Bezüge zu Regelwerken			
Komponente	Schutzziel	Umsetzung	RL 90/270/EWG	BS-V	Normen	Sonstige
Erwartungs-konformität	Die Lernerfahrungen des Anwenders mit dem Programm führen zur Übertragung auf neue Situationen. Erwartungshaltungen müssen weitgehend zutreffen	Einheitliches Steuerungskonzept: gleichbleibende Handlungen zur Softwaresteuerung, gleichbleibendes Layout, gleichbleibende Systemreaktionen	3. Mensch-Maschine-Schnittstelle: a) – e)		ÖNORM EN ISO 9241, 10–17 ÖNORM EN ISO 10075-2	§ 68 ASchG
Fehler-robustheit	Benutzungsfehler sollen durch Programmgestaltung weitgehend vermieden werden. Auftretende Benutzerfehler sollen programmgeschützt behoben werden können	Fehleranzeige und verständliche Fehlerbezeichnung, Hinweis auf Ursache und Fehlerbehebungsmöglichkeiten, Vermeidung von gravierenden Folgefehlern, kontextsensitive Hilfe	3. Mensch-Maschine-Schnittstelle: a) – e)		ÖNORM EN ISO 9241, 10–17 ÖNORM EN ISO 10075-2	§ 68 ASchG
Individuali-sierbarkeit	Individuelle Anpassung an verschiedene Benutzerbedürfnisse, Aufgabenanforderungen und Arbeitsstile	Auswahl von Dialogmöglichkeiten, Nutzbarkeit für Anfänger und Experten, Adaptierbarkeit und Erweiterbarkeit für neue Aufgaben	3. Mensch-Maschine-Schnittstelle: a) – e)		ÖNORM EN ISO 9241, 10–17 ÖNORM EN ISO 10075-2	§ 68 ASchG
Kontrolle	Keine benutzerbezogenen Aufzeichnungen	Keine quantitative oder qualitative Aufzeichung von benutzerbezogenen Daten	3. Mensch-Maschine-Schnittstelle: a) – e)		ÖNORM EN ISO 9241, 10–17	§ 68 ASchG

* Norm, derzeit noch im Entwurfstadium; ASchG 450. Bundesgesetz über Sicherheit und Gesundheitsschutz bei der Arbeit (ArbeitnehmerInnenschutzgesetz – ASchG), 1994; AStV Verordnung mit der Anforderungen an Arbeitsstätten und an Gebäude auf Baustellen festgelegt und die Bauarbeiterschutzverordnung geändert werden (Arbeitsstätten-Verordnung - AStV), 1998; AAV Verordnung über allgemeine Vorschriften zum Schutz des Lebens, der Gesundheit und der Sittlichkeit der Arbeitnehmer (Allgemeine Arbeitnehmerschutzverordnung – AAV), 1993

Sachverzeichnis

SpringerPreviewRecht

Konrad Grillberger

Österreichisches Sozialrecht

Fünfte, neu bearbeitete Auflage.
2001.XX. Etwa 133 Seiten.
Broschiert DM 56,–, öS 395,–, ab 1. Jan. 2002 EUR 28,70
ISBN 3-211-83619-5
Springers Kurzlehrbücher der Rechtswissenschaft

Die wichtigsten Gebiete des Sozialrechts werden unter Berücksichtigung der europarechtlichen Entwicklungen überblicksweise dargestellt. Im Vordergrund steht das Sozialversicherungsrecht: Kranken-, Unfall- und Pensionsversicherung sowie Arbeitslosenversicherung.
Die nunmehr 5. Auflage macht, erstmalig in einem Lehrbuch zum österreichischen Sozialrecht, auch ökonomische Zusammenhänge deutlich. Systematik und Inhalt sind auf Benutzer zugeschnitten, die sich einen anschaulichen Überblick über das gesamte Gebiet verschaffen wollen. Orientierung wie Verständnis werden durch die Erörterung der einschlägigen Fragen im konkreten Sachzusammenhang erleichtert.

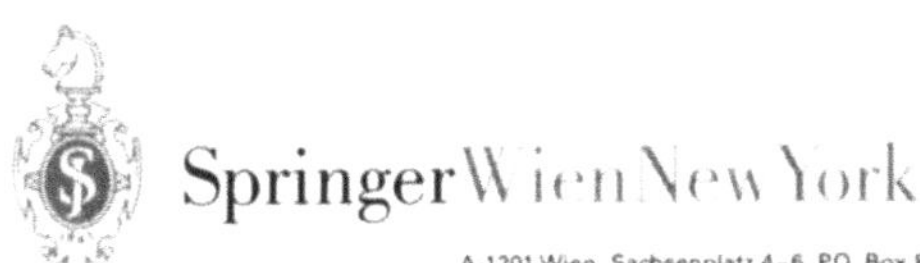

A-1201 Wien, Sachsenplatz 4–6, P.O. Box 89, Fax +43.1.330.24.26, e-mail: books@springer.at, Internet: www.springer.at
D-69126 Heidelberg, Haberstraße 7, Fax +49.6221.345-229, e-mail: orders@springer.de
USA, Secaucus, NJ 07096-2485, P.O. Box 2485, Fax +1.201.348-4505, e-mail: orders@springer-ny.com
Eastern Book Service, Japan, Tokyo 113, 3–13, Hongo 3-chome, Bunkyo-ku, Fax +81.3.38.18.08.64, e-mail: orders@svt-ebs.co.jp